ŒUVRES COMPLÈTES

DE

VOLTAIRE

16

HISTOIRE DU PARLEMENT

II

HISTOIRE DE CHARLES XII

HISTOIRE DE L'EMPIRE DE RUSSIE

ANCIENNE MAISON J. CLAYE

PARIS. — IMPRIMERIE A. QUANTIN ET Cie

RUE SAINT-BENOIT

ŒUVRES COMPLÈTES
DE
VOLTAIRE

NOUVELLE ÉDITION

AVEC

NOTICES, PRÉFACES, VARIANTES, TABLE ANALYTIQUE

LES NOTES DE TOUS LES COMMENTATEURS ET DES NOTES NOUVELLES

Conforme pour le texte à l'édition de BEUCHOT

ENRICHIE DES DÉCOUVERTES LES PLUS RÉCENTES

ET MISE AU COURANT

DES TRAVAUX QUI ONT PARU JUSQU'A CE JOUR

PRÉCÉDÉE DE LA

VIE DE VOLTAIRE
PAR CONDORCET

ET D'AUTRES ÉTUDES BIOGRAPHIQUES

Ornée d'un portrait en pied d'après la statue du foyer de la Comédie-Française

---

HISTOIRE DU PARLEMENT

II

HISTOIRE DE CHARLES XII
HISTOIRE DE L'EMPIRE DE RUSSIE

PARIS

GARNIER FRÈRES, LIBRAIRES-ÉDITEURS

6, RUE DES SAINTS-PÈRES, 6

1878

HISTOIRE DU PARLEMENT DE PARIS

CHAPITRE XLI.

DIVORCE DE HENRI IV.

Le parlement n'eut aucune part au divorce de Henri IV avec Marguerite de Valois, sa première femme [1]. Elle passait pour stérile, quoique peut-être elle ne l'eût pas été en secret. Elle était âgée de quarante-six ans, et il y en avait quinze qu'une extrême incompatibilité réciproque la séparait de son mari. Il était nécessaire que Henri IV eût des enfants, et on présumait qu'ils seraient dignes de lui. Une affaire si importante, qui dans le fond est entièrement civile, et qui n'est un sacrement qu'en vertu d'une grâce de Dieu, accordée aux époux mariés dans l'Église, semblait devoir être naturellement du ressort des lois. Les sacrements sont d'un ordre surnaturel qui n'a rien de commun avec les intérêts des particuliers et des souverains.

Cependant l'ancien usage prévalut sans difficulté; on s'adressa au pape comme au juge souverain, sans l'ordre duquel il n'était pas permis en ce cas à un roi d'avoir des successeurs. L'exemple du roi d'Angleterre Henri VIII n'effraya point, parce qu'on se crut sûr du pape. La reine Marguerite donna son consentement. Le pape fit examiner cette cause par des commissaires, qui furent le cardinal de Joyeuse, un Italien, évêque de Modène, et un autre Italien, évêque d'Arles. Ils vinrent à Paris interroger juridiquement le roi et la reine. On fit des perquisitions simulées pour

---

1. 19 décembre 1599. (*Note de Voltaire.*)

parvenir à un jugement déjà [illegible] raisons dont aucune assurément n'était comparable à la raison d'État et au consentement des deux parties. On fit revivre l'ancienne défense ecclésiastique d'épouser la fille de son parrain. Henri II, père de Marguerite, avait été parrain de Henri IV. La loi était visiblement abusive, mais on se servait de tout.

On allégua encore que le roi et Marguerite étaient parents au troisième degré, et qu'on n'avait point demandé de dispense, parce que le roi, au temps de son mariage, était d'une religion qui regarde le mariage comme un contrat civil, et non comme un sacrement, et qui ne croit point qu'en aucun cas on ait besoin de la permission du pape pour avoir des enfants.

Enfin l'on supposa que Marguerite avait été forcée par sa mère à épouser Henri. C'était à la fois recourir à un mensonge et à des puérilités. Ce n'était pas ainsi qu'en usaient les anciens Romains, nos maîtres et nos législateurs, dans des occasions pareilles. Le dangereux mélange des lois ecclésiastiques avec les lois civiles a corrompu la vraie jurisprudence de presque toutes les nations modernes : il a été longtemps bien difficile de les concilier. Henri IV fut heureux que Marguerite de Valois fût raisonnable, et le pape politique.

CHAPITRE XLII.

JÉSUITES RAPPELÉS.

Le pape, qui avait donné au roi la permission d'épouser une autre femme, et auquel on demandait encore une autre dispense pour le mariage de Madame Catherine, toujours protestante, avec le fils du duc de Lorraine, exigeait toujours que pour prix de ces deux cérémonies on reçût en France le concile de Trente, et qu'on rappelât les jésuites. Pour le concile de Trente, cela était impossible : on se soumettait sans difficulté à tout ce qui regardait le dogme; mais il y a vingt-quatre articles [1] qui choquent les droits de tous les souverains, et particulièrement les lois de la France.

1. Voyez tome XIII, page 94, et tome XV, page 568.

On n'osa pas seulement proposer au parlement une acceptation si révoltante; mais pour le rétablissement des jésuites, le roi crut devoir au pape cette condescendance.

Ils s'adressèrent, pour mieux réussir, à La Varenne, homme dont le métier n'avait pas été jusque-là de se mêler des affaires des moines. Il avait été en premier lieu cuisinier de la sœur du roi, et avait servi ensuite de courrier au frère auprès de toutes ses maîtresses. Ce nouvel emploi lui procura des richesses et du crédit; les jésuites le gagnèrent. Il était gouverneur du château de la Flèche, appartenant au roi, et avait trouvé le moyen d'en faire une ville. Il voulait la rendre considérable par un collége de jésuites, et avait déjà proposé de leur donner un revenu qui se monta depuis à quatre-vingt mille francs, pour entretenir douze pauvres écoliers, et marier tous les ans douze filles. C'était beaucoup; mais le plus grand point était de faire revenir les jésuites à Paris. Leur retour était difficile après le supplice du jésuite Guignard, et l'arrêt du parlement qui les avait chassés.

Le duc de Sully représenta au roi combien l'admission des jésuites était dangereuse; mais Henri lui ferma la bouche en lui disant : « Ils seront bien plus dangereux encore si je les réduis au désespoir; me répondez-vous, dit-il, de ma personne, et ne vaut-il pas mieux s'abandonner une fois à eux que d'avoir toujours à les craindre? »

Rien n'est plus étonnant que ce discours; on ne conçoit pas qu'un homme tel que Henri IV rappelât uniquement les jésuites par la crainte d'en être assassiné. Il est vrai que depuis le parricide de Jean Châtel, plusieurs moines avaient conspiré pour arracher la vie à ce bon prince. Un jacobin de la ville d'Avesnes s'était offert à le tuer il n'y avait que quatre ans. Il reçut de l'argent de Malvezzi, nonce du pape à Bruxelles; il se présenta ensuite à un jésuite nommé Hodum, confesseur de sa mère, qui était fort dévote, et qui, ne croyant pas qu'en effet Henri IV fût bon catholique, encourageait son fils à suivre l'exemple du jacobin Jacques Clément[1]. Le jésuite Hodum répondit qu'il fallait un homme plus fort et plus robuste.

Cependant l'assassin, espérant que Dieu lui donnerait la force nécessaire, s'en alla à Paris dans l'intention d'exécuter son crime. Il fut découvert, et rompu vif en 1599.

Dans le même temps, un capucin[2] nommé Langlois, du diocèse

---

1. 1599. (*Note de Voltaire.*)
2. Voyez tome XII, pages 556-557.

de Toul, ayant été suborné pour le même dessein, expira par le même supplice. Enfin il n'y eut pas jusqu'à un chartreux nommé Ouin, qui ne fût atteint de la même fureur. Le roi, fatigué de ces attentats et de ces supplices, s'était contenté de le faire enfermer comme un insensé, et n'avait pas voulu qu'un chartreux fût exécuté comme un parricide.

Comment, après tant de preuves funestes des sentiments horribles qui régnaient alors dans les ordres religieux, pouvait-il en admettre un qui était généralement plus soupçonné que les autres? Il espérait se l'attacher par des bienfaits. Si le roi avait quelquefois parlé en père au parlement, le parlement dans cette circonstance lui parla en fils qui craignait pour les jours d'un père. Il joignait à ce sentiment une grande aversion pour les jésuites. Le premier président de Harlai, animé par ces deux motifs, prononça au Louvre [1] des remontrances si pathétiques et si fortes que le roi en parut ébranlé; il remercia le parlement, mais il ne changea point d'avis. « Il ne faut plus reprocher, dit-il, la Ligue aux jésuites; c'était l'injure du temps. Ils croyaient bien faire, et ont été trompés comme plusieurs autres; je veux croire que ç'a été avec moindre malice que les autres, et m'assure que la même conscience, jointe à la grâce que je leur fais, les rendra autant, voire même plus affectionnés à mon service qu'à la Ligue. L'on dit que le roi d'Espagne s'en sert, je dis que je m'en veux servir, et que la France ne doit pas être de pire condition que l'Espagne. Puisque tout le monde les juge utiles, je les tiens nécessaires à mon État; et s'ils y ont été par tolérance, je veux qu'ils y soient par arrêt. Dieu m'a réservé la gloire de les y rétablir; ils sont nés en mon royaume et sous mon obéissance; je ne veux pas entrer en ombrage de mes naturels sujets, et si l'on craint qu'ils communiquent mes secrets à mes ennemis, je ne leur communiquerai que ce que je voudrai. Laissez-moi conduire cette affaire, j'en ai manié d'autres bien plus difficiles; et ne pensez plus qu'à faire ce que je dis et ordonne. »

Le parlement vérifia enfin avec regret [2] les lettres patentes; il y mit des restrictions nécessaires que le crédit des jésuites fit ensuite supprimer.

1. 24 décembre 1603. (*Note de Voltaire.*)
2. 2 janvier 1604. (*Id.*)

CHAPITRE XLIII[1].

SINGULIER ARRÊT DU PARLEMENT CONTRE LE PRINCE DE CONDÉ,
QUI AVAIT EMMENÉ SA FEMME A BRUXELLES.

Henri IV était le plus grand homme de son temps, et cependant il eut des faiblesses impardonnables. On ne peut l'excuser d'avoir, à l'âge de cinquante-sept ans, fait l'amour à la princesse de Condé, qu'il venait de marier lui-même. Voici ce que le conseiller d'État Lenet nous dit avoir appris de la bouche de cette princesse. Le prince de Condé, son mari, s'était retiré avec elle à l'entrée de la Picardie. Un des confidents de Henri IV, nommé de Trigny, sut engager la mère et la femme du prince à venir voir chasser la meute du roi, et à vouloir bien accepter une collation dans sa maison.

Elles y allèrent : un piqueur de la livrée du roi s'approcha de la portière, avec un emplâtre sur l'œil, sous prétexte de les conduire. C'était Henri IV lui-même. Celle qui était l'objet de cet étrange déguisement avoua depuis à Lenet qu'elle n'en avait pas été fâchée, non qu'elle pût aimer le roi, mais elle était flattée de plaire au souverain, et même de l'avilir. Dès qu'elle fut arrivée au château du sieur de Trigny, elle vit le roi qui l'attendait et qui se jeta à ses pieds. Elle fut effrayée : sa belle-mère eut l'imprudence d'en avertir le prince de Condé, qui bientôt après, s'étant plaint inutilement au roi et l'ayant appelé tyran, comme les *Mémoires* de Sully l'avouent, obligea sa femme de s'enfuir avec lui, et de le suivre en croupe à Bruxelles.

Si on s'en rapporte à toutes les lois de l'honneur, de la bienséance, aux droits de tous les maris, à ceux de la liberté naturelle, le prince de Condé n'avait nul reproche à se faire, et le roi seul avait tort. Il n'y avait point encore de guerre entre la France et l'Espagne; ainsi on ne pouvait reprocher au prince de s'être retiré chez les ennemis. Mais apparemment il y a pour ceux du sang royal des lois qui ne sont pas pour les autres hommes. Henri IV alla lui-même au parlement sans pompe, sans cérémonie, s'assit aux bas siéges, le parquet étant gardé par les

---

1. Ce chapitre ne se trouve ni dans la première, ni dans la seconde édition, toutes deux de 1769. Mais il est au plus tard de 1770. Il fait partie d'une édition, sous cette date, intitulée *huitième*, et portant pour adresse, *à Francfort, chez Jean Pontet*. (B.)

huissiers ordinaires ; là il fit rendre un arrêt par lequel *le prince était condamné à subir tel châtiment qu'il plairait à Sa Majesté d'ordonner.* Le parlement était sûr, sans doute, que le roi n'en ordonnerait aucun ; mais par l'énoncé il semblait que le roi fût en droit d'ordonner la peine de mort. Cependant l'équité naturelle et le respect pour le genre humain ne doivent laisser un tel pouvoir à personne, fût-ce à un Henri IV.

Heureusement il est très-faux que ce grand roi ait ajouté à sa faiblesse celle de vouloir, à son âge, faire la guerre pour arracher une jeune femme à son mari; il n'était capable ni d'une si grande injustice ni d'un tel ridicule. Vittorio Siri l'en accuse; mais cet Italien, attaché à Marie de Médicis, ne l'était pas à Henri IV[1]. Ce qui n'est que trop vrai, c'est que cette aventure nuisit beaucoup à sa réputation. Les restes de la Ligue, les factions italienne et espagnole qui dominaient dans le royaume, le décrièrent; son économie nécessaire fut taxée d'avarice, sa prudence d'ingratitude, ses amours ne le firent pas estimer; il ne fut point connu tant qu'il vécut, il le disait lui-même, et on ne l'aima qu'après sa mort déplorable.

CHAPITRE XLIV.

MEURTRE DE HENRI IV[2]. LE PARLEMENT DÉCLARE SA VEUVE RÉGENTE.

La France goûtait depuis la paix de Vervins une félicité qu'elle n'avait presque jamais connue. Les factions catholiques et pro-

1. Henri IV s'était préparé depuis longtemps à cette guerre. Il voyait que si la maison d'Autriche réussissait dans le projet de s'emparer de tous les petits États d'Allemagne et d'Italie, la France, enclavée dans ce nouvel empire, serait exposée à devenir une de ses provinces. Il s'était déclaré le protecteur des princes de l'Italie et de l'Empire ; et il ne voulait pas souffrir que l'empereur s'emparât, sous le nom de séquestre, de l'héritage des ducs de Clèves et de Juliers. L'humeur que lui causa la fuite du prince de Condé à Bruxelles augmenta sans doute son ardeur contre les Espagnols, comme la résolution qu'il avait formée de déclarer la guerre à l'Espagne augmentait la colère que lui causait l'évasion du prince. Et si une guerre offensive, qui n'a pour objet que la sûreté présente d'une nation, peut être une guerre juste, celle que Henri IV entreprenait était légitime. Les petites passions des rois les trompent souvent, et peuvent leur faire adopter de mauvais plans de politique : elles attisent les guerres; mais c'est la politique et l'ambition qui les allument. (K.)

2. Voyez tome XII, page 559.

testantes étaient contenues par la sagesse de ce roi, qui serait regardé comme un grand politique si sa valeur et sa bonté n'avaient pas éclipsé ses autres mérites. Le peuple respirait, les grands étaient moins tyrans, l'agriculture était partout encouragée, le commerce commençait à fleurir, les lois reprenaient leur autorité. Les dix dernières années de la vie de ce prince ont été peut-être les plus heureuses de la monarchie. Il allait changer la face de l'Europe, comme il avait changé celle de la France. Prêt à partir pour secourir ses alliés, et pour faire le destin de l'Allemagne, à la tête de la plus florissante armée qu'on eût encore vue, il fut assassiné, comme on ne le sait que trop, par un de ces misérables de la lie du peuple, à qui le fanatisme de la canaille des ligueurs et des moines inspira seul cette frénésie.

Tout ce que l'insatiable curiosité des hommes a pu rechercher sur le crime de Ravaillac, tout ce que la malignité a inventé, doit être mis au rang des fables. Il est constant que Ravaillac n'eut d'autre complice que la rage de la superstition. On a remarqué que le premier assassin enthousiaste qui tua François de Guise par dévotion, et Ravaillac qui tua Henri IV par le même principe, étaient tous deux d'Angoulême[1].

Il avait entendu dire que le roi allait faire la guerre aux catholiques en faveur des huguenots ; il croyait même, d'après les bruits populaires, qu'il allait attaquer le pape : ce fut assez pour déterminer ce malheureux ; il en fit l'aveu dans ses interrogatoires, il persista jusqu'au milieu de son supplice.

Son second interrogatoire porte expressément « qu'il a cru que, faisant la guerre contre le pape, c'était la faire à Dieu, d'autant que le pape est Dieu, et Dieu est le pape ». Ces paroles doivent être éternellement présentes à tous les esprits ; elles doivent apprendre de quelle importance il est d'empêcher que la religion, qui doit rendre les hommes sages et justes, n'en fasse des monstres insensés et furieux[2].

---

1. C'est-à-dire de l'Angoumois; voyez tome XV, page 516.
2. Dans un ouvrage publié par un moine en 1780, on lit que Ravaillac était un fanatique d'État; et on ajoute que ces fanatiques d'État sont très-dangereux, et beaucoup plus communs qu'on ne pense.
Il est clair que Ravaillac n'était et ne pouvait être qu'un fanatique de religion : ce n'était point du tout un Timoléon, un Brutus, un Sidney, un Padilla, un Nassau, un Tell, un chef d'insurgents, mais un fou, à qui les moines avaient tourné la tête. Quand Brutus soufflait le feu, il ne voyait pas de petits Jupiters sortir de son soufflet, comme Ravaillac voyait de petites hosties sortir du sien. M. le prieur de Château-Renard ne persuadera à personne que Henri IV ait été assassiné par l'effet du zèle patriotique, ni que ce zèle soit très-commun, et encore moins qu'il soit

CHAPITRE XLIV.

Les historiens peuvent-ils avoir une autre opinion que les juges sur un point si important et si discuté? Il y a de la démence à soupçonner la reine sa femme, et la marquise de Verneuil sa maîtresse, d'avoir eu part à ce crime. Comment deux rivales se seraient-elles réunies pour conduire la main de Ravaillac?

Il n'est pas moins ridicule d'en accuser le duc d'Épernon. Les rumeurs populaires ne doivent pas être les monuments de l'histoire. Ravaillac seul, il faut en convenir, changea la destinée de l'Europe entière.

Cette horrible aventure arriva le vendredi 14 mai 1610, sur les quatre heures du soir. Le parlement s'assembla incontinent dans la salle des Augustins, parce qu'alors on faisait des préparatifs au palais pour les fêtes qui devaient suivre le sacre et le couronnement de la reine. Le chancelier Sillery va d'abord prendre l'ordre de Marie de Médicis.

On a fort vanté la réponse que lui fit ce magistrat quand elle lui dit en pleurant : « Le roi est donc mort! — Madame, les rois ne meurent point en France. » Un tel discours n'était ni juste, ni consolant, ni vrai, ni placé. C'est une équivoque pédantesque, fondée sur ce que l'héritier du sang succède de droit; mais s'il n'y avait point eu d'héritier du sang, la réponse eût été fausse; et d'ailleurs le fils succède à son père en Espagne et en Angleterre, comme en France.

Le duc d'Épernon arrive au parlement sans porter le manteau, qui était un habillement de cérémonie et de paix; et ayant conféré quelques moments avec le président Séguier, mettant la main sur la garde de son épée : « Elle est encore dans le fourreau, dit-il d'un air menaçant; si la reine n'est pas déclarée régente avant que la cour se sépare, il faudra bien l'en tirer. Quelques-uns de vous demandent du temps pour délibérer; leur prudence n'est pas de saison : ce qui peut se faire aujourd'hui sans péril ne se fera peut-être pas demain sans carnage. »

Le couvent des Augustins était entouré du régiment des gardes; on ne pouvait résister, et le parlement n'avait nulle envie de renoncer à l'honneur de nommer à la régence du royaume. Jamais on ne fit plus volontairement ce que la force exigeait. Il n'y avait point d'exemple que le parlement eût rendu un pareil arrêt. Cette nouveauté allait conférer au parlement le plus beau de tous les

dangereux. (K.) — L'ouvrage, sujet de cette note, est *l'Intrigue du cabinet sous Henri IV et sous Louis XIII, terminée par la Fronde*, 1780, 4 volumes in-12, dont l'auteur est L.-P. Anquetil, mort en 1806. (B.)

droits. On délibéra pour la forme, on déclara la reine régente. Il n'y eut que trois heures entre le meurtre du roi et cet arrêt.

Dès le lendemain, le jeune roi Louis XIII, âgé de huit ans et neuf mois, vint tenir aux mêmes Augustins, avec sa mère, ce qu'on appelle un lit de justice. Deux princes du sang, quatre pairs laïques et trois maréchaux de France étaient à droite du roi sur les hauts siéges ; à gauche, quatre cardinaux et quatre évêques. Le parlement était sur les bas siéges, selon l'usage des lits de justice. Ce ne fut qu'une cérémonie.

Les grands desseins de Henri IV, la gloire et le bonheur des Français, périrent avec lui. Ses trésors furent bientôt dissipés, et la paix dont il avait fait jouir ses sujets fut changée en guerre civile.

La France fut livrée au Florentin Concini, et à Galigaï, sa femme, qui gouvernait la reine. Le parlement, après avoir donné la régence, ne fut consulté sur rien : c'était un meuble dont on s'était servi pour un appareil éclatant, et qu'on renfermait ensuite. Il remplit son devoir en condamnant tous les livres ultramontains qui contenaient ces folles opinions de l'autorité du pape sur les rois, et ces maximes affreuses qui avaient mis le couteau à la main de tant de parricides ; livres aujourd'hui en horreur à toute la nation, et aussi ennuyeux qu'exécrables.

CHAPITRE XLV.

OBSÈQUES DU GRAND HENRI.

C'est un usage de ne célébrer les funérailles des rois de France que quarante jours après leur mort. Le corps embaumé est enfermé dans un cercueil de plomb, sur lequel on élève une figure de cire qui le représente au naturel autant qu'on le peut. Vis-à-vis cette figure on sert la table royale à l'heure ordinaire des repas, et les viandes sont abandonnées aux pauvres. Des prêtres jour et nuit chantent des prières autour de l'image. Cette coutume est venue d'Asie dans nos climats. Il faut remonter jusqu'aux anciens rois de Perse pour en apercevoir l'origine ; elle est rarement observée. Les dépenses qu'elle exige sont trop fortes dans un pays où souvent l'argent manque pour les choses les plus nécessaires. Henri IV avait laissé de grands trésors. Plus sa mort était déplorable, plus sa pompe funèbre fut magnifique.

Le 29 juin[1] le corps fut porté de la grande salle du Louvre à Notre-Dame, où on le laissa en dépôt, et le lendemain à Saint-Denis. L'effigie en cire était portée sur un brancard après le cercueil. Tous les corps de l'État assistaient en deuil à cette cérémonie; mais le parlement était en robes rouges, pour marquer que la mort d'un roi n'interrompt pas la justice.

Il voulut suivre immédiatement la figure de cire; mais l'évêque de Paris prétendit que c'était son droit. Cette contestation troubla longtemps la cérémonie. Les huissiers du parlement voulurent faire retirer l'évêque de Paris Henri de Gondi, et l'évêque d'Angers Miron, qui faisait les fonctions de grand-aumônier.

Le convoi s'arrêta, le peuple fut étonné et scandalisé, l'ordre de la marche devait avoir été réglé pour prévenir toute dispute; mais de pareilles querelles n'ont été que trop fréquentes dans ces cérémonies. Il fallut recourir à la décision de la reine, et que le comte de Soissons, à la tête d'une compagnie des gardes, maintînt les deux évêques dans le poste qui leur semblait dû, puisqu'il s'agissait de la sépulture, qui est une fonction ecclésiastique. Les gardes même saisirent un conseiller qui faisait résistance : c'était Paul Scarron, le père du fameux poëte burlesque Paul Scarron, plus célèbre encore par sa femme[2].

Lorsqu'on fut arrivé à Saint-Denis, les gentilshommes ordinaires du roi portèrent le cercueil dans le caveau. De somptueux repas sont toujours la fin de ces grands appareils. Le cardinal de Joyeuse, qui officia dans Saint-Denis, l'évêque d'Angers, qui prononça l'oraison funèbre, dînèrent au réfectoire des religieux avec tout le clergé. On dressa trois tables dans la salle du chapitre : la première, pour les princes et les grands officiers de la couronne ; la seconde, pour le parlement; et la troisième, pour tous les officiers de la maison du roi.

Il semble que, si le parlement avait été regardé dans ces cérémonies comme cour des pairs, il aurait dû manger avec les princes du sang qui sont pairs ; et que, siégeant avec eux dans la même cour de justice, il pouvait se mettre avec eux à la même table ; mais il y a toujours quelque chose de contradictoire dans tous les usages. On prétendait que le parlement n'était la cour

---

1. 1610. (*Note de Voltaire.*)
2. Devenue Mme de Maintenon, et femme de Louis XIV.

des pairs que quand les princes et pairs venaient tenir cette cour ; et l'étiquette ne souffrait pas alors que les princes, et surtout les princes du sang, admissent à leur table les conseillers au parlement.

Ces détails concernant les rangs sont le plus mince objet de l'histoire ; et tous les détails des querelles excitées pour la préséance sont les archives de la petitesse plutôt que celles de la grandeur.

CHAPITRE XLVI.

ÉTATS GÉNÉRAUX. ÉTRANGES ASSERTIONS DU CARDINAL DU PERRON. FIDÉLITÉ ET FERMETÉ DU PARLEMENT.

La régence de Marie de Médicis fut un temps de confusion, de faiblesse et de rigueur mal placée, de troubles civils et de continuels orages. L'argent que Henri IV avait amassé avec tant de peine fut abandonné à la rapacité de plusieurs seigneurs qu'il fallut gagner, ou des favoris qui l'extorquèrent.

Le Florentin Concini, bientôt maréchal de France sans avoir jamais commandé un seul bataillon, sa femme Galigaï, qui gouvernait la reine, amassèrent en peu d'années plus de trésors que plusieurs rois ensemble n'en possédaient alors. Dans cette déprédation universelle, et dans ce choc de tant de factions, on assembla sur la fin de 1614[1] les états généraux dans cette même salle des Augustins de Paris, où le parlement avait donné la régence. Jamais il n'y eut d'états plus nombreux ni plus inutiles. La chambre de la noblesse était composée de cent trente-deux députés, celle du clergé de cent quarante, celle du tiers état de cent quatre-vingt-deux. Le parlement n'eut point encore de séance dans cette grande assemblée. L'université présenta requête pour y être admise, et fit signifier même une assignation ; mais sa requête fut rejetée avec un rire universel, et son assignation regardée comme insolente. Elle se fondait sur des priviléges qu'elle avait eus dans

---

1. L'ouverture s'en fit le 26 octobre 1614 ; et pendant trop longtemps ce furent les *derniers*, comme Voltaire l'a dit tome XII, page 573, et ci-après, page 14. Depuis lors, il n'y a eu d'autre tenue des états généraux que celle dont l'ouverture eut lieu le 5 mai 1789. (B.)

des temps d'ignorance. On lui fit sentir que les temps étaient changés, et que les usages changeaient avec eux.

L'université n'ayant fait qu'une démarche imprudente, le parlement en fit une qui mérite dans tous les âges les applaudissements de la nation entière, et qui cependant fut très-mal reçue à la cour.

Le tiers état est sans doute la nation même, et alors il l'était plus que jamais. On n'avait point augmenté le nombre des nobles comme aujourd'hui ; le peuple était en nombre, par rapport à la noblesse et au clergé, comme mille est à deux. La chambre du tiers état proposa de recevoir, comme loi fondamentale, que nulle puissance spirituelle n'est en droit de déposer les rois, et de délier les sujets de leur serment de fidélité. Il était déjà honteux qu'on fût obligé de proposer une telle loi, que le seul bon sens et l'intérêt de tous les hommes ont dû rendre de tout temps sacrée et inviolable ; mais ce qui fut bien plus honteux, et ce qui étonnera la dernière postérité, c'est que les chefs de la chambre du clergé la regardèrent comme hérétique.

Il suffisait d'avoir passé dans la rue de la Ferronnerie, et d'avoir jeté un regard sur l'endroit fatal où Henri IV fut assassiné, pour ne pas frémir de voir la proposition du tiers état combattue.

Le cardinal du Perron, qui devait tout ce qu'il était à ce même Henri IV, intrigua, harangua dans les trois chambres pour empêcher que l'indépendance et la sûreté des souverains, établie par tous les droits de la nature, ne le fût par une loi du royaume. Il convenait qu'il n'est pas permis d'assassiner son prince, mais il disait qu'il est de foi que l'Église peut le déposer.

Cet homme, si indigne de la réputation qu'il avait usurpée, devait bien voir qu'en donnant à des prêtres ce droit absurde et affreux de dépouiller les rois, c'était en effet les livrer aux assassins ; car il est bien rare d'ôter à un roi sa couronne sans lui ôter la vie. Étant déposé, il n'est plus roi ; s'il combat pour son trône, il est un rebelle digne de mort. Du Perron devait voir encore que c'était la cause du genre humain qu'il combattait ; et que si l'Église pouvait dépouiller un souverain, elle pouvait à plus forte raison dépouiller le reste des hommes.

« Mais, disait du Perron dans ses harangues, si un roi qui a juré à son sacre d'être catholique se faisait arien ou musulman, ne faudrait-il pas le déposer ? » Ces paroles étonnèrent et confondirent le corps de la noblesse. Elle pouvait aisément répondre que le sacre ne donne pas la royauté, que Henri IV, calviniste, avait été reconnu roi par la plus saine partie de cette même noblesse, par quelques évêques même, par la république de Venise, par le duc de Florence, par l'Angleterre, par les rois du Nord, par tous les princes qui n'étaient pas dans les fers du pape et de la maison d'Autriche. Tous les chrétiens avaient obéi autrefois à des empereurs ariens. Ils ne se révoltèrent point contre Julien le Philosophe devenu païen, qu'ils appelaient apostat [1]. La religion n'a rien de commun avec les droits civils. Un homme, pour être mahométan, n'en doit pas moins être l'héritier de son père. Deux cent mille chrétiens de la religion grecque, établis dans Constantinople, reconnaissent le sultan turc. En un mot, la terre entière devait élever sa voix contre le cardinal du Perron.

Cependant lui et ses collègues persuadèrent à la chambre de la noblesse qu'on avait besoin de la cour de Rome, qu'il ne fallait pas la choquer par des questions épineuses, qui au moins étaient inutiles ; et que dans tout état il y a des mystères qu'on doit laisser derrière un voile. Ces funestes harangues éblouirent la noblesse, d'ailleurs mécontente du tiers état [2].

La nation, rebutée dans ceux qui portaient ses plaintes, s'adressa au parlement par l'organe de l'avocat général Servin, citoyen sage, éloquent et intrépide. Le parlement, assemblé sans qu'il y eût aucun pair, donna un arrêt [3] qui renouvelait toutes les anciennes lois sur ce sujet important, et qui assurait les droits de la couronne. Tout Paris le reçut avec des acclamations [4]. Si on en croit les mémoires, le cardinal du Perron, en se plaignant de cet arrêt à la reine, protesta que, si on ne le cassait, il serait obligé de se servir de la voie de l'excommunication.

Il paraît inconcevable qu'un sujet ait dit à son souverain : « Si vous ne punissez ceux qui soutiennent vos droits, je les excommunierai. » La reine, aveuglée par la crainte du pape et de l'Église, entourée de factions, eut la faiblesse de faire casser l'arrêt par son conseil, et même de mettre en prison l'imprimeur du parlement [5]. Le prétexte était qu'il n'appartenait pas à ce corps

---

1. Voyez, dans le *Dictionnaire philosophique*, les articles APOSTAT et JULIEN.
2. Le quatrain suivant courut alors dans Paris :

> Vous, noblesse et clergé, les aînés de la France,
> Puisque les droits du roi si mal vous soutenez,
> Puisque le tiers état en ce point vous devance,
> Il faut que les cadets deviennent les aînés.   (G. A.)

3. 2 janvier 1615. (*Note de Voltaire.*)
4. Voyez le chapitre XXXV du *Siècle de Louis XIV*, et le *Supplément au Siècle de Louis XIV*, première partie, n° 23.
5. Voyez, tome XII, pages 573-575 ; tome XV, le chapitre XXXV du *Siècle de Louis XIV*, et le *Supplément au Siècle de Louis XIV*, première partie.

de statuer sur un point que les états examinaient. Le parlement avait pris la sage précaution de se borner à renouveler les anciens arrêts : elle fut inutile ; une politique lâche l'emporta sur l'intérêt du roi et du royaume. On avait vu jusqu'alors en France de plus grandes calamités, mais jamais plus d'opprobre.

Cette honte ne fut effacée qu'en 1682, lorsque l'assemblée du clergé, inspirée par le grand Bossuet, arracha de ses registres la harangue de du Perron, et détruisit, autant qu'il était en elle, ce monument de bassesse et de perfidie [1].

CHAPITRE XLVII.

QUERELLE DU DUC D'ÉPERNON AVEC LE PARLEMENT. REMONTRANCES MAL REÇUES.

Pendant que ces derniers [2] états généraux étaient assemblés en vain, que cent intrigues opposées agitaient la cour, et que les

---

1. Voici comment raisonnait du Perron : « La crainte de la mort n'arrête pas les fanatiques, c'est leur conscience qu'il faut détromper. » Mais une décision des états, adoptée même par le clergé, ne peut faire impression sur les fanatiques, s'ils ne la regardent pas comme une décision de l'Église universelle. Or l'article proposé par le tiers état comme une loi fondamentale contient trois parties : la première, qu'il n'est pas permis d'assassiner les rois : toute l'Église en convient, c'est un article de foi ; — la deuxième, que l'autorité des rois de France est indépendante quant au temporel ; on en convient encore, selon du Perron ; mais pourtant ce n'est pas un article de foi ; — la troisième, qu'il n'y a aucun cas où les sujets puissent être dispensés du serment de fidélité ; ce point paraît contentieux à du Perron. D'abord, jusqu'à la venue de Calvin, on a cru, dans toute l'Église, qu'on était absous du serment de fidélité envers tout prince qui violait le serment, fait à Dieu et à son peuple, de vivre et mourir en la religion catholique, et qu'un tel prince pouvait être déclaré déchu de tous ses droits, comme coupable de félonie envers le Christ.

Le principe qu'il n'est pas permis d'assassiner les rois perdrait sa force si on le mêlait avec une proposition problématique comme cette dernière. D'ailleurs, on ne pourrait adopter en France ce principe sans faire schisme avec le pape et le reste de l'Église catholique, qui croit le contraire. Enfin le tiers état, en proposant cette loi, attribuait aux personnes laïques le droit de juger des choses de la religion ; ce qui est un sacrilége. Nous ne ferons aucune réflexion sur ces principes, extraits fidèlement du discours de du Perron. (K.)

2. Voyez la note, page 11.

factions ébranlaient les provinces, il survint entre le duc d'Épernon et le parlement une querelle également désagréable à l'un et à l'autre.

Le duc d'Épernon, autrefois favori de Henri III, ayant forcé le grand Henri IV à le ménager, ayant fait donner la régence à sa veuve, bravait Concini et sa femme qui gouvernaient la reine. Il la fatiguait par ses hauteurs, mais il conservait encore cet ascendant que lui donnaient ses services, ses richesses, ses dignités, et surtout sa place de colonel général de l'infanterie. Toujours intrigant, mais encore plus fier, il mettait dans toutes les affaires un orgueil insupportable, au lieu de cette hauteur noble et décente qui subjugue quand elle est placée.

Il arriva qu'un soldat du régiment des gardes tua un de ses camarades près de l'abbaye de Saint-Germain des Prés. Le droit du colonel général était de faire juger le coupable dans son conseil de guerre. Le bailli de l'abbaye s'était saisi du mort et du meurtrier. C'est sans doute un grand abus que des moines soient seigneurs, et qu'ils aient une justice, mais enfin il était établi que le premier juge qui avait commencé les informations demeurât maître de l'affaire. On est très-jaloux de ce malheureux droit. Le duc d'Épernon, encore plus jaloux du sien, redemanda son soldat pour le juger militairement; le bailli refusa de le rendre. D'Épernon fait briser les portes de la prison et enlever le meurtrier avec le mort. Le bailli porte sa plainte au parlement : ce tribunal assigna d'Épernon pour être ouï.

Ce seigneur croyait que ce n'était pas au parlement, mais au conseil du roi à décider de la compétence; il regardait l'assignation comme un affront plutôt que comme une procédure légale. Il ne comparut que pour insulter au parlement, menant cinq cents gentilshommes à sa suite, bottés, éperonnés, et armés. Le parlement, le voyant arriver en cet équipage, leva la séance. Les juges en sortant furent obligés de défiler entre deux haies de jeunes officiers qui les regardaient d'un air outrageant, et déchiraient leurs robes à coups d'éperons.

Cette affaire fut très-difficile à terminer. D'un côté, le bon ordre exigeait qu'on fît au parlement une réparation authentique; d'un autre, la cour avait besoin de ménager le duc d'Épernon, pour l'opposer au prince de Condé qui menaçait déjà de la guerre civile.

On prit un tempérament : on ordonna, par une lettre de cachet, que le parlement suspendrait ses procédures contre le duc d'Épernon, et qu'il recevrait ses excuses.

Il vint donc se présenter au parlement une seconde fois[1], toujours accompagné d'un grand nombre de noblesse.

« Messieurs, dit-il, je vous prie d'excuser un pauvre capitaine d'infanterie, qui s'est plus appliqué à bien faire qu'à bien dire. »

Cet exemple fut une des preuves que les lois ne sont pas faites pour les hommes puissants. Le duc d'Épernon les brava toujours. Ce fut lui qui, à peu près dans le même temps, ne pouvant souffrir que le garde des sceaux du Vair précédât les ducs et pairs dans une cérémonie à la paroisse du Louvre, le prit rudement par le bras, et le fit sortir de sa place et de l'église, en lui disant qu'un bourgeois ne devait pas se méconnaître.

Ce fut lui qui, quelques années après, alla avec cent cinquante cavaliers enlever la reine mère au château de Blois, la conduisit à Angoulême, et traita ensuite avec le roi de couronne à couronne. Les exemples de pareilles témérités n'étaient pas rares alors. La France retombait insensiblement dans l'anarchie dont Henri IV l'avait tirée par tant de travaux et avec tant de sagesse.

Les états généraux n'avaient rien produit : les factions redoublaient. Le maréchal de Bouillon, qui voulait se faire un parti puissant, engagea le parlement à convoquer les princes et les pairs pour délibérer sur les affaires publiques. La reine, alarmée, défendit aux seigneurs d'accepter cette invitation dangereuse. Les présidents et les plus anciens conseillers furent mandés au Louvre. Le chancelier de Sillery leur dit ces paroles[2] : « Vous n'avez pas plus de droit de vous mêler de ce qui regarde le gouvernement que de connaître des comptes et des gabelles. » Le parlement prépara des remontrances[3]. La reine manda encore quarante magistrats au Louvre : « Le roi est votre maître, dit-elle, et il usera de son autorité si vous contrevenez à ses défenses. » Elle ajouta qu'il y avait dans le parlement une troupe de factieux ; elle défendit les remontrances, et aussitôt le parlement alla en dresser de très-fortes.

Le 22 mai[4], le premier président de Verdun vint les prononcer à la tête du parlement. Elles regardaient précisément le gouvernement de l'État : elles furent écoutées et négligées. Tout finit par enregistrer des lettres patentes du roi, qui ordonnaient aux juifs étrangers de sortir de la France. C'étaient pour

---

1. 14 novembre 1614. (*Note de Voltaire.*)
2. 9 avril 1615. (*Id.*)
3. 11 avril 1615. (*Id.*)
4. 1615. (*Id.*)

la plupart des juifs portugais qui étaient venus envahir tout le commerce que les Français n'entendaient pas encore. Ils restèrent pour la plupart à Bordeaux, et continuèrent ce commerce qui leur était défendu.

Une autre affaire qui regardait plus particulièrement le parlement fut celle de la paulette. C'était un droit annuel, imaginé par un nommé Paulet sous l'administration du duc de Sully. Tous ceux qui avaient obtenu des charges de judicature payaient par an la soixantième partie du revenu de leurs charges, moyennant quoi elles étaient assurées à leurs héritiers, qui pouvaient les garder ou les vendre à d'autres, comme on vend une métairie. Cet abus ne faisait pas honneur au duc de Sully. C'était peut-être l'unique tache de son ministère[1].

Les états de 1614 et 1615 demandèrent fortement l'abolition de ce droit et de cette vénalité; le ministère la promit en vain. L'avantage de laisser sa charge à sa famille l'emporta sur le fardeau du droit annuel. Il y a eu beaucoup de changements dans la perception de ce droit : on l'a modifié de vingt manières, comme presque toutes les lois et tous les usages. Mais la honte d'acheter le droit de vendre la justice, et celui de le transmettre à ses héritiers, a subsisté toujours. On a prétendu depuis que le cardinal de Richelieu approuva cet opprobre dans son prétendu Testament politique. On ne s'apercevait pas encore que ce Testament est l'ouvrage d'un faussaire aussi ignorant qu'absurde[2].

CHAPITRE XLVIII.

DU MEURTRE DU MARÉCHAL D'ANCRE ET DE SA FEMME.

De plus grands événements se préparaient; les factions s'aigrissaient; Concini, maréchal d'Ancre, n'entrait pas au conseil,

---

1. Voyez, dans l'*Essai sur l'Histoire générale*, une note de l'éditeur sur Sully. (K.) — Les éditeurs de Kehl, auteurs de cette note, n'en ont mis aucune sur Sully dans l'*Essai sur les Mœurs*, publié précédemment sous le titre d'*Essai sur l'Histoire générale*. Mais ils ont fait une *Addition* à l'une des notes du chant VIII de *la Henriade*. L'établissement de la *paulette* est de 1604. (B.)
2. Voyez, tome XV, la note 3 de la page 561.

mais il le dirigeait : il était le maître des affaires, et le prince de Condé, premier prince du sang, en était exclu. Il eut le malheur de se croire obligé à prendre les armes comme son père et son grand-père. Cette guerre civile dura peu ; elle fut suivie du traité de Loudun[1], qui donnait au prince de Condé un pouvoir presque égal à celui de la régente. A peine le prince de Condé crut-il jouir de ce pouvoir que Concini le fit mettre à la Bastille. La prison de ce prince, au lieu d'étouffer les restes des guerres civiles, les ralluma ; chaque seigneur, chaque prince, chaque gouverneur de province prenait le parti qu'il croyait le plus convenable à ses intérêts, et en changeait le lendemain. Chacun ravissait ce qui était à sa bienséance. Le duc d'Épernon, qui était retiré dans l'Angoumois, tenta de se rendre maître de la Rochelle. Le maréchal de Lesdiguières était véritablement souverain dans le Dauphiné. Le duc de Nevers, de la maison de Gonzague, se cantonnait dans ses terres. Le duc de Vendôme, fils de Henri IV et de Gabrielle d'Estrées ; le duc de Mayenne, fils du chef de la Ligue ; le maréchal duc de Bouillon, prince de Sedan, unissaient leurs troupes ; et tous disaient que c'était contre le Florentin Concini, et non pas contre le roi.

Au milieu de tant d'alarmes, un jeune gentilhomme du comtat d'Avignon[2], introduit auprès de Louis XIII, et s'étant rendu nécessaire aux amusements de son enfance, préparait une révolution à laquelle personne ne s'attendait. Le roi avait alors seize ans et demi ; il lui persuada qu'il était seul capable de bien gouverner son royaume, que sa mère n'aimait ni sa personne ni son État, que Concini était un traître. Ce Concini dans ce temps-là même faisait une action qui méritait une statue. Enrichi par les profusions de Marie de Médicis, il levait à ses dépens une armée de cinq à six mille hommes contre les révoltés ; il soutenait la France comme si elle avait été sa patrie. Le jeune gentilhomme nommé Charles d'Albert, connu sous le nom de Luines, rendit si suspect le service même que Concini, maréchal de France, venait de rendre, qu'il fit consentir le roi à l'assassiner, et à mettre en prison la reine sa mère.

Louis XIII, à qui on donnait déjà le nom de *Juste*[3], approuva l'idée de faire tuer le maréchal dans son propre appartement, ou

---

1. Mai 1616. (*Note de Voltaire.*)
2. Voyez tome XII, page 575.
3. Ce nom lui avait été donné dès son enfance, parce qu'il était né sous le signe de la Balance. Voyez, tome XIV, le chapitre II du *Siècle de Louis XIV*. (B.)

dans celui de sa mère. Concini, ne s'étant pas présenté ce jour-là au Louvre, ne prolongea sa vie que d'un jour. Il fut tué à coups de pistolet le lendemain [1] en entrant dans la cour du château. Vitry et quelques gardes du corps furent les meurtriers. Vitry eut le bâton de maréchal de France pour récompense. Marie de Médicis fut emprisonnée dans son appartement, dont on mura les portes qui donnaient sur le jardin, et bientôt après on l'envoya prisonnière à Blois, dont le duc d'Épernon la tira trois ans après, comme on l'a déjà dit [2].

Éléonore Galigaï, maréchale d'Ancre, dame d'atours de la reine, fut incontinent saisie, dépouillée de tout, conduite à la Bastille, et de là transférée à la Conciergerie.

Le favori de Luines, qui dévorait déjà en espérance les grands biens du mari et de la femme, fit donner ordre au parlement d'instruire le procès du maréchal assassiné, et de sa malheureuse veuve. Pour le maréchal, son corps ne pouvait pas se retrouver : le peuple en fureur l'avait déterré ; on l'avait mis en pièces, on avait même mangé son cœur : excès de barbarie digne du peuple qui avait exécuté les massacres de la Saint-Barthélemy, et inconcevable dans une nation qui passe aujourd'hui pour si frivole et si douce. Il était difficile de trouver de quoi juger à mort la maréchale. C'était une Italienne de qualité, venue en France avec la reine ; comblée à la vérité de ses bienfaits, insolente dans sa fortune, et bizarre dans son humeur : défauts pour lesquels on n'a jamais fait couper la tête à personne.

On fut obligé de lui faire un crime d'avoir écrit quelques lettres de compliments à Madrid et à Bruxelles ; mais ce forfait ne suffisant pas, on imagina de la faire déclarer sorcière. On croyait alors aux sortiléges et à la magie comme à un point de religion. Cette superstition est la plus ancienne de toutes, et la plus universelle. Elle passa des païens et des Juifs chez les premiers chrétiens, et s'est conservée jusqu'au temps où un peu de philosophie a commencé à ouvrir les yeux des hommes aveuglés par tant de siècles.

La maréchale d'Ancre avait fait venir d'Italie un médecin juif nommé Montalto ; elle avait même eu la scrupuleuse attention d'en demander la permission au pape. Les médecins de Paris n'étaient pas alors en grande réputation dans l'Europe. Les Italiens étaient en possession de tous les arts. On prétendit que le

---

1. 24 avril 1617. (*Note de Voltaire.*)
2. Voyez tome XII, page 577.

juif Montalto était magicien, et qu'il avait sacrifié un coq blanc chez la maréchale; cependant il ne put la guérir de ses vapeurs : elles furent si fortes qu'au lieu de se croire sorcière elle se crut ensorcelée. Marie de Médicis lui dit que le dernier cardinal de Lorraine, Henri, ayant eu la même maladie, s'était fait exorciser par des moines de Milan. Elle eut la faiblesse de faire venir deux de ces exorcistes milanais, qui dirent des messes aux Augustins pour la vaporeuse maréchale, et qui l'assurèrent qu'elle était guérie.

On l'interrogea sur le meurtre de Henri IV, on lui demanda si elle n'en avait point eu connaissance; après avoir ri sur les accusations de magie, elle pleura à cet interrogatoire sur la mort du feu roi, et fit sentir aux juges tout ce que cette imputation contre la confidente de la reine pouvait avoir d'atroce.

Des deux rapporteurs qui instruisaient le procès, l'un était Courtin, vendu au nouveau favori, et qui sollicitait des grâces; l'autre était Deslandes Payen, homme intègre, qui ne voulut jamais conclure à la mort, ni même consentir à ne pas se trouver au jugement. Cinq juges s'absentèrent, quelques-uns opinèrent pour le seul bannissement; mais Luines sollicita avec tant d'ardeur que la pluralité fut pour brûler une maréchale de France comme sorcière. Elle fut traînée dans un tombereau à la Grève, comme une femme de la lie du peuple[1]. Toute la grace qu'on lui fit fut de lui couper la tête avant de jeter son corps dans les flammes.

On croirait qu'un tel arrêt est du xe siècle. Le parlement, en condamnant la mémoire du maréchal, eut soin d'insérer dans l'arrêt que désormais aucun étranger ne serait admis au conseil d'État; cette clause était plus qu'on ne demandait. Luines, qui eut beaucoup plus de pouvoir que Concini, était étranger lui-même, étant né sujet du pape[2].

1. 8 juillet 1617. (*Note de Voltaire.*)
2. « L'avocat général Le Bret m'a dit (au cardinal de Richelieu) que les imputations qu'on faisait à la défunte étaient si frivoles, et les preuves si faibles, que, quelques sollicitations qu'on lui fît qu'il était nécessaire pour l'honneur et la sûreté de la vie du roi qu'elle mourût, il ne voulut jamais donner ses conclusions à la mort que sur l'assurance qu'il eut, par la propre bouche de Luines, qu'étant condamnée, le roi lui donnerait sa grâce. » *Histoire de la Mère et du Fils*, année 1617.

Elle mourut avec courage au milieu des larmes du peuple, dont son malheur et l'avide cruauté de ses ennemis avaient changé les sentiments.

Le 2 juin 1617, l'évêque de Mâcon, portant la parole au nom du clergé assemblé, dit au roi que la première action de son règne lui ayant mérité le nom de Juste,

CHAPITRE XLIX.

ARRÊT DU PARLEMENT EN FAVEUR D'ARISTOTE. HABILE FRIPONNERIE D'UN NONCE. MORT DE L'AVOCAT GÉNÉRAL SERVIN, EN PARLANT AU PARLEMENT.

Cette cruelle démence, de condamner aux flammes pour un crime qu'il est impossible de commettre, n'était pas particulière

il doit faire rendre aux églises catholiques les biens des églises protestantes de Béarn. Ainsi l'on vit un évêque louer un prince d'avoir commis un assassinat, afin d'obtenir de lui la permission de commettre un vol.
Un homme accusé d'avoir écrit un libelle contre Luines fut rompu vif; un autre, qui en avait fait une copie, fut pendu.
On en roua un troisième, sous prétexte qu'il avait voulu assassiner la reine mère. Mais au contraire c'était Luines qu'il voulait assassiner; il s'en était ouvert à un espion de Luines, qui faisait semblant d'en être ennemi; et pour ne pas rendre cet espion suspect au parti de la reine, Luines imagina de substituer un projet contre la reine à un projet contre lui. On eut la précaution d'ordonner de brûler le procès de ce malheureux avec son corps. Il était prêtre, et l'espion qui le dénonçait était un homme de la cour.
On poursuivit avec fureur Bardin, secrétaire d'État sous Concini. Enfermé à la Bastille, il fut interrogé par des conseillers d'État. Luines montra ses réponses au conseiller du grand conseil Lasnier, qui promit, d'après ces pièces, de faire rendre un arrêt de mort contre Bardin. Lasnier et La Greslière furent nommés ses rapporteurs. Bardin demanda d'être renvoyé au parlement en sa qualité de secrétaire du roi. On lui refusa son renvoi. Il est singulier qu'en France on crût alors avoir besoin d'un privilége pour demander ce qui, dans tous les pays, est le droit de chaque citoyen. Bardin protesta contre les réponses extrajudiciaires qu'il avait faites aux conseillers d'État. Ses protestations ne furent pas écoutées.
Luines sollicita ouvertement tous les juges. Ceux qui résistèrent à la corruption crurent être obligés, pour le sauver, de le condamner à un bannissement : exemple qu'imitèrent depuis les juges du surintendant Fouquet. Cependant déjà une voix de plus l'avait condamné à la mort, lorsqu'un des juges s'évanouit; revenu à lui, on le ramena dans l'assemblée : « Messieurs, dit-il, vous voyez en quel état j'ai été; Dieu m'a fait voir la mort, qui est une chose si horrible et si effroyable que je ne puis me porter à condamner un innocent comme celui-ci, de qui il s'agit. J'ai ouï quelques opinions qui vont au bannissement; s'il y en a quelqu'une plus douce, je prie le conseil de me la dire, afin que j'en sois. » Alors les jeunes conseillers revinrent presque tous à l'avis du bannissement; le président de Bercis, seul parmi les présidents, se joignit à eux, et Bardin fut sauvé. Voyez l'*Histoire de la Mère et du Fils*. (K.) — L'*Histoire de la Mère et du Fils*, que citent les éditeurs de Kehl, fut publiée sous le nom de Mézeray, 1730, un volume in-4°, ou deux volumes. C'est la première partie des *Mémoires du cardinal de Richelieu*, imprimés pour la première fois en 1823, 10 volumes in-8°. Dans le tome Ier, pages 447 et 509, se retrouvent textuellement les deux passages que les éditeurs de Kehl ont guillemetés. Voyez aussi, tome XIV, le chapitre II du *Siècle de Louis XIV*. (B.)

à la France. Presque toute l'Europe était alors infectée de la croyance à la magie, aux possessions du diable, aux sortiléges de toute espèce. On condamnait même quelquefois des sorciers dans les pays protestants. Cette superstition était malheureusement liée à la religion. La raison humaine n'avait pas encore fait assez de progrès pour distinguer les temps où Dieu permettait que les Pharaons eussent des magiciens, et Saül une pythonisse, d'avec les temps où nous vivons.

Il y a une autre espèce de superstition moins dangereuse, c'est un respect aveugle pour l'antiquité. Ce respect, qui a nui aux progrès de l'esprit pendant tant de siècles, était poussé pour Aristote jusqu'à la crédulité la plus servile. La fortune de ses écrits était bien changée de ce qu'elle avait été quand elle parut en France pour la première fois, du temps des Albigeois. Un concile alors avait condamné Aristote comme hérétique, mais depuis il avait régné despotiquement dans les écoles.

Il arriva qu'en 1624 deux chimistes parurent à Paris. La chimie était une science assez nouvelle. Ces chimistes admettaient cinq éléments différents des quatre éléments d'Aristote. Ils n'étaient pas non plus de son avis sur les catégories ni sur les formes substantielles. Ils publièrent des thèses contre ces opinions du philosophe grec. L'université cria à l'hérésie; elle présenta requête au parlement. La rumeur fut si grande que les nouveaux docteurs furent mis en prison, leurs thèses lacérées en leur présence par un huissier, les deux délinquants condamnés au bannissement du ressort du parlement; enfin il fut défendu par le même arrêt, sous peine de la vie, de soutenir aucune thèse sans la permission de la Faculté.

Il faut plaindre les temps où l'ignorance, et la fausse science encore pire, avilissaient ainsi la raison humaine : et malheureusement ces temps étaient bien proches du nôtre. Nous avions eu cependant des Montaigne, des Charron, des de Thou, des l'Hospital; mais le peu de lumière qu'ils avaient apportée était éteinte, et cette lumière même n'éclaira jamais qu'un petit nombre d'hommes.

Si le parlement, ayant plus étudié les droits de la couronne et du royaume que la philosophie, tombait dans ces erreurs, qui étaient celles du temps, il continuait toujours à détruire une autre erreur que la cour de Rome avait voulu introduire dans tous les lieux et dans tous les temps, et qui était l'erreur de presque tous les ordres monastiques : c'était ce préjugé incroyable, établi depuis le pape Grégoire VII, que les rois sont justiciables de l'Église. On a vu[1] qu'aux états de 1614 et 1615 ce préjugé avait triomphé des vœux du peuple et du zèle du parlement. Cette odieuse question se renouvela encore à l'occasion d'un libelle imputé au jésuite Garasse, le plus dangereux fanatique qui fût alors chez les jésuites[2]. On reprochait dans ce libelle au roi et au cardinal de Richelieu les alliances de la France avec des princes protestants, comme si des traités que la politique ordonne pouvaient avoir quelque rapport à la religion. On poussait l'insolence dans ces libelles jusqu'à dire que le roi et ses ministres méritaient d'être excommuniés. Le parlement ne manqua ni à l'inutile cérémonie de brûler le libelle[3], ni au soin plus sérieux de rechercher l'auteur.

L'assemblée du clergé remplit son devoir en condamnant le livre; mais Spada, nonce du pape, se servit d'une ruse digne d'un prêtre italien, en faisant faire une traduction latine de cette censure, traduction infidèle, et dans laquelle la condamnation était totalement éludée. Il la fit signer par quelques évêques, et l'envoya à Rome comme un monument de la soumission de la couronne de France à la tiare.

Le parlement découvrit la supercherie; non-seulement il condamna la traduction latine, mais il inséra dans la condamnation qu'on procéderait contre les étrangers qui avaient conduit cette fourberie. Le clergé prit alors le parti du nonce Spada; il s'assembla : comme son assemblée légale était finie, le parlement lui ordonna de se séparer, et enjoignit, selon les lois, aux évêques d'aller résider dans leurs diocèses; mais alors le pape avait tant d'influence dans les cours de sa communion que le cardinal de Richelieu était obligé de le ménager et comme cardinal et comme ministre. On évoqua toute cette affaire au conseil du roi, on l'assoupit, jusqu'à la première occasion qui la ferait renaître; il n'y avait point alors d'autre politique.

Précisément dans ce temps-là même il fallait de l'argent, et ce sont là de ces affaires qui ne s'assoupissent pas. Les guerres civiles contre les huguenots, sous le ministère du duc de Luines; la guerre de la Valteline, sous le cardinal de Richelieu, avaient épuisé toutes les ressources. Les huguenots du royaume, mal-

---

1. Chapitre XLVI.
2. 1626. (*Note de Voltaire.*)
3. Le libelle dont parle ici Voltaire était intitulé *Mysteria politica*, 1625, in-4°; l'auteur n'est pas le jésuite Garasse, mais le jésuite Keller. Ensuite de la condamnation par le lieutenant civil de Paris, le livre fut jeté au feu le 30 octobre 1625, et défense fut faite, sous peine de vie, d'en conserver des exemplaires. (B.)

traités par Richelieu, recommençaient encore la guerre. Le roi fut obligé d'aller lui-même au palais faire vérifier des édits bursaux. On consultait souvent dans ces édits plutôt la nécessité pressante que la proportion égale des impôts, et l'utilité du peuple. L'avocat général Servin fut frappé de mort subite en prononçant sa harangue au roi : « Vous acquérez, disait-il, une gloire plus solide en gagnant le cœur de vos sujets qu'en domptant vos ennemis. » A ces dernières paroles la voix lui manqua, une apoplexie le saisit, et on l'emporta expirant.

Le jésuite d'Avrigny, auteur des *Mémoires chronologiques*, d'ailleurs exacts et curieux, prétend qu'il mourut en parlant contre les jésuites dans une affaire qui survint immédiatement après.

Il était toujours question de cet horrible système de la puissance du pape sur les rois et sur les peuples. Il semblait que le sang de Henri IV eût fait renaître les têtes de cette hydre. Sanctarelli, jésuite italien, publia cette doctrine dans un nouveau livre approuvé par Vitelleschi, général de cet ordre, et dédié au cardinal de Savoie [1]. Jamais on ne s'était exprimé d'une manière si révoltante. Le livre fut brûlé à Paris selon l'usage [2]; mais ces exécutions ne produisant rien, il fut agité dans le parlement si on chasserait les jésuites une seconde fois. Il ordonne au provincial, à trois recteurs et à trois profès de comparaître le lendemain. Ils arrivent au milieu du peuple, indigné, qui bordait les avenues du palais. Le jésuite Cotton, alors provincial, porte la parole. On lui demande s'il croit que le pape puisse excommunier et déposséder le roi de France. « Ah! répondit-il, le roi est fils aîné de l'Église, il ne fera jamais rien qui oblige le pape à en venir à cette extrémité. — Mais, lui dit le premier président, ne pensez-vous pas comme votre père général, qui attribue au pape cette puissance? — Ah! notre père général suit les opinions de Rome, où il est, et nous celles de France, où nous sommes. — Et si vous étiez à Rome, que feriez-vous? — Nous ferions comme les autres. » Ces réponses pouvaient attirer aux jésuites l'abolition de leur ordre en France : ils en furent quittes pour signer quatre propositions concernant les libertés de l'Église gallicane, ou plutôt de toute Église, qui sont en partie celles que nous verrons en 1682. Le roi défendit au parlement de passer outre.

La Sorbonne, redevenue française après avoir été ultramon-

---

1. Son livre est intitulé *Antonii Sanctarelli tractatus de hæresi, schismate, apostasia, sollicitatione in sacramento pænitentiæ, etc., et de potestate romani pontificis in his delictis puniendis*, Rome, Zanetti, 1625, in-4°. (B.)

2. 13 mars 1626. (*Note de Voltaire.*)

taine sous Henri III et sous Henri IV, fit non-seulement un décret contre Sanctarelli et contre toutes ces prétentions de Rome, mais ordonna que ce décret serait lu publiquement tous les ans. La cour ne permit pas cette clause, tant il paraissait encore important de ménager ce qu'on ne pouvait assez réprimer [1].

CHAPITRE L.

LA MÈRE ET LE FRÈRE DU ROI QUITTENT LE ROYAUME. CONDUITE DU PARLEMENT.

Le cardinal de Richelieu gouvernait la France despotiquement. Le hasard, qui est presque toujours l'origine des grandes fortunes, ou, pour parler plus juste, cette chaîne inconnue de tous les événements, qu'on appelle hasard, avait d'abord produit l'abbé de Chillon (Richelieu) auprès de Marie de Médicis pendant sa régence. Elle le fit évêque de Luçon, secrétaire d'État, et surintendant de sa maison. Ensuite, ayant partagé les persécutions qu'essuya cette reine après les meurtres du maréchal d'Ancre et de sa femme, il obtint, par sa protection, la dignité de cardinal, et enfin une place au conseil.

Dès qu'il eut affermi son autorité, il ne souffrit pas que sa bienfaitrice la partageât, et dès lors elle devint son ennemie.

Louis XIII, faible, malade, nullement instruit, incapable de travail, ne pouvant se passer de premier ministre, fut obligé de choisir entre sa mère et le cardinal. Sa mère, plus faite pour les intrigues que pour les affaires, plus jalouse de son crédit qu'habile à le conserver, faible et opiniâtre comme son fils, mais plus inconstante encore, plus gouvernée, inquiète, inhabile, ne pouvant pas même régir sa maison, était bien loin de pouvoir régir un royaume. Richelieu était ingrat, ambitieux, tyrannique; mais il avait rendu de très-grands services. Louis XIII sentait combien

---

[1]. « Il y a certains abus, disait Richelieu, qu'on abolit plus aisément en les tolérant qu'en les voulant détruire ouvertement... Il faut réduire les jésuites en tel état qu'ils ne puissent nuire par puissance, mais tel aussi qu'ils ne se portent pas à le faire par désespoir. »

ce ministre détesté lui était nécessaire. Plus sa mère et Gaston son frère se plaignirent, plus Richelieu fut puissant. Les favoris de Marie de Médicis et de Gaston agitèrent la cour et le royaume par des factions qui, dans d'autres temps, auraient dégénéré en guerres civiles. Richelieu étouffa tout par son habileté active, par des rigueurs et par des supplices qui ne furent pas toujours conformes aux lois.

Gaston, frère unique du roi, quitta la France[1] et se retira en Lorraine. Marie, sa mère, s'enfuit à Bruxelles, et se mit ouvertement sous la protection du roi d'Espagne, dont l'inimitié était déclarée contre la France, si la guerre ne l'était pas encore[2].

Il n'en était pas de même du duc de Lorraine : la cour de France ne pouvait le regarder comme un prince ennemi. Cependant le cardinal publia une déclaration du roi, dans laquelle tous les amis et les domestiques de Monsieur, qui l'avaient accompagné dans sa retraite, étaient regardés comme criminels de lèse-majesté. Cette déclaration paraissait trop sévère : des domestiques peuvent suivre leur maître sans crime dans ses voyages; et quand ils n'ont fait aucune entreprise contre l'État, on n'a point de reproche à leur faire. Cette question fut longtemps débattue au parlement de Paris, lorsqu'il fallut enregistrer la déclaration du roi. Gayant et Barillon, présidents aux enquêtes, et Lenet, conseiller, parlèrent avec tant d'éloquence qu'ils entraînèrent la moitié des voix[3], et il y eut un arrêt de partage.

Dans le temps même qu'on allait aux opinions, Monsieur fit présenter une requête par Roger, son procureur général. Elle commençait par ces mots : « Supplie humblement Gaston, fils de France, frère unique du roi. » Il alléguait, dans sa requête, qu'il n'était sorti du royaume que parce que le cardinal de Richelieu l'avait voulu faire assassiner, et il en demandait acte au parlement.

Le premier président Le Jai empêcha que la pièce ne fût présentée; il la remit entre les mains du roi, qui la déclara calomnieuse et la supprima. Si elle avait été lue dans la grand'chambre, le parlement se trouvait juge entre l'héritier présomptif de la couronne et le cardinal de Richelieu.

Le roi, indigné de l'arrêt de partage, manda le parlement[4] au Louvre, et lui ordonna de venir à pied. Tous les membres du

---

1. 1631. (*Note de Voltaire.*)
2. Voyez encore le chapitre CLXXV de l'*Essai sur les Mœurs*.
3. 25 avril 1631. (*Note de Voltaire.*)
4. 12 mai 1631. (*Id.*)

parlement se mirent à genoux [1] devant le roi. Le garde des sceaux Châteauneuf leur dit qu'il ne leur appartenait pas de délibérer sur les déclarations du roi. L'avocat général Talon ayant dit que la compagnie demeurerait dans l'obéissance dont elle avait toujours fait profession : « Ne me parlez pas de l'obéissance de vos gens, dit le roi ; si je voulais former quelqu'un à cette vertu, je le mettrais dans une compagnie de mes gardes, et non pas au parlement. »

Il exila Gayant, Barillon, Lenet ; il leur interdit pour cinq ans l'exercice de leur charge, et déchira lui-même l'arrêt de partage, dont il jeta les morceaux par terre.

La reine mère, avant de partir pour les Pays-Bas, implora le parlement comme son fils Gaston, et aussi inutilement. La compagnie n'osa recevoir ni ses lettres ni ses requêtes ; elle les fit imprimer ; on les trouve aujourd'hui dans les mémoires du temps. L'une de ces requêtes commence par ces mots :

« Supplie Marie, reine de France et de Navarre... disant qu'Armand Jean du Plessis, cardinal de Richelieu, par toutes sortes d'artifices et de malices étranges, tâche d'altérer, comme il avait déjà fait l'année passée, la santé du roi, l'engageant par ses mauvais conseils dans la guerre, l'obligeant à se trouver en personne dans les armées pleines de contagions, aux plus grandes chaleurs, et le jetant tant qu'il peut dans des passions et appréhensions extraordinaires contre ses plus proches et contre ses plus fidèles serviteurs, ayant dessein de s'emparer d'une bonne partie de l'État, remplissant les charges les plus importantes de ses créatures, et étant sur le point d'ajouter un grand nombre de places maritimes et frontières aux gouvernements de Bretagne et de Provence, pour tenir la France assiégée par ces deux extrémités, et pouvant, par ce moyen, avoir le secours des étrangers chez lesquels il a des intelligences secrètes. »

La requête finit par ces paroles : « Ladite dame reine vous supplie de faire vos très-humbles remontrances, tant sur le scandale que produisent les violences qui sont et pourront être faites à la personne de ladite dame reine contre l'honneur dû à son mariage, et à la naissance du roi, par un serviteur ingrat, que sur tout ce qui est contenu en la présente requête sur la dissipation des finances, et achats d'armes, places fortes et provinces entières, violements des lois de l'État, et d'autres faits qui vous

---

1. Tous les mémoires du temps le certifient. Le président Hénault ne parle pas même de cet événement. (*Note de Voltaire.*)

sont connus et publiés à tout le royaume : et vous ferez bien. MARIE. »

Il n'y a point de lecteur qui ne voie que le ressentiment de Marie de Médicis l'emportait au delà de toute borne. On n'est pas d'ailleurs étonné qu'elle s'adresse en suppliante à ce même parlement qu'elle avait traité autrefois avec tant de hauteur ; elle avait parlé en souveraine quand elle était régente, et elle parle dans sa requête en femme infortunée.

Le cardinal fit ériger une chambre de justice à l'Arsenal pour condamner ceux que le parlement de Paris n'avait pas voulu condamner sans les entendre. Cette chambre était composée de deux conseillers d'État, de six maîtres des requêtes, et de six conseillers du grand conseil. Elle commença ses séances le 10 septembre 1631.

Le parlement lui défendit par un arrêt de s'assembler[1]. L'arrêt fut cassé, et le parlement obligé encore de venir demander pardon au roi à Metz, où il était alors. On le fit attendre quinze jours, on le réprimanda, et les arrêts de la chambre de l'Arsenal furent exécutés.

Ces vaines tentatives servirent à fortifier le pouvoir du cardinal, qui humilia tous les corps, tint la reine mère dans l'exil et dans la pauvreté jusqu'à sa mort, le frère du roi dans la crainte et le repentir, les princes du sang dans l'abaissement, et le roi, qui ne l'aimait pas, dans la dépendance de ses volontés. Aucun de ceux qui s'élevèrent contre lui ne fut condamné que par des commissaires ; il eut même l'insolence de faire juger à Ruel, dans sa propre maison de campagne, le maréchal de Marillac par des commissaires qui étaient ses esclaves ; et quand l'illustre Molé, alors procureur général, voulut agir pour le maintien des lois si indignement violées, le cardinal le fit décréter d'ajournement personnel au conseil, et l'interdit des fonctions de sa charge. Enfin il se fit détester de tous les corps de l'État ; mais le succès de presque toutes ses entreprises fit mêler le respect à la haine.

1. 12 octobre 1631. (*Note de Voltaire.*)

CHAPITRE LI.

DU MARIAGE DE GASTON DE FRANCE AVEC MARGUERITE DE LORRAINE, CASSÉ PAR LE PARLEMENT DE PARIS ET PAR L'ASSEMBLÉE DU CLERGÉ.

Gaston, frère unique de Louis XIII, avait épousé en 1631, à Nancy, Marguerite, sœur du duc de Lorraine Charles IV. Toutes les formalités alors requises avaient été observées. Il n'était âgé que d'environ vingt-quatre ans ; mais la reine sa mère et le duc de Lorraine avaient autorisé et pressé ce mariage. Le contrat avait été communiqué au pape Urbain VIII, et en conséquence le cardinal de Lorraine, évêque de Toul, dans le diocèse duquel Nancy se trouvait alors, donna les dispenses de la publication des bans. Les époux furent mariés en présence de témoins, et deux ans après, quand Gaston eut vingt-cinq ans, ils ratifièrent solennellement cette cérémonie dans l'église cathédrale de Malines, pour suppléer d'une manière authentique à tout ce qui pouvait avoir été omis. Ils s'aimaient, ils étaient bien éloignés l'un et l'autre de se plaindre d'une union que le pape et toute l'Europe regardaient comme légitime et indissoluble. Mais ce mariage alarmait le cardinal de Richelieu, qui voyait la reine mère, le frère du roi, héritier présomptif, et le duc de Lorraine, ligués contre lui.

Louis XIII ne pensa pas autrement que son ministre. Il fallut faire penser le parlement et le clergé comme eux, et les engager à casser le mariage. On alléguait que Gaston s'était marié contre la volonté du roi son frère ; mais il n'y avait point de loi expresse qui portât qu'un mariage serait nul quand le roi n'y aurait pas consenti. Gaston avait personnellement offensé son frère ; mais le mariage d'un cadet était-il nul par cette seule raison qu'il déplaisait à l'aîné ? Louis XI, étant dauphin, avait épousé la fille d'un duc de Savoie malgré le roi son père, et avait fui du royaume avec elle sans que jamais Charles VII entreprit de traiter cette union d'illégitime.

On regardait le mariage comme un sacrement et comme un engagement civil. En qualité de sacrement, c'était « le signe visible d'une chose invisible, un mystère, un caractère indélébile, que la mort seule peut effacer » ; et quelque idée que l'Église puisse attacher à ce mot de *chose invisible*, cette question ne paraissait pas du ressort des jugements humains.

A l'égard du contrat civil, il liait les deux époux par les lois de toutes les nations. Annuler ce contrat solennel, c'était ouvrir la porte aux guerres civiles les plus funestes : car s'il naissait un fils du mariage de Gaston, le roi n'ayant point d'enfants, ce fils était reconnu légitime par le pape et par les nations de l'Europe, et déclaré bâtard en France ; et encore aurait-il eu la moitié de la France dans son parti [1].

Le cardinal de Richelieu ferma les yeux aux dangers évidents qui naissaient de la cassation. Il fit mouvoir tant de ressorts qu'il obtint du parlement, irrité contre lui, un arrêt, et de l'assemblée du clergé, qui ne l'aimait pas davantage, une décision favorable à ses vues. Cette condescendance n'est pas surprenante ; il était tout-puissant, il avait envahi les États du duc de Lorraine : tout pliait sous ses volontés.

L'avocat général Omer Talon rapporte que le parlement étant assemblé, il y fut dit que « Phéroras, frère d'Hérode, accusa Salomé d'avoir traité son mariage avec Sillène [2], lieutenant d'Arabie ». On cita Plutarque en la vie de Dion, après quoi la compagnie donna un décret de prise de corps contre Charles, duc de Lorraine [3]; François, nouveau duc de Lorraine (à qui Charles avait cédé son duché), et la princesse de Phalsbourg, leur sœur, comme coupables de rapt envers la personne de Monsieur, frère unique du roi.

Ensuite il les condamna comme coupables de lèse-majesté [4], les bannit du royaume, et confisqua leurs terres.

Deux choses surprenaient dans cet arrêt : premièrement, la condamnation d'un prince souverain qui était vassal du roi pour le duché de Bar, mais qui n'avait point marié sa sœur dans Bar ; secondement, le crime de rapt supposé contre Monsieur, qui était venu en Lorraine conjurer le duc de lui donner sa sœur en mariage. Il était difficile de prouver que la princesse Marguerite eût forcé Monsieur à l'épouser.

---

1. Voltaire voit mal ici. Richelieu eut raison de poursuivre la cassation de ce mariage, qui avait été contracté secrètement, et qui pouvait avoir les conséquences les plus funestes pour l'avenir de la France. (G. A.)

2. Toutes les éditions données du vivant de l'auteur portent, les unes *Sillène*, les autres *Silène* : M. Clogenson, en 1825, a remarqué qu'il fallait mettre, et a mis *Sillée*. (B.)

3. 14 juillet 1634. (*Note de Voltaire.*)

4. 5 septembre. (*Id.*)

Tandis que le parlement procédait, l'assemblée du clergé promulguait une loi civile [1] qui déclarait que les héritiers de la couronne ne pouvaient se marier sans le consentement du chef de la maison. On envoya un évêque de Montpellier à Rome pour faire accepter cette décision par le pape, qui la réprouva. Un règlement de police ne parut pas au pape une loi de l'Église. Si le roi, dont la santé était très-chancelante, fût mort alors, Gaston eût régné sans difficulté, et il aurait aussi sans difficulté fait regarder comme très-valide ce même mariage dont le parlement et le clergé français avaient prononcé la nullité. Heureusement Louis XIII approuva enfin le mariage de son frère. Mais la loi qui défend aux princes du sang de laisser une postérité sans le consentement du roi a toujours subsisté depuis, et le sentiment de Rome qui tient ces mariages valides a subsisté de même; source éternelle de divisions, jusqu'à ce que tous les hommes soient bien convaincus qu'il importe fort peu que ce qui est vrai à Paris soit faux dans le comtat d'Avignon, et que chaque État doit se gouverner selon ses lois, indépendamment d'une théologie ultramontaine.

CHAPITRE LII.

DE LA RÉSISTANCE APPORTÉE PAR LE PARLEMENT A L'ÉTABLISSEMENT DE L'ACADÉMIE FRANÇAISE.

Il est singulier que le parlement n'eût pas hésité à casser et annuler le mariage de l'héritier du royaume, contracté du consentement de sa mère, célébré selon toutes les formalités de l'Église, et qu'il refusât constamment pendant dix-huit mois l'enregistrement des lettres patentes qui établissaient l'Académie française. Les uns crurent qu'après un arrêt rendu en faveur de l'université et d'Aristote, cette compagnie craignait qu'une société d'hommes éclairés, encouragée par l'autorité royale, n'enseignât des nouveautés. D'autres pensèrent que le parlement ne voulait pas qu'en cultivant l'éloquence, inconnue chez les Français, la barbarie du style du barreau devînt un sujet de mépris. D'autres

1. 7 juillet 1635. (*Note de Voltaire.*)

CHAPITRE LII.

enfin imaginèrent que le parlement, mortifié tous les jours par le cardinal, voulait à son tour lui donner des dégoûts.

Le Vassor, compilateur grossier, qui a fait un libelle en dix-huit volumes de l'histoire de Louis XIII, dit que « l'établissement de l'Académie est une preuve de la tyrannie du cardinal. Il ne put souffrir que d'honnêtes gens s'assemblassent librement dans une maison particulière ».

On sent bien que cette imputation ne mérite pas d'être réfutée, mais on ne doit pas perdre ici l'occasion de remarquer que cet écrivain aurait dû mieux profiter des premières leçons de l'Académie; elles lui auraient appris à écrire d'un style moins barbare, avec un fiel moins révoltant, d'une manière plus judicieuse, et à ne pas blesser à la fois la vérité, la langue et le bon sens.

L'érection de l'Académie française était une imitation de celles d'Italie, et d'autant plus nécessaire que tous les genres d'éloquence, et surtout ceux de la chaire et du barreau, étaient déshonorés alors par le mauvais goût et par de très-mauvaises études, pires que l'ignorance des premiers siècles. La barbarie qui couvrait encore la France ne permettait pas aux premiers académiciens d'être de grands hommes; mais ils frayaient le chemin à ceux qui le devinrent. Ils jetèrent les fondements de la réforme des esprits. Il est très-vrai qu'ils enseignèrent à penser et à s'exprimer. Le cardinal de Richelieu rendit, par cette institution, un vrai service à la patrie.

Si le parlement différa une année entière d'enregistrer les lettres[1], c'est qu'il craignait que l'Académie ne s'attribuât quelque juridiction sur la librairie. Le cardinal fit dire au premier président Le Jai qu'il aimerait ces messieurs comme ils l'aimeraient. Enfin, quand cet établissement fut vérifié, le parlement ajouta aux patentes du roi que l'Académie ne connaîtrait que de la langue française et des livres qu'elle aura faits, ou qu'on exposera à son jugement. Cette précaution, prise par le parlement, prouve assez que l'érection de l'Académie avait donné quelque ombrage. Elle n'en pouvait donner, n'ayant que des priviléges honorables, aucun d'utile, et son fondateur même ne lui ayant pas procuré une salle d'assemblée[2].

---

1. Le parlement différa l'enregistrement plus d'une année. Les lettres patentes sont du mois de janvier 1635, l'enregistrement est du 10 juillet 1637. (B.)

2. Du vivant de Richelieu, l'Académie s'assemblait à divers jours ; et, comme le dit Pellisson, *le lieu des assemblées a changé encore plus souvent que le jour.* C'était tantôt chez un académicien, tantôt chez un autre, qu'on se réunissait. A la mort du cardinal (février 1643), le chancelier Séguier fit dire à la compagnie qu'il

CHAPITRE LIII.

SECOURS OFFERT AU ROI PAR LE PARLEMENT DE PARIS. PLUSIEURS DE SES MEMBRES EMPRISONNÉS. COMBAT A COUPS DE POING DU PARLEMENT AVEC LA CHAMBRE DES COMPTES DANS L'ÉGLISE DE NOTRE-DAME.

Richelieu, ayant fait déclarer solennellement la guerre à toute la maison d'Autriche dans l'Allemagne et dans l'Espagne, en 1635, fut sur le point de voir le royaume ruiné l'année suivante. Les ennemis passèrent la Somme, prirent Corbie, ravagèrent toute la Picardie et la Bourgogne; Paris fut exposé, et plusieurs citoyens en sortirent. Les troupes étaient peu nombreuses, intimidées et dispersées; les meilleurs officiers suspects au cardinal, emprisonnés ou exilés, les finances épuisées. On ne regardait alors ce ministre que comme un tyran maladroit [1].

Dans cette crise de l'État, la ville de Paris offrit de soudoyer six mille cinq cents hommes; le parlement résolut d'en lever deux mille cinq cents; l'Université même promit quatre cents soldats. Le cardinal doutait si ces offres étaient faites contre les ennemis ou contre lui-même.

Le parlement voulut nommer [2] douze conseillers pour avoir soin de la garde de Paris, et pour faire contribuer à la levée des troupes que Paris devait fournir.

Le ministre sentit qu'une telle démarche était une insulte plutôt qu'un secours. La compagnie du parlement ne lui parut pas instituée pour garder les portes de la ville, et pour faire les fonctions du gouverneur et des généraux d'armée. Il savait qu'on

---

désirait qu'à l'avenir elle s'assemblât chez lui. En décembre de la même année, on décerna au chancelier le titre de protecteur de l'Académie, qu'avait eu Richelieu; et Séguier est le seul particulier qui l'ait eu, car après sa mort (1672) ce titre de protecteur fut offert à Louis XIV, et a depuis été pris par tous les rois de France. Louis XIV, dès 1672, accorda à l'Académie une des salles du Louvre pour y tenir ses séances. C'est au Louvre que siégea l'Institut, lors de sa création en 1796. Ce fut en février 1807 que l'Institut fut transféré au collège des Quatre-Nations; et c'est là que l'Académie française, l'une des quatre classes de l'Institut, tient ses assemblées, soit particulières, soit publiques. Voyez, tome XIV, la liste des *Chanceliers*, en tête du *Siècle de Louis XIV*. (B.)

1. On l'insultait dans tout Paris; il monta en carrosse, alla droit à l'Hôtel de Ville, sans suite, au pas; et cette preuve de confiance non-seulement fit taire les clameurs, mais provoqua un enthousiasme admirable. (G. A.)

2. 11 août 1636. (*Note de Voltaire.*)

avait parlé de lui dans la séance. Le roi manda au Louvre les présidents et les doyens de chaque chambre; il leur renouvela les défenses de se mêler d'aucune affaire d'État. Enfin le ministre et les généraux ayant réparé leurs fautes, et les ennemis ayant été chassés du royaume, le parlement obéit.

On ne put terminer cette campagne qu'avec des frais immenses. Les finances sont le premier ressort de l'administration, et ce ressort est toujours dérangé. Richelieu n'était pas un Sully qui eût su s'assurer de quarante millions, et préparer les vivres, les munitions, les hôpitaux, avant de faire la guerre. Ni sa santé, ni son génie, ni son ambition, ne lui permettaient d'entrer dans ces détails indispensables, dont la négligence doit diminuer beaucoup sa gloire. Il fut obligé de retrancher trois quartiers d'arrérages que le roi devait aux rentiers de l'Hôtel de Ville. Cette banqueroute était odieuse; il eût mieux valu sans doute établir des impôts également répartis; mais c'est ce qu'on n'a su faire en France qu'après une longue épreuve de moyens aussi honteux que ruineux. Le gouvernement, depuis Sully, ne savait que créer des charges inutiles, que la vanité achetait à prix d'argent, et se remettre à la discrétion des traitants.

Richelieu avait créé vingt nouveaux offices de conseillers au parlement en 1635. La compagnie en avait été indignée; la banqueroute faite aux rentiers excita les cris de tout Paris. Ces citoyens, privés de leur revenu, vinrent se plaindre chez le chancelier Châteauneuf. Pour réponse on en mit trois à la Bastille. Le parlement s'assemble, on délibère, on parle fortement. Le cardinal avait ses espions; il fait enlever Gayant, Champrond, Sallo, Sevin, Tubeuf, Bouville, Scarron[1]. Un édit du roi interdit la troisième chambre des enquêtes. Les magistrats arrêtés furent ou exilés ou enfermés, et les rentiers perdirent leurs arrérages.

Il est évident que le gouvernement du cardinal de Richelieu était à la fois vicieux et tyrannique; mais il est vrai aussi qu'il eut toujours à combattre des factions. La fierté sanguinaire du ministre, et le mécontentement de tous les ordres du royaume, furent les semences qui produisirent depuis les guerres de la Fronde. Le parlement, ayant perdu sous Richelieu toutes les prérogatives qu'il réclamait, ne combattit dans les dernières années de Louis XIII que contre la chambre des comptes.

Ce monarque ayant ôté la protection de la France à sainte

---

1. Ce dernier est probablement le même dont il a été question chapitre XLV, page 10.

Geneviève, qu'on croyait la patronne du royaume parce qu'elle l'était de Paris, conféra cette dignité à la vierge Marie[1].

Ce fut une très-grande solennité dans l'église de Notre-Dame. Les cours supérieures y assistèrent. Le premier président du parlement marcha le premier à la procession. Les présidents à mortier ne voulurent pas souffrir que le premier président des comptes le suivit. Celui-ci, qui était grand et vigoureux, prit un président à mortier à brasse-le-corps, et le renversa par terre. Chaque président des comptes gourma un président du parlement, et fut gourmé. Les maîtres s'attaquèrent aux conseillers. Le duc de Montbazon mit l'épée à la main avec ses gardes pour arrêter le désordre, et l'augmenta. Les deux partis allèrent verbaliser chacun de leur côté. Le roi ordonna que dorénavant le parlement sortirait de Notre-Dame par la grande porte, et la chambre des comptes par la petite.

CHAPITRE LIV.

COMMENCEMENT DES TROUBLES PENDANT LE MINISTÈRE DE MAZARIN. LE PARLEMENT SUSPEND POUR LA PREMIÈRE FOIS LES FONCTIONS DE LA JUSTICE.

De l'humiliation où le parlement fut plongé par le cardinal de Richelieu, il monta tout d'un coup au plus haut degré de puissance, immédiatement après la mort de Louis XIII. Le duc d'Épernon l'avait forcé, les armes à la main, de se saisir du droit de donner la régence à Marie de Médicis. Ce nouveau droit parut aux yeux d'Anne d'Autriche aussi ancien que la monarchie. Il l'exerça librement dans toute sa plénitude. Non-seulement il déclara la reine régente par un arrêt[2], mais il cassa le testament de Louis XIII comme on casse celui d'un citoyen, qui n'est pas fait selon les lois[3]. La régente et la cour étaient bien loin alors de douter du pouvoir du parlement, et de lui contester une prérogative dont elles tiraient tout l'avantage. Le parlement décida,

1. Les lettres patentes sont du 10 février 1638.
2. 18 mai 1643. (*Note de Voltaire.*)
3. Voyez, tome XIV, le chapitre III du *Siècle de Louis XIV*.

sans aucune contradiction, du destin du royaume, et le moment d'après il retomba dans l'état dont la mort de Louis XIII l'avait tiré. La reine voulut être toute-puissante, et le fut jusqu'au temps des Barricades.

Mais avant que le parlement donnât ainsi la régence, et cassât le testament du roi en qualité de cour des pairs, garnie de pairs, il faut remarquer que par les anciennes lois le parlement n'existait plus. La mort du roi le dissolvait; il fallait que les présidents et les conseillers fussent confirmés dans leurs charges par le nouveau souverain, et qu'ils fissent un nouveau serment. Cette cérémonie n'avait pas été observée dans le tumulte et l'horreur que l'assassinat de Henri IV répandit. Le chancelier Séguier voulut faire revivre la loi oubliée; le parlement l'éluda [1]. Il fut présenté dans le Louvre à la reine; il salua le roi, il protesta de son respect et de son obéissance; et il ne fut question ni de confirmation d'offices, ni de serment de fidélité.

Le cardinal Mazarin gouverna despotiquement la reine et le royaume sans qu'aucun grand fît entendre d'abord le moindre murmure : on était accoutumé à recevoir la loi d'un prêtre; on ne fit pas même attention que Mazarin était étranger. Les victoires du duc d'Enghien, si célèbre sous le nom de grand Condé, faisaient l'allégresse publique et rendaient la reine respectable. Mais cet article important des finances, qui est la base de tout, qui seul fait naître souvent les révolutions, les prévient et les étouffe, commença bientôt à préparer les séditions.

Mazarin entendait cette partie du gouvernement plus mal encore que Richelieu. Il borna sa science sur ce point essentiel, dans tout le cours de son ministère, à se procurer une fortune de cent millions; c'était le premier homme du monde pour l'intrigue, et le dernier pour le reste. Ceux qui administraient l'argent de l'État sous ses ordres n'eurent d'autres vues que de procurer de prompts secours par des moyens toujours petits, mal imaginés, et souvent injustes. Les plus pauvres habitants de Paris avaient bâti de chétives maisons ou des cabanes hors des anciennes limites de la ville. Un Italien, nommé Particelli d'Émeri [2], favori du cardinal et contrôleur général, s'avisa de proposer une taxe assez forte sur ces pauvres familles. Elles s'attroupèrent [3],

---

1. *Mémoires de Talon.* (*Note de Voltaire.*)
2. Voyez *Siècle de Louis XIV*, chapitre IV. Voltaire y met à 1646 et 1647 les événements qu'il place ici par erreur en 1644. (B.)
3. 1644. (*Note de Voltaire.*)

elles allèrent porter en foule leurs plaintes à la grand'chambre, non sans y être excitées par plusieurs membres des enquêtes, qui demandèrent l'assemblée des chambres pour juger la cause des pauvres contre le ministère. Cette maladresse du gouvernement indisposa tout Paris : elle apprit au peuple à murmurer, à s'attrouper. Une partie de la grand'chambre dans les intérêts de la cour ne voulut pas souffrir que les enquêtes demandassent les assemblées du parlement.

Les enquêtes persistèrent. Heureusement pour la cour la division se mit alors entre toutes les chambres du parlement[1], requêtes contre enquêtes, enquêtes contre grand'chambre. Les requêtes voulaient être traitées comme les enquêtes, les enquêtes comme les grands chambriers. Il y eut des disputes pour les rangs. Le conseiller doyen du parlement était dans l'usage de précéder les présidents qui ne sont pas présidents à mortier. Il arriva qu'à l'oraison funèbre du maréchal de Guébriant, prononcée à Notre-Dame, les présidents des enquêtes prirent par le bras le vieux doyen Savare, et l'arrachèrent de sa place. Le premier président appela les gardes du roi qui assistaient à la cérémonie, pour soutenir le doyen. L'église cathédrale vit pour la seconde fois des magistrats scandaliser le peuple pour un intérêt de vanité.

La reine s'entremit ; le parlement s'en remit à ses ordres pour juger tous ces différends : elle se garda bien de prononcer ; la maxime *divisez pour régner* était trop connue de Mazarin. Il crut rendre le parlement méprisable en l'abandonnant à ces contestations ; mais il porta le mépris trop loin en faisant saisir le président des enquêtes Barillon par quatre archers, et l'envoyant à Pignerol. Ce Barillon était accoutumé à la prison ; il avait déjà été enfermé sous Richelieu. On en exila d'autres. Le ministre se croyait assez puissant pour imiter le cardinal de Richelieu, quoiqu'il n'en eût ni la cruauté, ni l'orgueil, ni le génie.

Le parlement avait encore aliéné de lui les princes du sang et les pairs : les princes du sang, parce qu'il avait osé disputer le pas au père du grand Condé dans la cérémonie d'un *Te Deum*; les pairs, parce qu'il ne voulait pas souffrir que dans les lits de justice le chancelier, allant aux opinions, s'adressât aux pairs du royaume avant de s'adresser au parlement. Tout cela rendait ce corps peu agréable à la cour. On s'était servi de lui pour donner la régence, comme d'un instrument qu'on brisait ensuite quand on cessait d'en avoir besoin.

1. Talon, tome III. (*Note de Voltaire.*)

Les enquêtes, ne pouvant obtenir la liberté de leurs membres emprisonnés, cessèrent pendant quatre mois entiers de rendre la justice. Ce fut là le premier exemple d'une pareille transgression. Quelques plaideurs en souffrirent, d'autres y gagnèrent en retenant plus longtemps le bien d'autrui. La cour ne s'en mit pas en peine; elle crut que le parlement, indisposant à la fois les princes, les pairs et le peuple, n'aurait jamais aucun crédit : c'est en quoi elle se trompa. Elle ne prévoyait pas qu'à la première occasion tout se réunirait contre un ministre étranger qui commençait à déplaire autant qu'avait déplu le maréchal d'Ancre.

La régence d'Anne d'Autriche aurait été tranquille et absolue si on avait eu un Colbert ou un Sully pour gouverner les finances, comme on avait un Condé pour commander les armées ; encore même est-il douteux si des génies tels que ces deux hommes si supérieurs auraient suffi pour débrouiller alors le chaos de l'administration, pour surmonter les préjugés de la nation alors très-ignorante, pour établir des taxes universelles dans lesquelles il n'y eût rien d'arbitraire, pour faire des emprunts remboursables sur des fonds certains, pour encourager à la fois le commerce et l'agriculture, pour faire enfin ce qu'on fait en Angleterre.

Il y avait à la fois dans le ministère de l'ignorance, de la déprédation, et un empressement obstiné à se servir de moyens précipités pour arracher des peuples un peu d'argent, dont il revenait encore moins à l'État. La taxe sur les maisons bâties dans les faubourgs n'avait presque rien produit. On voulut forcer les citoyens d'acheter pour quinze cent mille livres de nouvelles rentes. Il fallait persuader, et non pas forcer. Le cri public, appuyé des refus du parlement, rendit inutiles ces édits odieux.

Le ministère imagina de nouveaux édits bursaux dont l'énoncé seul le couvrait de honte et de ridicule. C'était une création de conseillers du roi, contrôleurs de bois de chauffage, jurés crieurs de vin, jurés vendeurs de foin, agents de change, receveurs des finances quatriennaux, augmentation de gages moyennant finance dans tous les corps de la magistrature, enfin vente de la noblesse.

Il y eut dix-neuf édits de cette espèce. On mena au parlement Louis XIV en robe d'enfant pour faire enregistrer ces opprobres [1]. On le plaça sur un petit fauteuil qui servait de trône, ayant à sa droite la reine sa mère, le duc d'Orléans son oncle, le père du grand Condé, huit ducs; et à sa gauche trois cardinaux, celui de

---

1. 7 septembre 1645. (*Note de Voltaire.*)

Lyon, frère du cardinal de Richelieu, celui de Ligny, et Mazarin. Il prononça intelligiblement ces paroles : « Mes affaires m'amènent au parlement; monsieur le chancelier expliquera ma volonté. »

Le chancelier Séguier l'expliqua en lisant les dix-neuf édits. L'avocat général Omer Talon prononça une harangue en portant le genou sur sa banquette selon l'usage; et comme il était le harangueur le plus éloquent de la compagnie, il dit au roi « qu'il était un soleil; que quand le soleil n'envoie que quelques rayons dans une chambre par la fenêtre, sa lumière est féconde et bienfaisante : c'est le symbole de la bonne fortune; mais qu'il est périlleux de songer que ce grand astre y entre tout entier, parce qu'il détruit par son activité tout ce qui entre dans ses voies, etc. [1] »

Après cette harangue, qui fut assez longue, surtout pour un roi âgé de sept ans, le chancelier demanda le suffrage des princes et des pairs : les présidents se formalisèrent qu'on n'eût pas commencé par eux; ils furent d'avis de faire des remontrances [2]. Les enquêtes dirent que leur conscience ne leur permettait pas d'enregistrer les édits. Le chancelier répondit que la conscience en affaires d'État était d'une autre nature que la conscience ordinaire, et il fit faire l'enregistrement d'autorité.

CHAPITRE LV.

COMMENCEMENT DES TROUBLES CIVILS, CAUSÉS PAR L'ADMINISTRATION DES FINANCES.

La cour était encore toute-puissante. Le cardinal Mazarin ménageait cette célèbre paix de Munster, par laquelle les Français et les Suédois furent les législateurs de l'empire, et qui fut enfin conclue en 1648. Le prince de Condé, par ses victoires, donnait à la France la supériorité qu'elle eut dans ce traité. L'Espagne, encore plus obérée que la France, ne paraissait pas une ennemie dangereuse; ses finances étaient aussi épuisées que les nôtres,

---

1. Talon, tome III, page 366. (*Note de Voltaire.*)
2. *Ibid.* (*Id.*)

malgré ses trésors du nouveau monde. C'est le sort des nations d'être presque toujours très-mal gouvernées ; l'ambition de quelques grands les plonge dans la guerre ; de misérables intrigues, qu'on appelle politique, troublent l'intérieur de l'État tandis que les frontières sont dévastées ; l'économie est abandonnée ; les factions se forment, et les remèdes qu'elles feignent d'apporter au mal sont les plus pernicieux de tous les maux.

Le ministère de France persistait toujours dans cette malheureuse méthode de chercher des secours d'un moment. On augmenta l'impôt sur le pied fourché[1] et sur d'autres denrées ; on créa douze nouvelles charges de maîtres des requêtes, et on demanda de payer d'avance le droit annuel appelé *paulette*[2]. Aurait-on pensé qu'une cause si légère dût produire le bouleversement de l'État? Mais l'édifice était ébranlé, le moindre vent pouvait le renverser. La guerre civile qui désolait alors l'Angleterre, et qui fit tomber sous la hache d'un bourreau la tête de Charles Ier, avait commencé par un impôt de deux shellings par tonneau de marchandise.

Mazarin ne pensait pas qu'à l'occasion de son édit le parlement pût s'unir avec les maîtres des requêtes, auxquels il reprochait si souvent de faire casser ses arrêts au conseil. Était-il vraisemblable qu'il se joindrait à la chambre des comptes, contre laquelle il s'était battu dans l'église de Notre-Dame? Il était jaloux du grand conseil, qui jugeait les compétences des parlements et qui leur avait enlevé toutes les affaires ecclésiastiques, excepté les appels comme d'abus. Pouvait-il s'entendre avec la cour des aides dont il avait vu avec chagrin le droit d'enregistrer les édits des finances, et de juger des affaires contentieuses dans cette partie? Il était encore moins vraisemblable que les pairs du royaume, offensés de l'égalité que les présidents affectaient avec eux, prissent le parti d'une compagnie qui les avait aliénés. Ils se croyaient, en qualité de pairs, non-seulement les premiers du parlement, mais l'essence du parlement, qui sans eux n'était qu'un simple tribunal de justice contentieuse, et qui ne pouvait changer de nature que quand il était honoré de leur présence. Ainsi tout concourait à faire penser à la reine et à son ministre que le parlement n'aurait ni la hardiesse ni le crédit de résister à leurs volontés ; et cependant ils se trompèrent.

La malheureuse vénalité des charges introduite en France,

---

1. Droit d'entrée sur les animaux à pied fendu ou fourché.
2. Voyez le chapitre XLVII.

et la paulette qui perpétuait cette vénalité [1], furent les premières sources du mal. Tous les magistrats du royaume devaient, de neuf ans en neuf ans, payer ce droit de paulette qui assurait la possession de leurs charges à leurs familles.

L'édit nouveau remettait pour les neuf années suivantes le payement de ce droit ; il en délivrait les cours supérieures, mais il leur retranchait par compensation quatre années de gages. Ces gages sont si médiocres qu'il vaudrait beaucoup mieux n'en pas recevoir. Ce retranchement déplut. La cour, pour apaiser le parlement, l'excepta des autres cours, lui conserva ses gages, et crut par cet expédient le forcer au silence : ce fut tout le contraire [2]. Comment la cour ne s'apercevait-elle pas que le parlement aurait perdu tout son crédit parmi le peuple si, se laissant amollir par cette petite grâce, il avait paru oublier l'intérêt public pour son intérêt particulier, et qu'il ne pouvait se rendre respectable que par un refus ?

Le grand conseil, la chambre des comptes, la cour des aides, s'étant assemblés d'abord par députés, demandèrent au parlement la jonction pour s'opposer aux édits. Le parlement n'hésita pas un moment. Les quatre corps, que la cour croyait incompatibles, s'unirent ensemble. Le ministère, toujours prévenu de sa toute-puissance, cassa cet arrêt d'union [3] que Mazarin, parlant mal français, appelait *l'arrêt d'oignon*, en devenant par là aussi ridicule aux yeux du peuple qu'il était odieux. On méprisa l'ordre de la cour; elle défendit jusqu'aux assemblées des chambres du parlement, et ces chambres s'assemblèrent. La reine fit arrêter cinq conseillers du grand conseil, et deux de la cour des aides. Cette sévérité irrita tous les esprits, mais ne produisit encore aucun mouvement.

Tous les maîtres des requêtes, de leur côté, s'assemblèrent dans la chambre appelée *les Requêtes de l'hôtel*. Ils signèrent un écrit par lequel ils promettaient de ne pas souffrir la création des douze nouvelles charges; ils cessèrent de rapporter les affaires au conseil, comme le parlement cessait de rendre justice.

La reine manda les maîtres des requêtes ; elle était quelquefois un peu aigre dans ses paroles, quoique son caractère fût doux; elle leur dit « qu'ils étaient de plaisantes gens de vouloir borner l'autorité du roi ».

---

1. Voyez page 17.
2. Voyez, tome XIV, le chapitre IV du *Siècle de Louis XIV*.
3. 13 mai 1648. (*Note de Voltaire.*)

Les souverains peuvent faire des actions de fermeté; mais ils doivent bien rarement dire des paroles dures. Les maîtres des requêtes ne furent que plus affermis dans leur résolution. Le chancelier les interdit des fonctions de leurs charges ; ils s'interdisaient eux-mêmes.

Ils allèrent en corps au parlement s'opposer à l'enregistrement de l'édit ; ils furent reçus comme parties. Toute jalousie de corps cédait alors à la haine contre le ministère. Tous les petits intérêts étaient sacrifiés à l'amour de la nouveauté, et à l'esprit de faction qui animait toute la ville. Le parlement n'avait encore dans son parti aucun prince, aucun pair, ni même aucun seigneur. La reine, outrée contre lui, dit hautement plusieurs fois qu'elle ne souffrirait pas « que cette canaille insultât la majesté royale [1] ».

Ces paroles ne servirent pas à ramener les esprits. Le parlement demanda une réforme dans l'administration, et surtout la révocation des intendants de provinces, qu'il regardait comme des magistrats sans titre, instruments odieux des rapines du ministère, oppresseurs du peuple établis par la tyrannie du cardinal de Richelieu, et dont il fallait délivrer la France à jamais.

On criait encore davantage contre l'Italien Particelli d'Émeri, devenu surintendant, condamné autrefois à être pendu à Lyon [2], et monté, par les concussions, au faîte de la fortune. La clameur publique fut si forte, les factions si obstinées, que la cour se crut obligée de plier. Elle exila le surintendant dans ses terres, et promit la suppression des intendants de provinces. Cette condescendance enhardit les mécontents au lieu de les calmer. Le duc d'Orléans, oncle du roi, lieutenant général de l'État sous la reine, qui était alors attaché à elle, négocia avec le parlement, alla quelquefois au palais, eut des conférences chez lui avec les députés du corps : tout fut inutile.

Ces troubles ôtaient au ministère tout son crédit; il ne pouvait ni emprunter des partisans, ni faire entrer les contributions ordinaires dans le trésor public. On avait encore à soutenir une guerre ruineuse ; la reine fut réduite à mettre en gage les pierreries de la couronne et les siennes propres, à renvoyer quelques

---

1. Mémoires de Motteville. (*Note de Voltaire.*)
2. Le cardinal de Retz, dans ses Mémoires, dit que Particelli avait été condamné à être pendu. Mais l'arrêt du parlement, du 9 avril 1620, confirmatif d'une sentence de la Conservation de Lyon, porte seulement qu'il était *condamné à faire amende honorable, pieds et tête nus, en chemise, avec un écriteau portant ces mots : Banqueroutier frauduleux.* La Conservation de Lyon, tribunal de commerce, ne prononçait pas la peine de mort. (B.)

domestiques du roi et des siens, à diminuer jusqu'à la dépense de la nourriture[1]. Il fallut encore que plusieurs personnes de la cour lui prêtassent de l'argent.

Dans cette extrémité, le cardinal Mazarin, qui ne se raidissait pas contre les difficultés comme Richelieu, lui conseilla de mener une seconde fois le roi son fils au parlement, pour accorder tout ce que l'état présent des affaires ne permettait pas de refuser.

Ce lit de justice[2] ne réussit pas mieux que le reste. L'avocat général Talon eut beau dire au jeune roi « qu'il fît réflexion sur la diversion naturelle des maisons célestes, sur l'opposition des astres et des aspects contraires qui composent la beauté de la milice supérieure »; le chancelier ayant accordé de la part du roi plus qu'on ne demandait, et défendu seulement les assemblées des chambres, qui ne devaient pas se faire sans la permission de la cour, on s'assembla dès le lendemain.

Cette obstination fut d'autant plus douloureuse pour la reine que, dans ce temps-là même, la fille de Henri IV, femme de Charles Ier, roi d'Angleterre, se réfugiait en France avec ses enfants, et que le parlement d'Angleterre préparait l'échafaud sur lequel Charles Ier porta sa tête. Ce nom seul du parlement troublait le cœur d'Anne d'Autriche, quoique le tribunal de Paris appelé parlement n'eût rien de commun avec le parlement d'Angleterre. Le chagrin la rendit malade, et le peuple n'eut point pitié d'elle.

CHAPITRE LVI.

DES BARRICADES, ET DE LA GUERRE DE LA FRONDE.

Non-seulement le brigandage des finances avait irrité les tribunaux et les citoyens, mais on était ulcéré de ces emprisonnements et de ces exils, armes de vengeance que les ministres employaient contre leurs ennemis au mépris des lois du royaume. On ne s'en était pas servi sous le gouvernement sage et ferme du

---

1. Motteville. (*Note de Voltaire.*)
2. 31 juillet 1648. (*Id.*)

grand Henri IV. Elles furent à peine remarquées sous le despotisme de Richelieu, qui occupa les bourreaux encore plus que les geôliers.

Mazarin, plus doux que Richelieu, ne répandit point de sang; mais il avait fait mettre en prison à Vincennes le duc de Beaufort, qui n'avait d'autre crime que de lui disputer son autorité, et d'être à la cour son rival en crédit. Le cardinal de Retz, dans ses Mémoires, dit « qu'on fut saisi d'un étonnement respectueux quand on vit Jules Mazarin faire enfermer le petit-fils de Henri IV, et exiler toute sa famille; qu'on se croyait fort obligé au ministre de ce qu'il ne faisait pas mettre quelqu'un en prison tous les huit jours; et que Chapelain admirait surtout ce grand événement. »

Ce Chapelain, dont le nom est devenu si ridicule, pouvait, tant qu'il voulait, admirer servilement cet abus du pouvoir. La maison de Vendôme avait des amis dans le parlement, qui n'admiraient point du tout une telle conduite, et qui excitaient toujours la compagnie contre le ministre.

La bataille de Lens, gagnée par le prince de Condé, enhardit la cour à se venger enfin du parlement. On fit arrêter le président Potier de Blancménil[1], le conseiller Broussel; et on envoya saisir plusieurs autres magistrats qui échappèrent[2].

Broussel était un vieillard de soixante et treize ans, vénérable et cher au peuple par ses cheveux blancs, et parce qu'il logeait dans un quartier rempli de populace, mais plus encore parce qu'il était l'instrument des chefs de parti dans le parlement, qui mettaient toujours dans sa bouche ce qu'ils avaient dans l'esprit; il proposait les avis les plus hardis, et croyait les avoir imaginés.

Quand on eut enlevé ce vieillard, la populace se souleva comme si on lui avait arraché son père. Elle ne fut excitée par aucun homme considérable; la servante de Broussel commença l'émeute, et fut la première cause des Barricades. Les bourgeois se joignirent au peuple, le parlement aux bourgeois; et bientôt après une partie de ceux qu'on appelait grands alors s'unit au parlement.

Le lendemain de l'enlèvement des magistrats et de l'émotion du peuple fut la journée des Barricades. Le peuple renouvela ce qu'il avait fait sous Henri III, mais avec encore plus d'emportement et plus d'effusion de sang. Le cardinal de Retz, alors simple

---

1. Nicolas Potier de Novion de Blancménil, reçu président à mortier en 1645, devint, en 1678, premier président du parlement de Paris. Il fut membre de l'Académie française.

2. Tous ces détails se retrouvent dans le *Siècle de Louis XIV*, chap. IV et V, et dans les Mémoires du temps.

coadjuteur de l'archevêque de Paris, se vante, dans ses Mémoires, d'avoir été l'unique auteur de cette sédition mémorable qui commença la guerre civile ; il y eut sans doute une très-grande part.

Cet archevêque avait trois passions dominantes : la débauche, la sédition, et la vaine gloire. On le vit en même temps se livrer à des amours quelquefois honteux, prêcher devant la cour, et faire la guerre à la reine sa bienfaitrice.

On sait que d'abord le cabinet, alarmé des Barricades, fut obligé de rendre les magistrats emprisonnés. Cette indulgence enhardit les factieux. La reine mère fut enfin obligée de fuir deux fois de Paris avec le roi son fils, les princes et son ministre. Et la seconde fois qu'elle se tira des mains des factieux, ce fut pour aller à Saint-Germain[1], où toute la cour coucha sur la paille, tant ce voyage fut précipité. Le prince de Condé, touché des larmes de la reine et flatté d'être le défenseur de la couronne, prépara le blocus de Paris. Le parlement, de son côté, nomma des généraux et leva des troupes. Chaque conseiller du parlement se taxa à cinq cents livres. Vingt membres de ce corps, qui étaient l'objet de la haine de leurs confrères parce qu'ils avaient acheté leurs charges de la nouvelle création sous le cardinal de Richelieu, donnèrent chacun quinze mille livres pour obtenir la bienveillance du reste de la compagnie. Elle fit payer cinquante écus par chaque maison à porte cochère ; elle fit saisir jusqu'à six cent mille livres dans les maisons des partisans de la cour. Avec cet argent extorqué par la rapine et par un arrêt, elle fit des régiments de bourgeois, et on eut plus de troupes contre la cour que la cour n'en eut contre Paris.

Le parlement, en faisant ces préparatifs, déclara le cardinal premier ministre ennemi de l'État et perturbateur du repos public, lui ordonna de sortir du royaume dans huit jours ; et, passé ce temps, ordre à tous les Français *de lui courre sus*, ancien formulaire des déclarations de guerre de monarque à monarque.

Cependant le grand Condé, avec sept ou huit mille hommes, tenait Paris bloqué et en alarmes. On sait quel mépris il avait pour cette guerre qu'il appelait *la guerre des pots de chambre*, et qui selon lui ne devait être écrite qu'en vers burlesques. On ne se souvient aujourd'hui que du ridicule de cette première campagne de la Fronde ; des vingt conseillers au parlement[2], qu'on appela *les quinze-vingts* parce qu'ils avaient fourni chacun quinze mille

---

1. 6 janvier 1649. (*Note de Voltaire.*)
2. Voyez chapitre iv du *Siècle de Louis XIV*.

livres à l'armée parisienne; du régiment du coadjuteur, nommé le *régiment de Corinthe*, à cause du titre d'évêque de Corinthe que portait alors le cardinal de Retz; de la défaite de ce régiment, appelée *la première aux Corinthiens;* enfin des chansons plaisantes satiriques qui célébraient les exploits des bourgeois de Paris.

La duchesse de Nemours dit que, dans une conférence accordée à quelques députés des rebelles, on leur fit accroire que le prince de Condé se faisait servir régulièrement à son dîner un plat d'oreilles de Parisiens. Malgré outes ces plaisanteries, qui caractérisaient la nation, il y eut du sang répandu, des villages ruinés, des campagnes dévastées, un brigandage affreux, et beaucoup d'infortunés.

C'était dans ce temps-là même que le cardinal Mazarin venait de mettre la dernière main à la paix de Westphalie : il ajoutait l'Alsace à la France, et le parlement le déclarait ennemi de l'État et ordonnait *qu'on lui courût sus.*

Assez de livres sont remplis des détails de tous ces troubles, des factions de Paris, des intrigues de la cour, et de ce flux et reflux continuel de réconciliations et de ruptures : notre plan est de ne rapporter que ce qui concerne le parlement. Les Mémoires de la duchesse de Nemours nous apprennent qu'un des motifs qui avaient déterminé le grand Condé à favoriser Mazarin, et à se déclarer contre le parlement, fut qu'un jour ayant été aux chambres assemblées pour apaiser les troubles naissants, et ayant accompagné son discours d'un de ces gestes d'un général victorieux, qu'on pouvait prendre pour une menace, le conseiller Quatre-Sous lui dit que c'était un fort vilain geste dont il devrait se défaire. Les murmures de l'assemblée, que le cardinal de Retz appelle si souvent la cohue des enquêtes, excitèrent la colère du prince. Il fallut que ses amis l'excusassent auprès de Quatre-Sous; mais à ce mouvement de colère s'était joint un motif plus noble, celui de secourir l'enfance du roi opprimée, et la reine régente outragée.

Toutes les guerres civiles qui avaient désolé la France furent plus funestes que celle de la Fronde; mais on n'en vit jamais qui fût plus injuste, plus inconsidérée, ni plus ridicule. Un archevêque de Paris et une cour de judicature armés contre le roi, sans aucun prétexte plausible, étaient un événement dont il n'y avait point d'exemple, et qui probablement ne sera jamais imité.

Dans cette première petite guerre de la Fronde, on négocia beaucoup plus qu'on ne se battit; c'était le génie du cardinal Mazarin. La cour envoya un héraut d'armes, accompagné d'un gentilhomme ordinaire du roi, au parlement de Paris. Le héraut ne fut point reçu, sous prétexte qu'on n'en envoyait qu'à des ennemis, et que le parlement ne l'était pas ; mais quelques jours après le parlement donna audience à un envoyé du roi d'Espagne, qui promit, au nom du roi son maître, dix-huit mille hommes contre le cardinal Mazarin[1].

Cette proposition de l'Espagne hâta la paix de la cour et des frondeurs. La reine mère ramena son fils à Paris ; mais les affaires ne furent que plus brouillées.

Le prince de Condé demanda hautement le prix de ses services. Le cardinal trouva le prix trop exorbitant, et, pour réponse à ses griefs, il le fit mettre en prison à Vincennes[2], lui, le prince de Conti son frère, et le duc de Longueville, son beau-frère. Le peuple, qui avait fait des barricades pour l'emprisonnement de Broussel, fit des feux de joie pour celui du grand Condé. Mais cet emprisonnement, qui semblait devoir assurer la tranquillité publique en inspirant la terreur, ne produisit qu'une seconde guerre civile. Le parlement prit enfin parti pour ce même prince contre lequel il avait levé des troupes. On vit la mère du grand Condé venir présenter requête à la porte de la grand'chambre, et implorer la protection de tous les conseillers en s'inclinant devant eux à mesure qu'ils passaient.

Le parlement de Bordeaux députa au parlement de Paris, et s'unit avec lui. Mazarin fut obligé de sortir de Paris[3], et d'aller lui-même délivrer les princes qu'il avait fait transférer au Havre-de-Grâce. Le parlement le bannit du royaume par arrêt, avec nouvel ordre à tous les sujets du roi *de lui courir sus*.

Par un second arrêt[4], il commit les conseillers Bitaut et Pitou pour aller informer contre lui sur la frontière, et pour l'amener prisonnier à la Conciergerie en cas qu'ils le trouvassent.

Par un troisième arrêt, il mit la tête du cardinal à prix, et fixa ce prix à cinquante mille écus.

Par un quatrième arrêt, il fit vendre ses meubles et sa bibliothèque pour avoir de quoi payer cette tête.

---

1. Cet envoyé était un moine bernardin que le gouverneur des Pays-Bas employait dans des détails d'intrigues et d'espionnage. Le coadjuteur fabriqua avec lui de fausses lettres de l'archiduc au parlement, pour qu'il pût jouer le rôle d'ambassadeur, et le parlement fut la dupe de cette comédie. (K.)

2. 18 janvier 1650. (*Note de Voltaire*.)

3. 9 février 1651. (*Id.*) — C'est ainsi qu'on lit dans toutes les éditions ; mais ce n'est probablement qu'une faute d'impression. Mazarin était sorti de Paris le 6 février. (B.)

4. 11 mars 1651. (*Note de Voltaire*.)

Par un cinquième arrêt, quand le cardinal revint dans le royaume, à la tête d'une petite armée, pour se joindre aux troupes du roi, il envoya deux conseillers[1] pour informer contre cette armée : l'un d'eux, qui était ce même Bitaut, fut pris, et renvoyé sans rançon avec indulgence.

L'avocat général Talon dit alors au coadjuteur dans le parlement : *Nous ne savons ce que nous faisons;* mais les princes, les généraux, les chefs de parti, les ministres, ne le savaient pas davantage.

Ce n'était pas seulement une guerre civile, c'étaient cent petites guerres civiles qui changeaient chaque jour d'objet et d'intérêt à la cour, dans Paris, dans les provinces, partout où l'incendie était allumé. Les princes, les chefs, les ministres, les femmes, tous faisaient des traités et les rompaient. Le jeune roi erra en fugitif au milieu de son royaume. Le prince de Condé, qui avait été le soutien de la France, en devint le fléau; et Turenne, après avoir trahi la cour, en fut le libérateur.

Enfin la cause du roi prévalut; la reine mère ramena son fils victorieux à Paris[2]. Ce même peuple qui avait accablé d'outrages la famille royale signala son inconstance ordinaire en tournant ses emportements contre le parlement. On chantait au Louvre, au Palais-Royal, au Luxembourg, dans la cour du Palais, dans les places, dans les églises, cette chanson si longtemps fameuse, quoique très mauvaise :

> Messieurs de la noire cour,
> Rendez grâces à la guerre;
> Vous commandiez à la terre,
> Vous dansiez au Luxembourg;
> Petites gens de chicane,
>   Canne
>   Tombera sur vous;
> Et l'on verra madame Anne
> Vous faire rouer de coups.

Cette chanson ridicule montre l'esprit du temps auquel les plus grandes affaires avaient été traitées au cabaret et en vaudevilles.

Le roi ramena le cardinal Mazarin[3]; tout fut tranquille dans Paris, et les séditieux furent punis.

---

1. Janvier 1652. (*Note de Voltaire.*)
2. 21 octobre 1652. (*Id.*) — Dans les éditions données par l'auteur, cette date était placée au dernier alinéa de ce chapitre. La transposition a été faite par M. Renouard, en 1819. (B.)
3. Voyez la note qui précède.

CHAPITRE LVII.

FIN DES GUERRES CIVILES DE PARIS. LE PARLEMENT RENTRE DANS SON DEVOIR; IL HARANGUE LE CARDINAL MAZARIN.

Le châtiment du cardinal de Retz fut borné à une prison dans Vincennes; punition légère pour un homme qui avait été le boute-feu de la France. Le vieux conseiller Broussel, premier auteur, sans le savoir, de tant de troubles et de malheurs, en fut quitte pour se démettre de sa place de prévôt des marchands, que les rebelles lui avaient donnée.

Le roi tint son lit de justice au Louvre [1]; il ordonna aux conseillers Broussel, Fleury, Martinaut, Perraut, et quelques autres, de sortir de Paris; mais on les rappela bientôt.

Le cardinal Mazarin était revenu triomphant dans la capitale [2]. Presque tous les membres du parlement, qui avaient mis sa tête à prix, et qui avaient vendu ses meubles à l'encan pour payer les assassins, vinrent le complimenter les uns après les autres, et furent d'autant plus humiliés qu'il les reçut avec affabilité.

Le grand Condé, plus fier et animé par la vengeance, ne voulut point plier devant un étranger qui lui avait ravi sa liberté; il aima mieux continuer la guerre civile que le parlement de Paris avait commencée, et que le parlement de Bordeaux soutenait alors. On vit ce prince à la tête des troupes espagnoles qu'il avait autrefois battues; et enfin le parlement de Paris, à peine sorti de la faction, condamna ce même prince de Condé par contumace, comme il avait condamné Mazarin, et confisqua tous ses biens en France. Cette compagnie était une arme qui avait blessé son maître, et dont le roi se servait ensuite pour frapper ses ennemis.

Louis XIV ne gouvernait pas encore, et on doutait même qu'il pût jamais tenir lui-même les rênes de l'État; mais il fit sentir, dès l'an 1655, la hauteur de son caractère. Le parlement arrêta de faire des remontrances sur un édit concernant les monnaies, et le ministre prétendait qu'une cour des monnaies étant établie, ce

---

1. 1652. (*Note de Voltaire.*)

2. Il y rentra le 3 février 1653. Après sa sortie du royaume, en février 1651 (voyez page 47), il y était rentré en décembre, et avait été une seconde fois obligé d'en sortir en auguste 1652. Voyez, tome XIV, le chapitre v du *Siècle de Louis XIV*. (B.)

n'était pas au parlement à se mêler de cet objet. Le roi partit de Vincennes à cheval, vint en bottes au parlement, le fouet à la main[1]. Il adressa la parole au premier président, et lui dit: « On sait les malheurs qu'ont produits vos assemblées ; j'ordonne qu'on cesse celles qui sont commencées sur mes édits. Monsieur le premier président, je vous défends de les souffrir; et vous (en se tournant vers les conseillers des enquêtes), je vous défends de les demander. » On se tut, on obéit, et depuis ce moment l'autorité souveraine ne fut plus combattue sous ce règne.

Quand le cardinal eut conclu la paix des Pyrénées, et marié Louis XIV, le parlement vint haranguer ce ministre par députés, ce qu'il n'avait jamais fait ni pour le cardinal de Richelieu, ni pour aucun prince. La harangue était remplie de louanges qui parurent trop fortes même aux courtisans; elle devint l'objet de leurs railleries. Ménage adressa au cardinal, qui n'était pas sans lettres et sans goût, une pièce de vers latins alors très-fameuse; il y parlait comme toute la cour, et il disait dans cet ouvrage :

« Et, puto, tam viles despicis ipse togas [2]. »
Tu méprises sans doute ces robes si viles.

On en fit des plaintes dans la grand'chambre; mais ce n'était plus le temps où cette compagnie pouvait venger ses injures particulières. La cour applaudissait à cette humiliation. Ménage s'excusa; il prétendit qu'il n'avait point voulu désigner la compagnie par le mot de *robes*, quoique ce mot ne pût en effet désigner qu'elle; et le parlement crut qu'il n'était pas de sa dignité de relever cette injure.

CHAPITRE LVIII.

DU PARLEMENT DEPUIS QUE LOUIS XIV RÉGNA PAR LUI-MÊME.

Dès que Louis XIV gouverna par lui-même, il sut contenir tous les corps de l'État dans les limites de leurs devoirs. Il réforma

---

1. Voyez le chapitre xxv du *Siècle de Louis XIV*.
2. Vers 56 de la 10e élégie du livre II. Sur l'explication de ce vers, donnée par Ménage, voyez l'article MÉNAGE, dans le *Catalogue des écrivains*, en tête du *Siècle de Louis XIV*. (B.)

tout : finance, discipline militaire, marine, police, église, jurisprudence. Il y avait beaucoup d'arbitraire dans les formes de la justice. Il pensa d'abord à rendre la procédure uniforme dans tout le royaume, et à extirper, s'il se pouvait, tous les abus ; mais une partie de cette grande entreprise ne fut exécutée qu'en 1667; elle demandait du temps, et il fallait remédier à des maux plus pressants.

Tandis qu'on commençait à jeter les fondements de toute cette réforme générale, il y eut entre les pairs du royaume et les présidents à mortier de Paris une contestation mémorable, dans laquelle il est vrai que les intérêts de la vanité humaine semblaient avoir plus de part que les intérêts de l'État ; mais enfin il s'agissait de l'ordre et de la décence qui sont nécessaires à toute administration. Les pairs ne venaient plus au parlement que lorsqu'ils accompagnaient le roi dans son lit de justice. Ils se plaignaient que, depuis la mort de Louis XIII, les présidents se fussent mis en possession d'opiner avant eux. La cause fut débattue dans le conseil du roi, devant les princes du sang et les ministres.

Les pairs représentaient qu'ils étaient originairement les juges nés de la nation ; qu'ils avaient succédé aux droits des anciens pairs du royaume ; que les maisons de Guise, de Clèves, de Gonzague, pourvues de pairies, avaient joui des mêmes prérogatives que les ducs de Bourgogne, de Guienne et de Normandie ; que les Montmorency, les Uzez, les Brissac, les La Trimouille, et tous les autres revêtus de cette dignité, avaient les mêmes droits qu'avaient eus les Guises; que cette dignité était héréditaire et non sujette à la paulette, comme les charges de présidents ; qu'enfin la cour de justice du parlement tirait son plus grand honneur de la présence des pairs, et du titre de cour des pairs.

Les présidents disaient qu'ils ne faisaient qu'un avec le premier président, que toute la présidence représentait le roi, que le parlement était la cour des pairs, non-seulement parce que les pairs y avaient obtenu séance, mais parce qu'ils y étaient jugés.

Louis XIV et son conseil décidèrent[1] qu'on rendrait aux pairs l'honneur qui leur était dû, et que dans ces séances solennelles ils opineraient les premiers[2].

Les présidents restèrent en possession d'opiner les premiers dans les séances ordinaires où le roi ne se trouve pas, et où le

---

1. 26 avril 1664. (*Note de Voltaire.*)
2. Voyez le chapitre xxv du *Siècle de Louis XIV*.

premier président, et non le chancelier, recueille les voix. Les premiers présidents persistèrent non-seulement à ne prendre les avis des pairs qu'après ceux des présidents, mais à se découvrir devant ces présidents, et à demander l'avis des pairs le bonnet en tête. Les pairs s'en sont plaints souvent, mais cette querelle n'a jamais été décidée; elle est restée dans le nombre des contestations sur lesquelles il n'est rien de réglé. Ce nombre est prodigieux. Ce n'est guère qu'en France que les droits de tous les corps flottent ainsi dans l'incertitude.

Le roi, dès l'année 1655, était venu au parlement, en grosses bottes et un fouet à la main[1], défendre les assemblées des chambres, et il avait parlé avec tant de hauteur que, dès ce jour, on prévit un changement total dans le royaume.

Il ordonna, en 1657, par un édit renouvelé depuis en 1673, que jamais le parlement ne fît des représentations que dans la huitaine après avoir enregistré avec obéissance.

L'indignation qu'il conserva toujours dans son cœur contre les excès auxquels le parlement s'était porté dans sa minorité le détermina même à venir dans la grand'chambre, en 1669[2], pour y révoquer les priviléges de noblesse accordés aux cours supérieures par la reine sa mère, en 1644. Cependant cet édit, enregistré en sa présence, n'a point eu d'effet, l'usage a toujours prévalu sur les ordres du souverain.

Louis XIV préparait des décisions plus importantes pour le bien de la nation. Il fit bientôt travailler à une loi uniforme, qui fixa la manière de procéder dans toutes les cours de judicature, soit au civil, soit au criminel. Il fixa les épices des juges, les cas où il leur est permis de s'en attribuer, et les cas où il leur est défendu de prendre ces émoluments.

Il y eut enfin un code certain, du moins pour la manière de procéder, car celle de juger est toujours restée trop arbitraire en matière civile et criminelle.

Louis XIV n'eut à se plaindre ni d'aucun parlement, ni d'aucun corps dans le cours de son long règne, depuis qu'il tint les rênes du gouvernement.

Il est à remarquer que dans sa longue querelle avec le fier pape Odescalchi, Innocent XI, laquelle dura sept années[3], depuis 1680 jusqu'à la mort de ce pontife, les parlements et le clergé

1. Voyez ci-dessus, page 50.
2. Ce fut le 15 août; voyez le chapitre xxx du *Siècle de Louis XIV*.
3. La querelle de la régale avait commencé en 1678, et ne s'apaisa que sous Innocent XII, en 1693. Innocent XI étant mort en 1689, la querelle a donc duré

soutinrent à l'envi les droits de la couronne contre les entreprises de Rome : concert heureux qu'on n'avait pas vu depuis Louis XII. Le parlement même parut très-disposé à délivrer entièrement la nation du joug de l'Église romaine, joug qu'il a toujours secoué, mais qu'il n'avait jamais brisé.

L'avocat général Talon et le procureur général Harlai, en appelant comme d'abus d'une bulle d'Innocent XI, en 1687, firent assez connaître combien il était aisé que la France demeurât unie avec la chaire de Rome dans le dogme, et en fût absolument séparée dans tout le reste.

Les évêques n'allaient pas jusque-là ; mais c'était beaucoup que le clergé, animé par le grand Bossuet, démentît solennellement, en 1682, la doctrine du cardinal du Perron, qui avait prévalu si malheureusement dans les états de 1614.

Ce clergé, devenu plus citoyen que romain, s'expliqua ainsi dans quatre propositions mémorables :

1. Dieu n'a donné à Pierre et à ses successeurs aucune puissance, ni directe ni indirecte, sur les choses temporelles.

2. L'Église gallicane approuve le concile de Constance, qui déclare les conciles généraux supérieurs au pape dans le spirituel.

3. Les règles, les usages, les pratiques, reçus dans le royaume et dans l'Église gallicane, doivent demeurer inébranlables.

4. Les décisions du pape en matière de foi ne sont sûres qu'après que l'Église les a acceptées.

Ces quatre décisions n'étaient à la vérité que quatre boucliers contre des agressions innombrables ; et même, quelques années après, Louis XIV, se croyant assez puissant pour négliger ces armes défensives, permit que le clergé les abandonnât, et la plupart des mêmes évêques qui s'en étaient servis contre Innocent XI en demandèrent pardon à Innocent XII ; mais le parlement, qui ne doit connaître que la loi et non la politique, les a toujours conservées avec une vigueur inflexible.

Il n'eut pas la même inflexibilité au sujet de l'affaire ridicule et presque funeste de la bulle *Unigenitus*, envoyée de Rome en 1713, bulle qu'on savait assez avoir été fabriquée à Paris par trois jésuites[1] ; bulle qui condamnait les maximes les plus reçues, et même les plus inviolables. Qui croirait que jamais des chrétiens

---

onze ans avec lui. Au reste Voltaire, dans le chapitre VIII de *l'Ingénu*, parle de la querelle qui existait depuis *neuf* ans. (B.)

[1]. Voltaire parle plus au long de la fabrication de la bulle *Unigenitus* à l'article BULLE du *Dictionnaire philosophique*. Voyez aussi ci-après, chap. LXII, pages 67 et suivantes.

eussent pu condamner cette proposition : « Il est bon de lire des livres de piété le dimanche, surtout la sainte Écriture »; et celle-ci : « La crainte d'une excommunication injuste ne doit pas nous empêcher de faire notre devoir[1] » ?

Mais par amour de la paix le parlement l'enregistra, l'an 1714. Ce fut à la vérité en la détestant, et en tâchant de l'affaiblir par toutes les modifications possibles. Un tel enregistrement était plutôt une flétrissure qu'une approbation.

Le roi voulait qu'on enregistrât ses édits, et qu'après on fît des remontrances par écrit si on voulait. Le parlement ne remontra rien.

Louis XIV, satisfait de la soumission apparente du parlement, le rendit bientôt après dépositaire de son testament, qui fut enfermé dans une chambre bâtie exprès. Il ne prévoyait pas que son testament serait cassé unanimement par ceux mêmes à qui il le confiait, et cependant il devait s'y attendre, pour peu qu'il eût réfléchi aux clauses qu'il contenait; mais il avait été si absolu qu'il crut devoir l'être encore après sa mort.

CHAPITRE LIX.

RÉGENCE DU DUC D'ORLÉANS.

Louis XIV étant mort le 1ᵉʳ septembre 1715, le parlement s'assembla le lendemain sans être convoqué. Le duc d'Orléans, héritier présomptif de la couronne, y prit séance avec les princes et les pairs.

Le régiment des gardes entourait le palais, et les mesures avaient été prises avec les principaux membres pour casser le testament du feu roi, comme on avait cassé celui de son père.

Avant qu'on fît l'ouverture de ce testament, le duc d'Orléans prononça un discours par lequel il demanda la régence, en vertu du droit de sa naissance plutôt que des dernières volontés de Louis XIV.

---

1. Ce fut cette même année 1713 que le parlement condamna, par deux arrêts des 22 février et 24 mars, la seconde partie du tome cinquième, composée par Jouvency, de l'*Historia societatis Jesu*. (B.)

« Mais à quelque titre que je doive aspirer à la régence, dit-il, j'ose vous assurer, messieurs, que je la mériterai par mon zèle pour le service du roi, par mon amour pour le bien public, et surtout étant aidé de vos conseils et de vos sages remontrances. »

C'était flatter le parlement que de lui protester qu'on se conduirait par ces mêmes remontrances que Louis XIV avait proscrites, en permettant seulement qu'on en fît par écrit après avoir obéi. Le testament fut lu à voix basse, rapidement, et seulement pour la forme. Il ôtait réellement la régence au duc d'Orléans. Louis XIV avait établi un conseil d'administration, où tout devait se conclure à la pluralité des voix, comme s'il eût formé un conseil d'État de son vivant et comme s'il devait régner après sa mort. Le duc d'Orléans, à la tête de ce conseil, ne devait avoir que la voix prépondérante. Le duc du Maine, fils de Louis XIV, reconnu à la vérité, mais né d'un double adultère [1], avait la garde de la personne du roi Louis XV, et le commandement suprême de toutes les troupes qui forment la maison du roi, et qui composent un corps d'environ dix mille hommes.

Ces dispositions eussent été sages dans un père de famille qui aurait craint de confier la vie et les biens de son petit-fils à celui qui devait en hériter ; mais elles étaient impraticables dans une monarchie. Elles divisaient l'autorité, par conséquent l'anéantissaient ; elles semblaient préparer des guerres civiles ; elles étaient contraires aux usages reçus, qui tenaient lieu de loi fondamentale, s'il y en a sur terre.

Le parlement rendit un arrêt qui était déjà tout préparé. Il est conçu en termes singuliers. Ce n'est point un jugement, *parties ouïes*, point de requête, point de forme ordinaire, rien de contentieux. « La cour, toutes les chambres assemblées, la matière mise en délibération, a déclaré et déclare monsieur le duc d'Orléans régent en France, pour avoir soin de l'administration du royaume pendant la minorité du roi ; ordonne que le duc de Bourbon sera dès à présent chef du conseil de régence sous l'autorité de monsieur le duc d'Orléans, et y présidera en son absence; que les princes du sang royal auront aussi entrée audit conseil, lorsqu'ils auront atteint l'âge de vingt-trois ans accomplis ; et après la déclaration faite par monsieur le duc d'Orléans qu'il entend se conformer à la pluralité des suffrages dudit conseil de la régence dans toutes les affaires (à l'exception des charges,

---

1. Sa mère était Mme de Montespan.

emplois, bénéfices et grâces, qu'il pourra accorder à qui bon lui semblera, après avoir consulté le conseil de régence, sans être néanmoins assujetti à suivre la pluralité des voix à cet égard), ordonne qu'il pourra former le conseil de régence, même tels conseils qu'il jugera à propos, et y admettre les personnes qu'il en estimera les plus dignes, le tout suivant le projet que monsieur le duc d'Orléans a déclaré qu'il communiquerait à la cour; que le duc du Maine sera surintendant de l'éducation du roi; l'autorité entière et le commandement sur les troupes de la maison dudit seigneur roi, même sur celles qui sont employées à la garde de sa personne, demeurant à monsieur le duc d'Orléans, et sans aucune supériorité du duc du Maine sur le duc de Bourbon, grand-maître de la maison du roi. »

C'était s'exprimer en souverain. Ce langage de souveraineté était-il légalement autorisé par la présence des princes et des pairs? Une telle assemblée, tout auguste qu'elle était, ne représentait point les états généraux; elle ne parlait pas au nom d'un roi enfant. Que faisait-elle donc? elle usait d'un droit acquis par deux exemples, celui de Marie de Médicis et celui d'Anne d'Autriche, mère de Louis XIV, qui avaient eu la régence au même titre.

Il restait toujours indécis si le parlement devait cette grande prérogative à la présence des princes et des pairs, ou si les pairs devaient au parlement le droit de nommer un régent du royaume. Toutes ces prétentions étaient enveloppées d'un nuage; chaque pas qu'on fait dans l'histoire de France prouve, comme on l'a déjà vu[1], que presque rien n'a été réglé d'une manière uniforme et stable, et que le hasard, l'intérêt présent, des volontés passagères, ont souvent été législateurs.

Il y parut assez quand le duc du Maine et le comte de Toulouse, fils naturels et légitimés de Louis XIV, furent dépouillés des priviléges que leur père leur avait accordés solennellement en 1714. Il les déclara princes du sang et héritiers de la couronne après l'extinction de la race des vrais princes du sang, par un édit perpétuel et irrévocable, de sa certaine science, pleine puissance et autorité royale. Cet édit fut enregistré sans aucune remontrance dans tous les parlements du royaume, à qui Louis XIV avait au moins laissé la liberté de remontrer après l'enregistrement.

Trois princes du sang même, les seuls qu'eût la France après la branche d'Orléans, consentirent à cet édit, ainsi que plusieurs

---

1. Voyez le chapitre XLII du *Précis du Siècle de Louis XV*, tome XV, page 419; voyez aussi même tome, pages 463, 464, 469, 476, 486.

pairs qui donnèrent aussi leurs voix. Les deux fils de Louis XIV jouirent en conséquence des honneurs attachés à la dignité de prince du sang, au lit de justice qui donna la régence.

Mais bientôt après, ces mêmes princes, le duc de Bourbon, le comte de Charolais et le prince de Conti, présentèrent une requête au jeune roi, tendante à faire annuler dans un nouveau lit de justice au parlement les droits accordés aux princes légitimés. Ainsi, en moins de six mois, le parlement de Paris se serait trouvé juge de la régence du royaume et de la succession à la couronne.

Les princes légitimés alléguaient les plus fortes raisons ; les princes du sang produisaient des réponses très-plausibles. Les pairs intervinrent; trente-neuf seigneurs de la plus haute noblesse prétendirent que cette grande cause était celle de la nation, et qu'on devait assembler les états généraux pour la juger.

On n'en avait pas vu depuis plus de cent ans[1], et on en désirait. Le fameux système de Lass, dont on commençait à craindre l'établissement projeté, indisposait la robe, qui craint toujours les nouveautés. On jetait déjà les fondements d'un grand parti contre le régent. L'assemblée des états pouvait plonger le royaume dans une grande crise ; mais le parlement, qui croit quelquefois tenir lieu des états[2], était loin de souhaiter qu'on les convoquât. Il rejeta la protestation de la noblesse, signifiée, le 17 juin 1717, par un huissier au procureur général et au greffier en chef. Il interdit même l'huissier pendant six mois.

Le duc du Maine et le comte de Toulouse vinrent alors eux-mêmes présenter requête à la grand'chambre, en protestant que cette affaire, où il s'agissait de la succession à la couronne, ne pouvait être jugée que par un roi majeur, ou par les états généraux. La grand'chambre, embarrassée, prit des délais pour répondre.

Enfin, le 2 juillet, le régent fit rendre un édit qui fut enregistré le 8 sans difficulté. Cet édit ôtait aux enfants légitimés de Louis XIV le titre de princes du sang, que leur père leur avait donné contre les lois des nations et du royaume, en leur réservant seulement la prérogative de traverser, comme les princes du sang, ce qu'on appelle au parlement *le parquet* : c'est une petite enceinte de bois, par laquelle ils passent pour aller prendre leurs places ; et de tous les honneurs de ce monde, c'est assurément le

---

1. Depuis 1614; voyez chapitre XLVI, page 11.
2. Voyez tome XV, page 532.

plus mince. Ainsi tout ce qu'avait établi Louis XIV était alors détruit; la forme même de son gouvernement avait été entièrement changée, des conseils ayant été substitués aux secrétaires d'État.

Le régent lui-même eut en ce temps-là une difficulté singulière avec le parlement. Il demanda quel était l'ordre de la cérémonie quand un régent allait en procession avec ce corps. Il s'agissait d'une procession à la cathédrale de Paris pour le jour qu'on appelle la Notre-Dame d'août, jour où Louis XIII avait mis la France sous la protection de la vierge Marie[1], et jour fameux pour les disputes de rang. Le parlement répondit que le régent du royaume devait marcher entre deux présidents. Le régent se crut obligé d'envoyer au nom du roi un ordre par lequel le régent devait passer seul avant la compagnie; ce qui paraissait bien naturel, mais ce qui fait voir encore, comme on l'a vu tant de fois, qu'il n'est rien de réglé en France.

Au reste, il ne s'opposa point à l'habitude que le parlement avait prise de l'appeler toujours Monsieur, comme un conseiller, et de lui écrire Monsieur, tandis qu'il écrivait au chancelier Monseigneur, et tandis que tous les corps de la noblesse des états provinciaux donnaient le titre de Monseigneur au régent. C'est encore une des contradictions communes en France. Le duc d'Orléans n'y prit pas garde, ne songeant qu'à la réalité du pouvoir, et méprisant le ridicule des usages introduits.

CHAPITRE LX.

FINANCES ET SYSTÈME DE LASS PENDANT LA RÉGENCE.

Avant le système de Law ou Lass, qui commença à éclairer la France en la bouleversant, il n'y avait que quelques financiers et quelques négociants qui eussent des idées nettes de tout ce qui concerne les espèces, leur valeur réelle, leur valeur numéraire, leur circulation, le change avec l'étranger, le crédit public; ces objets occupèrent la régence et le parlement.

Adrien de Noailles, duc et pair, et depuis maréchal de France,

---

1. Voyez page 35.

était chef du conseil des finances. Ce n'était pas un Sully, mais aussi il n'était pas le ministre d'un Henri IV. Son génie était plus ardent et plus universel. Il avait des vues aussi droites sans être aussi laborieux et aussi instruit, étant arrivé au gouvernement des finances sans préparation, et ayant été obligé de suppléer par son esprit, qui était prompt et lumineux, aux connaissances préliminaires qui lui manquaient.

Au commencement de ce ministère, l'État avait à payer neuf cents millions d'arrérages; et les revenus du roi ne produisaient pas soixante-neuf millions à trente francs le marc. Le duc de Noailles eut recours, en 1716, à l'établissement d'une chambre de justice contre les financiers. On rechercha les fortunes de quatre mille quatre cent dix personnes, et le total de leurs taxes fut environ de deux cent dix-neuf millions quatre cent mille livres; mais de cette somme immense il ne rentra que soixante et dix millions dans les coffres du roi : il fallait d'autres ressources.

Au mois de mai 1716, le régent avait permis à Lass, Écossais, d'établir sa banque, composée seulement de douze cents actions de mille écus chacune. Tant que cet établissement fut limité dans ses bornes, et qu'il n'y eut pas plus de papier que d'espèces, il en résulta un grand crédit, et par conséquent le bien du royaume; mais quand Lass eut réuni, au mois d'août 1717, une compagnie nommée d'*Occident* à la banque, qu'il se chargea de la ferme du tabac, qui ne valait alors que quatre millions; quand il eut le commerce du Sénégal, à la fin de l'année : toutes ces entreprises, réunies sous la main d'un seul homme qui était étranger, donnèrent une extrême jalousie aux gros financiers du royaume, et le parlement prit des alarmes prématurées. Le chancelier d'Aguesseau, homme élevé dans les formes du palais, très-instruit dans la jurisprudence, mais moins versé dans la connaissance de l'intérieur du royaume; difficile et incertain dans les affaires, mais aussi intègre qu'éloquent, s'opposait autant qu'il pouvait aux innovations intéressées et ambitieuses de Lass.

Pendant ce temps-là il se formait un parti assez considérable contre la régence du duc d'Orléans. La duchesse du Maine en était l'âme; le duc du Maine y entrait par complaisance pour sa femme. Le cardinal de Polignac s'en était mis pour jouer un rôle; plusieurs seigneurs attendaient le moment de se déclarer; ce parti agissait sourdement de concert avec le cardinal Alberoni, premier ministre d'Espagne; tout était encore dans le plus grand secret, et le duc d'Orléans n'avait que des soupçons. Il fallait qu'il se préparât à la guerre contre l'Espagne, qui paraissait inévitable. Il fallait qu'en même temps il acquittât une partie des dettes immenses que Louis XIV avait laissées : il fallut faire plusieurs règlements que le régent crut utiles, et que le chancelier d'Aguesseau crut pernicieux. Il exila le chancelier à sa maison de campagne, et nomma garde des sceaux et vice-chancelier le conseiller d'État lieutenant de police de Paulmy d'Argenson, homme d'une ancienne noblesse, d'un grand courage dans les difficultés, d'une expédition prompte, d'un travail infatigable, désintéressé, ferme, mais dur, despotique, et le meilleur instrument du despotisme que le régent pût trouver [1]. Il eut tout d'un coup les sceaux à la place de M. d'Aguesseau, et l'administration des finances à la place du duc de Noailles ; mais il n'eut ces deux places qu'à condition qu'il établirait de tout son pouvoir le système de Lass, qui allait bientôt se déployer tout entier. Lass était sur le point d'être le maître absolu de tout l'argent du royaume, et le garde des sceaux d'Argenson, déclaré vice-chancelier, devait n'avoir dans cette partie que la fonction de sceller les caprices d'un étranger.

Il mit d'abord toute l'activité de son caractère à soutenir le système de Lass, dont il sentit bientôt après les prodigieux abus. Une des grandes démences de ce système était de décrier l'argent pour y substituer des billets, au lieu que le papier et l'argent doivent se soutenir l'un par l'autre. Lass rendait un grand service à la nation en y établissant une banque générale, telle qu'on en voit en Suède, à Venise, en Hollande, et dans quelques autres États ; mais il bouleversait la France en poussant les actions de cette banque jusqu'à une valeur chimérique, en y joignant des compagnies de commerce imaginaires, et en ne proportionnant pas ces papiers de crédit à l'argent qui circulait dans le royaume.

Pour commencer à avilir les espèces, on les refondit. Le ministère ordonna, le 30 mai 1718, que le marc d'argent, qui, après avoir essuyé plusieurs variations rapides depuis la mort de Louis XIV, était alors à quarante livres, serait à soixante, et que ceux qui porteraient à la Monnaie des anciennes promesses du gouvernement, nommées billets d'État, avec une certaine quantité d'argent, à quarante livres numéraires le marc, recevraient le payement total de leur argent et de leurs billets en valeur numéraire à soixante livres.

---

1. Marc-René de Voyer de Paulmy, marquis d'Argenson, était lieutenant général de police lorsque Voltaire fut mis à la Bastille, en 1716 ; il était père des ministres avec lesquels Voltaire fut lié. (B.)

Cette opération était absurde et injuste. Voici quel en était l'effet pernicieux.

Un citoyen portait à la Monnaie du roi deux mille cinq cents livres de l'ancienne espèce avec mille livres de billets d'État, on lui donnait trois mille cinq cents livres de la nouvelle espèce en argent comptant; il croyait gagner, et il perdait réellement, car on ne lui donnait qu'environ cinquante-huit marcs sous la dénomination trompeuse de trois mille cinq cents livres. Il perdait réellement plus de quatre marcs, et perdait en outre la totalité de ses billets.

Le gouvernement faisait encore une plus grande perte que les particuliers, et s'il trompait les citoyens, il était trompé lui-même : car, dans le payement des impôts qui se payent en valeur numéraire, il recevait réellement un tiers de moins. La nation en général supportait encore un autre dommage par cette altération des monnaies : on les refondait chez l'étranger, qui donnait aux Français pour soixante livres ce qu'il avait reçu pour quarante.

Cela prouve évidemment que ni le régent ni le garde des sceaux, malgré leur esprit et leurs lumières, n'entendaient rien à la finance qu'ils n'avaient point étudiée. Le parlement, qui fit de justes remontrances au régent, n'y entendait pas davantage. Il fit des représentations aussi légitimes que mal conçues[1]. Il se trompa sur l'évaluation de l'argent; il ajouta à cette erreur de calcul une erreur encore plus grande en prononçant ces paroles : « A l'égard de l'étranger, si nous tirons sur lui un marc d'argent, dont la valeur intrinsèque n'est que de vingt-cinq livres, nous serons forcés de lui payer soixante livres, et ce qu'il tirera de nous, il nous le payera dans notre monnaie, qui ne lui coûtera que sa valeur intrinsèque. »

La valeur intrinsèque n'est ni vingt-cinq livres, ni dix livres, ni cinquante livres ; ce mot de *livre* ou *franc* n'est qu'un terme arbitraire, dérivé d'une ancienne dénomination réelle. La seule valeur intrinsèque d'un marc d'argent est un marc d'argent, une demi-livre du poids de huit onces. Le poids et le titre font seuls cette valeur intrinsèque.

Le régent répondit au parlement avec beaucoup de modération, et lui dit ces propres mots : « J'ai pesé les inconvénients, mais je n'ai pu me dispenser de donner l'édit : je les ferai pourtant de nouveau examiner pour y remédier. »

Le régent n'avait pas pesé ces inconvénients, puisqu'il n'était

---

1. 19 juin 1718. (*Note de Voltaire.*)

pas même assez instruit pour relever les méprises du parlement. Ce corps ne dit point ce qu'il devait dire, et le régent ne répondit point ce qu'il devait répondre.

Le parlement ne se contenta pas de cette réponse ; les murmures de presque tous les gens sensés contre Lass l'aigrissaient, et quelques-uns de ses membres étaient animés par la faction de la duchesse du Maine, du cardinal de Polignac, et de quelques autres mécontents.

Le lendemain [1], les chambres assemblées, au nombre de cent soixante et cinq membres, rendirent un arrêt par lequel elles défendirent d'obéir à l'édit du roi.

Le régent se contenta de casser cet arrêt, comme attentatoire à l'autorité royale, et de poster deux compagnies des gardes à l'hôtel de la Monnaie. Il souffrit même encore qu'une députation du parlement vînt faire des remontrances à la personne du roi. Sept présidents et trente-deux conseillers allèrent au Louvre. On croyait que cette marche animerait le peuple ; mais personne ne s'assembla seulement pour les voir passer.

Paris n'était occupé que du jeu des actions auquel Lass le faisait jouer; et la populace, qui croyait réellement faire un gain lorsqu'on lui disait que quatre francs en valaient six, s'empressait à l'hôtel des Monnaies, et laissait le parlement aller faire au roi des remontrances inutiles.

Lass, qui avait réuni à la banque la compagnie d'Occident, y réunit encore la ferme du tabac, qui lui valait beaucoup.

Le parlement osa défendre [2] aux receveurs des deniers royaux de porter l'argent à la banque. Il renouvela ses anciens arrêts contre les étrangers employés dans les finances de l'État. Enfin il décréta d'ajournement personnel le sieur Lass, et ensuite de prise de corps.

Le duc d'Orléans [3] prit alors le parti de faire tenir au roi un lit de justice au palais des Tuileries. La maison du roi prit les armes, et entoura le Louvre. Il fut ordonné au parlement d'arriver à pied et en robes rouges. Ce lit de justice fut mémorable : on commença par faire enregistrer les lettres patentes du garde des sceaux, que le parlement n'avait pas voulu jusque-là recevoir. M. d'Argenson ouvrit ensuite la séance par un discours dont voici les paroles les plus remarquables :

1. 20 juin 1718. (*Note de Voltaire.*)
2. 12 août 1718. (*Id.*)
3. 26 août 1718. (*Id.*)

« Il semble même qu'il a porté (le parlement) ses entreprises jusqu'à prétendre que le roi ne peut rien sans l'aveu de son parlement, et que son parlement n'a pas besoin de l'ordre et du consentement de Sa Majesté pour ordonner ce qu'il lui plaît.

« Ainsi le parlement pouvant tout sans le roi, et le roi ne pouvant rien sans son parlement, celui-ci deviendrait bientôt législateur nécessaire du royaume ; et ce ne serait plus que sous son bon plaisir que Sa Majesté pourrait faire savoir à ses sujets quelles sont ses intentions. »

Après ce discours on lut un édit qui défendait au parlement de se mêler jamais d'aucune affaire d'État, ni des monnaies, ni du payement des rentes, ni d'aucun objet de finance.

M. de Lamoignon, avocat du roi, résuma cet édit en faisant une espèce de protestation modeste. Le premier président demanda la permission de délibérer.

M. d'Argenson répondit : « Le roi veut être obéi, et obéi dans le moment. »

Aussitôt on lut un nouvel édit par lequel on rétablit les pairs dans la préséance sur les présidents à mortier, et sur le droit d'opiner avant eux ; droit que les pairs n'avaient pas voulu réclamer au lit de justice qui donna la régence, mais qu'ils revendiquaient dans un temps plus favorable.

Enfin on termina cette mémorable séance en dégradant le duc du Maine, soupçonné d'être trop uni avec le parlement. On lui ôta la surintendance de l'éducation du roi, qui fut donnée sur-le-champ au duc de Bourbon-Condé, et on le priva des honneurs de prince du sang, que l'on conserva au comte de Toulouse.

Le parlement, ainsi humilié dans cette assemblée solennelle, déclara le lendemain, par un arrêt, qu'il n'avait pu, ni dû, ni entendu avoir aucune part à ce qui s'était passé au lit de justice. Les discours furent vifs dans cette séance. Plusieurs membres étaient soupçonnés de préparer la révolution que la faction du duc du Maine, ou plutôt de la duchesse sa femme, méditait secrètement : on n'en avait pas de preuve, et on en cherchait.

La nuit du 28 au 29 août[1], des détachements de mousquetaires enlevèrent dans leurs maisons le président Blamont et les conseillers Feideau de Calende et Saint-Martin. Nouvelles remontrances au roi dès le lendemain.

Le garde des sceaux répondit d'une voix sèche et dure : « Les affaires dont il est question sont affaires d'État, qui demandent le

---

1. 1718. (*Note de Voltaire.*)

secret et le silence. Le roi est obligé de faire respecter son autorité : la conduite que tiendra son parlement déterminera les sentiments de Sa Majesté à son égard. »

Le parlement cessa alors de rendre la justice. Le régent lui envoya, le 5 septembre, le marquis d'Effiat pour lui ordonner de reprendre ses fonctions, en lui faisant espérer le rappel des exilés : on obéit, et tout rentra dans l'ordre pour quelque temps.

Le parlement de Bretagne écrivit une lettre de condoléance à celui de Paris, et envoya au roi des remontrances sur l'enlèvement des trois magistrats. Le duc d'Orléans commençait alors à soupçonner que la faction du duc du Maine, fomentée en Espagne par le cardinal Alberoni, avait déjà en Bretagne beaucoup de partisans ; mais cela ne l'empêcha pas de rendre la liberté aux trois membres arrêtés : sa fermeté fut toujours accompagnée d'indulgence.

CHAPITRE LXI.

L'ÉCOSSAIS LASS CONTRÔLEUR GÉNÉRAL; SES OPÉRATIONS, RUINE DE L'ÉTAT.

Quiconque veut s'instruire remarquera que, dans la minorité de Louis XIV, l'objet le plus mince arma le parlement de Paris et produisit une guerre civile ; mais que, dans la minorité de Louis XV, la subversion de l'État ne put causer le moindre tumulte. La raison en est palpable. Le cardinal de Richelieu avait aigri tous les esprits, et ne les avait pas abaissés. Il y avait encore des grands, et tout respirait la faction à la mort de Louis XIII. Ce fut tout le contraire à la mort de Louis XIV. On était façonné au joug, il y avait très-peu d'hommes puissants. Une raison beaucoup plus forte encore, c'est que le système de Lass, en excitant la cupidité de tous les citoyens, les rendait insensibles à tout le reste. Le prestige se fortifia de jour en jour. La conspiration du prince de Cellamare, ambassadeur d'Espagne, découverte à Paris en 1719, la prison et l'exil de ses adhérents, la guerre bientôt après déclarée au roi d'Espagne, ne servirent dans Paris qu'à l'entretien de quelques nouvellistes oisifs qui n'avaient pas de quoi acheter des actions. Le régent avait-il besoin de cinquante millions pour soutenir la guerre, Lass les faisait avec du papier.

Cet Écossais, qui s'était fait catholique, mais qui ne s'était pas fait naturaliser légalement, fut déclaré enfin contrôleur général des finances [1], le décret de prise de corps décerné contre lui par le parlement subsistant toujours.

C'était un charlatan à qui on donnait l'État à guérir, qui l'empoisonnait de sa drogue, et qui s'empoisonnait lui-même. On était si enivré de son système que, de toutes les grandes terres qu'il acheta en France, il n'en paya aucune en argent. Il ne donna que des à-compte en billets de banque. On le vit marguillier d'honneur à la paroisse Saint-Roch. Il donna cent mille écus à cette paroisse, mais ce ne fut qu'en papier.

Après avoir porté la valeur numéraire des espèces à un prix exorbitant, il indiqua des diminutions successives. Le public, craignant ces diminutions sur l'argent, et croyant, sur la foi de Lass, que les billets avaient un prix immuable, s'empressait en foule de porter son argent comptant à la banque, et les plaisants leur disaient : « Messieurs, ne soyez pas en peine ; on vous le prendra tout. »

Que devenait donc tout l'argent du royaume? les gens habiles le resserraient. Lass en prodiguait une grande partie à l'établissement de sa compagnie des Indes orientales qui enfin a subsisté longtemps après lui ; et il fit du moins ce bien au royaume : ce qui a fait penser qu'une partie de son système aurait été très-utile si elle avait été modérée. Mais il remboursait en papier toutes les dettes de l'État : charges supprimées, effets royaux, rentes de l'Hôtel de Ville. Tous les débiteurs payaient en papier leurs créanciers. La France se crut riche ; le luxe fut proportionné à cette confiance ; mais bientôt après tout le monde se vit pauvre, excepté ceux qui avaient *réalisé* : c'était un terme nouveau introduit dans la langue par le système.

Enfin il eut l'audace de faire rendre un arrêt du conseil, par lequel il était défendu de garder dans sa maison plus de cinq cents livres en espèces, sous peine de confiscation : c'était le dernier degré d'une absurdité tyrannique [2]. Le parlement, fatigué de ces excès, engourdi par la multitude d'arrêts contradictoires du

---

1. janvier 1720. (*Note de Voltaire*.)
2. C'était pour empêcher les agioteurs de *réaliser*. Monsieur le Duc, par exemple, avait *réalisé* huit millions en septembre, vingt millions, dit-on, en octobre, et il venait encore de réaliser vingt-cinq millions. (G. A.)

conseil, ne fit point de remontrances, parce qu'il en aurait fallu faire chaque jour.

Le désordre croissant, on crut y remédier en réduisant[1] tous les billets de banque à moitié de leur valeur. Ce coup ne servit qu'à faire sentir à tout le monde l'état déplorable de la nation. Chacun se vit ruiné en se trouvant sans argent et en perdant la moitié de ses billets ; et quoiqu'on réfléchît peu, on sentait que l'autre moitié était aussi perdue.

Le gouvernement, étonné et incertain, révoqua la malheureuse défense de garder des espèces dans sa maison, et permit de faire venir de l'or et de l'argent de l'étranger, comme si on en pouvait faire venir autrement qu'en l'achetant. Le ministère ne savait plus où il en était, et rien n'apaisait les alarmes du public.

Le régent fut obligé de congédier[2] le garde des sceaux d'Argenson, et de rappeler le chancelier d'Aguesseau.

Lass lui porta la lettre de son rappel, et d'Aguesseau l'accepta d'une main dont il ne devait rien recevoir ; il était indigne de lui et de sa place de rentrer dans le conseil quand Lass gouvernait toujours les finances. Il parut sacrifie rencore plus sa gloire, en se prêtant à de nouveaux arrangements chimériques que le parlement refusa, et en souffrant patiemment l'exil du parlement, qui ut envoyé à Pontoise. Jamais tout le corps du parlement n'avait été exilé depuis son établissement. Ce coup d'autorité aurait, en d'autres temps, soulevé Paris ; mais la moitié des citoyens n'était occupée que de sa ruine, et l'autre, que de ses richesses de papier qui allaient disparaître.

Chaque membre du parlement reçut une lettre de cachet[3]. Les gardes du roi s'emparèrent de la grand'chambre ; ils furent relevés par les mousquetaires. Ce corps n'était guère composé alors que de jeunes gens, qui mettaient partout la gaieté de leur âge. Ils tinrent leurs séances sur les fleurs de lis, et jugèrent un chat à mort, comme on juge un chien dans la comédie des *Plaideurs*: on fit des chansons, et on oublia le parlement.

Le jeu des actions continua. Les arrêts contradictoires du conseil se multiplièrent, la confusion fut extrême. Le peuple manquant de pain et d'argent, se précipitant en foule aux bureaux de la banque pour échanger en monnaie des billets de dix livres, il y eut trois hommes étouffés dans la presse. Le peuple porta

---

1. 21 mai 1720. (*Note de Voltaire.*)
2. 7 juin 1720. (*Id.*)
3. 20 juillet 1720. (*Id.*)

leurs corps morts dans la cour du Palais-Royal, en se contentant de crier au régent : « Voilà le fruit de votre système ! » Cette aventure aurait produit une sédition violente, et commencé une guerre civile du temps de la Fronde. Le duc d'Orléans fit tranquillement enterrer les trois corps. Il augmenta le nombre des bureaux où le peuple pourrait avoir de la monnaie pour des billets de banque ; tout fut apaisé.

Lass, ne pouvant résister ni au désordre dont il était l'auteur, ni à la haine publique, se démit bientôt de sa place, et sortit du royaume beaucoup plus pauvre qu'il n'y était entré ; victime de ses chimères, mais emportant avec lui la gloire d'avoir rétabli la compagnie des Indes, fondée par Colbert. Il la ranima avec du papier, mais elle coûta depuis un argent prodigieux [1].

CHAPITRE LXII.

DU PARLEMENT ET DE LA BULLE « UNIGENITUS », AU TEMPS DU MINISTÈRE DE DUBOIS, ARCHEVÊQUE DE CAMBRAI ET CARDINAL.

L'opposition constante du parlement aux brigandages du système de Lass n'était pas la seule cause de l'exil du parlement. Il combattait un système non moins absurde, celui de la fameuse bulle *Unigenitus*, qui fut si longtemps l'objet des railleries du public, des intrigues des jésuites, et des persécutions que les opposants essuyèrent.

On a déjà dit [2] que cette bulle, fabriquée à Paris par trois jésuites, envoyée à Rome par Louis XIV, avait été signée par le pape Clément XI, et avait soulevé tous les esprits. La plupart des propositions condamnées par cette bulle roulaient sur les questions métaphysiques du libre arbitre, que les jansénistes n'entendaient pas plus que les jésuites et le consistoire.

Les deux partis posaient pour fondement de leurs sentiments

1. Voyez, tome XIV, page 497, le chapitre XXIX du *Siècle de Louis XIV;* dans les *Mélanges*, année 1763, la dix-huitième des *Remarques pour servir de supplément à l'Essai sur les Mœurs*, et année 1773, l'article II des *Fragments historiques sur l'Inde*. (B.)
2. Page 53. Voyez l'article Bulle Unigenitus dans le *Dictionnaire philosophique*.

contraires un principe que la saine philosophie réprouve : c'est celui d'imaginer que l'Être éternel se conduit par des lois particulières. C'est de ce principe que sont sorties cent opinions sur la grâce, toutes également inintelligibles, parce qu'il faut être Dieu pour savoir comment Dieu agit.

Le duc d'Orléans se moquait également du fanatisme janséniste et de l'absurdité moliniste. Il avait, dans le commencement de sa régence, abandonné le parti jésuitique à l'indignation et au mépris de la nation. Il avait longtemps favorisé le cardinal de Noailles et ses adhérents, persécutés sous Louis XIV par le jésuite Le Tellier; mais les temps changèrent lorsque, après une guerre de courte durée, il se réconcilia avec le roi d'Espagne Philippe V, et qu'il forma le dessein de marier le roi de France avec l'infante d'Espagne, et l'une de ses filles avec le prince des Asturies. Le roi d'Espagne Philippe V était gouverné par un jésuite, son confesseur, nommé Daubenton. Le général des jésuites exigea pour article préliminaire des deux contrats qu'on reçût la bulle en France comme un article de foi. C'était un ridicule digne des usages introduits dans une partie de l'Europe, que le mariage de deux grands princes dépendît d'une dispute sur la grâce efficace; mais enfin on ne put obtenir le consentement du roi d'Espagne qu'à cette condition.

Celui qui ménagea toute cette nouvelle intrigue fut l'abbé Dubois, devenu archevêque de Cambrai. Il espérait la dignité de cardinal. C'était un homme d'un esprit ardent, mais fin et délié. Il avait été quelque temps précepteur du duc d'Orléans; enfin de ministre de ses plaisirs il était devenu ministre d'État. Le duc de Noailles et le marquis de Canillac, en parlant de lui au régent, ne l'appelaient jamais que l'abbé Friponneau. Ses mœurs, ses débauches, ses maladies qui en étaient la suite, sa petite mine, et sa basse naissance[1], jetaient sur lui un ridicule ineffaçable; mais il n'en devint pas moins le maître des affaires.

Il avait pour la bulle *Unigenitus* plus de mépris encore que les évêques appelants, et que tous les parlements du royaume; mais il aurait essayé de faire recevoir l'Alcoran, pour peu que l'Alcoran eût contribué à son élévation.

C'était un de ces philosophes dégagés des préjugés, élevé dans sa jeunesse auprès de la fameuse Ninon de l'Enclos. Il y parut bien à sa mort, qui arriva deux ans après. Il avait toujours dit à

---

1. Voyez page 70.

ses amis qu'il trouverait le moyen de mourir sans les sacrements de l'Église, et il tint parole.

Voilà l'homme qui se mit en tête de faire ce que Louis XIV n'avait pu, d'obliger le cardinal de Noailles à rétracter son appel de la bulle, et de la faire enregistrer sans restriction au parlement de Paris.

Il y avait alors un évêque de Soissons, nommé Languet, qui passait pour bien écrire, parce qu'il faisait de longues phrases et qu'il citait les Pères de l'Église à tout propos. C'est le même qui fit depuis le livre de Marie à la Coque [1]. Dubois l'engagea à composer un corps de doctrine qui pût à la fois contenter les évêques adhérents au pape, et ne pas effaroucher le parti du cardinal de Noailles. Languet crut que son livre opérerait la paix de l'Église, et qu'il aurait le chapeau que Dubois prit pour lui-même.

Dubois flatta le cardinal de Noailles, et menaça le parlement de Paris de l'envoyer à Blois s'il refusait d'enregistrer. Il essuya de longs refus des deux côtés, mais il ne se rebuta point.

Il imagina d'abord que s'il faisait enregistrer la bulle à un autre tribunal qu'au parlement, ce corps craindrait qu'on ne s'accoutumât à se passer de lui, et en deviendrait plus docile. Il s'adressa donc au grand conseil; il y trouva autant de résistance qu'au parlement de Paris, et il ne se rebuta pas encore. Ce tribunal n'étant composé que d'environ cinquante membres ordinaires, il ne s'agissait que d'y venir avec un nombre plus considérable de ceux qui avaient droit d'y prendre séance.

Le duc d'Orléans y amena tous les princes, tous les pairs, des conseillers d'État, des maîtres des requêtes; et le chancelier d'Aguesseau oublia tous ses principes au point de se livrer à cette manœuvre; il fut l'instrument du secrétaire d'État Dubois. On ne pouvait guère s'abaisser davantage. La bulle fut aisément enregistrée à la pluralité des voix, comme une loi de l'État et de l'Église. Le parlement, qui ne voulait point aller à Blois, et qui était fort las d'être à Pontoise, promit d'enregistrer, à condition qu'on ne s'adresserait plus au grand conseil. Il enregistra [2] donc la bulle qu'il avait déjà enregistrée sous Louis XIV, « conformément aux règles de l'Église, et aux maximes du royaume sur les appels au futur concile ».

---

1. Jean-Joseph Languet, évêque de Soissons, a donné, sous le titre de *la Vie de la vénérable mère Marguerite-Marie*, 1729, in-4°, l'histoire de Marie Alacoque. C'est par faute ou plaisanterie que Voltaire écrit *à la Coque*. Alacoque est le nom de famille, et non le surnom. (B.)

2. 4 décembre 1720. (*Note de Voltaire*.)

CHAPITRE LXII.

Cet enregistrement, tout équivoque qu'il était, satisfit la cour. Le cardinal de Noailles se rétracta solennellement, Rome fut contente, le parlement revint à Paris : Dubois fut bientôt après cardinal et premier ministre ; et pendant son ministère tout fut ridicule et tranquille.

L'excès de ce ridicule fut porté au point que l'assemblée du clergé de 1721 donna publiquement à un savetier [1] une pension pour avoir crié dans son quartier en faveur de la bulle *Unigenitus*.

Il y a seulement à remarquer que lorsque Dubois fut cardinal et premier ministre, en 1722, le duc d'Orléans lui fit prendre la première place après les princes du sang au conseil du roi. Les cardinaux de Richelieu et de Mazarin avaient osé précéder les princes, mais ces exemples odieux n'étaient plus suivis ; et c'était beaucoup que les cardinaux, qui n'ont qu'une dignité étrangère, siégeassent avant les pairs du royaume, les maréchaux de France et le chancelier, qui appartiennent à la nation. Le jour que Dubois vint prendre séance [2], le duc de Noailles, les maréchaux de Villeroi et de Villars, sortirent, le chancelier d'Aguesseau s'absenta. On négocia selon la coutume ; chaque parti fit des mémoires. Le chancelier et le duc de Noailles tinrent ferme. D'Aguesseau soutint mieux les prérogatives de sa place contre Dubois, qu'il n'en avait maintenu la dignité lorsqu'il revint à Paris à la suite de l'Écossais Lass. Le résultat fut qu'on l'envoya une seconde fois à sa terre de Frêne ; et il eut alors si peu de considération qu'il ne fut pas même rappelé sous les ministères suivants, qu'il ne reparut à la cour que sous le cardinal de Fleury, et ne reprit les sceaux qu'en 1737, dix ans après son rappel.

Pour le duc de Noailles, le cardinal Dubois eut le plaisir de l'exiler pour quelque temps dans la petite ville ou bourg de Brive-la-Gaillarde en Limousin. Dubois était fils d'un apothicaire de Brive-la-Gaillarde. Le duc de Noailles ne l'avait épargné ni sur sa patrie ni sur sa naissance, et le cardinal lui rendit ses plaisanteries en le confinant auprès de la boutique de son père.

Après Dubois, qui mourut en philosophe [3], et qui était après tout un homme d'esprit, le duc d'Orléans, qui lui ressemblait par ces deux côtés, daigna être premier ministre lui-même. Il ne persécuta personne pour la bulle ; le parlement n'eut avec lui aucun démêlé.

---

1. Il s'appelait Nutelet. (*Note de Voltaire.*)
2. 22 février 1722. (*Id.*)
3. C'est-à-dire sans les sacrements de l'Église ; voyez page 68.

Le duc de Bourbon-Condé succéda au duc régent dans le ministère; mais l'abbé Fleury, ancien évêque de Fréjus, depuis cardinal, gouverna despotiquement les affaires ecclésiastiques. Il persécuta sourdement tant que le duc de Bourbon fut ministre; mais dès qu'il fut venu à bout de le renvoyer, il persécuta hautement, quoiqu'il affectât de la douceur dans sa conduite.

CHAPITRE LXIII.

DU PARLEMENT SOUS LE MINISTÈRE DU DUC DE BOURBON.

Le duc de Bourbon ne fut premier ministre que parce que, immédiatement après la mort du duc d'Orléans, il monta par un escalier dérobé chez le roi, à peine majeur, lui apprit la mort de ce prince [1], lui demanda la place, et obtint un *oui* que l'évêque de Fréjus, Fleury, n'osa pas faire changer en refus. L'État fut alors gouverné par la marquise de Prie [2], fille d'un entrepreneur des vivres nommé Pléneuf, et par un des frères Pâris [3], autrefois entrepreneur des vivres, qui s'appelait Pâris-Duverney. La marquise de Prie était une jeune femme de vingt-quatre ans, aimée du duc de Bourbon. Pâris-Duverney avait de grandes connaissances en finances; il était devenu secrétaire du prince ministre [4]. Ce fut lui qui imagina de marier le jeune roi à la fille de Stanislas Leczinski, retiré à Veissembourg après avoir perdu le royaume de Pologne que Charles XII lui avait donné. Les finances n'étaient pas rétablies, il fallut des impôts. Duverney proposa le cinquantième en nature sur tous les fonds nobles, roturiers et ecclésiastiques, une taxe pour le joyeux avènement du roi, une autre appelée la ceinture de la reine, le renouvellement d'une érection d'offices sur

---

1. 2 décembre 1723. (*Note de Voltaire.*)
2. Agnès Berthelot de Pléneuf épousa le marquis de Prie en 1713, et mourut le 7 octobre 1727: c'est à elle que Voltaire avait dédié sa comédie de *l'Indiscret*, en 1725. Il parle encore de cette dame dans le chapitre III du *Précis du Siècle de Louis XV*, tome XV. (B.)
3. Voyez, tome XV, les chapitres II et III du *Précis du Siècle de Louis XV*.
4. Voltaire vécut, en ce temps-là, dans la familiarité de ces trois personnages. Voyez, tome Ier du *Théâtre*, la *Fête de Bélébat*.

les marchandises qui arrivent à Paris par eau, et quelques autres édits qui déplurent tous à la nation, déjà irritée de se voir entre les mains d'un homme si nouveau, et d'une jeune femme dont la conduite n'était pas approuvée.

Le parlement refusa d'enregistrer : il fallut mener le roi tenir un de ces lits de justice où l'on enregistre tout par ordre du souverain [1]. Le chancelier d'Aguesseau était éloigné ; ce fut le garde des sceaux d'Armenonville [2] qui exécuta les volontés de la cour. On conservait par cet édit la liberté des remontrances au parlement; mais on ordonnait que les membres de ce corps n'auraient jamais voix délibérative en fait de remontrances qu'après dix années d'exercice, qui furent réduites à cinq.

Ce nouveau ministère effaroucha également le clergé, la noblesse et le peuple. Presque toute la cour se réunit contre lui; l'évêque de Fréjus en profita. Il n'eut pas de peine à faire exiler le duc de Bourbon [3], son secrétaire et sa maîtresse ; et il devint le maître du royaume aussi aisément que s'il eût donné une abbaye. Fleury n'eut pas, à la vérité, le titre de premier ministre ; mais, sans aucun titre que celui de conseiller au conseil du roi, il fut plus absolu que les cardinaux d'Amboise, Richelieu et Mazarin ; et avec l'extérieur le plus modeste il exerça le pouvoir le plus illimité.

CHAPITRE LXIV.

DU PARLEMENT AU TEMPS DU CARDINAL FLEURY.

Dubois, pour être cardinal, avait fait recevoir la constitution *Unigenitus* et les formulaires, et toutes les simagrées ultramontaines dont il se moquait. Fleury eut cette dignité dès que le duc de Bourbon fut renvoyé, et il soutint les idées de la cour de Rome par les principes qu'il s'était faits. C'était un génie médiocre, d'ailleurs sans passions, sans véhémence, mais ami de l'ordre. Il croyait que l'ordre consistait dans l'obéissance au

---

1. 8 juin 1725. (*Note de Voltaire.*)
2. Joseph-Jean-Baptiste Fleuriau d'Armenonville, nommé garde des sceaux le 28 février 1722, les rendit le 15 août 1727, et mourut le 27 novembre 1728. (B.)
3. 11 juin 1726.

pape, et il fit, par une politique qu'il crut nécessaire, ce qu'avait fait le jésuite Le Tellier par esprit de parti, et par un fanatisme mêlé de méchanceté et de fraude. Il donna plus de lettres de cachet, et fit des actions plus sévères encore pendant son ministère, que Le Tellier pendant qu'il confessa Louis XIV.

En 1730, trois curés du diocèse d'Orléans [1], qui exposèrent le sentiment véritable de tous les ordres de l'État sur la bulle, et qui osèrent parler comme presque tous les citoyens pensaient, furent excommuniés par leur évêque. Ils en appelèrent comme d'abus au parlement, en vertu d'une consultation de quarante avocats. Les avocats peuvent se tromper comme le consistoire; leur avis n'est pas une loi; mais ils ne sont avocats que pour donner leur avis. Ils usaient de leur droit. Le cardinal Fleury fit rendre contre leur consultation un arrêt du conseil flétrissant, qui les condamnait à se rétracter.

Condamner des jurisconsultes à penser autrement qu'ils ne pensent, c'est un acte d'autorité qu'il est difficile de faire exécuter. Tout le corps des avocats de Paris et de Rouen signa une déclaration très-éloquente dans laquelle ils expliquèrent les lois du royaume. Ils cessèrent tous de plaider jusqu'à ce que leur déclaration, ou plutôt leur plainte, eût été approuvée par la cour. Ils obtinrent cette fois ce qu'ils demandaient [2]. De simples citoyens triomphèrent n'ayant pour armes que la raison [3].

Ce fut vers ce temps-là que les avocats prirent le titre d'*ordre*; ils trouvèrent le terme de *corps* trop commun; ils répétèrent si souvent l'*ordre des avocats*, que le public s'y accoutuma, quoiqu'ils ne soient ni un ordre de l'État, ni un ordre militaire, ni un ordre religieux, et que ce mot fût absolument étranger à leur profession [4].

Tandis que cette petite querelle nourrissait l'animosité des deux partis, le tombeau d'un diacre nommé l'abbé Pâris, inhumé

---

1. L'un des trois était Couet, curé d'Olivet. (B
2. 25 novembre 1730. (*Note de Voltaire.*)
3. Voyez l'*Histoire des avocats au parlement et du barreau de Paris*, par *Fournel*, 1813, tome II, pages 433-449, 463-466. Fournel donne les noms des quarante avocats qui avaient signé la consultation sous les dates des 27 juillet et 7 septembre. L'arrêt du conseil, qui foudroyait cette consultation, est du 30 octobre 1730, et ordonnait aux quarante de se rétracter. L'ordre des avocats publia une requête justificative de la consultation ; et cette requête fut signée, non-seulement du bâtonnier, mais de deux cent cinquante avocats. Ce fut sur cette requête que, le 25 novembre, un arrêt du conseil rétracta celui du 30 octobre. (B.)
4. Voyez, dans les *Mélanges*, année 1761, la *Conversation de M. l'Intendant des menus en exercice avec M. l'abbé Grisel.*

au cimetière de Saint-Médard, semblait être le tombeau de la bulle.

Cet abbé Pâris, frère d'un conseiller au parlement, était mort appelant et réappelant de la bulle au futur concile. Le peuple lui attribua une quantité incroyable de miracles[1]. On allait prier jour et nuit en français sur sa tombe; et prier Dieu en français était regardé comme un outrage à l'Église romaine, qui ne prie qu'en latin.

Un des grands miracles de ce nouveau saint était de donner des convulsions à ceux qui l'invoquaient. Jamais il n'y eut de fanatisme plus accrédité.

Cette nouvelle folie ne favorisait pas le jansénisme aux yeux des gens sensés; mais elle établissait dans toute la nation une aversion pour la bulle et pour tout ce qui émane de Rome. On se hâta d'imprimer la *Vie de saint Pâris*[2]. « La sacrée congrégation des éminentissimes et révérendissimes cardinaux de la sainte Église romaine, inquisiteurs généraux dans toute la république chrétienne contre les hérétiques », prononça excommunication majeure contre ceux qui liraient la vie du bienheureux diacre, et condamna le livre à être brûlé. L'exécution se fit avec la grande cérémonie extraordinaire. On dressa dans la place, vis-à-vis le couvent de la Minerve, un vaste échafaud, et à trente pas un grand bûcher. Les cardinaux montèrent sur l'échafaud : le livre fut présenté, lié et garrotté de petites chaînes de fer, au cardinal doyen. Celui-ci le donna au grand-inquisiteur, qui le rendit au greffier; le greffier le donna au prévôt, le prévôt à un huissier, l'huissier à un archer, l'archer au bourreau. Le bourreau l'éleva en l'air en se tournant gravement vers les quatre points cardinaux; ensuite il délia le prisonnier; il le déchira feuille à feuille; il trempa chaque feuille dans de la poix bouillante[3]; ensuite on versa le tout dans le bûcher, et le peuple cria anathème aux jansénistes.

Cette momerie de Rome redoubla les momeries de Saint-Médard. La France était toute janséniste, excepté les jésuites et les évêques du parti romain. Le parlement de Paris ne cessait de rendre des arrêts contre les évêques qui exigeaient des mourants l'acceptation de la bulle, et qui refusaient aux pénitents les sacrements et la sépulture. L'abbé de Tencin[4], archevêque d'Embrun, qui n'était alors connu que pour avoir converti l'Écossais Lass,

---

1. Voyez le *Dictionnaire philosophique*, au mot CONVULSIONS.
2. *Vie de M. Pâris, diacre.*
3. 20 août 1731. (*Note de Voltaire.*)
4. Voyez, tome XV, le chapitre XXXVII du *Siècle de Louis XIV* et le chapitre XXIV du *Précis du Siècle de Louis XV*.

mais qui songeait déjà à se procurer un chapeau de cardinal, crut le mériter par une lettre violente contre le parlement. Ce tribunal allait la faire brûler selon l'usage; mais on le prévint en la supprimant par un arrêt du conseil.

Ces petites dissensions pour des choses que le reste de l'Europe méprisait augmentaient tous les jours entre le parlement et les évêques. L'archevêque de Paris Vintimille, successeur de Noailles, avait fait une instruction pastorale violente contre les avocats; le parlement de Paris la condamna.

Le cardinal Fleury fit casser l'arrêt du parlement par le conseil du roi. Les avocats cessèrent de plaider, comme le parlement avait quelquefois cessé de rendre la justice. Ils semblaient plus en droit que le parlement de suspendre leurs fonctions; car les juges font serment de siéger, et les avocats n'en font point de plaider. Le ministre en exila onze. Le roi défendit au parlement de se mêler de cette affaire [1]. Il fallait bien pourtant qu'il s'en mêlât, puisque sans avocats il était difficile de rendre la justice. Il se dédommagea alors en donnant un arrêt contre la bulle du pape qui avait condamné la *Vie du bienheureux saint Páris* [2], et contre d'autres bulles qui flétrissaient l'évêque de Montpellier, Colbert, ennemi déclaré de cette malheureuse constitution *Unigenitus*, source de tant de troubles.

Le parlement crut qu'il pourrait toucher le roi s'il lui parlait dans l'absence du cardinal Fleury. Il sut que ce ministre était à une petite maison de campagne qu'il avait au village d'Issy. Des députés prirent ce temps pour aller à la cour [3]. Le roi ne voulut point les voir; ils insistèrent, on les fit retirer. Ils rencontrèrent dans les avenues le cardinal, qui revenait d'Issy. L'abbé Pucelle [4], très-célèbre en ce temps-là, et qui était un des députés, lui dit que le parlement n'avait jamais été si maltraité. Le cardinal soutint l'autorité du conseil, et crut se tirer d'affaire en avouant qu'il y avait quelque chose à reprendre dans la forme. L'abbé Pucelle répliqua que la forme ne valait pas mieux que le fond. On se sépara aigri de part et d'autre.

La cour, embarrassée, rappela les onze avocats de leur exil, afin que la justice ne fût point interrompue; mais le cardinal persista à empêcher le roi de recevoir les députations du parlement.

1. 28 septembre 1731. (*Note de Voltaire.*)
2. La condamnation à Rome de la *Vie de M. Páris*, diacre, est du 22 auguste 1731. (B.)
3. 29 novembre 1731. (*Note de Voltaire.*)
4. Voyez, dans le tome IX, une des notes du deuxième *Discours sur l'homme*.

Enfin ils furent mandés à Versailles par une lettre de cachet[1]. Le chancelier d'Aguesseau les réprimanda au nom du roi, et leur ordonna de biffer sur les registres tout ce qu'ils avaient arrêté au sujet des disputes présentes; il acheva, par cet acte de soumission au cardinal, de se décréditer dans tous les esprits qui lui avaient été si longtemps favorables. Le parlement reçut ordre de ne se mêler en aucune manière des affaires ecclésiastiques; elles furent toutes évoquées au conseil. Par là le cardinal Fleury semblait supprimer et aurait supprimé en effet, s'il l'avait pu, les appels comme d'abus, le seul rempart des libertés de l'Église gallicane[2], et l'un des plus anciens priviléges de la nation et du parlement. Le cardinal Mazarin n'aurait jamais osé faire cette démarche, le cardinal de Richelieu ne l'aurait pas voulu; le cardinal Fleury la fit comme une chose simple et ordinaire.

Le parlement, étonné, s'assembla[3]. Il déclara qu'il n'administrerait plus la justice si l'on en détruisait ainsi les premiers fondements. Des députés allèrent à Compiègne, où était le roi. Le premier président voulut parler, le roi le fit taire.

L'abbé Pucelle eut le courage de présenter la délibération par écrit; le roi la prit, et la fit déchirer par le comte de Maurepas, secrétaire d'État. L'abbé Pucelle fut exilé, et le conseiller Titon envoyé à la Bastille.

Nouvelle députation du parlement pour redemander les conseillers Pucelle et Titon. La députation se présenta à Compiègne.

Pour réponse[4], le cardinal fit exiler le président Ogier, les conseillers de Vrevin, Robert et de La Fautrière. Les partisans de la bulle abusèrent de leur triomphe. Un archevêque d'Arles outragea tous les parlements du royaume dans son instruction pastorale[5]; il les traita de séditieux et de rebelles. On n'avait jamais vu auparavant des chansons dans un mandement d'évêque: celui d'Arles[6] fit voir cette nouveauté. Il y avait dans ce mandement une chanson contre le parlement de Paris, qui finissait par ces vers:

> Thémis, j'implore ta vengeance
> Contre ce rebelle troupeau.

---

1. 10 janvier 1732. (*Note de Voltaire.*)
2. Voyez tome XII, page 23; tome XV, page 179; et le mot Abus, dans le *Dictionnaire philosophique.*
3. 13 mai 1732. (*Note de Voltaire.*)
4. Juin 1732. (*Id.*)
5. 5 septembre 1732. (*Id.*)
6. C'était Jacques Forbin de Janson, sacré en 1711, mort le 13 janvier 1741.

N'en connais-tu pas l'arrogance ?
Mais non, je ne vois plus dans tes mains la balance ;
Pourquoi devant tes yeux gardes-tu ton bandeau ?

Le parlement d'Aix fit brûler l'instruction pastorale et la chanson et le cardinal Fleury eut la sagesse de faire exiler l'auteur.

L'année 1733 se passa en mandements d'évêques, en arrêté du parlement, et en convulsions. Le gouvernement avait déjà fait fermer le cimetière de Saint-Médard, avec défense d'y faire aucun miracle[1]. Mais les convulsionnaires allaient danser secrètement dans les maisons, et même chez plusieurs membres du parlement.

Le cardinal, prévoyant qu'on allait soutenir une guerre contre la maison d'Autriche, ne voulut pas en avoir une intestine pour des intérêts si méprisables. Il laissa là pour cette fois la bulle, les convulsions, les miracles et les mandements. Il savait plier, il rappela les exilés. Le parlement, qui avait déjà repris les fonctions de son devoir, rendit la justice aux citoyens comme à l'ordinaire. Le cardinal eut l'adresse de lui renvoyer, par des lettres patentes du roi, la connaissance des miracles et des convulsions. Il n'était besoin d'aucunes lettres patentes pour que le parlement connût de ces farces, qui sont un objet de police. Cependant il fut si flatté de cette marque d'attention qu'il décréta quelques convulsionnaires, quoiqu'ils fussent protégés ouvertement par un président nommé Dubois, et par quelques conseillers qui jouaient eux-mêmes dans ces comédies. Le bruit que faisaient toutes ces sottises fut étouffé par la guerre de 1733, et cet objet fit disparaître tous les autres.

CHAPITRE LXV.

DU PARLEMENT, DES CONVULSIONS, DES FOLIES DE PARIS JUSQU'À 1752.

Le parlement fut donc tranquille pendant cette guerre heureuse. A peine le public s'aperçut-il que l'on condamna des thèses

---

1. Voyez le distique qui fut fait dans le temps, à l'article CONVULSIONS du *Dictionnaire philosophique*.

soutenues en Sorbonne en faveur des prétentions ultramontaines, qu'on fit brûler une lettre de Louis XIV à Louis XV, et d'autres satires méprisables, aussi bien que quelques lettres d'évêques constitutionnaires. L'affaire la plus mémorable, et qui méritait le moins de l'être, fut celle d'un conseiller du parlement, nommé *Carré de Montgeron*, fils d'un homme d'affaires. Il était très-ignorant et très-faible, débauché, et sans esprit. Les jansénistes lui tournèrent la tête : il devint convulsionnaire outré. Il crut avoir vu des miracles, et même en avoir fait. Les gens du parti le chargèrent d'un gros recueil de miracles[1], qu'il disait attestés par quatre mille personnes. Ce recueil était accompagné d'une lettre au roi, que Carré eut l'imbécillité de signer et la folie de porter lui-même à Versailles. Ce pauvre homme disait au roi, dans sa lettre, « qu'il avait été fort débauché dans sa jeunesse, qu'il avait même poussé le libertinage jusqu'à être déiste », comme si la connaissance et l'adoration d'un Dieu pouvaient être le fruit de la débauche; mais c'est ainsi que le fanatisme imbécile raisonne. Le conseiller Carré alla à Versailles, le 29 août 1737, avec son recueil et sa lettre; il attendit le roi à son passage, se mit à genoux, présenta ses miracles : le roi les reçut, les donna au cardinal Fleury, et dès qu'on eut vu de quoi il était question, on expédia une lettre de cachet pour mettre à la Bastille le conseiller. On l'arrêta le lendemain dans sa maison à Paris; il baisa la lettre de cachet en vrai martyr; le parlement s'assembla. Il n'avait rien dit quand on avait donné une lettre de cachet au duc de Bourbon, prince du sang et pair du royaume, et il fit une députation en faveur de Carré. Cette démarche ne servit qu'à faire transférer le prisonnier près d'Avignon, et ensuite au château de Valence, où il est mort fou. Un tel homme en Angleterre en aurait été quitte pour être sifflé de la nation; il n'aurait pas été mis en prison, parce que ce n'est point un crime d'avoir vu des miracles, et que, dans ce pays gouverné par des lois, on ne punit point le ridicule. Les convulsionnaires de Paris mirent Carré au rang des plus grands confesseurs de la foi.

Au mois de janvier 1738, le parlement s'opposa à la canonisation de Vincent de Paul, prêtre gascon, célèbre en son temps. La bulle de canonisation envoyée par Benoît XIII parut contenir

---

1. Louis-Basile Carré de Montgeron, né en 1686, mort en 1754, est auteur de *la Vérité des miracles opérés à l'intercession de M. de Pâris et autres appelants*, 1736, in-4°, dont il publia la *Continuation* en 1741, et un troisième volume en 1748. Un *Abrégé des trois volumes de Montgeron sur les miracles de M. de Pâris*, 1799, 2 volumes in-12, a été attribué à M. l'abbé Jacquemont, qui l'a désavoué. (B.)

des maximes dont les lois de la France ne s'accommodent pas. Elle fut rejetée ; mais le cardinal Fleury, qui protégeait les frères de Saint-Lazare, institués par Vincent, et qui les opposait secrètement aux jésuites, fit casser par le conseil l'arrêt du parlement, et Vincent fut reconnu pour saint malgré les remontrances : aucune de ces petites querelles ne troubla le repos de la France[1].

Après la mort du cardinal Fleury et les mauvais succès de la guerre de 1741, le parlement reprit un nouvel ascendant. Les impôts révoltaient les esprits, et les fautes qu'on reprochait aux ministres encourageaient les murmures. La maladie épidémique des querelles de religion, trouvant les cœurs aigris, augmenta la fermentation générale. Le cardinal Fleury, avant sa mort, s'était donné pour successeur dans les affaires ecclésiastiques un théatin nommé Boyer, qu'il avait fait précepteur du dauphin. Cet homme avait porté dans son ministère obscur toute la pédanterie de son état de moine ; il avait rempli les premières places de l'Église de France d'évêques qui regardaient la trop fameuse bulle *Unigenitus* comme un article de foi et comme une loi de l'État. Beaumont, qui lui devait l'archevêché de Paris, se laissa persuader qu'il extirperait le jansénisme. Il engageait les curés de son diocèse à refuser la communion qu'on appelle le viatique, et qui signifie *provision de voyage*, aux mourants qui avaient appelé de la bulle et qui s'étaient confessés à des prêtres appelants ; et conséquemment à ce refus de communion on devait priver les jansénistes reconnus de la sépulture. Il y a eu des nations chez lesquelles ce refus de la sépulture était un crime digne du dernier supplice ; et dans les lois de tous les peuples, le refus des derniers devoirs aux morts est une inhumanité punissable.

[2] Le curé de la paroisse de Saint-Étienne-du-Mont, qui était un chanoine de Sainte-Geneviève, nommé frère *Boitin*[3], refusa d'administrer un fameux professeur de l'université, successeur du célèbre Rollin. L'archevêque de Paris ne s'apercevait pas qu'en voulant forcer ses diocésains à respecter la bulle, il les accoutumait

---

1. La bulle de canonisation donnée par Clément XII est du 16 juin 1737 : Vincent de Paul avait été béatifié par Benoît XIII, le 13 août 1729. L'arrêt du parlement, du 4 janvier 1738, supprime la bulle du 16 juin précédent, comme contenant des opinions contraires aux libertés et franchises de l'Église gallicane. Un arrêt du conseil, du 22 janvier 1738, cassa l'arrêt du parlement, et permit la publication de la bulle. (B.)

2. Sur les querelles du parlement et du clergé, de 1750 à 1762, voyez, tome XV, le chapitre xxxvi du *Précis du Siècle de Louis XV*.

3. Il est nommé *Bouettin* à la page 331 de la *Suite du supplément au nécrologe des défenseurs de la vérité*, faisant le tome V de la collection. (B.)

à ne pas respecter les sacrements. Coffin mourut sans être communié ; on fit difficulté de l'enterrer, et son neveu, conseiller au Châtelet, força enfin le curé de lui donner la sépulture ; mais ce même conseiller, étant malade à la mort, six mois après, à la fin de l'année 1750, fut puni d'avoir enterré son oncle. Le même Boitin lui refusa l'eucharistie et les huiles, et lui signifia qu'il ne serait ni communié, ni oint, ni enterré, s'il ne produisait un billet par lequel il fût certifié qu'il avait reçu l'absolution d'un prêtre attaché à la constitution. Ces billets de confession commençaient à être mis en usage par l'archevêque. Cette innovation tyrannique était regardée par tous les esprits sérieux comme un attentat contre la société civile. Les autres n'en voyaient que le ridicule, et le mépris pour l'archevêque retombait malheureusement sur la religion. Le parlement décréta le séditieux curé, l'admonéta, le condamna à l'aumône, et le fit mettre pendant quelques heures à la Conciergerie [1].

Le parlement fit au roi plusieurs remontrances, très-approuvées de la nation, pour arrêter le cours des innovations de l'archevêque. Le roi, qui ne voulait point se compromettre, laissa une année entière les remontrances sans une réponse précise.

Dans cet intervalle l'archevêque Beaumont acheva de se rendre ridicule et odieux à tout Paris, en destituant une supérieure et une économe de l'hôpital général, placées depuis longtemps dans ces postes par les magistrats du parlement. Destituer des personnes de cet état, sous prétexte de jansénisme, parut une démarche extravagante inspirée par l'envie de mortifier le parlement beaucoup plus que par le zèle de la religion. L'hôpital général fondé par les rois, ou du moins qui les regarde comme ses fondateurs, est administré par des magistrats du parlement et de la chambre des comptes pour le temporel, et par l'archevêque de Paris pour le spirituel. Il y a peu de fonctions spirituelles attachées à des femmes chargées d'un soin domestique immense ; mais comme elles pouvaient faire réciter quelquefois le catéchisme aux enfants, l'archevêque soutenait que ces places dépendaient de lui. Tout Paris fut indigné ; les aumônes à l'hôpital cessèrent, le parlement voulut procéder ; le conseil se déclara pour l'archevêque, parce qu'en effet ce mot *spirituel* semblait assurer son droit. Le parlement eut recours aux remontrances ordinaires [2], et ne voulut point enregistrer la déclaration du roi.

1. 20 décembre 1750. (*Note de Voltaire.*)
2. Septembre 1751. (*Id.*)

On était déjà irrité contre ce corps, qui avait fait beaucoup de difficulté pour le vingtième et pour des rentes sur les postes. Le roi lui fit défense de se mêler dorénavant des affaires de l'hôpital, et les évoqua toutes à son conseil[1]. Le lendemain, le premier président de Maupeou, deux autres présidents, l'avocat et le procureur général, furent mandés à Versailles, et on leur ordonna d'apporter les registres, afin que tout ce qui avait été arrêté sur cette affaire fût supprimé. On ne trouva point de registre. Jamais plus petite affaire ne causa une plus grande émotion dans les esprits. Le parlement cessa ses fonctions, les avocats fermèrent leurs cabinets : le cours de la justice fut interrompu pour deux femmes d'un hôpital ; mais ce qu'il y avait d'horrible, c'est que pendant ces querelles indécentes et absurdes on laissait mourir les pauvres, faute de secours. Les administrateurs mercenaires de l'Hôtel-Dieu s'enrichissaient par la mort des misérables. Plus de charité quand l'esprit de parti domine. Les pauvres moururent en foule, on n'y pensait pas ; et les vivants se déchiraient pour des inepties.

Le roi fit porter[2] à chaque membre du parlement des lettres de jussion par ses mousquetaires. Les magistrats obéirent en effet : ils reprirent leurs séances ; mais les avocats n'ayant point reçu de lettres de cachet ne parurent point au barreau. Leur fonction est libre. Ils n'ont point acheté leurs places. Ils ont le droit de plaider et le droit de ne plaider pas. Aucun d'eux ne parut. Leur intelligence avec le parlement irrita la cour de plus en plus. Enfin les avocats plaidèrent, les procès furent jugés comme à l'ordinaire, et tout parut oublié.

Le frère Boitin, curé de Saint-Étienne-du-Mont, renouvela les querelles et les plaisanteries de Paris ; il refusa la communion et l'extrême-onction à un vieux prêtre nommé l'abbé Le Maire[3], qui avait soutenu le parti janséniste du temps de la bulle *Unigenitus*, et qui l'avait très-mal soutenu. Voilà frère Boitin décrété encore d'ajournement personnel. Voilà les chambres assemblées pour faire donner l'extrême-onction à l'abbé Le Maire, et invitation faite par un secrétaire de la cour à l'archevêque pour venir prendre sa place au parlement. L'archevêque répond qu'il a trop d'affaires spirituelles pour aller juger, et que ce n'est que par son ordre qu'on a refusé de donner la communion et les huiles au prêtre Le Maire. Les chambres restèrent assemblées jusqu'à

---

1. 20 novembre 1751. (*Note de Voltaire.*)
2. 28 novembre 1751. (*Id.*)
3. 20 mars 1752. (*Id.*) — On lit : Lemère, dans l'ouvrage cité page 79. (B.)

minuit. Il n'y avait jamais eu d'exemple d'une telle séance. Frère Boitin fut encore condamné à l'aumône, et le parlement ordonna à l'archevêque *de ne plus commettre de scandale*. Le procureur général, le dimanche des Rameaux, va, par ordre du parlement, exhorter l'archevêque à donner les huiles à l'abbé Le Maire, qui se mourait; le prélat le laissa mourir, et courut à Versailles se plaindre au roi que le parlement mettait la main à l'encensoir. Le premier président de Maupeou court de son côté à Versailles[1]; il avertit le roi que le schisme se déclare en France, que l'archevêque trouble l'État, que les esprits sont dans la plus grande fermentation; il conjure le roi de faire cesser les troubles. Le roi lui remet entre les mains un paquet cacheté, pour l'ouvrir dans les chambres assemblées. Les chambres s'assemblent, on lit l'écrit signé du roi qui ordonne que les procédures contre Boitin seront annulées. Le parlement, à cette lecture, décrète Boitin de prise de corps, et l'envoie saisir par des huissiers. Le curé s'échappe. Le roi casse le décret de prise de corps. Le premier président de Maupeou, avec plusieurs députés, porte au roi les remontrances les plus amples et les plus éloquentes qu'on eût encore faites sur le danger du schisme, sur les abus de la religion, sur l'esprit d'incrédulité et d'indépendance que toutes ces malheureuses querelles répandaient sur la nation entière. On lui répondit des choses vagues, selon l'usage.

Le lendemain[2], le parlement se rassemble : il rend un arrêt célèbre par lequel il déclare qu'il ne cessera point de réprimer le scandale; que la constitution de la bulle *Unigenitus* n'est point un article de foi, et qu'on ne doit point soustraire les accusés aux poursuites de la justice. On acheta dans Paris plus de dix mille exemplaires de cet arrêt, et tout le monde disait : *Voilà mon billet de confession.*

Comme le théatin Boyer avait fait donner le siége de Paris à un prélat constitutionnaire[3], ce prélat avait aussi donné les cures à des prêtres du même parti. Il ne restait plus que sept à huit curés attachés à l'ancien système de l'Église gallicane.

L'archevêque ameute les constitutionnaires, signe et envoie au roi une requête en faveur des billets de confession contre les arrêts du parlement : aussitôt les chambres assemblées décrètent le curé de Saint-Jean-en-Grève, qui a minuté la requête; le

---

1. 15 avril 1752. (*Note de Voltaire.*)
2. 18 avril. (*Id.*)
3. Voyez page 79.

conseil casse le décret, et maintient le curé. Le parlement cesse encore ses fonctions, et ne rend plus la justice que contre les curés. On met en prison des porte-Dieu, comme si ces pauvres porte-Dieu étaient les maîtres d'aller porter Dieu sans le concours du curé de la paroisse.

De tous côtés on portait des plaintes au parlement de refus de sacrements. Un curé du diocèse de Langres, en communiant publiquement deux filles accusées de jansénisme, leur avait dit : « Je vous donne la communion comme Jésus l'a donnée à Judas. » Ces filles, qui ne ressemblaient en rien à Judas, présentèrent requête ; et celui qui s'était comparé à Jésus-Christ fut condamné à l'amende honorable et à payer aux deux filles trois mille francs, moyennant lesquels elles furent mariées. On brûla plusieurs mandements d'évêques, plusieurs écrits qui annonçaient le schisme. Le peuple les appelait *les feux de joie,* et battait des mains. Les autres parlements du royaume en faisaient autant dans leur ressort. Quelquefois la cour cassait tous ces arrêts ; quelquefois, par lassitude, elle les laissait subsister. On était inondé des écrits des deux partis. Les esprits s'échauffaient. Enfin l'archevêque de Paris, ayant défendu aux prêtres de Saint-Médard d'administrer une sœur Perpétue du couvent de Sainte-Agathe, le parlement lui ordonna de la faire communier, sous peine de la saisie de son temporel.

Le roi, qui s'était réservé la connaissance de toutes ces affaires, blâma son parlement, et donna mainlevée à l'archevêque de la saisie de ses rentes. Le parlement voulut convoquer les pairs, le roi le défendit ; les chambres assemblées insistèrent, et prétendirent que l'affaire de sœur Perpétue était de l'essence de la pairie. « Ces défenses, dit l'arrêté, intéressent tellement l'essence de la cour et des pairs, et les droits des princes, qu'il n'est pas possible au parlement d'en délibérer sans eux. » Un arrêt du conseil du roi ayant été signifié au greffier du parlement sur cette affaire, le 24 janvier 1753, contre les formes ordinaires, le parlement en demanda satisfaction au roi même « par la suppression de l'original et de la copie de la signification ».

Ce corps continuait toujours à poursuivre avec la même vivacité les curés qui prêchaient le schisme et la sédition. Il y avait un fanatique nommé Boutord, curé du Plessis-Rosainvilliers [1], chez qui les jésuites avaient fait une mission ; quelques magistrats qui avaient des maisons de campagne dans cette paroisse n'étaient

---

1. Dans le diocèse d'Amiens ; voyez, tome XV, le chapitre XXXVI du *Précis du Siècle de Louis XV.*

contents ni des jésuites ni du curé. Il leur cria d'une voix furieuse de sortir de l'église, les appela jansénistes, calvinistes et athées, et leur dit « qu'il serait le premier à tremper ses mains dans leur sang ». Le parlement ne le condamna pourtant qu'au bannissement perpétuel [1].

L'archevêque ne prit point le parti de ce fanatique. Mais sur les refus de sacrements, les arrêts du parlement étaient toujours cassés. Comme il voulait forcer l'archevêque de la métropole à donner la communion, les suffragants n'étaient pas épargnés. On envoyait souvent des huissiers à Orléans et à Chartres pour faire recevoir l'eucharistie. Il n'y avait guère de semaines où il n'y eût un arrêt du parlement pour communier dans l'étendue de son ressort, et un arrêt du conseil pour ne communier pas. Ce qui aigrit le plus les esprits, ce fut l'enlèvement de sœur Perpétue. L'archevêque de Paris obtint un ordre de la cour pour faire enlever cette fille, qui voulait communier malgré lui. On dispersa les religieuses ses compagnes. La petite communauté de Sainte-Agathe fut dissoute. Les jansénistes jetèrent les hauts cris, et inondèrent la France de libelles. Ils annonçaient la destruction de la monarchie. Le parlement était toujours persuadé que l'affaire de Sainte-Agathe exigeait la convocation des pairs du royaume. Le roi persistait à soutenir que la communion n'était pas une affaire de la pairie.

Dans des temps moins éclairés, ces puérilités auraient pu subvertir la France. Le fanatisme s'arme des moindres prétextes. Le mot seul de sacrement aurait fait verser le sang d'un bout du royaume à l'autre. Les évêques auraient interdit les villes, le pape aurait soutenu les évêques, on aurait levé des troupes pour communier le sabre à la main; mais le mépris que tous les honnêtes gens avaient pour le fond de ces disputes sauva la France. Trois ou quatre cents convulsionnaires de la lie du peuple pensaient, à la vérité, qu'il fallait s'égorger pour la bulle et pour sœur Perpétue : le reste de la nation n'en croyait rien. Le parlement était devenu cher aux peuples par son opposition à l'archevêque et aux arrêts du conseil; mais on se bornait à l'aimer, sans qu'il tombât dans la tête d'aucun père de famille de prendre les armes et de donner de l'argent pour soutenir ce corps contre la cour, comme on avait fait du temps de la Fronde. Le parlement, qui avait pour lui la faveur publique, s'opiniâtrait dans ses résolutions, qu'il croyait justes, et n'était pas séditieux.

---

1. 6 février 1753. (*Note de Voltaire.*)

CHAPITRE LXVI.

SUITE DES FOLIES.

Les refus de sacrements, les querelles entre la juridiction civile et les prétentions ecclésiastiques, s'étant multipliés dans les diocèses de Paris, d'Amiens, d'Orléans, de Chartres, de Tours; les jésuites soufflant secrètement cet incendie; les jansénistes criant avec fureur; le schisme paraissant près d'éclater, le parlement avait préparé de très-amples remontrances, et il devait envoyer au roi une grande députation. Le roi ne voulut point la recevoir; il demanda préalablement à voir les articles sur lesquels ces représentations porteraient; on les lui envoya[1]: le roi répondit qu'ayant examiné les objets de ces remontrances, il ne voulait point les entendre.

Les chambres s'assemblent aussitôt; elles déclarent qu'elles cessent toute espèce de service, excepté celui de maintenir la tranquillité publique contre les entreprises du clergé[2]. Le roi leur ordonne, par des lettres de jussion, de reprendre leurs fonctions ordinaires, de rendre la justice à ses sujets, et de ne se plus mêler d'affaires qui ne les regardent pas. Le parlement répond au roi qu'il ne peut obtempérer. Ce mot *obtempérer* fit à la cour un singulier effet. Toutes les femmes demandaient ce que ce mot voulait dire; et quand elles surent qu'il signifiait *obéir*, elles firent plus de bruit que les ministres et que les commis des ministres.

Le roi assemble un grand conseil[3]. On expédie des lettres de cachet pour tous les membres du parlement, excepté ceux de la grand'chambre. Les mousquetaires du roi courent dans toute la ville pendant la nuit du 8 au 9 mai, et font partir tous les présidents et les conseillers des requêtes et des enquêtes pour les lieux de leur exil. On envoie avec une escorte l'abbé Chauvelin au Mont-Saint-Michel, et ensuite à la citadelle de Caen; le président Frémont de Mazy, petit-fils d'un fameux partisan, au château de Ham en Picardie; le président de Moreau de Nassigny[4], aux îles de Sainte-Marguerite; et Bèze de Lys, à Pierre-Encise.

---

1. 30 avril 1753. (*Note de Voltaire.*)
2. 5 mai 1753. (*Id.*)
3. 6 mai. (*Id.*)
4. La première édition porte : « Le président Moreau de Bassigny, fils d'un

Les conseillers de la grand'chambre s'assemblèrent. Ils étaient exceptés du châtiment général, parce que plusieurs ayant des ensions de la cour, et leur âge devant les rendre plus flexibles, on avait espéré qu'ils seraient plus obéissants; mais quand ils furent assemblés, ils furent saisis du même esprit que les enquêtes : ils dirent qu'ils voulaient subir le même exil que leurs confrères, et, dans cette séance même, ils décrétèrent quelques curés de prise de corps. Le roi envoya la grand'chambre à Pontoise[1], comme le duc d'Orléans régent l'y avait déjà reléguée. Quand elle fut à Pontoise, elle ne s'occupa que des affaires du schisme. Aucune cause particulière ne se présenta.

Cependant il fallait pourvoir à faire rendre la justice aux citoyens. On créa une chambre composée de six conseillers d'État et de vingt et un maîtres des requêtes[2], qui tinrent leurs séances aux Grands-Augustins, comme s'ils n'osaient pas siéger dans le palais. Les usages ont une telle force chez les hommes que le roi, en disant qu'il érigeait cette chambre *de sa certaine science et de sa pleine puissance*, n'osa se servir de sa puissance pour en faire enregistrer l'érection dans son conseil d'État, quoique ce conseil ait des registres aussi bien que les autres cours. On s'adressa au Châtelet, qui n'est qu'une justice subalterne. Le Châtelet se signala[3] en n'enregistrant point; et parmi les raisons de son refus, il allégua que Clotaire Ier et Clotaire II avaient défendu qu'on dérogeât aux anciennes ordonnances des Francs. La cour se contenta de casser la sentence du Châtelet; et en conséquence de ses ordres, une députation de la chambre se transporta au Châtelet, fit rayer la sentence sur les registres, enregistra elle-même; et cette procédure inutile étant faite, le Châtelet fit une protestation plus inutile. On changea le nom de cette chambre, qui ne s'était appelée jusque-là que chambre des vacations[4] : elle reçut le titre de chambre royale, elle siégea au Louvre au lieu de siéger aux Augustins, et n'en fut pas mieux accueillie du public. On envoya des lettres de cachet à tous les membres du Châtelet.

marchand de draps. » Dans la seconde et dans la huitième édition, on lit : « Le président de Bésigny. »
Dans l'édition encadrée de 1775, il y a : « Le président Moreau de Bésigny. » Cette version est celle de l'édition in-4°, tome XXVII, publiée en 1777. » Mais Voltaire lui-même, dans sa lettre au comte de La Touraille, du 17 septembre 769, reproche à l'auteur d'avoir mis Bésigny pour Nassigny. (B.)

1. 10 mai. (*Note de Voltaire.*)
2. 18 septembre. (*Id.*)
3. 28 octobre. (*Id.*)
4. 11 novembre 1753. (*Id.*)

pour enregistrer sous le nom de royale ce qu'on n'avait pas voulu enregistrer sous le nom de vacations.

Tous ces petits subterfuges compromettaient la dignité de la couronne. Le lieutenant civil enregistra du très-exprès commandement du roi [1].

On ne délibéra point. Tout Paris s'obstina à tourner la chambre royale en ridicule; elle s'y accoutuma si bien, qu'elle-même s'assembla quelquefois en riant, et qu'elle plaisantait de ses arrêts.

Il arriva cependant une affaire sérieuse. Je ne sais quel fripon, nommé Sandrin, ayant été condamné à être pendu par le Châtelet, en appela à la chambre royale, qui confirma la sentence. Le Châtelet prétendit qu'on ne devait en appeler qu'au parlement, et refusa de pendre le coupable. Le rapporteur de cette cause criminelle, nommé Milon, fut mis à la Bastille pour n'avoir point fait pendre Sandrin. Le Châtelet alors cessa ses fonctions comme le parlement [2]; il n'y eut plus aucune justice dans Paris. Aussitôt lettres de cachet au Châtelet pour rendre la justice; enlèvement de trois conseillers des plus ardents. La moitié de Paris riait, et l'autre moitié murmurait. Les convulsionnaires protestaient que ces démêlés finiraient tragiquement; et ce qu'on appelle à Paris la bonne compagnie assurait que tout cela ne serait jamais qu'une mauvaise farce.

Les autres parlements imitaient celui de Paris; et partout où il y avait des refus de sacrements il y avait des arrêts, et ces arrêts étaient cassés; le Châtelet de Paris était rempli de confusion, la chambre royale presque oisive, le parlement exilé, et cependant tout était tranquille. La police agissait, les marchés se tenaient avec ordre, le commerce florissait, les spectacles réjouissaient la ville, l'impossibilité de faire juger des procès obligeait les plaideurs de s'accommoder; on prenait des arbitres au lieu de juges.

Pendant que la magistrature était ainsi avilie, le clergé triomphait. Tous les prêtres bannis par le parlement revenaient; les curés décrétés exerçaient leurs fonctions; l'esprit du ministère alors était de favoriser l'Église contre le parlement, parce que jusque-là on ne pouvait accuser l'archevêque de Paris d'avoir désobéi au roi, et on reprochait au parlement des désobéissances formelles. Cependant toute la cour s'empressa de négocier, parce qu'elle n'avait rien à faire. Il fallait mettre fin à cette espèce

---

1. 20 novembre. (*Note de Voltaire.*)
2. 27 novembre. (*Id.*)

d'anarchie. On ne pouvait casser le parlement, parce qu'il aurait fallu rembourser les charges, et qu'on avait très-peu d'argent. On ne pouvait le tenir toujours exilé, puisque les hommes ne peuvent être assez sages pour ne point plaider.

Enfin le roi prit l'occasion de la naissance d'un duc de Berry [1] pour faire grâce. Le parlement fut rappelé [2]. Le premier président de Maupeou fut reçu dans Paris aux acclamations du peuple. La chambre royale fut supprimée [3]; mais il était beaucoup plus aisé de rappeler le parlement que de calmer les esprits. A peine ce corps fut-il rassemblé que les refus de sacrements recommencèrent.

L'archevêque de Paris se signala plus que jamais dans cette guerre des billets de confession. Le premier président de Maupeou, qui avait acquis beaucoup de crédit auprès du roi par sa sagesse, fit enfin connaître tous les excès de l'archevêque. Le roi voulut essayer si ce prélat désobéirait à ses ordres comme le parlement avait désobéi. Il lui enjoignit de ne plus troubler l'État par son dangereux zèle. Beaumont prétendit qu'il fallait obéir à Dieu plutôt qu'aux hommes. Le roi l'exila [4]; mais ce fut à Conflans, à sa maison de campagne, à deux lieues de Paris; et il faisait autant de mal de Conflans que de son archevêché.

Le parlement eut alors liberté tout entière d'instrumenter contre les habitués, vicaires, curés, porte-Dieu, qui refusaient d'administrer les mourants. Beaumont était aussi inflexible que le parlement avait été constant. Le roi l'exila à Champeaux, dernier bourg de son diocèse. Le parlement avait passé dans toute la France pour le martyr des lois; l'archevêque fut regardé dans son petit parti comme le martyr de la foi. De Champeaux on l'envoya à Lagny. Les évêques d'Orléans [5] et de Troyes [6], qui étaient de sa faction, furent punis aussi légèrement; ils en étaient quittes pour aller en leurs maisons de plaisance; mais

---

1. Qui régna depuis sous le nom de Louis XVI. Il était né le 23 août 1754, et fut mis à mort le 21 janvier 1793.
2. 27 août 1754. (*Note de Voltaire.*)
3. 30 août. (*Id.*)
4. 2 décembre. (*Id.*)
5. Louis-Joseph de Montmorency-Laval, né à Bayers en 1724, sacré évêque d'Orléans en 1754, transféré à l'évêché de Condom en 1757, et à celui de Metz en 1760, nommé cardinal en 1789, mort en 1808. (B.)
6. Mathias Poncet de La Rivière, né à Paris en 1707, évêque de Troyes en 1742, donna sa démission en 1758, et mourut en 1780. Voyez ce que Voltaire en dit dans ses *Mémoires* (*Mélanges*, année 1759), et ce qu'il répète dans son *Commentaire historique* (*Mélanges*, année 1776).

enfin l'évêque de Troyes, qui rendait son zèle ridicule par une vie scandaleuse, et qui était accablé de dettes, fut enfermé chez des moines en Alsace, et obligé de se démettre de son évêché.

Le roi avait ordonné le silence sur toutes les affaires ecclésiastiques, et personne ne le gardait.

La Sorbonne, autrefois janséniste, et alors constitutionnaire, ayant soutenu des thèses contraires aux maximes du royaume, le parlement ordonna que le doyen, le syndic, six anciens docteurs et professeurs en théologie, viendraient avec le scribe de la faculté et avec les registres. Ils furent réprimandés, leurs conclusions biffées ; ordre à eux de se taire, suivant la déclaration du roi.

La Sorbonne prétendit[1] que c'était le parlement qui contrevenait à la loi du silence, puisqu'il ne se taisait pas sur ce qui se passait dans l'intérieur des écoles de Sorbonne. Le parlement ayant fait défense à ces docteurs de s'assembler, ils dirent qu'ils discontinueraient leurs leçons comme le parlement avait interrompu ses séances. Il fallut les contraindre par un arrêt de faire leurs leçons. Le ridicule se mêlait toujours nécessairement à ces querelles.

L'année 1755 se passa tout entière dans ces petites disputes, dont la nation commençait à se lasser. Il s'ouvrait une plus grande scène. On était menacé de cette fatale guerre dans laquelle l'Angleterre a enlevé au roi de France tout ce qu'il possédait dans le continent de l'Amérique septentrionale[2], a détruit toutes ses flottes, et a ruiné le commerce des Français aux grandes Indes et en Afrique. Il fallait de l'argent pour se préparer à cette guerre. Les finances avaient été très-mal administrées. L'usage ne permettait pas qu'on créât des impôts sans qu'ils fussent enregistrés au parlement. C'était le temps de faire sentir qu'il se souvenait de son exil. Le roi, après avoir protégé ce corps contre les évêques constitutionnaires, les protégeait alors contre le parlement : tant les choses changent aisément à la cour ! Une assemblée du clergé, en 1756, avait porté de grandes plaintes contre les parlements du royaume, et paraissait écoutée. De plus, le roi prenait alors le parti du grand conseil contre le parlement de Paris, qui lui contestait sa juridiction. L'embarras de la cour à soutenir la guerre prochaine rendait les esprits plus altiers et plus difficiles.

Le parlement tourna contre le grand conseil toutes ses batte-

1. 6 mai 1755. (*Note de Voltaire*.)
2. Voyez, dans les *Mélanges*, année 1773, le chapitre 1er des *Fragments sur l'Inde, etc.*; et tome XV, le chapitre xxxv du *Précis du Siècle de Louis XV*.

ries, dressées auparavant contre les constitutionnaires. Il convoqua les princes et les pairs du royaume pour le 18 février. Le roi le sut aussitôt, et défendit aux princes et aux pairs de se rendre à cette invitation. Le parlement soutint son droit d'inviter les pairs. Il le soutint inutilement, et ne fit que déplaire à la cour. Aucun pair n'assista à ses assemblées.

Ce qui choqua le plus le gouvernement, ce fut l'association de tous les parlements du royaume, qui se fit alors sous le nom de *classes* [1]. Le parlement de Paris était la première classe, et tous ensemble paraissaient former un même corps qui représentait le royaume de France. Ce mot de *classe* fut sévèrement relevé par le chancelier de Lamoignon. Il fallait enregistrer les nouveaux impôts, et on n'enregistrait rien. On ne pouvait soutenir la guerre avec des remontrances. Cet objet était plus important que la bulle, des convulsions, et des arrêts contre des porte-Dieu.

Le roi tint un lit de justice à Versailles [2]; les princes et les pairs y assistèrent, le parlement y alla dans cinquante-quatre carrosses, mais auparavant il arrêta qu'il n'opinerait point. Il n'opina point en effet, et on enregistra malgré lui l'impôt des deux vingtièmes avec quelques autres. Dès qu'il put s'assembler à Paris, il protesta contre le lit de justice tenu à Versailles. La cour était irritée. Le clergé constitutionnaire, croyant le temps favorable, redoublait ses entreprises avec impunité. Presque tous les parlements du royaume faisaient des remontrances au roi. Ceux de Bordeaux et de Rouen cessaient déjà de rendre la justice. La plus saine partie de la nation en murmurait, et disait : « Pourquoi punir les particuliers des entreprises de la cour ? »

Enfin, après avoir tenu beaucoup de conseils secrets, le roi annonça un nouveau lit de justice pour le 13 décembre. Il arriva au parlement avec les princes du sang, le chancelier, et tous les pairs. Il fit lire un édit dont voici les principaux articles :

1° Bien que la bulle ne soit pas une règle de foi, on la recevra avec soumission.

2° Malgré la loi du silence, les évêques pourront dire tout ce qu'ils voudront, pourvu que ce soit avec charité.

3° Les refus de sacrements seront jugés par les tribunaux ecclésiastiques et non civils, sauf l'appel comme d'abus.

4° Tout ce qui s'est fait précédemment au sujet de ces querelles sera enseveli dans l'oubli.

1. Voyez, tome XV, le chapitre xxxvi du *Précis du Siècle de Louis XV*.
2. 21 août 1756. (*Note de Voltaire.*)

Voilà quant aux matières ecclésiastiques; et pour ce qui regarde la police du parlement, voici ce qui fut ordonné :

1° La grand'chambre seule pourra connaître de toute la police générale.

2° Les chambres ne pourront être assemblées sans la permission de la grand'chambre.

3° Nulle dénonciation que par le procureur général.

4° Ordre d'enregistrer tous les édits immédiatement après la réponse du roi aux remontrances permises.

5° Point de voix délibérative dans les assemblées des chambres avant dix ans de service.

6° Point de dispense avant l'âge de vingt-cinq ans.

7° Défense de cesser de rendre justice, sous peine de désobéissance.

Ces deux édits atterrèrent la compagnie ; mais elle fut foudroyée par un troisième qui supprima la troisième et la quatrième chambre des enquêtes. Le roi sortit après cette séance à travers les flots d'un peuple immense qui laissait voir la consternation sur son visage. A peine fut-il sorti que la plupart des membres du parlement signèrent la démission de leurs charges. Le lendemain et le surlendemain la grand'chambre signa de même. Il n'y eut enfin que les présidents à mortier et dix conseillers qui ne signèrent pas. Si la démarche du roi avait étonné le parlement, la résolution du parlement n'étonna pas moins le roi. Ce corps ne fut que tranquille et ferme ; mais les discours de tout Paris étaient violents et emportés.

Il y eut en tout cent quatre-vingts démissions de données ; le roi les accepta : il ne restait que dix présidents et quelques conseillers de grand'chambre pour composer le parlement. Ce corps était donc regardé comme entièrement dissous, et il paraissait fort difficile d'y suppléer. Le parti de l'archevêque leva la tête plus haut que jamais ; les billets de confession, les refus de sacrements, troublèrent tout Paris, lorsqu'un événement imprévu étonna la France et l'Europe.

CHAPITRE LXVII.

ATTENTAT DE DAMIENS SUR LA PERSONNE DU ROI[1].

On donnait au roi le surnom de *Bien-Aimé* dans tous les papiers et les discours publics depuis l'année 1744. Ce titre lui avait été donné d'abord par le peuple de Paris, et il avait été confirmé par la nation ; mais *Louis le Bien-Aimé* n'était pas alors aussi chéri des Parisiens qu'il l'avait été. Une guerre très-mal conduite contre l'Angleterre et contre le nord de l'Allemagne, l'argent du royaume dissipé dans cette guerre avec une profusion énorme, des fautes continuelles des généraux et des ministres, affligeaient et irritaient les Français. Il y avait alors une femme à la cour que l'on haïssait, et qui ne méritait point cette haine. Cette dame avait été créée marquise de *Pompadour* par des lettres patentes dès l'année 1745. Elle passait pour gouverner le royaume, quoiqu'il s'en fallût beaucoup qu'elle fût absolue. La famille royale ne l'aimait pas, et cette aversion augmentait la haine du public en l'autorisant. Le petit peuple lui imputait tout. Les querelles du parlement portèrent au plus haut degré cette aversion publique. Les querelles de la religion achevaient d'ulcérer tous les cœurs. Les convulsionnaires surtout étaient des énergumènes atroces qui disaient hautement, depuis une année entière, qu'il fallait du sang, que Dieu demandait du sang.

Un nommé Gautier, intendant du marquis de Ferrières, frère d'un conseiller au parlement, l'un des plus ardents convulsionnaires, avait tenu quelques propos indiscrets. Il passait pour haïr le gouvernement, qui l'avait fait mettre à la Bastille, en 1740, parce qu'il avait fait distribuer des *Nouvelles à la main*. Depuis ce temps il exhalait quelquefois ses mécontentements. Ces propos, quoique vagues, firent une grande impression sur un malheureux de la lie du peuple, qui était réellement atteint de folie. Il se nommait Robert-François Damiens ; c'était le fils d'un fermier qui avait fait banqueroute. Ce misérable ne méritait pas les recherches que l'on fit pour s'instruire qu'il était né dans un hameau nommé La Tieuloi, dépendant de la paroisse de Monchy-le-

---

1. Voyez, sur le même sujet, le chapitre XXXVII du *Précis du Siècle de Louis XV*, tome XV.

Breton, en Artois, le 9 janvier 1715. Il était alors âgé de quarante-deux ans : il avait été laquais, apprenti serrurier, soldat, garçon de cuisine, et valet de réfectoire au collége des jésuites à Paris pendant quinze mois ; ayant été chassé de ce collége, il y était rentré une seconde fois ; enfin il s'était marié, et il avait des enfants. Étant sorti pour la seconde fois des jésuites, où il avait demeuré en tout trente mois, il servit successivement à Paris plusieurs maîtres. Étant alors sans condition, il allait souvent dans la grand'salle du palais, dans le temps de la plus grande effervescence des querelles de la magistrature et du clergé.

La grand'salle était alors le rendez-vous de tout ce qu'on appelait jansénistes ; leurs clameurs n'avaient point de bornes : l'emportement avec lequel on parlait alluma l'imagination de Damiens, déjà trop échauffée ; il conçut seul, et sans s'ouvrir à personne, le dessein qu'il avoua depuis dans ses interrogatoires et à la torture, dessein le plus fou qui soit jamais tombé dans la tête d'aucun homme. Il avait remarqué qu'au collége des jésuites quelques écoliers s'étaient défendus à coups de canif, lorsqu'ils croyaient être punis injustement. Il imagina de donner un coup de canif au roi, non pas pour le tuer, car un tel instrument n'en était pas capable, mais pour lui servir de leçon, et pour lui faire craindre que quelque citoyen ne se servît contre lui d'une arme plus meurtrière.

Le 5 janvier 1757, à sept heures du soir, le roi étant prêt de monter en carrosse pour aller de Versailles à Trianon, avec son fils le dauphin, entouré de ses grands officiers et de ses gardes, fut frappé au milieu d'eux d'un coup qui pénétra de quatre lignes dans les chairs, au-dessous de la cinquième côte ; il porta la main à sa blessure, et la retira teinte de quelques gouttes de sang.

Il vit, en se retournant, ce malheureux qui avait son chapeau sur la tête, et qui était précisément derrière lui. Il s'était avancé, à travers des gardes, couvert d'une redingote, à la faveur de l'obscurité, et les gardes l'avaient pris pour un homme de la suite du roi. On le saisit, on lui trouva trente-sept louis en or dans ses poches, avec un livre de prières. « Qu'on prenne garde, dit-il, à monsieur le dauphin ; qu'il ne sorte point de la journée. » Ces paroles, qu'il ne proférait dans son extravagance que pour intimider la cour, y jetèrent en effet les plus grandes alarmes. Le roi se fit mettre au lit, ne sachant pas encore combien sa blessure était légère. Son pouls était un peu élevé, mais il n'avait point du tout de fièvre. Il demanda d'abord un confesseur, on n'en trouva point; et enfin un prêtre du grand commun vint le confesser.

On mit d'abord le coupable entre les mains de la justice du grand-prévôt de l'hôtel, selon les lois du royaume. Nous avons vu[1] que c'est ainsi qu'on en avait usé lorsqu'on fit le procès au cadavre de Jacques Clément.

Dès que les gardes du roi eurent saisi Damiens, ils le menèrent dans une chambre basse, qu'on appelle le *salon des gardes*. Le duc d'Ayen, capitaine des gardes, le chancelier Lamoignon, le garde des sceaux Machault, Rouillé, fils d'un employé dans les postes, devenu secrétaire d'État des affaires étrangères, étaient accourus. Les gardes l'avaient déjà dépouillé tout nu, et s'étaient saisis d'un couteau à deux lames qu'on avait trouvé sur lui. L'une de ces lames était un canif long de quatre pouces avec lequel il avait frappé le roi à travers un manteau fort épais et tous ses habits, de façon que la blessure heureusement n'était guère plus considérable qu'un coup d'épingle.

Avant que le lieutenant du grand-prévôt, nommé Le Clerc du Brillet, qui juge souverainement au nom du grand-prévôt, fût arrivé, quelques gardes du corps, dans les premiers mouvements de leur colère, et dans l'incertitude du danger de la vie de leur maître, avaient tenaillé ce misérable avec des pincettes rougies au feu, et le garde des sceaux Machault leur avait même prêté la main.

A son premier interrogatoire par-devant le lieutenant Brillet, il dit qu'il avait attenté sur le roi *à cause de la religion.*

Après un second interrogatoire, Belot, exempt des gardes de la prévôté, étant dans sa prison, Damiens dit à Belot qu'il connaissait beaucoup de conseillers au parlement. Belot écrivit les noms de quelques-uns, que Damiens dicta : ces noms étaient La Grange[2], Bèze de Lys, La Guillaumie, Clément, Lambert, le président de Rieux Bonainvilliers (il voulait dire Boulainvilliers); ce président était fils du célèbre Samuel Bernard, le plus riche banquier du royaume. Il prenait le nom de Boulainvilliers, parce qu'il avait épousé une fille de cet illustre nom. C'était alors un usage assez commun dans la plus haute noblesse de marier ses filles aux fils de gens d'affaires, que leurs richesses rendaient bien supérieurs dans la société à la noblesse pauvre et méprisée.

---

1. Voyez tome XII, page 537; tome XV, page 541; et dans les *Mélanges*, année 1766, l'opuscule intitulé *le président de Thou justifié*, etc.

2. Voici les noms tels qu'on les lit dans l'*Almanach royal* de 1757 : Rolland de Challerange, de Bèze de Lys, de La Guillaumie, Clément de Feillet, Lambert, le président Denis-Gabriel-Henri Bernard de Boulainvilliers. (B.)

Damiens écrivit aussi le nom de Mazy, premier président de la même chambre; il ajouta : *et presque tous*. Au bas de cette liste, il écrivit : « Il faut qu'il remette son parlement, et qu'il le soutienne, avec promesse de ne rien faire aux ci-dessus et compagnie », et signa son nom.

Il dicta à l'exempt Belot une lettre assez longue au roi, dans laquelle il y avait ces mots essentiels : « Si vous ne prenez pas le parti de votre peuple, avant qu'il soit quelques années d'ici vous et monsieur le dauphin, et quelques autres, périront. Il serait fâcheux qu'un aussi bon prince, par la trop grande bonté qu'il a pour les ecclésiastiques, dont il accorde toute sa confiance, ne soit pas sûr de sa vie ; et si vous n'avez pas la bonté pour votre peuple d'ordonner qu'on lui accorde les sacrements à l'article de la mort... votre vie n'est pas en sûreté. L'archevêque de Paris est la cause de tout le trouble, etc. »

Cette lettre [1], signée du criminel, ayant été portée au roi, et ensuite remise au greffe de la prévôté, quelques personnes de la cour furent d'avis qu'on assignât, au moins pour être ouïs, les magistrats du parlement nommés par Damiens. Elles prétendaient que cette démarche pourrait ôter au corps entier un crédit qui gênait trop souvent la cour. Le ministère était alors partagé entre le comte d'Argenson et le garde des sceaux Machault, ennemis déclarés l'un de l'autre. Le comte d'Argenson était ouvertement brouillé avec la marquise de Pompadour ; le garde des sceaux était sa créature et son conseil ; sans se réconcilier, ils s'accordèrent pour la faire renvoyer de la cour ; ils prétendaient soulever toute la nation contre elle par le moyen du parlement, dont les familles, tenant à toutes les familles de Paris, formaient aisément la voix publique. Comme on n'était pas encore bien sûr que le couteau ne fût point empoisonné, on crut ou l'on fit croire que le roi était dans un très-grand danger, et que dans la crise où s'allait trouver le royaume, il fallait renvoyer cette dame et charger le parlement du procès de Damiens. Le roi accorda l'un et l'autre. Le garde des sceaux alla dire à Mme de Pompadour qu'il fallait partir. Elle s'y résolut d'abord, n'ayant pu voir le roi, et se croyant perdue ; mais elle se rassura bientôt. Le premier chirurgien déclara que la blessure n'était pas dangereuse ; et l'on ne fut plus occupé que du châtiment qu'exigeait un si étrange attentat.

Le comte d'Argenson fut chargé lui-même de minuter la lettre

---

1. Elle fait partie d'une des notes du chapitre xxxvii du *Précis du Siècle de Louis XV*.

que le roi envoya à vingt-deux membres de la grand'chambre, qui siégeaient alors. Le président Hénault composa cette lettre, dans laquelle le roi demandait *une vengeance éclatante.* Ensuite le secrétaire d'État, comte de Saint-Florentin, envoya des lettres patentes le 15 janvier, signées Phelypeaux. Le 17, à dix heures de la nuit, on fit partir de Versailles, aux flambeaux, trois carrosses à quatre chevaux, escortés de soixante grenadiers du régiment des gardes, commandés par quatre lieutenants et huit sous-lieutenants. De nombreux détachements de maréchaussée précédaient la marche. On prit le chemin par Vaugirard. Une compagnie entière des gardes se joignit alors à l'escorte ; une compagnie suisse bordait les rues : on aurait pris cette entrée pour celle d'un ambassadeur. Les rues étaient bordées d'autres compagnies aux gardes ; le guet à pied et à cheval était partout disposé sur la route.

Il n'est pas vrai qu'on défendit aux citoyens de se mettre à la fenêtre sous peine de la vie. Ce mensonge absurde se trouve à la vérité dans les nouvelles publiques de ce temps. Ces nouvelles mercenaires sont toujours écrites par des gens à qui leur obscurité ne permet pas d'être bien informés.

Pendant que le roi remettait ainsi à la grand'chambre non complète le jugement de Damiens, il n'en exilait pas moins seize des conseillers qui avaient donné leur démission ; on leur fit même l'affront de les faire garder par les archers du guet dans leurs maisons jusqu'au moment de leur départ pour leur exil, depuis le 27 janvier jusqu'au 30. La grand'chambre fit des remontrances qui ne furent point écoutées ; elle abandonna le reste de son corps : cette chambre fut alors uniquement occupée du devoir d'instruire le procès de Damiens, sur lequel tout Paris faisait les conjectures les plus atroces et les plus contradictoires.

Le tour des ministres pour être exilés ne tarda pas d'arriver. Louis XV avait exilé plusieurs de ceux qui le servaient et qui l'approchaient. C'était ainsi qu'il avait traité le duc de La Rochefoucauld, grand-maître de la garde-robe, le plus honnête homme de la cour ; le duc de Châtillon, gouverneur de son fils ; le comte de Maurepas, le plus ancien de ses ministres ; le garde des sceaux Chauvelin, qui a toujours conservé de la réputation dans l'Europe ; tout le parlement de Paris, et un très-grand nombre d'autres magistrats, des évêques, des abbés, et des hommes de tout état.

La marquise de Pompadour, qui avait fait renvoyer le comte de Maurepas, fit renvoyer de même le garde des sceaux Machault et le comte d'Argenson. On pardonne plus aisément une injure à son ennemi déclaré qu'une trahison ou une faiblesse à un homme de son parti. Elle proposa au comte d'Argenson de se réconcilier avec lui, et de lui sacrifier le garde des sceaux. Il refusa : alors la perte de tous deux fut résolue, et ils reçurent leurs lettres de cachet le même jour 1er février[1]. Tel a été souvent le sort des ministres en France : ils exilent, et on les exile ; ils emprisonnent, et ils sont emprisonnés. Toutes ces choses, qui sont de la plus grande vérité, se trouvent éparses dans les journaux étrangers ; on les a rassemblées ici sans aucune envie de flatter ni de nuire, et seulement pour l'instruction de ceux qui trouvent leur consolation dans l'histoire.

Dans le procès de Damiens que la grand'chambre instruisit, le criminel soutint toujours que la religion l'avait déterminé à frapper le roi, mais qu'il n'avait jamais eu l'intention de le tuer; il déclara, sans varier, que son projet avait été conçu depuis l'exil de tout le parlement.

Interrogé sur les discours qu'on tenait chez le docteur de Sorbonne nommé Corgne de Launai, dont il avait été quelque temps laquais, il répondit « qu'on y disait que les gens du parlement étaient les plus grands coquins et les plus grands marauds de la terre ». Toutes ses réponses étaient d'un homme insensé, ainsi que son action.

Interrogé pourquoi il avait fait écrire par l'exempt Belot les noms de quelques membres du parlement, et pourquoi il avait ajouté : *presque tous*, il répondit : « Parce que tous sont furieux de la conduite de l'archevêque. »

Vareille, enseigne des gardes du corps, lui ayant été confronté, et lui ayant soutenu qu'il avait dit que « si on avait tranché la tête à quatre ou cinq évêques, il n'aurait pas assassiné le roi pour la religion », Damiens répondit « qu'il n'avait pas parlé de leur trancher la tête, mais de les punir, sans dire de quel supplice ». Il persista toujours à soutenir que « sans l'archevêque cela ne serait pas arrivé, et qu'il n'avait frappé le roi que parce qu'on refusait les sacrements à d'honnêtes gens ». Il ajouta « qu'il n'allait plus à confesse depuis que l'archevêque avait donné de si bons exemples ».

Ce fut surtout dans son interrogatoire du 26 mars qu'il déclara « que s'il n'était pas venu souvent dans la salle du palais, il n'aurait pas commis son crime, et que les discours qu'il y avait entendus l'y avaient déterminé ».

---

[1]. Voyez *Essai sur les Mœurs*, chapitre xcviii, tome XII, page 140.

Ce qu'il y a de plus singulier, c'est que le premier président de Maupeou lui ayant demandé « s'il croyait que la religion permettait d'assassiner les rois », il dit par trois fois « qu'il n'avait rien à répondre ».

Après la lecture de son arrêt, prononcé en présence de cinq princes du sang, de vingt-deux ducs et pairs, de douze présidents à mortier, de sept conseillers d'honneur, de quatre maîtres des requêtes, et de dix-neuf conseillers de grand'chambre, il fut appliqué à la question des coins qu'on enfonce entre les genoux serrés par deux planches ; il commença par s'écrier : « C'est ce coquin d'archevêque qui est cause de tout. » Ensuite il énonça que c'était le nommé Gautier, homme d'affaires de M. de Ferrières, frère d'un conseiller au parlement, qui lui avait dit, en présence de ce même Ferrières, « qu'on ne pouvait finir ces querelles qu'en tuant le roi »; qu'il demeurait dans la même rue que Gautier ; qu'il lui avait entendu tenir ce discours dix fois, et ajouter « que c'était une œuvre méritoire ».

Au huitième et dernier coin, il répéta encore qu'il avait été inspiré par les discours de ce Gautier, et par ceux qu'il avait entendus dans le palais. Immédiatement après la question, on lui confronta Dominique-François Gautier, qui dit d'abord n'avoir point de reproches à lui faire, mais qui nia toute sa déposition. On lui confronta aussi le sieur Ferrières : celui-ci convint que Damiens lui avait apporté quelquefois des arrêts du parlement, et justifia son domestique Gautier autant qu'il le put.

On mit dans les préparatifs du supplice de ce misérable, et dans son exécution, un appareil et une solennité sans exemple. On avait entouré de palissades un espace de cent pieds en carré, qui touchait à la grande porte de l'Hôtel de Ville. Cet espace était entouré en dedans et en dehors de tout le guet de Paris. Les gardes françaises occupaient toutes les avenues, et des corps de gardes suisses étaient répandus dans toute la ville. Le prisonnier fut placé, vers les cinq heures[1], sur un échafaud de huit pieds et demi carrés. On le lia avec de grosses cordes retenues par des cercles de fer qui assujettissaient ses bras et ses cuisses. On commença par lui brûler la main dans un brasier rempli de soufre allumé. Ensuite il fut tenaillé avec de grosses pinces ardentes, aux bras, aux cuisses, et à la poitrine. On lui versa du plomb fondu avec de la poix-résine et de l'huile bouillante sur toutes ses plaies. Ces supplices réitérés lui arrachaient les plus affreux

---

1. 28 mars 1757. (*Note de Voltaire.*)

hurlements. Quatre chevaux vigoureux, fouettés par quatre valets de bourreau, tirèrent les cordes qui portaient sur les plaies sanglantes et enflammées du patient; les tirades et les secousses durèrent une heure. Les membres s'allongèrent et ne se séparèrent pas. Les bourreaux coupèrent enfin quelques muscles. Les membres se détachèrent l'un après l'autre [1]. Damiens, ayant perdu deux cuisses et un bras, respirait encore, et n'expira que lorsque le bras qui lui restait fut séparé de son tronc tout sanglant. Les membres et le tronc furent jetés dans un bûcher préparé à dix pas de l'échafaud.

A l'égard de ce Gautier, si violemment accusé d'avoir tenu des discours qui avaient disposé Damiens à son crime, il fut encore interrogé, mais après la mort de Damiens. Il avoua qu'à la vérité il avait entendu un jour Damiens parler vivement des affaires du parlement, et qu'il avait dit « que c'était un bon citoyen ». On ordonna contre lui un plus ample informé pendant une année, après quoi il fut élargi.

Dans le même temps le roi faisait enlever trente-quatre membres du parlement de Besançon, qui s'étaient opposés aux édits bursaux; et des archers les conduisaient dans différentes provinces. Tous les parlements du royaume lui adressaient des plaintes. Les avocats ne plaidaient point dans Paris, et tous les citoyens étaient irrités.

Le roi, pour apaiser les cris, donna six mille livres de pension aux deux rapporteurs qui avaient instruit le procès de Damiens [2], deux mille au premier greffier, quinze cents au second. Peu d'officiers qui versent leur sang dans les batailles sont aussi bien récompensés. On espérait par là faire rentrer les autres membres du parlement dans leur devoir; et tandis qu'on prodiguait les pensions à la grand'chambre, on offrait le remboursement de leurs charges à treize conseillers exilés; mais on manquait d'argent, et la guerre funeste dans laquelle on était engagé appauvrissait et dépeuplait le royaume. On changeait de ministre des finances de six mois en six mois : c'était montrer la maladie de l'État que d'appeler toujours de nouveaux médecins. Il fallut enfin négocier avec ceux de la grand'chambre, des enquêtes, et des requêtes,

---

1. Voyez l'article Curiosité, *in fine*, dans le *Dictionnaire philosophique*.
2. Dans la première édition, il y avait ici sept mots, qui furent supprimés dès la seconde édition (voyez l'Avertissement de Beuchot): *Trois mille à chacun des seize commissaires.* Voltaire lui-même signalait cette faute dans sa lettre au comte de La Touraille, du 17 septembre 1769. (B.)

qui avaient donné leurs démissions : on les leur rendit, ils reprirent leurs fonctions [1]; mais ils demeurèrent très-aigris.

On rendit aussi au parlement de Rennes trois conseillers qu'on avait mis en prison ; et le parlement de Rennes ne fut que plus irrité.

Dès que le parlement parut tranquille, l'archevêque Beaumont ne le fut pas; il renouvela toutes les querelles qui semblaient assoupies : refus de sacrements, interdictions de religieuses. Le roi ayant écrit précédemment au pape Benoît XIV pour le prier de lui donner les moyens d'apaiser les troubles, moyens très-difficiles à trouver, Beaumont avait écrit de son côté pour aigrir le pape. Il déplut également au roi et au pontife de Rome. Louis XV, accoutumé à l'exiler [2], l'envoya en Périgord. C'est ainsi que se termina l'année 1757 [3].

CHAPITRE LXVIII.

DE L'ABOLISSEMENT DES JÉSUITES.

[4] On sait tout ce qu'on reprochait depuis longtemps aux jésuites : ils étaient regardés en général comme fort habiles, fort riches, heureux dans leurs entreprises, et ennemis de la nation : ils n'étaient rien de tout cela; mais ils avaient violemment abusé de leur crédit quand ils en avaient eu. D'autres ordres étaient beaucoup plus opulents, mais ils n'avaient pas été intrigants et

---

1. 29 août 1757. (*Note de Voltaire.*)
2. La première édition seule porte : *Louis XV, qui ne savait qu'exiler;* voyez en effet, page 96, l'énumération de quelques exils. Dès la seconde édition de l'*Histoire du Parlement*, Voltaire mit : *accoutumé à l'exiler*. (B.)
3. Dans les éditions de 1769 et 1770, le chapitre se terminait par l'alinéa que voici :
« Toutes ces querelles tombèrent bientôt dans l'oubli, lorsque l'expulsion des jésuites occupa tout le royaume. »
Cet alinéa, supprimé dans l'édition encadrée de 1775, fut rétabli en 1777, dans le tome XXVII de l'édition in-4°. Il n'avait pas été conservé par les éditeurs de Kehl. (B.)
4. Ce chapitre, qui dans la première édition était le LXVIIe, commençait alors ainsi :
« Pour connaître un peu l'esprit des jésuites, ou plutôt celui de presque tous les moines, je commencerai par rapporter ce qui leur arriva dans le ressort du

persécuteurs comme les jésuites, et n'étaient pas détestés comme eux.

On a prétendu que leur général avait eu l'imprudence de rendre de mauvais offices dans Rome à un ambassadeur de parlement de Bourgogne, un peu avant la banqueroute de leur frère La Valette, qui fut la pierre détachée de la montagne par laquelle le colosse fut renversé. Ils avaient auprès de Genève un hospice et un domaine de trois à quatre mille livres de rente ; ils voulurent l'augmenter. Ce domaine devait appartenir légitimement à une famille noble de Bourgogne, composée d'une mère et de sept enfants, tous dans le service militaire. Ce domaine avait été engagé à des Genevois par un acte nommé *antichrèse;* et par cet acte, passé depuis plus de quatre-vingts ans, ces Genevois jouissaient de la terre, que la famille n'était pas en état de racheter.

« Les jésuites s'emparèrent de cette terre en s'accommodant avec un syndic de Genève, qui en était en possession. Il leur fallait des lettres patentes du roi. Ils les obtinrent. Ce n'était pas encore assez; ces lettres devaient être enregistrées au parlement de Dijon, et comme personne ne réclamait, l'enregistrement ne souffrait aucune difficulté; mais ce n'était pas tout. Ils dépouillaient des mineurs qui pouvaient tous revenir contre eux. Ils eurent la hardiesse d'énoncer, dans une requête que j'ai vue, que ces mineurs ne seraient jamais en état de rentrer dans leur bien. Un bon citoyen, que j'ai longtemps fréquenté, indigné de voir ainsi une famille entière dépouillée du bien de ses ancêtres, lui prêta l'argent nécessaire pour purger l'antichrèse et pour rentrer dans son domaine. Les jésuites furent alors obligés d'abandonner leur entreprise.

« On sut cette aventure; elle ne diminua pas la haine qu'on portait à la société. D'autres religieux avaient acquis des richesses par des manœuvres semblables, plus sourdes et plus heureuses. En général, on portait envie aux moines opulents : ils étaient regardés comme le fardeau de la patrie ; mais n'ayant pas été persécuteurs comme les jésuites, ils n'étaient pas détestés comme eux.

« Dans le même temps un de leurs supérieurs, nommé La Valette, employé dans les missions des îles de l'Amérique, fit une banqueroute de plus de deux millions tant aux sieurs Lioncy et Gouffre, négociants de Marseille, qu'à un commissaire des guerres et à d'autres personnes qui leur avaient confié leur argent.

« Ce n'était pas la première banqueroute qu'ils avaient faite : on se souvenait de leur fameuse banqueroute de Séville, qui réduisit à la mendicité plus de cent familles en 1644. Comme ils avaient eu en Espagne assez de crédit pour n'être pas obligés à restitution, ils crurent qu'ils seraient aussi heureux en France : ils imaginèrent qu'on ne rendrait jamais le corps entier responsable des engagements d'un de ses membres; et quoiqu'ils passassent pour grands politiques, ils furent assez aveugles pour plaider au parlement de Paris, pouvant plaider devant la commission du conseil établie alors pour juger les différends touchant le négoce de l'Amérique.

« La cause fut plaidée à la grand'chambre avec la plus grande solennité. On y allait en foule comme aux spectacles. Le sieur Gerbier, célèbre avocat, se fit, en parlant contre eux, la même réputation qu'autrefois les Arnauld et les Pasquier. Le 8 mai 1761, toutes les maisons des jésuites, excepté les collèges, furent condamnées solidairement à payer les créanciers, et ce qu'il y eut de singulier, c'est que le général des jésuites, résidant à Rome, fut condamné par le même arrêt, comme si on avait pu le contraindre. Le prononcé fut reçu du public avec des applaudissements et des battements de mains incroyables. Quelques jésuites, qui avaient eu la hardiesse et la simplicité d'assister à l'audience, furent reconduits par la populace avec des huées. La joie fut aussi universelle que la haine;

France[1], l'un de ceux qui ont le mieux servi l'État, et dont le génie supérieur devait être plutôt ménagé qu'offensé. La conduite du général était d'autant plus maladroite qu'il savait que le crédit de son ordre ne tenait presque plus à rien : et il y parut bien dans la suite.

Il y avait, depuis 1747, à la Martinique un jésuite nommé La Valette, supérieur des missions, et dont l'emploi devait être de convertir des nègres : il aima mieux les faire travailler à ses intérêts que prendre soin de leur salut. C'était un génie vaste et entreprenant pour le commerce. Il s'associa avec un Juif nommé Isaac, établi à l'île de la Dominique, et eut des correspondances dans toutes les principales villes de l'Europe. Le plus grand de ses correspondants était le jésuite Sacy, procureur général des missions, demeurant dans la maison professe de Paris. Le monopole énorme que faisait La Valette le fit rappeler par le ministère, sur les plaintes des habitants des îles, en 1753 ; mais les jésuites obtinrent qu'il fût renvoyé dans son poste. Il n'en coûta à La Valette qu'une promesse par écrit de ne se mêler plus que de gagner des âmes, et de ne plus équiper de vaisseaux. Ses supérieurs le nommèrent alors visiteur général et préfet apostolique; et avec ces titres il alla continuer son commerce. Les Anglais le dérangèrent; ils prirent ses vaisseaux. La Valette et Sacy firent une banqueroute plus considérable que la somme qu'ils avaient perdue : car les effets dont les Anglais s'étaient emparés ne furent pas vendus douze cent mille francs de notre monnaie, et la banqueroute des jésuites fut d'environ trois millions.

Deux gros négociants de Marseille, Gouffre et Lioncy, y perdirent tout d'un coup quinze cent mille livres. Sacy, procureur des missions à Paris, eut ordre de son général d'offrir cinq cent mille francs pour les apaiser : il offrit cet argent, et ne le donna

---

on se souvenait de leurs persécutions, et eux-mêmes avouèrent que le public les apidait avec les pierres de Port-Royal, qu'ils avaient détruit sous Louis XIV.

« Pendant qu'on avait plaidé cette cause, etc. »

Ce morceau fut supprimé dès la seconde édition. Le *bon citoyen que j'ai longtemps fréquenté*, dont il y est question, était Voltaire lui-même. La famille qu'il obligea est la famille Desprez de Crassy. Il est, au reste, parlé de cette affaire dans le *Commentaire historique* (voyez les *Mélanges*, année 1776). Le bon de l'affaire, y dit Voltaire, c'est que peu de temps après, lorsqu'on délivra la France des révérends pères jésuites, ces mêmes gentilshommes, dont les bons pères avaient voulu ravir le bien, achetèrent celui des jésuites, qui était contigu.

Ce fut dès la seconde édition, en 1769, qu'à la première version du commencement de ce chapitre Voltaire substitua la version actuelle. (B.)

1. Le duc de Choiseul Stainville.

point ; il en employa une partie à satisfaire quelques créanciers de Paris, dont les cris lui paraissaient plus dangereux que ceux qui se faisaient entendre de plus loin.

Les deux Marseillais se pourvurent cependant devant la juridiction consulaire de leur ville. La Valette et Sacy furent condamnés solidairement le 19 novembre 1759. Mais comment faire payer quinze cent mille francs à deux jésuites ? Les mêmes créanciers et quelques autres demandèrent que la sentence fût exécutoire contre toute la société établie en France. Cette sentence fut obtenue par défaut le 29 mai 1760; mais il était aussi difficile de faire payer la société que d'avoir de l'argent des deux jésuites Sacy et La Valette.

Ce n'était pas, comme on sait, la première banqueroute que les jésuites avaient faite. On se souvenait de celle de Séville, qui avait réduit cent familles à la mendicité en 1644. Ils en avaient été quittes pour donner des indulgences aux familles ruinées, et pour associer à leur ordre les principales et les plus dévotes.

Ils pouvaient appeler de la sentence des consuls de Marseille par-devant la commission du conseil établie pour juger tous les différends touchant le commerce de l'Amérique; mais M. de La Grand'ville, conseiller d'État et leur affilié, qu'ils consultèrent, leur conseilla de plaider devant le parlement de Paris : ils suivirent cet avis, qui leur devint funeste. Cette cause fut plaidée à la grand'chambre avec la plus grande solennité. L'avocat Gerbier se fit, en parlant contre eux, la même réputation qu'autrefois les Arnauld et les Pasquier.

Après plusieurs audiences, M. Le Pelletier de Saint-Fargeau, alors avocat général, résuma toute la cause, et fit voir que La Vallette étant visiteur apostolique, et Sacy procureur général des missions, étaient deux banquiers ; que ces deux banquiers étaient commissionnaires du général résidant à Rome ; que ce général était administrateur de toutes les maisons de l'ordre ; et, sur ses conclusions, il fut rendu arrêt par lequel le général des jésuites et toute la société étaient condamnés à restitution, aux intérêts, aux dépens, et à cinquante mille livres de dommages, le 8 mai 1761 [1].

Le général ne pouvant être contraint, les jésuites de France le furent. Le prononcé fut reçu du public avec des applaudissements et des battements de mains incroyables. Quelques jésuites, qui avaient eu la hardiesse et la simplicité d'assister à l'au-

---

1. Voyez, dans le *Dictionnaire philosophique*, l'article APOINTER.

dience, furent reconduits par la populace avec des huées. La joie fut aussi universelle que la haine. On se souvenait de leurs persécutions, et eux-mêmes avouèrent que le public les lapidait avec les pierres de Port-Royal, qu'ils avaient détruit sous Louis XIV [1].

Pendant qu'on avait plaidé cette cause, tous les esprits s'étaient tellement échauffés, les anciennes plaintes contre cette compagnie s'étaient renouvelées si hautement, qu'avant de les condamner pour leur banqueroute les chambres assemblées avaient ordonné, dès le 17 avril, qu'ils apporteraient leurs constitutions au greffe. Ce fut l'abbé Chauvelin qui, le premier, dénonça leur institut comme ennemi de l'État, et qui par là rendit un service éternel à la patrie.

Ils obtinrent par leurs intrigues que le roi lui-même se réserverait dans son conseil la connaissance de ces constitutions : en effet le roi ordonna, par une déclaration, qu'elles lui fussent apportées. La déclaration fut enregistrée au parlement le 6 août; mais le même jour les chambres assemblées firent brûler par le bourreau vingt-quatre gros volumes [2] des théologiens jésuites. Le parlement remit au roi l'exemplaire des constitutions de cet ordre; mais il ordonna en même temps que les jésuites en apporteraient un autre dans trois jours, et leur défendit de recevoir des novices et de faire des leçons publiques, à commencer au 1er octobre 1761. Ils n'obéirent point; il fallut que le roi lui-même leur ordonnât de fermer leurs classes, le 1er avril 1762; et alors ils obéirent.

Pendant tout le temps que dura cette tempête qu'eux-mêmes avaient excitée, non-seulement plusieurs ecclésiastiques, mais encore quelques membres du parlement les rendaient odieux à la nation par des écrits publics. L'abbé Chauvelin fut celui qui se distingua le plus, et qui hâta leur destruction.

Les jésuites répondirent; mais leurs livres ne firent pas plus d'effet que les satires imprimées contre eux du temps qu'ils étaient puissants. Tous les parlements du royaume, l'un après l'autre, déclarèrent leur institut incompatible avec les lois du royaume. Le 6 août 1762, le parlement de Paris leur ordonna « de renoncer pour toujours au nom, à l'habit, aux vœux, au régime de leur

---

1. En 1709; voyez le chapitre XXXVII du *Siècle de Louis XIV*.
2. L'arrêt de la cour du parlement, du 6 août 1761, condamne plus de vingt-quatre volumes; mais il y a vingt-quatre énumérations d'ouvrages. Les tomes III et IV des Commentaires de Salmeron y forment chacun un article; les Commentaires de J. Tirin, qui sont en deux ou trois volumes, y forment un seul article. (B.)

société ; d'évacuer les noviciats, les colléges, les maisons professes, dans huitaine »; leur défendit « de se trouver deux ensemble, et de travailler en aucun temps et de quelque manière que ce fût à leur rétablissement, sous peine d'être déclarés criminels de lèse-majesté ».

Le 22 février 1764, autre arrêt qui ordonnait que dans huitaine les jésuites qui voudraient rester en France feraient serment d'adjurer l'institut.

Le 9 mars suivant, arrêt qui bannit du royaume tous ceux qui n'auront pas fait le serment [1]. Enfin le roi, par un édit du mois de novembre 1764, cédant à tous les parlements et aux cris de toute la nation, dissout la société sans retour.

Ce grand exemple, imité depuis et surpassé encore en Espagne, dans les Deux-Siciles, à Parme et à Malte, a fait voir que ce qu'on croit difficile est souvent très-aisé ; et on a été convaincu qu'il serait aussi facile de détruire toutes les usurpations des papes que d'anéantir des religieux qui passaient pour ses premiers satellites [2]. Enfin le cordelier Ganganelli, devenu pape, détruisit l'ordre entier par une bulle (1773); et après avoir soutenu pendant deux cents ans que le pape pouvait tout, les jésuites furent obligés de soutenir peu à peu qu'il ne peut même licencier un régiment de moines.

---

1. Le P. Griffet, connu par des sermons médiocres et par des ouvrages historiques plus médiocres encore, était regardé comme un grand homme par le parti des jésuites. Il n'y avait dans ce parti aucun homme d'un mérite réel, et Griffet avait du moins celui d'avoir défendu la cause de son ordre contre les parlements avec plus de zèle et de courage que de raison ou d'éloquence. Il demanda au parlement la permission de rester en France, parce qu'il était obligé de subir l'opération de la taille. Il n'y a qu'un corps qui puisse avoir le courage d'ajouter quelque chose au malheur d'un homme condamné à une opération cruelle et dangereuse. On ordonna, par arrêt, que Griffet serait sondé par les chirurgiens du parlement. C'était le comble de la barbarie d'exiger qu'un malade se soumît à essuyer une opération douloureuse, et où la maladresse d'un chirurgien pouvait causer la mort, par la main d'un homme à qui il n'avait point donné sa confiance. Griffet aima mieux partir ; et telle était alors la haine contre les jésuites, que le parlement crut n'avoir fait que suivre les formes. (K.)

2. C'est ici que finissait la première édition. L'alinéa qui termine aujourd'hui ce chapitre est posthume. (B.)

CHAPITRE LXIX[1].

LE PARLEMENT MÉCONTENTE LE ROI ET UNE PARTIE DE LA NATION. SON ARRÊT CONTRE LE CHEVALIER DE LA BARRE ET CONTRE LE GÉNÉRAL LALLY.

Qui pouvait croire alors que dans peu de temps le parlement éprouverait le même sort que les jésuites ? Il fatiguait depuis plusieurs années la patience du roi, et il ne se concilia pas la bienveillance du public par le supplice du chevalier de La Barre et par celui du général Lally[2].

Ce corps déplaisait bien plus au gouvernement par sa lutte perpétuelle contre les édits du roi que par ses cruautés envers quelques citoyens. Il semblait prendre à la vérité le parti du peuple, mais il gênait l'administration, et il paraissait toujours vouloir établir son autorité sur la ruine de la puissance suprême.

Il s'unissait en effet avec les autres parlements, et prétendait

1. Ce chapitre, tel qu'il est, à quelques mots près, parut, en 1775, dans l'édition encadrée. (B.)

2. Dans l'édition de 1777, in-4°, après cet alinéa, il y avait :

« On ne peut mieux faire, pour l'instruction du genre humain, que de rapporter ici la lettre d'un vertueux avocat du conseil à M. de Beccaria, le plus célèbre jurisconsulte d'Italie. »

Puis venait une réimpression de la *Relation de la mort du chevalier de La Barre;* voyez les *Mélanges*, année 1766.

Après cette *Relation*, le chapitre LXIX était terminé par les deux alinéas que voici :

« Le second acte de cruauté qu'une grande partie du public reprocha au parlement de Paris fut le supplice du comte de Lally, général des armées du roi dans les Indes occidentales, traîné dans un tombereau dans la Grève, avec un bâillon dans la bouche, le 6 mai 1766.

« Les cris de ses ennemis, soulevés contre lui par son humeur dure et insociable, furent si violents et si persévérants que les juges le condamnèrent d'une voix unanime. Mais la pitié qui succéda à ce déchaînement fut si forte que le même public, toujours léger, qui semblait avoir d'abord demandé son sang, fut enfin persuadé de son innocence. En effet, on n'avait pu trouver ni trahison, ni rapine de sa part; et quand il fallut chercher dans sa fortune de quoi fournir l'amende à laquelle il fut condamné, on ne la trouva pas; alors on éclata contre les juges. »

C'est sans doute parce que le chapitre eût été trop long qu'en 1777 il y avait un chapitre LXX, commençant par ces mots : « Le parlement déplaisait, etc. »

Sur le procès de Lally, voyez, tome XV, le chapitre XXXIV du *Précis du Siècle de Louis XV*, et dans les *Mélanges*, année 1773, les chapitres XVIII et XIX des *Fragments sur l'Inde*. (B.)

ne faire avec eux qu'un corps, dont il était le principal membre. Tous s'appelaient alors *classes du parlement* : celui de Paris était la première classe; chaque classe faisait des remontrances sur les édits, et ne les enregistrait pas. Il y eut même quelques-uns de ces corps qui poursuivirent juridiquement les commandants de province envoyés à eux de la part du roi pour faire enregistrer. Quelques classes décernèrent des prises de corps contre ces officiers. Si ces décrets avaient été mis à exécution, il en aurait résulté un effet bien étrange. C'est sur les domaines royaux que se prennent les deniers dont on paye les frais de justice, de sorte que le roi aurait payé de ses propres domaines les arrêts rendus par ceux qui lui désobéissaient contre ses officiers principaux qui avaient exécuté ses ordres.

Cette étonnante anarchie ne pouvait pas subsister : il fallait ou que la couronne reprît son autorité, ou que les parlements prévalussent.

On avait besoin, dans des conjonctures si critiques, d'un chancelier entreprenant et audacieux; on le trouva[1]. Il fallait changer toute l'administration de la justice dans le royaume, et elle fut changée.

Le roi commença par essayer de ramener le parlement de Paris; il le fit venir à un lit de justice (le 7 septembre 1770) qu'il tint à Versailles avec les princes, les pairs, et les grands officiers de la couronne. Là il lui défendit de se servir jamais des termes d'*unité*, d'*indivisibilité*, et de *classes*;

D'envoyer aux autres parlements d'autres mémoires que ceux qui sont spécifiés par les ordonnances ;

De cesser le service, sinon dans les cas que ces mêmes ordonnances ont prévus ;

De donner leur démission en corps ;

De rendre jamais d'arrêt qui retarde les enregistrements : le tout sous peine d'être cassé.

Le parlement, sur cet édit solennel, ayant encore cessé le service, le roi leur fit porter des lettres de jussion; ils désobéirent. Nouvelles lettres de jussion, nouvelle désobéissance. Enfin le monarque, poussé à bout, leur envoya pour dernière tentative, le 20 janvier (1771), à quatre heures du matin, des mousquetaires

---

1. C'était René-Nicolas-Charles-Augustin de Maupeou, né en 1714, mort en 1792, et qu'un peu plus loin Voltaire appelle *Maupeou, second du nom*. Son père, René-Charles de Maupeou, vice-chancelier et garde des sceaux en 1763, avait été chancelier un jour : nommé le 15 septembre 1768, il donna le lendemain sa démission en faveur de son fils. (B.)

qui portèrent à chaque membre un papier à signer. Ce papier ne contenait qu'un ordre de déclarer s'ils obéiraient ou s'ils refuseraient. Plusieurs voulurent interpréter la volonté du roi : les mousquetaires leur dirent qu'ils avaient ordre d'éviter les commentaires; qu'il fallait un *oui* ou un *non*.

Quarante membres signèrent ce *oui;* les autres s'en dispensèrent[1]. Les *oui* étant venus le lendemain au parlement avec leurs camarades, leur demandèrent pardon d'avoir accepté, et signèrent *non;* tous furent exilés.

La justice fut encore administrée par les conseillers d'État et les maîtres des requêtes, comme elle l'avait été en 1753; mais ce ne fut que par provision. On tira bientôt de ce chaos un arrangement utile.

D'abord le roi se rendit aux vœux des peuples, qui se plaignaient depuis des siècles de deux griefs, dont l'un était ruineux, l'autre honteux et dispendieux à la fois.

Le premier était le ressort trop étendu du parlement de Paris, qui obligeait les citoyens de venir de cent cinquante lieues se consumer devant lui en frais qui souvent excédaient le capital. Le second était la vénalité des charges de judicature, vénalité qui avait introduit la forte taxation des épices.

Pour réformer ces deux abus, six parlements nouveaux furent institués, le 23 février 1771, sous le titre de *Conseils supérieurs*, avec injonction de rendre gratis la justice. Ces conseils furent établis dans Arras, Blois, Châlons, Clermont, Lyon, Poitiers[2]. On y en ajouta d'autres depuis[3] pour remplacer quelques parlements supprimés dans les provinces.

Il fallait surtout former un nouveau parlement à Paris, lequel serait payé par le roi, sans acheter ses places, et sans rien exiger des plaideurs. Cet établissement fut fait le 13 avril. L'opprobre de la vénalité, dont François Ier et le chancelier Duprat avaient malheureusement souillé la France, fut lavé par Louis XV et par les soins du chancelier de Maupeou, second du nom[4]. On finit par la

---

1. On remarqua que ceux qui, dans l'assemblée des chambres, avaient opiné à continuer le service, signèrent *non*, se croyant liés par l'arrêté de leur corps. Les plus ardents, au contraire, intimidés par la présence d'un mousquetaire, signèrent *oui*. (K.)

2. Les éditions de 1775 et 1777 portent ici : « (En suivant l'ordre alphabétique). » (B.)

3. Les huit derniers mots de cet alinéa ne sont ni dans l'édition de 1775, ni dans celle de 1777. (B.)

4. Voyez ma note, page 107. Voyez aussi dans les *Mélanges*, année 1771, des opuscules de Voltaire à ce sujet.

réforme de tous les parlements, et on espéra, mais en vain, de voir réformer la jurisprudence.

¹ La mort de Louis XV, en 1774, ayant donné lieu à une nouvelle administration, Louis XVI, son successeur, rétablit son parlement avec des modifications nécessaires ² : elles honorèrent le roi qui les ordonna, le ministère qui les rédigea, le parlement qui s'y conforma ; et la France vit l'aurore d'un règne sage et heureux.

1. Ce dernier alinéa, ajouté dans l'édition de 1775, et qui n'avait pas été conservé dans l'édition de 1777, a été rétabli par les éditeurs de Kehl. (K.)
2. Ces *modifications nécessaires* n'étaient pas suffisantes aux yeux de Voltaire, qui avait en horreur la vénalité des charges ; voyez sa note, section III de l'article Gouvernement, dans le *Dictionnaire philosophique*.

FIN DE L'HISTOIRE DU PARLEMENT.

HISTOIRE
DE CHARLES XII

ROI DE SUÈDE

AVERTISSEMENT

POUR LA PRÉSENTE ÉDITION.

Nous avons donné en premier lieu les ouvrages de Voltaire concernant l'histoire générale, puis ceux plus spécialement consacrés à la France. Voici enfin ceux dont la matière a été fournie par les annales des peuples étrangers. Cette section ne comprend que deux ouvrages : l'*Histoire de Charles XII* et l'*Histoire de Russie sous Pierre le Grand*.

Si nous avions strictement suivi, dans la publication de la partie historique de l'œuvre de Voltaire, l'ordre chronologique, nous aurions dû commencer par l'*Histoire de Charles XII*, car c'est la première composition de ce genre que Voltaire publia. Elle suivit de très-près *la Henriade*. « Il commença cette histoire, dit l'auteur du *Tableau de la littérature française au XVIIIe siècle*, à la fin de son voyage d'Angleterre, en relisant Quinte-Curce et en faisant causer le chevalier Désaleurs, qui avait longtemps suivi le service aventureux de Charles XII. L'Europe était encore pleine du bruit de ce roi. L'historien recueillit, en courant, des détails et des témoignages, et en écrivit le récit dans quelques mois de retraite profonde à Rouen, avec cette vitesse qui faisait partie de sa verve, et tout en composant à la fois *Ériphyle* et *la Mort de César*. »

Le premier volume avait été tiré à deux mille six cents exemplaires, l'approbation accordée au sceau, quand le ministre, se ravisant, fit saisir l'édition. Il paraît qu'on craignit que l'ouvrage ne fût désagréable au roi Auguste de Pologne, le rival de Stanislas[1]. Voltaire s'arrangea pour donner une publicité clandestine au livre auquel on ne permettait pas de paraître au grand jour. Il comptait du reste sur une tolérance de l'autorité. Il s'adressa à Cideville[2] pour qu'il lui ménageât la bienveillance du premier président de Normandie, M. de Pont-Carré, et lui cherchât un imprimeur rouennais. C'est à Rouen, en effet, qu'il rédigea la seconde partie de son ouvrage. Les deux premières éditions virent le jour sous la rubrique : « Basle, chez Christ. Revis. 1731 ».

Neuf ans plus tard, en 1740, parut à Stockholm une histoire complète de Charles XII. L'auteur était le chapelain Nordberg, confesseur du roi de Suède, depuis 1703 aumônier de l'armée suédoise, qu'il suivit jusqu'à Pultava, où il fut fait prisonnier ; rendu à la liberté en 1715, il fut plus

---

1. Lettre à M. de Cideville, 16 février 1731.
2. Lettre du 30 janvier 1731.

tard officiellement chargé d'écrire l'histoire du héros par sa sœur Ulrique-Éléonore ; il eut à sa disposition toutes les pièces authentiques, et son travail fut corrigé et approuvé par une commission royale.

Voltaire en eut immédiatement connaissance, comme on le voit par sa lettre au maréchal de Schulenbourg (15 septembre 1740). Il se défia tout d'abord de l'impartialité du chapelain : « J'ai peur, dit-il, que le chapelain n'ait quelquefois vu les choses avec d'autres yeux que les ministres qui m'ont fourni mes matériaux. » Il ajoutait en terminant sa lettre : « J'apprends qu'on imprime à la Haye la traduction française de l'*Histoire de Charles XII*, écrite en suédois par M. Nordberg ; ce sera pour moi une nouvelle palette dans laquelle je tremperai le pinceau dont il me faudra repeindre mon tableau. » Il écrivait au traducteur Warmholtz, le 12 mars 1741, pour le prier de noter les endroits où il s'était trompé ; il lui adressait encore deux lettres au mois de mai, et annonçait l'intention *de corriger son livre, de se réformer sur ses mémoires*. Cette traduction parut en quatre volumes qui portent la date de 1748, mais une partie était déjà imprimée dès 1742, et Voltaire, instruit de l'esprit et de la valeur de cette œuvre, crut pouvoir la juger en toute liberté. Il avait lu dans l'écrivain suédois ces paroles à son adresse : « La beauté et la vivacité du style méritent des louanges ; cependant un baron de Puffendorf ne traiterait M. de Voltaire que comme le premier traita Varillas, qu'il appela archimenteur. »

Voltaire n'était pas homme à laisser l'attaque sans riposte. De là la lettre à Nordberg, qu'on trouvera dans la correspondance à l'année 1744.

M. A. Geffroy juge ainsi l'ouvrage de Nordberg : « Sa lourde histoire de Charles XII en trois volumes in-4° et en suédois ne fut pas plus savante que celle de Voltaire, qu'il copia vers la fin, mais offrit un amas bizarre des plus niaises circonstances enchâssées dans les plus naïfs propos. Quoiqu'il ose à peine lever les yeux sur une tête couronnée, le bon chapelain se délecte à suivre dans son récit les progrès de la chevelure de Charles XII depuis son enfance jusqu'à sa mort, les variations de couleur que lui a fait subir l'âge ou la fortune, les différentes allures qu'elle a revêtues : « Il porta per-
« ruque pendant son enfance seulement, se fit ensuite couper les cheveux fort
« courts, et les redressait en se peignant, ce qui lui seyait admirablement
« bien, surtout quand son valet de chambre, en lui frottant la tête, mettait
« sur la serviette un peu de poudre. A la fleur de l'âge, ses cheveux, d'abord
« d'un brun foncé, devenaient tout gris, au point que, la dernière année
« de sa vie, ceux qui étaient des deux côtés de la tête, près des oreilles,
« avaient presque entièrement perdu leur couleur naturelle. » En septembre 1708, quand commence cette expédition de Russie dont le récit dans Voltaire est si entraînant et si rapide, Nordberg, saisi tout à coup de je ne sais quel amour des jardins et des fleurs, s'arrête et se met à décrire un aloès qui vient de fleurir sous le ciel de la Suède ! Que serait-ce si nous citions les détails beaucoup trop circonstanciés, que le chapelain a légués à la postérité, sur toutes les parties de l'habillement du fameux roi de Suède ? »

Le jugement de Voltaire, qu'on trouve ci-après dans la préface de l'édition de 1748, n'est donc pas trop rigoureux. « Charles XII serait ignoré, dit-il, s'il n'était connu que par Nordberg. » Il serait à coup sûr beaucoup moins populaire, et sa renommée aurait été probablement renfermée dans les bornes étroites de son pays.

L'appréciation qui a contribué le plus à faire considérer l'ouvrage de Voltaire comme peu solide, c'est celle de Napoléon Ier. On sait que Napoléon, dans sa campagne de 1812, rejetait le *Charles XII*, qu'il traitait de roman, pour lire et étudier l'exact mais ennuyeux ouvrage d'Adlerfelt. « On conçoit, en effet, dit M. Villemain, que les descriptions, devinées par l'historien d'après des cartes et des livres, n'aient pas satisfait la rigueur de la géographie militaire, la plus exacte de toutes par le but décisif qu'elle se propose. Voltaire cependant eut, un des premiers, l'art de mêler l'image des lieux à celle des événements pour l'intelligence et l'effet du récit : témoin sa description si bien placée du climat de la Suède, sa vue des plaines de la Pologne et des forêts de l'Ukraine, sa route tracée vers Smolensk. Mais cette géographie de peintre avec ses brillantes perspectives ne suffit pas au général, qu'une erreur de quelques lieues peut fatalement tromper; ce n'est pas là cette carte historique qui ressemble à un plan de bataille, cette topographie de conquérant que Napoléon voulait, et qu'il a jetée lui-même en tête du récit de sa campagne d'Italie comme le cercle magique où il enfermait sa proie. Un autre défaut de l'*Histoire de Charles XII*, lue surtout pendant la campagne de Russie, c'est que le récit, toujours si net et d'un coloris si pur, manque parfois de sérieux, et n'a jamais cette mâle tristesse et cette austérité qui peint et fait sentir les grandes catastrophes, même sans les déplorer. »

Peut-être aussi, ajouterons-nous, Napoléon découvrait-il dans ce récit de Voltaire, qui fait bien ressortir les moyens de défense naturels de la Russie, des sujets d'inquiétude et de funestes présages.

Ce qu'il ne faut pas supposer, c'est que Voltaire n'ait pas fait d'actives recherches pour s'éclairer; il s'était entouré de tous les renseignements, de tous les documents qui pouvaient lui faire connaître la vérité; il s'était adressé à tous ceux qui avaient vécu avec Charles XII ou qui avaient été mêlés à quelques-uns des événements de son histoire. Il avait écrit son livre, dit-il lui-même [1], sur les Mémoires de M. de Fabrice, qui avait été huit ans favori du roi de Suède; sur les lettres de M. de Fierville, envoyé secret de France à Bender; sur les rapports de M. de Croissy, ambassadeur de France. Il avait consulté M. Jeffreys, ministre d'Angleterre en Turquie, M. de Ferriol, notre ambassadeur à Constantinople, le maréchal de Saxe, fils du roi Auguste, lord Bolingbroke, le médecin Fonséca, M. Bru, drogman, le marquis de Brancas, ambassadeur en Suède, le baron de Görtz, etc.

« Il y a telle scène, nous dit M. A. Geffroy, pour laquelle il a été instruit de première main. C'est, par exemple, la duchesse de Marlborough qui lui a raconté les détails de l'entrevue entre le célèbre général anglais et le roi de Suède, et ces détails sont entièrement conformes à ce que nous donnent

---

[1] Voyez ci-après *Préface de l'Édition de 1748*, et *Conseils à un journaliste* dans les *Mélanges*.

les dépêches du duc lui-même, qu'on peut lire dans sa correspondance, publiée par sir George Murray, à Londres, en 1845. C'est grâce à des informations si directes que Voltaire a fait de cette curieuse scène une courte, mais vive peinture que les écrivains modernes ont ensuite copiée [1]. »

Voltaire cite parmi les ouvrages qu'il a eus sous les yeux l'*Histoire ottomane* du prince Cantemir, et l'*Histoire militaire* d'Adlerfell, qui donne exactement et jour par jour les marches de l'armée suédoise. Il a puisé dans l'ouvrage de Dalerac, *Anecdotes de Pologne*, et dans celui de Limiers, *Histoire de la Suède pendant le règne de Charles XII*. Mais il ne paraît pas s'être servi de l'*Histoire de Charles XII*, d'ailleurs fort superficielle, publiée en 1707, à Stockholm, par Grimaret [2].

On trouvera les preuves de l'enquête la plus opiniâtre dans le dossier qu'il déposa à la Bibliothèque du roi, et qui s'y trouve encore [3]; on y voit notamment sa correspondance avec Villelongue, qui avait été colonel au service du roi de Suède. On constate le soin, la prudence, avec lesquels il contrôle les témoignages qu'on lui donne. Ainsi Voltaire ne croit pas Villelongue, lorsque celui-ci lui affirme que le duc de Marlborough donna 400,000 écus au comte Piper pour détourner l'ardeur belliqueuse de Charles XII contre la Russie. Il n'admet la démarche bizarre et hardie de Villelongue auprès du sultan Achmet qu'après avoir interrogé M. de Fierville et un autre correspondant. Ces deux derniers confirment la première partie du récit de Villelongue, et nient l'entrevue de Villelongue avec le sultan. « J'ai trouvé, dit Voltaire, de pareilles contrariétés dans les Mémoires que l'on m'a confiés. En ce cas, tout ce que doit faire un historien, c'est de conter ingénument le fait, sans vouloir pénétrer les motifs, et de se borner à dire précisément ce qu'il sait, au lieu de deviner ce qu'il ne sait pas [4]. »

Les corrections nombreuses qu'il fit dans les éditions successives de son œuvre prouvent avec quel zèle il cherchait la vérité. Il lui en coûtait peu de rectifier une erreur; on en a un remarquable exemple dans la *Lettre aux auteurs de la Bibliothèque raisonnée, sur l'incendie de la ville d'Altena*, qu'on trouvera dans les *Mélanges*.

Nous reproduisons d'autre part le bulletin bibliographique dressé par M. A. Geffroy, dans son édition classique de l'*Histoire de Charles XII*. Nous devons aussi mentionner parmi les éditions consultées par nous avec fruit celle donnée à la librairie Belin par M. L. Grégoire, professeur d'histoire au lycée Condorcet et au collège Chaptal.

L. M.

1. *Revue des Deux Mondes*, 15 novembre 1869, tome LXXXIV.
2. Ce même Grimaret est l'auteur de la première biographie de Molière.
3. Pièces diverses : carton 1300 B.
4. Page 308.

BULLETIN BIBLIOGRAPHIQUE

Les Anecdotes de Pologne, ou Mémoires secrets du règne de Jean Sobieski, IIIe du nom, par DALERAC, 2 vol. in-12. Paris, 1699.

Les Campagnes de Charles XII, roi de Suède, par GRIMARET. 1707. 2 vol. in-18.

Mémoires pour servir à l'Histoire de Charles XII, imprimés par le secrétaire hollandais THEYLS, Leyde, 1722, in-12.

Remarques historiques et critiques sur l'Histoire de Charles XII, par M. DE LA MOTRAYE. 1732, in-12.

Remarques sur l'Histoire de Charles XII, de Voltaire, par N. M. (NEMEITZ), Francfort, 1738, in-8°.

Histoire de Suède sous le règne de Charles XII, par LIMIERS, 6 vol. in-12. La Haye. 1740. La première édition est de 1720.

Histoire militaire de Charles XII, roi de Suède, depuis l'an 1700 jusqu'à la bataille de Pultava en 1709, écrite par ordre exprès de Sa Majesté par M. GUSTAVE ADLERFELT, chambellan du roi. On y a joint une *Relation exacte de la bataille de Pultava, avec un journal de la retraite du roi à Bender*. Amsterdam, MDCCXL. 4 vol. in-12.

Histoire de Charles XII, roi de Suède, par M. J.-A. NORDBERG. Stockholm, 1740, 2 vol. in-fol. (en suédois).

Remarques d'un seigneur polonais (PONIATOWSKI) sur l'Histoire de Charles XII, par M. de Voltaire, in-8°. 1741.

Histoire de Charles XII, de M. Nordberg, traduite du suédois par WARMHOLTZ. La Haye, 1742. 3 vol. in-4°.

Anecdotes du séjour du roi de Suède à Bender, ou Lettres de M. le baron de Fabrice, pour servir d'éclaircissement à l'Histoire de Charles XII. Hambourg, chez Chrétien Herold. 1760.

Réflexions sur les talents militaires et sur le caractère de Charles XII, par le roi FRÉDÉRIC II. Berlin, 1786.

Voyage de deux Français en Allemagne, Danemark, Suède, Russie et Pologne, fait en 1790-92, par M. FORTIA DE PILES. 5 vol. in-8°. Paris, Desenne, 1796.

Ouvrage à consulter sur la mort de Charles XII.

Mémoires concernant l'histoire de Charles XII, publiés par Gust. Floderus, in-8°. I-IV vol. Stockholm, 1819-26.

> Ce sont : 1° des notes très-nombreuses et fort minutieuses recueillies d'après son valet de chambre Hultmann. L'original est à la bibliothèque d'Upsal. Celles de ces notes qui concernent la bataille de Pultava sont curieuses; 2° des lettres et autres documents.

Histoire moderne des États européens, par Schœll, 46 vol. in-8°. Paris, 1830-34.

Histoire de la Régence, par Lémontey. Paris, 1837.

> Les notes de la fin sont très-curieuses à consulter sur les dernières années de Charles XII.

Mémoires de J.-Chr. Pask au temps des rois Jean-Casimir, Michel Corybute et Jean III, publiés sur le manuscrit par E. Raczynski, 3ᵉ édition. Posen. 1840, in-8° (en polonais).

> Ouvrage important à consulter sur l'histoire de Mazeppa.

Histoire de la Suède, par Geyer. 1 vol. grand in-8°. Paris, 1843.

Fragments tirés des chroniques moldaves et valaques, pour servir à l'histoire de Pierre le Grand, Charles XII, Stanislas Lecszynski, Démètre Cantimir et Constantin Brançovan, par le major M. Kogalnicean. 2 parties en 2 vol. in-8°. Jassi, 1845.

Carl XII's brefvexling... Correspondance de Charles XII, principalement avec sa sœur la princesse Ulrique-Éléonore, de 1698 à 1709, par P.-A. Wallmark. 1830, in-8°, en suédois.

Carl XII's död. Mort de Charles XII, par C. Paludan-Müller. Traduit du danois en suédois, par Svederus. Stockholm, 1846, in-8°.

Quæ a Carolo XII post pugnam Pultavensem de pace acta sint et quæ fuerint consilia Goerzii. Dissertatio academica, auctore F.-F. Carlson. Upsaliæ, 1848, in-8°.

Berattelser... Récits de l'histoire de Suède, par Fryxel, en suédois.

Lettres inédites du roi Charles XII, texte suédois, traduction française, avec introduction, notes et fac-simile, publiés par M. A. Geffroy. Paris, Imprimerie impériale, 1853, in-8°.

AVERTISSEMENT

DE BEUCHOT.

L'*Histoire de Charles XII,* écrite en 1727 et 1728, fut imprimée pour la première fois en 1731, deux volumes in-12. L'auteur la retoucha à différentes époques, comme il le dit dans la *Préface*, page 128, et dans sa note, page 226.

Dans la première édition, Voltaire accusait les Hambourgeois (voyez page 314) d'avoir acheté à prix d'argent la perte d'Altena, et d'avoir refusé asile à ses malheureux habitants. Un anonyme combattit cette opinion dans le tome IX de la *Bibliothèque raisonnée*, page 469. Voltaire n'eut que longtemps après connaissance de cet article. Convaincu par les raisons que donnait l'anonyme, il se rétracta. Cette rétractation est le sujet de la *Lettre sur l'incendie d'Altena*, imprimée dans les *Mélanges* à la date de 1732.

La Motraye, qui, pendant le séjour à Bender, avait été attaché à Charles XII, publia, sous la forme d'une lettre à M. de Voltaire, des *Remarques historiques et critiques sur l'Histoire de Charles XII*, 1732, in-12. Voltaire, l'année suivante, fit imprimer les *Remarques* à la suite d'une nouvelle édition de son ouvrage, et les accompagna de notes qui jusqu'à ce jour n'ont été données dans aucune édition des *Œuvres de Voltaire*. On trouvera ces notes, au nombre de soixante-six, à la fin du présent ouvrage, précédées, chacune, du passage de La Motraye nécessaire pour son intelligence.

Les *Remarques d'un seigneur polonais sur l'Histoire de Charles XII par M. de Voltaire* parurent en 1741, un volume petit in-8°. Voltaire en parle, dans sa préface, page 129, et dans une note, page 256. Il avait fait son profit de celles qu'il croyait justes et importantes. J'ai rapporté une partie des autres en notes dans le courant du volume.

Les *Réflexions sur les talents militaires et sur le caractère de Charles XII, roi de Suède*, par Frédéric II, roi de Prusse, imprimées en 1760 à douze exemplaires, et faisant partie du tome IV des *Œuvres* du monarque prussien, n'ont aucun trait à l'ouvrage de Voltaire, qui n'y est pas nommé une seule fois.

Le P. Barre, chanoine de Sainte-Geneviève, est fréquemment cité dans les notes des deux premiers livres. Quoique Voltaire s'explique clairement à cet égard dans l'*Autre Avis*, page 144, et encore dans la XIXe des *Honnê-

tetés littéraires (voyez les *Mélanges*, année 1767), on ne saurait trop répéter que le génovéfain ne publia qu'en 1748 son *Histoire de l'empire d'Allemagne* en onze volumes in-4°, dans lesquels il reproduisit, textuellement et sans citation, plusieurs passages de l'*Histoire de Charles XII*, publiée dès 1731, et que ce fut Voltaire qui fut traité de plagiaire.

Je possède un exemplaire des *Œuvres de Voltaire* (Dresde, 1748-54) qui paraît avoir été destiné à une réimpression, puisque plusieurs volumes contiennent des corrections de la main de Longchamp, valet de chambre et secrétaire de Voltaire, que je n'ai trouvées que dans l'édition de 1751 [1]; encore y en avait-il une qui avait été omise ; mais, quoique admises dans l'édition de 1751, ces corrections n'ont point passé dans les éditions suivantes. Cependant elles étaient toutes justes, et quelques-unes très-importantes [2]. Aussi n'ai-je pas hésité à les admettre. Leur authenticité m'a paru suffisamment établie par la copie que j'en possède de la main de Longchamp, et par leur existence dans l'édition de 1751.

Je n'en puis dire autant pour les deux corrections que je me suis permis de faire aux pages 151 et 244, n'ayant l'autorité d'aucune édition ni d'aucun manuscrit ; j'ai donné en note mes raisons, qu'on rejettera si on ne les trouve pas fondées.

J'étais fort embarrassé sur la manière d'écrire les noms propres. Il n'est pas toujours possible de concilier l'exactitude avec le système de Voltaire, qu'il me fallait respecter. J'ai eu recours à l'obligeance de M. Eyriès, à qui les langues et l'histoire du Nord sont familières. C'est d'après ses avis que j'ai écrit Dahlberg, Rehnsköld, etc., au lieu de d'Alberg, Renschild, etc. Mais quelque bons que fussent ses conseils, je ne les ai pas toujours suivis. Voltaire s'est prononcé trop formellement [3] contre l'emploi des W en français pour qu'il me fût possible d'écrire Lewenhaupt et Wallenstein. J'ai donc laissé Levenhaupt et Valstein. Ce dernier mot, au reste, est admis par d'autres écrivains français [4]. Voltaire toutefois a écrit, ou du moins laissé imprimer Wratislau et Alexiowitz.

Quant à Sheremetof, voyez, sur les différentes manières d'écrire ce nom, la note de Voltaire au chapitre VIII de la première partie de son *Histoire de Russie*.

Malgré tout mon désir, je ne me dissimule pas l'impossibilité, dans l'impression d'un auteur tel que Voltaire, d'écrire toujours le même nom de la même manière.

Voltaire avait publié, en 1744, une *Lettre à M. Nordberg*, in-8° de 16 pages. En 1750 il fit imprimer, dans le même volume qu'*Oreste*, une

---

1. Et dans une édition séparée de l'*Histoire de Charles XII*, 1764, petit in-12.
2. Il suffira d'en indiquer deux : page 254 on trouvera « Mais les Moscovites se présentaient », mots nécessaires pour le sens, et qui sont omis depuis 1751 ; page 274, on verra « les Grecs », au lieu de « ses gens ».
3. Voyez l'article ORTHOGRAPHE dans le *Dictionnaire philosophique*.
4. On trouve dans les *Œuvres de J.-F. Sarrasin*, auteur du XVIIe siècle, l'histoire de la *Conspiration de Valstein*. M. B. Constant a donné, en 1809, *Valstein*, tragédie.

Lettre au maréchal de Schulenbourg, datée du 15 septembre 1740. Ce n'est qu'en 1752 que ces deux lettres ont été imprimées avec l'*Histoire de Charles XII,* et on les y a toujours laissées depuis lors. Aucune des éditions des *Œuvres de Voltaire,* données de son vivant, ne contenant sa correspondance, on pouvait placer à peu près où l'on voulait le petit nombre de ses lettres qu'on imprimait. Mais en donnant sa correspondance il fallait y rassembler autant que possible toutes ses lettres. C'est ce que j'ai fait pour les deux dont je viens de parler, ainsi que pour beaucoup d'autres, qui seront mises à leurs dates dans la *Correspondance.*

Les notes signées d'un P sont du comte Poniatowski, auteur des *Remarques d'un seigneur polonais,* publiées en 1741.

Paris, 1ᵉʳ décembre 1829.

B.

PRÉFACE

DE L'ÉDITION DE 1748[1].

L'incrédulité[2], souvenons-nous-en, est le fondement de toute sagesse, selon Aristote. Cette maxime est fort bonne pour qui lit l'histoire, et surtout l'histoire ancienne.

Que de faits absurdes, quel amas de fables qui choquent le sens commun ! Hé bien, n'en croyez rien.

Il y a eu des rois à Rome, des consuls, des décemvirs. Le peuple romain a détruit Carthage ; César a vaincu Pompée : tout cela est vrai ; mais quand on vous dit que Castor et Pollux ont combattu pour ce peuple ; qu'une vestale avec sa ceinture a mis à flot un vaisseau engravé ; qu'un gouffre s'est refermé quand Curtius s'y est jeté : n'en croyez rien. Vous lisez partout des prodiges, des prédictions accomplies, des guérisons miraculeuses opérées dans les temples d'Esculape : n'en croyez rien ; mais cent témoins ont signé le procès-verbal de ces miracles sur des tables d'airain ; mais les temples étaient remplis d'*ex-voto* qui attestaient les guérisons : croyez qu'il y a eu des imbéciles et des fripons qui ont attesté ce qu'ils n'ont point vu. Croyez qu'il y a eu des dévots qui ont fait des présents aux prêtres d'Esculape quand leurs enfants ont été guéris d'un rhume ; mais pour les miracles d'Esculape, n'en croyez rien. Ils ne sont pas plus vrais que ceux du jésuite Xavier[3], à qui un cancre vint rapporter

---

1. Dans les éditions des *OEuvres de Voltaire* données par les frères Cramer, ainsi que dans les éditions in-4° et encadrée, ce morceau, sous le titre de *Pyrrhonisme de l'histoire*, était au nombre des pièces préliminaires de l'*Histoire de Charles XII*. Dans les éditions de Kehl et quelques-unes de ses réimpressions, ce morceau formait, dans les *Mélanges historiques*, l'article VI des *Fragments sur l'histoire*. On l'avait intitulé *Qu'il faut savoir douter ; éclaircissements sur l'histoire de Charles XII*. En conservant ce titre, d'autres éditeurs l'avaient mis à la fin de l'*Histoire de Charles XII*. (B.)

2. Dans l'édition de 1748, cette préface commençait ainsi : « L'incrédulité, dit Aristote, est le fondement de toute sagesse. Cette maxime, etc. » (B.)

3. Voyez, dans le *Dictionnaire philosophique*, l'article XAVIER.

son crucifix du fond de la mer, et qui se trouva à la fois sur deux vaisseaux

Mais les prêtres égyptiens étaient tous sorciers, et Hérodote admire la science profonde qu'ils avaient de la diablerie : ne croyez pas tout ce que vous dit Hérodote.

Je me défierai de tout ce qui est prodige; mais dois-je porter l'incrédulité jusqu'aux faits qui, étant dans l'ordre ordinaire des choses humaines, manquent pourtant d'une vraisemblance morale?

Par exemple, Plutarque assure que César tout armé se jeta dans la mer d'Alexandrie, tenant d'une main en l'air des papiers qu'il ne voulait pas mouiller, et nageant de l'autre main. Ne croyez pas un mot de ce conte que vous fait Plutarque : croyez plutôt César, qui n'en dit mot dans ses *Commentaires*, et soyez bien sûr que quand on se jette dans la mer, et qu'on tient des papiers à la main, on les mouille.

Vous trouverez dans *Quinte-Curce* qu'Alexandre et ses généraux furent tout étonnés quand ils virent le flux et le reflux de l'Océan, auquel ils ne s'attendaient pas : n'en croyez rien.

Il est bien vraisemblable qu'Alexandre, étant ivre, ait tué Clitus; qu'il ait aimé Éphestion comme Socrate aimait Alcibiade ; mais il ne l'est point du tout que le disciple d'Aristote ignorât le flux et le reflux de l'Océan. Il y avait des philosophes dans son armée : c'était assez d'avoir été sur l'Euphrate, qui a des marées à son embouchure, pour être instruit de ce phénomène. Alexandre avait voyagé en Afrique, dont les côtes sont baignées par l'Océan. Son amiral Néarque pouvait-il être assez ignorant pour ne pas savoir ce que savaient tous les enfants sur le rivage du fleuve Indus? De pareilles sottises, répétées dans tant d'auteurs, décréditent trop les historiens.

Le P. Maimbourg vous redit, après cent autres, que deux juifs promirent l'empire à Léon l'Isaurien, à condition que quand il serait empereur il abattrait les images[1]. Quel intérêt, je vous prie, avaient ces deux juifs à empêcher que les chrétiens eussent des tableaux? comment ces deux misérables pouvaient-ils promettre l'empire? N'est-ce pas insulter à son lecteur que de lui présenter de telles fables ?

Il faut avouer que Mézerai, dans son style dur, bas, inégal, mêle aux faits mal digérés qu'il rapporte bien des absurdités pareilles : tantôt c'est Henri V, roi d'Angleterre, couronné roi de France à Paris, qui meurt des hémorroïdes pour s'être, dit-il,

1. Voyez tome XI, page 256.

assis sur le trône de nos rois; tantôt c'est saint Michel qui apparaît à Jeanne d'Arc.

Je ne crois pas même les témoins oculaires, quand ils me disent des choses que le sens commun désavoue. Le sire de Joinville, ou plutôt celui qui a traduit son histoire gauloise en ancien français, a beau m'assurer que les émirs d'Égypte, après avoir assassiné leur soudan, offrirent la couronne à saint Louis leur prisonnier[1] : j'aimerais autant qu'on me dît que nous avons offert la couronne de France à un Turc. Quelle apparence que des mahométans aient pensé à faire leur souverain d'un homme qu'ils ne pouvaient regarder que comme un chef de barbares, qu'ils avaient pris dans une bataille, qui ne connaissait ni leurs lois ni leur langue, qui était l'ennemi capital de leur religion.

Je n'ai pas plus de foi au sire de Joinville, quand il me fait ce conte, que quand il me dit que le Nil se déborde à la Saint-Remi, au commencement d'octobre. Je révoquerai aussi hardiment en doute l'histoire du Vieux de la Montagne[2], qui, sur le bruit de la croisade de saint Louis, dépêche deux assassins à Paris pour le tuer, et, sur le bruit de sa vertu, fait partir le lendemain deux courriers pour contremander les autres. Ce trait a trop l'air d'un conte arabe.

Je dirai hardiment à Mézerai, au P. Daniel, et à tous les historiens, que je ne crois point qu'un orage de pluie et de grêle ait fait rentrer Édouard III en lui-même, et ait procuré la paix à Philippe de Valois. Les conquérants ne sont pas si dévots, et ne font point la paix pour de la pluie.

Rien n'est assurément plus vraisemblable que les crimes; mais il faut du moins qu'ils soient constatés. Vous voyez chez Mézerai plus de soixante princes à qui *on a donné le boucon*; mais il le dit sans preuve, et un bruit populaire ne doit se rapporter que comme un bruit.

Je ne croirai pas même Tite-Live, quand il me dit que le médecin de Pyrrhus offrit aux Romains d'empoisonner son maître moyennant une récompense. A peine les Romains avaient-ils alors de l'argent monnayé, et Pyrrhus avait de quoi acheter la république si elle avait voulu se vendre ; la place de premier médecin de Pyrrhus était plus lucrative probablement que celle de consul. Je n'ajouterai foi à un tel conte que quand on me prouvera que

---

1. Voyez tome XI, page 471.
2. Sur le Vieux de la Montagne, voyez Assassin, Assassinat, dans le *Dictionnaire philosophique*.

quelque premier médecin d'un de nos rois aura proposé à un canton suisse de le payer pour empoisonner son malade.

Défions-nous aussi de tout ce qui paraît exagéré. Une armée innombrable de Perses arrêtée par trois cents Spartiates au passage des Thermopyles ne me révolte point : l'assiette du terrain rend l'aventure croyable. Charles XII, avec huit mille hommes aguerris, défait à Narva environ quatre-vingt mille paysans moscovites mal armés ; je l'admire, et je le crois. Mais quand je lis que Simon de Montfort[1] battit cent mille hommes avec neuf cents soldats divisés en trois corps, je répète alors : *Je n'en crois rien*. On me dit que c'est un miracle; mais est-il bien vrai que Dieu ait fait ce miracle pour Simon de Montfort?

Je révoquerais en doute le combat de Charles XII à Bender[2] s'il ne m'avait été attesté par plusieurs témoins oculaires, et si le caractère de Charles XII ne rendait vraisemblable cette héroïque extravagance. Cette défiance qu'il faut avoir sur les faits particuliers, ayons-la encore sur les mœurs des peuples étrangers ; refusons notre créance à tout historien ancien et moderne qui nous rapporte des choses contraires à la nature et à la trempe du cœur humain.

Toutes les premières relations de l'Amérique ne parlaient que d'anthropophages ; il semblait, à les entendre, que les Américains mangeassent des hommes aussi communément que nous mangeons des moutons. Le fait, mieux éclairci, se réduit à un petit nombre de prisonniers qui ont été mangés par leurs vainqueurs, au lieu d'être mangés des vers.

Le nouveau *Puffendorf*[3], aussi fautif que l'ancien, dit qu'en l'an 1589 un Anglais et quatre femmes, échappés d'un naufrage sur la route de Madagascar, abordèrent une île déserte, et que l'Anglais travailla si bien, qu'en l'an 1667 on trouva cette île, nommée *Pines*, peuplée de douze mille beaux protestants anglais.

Les anciens et leurs innombrables et crédules compilateurs nous répètent sans cesse qu'à Babylone, la ville de l'univers la mieux policée, toutes les femmes et les filles se prostituaient dans

---

1. Voyez tome XI, page 498.
2. Livre IV de l'*Histoire de Charles XII*.
3. Le fait cité ici par Voltaire se trouve rapporté dans le *Grand Dictionnaire géographique*, par Bruzen de La Martinière, au mot Pines. Or Bruzen étant éditeur et continuateur de l'*Introduction à l'Histoire générale et politique de l'univers*, par Puffendorf, on voit pourquoi Voltaire l'appelle le *nouveau Puffendorf*. Voyez aussi dans les *Mélanges*, année 1773, l'article XXXII des *Fragments historiques sur l'Inde*. (B.)

le temple de Vénus une fois l'an[1]. Je n'ai pas de peine à penser qu'à Babylone, comme ailleurs, on avait quelquefois du plaisir pour de l'argent ; mais je ne me persuaderai jamais que dans la ville la mieux policée qui fût alors dans l'univers, tous les pères et tous les maris envoyassent leurs filles et leurs femmes à un marché de prostitution publique, et que les législateurs ordonnassent ce beau trafic. On imprime tous les jours cent sottises semblables sur les coutumes des Orientaux ; et pour un voyageur comme Chardin, que de voyageurs comme Paul Lucas, et comme Jean Struys, et comme le jésuite Avril, qui baptisait mille personnes par jour chez les Persans, dont il n'entendait pas la langue, et qui vous dit que les caravanes russes allaient à la Chine et revenaient en trois mois !

[2] Un moine grec, un moine latin, écrivent que Mahomet II a livré toute la ville de Constantinople au pillage ; qu'il a brisé lui-même les images de Jésus-Christ, et qu'il a changé toutes les églises en mosquées. Ils ajoutent, pour rendre ce conquérant plus odieux, qu'il a coupé la tête à sa maîtresse pour plaire à ses janissaires, qu'il a fait éventrer quatorze de ses pages pour savoir qui d'eux avait mangé un melon. Cent historiens copient ces misérables fables ; les dictionnaires de l'Europe les répètent. Consultez les véritables annales turques, recueillies par le prince Cantemir, vous verrez combien tous ces mensonges sont ridicules. Vous apprendrez que le grand Mahomet II ayant pris d'assaut la moitié de la ville de Constantinople daigna capituler avec l'autre, et conserva toutes les églises[3] ; qu'il créa un patriarche grec, auquel il rendit plus d'honneurs que les empereurs grecs n'en avaient jamais rendu aux prédécesseurs de cet évêque. Enfin consultez le sens commun, vous jugerez combien il est ridicule de supposer qu'un grand monarque, savant et même poli, tel qu'était Mahomet II, ait fait éventrer quatorze pages pour un melon ; et pour peu que vous soyez instruit des mœurs des Turcs, vous verrez à quel point il est extravagant d'imaginer que les soldats se mêlent de ce qui se passe entre le sultan et ses femmes, et qu'un empereur coupe la tête à sa favorite pour leur plaire. C'est ainsi pourtant que la plupart des histoires sont écrites.

---

1. Voyez l'article BABEL, dans le *Dictionnaire philosophique*, et aussi le chapitre II de la *Défense de mon oncle* (*Mélanges*, année 1767).

2. Cet alinéa, ajouté en 1751, avait été omis dans toutes les éditions suivantes, lorsque je le rétablis en 1818. (B.)

3. Voyez tome XII, pages 102-103.

Il n'en est pas ainsi de l'*Histoire de Charles XII*. Je peux assurer que si jamais histoire a mérité la créance du lecteur, c'est celle-ci. Je la composai d'abord, comme on sait, sur les mémoires de M. Fabrice, de MM. de Villelongue et de Fierville, et sur le rapport de beaucoup de témoins oculaires ; mais comme les témoins ne voient pas tout, et qu'ils voient quelquefois mal, je tombai dans plus d'une erreur, non sur les faits essentiels, mais sur quelques anecdotes qui sont assez indifférentes en elles-mêmes, et sur lesquelles les petits critiques triomphent.

J'ai depuis réformé cette histoire sur le journal militaire de M. Adlerfelt, qui est très-exact, et qui a servi à rectifier quelques faits et quelques dates.

J'ai même fait usage de l'histoire écrite par Nordberg, chapelain et confesseur de Charles XII. Il est vrai que c'est un ouvrage bien mal digéré et bien mal écrit, dans lequel on trouve trop de petits faits étrangers à son sujet, et où les grands événements deviennent petits, tant ils sont mal rapportés. C'est un tissu de rescrits, de déclarations, de publications, qui se font d'ordinaire au nom des rois quand ils sont en guerre. Elles ne servent jamais à faire connaître le fond des événements ; elles sont inutiles au militaire et au politique, et sont ennuyeuses pour le lecteur : un écrivain peut seulement les consulter quelquefois dans le besoin, pour en tirer quelque lumière, ainsi qu'un architecte emploie des décombres dans un édifice.

Parmi les pièces publiques dont Nordberg a surchargé sa malheureuse histoire, il s'en trouve même de fausses et d'absurdes, comme la lettre d'Achmet, empereur des Turcs, que cet historien appelle sultan bassa par la grâce de Dieu[1].

Ce même Nordberg fait dire au roi de Suède ce que ce monarque n'a jamais dit ni pu dire au sujet du roi Stanislas. Il prétend que Charles XII, en répondant aux objections du primat, lui dit que Stanislas avait acquis beaucoup d'amis dans son voyage d'Italie. Cependant il est très-certain que jamais Stanislas n'a été en Italie, ainsi que ce monarque me l'a confirmé lui-même. Qu'importe, après tout, qu'un Polonais, dans le xviiie siècle, ait voyagé ou non en Italie pour son plaisir? Que de faits inutiles il faut retrancher de l'histoire! et que je me sais bon gré d'avoir resserré celle de Charles XII!

Nordberg n'avait ni lumières, ni esprit, ni connaissance

---

1. Voyez la lettre de M. de Voltaire à M. Nordberg. (*Note de Voltaire.*) — Dans la *Correspondance*, année 1744.

des affaires du monde; et c'est peut-être ce qui détermina Charles XII à le choisir pour son confesseur : je ne sais s'il a fait de ce prince un bon chrétien; mais assurément il n'en a pas fait un héros, et Charles XII serait ignoré s'il n'était connu que par Nordberg.

Il est bon d'avertir ici que l'on a imprimé, il y a quelques années, une petite brochure intitulée *Remarques historiques et critiques sur l'histoire de Charles XII par M. de Voltaire*[1]. Ce petit ouvrage est du comte Poniatowski : ce sont des réponses qu'il avait faites à de nouvelles questions de ma part dans son dernier voyage à Paris; mais, son secrétaire en ayant fait une double copie, elle tomba entre les mains d'un libraire, qui ne manqua pas de l'imprimer; et un correcteur d'imprimerie de Hollande intitula *Critique* cette instruction de M. Poniatowski, pour la mieux débiter. C'est un des moindres brigandages qui s'exercent dans la librairie.

La Motraye, domestique de M. Fabrice[2], avait aussi imprimé quelques remarques sur cette histoire. Parmi les erreurs et les petitesses dont cette critique de La Motraye est remplie, il ne laisse pas de se trouver quelque chose de vrai et d'utile; et j'ai eu soin d'en faire usage dans les dernières éditions, et surtout dans celle de 1739 : car, en fait d'histoire, rien n'est à négliger; et il faut consulter, si l'on peut, les rois et les valets de chambre.

---

1. Ce titre est celui de l'ouvrage de La Motraye, dont Voltaire parle plus bas. L'écrit de Poniatowski est intitulé *Remarques d'un seigneur polonais sur l'histoire de Charles XII*, et parut en 1741; j'en ai parlé dans mon Avertissement. (B.)

2. La Motraye n'était pas domestique de Fabrice, dans le sens qu'a ce mot aujourd'hui. J'ai parlé de son livre dans la note précédente et dans mon Avertissement. (B.)

DISCOURS

SUR L'HISTOIRE DE CHARLES XII[1].

Il y a bien peu de souverains dont on dût écrire une histoire particulière. En vain la malignité ou la flatterie s'est exercée sur presque tous les princes : il n'y en a qu'un très-petit nombre dont la mémoire se conserve ; et ce nombre serait encore plus petit si l'on ne se souvenait que de ceux qui ont été justes.

Les princes qui ont le plus de droit à l'immortalité sont ceux qui ont fait quelque bien aux hommes. Ainsi, tant que la France subsistera, on s'y souviendra de la tendresse que Louis XII avait pour son peuple ; on excusera les grandes fautes de François Ier en faveur des arts et des sciences dont il a été le père ; on bénira la mémoire de Henri IV, qui conquit son héritage à force de vaincre et de pardonner ; on louera la magnificence de Louis XIV, qui a protégé les arts, que François Ier avait fait naître.

Par une raison contraire, on garde le souvenir des mauvais princes, comme on se souvient des inondations, des incendies et des pestes.

Entre les tyrans et les bons rois sont les conquérants, mais plus approchants des premiers : ceux-ci ont une réputation éclatante, on est avide de connaître les moindres particularités de leur vie. Telle est la misérable faiblesse des hommes, qu'ils regardent avec admiration ceux qui ont fait du mal d'une manière brillante, et qu'ils parleront souvent plus volontiers du destructeur d'un empire que de celui qui l'a fondé.

Pour tous les autres princes, qui n'ont été illustres ni en paix ni en guerre, et qui n'ont été connus ni par de grands vices, ni

---

[1]. Dans la première édition, 1731, deux volumes in-12, ce morceau était à la fin du tome second. C'est dans la deuxième édition qu'il fut mis en tête de l'ouvrage, sous le titre de *Discours*, que Voltaire lui a toujours conservé. Dans l'édition de 1748, ce *Discours* ayant été placé par l'auteur après la préface qui précède, j'ai suivi cette disposition. (B.)

par de grandes vertus, comme leur vie ne fournit aucun exemple
ni à imiter ni à fuir, elle n'est pas digne qu'on s'en souvienne.
De tant d'empereurs de Rome, d'Allemagne, de Moscovie, de tant
de sultans, de califes, de papes, de rois, combien y en a-t-il dont
le nom ne mérite de se trouver ailleurs que dans les tables chronologiques, où ils ne sont que pour servir d'époques?

Il y a un vulgaire parmi les princes comme parmi les autres
hommes ; cependant la fureur d'écrire est venue au point qu'à
peine un souverain cesse de vivre que le public est inondé de
volumes sous le nom de mémoires, d'histoire de sa vie, d'anecdotes de sa cour. Par là les livres se multiplient de telle sorte
qu'un homme qui vivrait cent ans, et qui les emploierait à lire,
n'aurait pas le temps de parcourir ce qui s'est imprimé sur l'histoire seule, depuis deux siècles, en Europe.

Cette démangeaison de transmettre à la postérité des détails
inutiles, et d'arrêter les yeux des siècles à venir sur des événements
communs, vient d'une faiblesse très-ordinaire à ceux qui ont vécu
dans quelque cour, et qui ont eu le malheur d'avoir quelque
part aux affaires publiques. Ils regardent la cour où ils ont vécu
comme la plus belle qui ait jamais été; le roi qu'ils ont vu, comme
le plus grand monarque; les affaires dont ils se sont mêlés,
comme ce qui a jamais été de plus important dans le monde. Ils
s'imaginent que la postérité verra tout cela avec les mêmes yeux.

Qu'un prince entreprenne une guerre, que sa cour soit troublée d'intrigues, qu'il achète l'amitié d'un de ses voisins, et qu'il
vende la sienne à un autre; qu'il fasse enfin la paix avec ses
ennemis après quelques victoires et quelques défaites; ses sujets,
échauffés par la vivacité de ces événements présents, pensent être
dans l'époque la plus singulière depuis la création. Qu'arrive-t-il?
ce prince meurt; on prend après lui des mesures toutes différentes; on oublie, et les intrigues de sa cour, et ses maîtresses,
et ses ministres, et ses généraux, et ses guerres, et lui-même.

Depuis le temps que les princes chrétiens tâchent de se tromper les uns les autres, et font des guerres et des alliances, on a
signé des milliers de traités et donné autant de batailles; les
belles ou infâmes actions sont innombrables. Quand toute cette
foule d'événements et de détails se présente devant la postérité,
ils sont presque tous anéantis les uns par les autres; les seuls qui
restent sont ceux qui ont produit de grandes révolutions, ou
ceux qui, ayant été décrits par quelque écrivain excellent, se
sauvent de la foule, comme des portraits d'hommes obscurs
peints par de grands maîtres.

On se serait donc donné bien de garde d'ajouter cette histoire particulière de Charles XII, roi de Suède, à la multitude des livres dont le public est accablé, si ce prince et son rival, Pierre Alexiowitz, beaucoup plus grand homme que lui, n'avaient été, du consentement de toute la terre, les personnages les plus singuliers qui eussent paru depuis plus de vingt siècles. Mais on n'a pas été déterminé seulement à donner cette vie par la petite satisfaction d'écrire des faits extraordinaires ; on a pensé que cette lecture pourrait être utile à quelques princes, si ce livre leur tombe par hasard entre les mains. Certainement il n'y a point de souverain qui, en lisant la vie de Charles XII, ne doive être guéri de la folie des conquêtes. Car, où est le souverain qui pût dire : J'ai plus de courage et de vertus, une âme plus forte, un corps plus robuste; j'entends mieux la guerre, j'ai de meilleures troupes que Charles XII ? Que si, avec tous ces avantages, et après tant de victoires, ce roi a été si malheureux, que devraient espérer les autres princes qui auraient la même ambition, avec moins de talents et de ressources ?

On a composé cette histoire sur des récits de personnes connues, qui ont passé plusieurs années auprès de Charles XII et de Pierre le Grand, empereur de Moscovie, et qui, s'étant retirées dans un pays libre, longtemps après la mort de ces princes, n'avaient aucun intérêt de déguiser la vérité. M. Fabrice, qui a vécu sept années dans la familiarité de Charles XII ; M. de Fierville, envoyé de France; M. de Villelongue, colonel au service de Suède ; M. Poniatowski même[1], ont fourni les mémoires.

On n'a pas avancé un seul fait sur lequel on n'ait consulté des témoins oculaires et irréprochables. C'est pourquoi on trouvera cette histoire fort différente des gazettes qui ont paru jusqu'ici[2] sous le nom de la *Vie de Charles XII*. Si l'on a omis plusieurs petits combats donnés entre les officiers suédois et moscovites, c'est qu'on n'a point prétendu écrire l'histoire de ces officiers, mais seulement celle du roi de Suède ; même, parmi les événements de sa vie, on n'a choisi que les plus intéressants. On est persuadé que l'histoire d'un prince n'est pas tout ce qu'il a fait, mais ce qu'il a fait de digne d'être transmis à la postérité.

On est obligé d'avertir que plusieurs choses, qui étaient vraies

---

1. Stanislas Poniatowski, né en 1678, mort en 1762. C'est son fils qui devint roi de Pologne en 1764.
2. Telles que les *Campagnes de Charles XII, roi de Suède*, par Grimarest, 1707, et les *Mémoires pour servir à l'Histoire de Charles XII*, imprimés par le secrétaire hollandais Theyls, 1722. (G. A.)

lorsqu'on écrivit cette histoire en 1728, cessent déjà de l'être aujourd'hui[1] en 1739. Le commerce commence, par exemple, à être moins négligé en Suède. L'infanterie polonaise est mieux disciplinée, et a des habits d'ordonnance qu'elle n'avait pas alors. Il faut toujours, lorsqu'on lit une histoire, songer au temps où l'auteur a écrit. Un homme qui ne lirait que le cardinal de Retz prendrait les Français pour des forcenés qui ne respirent que la guerre civile, la faction, et la folie. Celui qui ne lirait que l'histoire des belles années de Louis XIV dirait : Les Français sont nés pour obéir, pour vaincre, et pour cultiver les arts. Un autre qui verrait les mémoires des premières années de Louis XV ne remarquerait dans notre nation que de la mollesse, une avidité extrême de s'enrichir, et trop d'indifférence pour tout le reste. Les Espagnols d'aujourd'hui ne sont plus les Espagnols de Charles-Quint, et peuvent l'être dans quelques années. Les Anglais ne ressemblent pas plus aux fanatiques de Cromwell que les moines et les monsignori dont Rome est peuplée ne ressemblent aux Scipions. Je ne sais si les Suédois pourraient avoir tout d'un coup des troupes aussi formidables que celles de Charles XII. On dit d'un homme : Il était brave un tel jour ; il faudrait dire, en parlant d'une nation : Elle paraissait telle sous un tel gouvernement, et en telle année.

Si quelque prince et quelque ministre trouvaient dans cet ouvrage des vérités désagréables, qu'ils se souviennent qu'étant hommes publics ils doivent compte au public de leurs actions ; que c'est à ce prix qu'ils achètent leur grandeur ; que l'histoire est un témoin et non un flatteur ; et que le seul moyen d'obliger les hommes à dire du bien de nous, c'est d'en faire.

1. Dans la première édition, qui est de 1731, on lisait : « Cessent déjà de l'être aujourd'hui en 1731. » (B.)

REMARQUES
SUR L'HISTOIRE[1]

Ne cessera-t-on jamais de nous tromper sur l'avenir, le présent, et le passé? Il faut que l'homme soit bien né pour l'erreur, puisque dans ce siècle éclairé on prend tant de plaisir à nous débiter les fables d'Hérodote, et des fables encore qu'Hérodote n'aurait jamais osé conter même à des Grecs.

Que gagne-t-on à nous redire que Ménès était petit-fils de Noé? et par quel excès d'injustice peut-on se moquer des généalogies de Moréri, quand on en fabrique de pareilles? Certes Noé envoya sa famille voyager loin : son petit-fils Ménès, en Égypte; son autre petit-fils, à la Chine ; je ne sais quel autre petit-fils, en Suède, et un cadet, en Espagne. Les voyages alors formaient les jeunes gens bien mieux qu'aujourd'hui : il a fallu chez nos nations modernes des dix ou douze siècles pour s'instruire un peu de la géométrie ; mais ces voyageurs dont on parle étaient à peine arrivés dans des pays incultes qu'on y prédisait les éclipses. On ne peut douter au moins que l'histoire authentique de la Chine ne rapporte des éclipses calculées il y a environ quatre mille ans. Confucius en cite trente-six, dont les missionnaires mathématiciens ont vérifié trente-deux. Mais ces faits n'embarrassent point ceux qui ont fait Noé grand-père de Fo-hi : car rien ne les embarrasse.

D'autres adorateurs de l'antiquité nous font regarder les Égyptiens comme le peuple le plus sage de la terre, parce que, dit-on, les prêtres avaient chez eux beaucoup d'autorité ; et il se trouve que ces prêtres si sages, ces législateurs d'un peuple sage, adoraient des singes, des chats, et des oignons. On a beau se récrier sur la beauté des anciens ouvrages égyptiens, ceux qui nous sont

---

1. Dans l'édition de 1756 des OEuvres de Voltaire, le tome VI, qui contenait les Anecdotes sur le czar Pierre le Grand et l'Histoire de Charles XII, avait, en forme de préface, ces Remarques sur l'histoire, imprimées dès 1742. (B.)

restés sont des masses informes; la plus belle statue de l'ancienne Égypte n'approche pas de celle du plus médiocre de nos ouvriers. Il a fallu que les Grecs enseignassent aux Égyptiens la sculpture ; il n'y a jamais eu en Égypte aucun bon ouvrage que de la main des Grecs. Quelle prodigieuse connaissance, nous dit-on, les Égyptiens avaient de l'astronomie! les quatre côtés d'une grande pyramide sont exposés aux quatre régions du monde; ne voilà-t-il pas un grand effort d'astronomie? Ces Égyptiens étaient-ils autant de Cassini, de Halley, de Kepler, de Ticho-Brahé? Ces bonnes gens racontaient froidement à Hérodote que le soleil, en onze mille ans, s'était couché deux fois où il se lève : c'était là leur astronomie.

Il en coûtait, répète M. Rollin, cinquante mille écus pour ouvrir et fermer les écluses du lac Mœris. M. Rollin est cher en écluses, et se mécompte en arithmétique. Il n'y a point d'écluse qui ne doive s'ouvrir et se fermer pour un écu, à moins qu'elle ne soit très-mal faite. Il en coûtait, dit-il, cinquante talents pour ouvrir et fermer ces écluses. Il faut savoir qu'on évalua le talent du temps de Colbert à trois mille livres de France. Rollin ne songe pas que depuis ce temps la valeur numéraire de nos espèces est augmentée presque du double, et qu'ainsi la peine d'ouvrir les écluses du lac Mœris aurait dû coûter, selon lui, environ trois cent mille francs, ce qui est à peu près deux cent quatre-vingt-dix-neuf mille neuf cent quatre-vingt-dix-sept livres plus qu'il ne faut. Tous les calculs de ses treize tomes se ressentent de cette inattention. Il répète encore après Hérodote qu'on entretenait d'ordinaire en Égypte, c'est-à-dire dans un pays beaucoup moins grand que la France, quatre cent mille soldats ; qu'on donnait à chacun cinq livres de pain par jour et deux livres de viande. C'est donc huit cent mille livres de viande par jour pour les seuls soldats, dans un pays où l'on n'en mangeait presque point. D'ailleurs à qui appartenaient ces quatre cent mille soldats, quand l'Égypte était divisée en plusieurs petites principautés? On ajoute que chaque soldat avait six arpents francs de contributions ; voilà donc deux millions quatre cent mille arpents qui ne payent rien à l'État. C'est cependant ce petit État qui entretenait plus de soldats que n'en a aujourd'hui le Grand Seigneur, maître de l'Égypte et de dix fois plus de pays que l'Égypte n'en contient. Louis XIV a eu quatre cent mille hommes sous les armes pendant quelques années ; mais c'était un effort, et cet effort a ruiné la France.

Si on voulait faire usage de sa raison au lieu de sa mémoire, et examiner plus que transcrire, on ne multiplierait pas à l'infini les livres et les erreurs; il faudrait n'écrire que des choses neuves et vraies. Ce qui manque d'ordinaire à ceux qui compilent l'histoire, c'est l'esprit philosophique : la plupart, au lieu de discuter des faits avec des hommes, font des contes à des enfants. Faut-il qu'au siècle où nous vivons on imprime encore le conte des *Oreilles de Smerdis*, et de Darius, qui fut déclaré roi par son cheval, lequel hennit le premier; et de Sanacharib, ou Sennakérib, ou Sennacabon, dont l'armée fut détruite miraculeusement par des rats! Quand on veut répéter ces contes, il faut du moins les donner pour ce qu'ils sont.

Est-il permis à un homme de bon sens, né dans le xviiie siècle, de nous parler sérieusement des oracles de Delphes? tantôt de nous répéter que cet oracle devina que Crésus faisait cuire une tortue et du mouton dans une tourtière; tantôt de nous dire que des batailles furent gagnées suivant la prédiction d'Apollon, et d'en donner pour raison le pouvoir du diable? M. Rollin, dans sa compilation de l'histoire ancienne, prend le parti des oracles contre MM. Van Dale, Fontenelle, et Basnage. « Pour M. de Fontenelle, dit-il, il ne faut regarder que comme un ouvrage de jeunesse son livre contre les oracles, tiré de Van Dale. » J'ai bien peur que cet arrêt de la vieillesse de Rollin contre la jeunesse de Fontenelle ne soit cassé au tribunal de la raison; les rhéteurs n'y gagnent guère leurs causes contre les philosophes. Il n'y a qu'à voir ce que dit Rollin dans son dixième tome, où il veut parler de physique : il prétend qu'Archimède, voulant faire voir à son bon ami le roi de Syracuse la puissance des mécaniques, fit mettre à terre une galère, la fit charger doublement, et la remit doucement à flot en remuant un doigt, sans sortir de dessus sa chaise. On sent bien que c'est là le rhéteur qui parle : s'il avait été un peu philosophe, il aurait vu l'absurdité de ce qu'il avance.

Il me semble que si l'on voulait mettre à profit le temps présent, on ne passerait point sa vie à s'infatuer des fables anciennes. Je conseillerais à un jeune homme d'avoir une légère teinture de ces temps reculés ; mais je voudrais qu'on commençât une étude sérieuse de l'histoire au temps où elle devient véritablement intéressante pour nous : il me semble que c'est vers la fin du xve siècle. L'imprimerie, qu'on inventa en ce temps-là, commence à la rendre moins incertaine. L'Europe change de face ; les Turcs, qui s'y répandent, chassent les belles-lettres de Constantinople : elles fleurissent en Italie ; elles s'établissent en France ;

elles vont polir l'Angleterre, l'Allemagne, et le Septentrion. Une nouvelle religion sépare la moitié de l'Europe de l'obédience du pape. Un nouveau système de politique s'établit ; on fait, avec le secours de la boussole, le tour de l'Afrique, et on commerce avec la Chine plus aisément que de Paris à Madrid. L'Amérique est découverte ; on subjugue un nouveau monde, et le nôtre est presque tout changé ; l'Europe chrétienne devient une espèce de république immense, où la balance du pouvoir est établie mieux qu'elle ne le fut en Grèce. Une correspondance perpétuelle en lie toutes les parties, malgré les guerres que l'ambition des rois suscite, et même malgré les guerres de religion, encore plus destructives. Les arts, qui font la gloire des États, sont portés à un point que la Grèce et Rome ne connurent jamais. Voilà l'histoire qu'il faut que tout homme sache ; c'est là qu'on ne trouve ni prédictions chimériques, ni oracles menteurs, ni faux miracles, ni fables insensées : tout y est vrai, aux petits détails près, dont il n'y a que les petits esprits qui se soucient beaucoup. Tout nous regarde, tout est fait pour nous ; l'argent sur lequel nous prenons nos repas, nos meubles, nos besoins, nos plaisirs nouveaux ; tout nous fait souvenir chaque jour que l'Amérique et les Grandes-Indes, et par conséquent toutes les parties du monde entier, sont réunies depuis environ deux siècles et demi par l'industrie de nos pères. Nous ne pouvons faire un pas qui ne nous avertisse du changement qui s'est opéré depuis dans le monde. Ici ce sont cent villes qui obéissaient au pape, et qui sont devenues libres. Là on a fixé pour un temps les priviléges de toute l'Allemagne. Ici se forme la plus belle des républiques dans un terrain que la mer menace chaque jour d'engloutir. L'Angleterre a réuni la vraie liberté avec la royauté ; la Suède l'imite, et le Danemark n'imite point la Suède. Que je voyage en Allemagne, en France, en Espagne, partout je trouve les traces de cette longue querelle qui a subsisté entre les maisons d'Autriche et de Bourbon, unies par tant de traités, qui ont tous produit des guerres funestes. Il n'y a point de particulier en Europe sur la fortune duquel tous ces changements n'aient influé. Il sied bien, après cela, de s'occuper de Salmanasar et de Mardokempad, et de rechercher les anecdotes du Persan Cayamarrat et de Sabaco Métophis! Un homme mûr, qui a des affaires sérieuses, ne répète point les contes de sa nourrice.

NOUVELLES CONSIDÉRATIONS
SUR L'HISTOIRE[1]

Peut-être arrivera-t-il bientôt dans la manière d'écrire l'histoire ce qui est arrivé dans la physique. Les nouvelles découvertes ont fait proscrire les anciens systèmes. On voudra connaître le genre humain dans ce détail intéressant qui fait aujourd'hui la base de la philosophie naturelle.

On commence à respecter très-peu l'aventure de Curtius, qui referma un gouffre en se précipitant au fond, lui et son cheval. On se moque des boucliers descendus du ciel, et de tous les beaux talismans dont les dieux faisaient présent si libéralement aux hommes, et des vestales qui mettaient un vaisseau à flot avec leur ceinture, et de toute cette foule de sottises célèbres dont les anciens historiens regorgent. On n'est guère plus content que, dans son histoire ancienne, M. Rollin nous parle sérieusement du roi Nabis, qui faisait embrasser sa femme par ceux qui lui apportaient de l'argent, et qui mettait ceux qui lui en refusaient dans les bras d'une belle poupée toute semblable à la reine, et armée de pointes de fer sous son corps de jupe. On rit quand on voit tant d'auteurs répéter, les uns après les autres, que le fameux Othon, archevêque de Mayence, fut assiégé et mangé par une armée de rats, en 698; que des pluies de sang inondèrent la Gascogne en 1017; que deux armées de serpents se battirent près de Tournai en 1059. Les prodiges, les prédictions, les épreuves par le feu, etc., sont à présent dans le même rang que les contes d'Hérodote.

Je veux parler ici de l'histoire moderne, dans laquelle on ne trouve ni poupées qui embrassent les courtisans, ni évêques mangés par les rats[2].

On a grand soin de dire quel jour s'est donnée une bataille,

---

1. Ces *Nouvelles Considérations* parurent en 1744, à la suite de *Mérope*; et en 1756, à la suite des *Remarques* qui précèdent; voyez la note, page 134. (B.)
2. Voyez tome XIII, page 276.

et on a raison. On imprime les traités, on décrit la pompe d'un couronnement, la cérémonie de la réception d'une barrette, et même l'entrée d'un ambassadeur dans laquelle on n'oublie ni son suisse ni ses laquais. Il est bon qu'il y ait des archives de tout, afin qu'on puisse les consulter dans le besoin ; et je regarde à présent tous les gros livres comme des dictionnaires. Mais, après avoir lu trois ou quatre mille descriptions de batailles, et la teneur de quelques centaines de traités, j'ai trouvé que je n'étais guère plus instruit au fond. Je n'apprenais là que des événements. Je ne connais pas plus les Français et les Sarrasins par la bataille de Charles Martel, que je ne connais les Tartares et les Turcs par la victoire que Tamerlan remporta sur Bajazet. J'avoue que quand j'ai lu les mémoires du cardinal de Retz et de Mme de Motteville, je sais ce que la reine mère a dit mot pour mot à M. de Jersai ; j'apprends comment le coadjuteur a contribué aux barricades ; je peux me faire un précis des longs discours qu'il tenait à Mme de Bouillon : c'est beaucoup pour ma curiosité ; c'est pour mon instruction très-peu de chose. Il y a des livres qui m'apprennent les anecdotes vraies ou fausses d'une cour. Quiconque a vu les cours, ou a eu envie de les voir, est aussi avide de ces illustres bagatelles qu'une femme de province aime à savoir les nouvelles de sa petite ville : c'est au fond la même chose et le même mérite. On s'entretenait sous Henri IV des anecdotes de Charles IX. On parlait encore de M. le duc de Bellegarde dans les premières années de Louis XIV. Toutes ces petites miniatures se conservent une génération ou deux, et périssent ensuite pour jamais.

On néglige cependant pour elles des connaissances d'une utilité plus sensible et plus durable. Je voudrais apprendre quelles étaient les forces d'un pays avant une guerre, et si cette guerre les a augmentées ou diminuées. L'Espagne a-t-elle été plus riche avant la conquête du nouveau monde qu'aujourd'hui ? De combien était-elle plus peuplée du temps de Charles-Quint que sous Philippe IV ? Pourquoi Amsterdam contenait-elle à peine vingt mille âmes il y a deux cents ans ? pourquoi a-t-elle aujourd'hui deux cent quarante mille habitants ? et comment le sait-on positivement ? De combien l'Angleterre est-elle plus peuplée qu'elle ne l'était sous Henri VIII ? Serait-il vrai, ce qu'on dit dans les *Lettres persanes*, que les hommes manquent à la terre, et qu'elle est dépeuplée en comparaison de ce qu'elle était il y a deux mille ans ? Rome, il est vrai, avait alors plus de citoyens qu'aujourd'hui. J'avoue qu'Alexandrie et Carthage étaient de grandes villes ; mais

Paris, Londres, Constantinople, le grand Caire, Amsterdam, Hambourg, n'existaient pas. Il y avait trois cents nations dans les Gaules ; mais ces trois cents nations ne valaient la nôtre ni en nombre d'hommes ni en industrie. L'Allemagne était une forêt : elle est couverte de cent villes opulentes. Il semble que l'esprit de critique, lassé de ne persécuter que des particuliers, ait pris pour objet l'univers. On crie toujours que ce monde dégénère ; et on veut encore qu'il se dépeuple. Quoi donc ! nous faudra-t-il regretter les temps où il n'y avait pas de grand chemin de Bordeaux à Orléans, et où Paris était une petite ville dans laquelle on s'égorgeait ? On a beau dire, l'Europe a plus d'hommes qu'alors, et les hommes valent mieux. On pourra savoir dans quelques années combien l'Europe est en effet peuplée : car dans presque toutes les grandes villes on rend public le nombre des naissances au bout de l'année, et sur la règle exacte et sûre que vient de donner un Hollandais aussi habile qu'infatigable, on sait le nombre des habitants par celui des naissances. Voilà déjà un des objets de la curiosité de quiconque veut lire l'histoire en citoyen et en philosophe. Il sera bien loin de s'en tenir à cette connaissance ; il recherchera quel a été le vice radical et la vertu dominante d'une nation ; pourquoi elle a été puissante ou faible sur la mer ; comment et jusqu'à quel point elle s'est enrichie depuis un siècle ; les registres des exportations peuvent l'apprendre. Il voudra savoir comment les arts, les manufactures, se sont établis ; il suivra leur passage et leur retour d'un pays dans un autre. Les changements dans les mœurs et dans les lois seront enfin son grand objet. On saurait ainsi l'histoire des hommes, au lieu de savoir une faible partie de l'histoire des rois et des cours.

En vain je lis les annales de France ; nos historiens se taisent tous sur ces détails. Aucun n'a eu pour devise : *Homo sum, humani nil a me alienum puto* [1]. Il faudrait donc, me semble, incorporer avec art ces connaissances utiles dans le tissu des événements. Je crois que c'est la seule manière d'écrire l'histoire moderne en vrai politique et en vrai philosophe. Traiter l'histoire ancienne, c'est compiler, me semble, quelques vérités avec mille mensonges. Cette histoire n'est peut-être utile que de la même manière dont l'est la fable : par de grands événements qui font le sujet perpétuel de nos tableaux, de nos poëmes, de nos conversations, et dont on tire des traits de morale. Il faut savoir les exploits d'Alexandre comme on sait les travaux d'Hercule.

1. Térence, *Heautontimorumenos*, I, i.

Enfin cette histoire ancienne me paraît, à l'égard de la moderne, ce que sont les vieilles médailles en comparaison des monnaies courantes : les premières restent dans les cabinets; les secondes circulent dans l'univers pour le commerce des hommes.

Mais, pour entreprendre un tel ouvrage, il faut des hommes qui connaissent autre chose que les livres; il faut qu'ils soient encouragés par le gouvernement, autant au moins, pour ce qu'ils feront, que le furent les Boileau, les Racine, les Valincour, pour ce qu'ils ne firent point; et qu'on ne dise pas d'eux ce que disait de ces messieurs un commis du trésor royal, homme d'esprit : « Nous n'avons vu encore d'eux que leurs signatures. »

AVIS IMPORTANT

SUR L'HISTOIRE DE CHARLES XII[1].

On se croit obligé, par respect pour le public et pour la vérité, de mettre au jour un témoignage irrécusable qui apprendra quelle foi on doit ajouter à l'*Histoire de Charles XII.*

Il n'y a pas longtemps que le roi de Pologne, duc de Lorraine[2], se faisait relire cet ouvrage à Commercy; il fut si frappé de la vérité de tant de faits dont il avait été le témoin, et si indigné de la hardiesse avec laquelle on les a combattus dans quelques libelles et dans quelques journaux, qu'il voulut fortifier par le sceau de son témoignage la créance que mérite l'historien; et que, ne pouvant écrire lui-même, il ordonna à un de ses grands officiers de dresser l'acte suivant[3] :

« Nous, lieutenant général des armées du roi, grand maréchal des logis de Sa Majesté polonaise, et commandant en Toulois, les deux Barrois, etc., certifions que Sa Majesté polonaise, après avoir entendu la lecture de l'*Histoire de Charles XII*, écrite par M. de Voltaire (dernière édition de Genève), après avoir loué le style... de cette histoire, et avoir admiré ces traits... qui caractérisent tous les ouvrages de cet illustre auteur, nous a fait l'honneur de nous dire qu'il était prêt à donner un certificat à M. de Voltaire, pour constater l'exacte vérité des faits contenus

---

1. Cet *Avis important,* et l'*Autre Avis* qui le suit, sont dans l'édition in-4º de 1768. (B.)
2. Stanislas.
3. On est obligé de le faire imprimer; on a pris seulement la liberté d'épargner aux yeux du lecteur quelques termes trop honorables : on sent assez qu'on ne les doit qu'à l'indulgence et à la bonté, et on se réduit uniquement au témoignage donné en faveur de la vérité. (*Note de Voltaire.*) — Ce certificat a été imprimé dans l'*Histoire de Pierre Ier* plusieurs années avant la mort du roi de Pologne. (K.) — Il avait été imprimé, dès 1759, dans le premier volume de l'*Histoire de l'empire de Russie sous Pierre le Grand.* Le roi de Pologne Stanislas n'est mort qu'en 1766; le comte de Tressan en 1783. (B.)

dans cette histoire. Ce prince a ajouté que M. de Voltaire n'a oublié ni déplacé aucun fait, aucune circonstance intéressante ; que tout est vrai, que tout est en son ordre dans cette histoire ; qu'il a parlé sur la Pologne, et sur tous les événements qui y sont arrivés, etc., comme s'il en eût été témoin oculaire. Certifions, de plus, que ce prince nous a ordonné d'écrire sur-le-champ à M. de Voltaire pour lui rendre compte de ce que nous venions d'entendre, et l'assurer de son estime et de son amitié.

« Le vif intérêt que nous prenons à la gloire de M. de Voltaire, et celui que tout honnête homme doit avoir pour ce qui constate la vérité des faits dans les histoires contemporaines, nous a pressé de demander au roi de Pologne la permission d'envoyer à M. de Voltaire un certificat en forme de tout ce que Sa Majesté nous avait fait l'honneur de nous dire. Le roi de Pologne non-seulement y a consenti, mais même nous a ordonné de l'envoyer avec prière à M. de Voltaire d'en faire usage toutes les fois qu'il le jugera à propos, soit en le communiquant, soit en le faisant imprimer, etc.

« Fait à Commercy, ce 11 juillet 1759.

« Le comte de TRESSAN. »

AUTRE AVIS.

Le P. Barre, de Sainte-Geneviève, auteur d'une *Histoire d'Allemagne,* a mis dans différents endroits de son ouvrage plus de deux cents pages qui se trouvent dans l'*Histoire de Charles XII* par M. de Voltaire. Quelques critiques n'ont pas manqué d'en conclure que M. de Voltaire était un plagiaire. Il est sûr que l'un des deux l'est; mais les critiques devaient savoir que M. de Voltaire a écrit plus de quinze ans avant le P. Barre [1]. D'ailleurs la différence du style dans tout ce que le P. Barre n'a pas copié est encore une preuve assez sensible. Les éditeurs ont cru devoir indiquer au moins quelques endroits que le P. Barre a copiés.

1. L'*Histoire générale de l'Allemagne,* par le P. Barre, ne parut qu'en 1748, c'est-à-dire dix-sept ans après la première édition de l'*Histoire de Charles XII,* par Voltaire.

HISTOIRE DE CHARLES XII

ROI DE SUÈDE

LIVRE PREMIER.

ARGUMENT.

Histoire abrégée de la Suède jusqu'à Charles XII. Son éducation; ses ennemis. Caractère du czar Pierre Alexiowitz. Particularités très-curieuses sur ce prince et sur la nation russe. La Moscovie, la Pologne et le Danemark se réunissent contre Charles XII.

La Suède et la Finlande composent un royaume[1] large d'environ deux cents de nos lieues, et long de trois cents. Il s'étend du midi au nord depuis le cinquante-cinquième degré, ou à peu près, jusqu'au soixante et dixième, sous un climat rigoureux, qui n'a presque ni printemps ni automne. L'hiver y règne neuf mois de l'année : les chaleurs de l'été succèdent tout à coup à un froid excessif; et il y gèle dès le mois d'octobre, sans aucune de ces gradations insensibles qui amènent ailleurs les saisons, et en rendent le changement plus doux. La nature, en récompense, a donné à ce climat rude un ciel serein, un air pur. L'été, presque toujours échauffé par le soleil, y produit les fleurs et les fruits en peu de temps. Les longues nuits de l'hiver y sont adoucies par des aurores et des crépuscules qui durent à proportion que le

---

1. VARIANTE : « ... Un tiers plus grand que la France, mais bien moins fertile, et aujourd'hui moins peuplé... »

soleil s'éloigne moins de la Suède ; et la lumière de la lune, qui n'y est obscurcie par aucun nuage, augmentée encore par le reflet de la neige qui couvre la terre, et très-souvent par des feux semblables à la lumière zodiacale[1], fait qu'on voyage en Suède la nuit comme le jour. Les bestiaux y sont plus petits que dans les pays méridionaux de l'Europe, faute de pâturages. Les hommes y sont grands ; la sérénité du ciel les rend sains, la rigueur du climat les fortifie : ils vivent longtemps, quand ils ne s'affaiblissent pas par l'usage immodéré des liqueurs fortes et des vins, que les nations septentrionales semblent aimer d'autant plus que la nature les leur a refusés.

Les Suédois sont bien faits, robustes, agiles, capables de soutenir les plus grands travaux, la faim et la misère ; nés guerriers, pleins de fierté, plus braves qu'industrieux, ayant longtemps négligé et cultivant mal aujourd'hui le commerce, qui seul pourrait leur donner ce qui manque à leur pays. On dit que c'est principalement de la Suède, dont une partie se nomme encore Gothie, que se débordèrent ces multitudes de Goths qui inondèrent l'Europe, et l'arrachèrent à l'empire romain, qui en avait été cinq cents années l'usurpateur, le législateur et le tyran.

Les pays septentrionaux étaient alors beaucoup plus peuplés qu'ils ne le sont de nos jours, parce que la religion laissait aux habitants la liberté de donner plus de citoyens à l'État par la pluralité de leurs femmes ; que ces femmes elles-mêmes ne connaissaient d'opprobre que la stérilité et l'oisiveté, et qu'aussi laborieuses et aussi robustes que les hommes, elles en étaient plus tôt et plus longtemps fécondes. Mais la Suède, avec ce qui lui reste aujourd'hui de la Finlande, n'a pas plus de quatre millions d'habitants. Le pays est stérile et pauvre. La Scanie est sa seule province qui porte du froment. Il n'y a pas plus de neuf millions de nos livres en argent monnayé dans tout le pays. La banque publique, qui est la plus ancienne de l'Europe, y fut introduite par nécessité, parce que les payements se faisant en monnaie de cuivre et de fer, le transport était trop difficile.

La Suède fut toujours libre jusqu'au milieu du xive siècle. Dans ce long espace de temps, le gouvernement changea plus d'une fois ; mais toutes les innovations furent en faveur de la liberté. Leur premier magistrat eut le nom de roi, titre qui, en différents pays, se donne à des puissances bien différentes ; car en France, en Espagne, il signifie un homme absolu, et en

---

1. VARIANTE : « Très-souvent par la lumière boréale. »

Pologne, en Suède, en Angleterre, l'homme de la république[1]. Ce roi ne pouvait rien sans le sénat ; et le sénat dépendait des états généraux, que l'on convoquait souvent. Les représentants de la nation, dans ces grandes assemblées, étaient les gentilshommes, les évêques, les députés des villes ; avec le temps on y admit les paysans mêmes, portion du peuple injustement méprisée ailleurs, et esclave dans presque tout le Nord.

Environ l'an 1492[2], cette nation, si jalouse de sa liberté, et qui est encore fière aujourd'hui d'avoir subjugué Rome il y a treize siècles[3], fut mise sous le joug par une femme et par un peuple moins puissant que les Suédois.

Marguerite de Valdemar, la Sémiramis du Nord[4], reine de Danemark et de Norvége, conquit la Suède par force et par adresse, et fit un seul royaume de ces trois vastes États. Après sa mort, la Suède fut déchirée par des guerres civiles : elle secoua le joug des Danois, elle le reprit ; elle eut des rois, elle eut des administrateurs. Deux tyrans l'opprimèrent d'une manière horrible vers l'an 1520 : l'un était Christiern II, roi de Danemark, monstre formé de vices sans aucune vertu[5] ; l'autre, un archevêque d'Upsal[6], primat du royaume, aussi barbare que Christiern. Tous deux de concert firent saisir un jour les consuls, les magistrats de Stockholm, avec quatre-vingt-quatorze sénateurs, et les firent massacrer par des bourreaux, sous prétexte qu'ils étaient excommuniés par le pape pour avoir défendu les droits de l'État contre l'archevêque[7].

Tandis que ces deux hommes, ligués pour opprimer, désunis quand il fallait partager les dépouilles, exerçaient ce que le despotisme a de plus tyrannique, et ce que la vengeance a de plus cruel, un nouvel événement changea la face du Nord.

Gustave Vasa, jeune homme descendu des anciens rois du pays, sortit du fond des forêts de la Dalécarlie où il était caché, et vint délivrer la Suède. C'était une de ces grandes âmes que la

---

1. De cette phrase, qui n'est plus juste en ce qui regarde la France, l'auteur avait, à quelques mots près, formé, en 1739, une note sur la huitième des *Lettres philosophiques*.
2. Ou plutôt l'an 1397.
3. Rome fut prise par Alaric en 409.
4. Ce n'est pas Voltaire qui est le baptiseur de cette reine. Le surnom pour celle-ci est traditionnel.
5. Voyez tome XII, pages 227-230.
6. Troll.
7. Voyez tome XII, pages 295-296. — VARIANTE : « Ensuite ils abandonnèrent Stockholm au pillage, et tout y fut égorgé sans distinction d'âge ni de sexe. »

nature forme si rarement, avec toutes les qualités nécessaires pour commander aux hommes. Sa taille avantageuse et son grand air lui faisaient des partisans dès qu'il se montrait. Son éloquence, à qui sa bonne mine donnait de la force, était d'autant plus persuasive qu'elle était sans art ; son génie formait[1] de ces entreprises que le vulgaire croit téméraires, et qui ne sont que hardies aux yeux des grands hommes ; son courage infatigable les faisait réussir. Il était intrépide avec prudence, d'un naturel doux dans un siècle féroce, vertueux enfin, à ce que l'on dit, autant qu'un chef de parti peut l'être.

Gustave Vasa avait été otage de Christiern, et retenu prisonnier contre le droit des gens. Échappé de sa prison, il avait erré, déguisé en paysan, dans les montagnes et dans les bois de la Dalécarlie. Là, il s'était vu réduit à la nécessité de travailler aux mines de cuivre, pour vivre et pour se cacher. Enseveli dans ces souterrains, il osa songer à détrôner le tyran. Il se découvrit aux paysans ; il leur parut un homme d'une nature supérieure, pour qui les hommes ordinaires croient sentir une soumission naturelle. Il fit en peu de temps de ces sauvages des soldats aguerris. Il attaqua Christiern et l'archevêque, les vainquit souvent, les chassa tous deux de la Suède, et fut élu avec justice, par les états, roi du pays dont il était le libérateur.

A peine affermi sur le trône, il tenta une entreprise plus difficile que des conquêtes. Les véritables tyrans de l'État étaient les évêques, qui, ayant presque toutes les richesses de la Suède, s'en servaient pour opprimer les sujets et pour faire la guerre aux rois. Cette puissance était d'autant plus terrible que l'ignorance des peuples l'avait rendue sacrée. Il punit la religion catholique des attentats de ses ministres. En moins de deux ans, il rendit la Suède luthérienne, par la supériorité de sa politique plus encore que par autorité. Ayant ainsi conquis ce royaume, comme il le disait, sur les Danois et sur le clergé, il régna heureux et absolu jusqu'à l'âge de soixante et dix ans, et mourut plein de gloire, laissant sur le trône sa famille et sa religion.

L'un de ses descendants fut ce Gustave-Adolphe, qu'on nomme le *grand Gustave*. Ce roi conquit l'Ingrie, la Livonie, Brême, Verden, Vismar, la Poméranie, sans compter plus de cent places en Allemagne, rendues par la Suède après sa mort. Il ébranla le trône de Ferdinand II. Il protégea les luthériens en Allemagne, secondé en cela par les intrigues de Rome même, qui craignait

---

1. VARIANTE : « Forgeait. »

encore plus la puissance de l'empereur que celle de l'hérésie. Ce fut lui qui, par ses victoires, contribua alors en effet à l'abaissement de la maison d'Autriche; entreprise dont on attribue toute la gloire au cardinal de Richelieu, qui savait l'art de se faire une réputation, tandis que Gustave se bornait à faire de grandes choses. Il allait porter la guerre au-delà du Danube, et peut-être détrôner l'empereur, lorsqu'il fut tué, à l'âge de trente-sept ans, dans la bataille de Lutzen[1], qu'il gagna contre Valstein, emportant dans le tombeau le nom de *Grand*, les regrets du Nord, et l'estime de ses ennemis.

Sa fille Christine, née avec un génie rare, aima mieux converser avec des savants que de régner sur un peuple qui ne connaissait que les armes. Elle se rendit aussi illustre en quittant le trône, que ses ancêtres l'étaient pour l'avoir conquis ou affermi. Les protestants l'ont déchirée, comme si on ne pouvait pas avoir de grandes vertus sans croire à Luther; et les papes triomphèrent trop de la conversion d'une femme qui n'était que philosophe[2]. Elle se retira à Rome, où elle passa le reste de ses jours dans le centre des arts qu'elle aimait, et pour lesquels elle avait renoncé à un empire à l'âge de vingt-sept ans.

Avant d'abdiquer, elle engagea les états de la Suède à élire en sa place son cousin Charles-Gustave, dixième de ce nom, fils du comte palatin, duc de Deux-Ponts. Ce roi ajouta de nouvelles conquêtes à celles de Gustave-Adolphe : il porta d'abord ses armes en Pologne, où il gagna la célèbre bataille de Varsovie, qui dura trois jours. Il fit longtemps la guerre heureusement contre les Danois, assiégea leur capitale, réunit la Scanie à la Suède, et fit assurer, du moins pour un temps, la possession de Slesvick au duc de Holstein. Ensuite, ayant éprouvé des revers et fait la paix avec ses ennemis, il tourna son ambition contre ses sujets. Il conçut le dessein d'établir en Suède la puissance arbitraire; mais il mourut[3] à l'âge de trente-sept ans, comme le grand Gustave, avant d'avoir pu achever cet ouvrage du despotisme, que son fils Charles XI éleva jusqu'au comble.

Charles XI, guerrier comme tous ses ancêtres, fut plus absolu qu'eux. Il abolit l'autorité du sénat, qui fut déclaré le sénat du roi, et non du royaume. Il était frugal, vigilant, laborieux, tel

---

1. 16 novembre 1632; voyez tome XIII, page 20.
2. Voltaire parla plus tard avec moins de réserve de Christine; voyez, tome XIV, le chapitre VI du *Siècle de Louis XIV*; et la note, tome XIII, page 575.
3. Le 23 février 1660.

qu'on l'eût aimé si son despotisme n'eût réduit les sentiments de ses sujets pour lui à celui de la crainte.

Il épousa, en 1680, Ulrique-Éléonore, fille de Frédéric III, roi de Danemark, princesse vertueuse et digne de plus de confiance que son époux ne lui en témoigna. De ce mariage naquit, le 27 de juin 1682, le roi Charles XII, l'homme le plus extraordinaire peut-être qui ait jamais été sur la terre, qui a réuni en lui toutes les grandes qualités de ses aïeux, et qui n'a eu d'autre défaut ni d'autre malheur que de les avoir toutes outrées. C'est lui dont on se propose ici d'écrire ce qu'on a appris de certain touchant sa personne et ses actions [1].

Le premier livre qu'on lui fit lire fut l'ouvrage de Samuel Puffendorf [2], afin qu'il pût connaître de bonne heure ses États et ceux de ses voisins. Il apprit d'abord l'allemand, qu'il parla toujours depuis aussi bien que sa langue maternelle. A l'âge de sept ans, il savait manier un cheval. Les exercices violents [3] où il se plaisait, et qui découvraient ses inclinations martiales, lui formèrent de bonne heure une constitution vigoureuse, capable de soutenir les fatigues où le portait son tempérament.

Quoique doux dans son enfance, il avait une opiniâtreté insurmontable ; le seul moyen de le plier était de le piquer d'honneur : avec le mot de gloire on obtenait tout de lui. Il avait de l'aversion pour le latin ; mais dès qu'on lui eut dit que le roi de Pologne et le roi de Danemark l'entendaient, il l'apprit bien vite, et en retint assez pour le parler le reste de sa vie. On s'y prit de la même manière pour l'engager à entendre le français; mais il s'obstina tant qu'il vécut à ne jamais s'en servir, même avec des ambassadeurs français qui ne savaient point d'autre langue.

Dès qu'il eut quelque connaissance de la langue latine, on lui fit traduire Quinte-Curce : il prit pour ce livre un goût que le sujet lui inspirait beaucoup plus encore que le style. Celui qui lui expliquait cet auteur lui ayant demandé ce qu'il pensait d'Alexandre : « Je pense, dit le prince, que je voudrais lui ressembler. — Mais, lui dit-on, il n'a vécu que trente-deux ans. — Ah ! reprit-il, n'est-ce pas assez quand on a conquis des royaumes [4] ? »

1. VARIANTE : « A six ans on le tira des mains des femmes, et on lui donna pour gouverneur M. de Nordcopenser, homme sage et assez instruit. »
2. L'ouvrage de Puffendorf, écrit en latin, traite *du Droit de la nature et des gens*. Il a été traduit en français par Barbeyrac.
3. VARIANTE : « Auxquels. »
4. Nordberg tient tout cela pour faux.

On ne manqua pas de rapporter ces réponses au roi son père, qui s'écria : « Voilà un enfant qui vaudra mieux que moi, et qui ira plus loin que le grand Gustave. » Un jour il s'amusait dans l'appartement du roi à regarder deux cartes géographiques, l'une d'une ville de Hongrie prise par les Turcs sur l'empereur, et l'autre de Riga, capitale de la Livonie, province conquise par les Suédois depuis un siècle. Au bas de la carte de la ville hongroise, il y avait ces mots tirés du livre de Job : « Dieu me l'a donnée, Dieu me l'a ôtée; le nom du Seigneur soit béni. » Le jeune prince, ayant lu ces paroles, prit sur-le-champ un crayon, et écrivit au bas de la carte de Riga : « Dieu me l'a donnée, le diable ne me l'ôtera pas [1]. » Ainsi dans les actions les plus indifférentes de son enfance, ce naturel indomptable laissait souvent échapper de ces traits qui caractérisent les âmes singulières, et qui marquaient ce qu'il devait être un jour.

Il avait onze ans lorsqu'il perdit sa mère. Cette princesse mourut en 1693, le 5 août, d'une maladie causée, dit-on, par les chagrins que lui donnait son mari, et par les efforts qu'elle faisait pour les dissimuler [2]. Charles XI avait dépouillé de leurs biens un grand nombre de ses sujets par le moyen d'une espèce de cour de justice nommée la chambre des liquidations, établie de son autorité seule. Une foule de citoyens ruinés par cette chambre, nobles, marchands, fermiers, veuves, orphelins, remplissaient les rues de Stockholm, et venaient tous les jours à la porte du palais pousser des cris inutiles. La reine secourut ces malheureux de tout ce qu'elle avait : elle leur donna son argent, ses pierreries, ses meubles, ses habits même. Quand elle n'eut plus rien à leur donner, elle se jeta en larmes aux pieds de son mari pour le prier d'avoir compassion de ses sujets. Le roi lui répondit gravement : « Madame, nous vous avons prise pour nous donner des enfants, et non pour nous donner des avis. » Depuis ce temps il la traita, dit-on, avec une dureté qui avança ses jours.

Il mourut quatre ans après elle, le 15 avril 1697, dans la cinquante-deuxième [3] année de son âge, et dans la trente-septième de son règne, lorsque l'empire, l'Espagne, la Hollande, d'un côté, et la France de l'autre, venaient de remettre la décision de leurs

---

1. Deux ambassadeurs de France en Suède m'ont conté ce fait. (*Note de Voltaire.*)

2. Le P. Barre, génovéfain, a copié tout cet article dans son *Histoire d'Allemagne*, tome VII, et il l'applique à un comte de Virtemberg. (*Id.*)

3. Toutes les éditions, même du vivant de l'auteur, portent *quarante-deuxième*. Charles XI étant né en 1645, suivant l'*Art de vérifier les dates*, et mort en 1697, j'ai fait la correction nécessaire. (B.)

querelles à sa médiation, et qu'il avait déjà entamé l'ouvrage de la paix entre ces puissances.

Il laissa à son fils, âgé de quinze ans, un trône affermi et respecté au dehors, des sujets pauvres, mais belliqueux et soumis, avec des finances en bon ordre, ménagées par des ministres habiles.

Charles XII, à son avénement, non-seulement se trouva maître absolu et paisible de la Suède et de la Finlande, mais il régnait encore sur la Livonie, la Carélie, l'Ingrie ; il possédait Vismar, Vibourg, les îles de Rugen, d'Oesel, et la plus belle partie de la Poméranie, le duché de Brême et de Verden : toutes conquêtes de ses ancêtres, assurées à sa couronne par une longue possession et par la foi des traités solennels de Munster et d'Oliva, soutenus de la terreur des armes suédoises. La paix de Rysvick, commencée sous les auspices du père, fut conclue sous ceux du fils : il fut le médiateur de l'Europe dès qu'il commença à régner.

Les lois suédoises fixent la majorité des rois à quinze ans ; mais Charles XI, absolu en tout, retarda, par son testament, celle de son fils jusqu'à dix-huit. Il favorisait, par cette disposition, les vues ambitieuses de sa mère, Edwige-Éléonore de Holstein, veuve de Charles X. Cette princesse fut déclarée, par le roi son fils, tutrice du jeune roi son petit-fils, et régente du royaume, conjointement avec un conseil de cinq personnes[1].

La régente avait eu part aux affaires sous le règne du roi son fils. Elle était avancée en âge ; mais son ambition, plus grande que ses forces et que son génie, lui faisait espérer de jouir longtemps des douceurs de l'autorité sous le roi son petit-fils. Elle l'éloignait autant qu'elle pouvait des affaires. Le jeune prince passait son temps à la chasse, ou s'occupait à faire la revue des troupes : il faisait même quelquefois l'exercice avec elles ; ces amusements ne semblaient que l'effet naturel de la vivacité de son âge. Il ne paraissait dans sa conduite aucun dégoût qui pût alarmer la régente, et cette princesse se flattait que les dissipations de ces exercices le rendraient incapable d'application, et qu'elle en gouvernerait plus longtemps.

Un jour, au mois de novembre, la même année de la mort de son père, il venait de faire la revue de plusieurs régiments : le

---

[1]. VARIANTE : « Elle ordonna d'abord pour le corps de son fils Charles XI une pompe funèbre d'une magnificence à laquelle la Suède n'était pas accoutumée. Elle voulut de plus que les bourgeois de Stockholm portassent trois ans le deuil. Il semblait qu'on les forçât à montrer d'autant plus de douleur qu'ils en ressentaient moins de la mort d'un prince qui leur avait ôté leur liberté et leurs biens. » Voltaire retrancha ce passage d'après une note de Nordberg.

conseiller d'État Piper était auprès de lui ; le roi paraissait abîmé dans une rêverie profonde. « Puis-je prendre la liberté, lui dit Piper, de demander à Votre Majesté à quoi elle songe si sérieusement? — Je songe, répondit le prince, que je me sens digne de commander à ces braves gens, et je voudrais que ni eux ni moi ne reçussions l'ordre d'une femme. » Piper saisit dans le moment l'occasion de faire une grande fortune. Il n'avait pas assez de crédit pour oser se charger lui-même de l'entreprise dangereuse d'ôter la régence à la reine, et d'avancer la majorité du roi; il proposa cette négociation au comte Axel Sparre, homme ardent, et qui cherchait à se donner de la considération : il le flatta de la confiance du roi. Sparre le crut, se chargea de tout, et ne travailla que pour Piper. Les conseillers de la régence furent bientôt persuadés. C'était à qui précipiterait l'exécution de ce dessein pour s'en faire un mérite auprès du roi.

Ils allèrent en corps en faire la proposition à la reine, qui ne s'attendait pas à une pareille déclaration. Les états généraux étaient assemblés alors. Les conseillers de la régence y proposèrent l'affaire : il n'y eut pas une voix contre; la chose fut emportée d'une rapidité que rien ne pouvait arrêter, de sorte que Charles XII souhaita de régner, et en trois jours les états lui déférèrent le gouvernement. Le pouvoir de la reine et son crédit tombèrent en un instant. Elle mena depuis une vie privée, plus sortable à son âge, quoique moins à son humeur. Le roi fut couronné le 24 décembre suivant. Il fit son entrée dans Stockholm sur un cheval alezan, ferré d'argent, ayant le sceptre à la main et la couronne en tête, aux acclamations de tout un peuple, idolâtre de ce qui est nouveau, et concevant toujours de grandes espérances d'un jeune prince.

L'archevêque d'Upsal est en possession de faire la cérémonie du sacre et du couronnement : c'est, de tant de droits que ses prédécesseurs s'étaient arrogés, presque le seul qui lui reste. Après avoir, selon l'usage, donné l'onction au prince, il tenait entre ses mains la couronne pour la lui remettre sur la tête ; Charles l'arracha des mains de l'archevêque, et se couronna lui-même[1] en regardant fièrement le prélat. La multitude, à qui tout air de grandeur impose toujours, applaudit à l'action du roi. Ceux mêmes qui avaient le plus gémi sous le despotisme du père se laissèrent entraîner à louer dans le fils cette fierté qui était l'augure de leur servitude.

---

1. Napoléon a fait de même en Italie et à Paris.

Dès que Charles fut maître, il donna sa confiance et le maniement des affaires au conseiller Piper, qui fut bientôt son premier ministre sans en avoir le nom. Peu de jours après il le fit comte ; ce qui est une qualité éminente en Suède, et non un vain titre qu'on puisse prendre sans conséquence comme en France.

Les premiers temps de l'administration du roi ne donnèrent point de lui des idées favorables : il parut qu'il avait été plus impatient que digne de régner. Il n'avait, à la vérité, aucune passion dangereuse ; mais on ne voyait dans sa conduite que des emportements de jeunesse et de l'opiniâtreté. Il paraissait inappliqué et hautain. Les ambassadeurs qui étaient à sa cour le prirent même pour un génie médiocre, et le peignirent tel à leurs maîtres [1]. La Suède avait de lui la même opinion : personne ne connaissait son caractère ; il l'ignorait lui-même, lorsque des orages formés tout à coup dans le Nord donnèrent à ses talents cachés occasion de se déployer.

Trois puissants princes, voulant se prévaloir de son extrême jeunesse, conspirèrent sa ruine presque en même temps. Le premier fut Frédéric IV, roi de Danemark, son cousin ; le second, Auguste [2], électeur de Saxe, roi de Pologne ; Pierre le Grand, czar de Moscovie, était le troisième et le plus dangereux [3]. Il faut développer l'origine de ces guerres, qui ont produit de si grands événements, et commencer par le Danemark.

De deux sœurs qu'avait Charles XII, l'aînée avait épousé le duc de Holstein, jeune prince plein de bravoure et de douceur. Le duc, opprimé par le roi de Danemark, vint à Stockholm avec son épouse se jeter entre les bras du roi, et lui demander du secours, non-seulement comme à son beau-frère, mais comme au roi d'une nation qui a pour les Danois une haine irréconciliable.

L'ancienne maison de Holstein, fondue dans celle d'Oldenbourg, était montée sur le trône de Danemark par élection en 1449. Tous les royaumes du Nord étaient alors électifs. Celui de Danemark devint bientôt héréditaire. Un de ses rois, nommé Christiern III, eut pour son frère Adolphe une tendresse ou des ménagements dont on ne trouve guère d'exemple chez les princes. Il ne voulait point le laisser sans souveraineté, mais il ne pouvait démembrer ses propres États. Il partagea avec lui, par un accord

---

1. Les lettres originales en font foi. (*Note de Voltaire.*) — Cette note est une réponse à Nordberg, qui s'était indigné de l'*effronterie* de Voltaire dans ce passage. (G. A.)

2. Voyez la note, tome XIII, page 213.

3. Tous ces princes avaient de vingt-six à vingt-sept ans.

bizarre, les duchés de Holstein-Gottorp et de Slesvick, établissant que les descendants d'Adolphe gouverneraient désormais le Holstein conjointement avec les rois de Danemark ; que ces deux duchés leur appartiendraient en commun, et que le roi de Danemark ne pourrait rien innover dans le Holstein sans le duc, ni le duc sans le roi. Une union si étrange, dont pourtant il y avait déjà eu un exemple dans la même maison pendant quelques années, était, depuis près de quatre-vingts ans, une source de querelles entre la branche de Danemark et celle de Holstein-Gottorp : les rois cherchant toujours à opprimer les ducs, et les ducs à être indépendants. Il en avait coûté la liberté et la souveraineté au dernie duc. Il avait recouvré l'une et l'autre aux conférences d'Altena, en 1689, par l'entremise de la Suède, de l'Angleterre, et de la Hollande, garants de l'exécution du traité. Mais comme un traité entre les souverains n'est souvent qu'une soumission à la nécessité jusqu'à ce que le plus fort puisse accabler le plus faible, la querelle renaissait plus envenimée que jamais entre le nouveau roi de Danemark et le jeune duc. Tandis que le duc était à Stockholm, les Danois faisaient déjà des actes d'hostilité dans le pays de Holstein, et se liguaient secrètement avec le roi de Pologne pour accabler le roi de Suède lui-même.

Frédéric-Auguste, électeur de Saxe, que ni l'éloquence et les négociations de l'abbé de Polignac[1], ni les grandes qualités du prince de Conti, son concurrent au trône, n'avaient pu empêcher d'être élu depuis deux ans roi de Pologne, était un prince moins connu encore par sa force de corps incroyable que par sa bravoure et la galanterie de son esprit. Sa cour était la plus brillante de l'Europe après celle de Louis XIV. Jamais prince ne fut plus généreux, ne donna plus, n'accompagna ses dons de tant de grâce. Il avait acheté la moitié des suffrages de la noblesse polonaise, et forcé l'autre par l'approche d'une armée saxonne. Il crut avoir besoin de ses troupes pour se mieux affermir sur le trône, mais il fallait un prétexte pour les retenir en Pologne. Il les destina à attaquer le roi de Suède en Livonie, à l'occasion que l'on va rapporter.

La Livonie, la plus belle et la plus fertile province du Nord, avait appartenu autrefois aux chevaliers de l'ordre teutonique. Les Russes, les Polonais et les Suédois s'en étaient disputé la possession. La Suède l'avait enlevée depuis près de cent années, et elle lui avait été enfin cédée solennellement par la paix d'Oliva.

---

1. Voyez, tome XIV, le *Siècle de Louis XIV*, chapitre XVII.

¹ Le feu roi Charles XI, dans ses sévérités pour ses sujets, n'avait pas épargné les Livoniens. Il les avait dépouillés de leurs priviléges et d'une partie de leurs patrimoines. Patkul, malheureusement célèbre depuis par sa mort tragique, fut député de la noblesse livonienne pour porter au trône les plaintes de la province. Il fit à son maître une harangue respectueuse, mais forte et pleine de cette éloquence mâle que donne la calamité quand elle est jointe à la hardiesse. Mais les rois ne regardent trop souvent ces harangues publiques que comme des cérémonies vaines qu'il est d'usage de souffrir, sans y faire attention. Toutefois Charles XI, dissimulé quand il ne se livrait pas aux emportements de sa colère, frappa doucement sur l'épaule de Patkul : « Vous avez parlé pour votre patrie en brave homme, lui dit-il, je vous en estime; continuez. » Mais peu de jours après il le fit déclarer coupable de lèse-majesté, et, comme tel, condamner à la mort. Patkul, qui s'était caché, prit la fuite. Il porta dans la Pologne ses ressentiments. Il fut admis depuis devant le roi Auguste. Charles XI était mort; mais la sentence de Patkul et son indignation subsistaient. Il représenta au monarque polonais la facilité de la conquête de la Livonie : des peuples désespérés, prêts à secouer le joug de la Suède; un roi enfant, incapable de se défendre. Ces sollicitations furent bien reçues d'un prince déjà tenté de cette conquête. Auguste, à son couronnement, avait promis de faire ses efforts pour recouvrer les provinces que la Pologne avait perdues. Il crut, par son irruption en Livonie, plaire à la république, et affermir son pouvoir; mais il se trompa dans ces deux idées, qui paraissaient si vraisemblables. Tout fut prêt bientôt pour une invasion soudaine, sans même daigner recourir d'abord à la vaine formalité des déclarations de guerre et des manifestes. Le nuage grossissait en même temps du côté de la Moscovie. Le monarque qui la gouvernait mérite l'attention de la postérité ².

Pierre Alexiowitz, czar de Russie, s'était déjà rendu redoutable par la bataille qu'il avait gagnée sur les Turcs en 1697 ³, et par la prise d'Azof, qui lui ouvrait l'empire de la mer Noire. Mais c'était par des actions plus étonnantes que des victoires qu'il cherchait le nom de *grand*. La Moscovie, ou Russie, embrasse le

1. Tout cet article se trouve presque mot pour mot au tome X du P. Barre. (*Note de Voltaire.*)
2. Ce n'est que trente ans après son *Histoire de Charles XII* que Voltaire a écrit son *Histoire de Pierre le Grand*.
3. Ou plutôt en 1695, comme le dit Voltaire lui-même dans son *Histoire de Russie*.

nord de l'Asie et celui de l'Europe, et, depuis les frontières de la Chine, s'étend l'espace de quinze cents lieues jusqu'aux confins de la Pologne et de la Suède. Mais ce pays immense était à peine connu de l'Europe avant le czar Pierre. Les Moscovites étaient moins civilisés que les Mexicains quand ils furent découverts par Cortès [1]; nés tous esclaves de maîtres aussi barbares qu'eux, ils croupissaient dans l'ignorance, dans le besoin de tous les arts, et dans l'insensibilité de ces besoins, qui étouffait toute industrie. Une ancienne loi, sacrée parmi eux, leur défendait, sous peine de mort, de sortir de leur pays sans la permission de leur patriarche. Cette loi, faite pour leur ôter les occasions de connaître leur joug, plaisait à une nation qui, dans l'abîme de son ignorance et de sa misère, dédaignait tout commerce avec les nations étrangères.

L'ère des Moscovites commençait à la création du monde; ils comptaient 7207 ans au commencement du siècle passé [2], sans pouvoir rendre raison de cette date. Le premier jour de leur année revenait au 13 de notre mois de septembre. Ils alléguaient, pour raison de cet établissement, qu'il était vraisemblable que Dieu avait créé le monde en automne, dans la saison où les fruits de la terre sont dans leur maturité. Ainsi les seules apparences de connaissances qu'ils eussent étaient des erreurs grossières : personne ne se doutait parmi eux que l'automne de Moscovie pût être le printemps d'un autre pays dans les climats opposés. Il n'y avait pas longtemps que le peuple avait voulu brûler à Moscou le secrétaire d'un ambassadeur de Perse, qui avait prédit une éclipse de soleil. Ils ignoraient jusqu'à l'usage des chiffres; ils se servaient, pour leurs calculs, de petites boules enfilées dans des fils d'archal. Il n'y avait pas d'autre manière de compter dans tous les bureaux de recettes et dans le trésor du czar.

[3] Leur religion était et est encore celle des chrétiens grecs, mais mêlée de superstitions, auxquelles ils étaient d'autant plus fortement attachés qu'elles étaient plus extravagantes, et que le joug en était plus gênant. Peu de Moscovites osaient manger du pigeon, parce que le Saint-Esprit est peint en forme de colombe. Ils observaient régulièrement quatre carêmes par an; et, dans ces

---

1. Comparez le chapitre CXLVII de l'*Essai sur les Mœurs*, où Voltaire regarde comme fort avancée la civilisation des Mexicains.
2. Voltaire écrivait dans le XVIIIe siècle. Le *siècle passé* signifie donc ici le XVIIe siècle.
3. Tout ce morceau est copié mot à mot par le génovéfain Barre, dans son *Histoire d'Allemagne*, tome IX, page 75 et suivantes. (*Note de Voltaire.*)

temps d'abstinence, ils n'osaient se nourrir ni d'œufs ni de lait. Dieu et saint Nicolas étaient les objets de leur culte, et immédiatement après eux, le czar et le patriarche. L'autorité de ce dernier était sans bornes, comme leur ignorance. Il rendait des arrêts de mort, et infligeait les supplices les plus cruels, sans qu'on pût appeler de son tribunal. Il se promenait à cheval deux fois l'an, suivi de tout son clergé en cérémonie : le czar, à pied, tenait la bride du cheval; et le peuple se prosternait dans les rues comme les Tartares devant leur grand-lama. La confession était pratiquée; mais ce n'était que dans le cas des plus grands crimes : alors l'absolution leur paraissait nécessaire, mais non le repentir. Ils se croyaient purs devant Dieu avec la bénédiction de leurs papas. Ainsi ils passaient sans remords de la confession au vol et à l'homicide; et ce qui est un frein pour d'autres chrétiens était chez eux un encouragement à l'iniquité. Ils faisaient scrupule de boire du lait un jour de jeûne; mais les pères de famille, les prêtres, les femmes, les filles, s'enivraient d'eau-de-vie les jours de fête. On disputait cependant sur la religion en ce pays comme ailleurs; la plus grande querelle était pour savoir si les laïques devaient faire le signe de la croix avec deux doigts ou avec trois. Un certain Jacob Nursuff, sous le précédent règne, avait excité une sédition dans Astracan au sujet de cette dispute. Il y avait même des fanatiques, comme parmi ces nations policées chez qui tout le monde est théologien; et [1] Pierre, qui poussa toujours la justice jusqu'à la cruauté, fit périr par le feu quelques-uns de ces misérables qu'on nommait *rosko-jésuites*.

Le czar, dans son vaste empire, avait beaucoup d'autres sujets qui n'étaient pas chrétiens. Les Tartares, qui habitent le bord occidental de la mer Caspienne et des Palus-Méotides, sont mahométans. Les Sibériens, les Ostiaques, les Samoïèdes, qui sont vers la mer Glaciale, étaient des sauvages dont les uns étaient idolâtres, les autres n'avaient pas même la connaissance d'un dieu : et cependant les Suédois envoyés prisonniers parmi eux ont été plus contents de leurs mœurs que de celles des anciens Moscovites.

Pierre Alexiowitz avait reçu une éducation qui tendait à augmenter encore la barbarie de cette partie du monde. Son naturel lui fit d'abord aimer les étrangers, avant qu'il sût à quel point ils pouvaient lui être utiles. Le Fort, comme on l'a déjà

---

1. La fin de cet alinéa ne se trouve que dans les dernières éditions. *Vosko-jésuites* veut dire *armée de jésuites*.

dit[1], fut le premier instrument dont il se servit pour changer depuis la face de la Moscovie. Son puissant génie, qu'une éducation barbare avait retenu et n'avait pu détruire, se développa presque tout à coup. Il résolut d'être homme, de commander à des hommes, et de créer une nation nouvelle. Plusieurs princes avaient avant lui renoncé à des couronnes par dégoût pour le poids des affaires; mais aucun n'avait cessé d'être roi pour apprendre mieux à régner : c'est ce que fit Pierre le Grand.

Il quitta la Russie en 1698, n'ayant encore régné que deux années, et alla en Hollande déguisé sous un nom vulgaire, comme s'il avait été un domestique de ce même Le Fort, qu'il envoyait ambassadeur extraordinaire auprès des États-Généraux. Arrivé à Amsterdam, inscrit dans le rôle des charpentiers de l'amirauté des Indes, il y travaillait dans le chantier comme les autres charpentiers. Dans les intervalles de son travail, il apprenait les parties des mathématiques qui peuvent être utiles à un prince, les fortifications, la navigation, l'art de lever des plans. Il entrait dans les boutiques des ouvriers, examinait toutes les manufactures; rien n'échappait à ses observations. De là il passa en Angleterre, où il se perfectionna dans la science de la construction des vaisseaux; il repassa en Hollande, et vit tout ce qui pouvait tourner à l'avantage de son pays. Enfin, après deux ans de voyages et de travaux auxquels nul autre homme que lui n'eût voulu se soumettre, il reparut en Russie, amenant avec lui les arts de l'Europe. Des artisans de toute espèce l'y suivirent en foule. On vit pour la première fois de grands vaisseaux russes sur la mer Noire, dans la Baltique, et dans l'Océan. Des bâtiments d'une architecture régulière et noble furent élevés au milieu des huttes moscovites. Il établit des colléges, des académies, des imprimeries, des bibliothèques; les villes furent policées; les habillements, les coutumes, changèrent peu à peu, quoique avec difficulté. Les Moscovites connurent par degrés ce que c'est que la société. Les superstitions même furent abolies; la dignité de patriarche fut éteinte : le czar se déclara le chef de la

---

1. Dans les éditions de 1731 à 1746 inclusivement, on lisait : « Le hasard voulut que le fils d'un Français réfugié à Genève, nommé Le Fort, vint chercher de l'emploi dans les troupes moscovites, etc. » Tout le reste du passage a aussi été changé. Dans l'édition de 1748, Voltaire mit : « Un jeune Genevois, nommé Le Fort, d'une ancienne famille de Genève, fils d'un marchand droguiste, fut le premier instrument, etc. » C'est ce que porte encore l'édition de 1751. Mais l'édition de Dresde, 1752, contient la version actuelle : « Le Fort, comme on l'a déjà dit, fut, etc. » C'est dans ses *Anecdotes sur le czar Pierre le Grand,* publiées en 1748, que Voltaire avait déjà parlé de Le Fort. (B.)

religion, et cette dernière entreprise, qui aurait coûté le trône et la vie à un prince moins absolu, réussit presque sans contradiction, et lui assura le succès de toutes les autres nouveautés [1].

Après avoir abaissé un clergé ignorant et barbare, il osa essayer de l'instruire, et par là même il risqua de le rendre redoutable ; mais il se croyait assez puissant pour ne le pas craindre. Il a fait enseigner, dans le peu de cloîtres qui restent, la philosophie et la théologie. Il est vrai que cette théologie tient encore de ce temps sauvage dont Pierre Alexiowitz a retiré sa patrie. Un homme digne de foi m'a assuré qu'il avait assisté à une thèse publique où il s'agissait de savoir si l'usage du tabac à fumer était un péché. Le répondant prétendait qu'il était permis de s'enivrer d'eau-de-vie, mais non de fumer, parce que la très-sainte Écriture dit que ce qui sort de la bouche de l'homme le souille, et que ce qui y entre ne le souille point [2].

Les moines ne furent pas contents de la réforme. A peine le czar eut-il établi des imprimeries qu'ils s'en servirent pour le décrier : ils imprimèrent qu'il était l'Antechrist ; leurs preuves étaient qu'il ôtait la barbe aux vivants, et qu'on faisait, dans son académie, des dissections de quelques morts. Mais un autre moine, qui voulait faire fortune, réfuta ce livre, et démontra que Pierre n'était pas l'Antechrist, parce que le nombre 666 [3] n'était pas dans son nom. L'auteur du libelle fut roué, et celui de la réfutation fut fait évêque de Rezan.

Le réformateur de la Moscovie a surtout porté une loi sage, qui fait honte à beaucoup d'États policés ; c'est qu'il n'est permis à aucun homme au service de l'État, ni à un bourgeois établi, ni surtout à un mineur, de passer dans un cloître.

Ce prince comprit combien il importe de ne point consacrer à l'oisiveté des sujets qui peuvent être utiles, et de ne point permettre qu'on dispose à jamais de sa liberté dans un âge où l'on ne peut disposer de la moindre partie de sa fortune. Cependant l'industrie des moines élude tous les jours cette loi, faite pour le bien de l'humanité ; comme si les moines gagnaient en effet à peupler les cloîtres aux dépens de la patrie.

---

1. Les douze alinéas suivants et le commencement du treizième ne se trouvent pas dans les premières éditions. (G. A.)

2. « Non quod intrat in os coinquinat hominem ; sed quod procedit ex ore, hoc coinquinat hominem. » (*Évangile selon saint Matthieu*, 15.)

3. C'est dans l'*Apocalypse* le nombre de la bête. « Que celui qui a de l'intelligence compte le nombre de la bête. Car son nombre est le nombre d'un homme, et son nombre est de 666. » (*Apocalypse de saint Jean*, c. xiii, v. 18.)

Le czar n'a pas assujetti seulement l'Église à l'État, à l'exemple des sultans turcs ; mais, plus grand politique, il a détruit une milice semblable à celle des janissaires ; et ce que les Ottomans ont vainement tenté[1], il l'a exécuté en peu de temps ; il a dissipé les janissaires moscovites, nommés strélitz, qui tenaient les czars en tutelle. Cette milice, plus formidable à ses maîtres qu'à ses voisins, était composée d'environ trente mille hommes de pied, dont la moitié restait à Moscou, et l'autre était répandue sur les frontières. Un strélitz n'avait que quatre roubles par an de paye ; mais des priviléges ou des abus le dédommageaient amplement. Pierre forma d'abord une compagnie d'étrangers, dans laquelle il s'enrôla lui-même, et ne dédaigna pas de commencer par être tambour, et d'en faire les fonctions, tant la nation avait besoin d'exemples. Il fut officier par degrés[2]. Il fit petit à petit de nouveaux régiments ; et enfin, se sentant maître de troupes disciplinées, il cassa les strélitz, qui n'osèrent désobéir.

La cavalerie était à peu près ce qu'est la cavalerie polonaise, et ce qu'était autrefois la française, quand le royaume de France n'était qu'un assemblage de fiefs. Les gentilshommes russes montaient à cheval à leurs dépens, et combattaient sans discipline, quelquefois sans autres armes qu'un sabre ou un carquois, incapables d'être commandés, et par conséquent de vaincre.

Pierre le Grand leur apprit à obéir par son exemple et par les supplices : car il servait en qualité de soldat et d'officier subalterne, et punissait rigoureusement en czar les boïards, c'est-à-dire les gentilshommes qui prétendaient que le privilége de la noblesse était de ne servir l'État qu'à leur volonté. Il établit un corps régulier pour servir l'artillerie, et prit cinq cents cloches aux églises pour fondre des canons. Il a eu treize mille canons de fonte en l'année 1714. Il a formé aussi des corps de dragons, milice très-convenable au génie des Moscovites, et à la forme de leurs chevaux, qui sont petits. La Moscovie a aujourd'hui, en 1738, trente régiments de dragons de mille hommes chacun, bien entretenus.

C'est lui qui a établi des houssards en Russie. Enfin il a eu jusqu'à une école d'ingénieurs, dans un pays où personne ne savait avant lui les éléments de la géométrie.

Il était bon ingénieur lui-même ; mais surtout il excellait dans tous les arts de la marine ; bon capitaine de vaisseau, habile pilote, bon matelot, adroit charpentier, et d'autant plus estimable dans

---

1. Les janissaires ont enfin été détruits par le sultan Mahmoud II, en 1826.
2. VARIANTE : « Il fut fait officier par degrés. »

ces arts qu'il était né avec une crainte extrême de l'eau. Il ne pouvait, dans sa jeunesse, passer sur un pont sans frémir : il faisait fermer alors les volets de bois de son carrosse; le courage et le génie domptèrent en lui cette faiblesse machinale.

Il fit construire un beau port auprès d'Azof, à l'embouchure du Tanaïs : il voulait y entretenir des galères, et, dans la suite, croyant que ces vaisseaux longs, plats et légers, devaient réussir dans la mer Baltique, il en a fait construire plus de trois cents dans sa ville favorite de Pétersbourg; il a montré à ses sujets l'art de les bâtir avec du simple sapin, et celui de les conduire. Il avait appris jusqu'à la chirurgie : on l'a vu, dans un besoin, faire la ponction à un hydropique; il réussissait dans les mécaniques, et instruisait les artisans.

Les finances du czar étaient à la vérité peu de chose par rapport à l'immensité de ses États; il n'a jamais eu vingt-quatre millions de revenu, à compter le marc à près de cinquante livres, comme nous faisons aujourd'hui, et comme nous ne ferons peut-être pas demain; mais c'est être très-riche chez soi que de pouvoir faire de grandes choses. Ce n'est pas la rareté de l'argent, mais celle des hommes et des talents, qui rend un empire faible.

La nation russe n'est pas nombreuse, quoique les femmes y soient fécondes et les hommes robustes. Pierre lui-même, en policant ses États, a malheureusement contribué à leur dépopulation. De fréquentes recrues dans des guerres longtemps malheureuses; des nations transplantées des bords de la mer Caspienne à ceux de la mer Baltique, consumées dans les travaux, détruites par les maladies, les trois quarts des enfants mourant en Moscovie de la petite vérole, plus dangereuse en ces climats qu'ailleurs; enfin les tristes suites d'un gouvernement longtemps sauvage et barbare, même dans sa police, sont cause que cette grande partie du continent a encore de vastes déserts. On compte à présent en Russie cinq cent mille familles de gentilshommes, deux cent mille de gens de loi, un peu plus de cinq millions de bourgeois et de paysans payant une espèce de taille, six cent mille hommes dans les provinces conquises sur la Suède : les Cosaques de l'Ukraine et les Tartares, vassaux de la Moscovie, ne montent pas à plus de deux millions; enfin l'on a trouvé que ces pays immenses ne contiennent pas plus de quatorze millions d'hommes[1], c'est-à-dire un peu plus des deux tiers des habitants de la France.

Le czar Pierre, en changeant les mœurs, les lois, la milice, la

---

1. Cela fut écrit en 1727; la population a augmenté depuis par les conquêtes, par la police, et par le soin d'attirer les étrangers. (*Note de Voltaire.*)

face de son pays, voulut aussi être grand par le commerce, qui fait à la fois la richesse d'un État et les avantages du monde entier. Il entreprit de rendre la Russie le centre du négoce de l'Asie et de l'Europe. Il voulait joindre par des canaux, dont il dressa le plan, la Duine, le Volga, le Tanaïs, et s'ouvrir des chemins nouveaux de la mer Baltique au Pont-Euxin et à la mer Caspienne, et de ces deux mers à l'Océan septentrional.

Le port d'Archangel, fermé par les glaces neuf mois de l'année, et dont l'abord exigeait un circuit long et dangereux, ne lui paraissait pas assez commode. Il avait, dès l'an 1700, le dessein de bâtir sur la mer Baltique un port qui deviendrait le magasin du Nord, et une ville qui serait la capitale de son empire.

Il cherchait déjà un passage par les mers du nord-est à la Chine; et les manufactures de Paris et de Pékin devaient embellir sa nouvelle ville.

Un chemin par terre, de sept cent cinquante-quatre verstes[1], pratiqué à travers des marais qu'il fallait combler, conduit de Moscou à sa nouvelle ville. La plupart de ses projets ont été exécutés par ses mains; et deux impératrices[2], qui lui ont succédé l'une après l'autre, ont encore été au delà de ses vues, quand elles étaient praticables, et n'ont abandonné que l'impossible.

Il a voyagé toujours dans ses États, autant que ses guerres l'ont pu permettre; mais il a voyagé en législateur et en physicien, examinant partout la nature, cherchant à la corriger ou à la perfectionner, sondant lui-même les profondeurs des fleuves et des mers, ordonnant des écluses, visitant des chantiers, faisant fouiller des mines, éprouvant les métaux, faisant lever des cartes exactes, et y travaillant de sa main.

Il a bâti dans un lieu sauvage la ville impériale de Pétersbourg, qui contient aujourd'hui soixante mille maisons, où s'est formée de nos jours une cour brillante, et où enfin on connaît les plaisirs délicats. Il a bâti le port de Cronstadt sur la Néva, Sainte-Croix sur les frontières de la Perse, des forts dans l'Ukraine, dans la Sibérie; des amirautés à Archangel, à Pétersbourg, à Astracan, à Azof; des arsenaux, des hôpitaux; il faisait toutes ses maisons petites et de mauvais goût, mais il prodiguait pour les maisons publiques la magnificence et la grandeur.

Les sciences, qui ont été ailleurs le fruit tardif de tant de siècles, sont venues par ses soins dans ses États toutes perfectionnées.

---

1. Un verste est de 750 pas. (*Note de Voltaire.*)
2. Anne et Élisabeth. Voyez l'*Avant-propos de l'Histoire de Russie.*

Il a créé une académie sur le modèle des sociétés fameuses de Paris et de Londres : les Delisle, les Bulfinger, les Hermann, les Bernoulli, le célèbre Wolf, homme excellent en tout genre de philosophie, ont été appelés à grands frais à Pétersbourg. Cette académie subsiste encore, et il se forme enfin des philosophes moscovites.

Il a forcé la jeune noblesse de ses États à voyager, à s'instruire, à rapporter en Russie la politesse étrangère. J'ai vu de jeunes Russes pleins d'esprit et de connaissances. C'est ainsi qu'un seul homme a changé le plus grand empire du monde. Il est affreux qu'il ait manqué à ce réformateur des hommes la principale vertu, l'humanité. De la brutalité dans ses plaisirs, de la férocité dans ses mœurs, de la barbarie dans ses vengeances, se mêlaient à tant de vertus. Il policait ses peuples, et il était sauvage. Il a, de ses propres mains, été l'exécuteur de ses sentences sur des criminels; et dans une débauche de table il a fait voir son adresse à couper des têtes. Il y a dans l'Afrique des souverains qui versent le sang de leurs sujets de leurs mains; mais ces monarques passent pour des barbares. La mort d'un fils qu'il fallait corriger ou déshériter rendrait la mémoire de Pierre odieuse, si le bien qu'il a fait à ses sujets ne faisait presque pardonner sa cruauté envers son propre sang.

Tel était le czar Pierre; et ses grands desseins n'étaient encore qu'ébauchés lorsqu'il se joignit aux rois de Pologne et de Danemark contre un enfant qu'ils méprisaient tous. Le fondateur de la Russie voulut être conquérant ; il crut qu'il pourrait le devenir sans peine, et qu'une guerre si bien projetée serait utile à tous ses desseins. L'art de la guerre était un art nouveau qu'il fallait montrer à ses peuples.

D'ailleurs il avait besoin d'un port à l'orient de la mer Baltique pour l'exécution de toutes ses idées. Il avait besoin de la province de l'Ingrie, qui est au nord-est de la Livonie; les Suédois en étaient maîtres, il fallait la leur arracher. Ses prédécesseurs avaient eu des droits sur l'Ingrie, l'Estonie, la Livonie; le temps semblait propice pour faire revivre ces droits, perdus depuis cent ans et anéantis par des traités. Il conclut donc une ligue avec le roi de Pologne, pour enlever au jeune Charles XII tous ces pays qui sont entre le golfe de Finlande, la mer Baltique, la Pologne, et la Moscovie [1].

1. Ce livre se prolongeait encore dans les premières éditions.

FIN DU LIVRE PREMIER.

LIVRE DEUXIÈME.

ARGUMENT.

Changement prodigieux et subit dans le caractère de Charles XII. A l'âge de dix-huit ans il soutient la guerre contre le Danemark, la Pologne, et la Moscovie; termine la guerre de Danemark en six semaines; défait quatre-vingt mille Moscovites avec huit mille Suédois, et passe en Pologne. Description de la Pologne et de son gouvernement. Charles gagne plusieurs batailles, et est maître de la Pologne, où il se prépare à nommer un roi.

Trois puissants rois menaçaient ainsi l'enfance de Charles XII. Les bruits de ces préparatifs consternaient la Suède, et alarmaient le conseil. Les grands généraux étaient morts; on avait raison de tout craindre sous un jeune roi qui n'avait encore donné de lui que de mauvaises impressions. Il n'assistait presque jamais dans le conseil que pour croiser les jambes sur la table; distrait, indifférent, il n'avait paru prendre part à rien.

Le conseil délibéra en sa présence sur le danger où l'on était : quelques conseillers proposaient de détourner la tempête par des négociations; tout d'un coup le jeune prince se lève avec l'air de gravité et d'assurance d'un homme supérieur qui a pris son parti. « Messieurs, dit-il, j'ai résolu de ne jamais faire une guerre injuste, mais de n'en finir une légitime que par la perte de mes ennemis. Ma résolution est prise : j'irai attaquer le premier qui se déclarera; et, quand je l'aurai vaincu, j'espère faire quelque peur aux autres. » Ces paroles étonnèrent tous ces vieux conseillers; ils se regardèrent sans oser répondre. Enfin, étonnés d'avoir un tel roi, et honteux d'espérer moins que lui, ils reçurent avec admiration ses ordres pour la guerre.

On fut bien plus surpris encore quand on le vit renoncer tout d'un coup aux amusements les plus innocents de la jeunesse. Du moment qu'il se prépara à la guerre, il commença une vie toute nouvelle, dont il ne s'est jamais depuis écarté un seul moment. Plein de l'idée d'Alexandre et de César, il se proposa d'imiter tout de ces deux conquérants, hors leurs vices. Il ne connut plus ni magnificence, ni jeux, ni délassements; il réduisit sa table à la frugalité la plus grande. Il avait aimé le faste dans les habits ; il ne fut vêtu depuis que comme un simple soldat. On l'avait soupçonné d'avoir eu une passion pour une femme de sa cour : soit que cette intrigue fût vraie ou non, il est certain qu'il renonça alors aux femmes pour jamais, non-seulement de peur d'en être gouverné, mais pour donner l'exemple à ses soldats, qu'il voulait contenir dans la discipline la plus rigoureuse ; peut-être encore par la vanité d'être le seul de tous les rois qui domptât un penchant si difficile à surmonter. Il résolut aussi de s'abstenir de vin tout le reste de sa vie[1]. Les uns m'ont dit qu'il n'avait pris ce parti que pour dompter en tout la nature, et pour ajouter une nouvelle vertu à son héroïsme ; mais le plus grand nombre m'a assuré qu'il voulut par là se punir d'un excès qu'il avait commis, et d'un affront qu'il avait fait à table à une femme, en présence même de la reine sa mère. Si cela est ainsi, cette condamnation de soi-même, et cette privation qu'il s'imposa toute sa vie, sont une espèce d'héroïsme non moins admirable[2].

Il commença par assurer des secours au duc de Holstein, son beau-frère. Huit mille hommes furent envoyés d'abord en Poméranie, province voisine du Holstein, pour fortifier le duc contre les attaques des Danois. Le duc en avait besoin. Ses États étaient déjà ravagés, son château de Gottorp pris, sa ville de Tonningue pressée par un siége opiniâtre, où le roi de Danemark était venu en personne, pour jouir d'une conquête qu'il croyait sûre. Cette étincelle commençait à embraser l'empire. D'un côté, les troupes saxonnes du roi de Pologne, celles de Brandebourg, de

---

1. VARIANTE : « Ce n'est pas, comme on l'a prétendu, qu'il voulût se punir d'un excès dans lequel on disait qu'il s'était laissé emporter à des actions indignes de lui : rien n'est plus faux que ce bruit populaire. Jamais le vin n'avait surpris sa raison, etc. » La Motraye et Nordberg ayant contredit Voltaire sur ce point, Voltaire essaya un moment de maintenir ce qu'il disait là (voyez plus loin les *Notes sur les Remarques de La Motraye*) ; cependant il corrigea son texte après de nouvelles observations que lui fit le prince Poniatowski.

2. « Ce sont les reproches de la reine sa grand'mère, dit le prince Poniatowski, qui ont décidé Charles XII à s'abstenir de vin. Un jour qu'il revenait de la chasse, et qu'il avait bu copieusement à son déjeuner, il se présenta au dîner de la reine tout crotté et couvert du sang des animaux qu'on avait tués. La reine lui fit quelques reproches amers. Le prince ne voulut pas en entendre plus long ; il se retira avec précipitation, et l'éperon de sa botte, se trouvant, soit exprès, soit par mégarde, accroché à la nappe, il renversa tous les plats sur la reine. Le lendemain, à l'heure du dîner, la reine renouvela ses réprimandes, en lui reprochant surtout de se livrer au vin. Charles XII se leva, courut au buffet, se fit remplir de vin un grand verre, et le but à la santé de la reine ; il ajouta que, puisque cette liqueur l'avait fait manquer au respect qu'il lui devait, c'était pour la dernière fois de sa vie qu'il en buvait : et il tint parole. »

LIVRE DEUXIÈME. 467

Volfenbuttel, de Hesse-Cassel, marchaient pour se joindre aux Danois. De l'autre, les huit mille hommes du roi de Suède, les troupes d'Hanovre et de Zell, et trois régiments de Hollande, venaient secourir le duc [1]. Tandis que le petit pays de Holstein était ainsi le théâtre de la guerre, deux escadres, l'une d'Angleterre et l'autre de Hollande, parurent dans la mer Baltique. Ces deux États étaient garants du traité d'Altena, rompu par les Danois; l'Angleterre et les États-Généraux s'empressaient alors à secourir le duc de Holstein opprimé, parce que l'intérêt de leur commerce s'opposait à l'agrandissement du roi de Danemark. Ils savaient que le Danois, étant maître du passage du Sund, imposerait des lois onéreuses aux nations commerçantes quand il serait assez fort pour en user impunément. Cet intérêt a longtemps engagé les Anglais et les Hollandais à tenir, autant qu'ils l'ont pu, la balance égale entre les princes du Nord : ils se joignirent au jeune roi de Suède, qui semblait devoir être accablé par tant d'ennemis réunis, et le secoururent par la même raison pour laquelle on l'attaquait, parce qu'on ne le croyait pas capable de se défendre.

Il était à la chasse aux ours quant il reçut la nouvelle de l'irruption des Saxons en Livonie : il faisait cette chasse d'une manière aussi nouvelle que dangereuse. On n'avait d'autres armes que des bâtons fourchus derrière un filet tendu à des arbres. Un ours d'une grandeur démesurée vint droit au roi, qui le terrassa après une longue lutte, à l'aide du filet et de son bâton. Il faut avouer qu'en considérant de telles aventures, la force prodigieuse du roi Auguste et les voyages du czar, on croirait être au temps des Hercule et des Thésée [2].

Il partit pour sa première campagne le 8 mai nouveau style [3] de l'année 1700. Il quitta Stockholm, où il ne revint jamais. Une foule innombrable de peuple l'accompagna jusqu'au port de Carlscrona, en faisant des vœux pour lui, en versant des larmes, et en l'admirant. Avant de sortir de Suède, il établit à Stockholm un conseil de défense composé de plusieurs sénateurs. Cette commission devait prendre soin de tout ce qui regardait la flotte, les troupes et les fortifications du pays. Le corps du sénat devait régler tout le reste provisionnellement dans l'intérieur du royaume. Ayant ainsi mis un ordre certain dans ses États, son esprit, libre

---

1. Copié mot pour mot par le P. Barre, tome X, page 393 et suivantes. (*Note de Voltaire*.)
2. Cet alinéa ne se trouve pas dans les premières éditions.
3. Ce n'est qu'en 1753, et conséquemment longtemps après la composition de l'*Histoire de Charles XII*, que le nouveau style a été reçu en Suède. (B.)

de tout autre soin, ne s'occupa plus que de la guerre. Sa flotte était composée de quarante-trois vaisseaux : celui qu'il monta, nommé *le roi Charles*, le plus grand qu'on ait jamais vu, était de cent vingt pièces de canon ; le compte de Piper, son premier ministre, et le général Rehnsköld[1], s'y embarquèrent avec lui. Il joignit les escadres des alliés. La flotte danoise évita le combat, et laissa la liberté aux trois flottes combinées de s'approcher assez près de Copenhague pour y jeter quelques bombes.

Il est certain que ce fut le roi lui-même qui proposa alors au général Rehnsköld de faire une descente, et d'assiéger Copenhague par terre, tandis qu'elle serait bloquée par mer. Rehnsköld fut étonné d'une proposition qui marquait autant d'habileté que de courage dans un jeune prince sans expérience. Bientôt tout fut prêt pour la descente[2] ; les ordres furent donnés pour faire embarquer cinq mille hommes qui étaient sur les côtes de Suède, et qui furent joints aux troupes qu'on avait à bord. Le roi quitta son grand vaisseau, et monta une frégate plus légère : on commença par faire partir trois cents grenadiers dans de petites chaloupes. Entre ces chaloupes, de petits bateaux plats portaient des fascines, des chevaux de frise, et les instruments des pionniers : cinq cents hommes d'élite suivaient dans d'autres chaloupes ; après venaient les vaisseaux de guerre du roi, avec deux frégates anglaises et deux hollandaises, qui devaient favoriser la descente à coups de canon.

Copenhague, ville capitale du Danemark, est située dans l'île de Séeland, au milieu d'une belle plaine, ayant au nord-ouest le Sund, et à l'orient la mer Baltique, où était alors le roi de Suède. Au mouvement imprévu des vaisseaux qui menaçaient d'une descente, les habitants, consternés par l'inaction de leur flotte et par le mouvement des vaisseaux suédois, regardaient avec crainte en quel endroit fondrait l'orage : la flotte de Charles s'arrêta vis-à-vis Humblebek, à sept milles de Copenhague. Aussitôt les Danois rassemblent en cet endroit leur cavalerie. Des milices furent placées derrière d'épais retranchements, et l'artillerie qu'on put y conduire fut tournée contre les Suédois.

---

1. Voltaire a écrit *Renschild*. (B.)
2. A la place de tout ce qui précède on lisait d'abord : « Alors le roi, comme dans un transport soudain, prenant les mains du comte Piper et du général Renschild : « Ah ! dit-il, si nous profitions de l'occasion pour faire une descente, « et pour assiéger Copenhague par terre, tandis qu'elle serait bloquée par mer ! » Renschild lui répondit : « Sire, le grand Gustave, après quinze ans d'expérience, « n'eût pas fait une autre proposition. »

Le roi quitta alors sa frégate pour s'aller mettre dans la première chaloupe, à la tête de ses gardes. L'ambassadeur de France était alors auprès de lui. « Monsieur l'ambassadeur, lui dit-il en latin (car il ne voulait jamais parler français), vous n'avez rien à démêler avec les Danois : vous n'irez pas plus loin, s'il vous plaît. — Sire, lui répondit le comte de Guiscard en français, le roi mon maître m'a ordonné de résider auprès de Votre Majesté ; je me flatte que vous ne me chasserez pas aujourd'hui de votre cour, qui n'a jamais été si brillante. » En disant ces paroles, il donna la main au roi, qui sauta dans la chaloupe où le comte de Piper et l'ambassadeur entrèrent[1]. On s'avançait sous les coups de canon des vaisseaux qui favorisaient la descente. Les bateaux de débarquement n'étaient encore qu'à trois cents pas du rivage. Charles XII, impatient de ne pas aborder assez près ni assez tôt, se jette de sa chaloupe dans la mer, l'épée à la main, ayant de l'eau par-delà la ceinture : ses ministres, l'ambassadeur de France, les officiers, les soldats, suivent aussitôt son exemple, et marchent au rivage, malgré une grêle de mousquetades[2]. Le roi, qui n'avait jamais entendu de sa vie de mousqueterie chargée à balle, demanda au major général Stuart, qui se trouva auprès de lui, ce que c'était que ce petit sifflement qu'il entendait à ses oreilles. « C'est le bruit que font les balles de fusil qu'on vous tire, lui dit le major. — Bon, dit le roi, ce sera là dorénavant ma musique. » Dans le même moment le major, qui expliquait le bruit des mousquetades, en reçut une dans l'épaule, et un lieutenant tomba mort à l'autre côté du roi.

Il est ordinaire à des troupes attaquées dans leurs retranchements d'être battues, parce que ceux qui attaquent ont toujours une impétuosité que ne peuvent avoir ceux qui se défendent, et qu'attendre les ennemis dans ses lignes c'est souvent un aveu de sa faiblesse et de leur supériorité. La cavalerie danoise et les milices s'enfuirent après une faible résistance. Le roi, maître de leurs retranchements, se jeta à genoux pour remercier Dieu du premier succès de ses armes. Il fit sur-le-champ élever des redoutes vers la ville, et marqua lui-même un campement. En même temps il renvoya ses vaisseaux en Scanie, partie de la Suède voisine de Copenhague, pour chercher neuf mille hommes de renfort. Tout conspirait à servir la vivacité de Charles. Les neuf mille hommes étaient sur le rivage, prêts à s'em-

---

1. Copié par le P. Barre, tome X, page 396. (*Note de Voltaire.*)
2. M. A. Geffroy, dans son édition de l'*Histoire de Charles XII*, dit qu'il y a ici beaucoup de phrases empruntées à l'Histoire de Limiers.

barquer, et dès le lendemain un vent favorable les lui amena.

Tout cela s'était fait à la vue de la flotte danoise, qui n'avait osé s'avancer. Copenhague, intimidée, envoya aussitôt des députés au roi pour le supplier de ne point bombarder la ville. Il les reçut à cheval, à la tête de son régiment des gardes : les députés se mirent à genoux devant lui; il fit payer à la ville quatre cent mille rixdales, avec ordre de faire voiturer au camp toutes sortes de provisions, qu'il promit de faire payer fidèlement. On lui apporta des vivres, parce qu'il fallait obéir; mais on ne s'attendait guère que des vainqueurs daignassent payer; ceux qui les apportèrent furent bien étonnés d'être payés généreusement et sans délai par les moindres soldats de l'armée. Il régnait depuis longtemps dans les troupes suédoises une discipline qui n'avait pas peu contribué à leurs victoires : le jeune roi en augmenta encore la sévérité. Un soldat n'eût pas osé refuser le payement de ce qu'il achetait, encore moins aller en maraude, pas même sortir du camp. Il voulut de plus que, dans une victoire, ses troupes ne dépouillassent les morts qu'après en avoir eu la permission; et il parvint aisément à faire observer cette loi. On faisait toujours dans son camp la prière deux fois par jour, à sept heures du matin, et à quatre heures du soir : il ne manqua jamais d'y assister, et de donner à ses soldats l'exemple de la piété[1], qui fait toujours impression sur les hommes quand ils n'y soupçonnent pas de l'hypocrisie. Son camp, mieux policé que Copenhague, eut tout en abondance ; les paysans aimaient mieux vendre leurs denrées aux Suédois, leurs ennemis, qu'aux Danois, qui ne les payaient pas si bien. Les bourgeois de la ville furent même obligés de venir plus d'une fois chercher au camp du roi de Suède des provisions qui manquaient dans leurs marchés.

Le roi de Danemark était alors dans le Holstein, où il semblait ne s'être rendu que pour lever le siége de Tonningue. Il voyait la mer Baltique couverte de vaisseaux ennemis, un jeune conquérant déjà maître de la Séeland, et prêt à s'emparer de la capitale. Il fit publier dans ses États que ceux qui prendraient les armes contre les Suédois auraient leur liberté. Cette déclaration était d'un grand poids dans un pays autrefois libre, où tous les paysans, et même beaucoup de bourgeois, sont esclaves aujourd'hui[2]. Charles fit dire au roi de Danemark qu'il ne faisait la guerre que

---

1. VARIANTE : « Comme de la valeur. » Le reste de la phrase est postérieur aux premières éditions.

2. VARIANTE : « Sont serfs. Mais Charles ne craignait pas des armées d'esclaves. »

pour l'obliger à faire la paix, qu'il n'avait qu'à se résoudre à rendre justice au duc de Holstein, ou à voir Copenhague détruite, et son royaume mis à feu et à sang. Le Danois était trop heureux d'avoir affaire à un vainqueur qui se piquait de justice. On assembla un congrès dans la ville de Travendal, sur les frontières du Holstein. Le roi de Suède ne souffrit pas que l'art des ministres traînât les négociations en longueur : il voulut que le traité s'achevât aussi rapidement qu'il était descendu en Séeland. Effectivement il fut conclu le 5 d'août, à l'avantage du duc de Holstein, qui fut indemnisé de tous les frais de la guerre, et délivré d'oppression. Le roi de Suède ne voulut rien pour lui-même, satisfait d'avoir secouru son allié et humilié son ennemi. Ainsi Charles XII, à dix-huit ans, commença et finit cette guerre en moins de six semaines.

Précisément dans le même temps, le roi de Pologne investissait la ville de Riga, capitale de la Livonie, et le czar s'avançait du côté de l'orient, à la tête de près de cent mille hommes. Riga était défendue par le vieux comte Dahlberg, général suédois, qui, à l'âge de quatre-vingts ans, joignait le feu d'un jeune homme à l'expérience de soixante campagnes. Le comte Flemming, depuis ministre de Pologne, grand homme de guerre et de cabinet, et le Livonien Patkul, pressaient tous deux le siége sous les yeux du roi[1] ; mais, malgré plusieurs avantages que les assiégeants avaient remportés, l'expérience du vieux comte Dahlberg rendait inutiles leurs efforts, et le roi de Pologne désespérait de prendre la ville. Il saisit enfin une occasion honorable de lever le siége. Riga était pleine de marchandises appartenantes aux Hollandais. Les États-Généraux ordonnèrent à leur ambassadeur auprès du roi Auguste de lui faire sur cela des représentations. Le roi de Pologne ne se fit pas longtemps prier. Il consentit à lever le siége plutôt que de causer le moindre dommage à ses alliés, qui ne furent point étonnés de cet excès de complaisance, dont ils surent la véritable cause.

Il ne restait donc plus à Charles XII, pour achever sa première campagne, que de marcher contre son rival de gloire, Pierre Alexiowitz. Il était d'autant plus animé contre lui qu'il y avait encore à Stockholm trois ambassadeurs moscovites qui venaient de jurer le renouvellement d'une paix inviolable. Il ne pouvai comprendre, lui qui se piquait d'une probité sévère, qu'un législateur comme le czar se fît un jeu de ce qui doit être si sacré.

---

1. VARIANTE : « L'un avec toute l'activité de son caractère, l'autre avec l'opiniâtreté de la vengeance. »

Le jeune prince, plein d'honneur, ne pensait pas qu'il y eût une morale différente[1] pour les rois et pour les particuliers. L'empereur de Moscovie venait de faire paraître un manifeste[2] qu'il eût mieux fait de supprimer. Il alléguait, pour raison de la guerre, qu'on ne lui avait pas rendu assez d'honneurs lorsqu'il avait passé *incognito* à Riga, et qu'on avait vendu les vivres trop cher à ses ambassadeurs. C'étaient là les griefs pour lesquels il ravageait l'Ingrie avec quatre-vingt mille hommes.

Il parut devant Narva à la tête de cette grande armée, le 1ᵉʳ octobre, dans un temps plus rude en ce climat que ne l'est le mois de janvier à Paris. Le czar, qui, dans de pareilles saisons, faisait quelquefois quatre cents lieues en poste à cheval, pour aller visiter lui-même une mine ou quelque canal, n'épargnait pas plus ses troupes que lui-même. Il savait d'ailleurs que les Suédois, depuis le temps de Gustave-Adolphe, faisaient la guerre au cœur de l'hiver comme dans l'été : il voulut accoutumer aussi ses Moscovites à ne point connaître de saisons, et les rendre un jour pour le moins égaux aux Suédois. Ainsi, dans un temps où les glaces et les neiges forcent les autres nations, dans des climats tempérés, à suspendre la guerre, le czar Pierre assiégeait Narva à trente degrés du pôle, et Charles XII s'avançait pour le secourir. Le czar ne fut pas plus tôt arrivé devant la place qu'il se hâta de mettre en pratique ce qu'il venait d'apprendre dans ses voyages. Il traça son camp, le fit fortifier de tous côtés, éleva des redoutes de distance en distance, et ouvrit lui-même la tranchée. Il avait donné le commandement de son armée au duc de Croï, Allemand, général habile, mais peu secondé alors par les officiers russes. Pour lui, il n'avait dans ses propres troupes que le rang de simple lieutenant. Il avait donné l'exemple de l'obéissance militaire à sa noblesse, jusque-là indisciplinable, laquelle était en possession de conduire sans expérience et en tumulte des esclaves mal armés[3]. Il n'était pas étonnant que celui qui s'était fait charpentier à Amsterdam pour avoir des flottes fût lieutenant à Narva pour enseigner à sa nation l'art de la guerre.

Les Russes sont robustes, infatigables, peut-être aussi courageux que les Suédois ; mais c'est au temps à aguerrir les troupes, et à la discipline à les rendre invincibles. Les seuls régiments

---

1. VARIANTE : « Une différence morale. »

2. C'est le premier que la Russie adressa aux puissances étrangères.

3. VARIANTE : « Il leur voulut apprendre que les grades militaires devaient s'acheter par des services. Il commença lui-même par être tambour, et était devenu officier par degrés. Il n'était pas étonnant... »

dont on pût espérer quelque chose étaient commandés par des officiers allemands, mais ils étaient en petit nombre[1]. Le reste était des barbares arrachés à leurs forêts, couverts de peaux de bêtes sauvages, les uns armés de flèches, les autres de massues : peu avaient des fusils ; aucun n'avait vu un siége régulier ; il n'y avait pas un bon canonnier dans toute l'armée. Cent cinquante canons, qui auraient dû réduire la petite ville de Narva en cendres, y avaient à peine fait brèche, tandis que l'artillerie de la ville renversait à tout moment des rangs entiers dans les tranchées. Narva était presque sans fortifications : le baron de Horn, qui y commandait, n'avait pas mille hommes de troupes réglées ; cependant cette armée innombrable n'avait pu la réduire en six semaines.

On était déjà au 15 de novembre, quand le czar apprit que le roi de Suède, ayant traversé la mer avec deux cents vaisseaux de transport, marchait pour secourir Narva. Les Suédois n'étaient que vingt mille. Le czar n'avait que la supériorité du nombre. Loin donc de mépriser son ennemi, il employa tout ce qu'il avait d'art pour l'accabler. Non content de quatre-vingt mille hommes, il se prépara à lui opposer encore une autre armée, et à l'arrêter à chaque pas. Il avait déjà mandé près de trente mille hommes qui s'avançaient de Pleskow à grandes journées. Il fit alors une démarche qui l'eût rendu méprisable si un législateur qui a fait de si grandes choses pouvait l'être. Il quitta son camp, où sa présence était nécessaire, pour aller chercher ce nouveau corps de troupes, qui pouvait très-bien arriver sans lui, et sembla, par cette démarche, craindre de combattre dans un camp retranché un jeune prince sans expérience, qui pouvait venir l'attaquer.

Quoi qu'il en soit, il voulait enfermer Charles XII entre deux armées. Ce n'était pas tout ; trente mille hommes, détachés du camp devant Narva, étaient postés à une lieue de cette ville, sur le chemin du roi de Suède; vingt mille [2] strélitz étaient plus loin sur le même chemin ; cinq mille autres faisaient une garde avancée. Il fallait passer sur le ventre à toutes ces troupes avant que d'arriver devant le camp, qui était muni d'un rempart et d'un double fossé. Le roi de Suède avait débarqué à Pernaw, dans le golfe de Riga, avec environ seize mille hommes d'infanterie et un peu plus de quatre mille chevaux. De Pernaw il avait préci-

---

1. Au lieu de cette phrase, on lut d'abord : « Les seuls bons soldats de l'armée étaient trente mille streletses, qui étaient en Moscovie ce que les janissaires sont en Turquie. »

2. Ou plutôt : huit mille. Voltaire, du reste, a beaucoup varié sur le chiffre de ces différentes troupes.

pité sa marche jusqu'à Revel, suivi de toute sa cavalerie, et seulement de quatre mille fantassins. Il marchait toujours en avant, sans attendre le reste de ses troupes. Il se trouva bientôt avec ses huit mille hommes seulement devant les premiers postes des ennemis. Il ne balança pas à les attaquer tous les uns après les autres, sans leur donner le temps d'apprendre à quel petit nombre ils avaient affaire. Les Moscovites, voyant arriver les Suédois à eux, crurent avoir toute une armée à combattre. La garde avancée de cinq mille hommes, qui gardait, entre des rochers, un poste où cent hommes résolus pouvaient arrêter une armée entière, s'enfuit à la première approche des Suédois. Les vingt mille hommes qui étaient derrière, voyant fuir leurs compagnons, prirent l'épouvante, et allèrent porter le désordre dans le camp. Tous les postes furent emportés en deux jours; et ce qui, en d'autres occasions, eût été compté pour trois victoires, ne retarda pas d'une heure la marche du roi. Il parut donc enfin, avec ses huit mille hommes fatigués d'une si longue marche, devant un camp de quatre-vingt mille Russes, bordé de cent cinquante canons. A peine ses troupes eurent-elles pris quelque repos que, sans délibérer, il donna ses ordres pour l'attaque.

Le signal était deux fusées, et le mot en allemand : *avec l'aide de Dieu.* Un officier général lui ayant représenté la grandeur du péril : « Quoi! vous doutez, dit-il, qu'avec mes huit mille braves Suédois je ne passe sur le corps à quatre-vingt mille Moscovites? » Un moment après, craignant qu'il n'y eût un peu de fanfaronnade dans ces paroles, il courut lui-même après cet officier: « N'êtes-vous donc pas de mon avis? lui dit-il ; n'ai-je pas deux avantages sur les ennemis : l'un, que leur cavalerie ne pourra leur servir; et l'autre, que, le lieu étant resserré, leur grand nombre ne fera que les incommoder? et ainsi je serai réellement plus fort qu'eux. » L'officier n'eut garde d'être d'un autre avis, et on marcha aux Moscovites à midi, le 30 novembre 1700.

Dès que le canon des Suédois eut fait brèche aux retranchements, ils s'avancèrent la baïonnette au bout du fusil, ayant au dos une neige furieuse qui donnait au visage des ennemis. Les Russes se firent tuer pendant une demi-heure sans quitter le revers des fossés. Le roi attaquait à la droite du camp où était le quartier du czar; il espérait le rencontrer; ne sachant pas que l'empereur lui-même avait été chercher ces quarante mille[1] hommes qui devaient arriver dans peu. Aux premières décharges

---

1. Voltaire, page 173, a parlé de *près de trente mille hommes.*

de la mousqueterie ennemie le roi reçut une balle à la gorge[1]; mais c'était une balle morte qui s'arrêta dans les plis de sa cravate noire, et qui ne lui fit aucun mal. Son cheval fut tué sous lui. M. de Sparre m'a dit que le roi sauta légèrement sur un autre cheval, en disant : « Ces gens-ci me font faire mes exercices »; et continua de combattre et de donner les ordres avec la même présence d'esprit. Après trois heures de combat les retranchements furent forcés de tous côtés. Le roi poursuivit la droite des ennemis jusqu'à la rivière de Narva avec son aile gauche, si l'on peut appeler de ce nom environ quatre mille hommes qui en poursuivaient près de quarante mille. Le pont rompit sous les fuyards; la rivière fut en un moment couverte de morts. Les autres, désespérés, retournèrent à leur camp sans savoir où ils allaient : ils trouvèrent quelques baraques derrière lesquelles ils se mirent; là, ils se défendirent encore, parce qu'ils ne pouvaient pas se sauver; mais enfin leurs généraux Dolgorowki, Golowkin, Fédérowitz, vinrent se rendre au roi, et mettre leurs armes à ses pieds. Pendant qu'on les lui présentait, arriva le duc de Croï, général de l'armée, qui venait se rendre lui-même avec trente officiers.

[2] Charles reçut tous ces prisonniers d'importance avec une politesse aussi aisée et un air aussi humain que s'il leur eût fait dans sa cour les honneurs d'une fête. Il ne voulut garder que les généraux. Tous les officiers subalternes et les soldats furent conduits désarmés jusqu'à la rivière de Narva; on leur fournit des bateaux pour la repasser et pour s'en retourner chez eux. Cependant la nuit s'approchait; la droite des Moscovites se battait encore : les Suédois n'avaient pas perdu six cents hommes; dix-huit mille Moscovites avaient été tués dans leurs retranchements, un grand nombre était noyé, beaucoup avaient passé la rivière : il en restait encore assez dans le camp pour exterminer jusqu'au dernier Suédois; mais ce n'est pas le nombre des morts, c'est l'épouvante de ceux qui survivent qui fait perdre les batailles. Le roi profita du peu de jour qui restait pour saisir l'artillerie ennemie. Il se posta avantageusement entre leur camp et la ville : là il dormit quelques heures sur la terre, enveloppé dans son manteau, en attendant

---

1. VARIANTE : « Dans le bras gauche, mais elle ne fit qu'endommager légèrement les chairs; son activité l'empêcha même de sentir qu'il était blessé. Son cheval fut tué sous lui presque aussitôt. Un second eut la tête emportée d'un coup de canon. Il sauta légèrement sur un troisième, en disant... » — « C'est à M. de Voltaire, avait dit à ce propos Nordberg, à dire d'où il a tiré ces particularités, qui n'ont aucun fondement. »
2. Copié par le P. Barre, tome IX. (*Note de Voltaire.*)

qu'il pût fondre, au point du jour, sur l'aile gauche des ennemis, qui n'avait point encore été tout à fait rompue. A deux heures du matin le général Vede, qui commandait cette gauche, ayant su le gracieux accueil que le roi avait fait aux autres généraux, et comment il avait renvoyé tous les officiers subalternes et les soldats, l'envoya supplier de lui accorder la même grâce. Le vainqueur lui fit dire qu'il n'avait qu'à s'approcher à la tête de ses troupes, et venir mettre bas les armes et les drapeaux devant lui. Ce général parut bientôt après avec ses Moscovites, qui étaient au nombre d'environ trente mille. Ils marchèrent tête nue, soldats et officiers, à travers moins de sept mille Suédois. Les soldats, en passant devant le roi, jetaient à terre leurs fusils et leurs épées; et les officiers portaient à ses pieds les enseignes et les drapeaux. Il fit repasser la rivière à toute cette multitude, sans en retenir un seul soldat prisonnier[1]. S'il les avait gardés, le nombre des prisonniers eût été au moins cinq fois plus grand que celui des vainqueurs.

Alors il entra victorieux dans Narva, accompagné du duc de Croï et des autres officiers généraux moscovites : il leur fit rendre à tous leurs épées, et, sachant qu'ils manquaient d'argent, et que les marchands de Narva ne voulaient point leur en prêter, il envoya mille ducats au duc de Croï, et cinq cents à chacun des officiers moscovites, qui ne pouvaient se lasser d'admirer ce traitement, dont ils n'avaient pas même d'idée. On dressa aussitôt à Narva une relation de la victoire pour l'envoyer à Stockholm et aux alliés de la Suède ; mais le roi retrancha de sa main tout ce qui était trop avantageux pour lui et trop injurieux pour le czar. Sa modestie ne put empêcher qu'on ne frappât à Stockholm plusieurs médailles pour perpétuer la mémoire de ces événements. Entre autres on en frappa une qui le représentait d'un côté sur un piédestal où paraissaient enchaînés un Moscovite, un Danois, un Polonais; de l'autre était un Hercule armé de sa massue, tenant sous ses pieds un Cerbère avec cette légende : *Tres uno contudit ictu*.

Parmi les prisonniers faits à la journée de Narva, on en vit un qui était un grand exemple des révolutions de la fortune : il était fils aîné et héritier du roi de Géorgie; on le nommait le czarafis

---

[1]. Tout cela n'est pas fort exact. Les vaincus avaient demandé à se retirer avec armes et bagages, les vainqueurs le leur avaient accordé; mais la convention ne fut exécutée qu'envers l'une des deux divisions; l'autre, contre la foi de la capitulation, fut insultée, pillée et désarmée. (G. A.)

Artfchelou ; ce titre de *czarafis* signifie prince, ou fils du czar, chez tous les Tartares comme en Moscovie; car le mot de *czar* ou *tzar* voulait dire roi chez les anciens Scythes, dont tous ces peuples sont descendus, et ne vient point des *Césars* de Rome, si longtemps inconnus à ces barbares. Son père Mittelleski, czar et maître de la plus belle partie des pays qui sont entre les montagnes d'Ararat et les extrémités orientales de la mer Noire, avait été chassé de son royaume par ses propres sujets en 1688, et avait mieux aimé se jeter entre les bras de l'empereur de Moscovie que recourir à celui des Turcs. Le fils de ce roi, âgé de dix-neuf ans, voulut suivre Pierre le Grand dans son expédition contre les Suédois, et fut pris en combattant par quelques soldats finlandais qui l'avaient déjà dépouillé, et qui allaient le massacrer. Le comte Rehnsköld l'arracha de leurs mains, lui fit donner un habit, et le présenta à son maître : Charles l'envoya à Stockholm, où ce prince malheureux mourut quelques années après. Le roi ne put s'empêcher, en le voyant partir, de faire tout haut devant ses officiers une réflexion naturelle sur l'étrange destinée d'un prince asiatique, né au pied du mont Caucase, qui allait vivre captif parmi les glaces de la Suède. « C'est, dit-il, comme si j'étais un jour prisonnier chez les Tartares de Crimée. » Ces paroles ne firent alors aucune impression ; mais dans la suite on ne s'en souvint que trop, lorsque l'événement en eût fait une prédiction.

Le czar s'avançait à grandes journées avec l'armée de quarante mille Russes, comptant envelopper son ennemi de tous côtés. Il apprit à moitié chemin la bataille de Narva et la dispersion de tout son camp. Il ne s'obstina pas à vouloir attaquer, avec ses quarante mille hommes sans expérience et sans discipline, un vainqueur qui venait d'en détruire quatre-vingt mille dans un camp retranché ; il retourna sur ses pas, poursuivant toujours le dessein de discipliner ses troupes pendant qu'il civilisait ses sujets. « Je sais bien, dit-il, que les Suédois nous battront longtemps ; mais à la fin ils nous apprendront eux-mêmes à les vaincre. » Moscou, sa capitale, fut dans l'épouvante et dans la désolation à la nouvelle de cette défaite. Telle était la fierté et l'ignorance de ce peuple, qu'ils crurent avoir été vaincus par un pouvoir plus qu'humain, et que les Suédois étaient de vrais magiciens. Cette opinion fut si générale que l'on ordonna à ce sujet des prières publiques à saint Nicolas, patron de la Moscovie. Cette prière est trop singulière pour n'être pas rapportée. La voici :

« O toi qui es notre consolateur perpétuel dans toutes nos adversités, grand saint Nicolas, infiniment puissant, par quel péché t'avons-nous offensé dans nos sacrifices, génuflexions, révérences et actions de grâces, pour que tu nous aies ainsi abandonnés ? Nous avions imploré ton assistance contre ces terribles, insolents, enragés, épouvantables, indomptables destructeurs, lorsque, comme des lions et des ours qui ont perdu leurs petits, ils nous ont attaqués, effrayés, blessés, tués par milliers, nous qui sommes ton peuple. Comme il est impossible que cela soit arrivé sans sortilége et enchantement, nous te supplions, ô grand saint Nicolas, d'être notre champion et notre porte-étendard, de nous délivrer de cette foule de sorciers, et de les chasser bien loin de nos frontières avec la récompense qui leur est due. »

Tandis que les Russes se plaignaient à saint Nicolas de leur défaite, Charles XII faisait rendre grâces à Dieu, et se préparait à de nouvelles victoires [1].

Le roi de Pologne s'attendit bien que son ennemi, vainqueur des Danois et des Moscovites, viendrait bientôt fondre sur lui. Il se ligua plus étroitement que jamais avec le czar. Ces deux princes convinrent d'une entrevue pour prendre leurs mesures de concert. Ils se virent à Birzen, petite ville de Lithuanie, sans aucune de ces formalités qui ne servent qu'à retarder les affaires, et qui ne convenaient ni à leur situation ni à leur humeur. Les princes du Nord se voient avec une familiarité qui n'est point encore établie dans le midi de l'Europe [2]. Pierre et Auguste passèrent quinze jours ensemble dans des plaisirs qui allèrent jusqu'à l'excès : car le czar, qui voulait réformer sa nation, ne put jamais corriger dans lui-même son penchant dangereux pour la débauche.

Le roi de Pologne s'engagea à fournir au czar cinquante mille hommes de troupes allemandes, qu'on devait acheter de divers princes, et que le czar devait soudoyer. Celui-ci, de son côté, devait envoyer cinquante mille Russes en Pologne [3] pour y apprendre l'art de la guerre, et promettait de payer au roi Auguste trois millions de rixdales en deux ans. Ce traité, s'il eût été exécuté, eût pu être fatal au roi de Suède : c'était un moyen prompt et sûr d'aguerrir les Moscovites ; c'était peut-être forger des fers à une partie de l'Europe.

1. C'est ici que finissait le livre premier dans les premières éditions.
2. Voltaire avait dit d'abord, comme Limiers et quelques autres, que, par le conseil de Piper, Charles XII avait gagné un gentilhomme écossais engagé dans un régiment saxon de cuirassiers destiné à la garde du czar, pour l'instruire de ce qui se passerait aux conférences de Birzen. Nordberg montra que c'était une erreur. (G. A.)
3. Voltaire ne dit que *vingt mille* dans le chapitre XII de la première partie de l'*Histoire de Russie sous Pierre le Grand*.

Charles XII se mit en devoir d'empêcher le roi de Pologne de recueillir le fruit de cette ligue. Après avoir passé l'hiver auprès de Narva, il parut en Livonie auprès de cette même ville de Riga que le roi Auguste avait assiégée inutilement. Les troupes saxonnes étaient postées le long de la rivière de Duina, qui est fort large en cet endroit : il fallait disputer le passage à Charles, qui était à l'autre bord du fleuve. Les Saxons n'étaient pas commandés par leur prince, alors malade ; mais ils avaient à leur tête le maréchal Stenau, qui faisait les fonctions de général : sous lui commandait le prince Ferdinand duc de Courlande, et ce même Patkul, qui défendait sa patrie contre Charles XII, l'épée à la main, après en avoir soutenu les droits par la plume, au péril de sa vie, contre Charles XI. Le roi de Suède avait fait construire de grands bateaux d'une invention nouvelle, dont les bords, beaucoup plus hauts qu'à l'ordinaire, pouvaient se lever et se baisser comme des ponts-levis. En se levant, ils couvraient les troupes qu'ils portaient ; en se baissant, ils servaient de pont pour le débarquement. Il mit encore en usage un autre artifice. Ayant remarqué que le vent soufflait du nord, où il était, au sud, où étaient campés les ennemis, il fit mettre le feu à quantité de paille mouillée, dont la fumée épaisse, se répandant sur la rivière, dérobait aux Saxons la vue de ses troupes et de ce qu'il allait faire. A la faveur de ce nuage, il fit avancer des barques remplies de cette même paille fumante ; de sorte que le nuage, grossissant toujours, et chassé par le vent dans les yeux des ennemis, les mettait dans l'impossibilité de savoir si le roi passait ou non. Cependant il conduisait seul l'exécution de son stratagème. Étant déjà au milieu de la rivière : « Hé bien, dit-il au général Rehnsköld, la Duina ne sera pas plus méchante que la mer de Copenhague ; croyez-moi, général, nous les battrons. » Il arriva en un quart d'heure à l'autre bord, et fut mortifié de ne sauter à terre que le quatrième. Il fait aussitôt débarquer son canon, et forme sa bataille sans que les ennemis, offusqués de la fumée, puissent s'y opposer que par quelques coups tirés au hasard. Le vent ayant dissipé ce brouillard, les Saxons virent le roi de Suède marchant déjà à eux.

Le maréchal Stenau ne perdit pas un moment : à peine aperçut-il les Suédois qu'il fondit sur eux avec la meilleure partie de sa cavalerie. Le choc violent de cette troupe, tombant sur les Suédois dans l'instant qu'ils formaient leurs bataillons, les mit en désordre. Ils s'ouvrirent ; ils furent rompus et poursuivis jusque dans la rivière. Le roi de Suède les rallia, le moment d'après, au milieu de l'eau, aussi aisément que s'il eût fait une revue. Alors ses soldats, marchant plus serrés qu'auparavant, repoussèrent le maréchal Stenau, et s'avancèrent dans la plaine. Stenau sentit que ses troupes étaient étonnées : il les fit retirer, en habile homme, dans un lieu sec, flanqué d'un marais et d'un bois où était son artillerie. L'avantage du terrain, et le temps qu'il avait donné aux Saxons de revenir de leur première surprise, leur rendit tout leur courage. Charles ne balança pas à les attaquer : il avait avec lui quinze mille hommes ; Stenau et le duc de Courlande, environ douze mille, n'ayant pour toute artillerie qu'un canon de fer sans affût. La bataille fut rude et sanglante : le duc eut deux chevaux tués sous lui ; il pénétra trois fois au milieu de la garde du roi ; mais enfin, ayant été renversé de son cheval d'un coup de crosse de mousquet, le désordre se mit dans son armée, qui ne disputa plus la victoire. Ses cuirassiers le retirèrent avec peine, tout froissé et à demi mort, du milieu de la mêlée et de dessous les chevaux, qui le foulaient aux pieds.

Le roi de Suède, après sa victoire, court à Mittau, capitale de la Courlande[1]. Toutes les villes de ce duché se rendent à lui à discrétion : c'était un voyage plutôt qu'une conquête. Il passa sans s'arrêter en Lithuanie, soumettant tout sur son passage. Il sentit une satisfaction flatteuse, et il l'avoua lui-même, quand il entra en vainqueur dans cette ville de Birzen où le roi de Pologne et le czar avaient conspiré sa ruine quelques mois auparavant.

Ce fut dans cette place qu'il conçut le dessein de détrôner le roi de Pologne par les mains des Polonais mêmes. Là, étant un jour à table, tout occupé de cette entreprise, et observant sa sobriété extrême, dans un silence profond, paraissant comme enseveli dans ses grandes idées, un colonel allemand qui assistait à son dîner dit, assez haut pour être entendu, que les repas que le czar et le roi de Pologne avaient faits au même endroit étaient un peu différents de ceux de Sa Majesté. « Oui, dit le roi en se levant, et j'en troublerai plus aisément leur digestion. » En effet, mêlant alors un peu de politique à la force de ses armes, il ne tarda pas à préparer l'événement qu'il méditait.

La Pologne, cette partie de l'ancienne Sarmatie, est un peu plus grande que la France, moins peuplée qu'elle, mais plus que la Suède. Ses peuples ne sont chrétiens que depuis environ sept cent cinquante ans. C'est une chose singulière, que la langue des Romains, qui n'ont jamais pénétré dans ces climats, ne se parle

---

1. En passant à Mittau, Charles fit égorger les officiers saxons malades ou blessés qui n'avaient pu fuir. (G. A.)

aujourd'hui communément qu'en Pologne ; tout y parle latin, jusqu'aux domestiques. Ce grand pays est très-fertile ; mais les peuples n'en sont que moins industrieux [1]. Les ouvriers et les marchands qu'on voit en Pologne sont des Écossais, des Français, surtout des Juifs. Ils y ont près de trois cents synagogues ; et à force de multiplier, ils en seront chassés comme ils l'ont été en Espagne [2]. Ils achètent à vil prix les blés, les bestiaux, les denrées du pays, les trafiquent à Dantzick et en Allemagne, et vendent chèrement aux nobles de quoi satisfaire l'espèce de luxe qu'ils connaissent et qu'ils aiment. Ainsi ce pays, arrosé des plus belles rivières, riche en pâturages, en mines de sel, et couvert de moissons, reste pauvre malgré son abondance parce que le peuple est esclave et que la noblesse est fière et oisive.

Son gouvernement est la plus fidèle image de l'ancien gouvernement celte et gothique, corrigé ou altéré partout ailleurs. C'est le seul État qui ait conservé le nom de république avec la dignité royale [3].

Chaque gentilhomme a le droit de donner sa voix dans l'élection d'un roi, et de pouvoir l'être lui-même. Ce plus beau des droits est joint au plus grand des abus : le trône est presque toujours à l'enchère ; et comme un Polonais est rarement assez riche pour l'acheter, il a été vendu souvent aux étrangers. La noblesse et le clergé défendent leur liberté contre leur roi, et l'ôtent au reste de la nation. Tout le peuple y est esclave, tant la destinée des hommes est que le plus grand nombre soit partout, de façon ou d'autre, subjugué par le plus petit ! Là le paysan ne sème point pour lui, mais pour des seigneurs à qui lui, son champ et le tra-

---

1. Copié par le P. Barre, tome IX. (*Note de Voltaire.*)
2. Voyez tome XII, page 159.
3. La langue latine fut introduite en Pologne par le clergé comme langue religieuse, et ensuite, à mesure que le clergé devenait plus puissant et plus influent, comme langue politique. Il en est résulté une confusion singulière : « Le mot de *république polonaise* fut employé d'abord dans le sens général où les Romains le prenaient d'habitude, sans y attacher la condition de formes particulières du gouvernement. Les étrangers l'entendirent bientôt dans l'opposition qu'il a présentée chez la plupart des modernes aux doctrines et aux institutions de la monarchie. Les Polonais finirent par le comprendre comme on faisait au dehors, et c'est une chose curieuse que de suivre dans les écrivains ou les orateurs les progrès que fit cette méprise et les résultats qu'elle a enfantés. On en vint à s'épouvanter de tout rapport avec les royautés héréditaires et puissantes du reste de l'Europe, comme d'une infidélité aux traditions des ancêtres, aux constitutions antiques de l'État, au nom même adopté par la patrie. » M. DE SALVANDY, *Histoire de Pologne*, liv. I, page 63. — Le latin n'a pas du reste étouffé la langue polonaise, sœur des langues russe et bohême. (A. G.)

vail de ses mains appartiennent, et qui peuvent le vendre et l'égorger avec le bétail de la terre. Tout ce qui est gentilhomme ne dépend que de soi. Il faut, pour le juger dans une affaire criminelle, une assemblée entière de la nation : il ne peut être arrêté qu'après avoir été condamné ; ainsi il n'est presque jamais puni. Il y en a beaucoup de pauvres ; ceux-là se mettent au service des plus puissants, en reçoivent un salaire, font les fonctions les plus basses. Ils aiment mieux servir leurs égaux que de s'enrichir par le commerce ; et, en pansant les chevaux de leurs maîtres, ils se donnent le titre d'électeurs des rois et de destructeurs des tyrans[1].

Qui verrait un roi de Pologne dans la pompe de sa majesté royale le croirait le prince le plus absolu de l'Europe ; c'est cependant celui qui l'est le moins. Les Polonais font réellement avec lui ce contrat qu'on suppose chez d'autres nations entre le souverain et les sujets. Le roi de Pologne, à son sacre même, et en jurant les *pacta conventa*, dispense ses sujets du serment d'obéissance en cas qu'il viole les lois de la république.

Il nomme à toutes les charges, et confère tous les honneurs. Rien n'est héréditaire en Pologne que les terres et le rang de noble. Le fils d'un palatin et celui du roi n'ont nul droit aux dignités de leur père ; mais il y a cette grande différence entre le roi et la république, qu'il ne peut ôter aucune charge après l'avoir donnée, et que la république a le droit de lui ôter la couronne s'il transgressait les lois de l'État.

La noblesse, jalouse de sa liberté, vend souvent ses suffrages et rarement ses affections. A peine ont-ils élu un roi, qu'ils craignent son ambition, et lui opposent leurs cabales. Les grands qu'il a faits, et qu'il ne peut défaire, deviennent souvent ses ennemis, au lieu de rester ses créatures. Ceux qui sont attachés à la cour sont l'objet de la haine du reste de la noblesse : ce qui forme toujours deux partis ; division inévitable, et même nécessaire, dans des pays où l'on veut avoir des rois et conserver sa liberté.

Ce qui concerne la nation est réglé dans les états généraux qu'on appelle diètes. Ces états sont composés du corps du sénat

---

1. Au lieu des deux dernières lignes on lisait d'abord : « L'esclavage de la plus grande partie de la nation, et l'orgueil et l'oisiveté de l'autre, font que les arts sont ignorés dans ce pays, d'ailleurs fertile, arrosé des plus beaux fleuves de l'Europe, et dans lequel il serait très-aisé de joindre par des canaux l'Océan septentrional et la mer Noire, et d'embrasser le commerce de l'Europe et de l'Asie. Le peu d'ouvriers et de marchands qu'on voit en Pologne sont des étrangers, des Écossais, des Français, des Juifs, qui achètent à vil prix les denrées du pays, et vendent chèrement aux nobles de quoi satisfaire leur luxe. »

et de plusieurs gentilshommes; les sénateurs sont les palatins et les évêques; le second ordre est composé des députés des diètes particulières de chaque palatinat. A ces grandes assemblées préside l'archevêque de Gnesne, primat de Pologne, vicaire du royaume dans les interrègnes, et la première personne de l'État après le roi. Rarement y a-t-il en Pologne un autre cardinal que lui, parce que la pourpre romaine ne donnant aucune préséance dans le sénat, un évêque qui serait cardinal serait obligé ou de s'asseoir à son rang de sénateur, ou de renoncer aux droits solides de la dignité qu'il a dans sa patrie pour soutenir les prétentions d'un honneur étranger.

Ces diètes se doivent tenir, par les lois du royaume, alternativement en Pologne et en Lithuanie. Les députés y décident souvent leurs affaires le sabre à la main, comme les anciens Sarmates, dont ils sont descendus [1], et quelquefois même au milieu de l'ivresse, vice que les Sarmates ignoraient. Chaque gentilhomme député à ces états généraux jouit du droit qu'avaient à Rome les tribuns du peuple de s'opposer aux lois du sénat. Un seul gentilhomme qui dit *je proteste* [2] arrête, par ce mot seul, les résolutions unanimes de tout le reste; et s'il part de l'endroit où se tient la diète, il faut alors qu'elle se sépare.

On apporte aux désordres qui naissent de cette loi un remède plus dangereux encore. La Pologne est rarement sans deux factions. L'unanimité dans les diètes étant alors impossible, chaque parti forme des confédérations dans lesquelles on décide à la pluralité des voix, sans avoir égard aux protestations du plus petit nombre. Ces assemblées, illégitimes selon les lois, mais autorisées par l'usage, se font au nom du roi, quoique souvent contre son consentement et contre ses intérêts; à peu près comme la Ligue se servait en France du nom de Henri III pour l'accabler; et comme en Angleterre le parlement, qui fit mourir Charles Ier sur un échafaud, commença par mettre le nom de ce prince à la tête de toutes les résolutions qu'il prenait pour le perdre. Lorsque les troubles sont finis, alors c'est aux diètes générales à confirmer ou à casser les actes de ces confédérations. Une diète même peut changer tout ce qu'a fait la précédente, par la même raison que dans les États monarchiques un roi peut abolir les lois de son prédécesseur et les siennes propres.

La noblesse, qui fait les lois de la république, en fait aussi la

---

1. Les Polonais, d'après Malte-Brun, sont d'origine slave, et non sarmate.
2. C'est le fameux *veto*.

force. Elle monte à cheval dans les grandes occasions, et peut composer un corps de plus de cent mille hommes. Cette grande armée, nommée *pospolite*[1], se meut difficilement, et se gouverne mal : la difficulté des vivres et des fourrages la met dans l'impuissance de subsister longtemps assemblée. La discipline, la subordination, l'expérience, lui manquent; mais l'amour de la liberté, qui l'anime, la rend toujours formidable.

On peut la vaincre ou la dissiper, ou la tenir même pour un temps dans l'esclavage ; mais elle secoue bientôt le joug : ils se comparent eux-mêmes aux roseaux que la tempête couche par terre, et qui se relèvent dès que le vent ne souffle plus. C'est pour cette raison qu'ils n'ont point de places de guerre : ils veulent être les seuls remparts de leur république; ils ne souffrent jamais que leur roi bâtisse des forteresses, de peur qu'il ne s'en serve, moins pour les défendre que pour les opprimer. Leur pays est tout ouvert, à la réserve de deux ou trois places frontières. Que si dans leurs guerres, ou civiles ou étrangères, ils s'obstinent à soutenir chez eux quelque siège, il faut faire à la hâte des fortifications de terre, réparer de vieilles murailles à demi ruinées, élargir des fossés presque comblés, et la ville est prise avant que les retranchements soient achevés.

La pospolite n'est pas toujours à cheval pour garder le pays; elle n'y monte que par l'ordre des diètes, ou même quelquefois sur le simple ordre du roi, dans les dangers extrêmes.

La garde ordinaire de la Pologne est une armée qui doit toujours subsister aux dépens de la république. Elle est composée de deux corps sous deux grands-généraux différents. Le premier corps est celui de la Pologne, et doit être de trente-six mille hommes ; le second, au nombre de douze mille, est celui de Lithuanie. Les deux grands-généraux sont indépendants l'un de l'autre : quoique nommés par le roi, ils ne rendent jamais compte de leurs opérations qu'à la république, et ont une autorité suprême sur leurs troupes. Les colonels sont les maîtres absolus de leurs régiments; c'est à eux à les faire subsister comme ils peuvent, et à leur payer leur solde. Mais étant rarement payés eux-mêmes, ils désolent le pays, et ruinent les laboureurs pour satisfaire leur avidité et celle de leurs soldats[2]. Les seigneurs polonais paraissent

---

1. C'est l'armée de Pologne, composée de la noblesse du pays. Voilà la seule définition que donnent les dictionnaires, d'après Voltaire lui-même, qui l'a prise dans Dalerac. (*Anecdotes de Pologne.*) — *Pospolicie*, en polonais, veut dire *commun, général;* c'est la levée générale, l'arrière-ban. (A. G.)

2. Morceau copié par le P. Barre. (*Note de Voltaire.*)

dans ces armées avec plus de magnificence que dans les villes; leurs tentes sont plus belles que leurs maisons. La cavalerie, qui fait les deux tiers de l'armée, est presque toute composée de gentilshommes : elle est remarquable par la beauté des chevaux, et par la richesse des habillements et des harnais.

Les gendarmes surtout, que l'on distingue en houssards et pancernes[1], ne marchent qu'accompagnés de plusieurs valets, qui leur tiennent des chevaux de main, ornés de brides à plaques et clous d'argent, de selles brodées, d'arçons, d'étriers dorés, et quelquefois d'argent massif, avec de grandes housses traînantes, à la manière des Turcs, dont les Polonais imitent autant qu'ils peuvent la magnificence.

Autant cette cavalerie est parée et superbe, autant l'infanterie était alors délabrée, mal vêtue, mal armée, sans habits d'ordonnance ni rien d'uniforme. C'est ainsi du moins qu'elle fut jusque vers 1710. Ces fantassins, qui ressemblent à des Tartares vagabonds, supportent avec une étonnante fermeté la faim, le froid, la fatigue, et tout le poids de la guerre.

On voit encore dans les soldats polonais le caractère des anciens Sarmates, leurs ancêtres : aussi peu de discipline, la même fureur à attaquer, la même promptitude à fuir et à revenir au combat, le même acharnement dans le carnage quand ils sont vainqueurs.

Le roi de Pologne s'était flatté d'abord que dans le besoin ces deux armées combattraient en sa faveur, que la pospolite polonaise s'armerait à ses ordres, et que toutes ces forces, jointes aux Saxons ses sujets, et aux Moscovites ses alliés, composeraient une multitude devant qui le petit nombre des Suédois n'oserait paraître. Il se vit presque tout à coup privé de ces secours par les soins mêmes qu'il avait pris pour les avoir tous à la fois.

Accoutumé dans ses pays héréditaires au pouvoir absolu, il crut trop peut-être qu'il pourrait gouverner la Pologne comme la Saxe. Le commencement de son règne fit des mécontents; ses premières démarches irritèrent le parti qui s'était opposé à son élection, et aliénèrent presque tout le reste. La Pologne murmura de voir ses villes remplies de garnisons saxonnes, et ses frontières de troupes. Cette nation, bien plus jalouse de maintenir sa liberté qu'empressée à attaquer ses voisins, ne regarda point la guerre du roi Auguste contre la Suède, et l'irruption en Livonie, comme une entreprise avantageuse à la république. On trompe difficile-

---

1. Morceau copié par le P. Barre. On n'en citera pas davantage; c'est trop d'ennui pour l'éditeur. (*Note de Voltaire.*)

ment une nation libre sur ses vrais intérêts. Les Polonais sentaient que si cette guerre, entreprise sans leur consentement, était malheureuse, leur pays, ouvert de tous côtés, serait en proie au roi de Suède ; et que si elle était heureuse, ils seraient subjugués par leur roi même, qui, maître alors de la Livonie, comme de la Saxe, enclaverait la Pologne entre ces deux pays[1]. Dans cette alternative, ou d'être esclaves du roi qu'ils avaient élu, ou d'être ravagés par Charles XII justement outragé, ils ne formèrent qu'un cri contre la guerre, qu'ils crurent déclarée à eux-mêmes plus qu'à la Suède. Ils regardèrent les Saxons et les Moscovites comme les instruments de leurs chaînes. Bientôt, voyant que le roi de Suède avait renversé tout ce qui était sur son passage, et s'avançait avec une armée victorieuse au cœur de la Lithuanie, ils éclatèrent contre leur souverain avec d'autant plus de liberté qu'il était malheureux.

Deux partis divisaient alors la Lithuanie : celui des princes Sapieha, et celui d'Oginski. Ces deux factions avaient commencé par des querelles particulières dégénérées en guerre civile. Le roi de Suède s'attacha les princes Sapieha, et Oginski, mal secouru par les Saxons, vit son parti presque anéanti. L'armée lithuanienne, que ces troubles et le défaut d'argent réduisaient à un petit nombre, était en partie dispersée par le vainqueur. Le peu qui tenait pour le roi de Pologne était séparé en petits corps de troupes fugitives, qui erraient dans la campagne et subsistaient de rapines. Auguste ne voyait en Lithuanie que de l'impuissance dans son parti, de la haine dans ses sujets, et une armée ennemie conduite par un jeune roi outragé, victorieux et implacable.

Il y avait à la vérité en Pologne une armée; mais au lieu d'être de trente-six mille hommes, nombre prescrit par les lois, elle n'était pas de dix-huit mille. Non-seulement elle était mal payée et mal armée, mais ses généraux ne savaient encore quel parti prendre.

La ressource du roi était d'ordonner à la noblesse de le suivre ; mais il n'osait s'exposer à un refus, qui eût trop découvert et par conséquent augmenté sa faiblesse.

Dans cet état de trouble et d'incertitude, tous les palatinats du royaume demandaient au roi une diète, de même qu'en Angleterre, dans les temps difficiles, tous les corps de l'État présentent des adresses au roi pour le prier de convoquer un parlement. Auguste avait plus besoin d'une armée que d'une diète, où les actions des rois sont pesées. Il fallut bien cependant qu'il la con-

---

1. VARIANTE : « Ces deux pays pleins de places fortes. »

voquât, pour ne point aigrir la nation sans retour. Elle fut donc indiquée à Varsovie pour le 2 de décembre de l'année 1701. Il s'aperçut bientôt que Charles XII avait pour le moins autant de pouvoir que lui dans cette assemblée. Ceux qui tenaient pour les Sapieha, les Lubomirski, et leurs amis, le palatin Leczinski, trésorier de la couronne, qui devait sa fortune au roi Auguste, et surtout les partisans des princes Sobieski, étaient tous secrètement attachés au roi de Suède.

Le plus considérable de ces partisans, et le plus dangereux ennemi qu'eût le roi de Pologne, était le cardinal Radjouski, archevêque de Gnesne, primat du royaume, et président de la diète. C'était un homme plein d'artifice et d'obscurité dans sa conduite, entièrement gouverné par une femme ambitieuse, que les Suédois appelaient *madame la cardinale*, laquelle ne cessait de le pousser à l'intrigue et à la faction [1]. Le roi Jean Sobieski, prédécesseur d'Auguste, l'avait d'abord fait évêque de Varmie, et vice-chancelier du royaume. Radjouski, n'étant encore qu'évêque, obtint le cardinalat par la faveur du même roi. Cette dignité lui ouvrit bientôt le chemin à celle de primat ; ainsi, réunissant dans sa personne tout ce qui impose aux hommes, il était en état d'entreprendre beaucoup impunément.

Il essaya son crédit après la mort de Jean pour mettre le prince Jacques Sobieski sur le trône ; mais le torrent de la haine qu'on portait au père, tout grand homme qu'il était, en écarta le fils. Le cardinal primat se joignit alors à l'abbé de Polignac, ambassadeur de France, pour donner la couronne au prince de Conti, qui en effet fut élu. Mais l'argent et les troupes de Saxe triomphèrent de ses négociations. Il se laissa enfin entraîner au parti qui couronna l'électeur de Saxe, et attendit avec patience l'occasion de mettre la division entre la nation et ce nouveau roi.

Les victoires de Charles XII, protecteur du prince Jacques Sobieski, la guerre civile de Lithuanie, le soulèvement général de tous les esprits contre le roi Auguste, firent croire au cardinal primat que le temps était arrivé où il pourrait renvoyer Auguste en Saxe, et ouvrir au fils du roi Jean le chemin du trône. Ce prince, autrefois l'objet innocent de la haine des Polonais, commençait à devenir leurs délices depuis que le roi Auguste était haï ; mais il n'osait concevoir alors l'idée d'une si grande révolution ; et

---

1. VARIANTE : « L'habileté du primat consistait à profiter des conjonctures, sans chercher à les faire naître. Il paraissait irrésolu lorsqu'il était le plus déterminé dans ses projets, allant toujours à ses fins par des voies qui y semblaient opposées. »

cependant le cardinal en jetait insensiblement les fondements.

D'abord il sembla vouloir réconcilier le roi avec la république. Il envoya des lettres circulaires, dictées en apparence par l'esprit de concorde et par la charité, piéges usés et connus, mais où les hommes sont toujours pris. Il écrivit au roi de Suède une lettre touchante, le conjurant, au nom de celui que tous les chrétiens adorent également, de donner la paix à la Pologne et à son roi. Charles XII répondit aux intentions du cardinal plus qu'à ses paroles. Cependant il restait dans le grand-duché de Lithuanie avec son armée victorieuse, déclarant qu'il ne voulait point troubler la diète ; qu'il faisait la guerre à Auguste et aux Saxons, non aux Polonais ; et que, loin d'attaquer la république, il venait la tirer d'oppression. Ces lettres et ces réponses étaient pour le public. Des émissaires qui allaient et venaient continuellement de la part du cardinal au comte Piper, et des assemblées secrètes chez ce prélat, étaient les ressorts qui faisaient mouvoir la diète : elle proposa d'envoyer une ambassade à Charles XII, et demanda unanimement au roi qu'il n'appelât plus les Moscovites sur les frontières, et qu'il renvoyât ses troupes saxonnes.

La mauvaise fortune d'Auguste avait déjà fait ce que la diète exigeait de lui. La ligue conclue secrètement à Birzen avec le Moscovite était devenue aussi inutile qu'elle avait paru d'abord formidable. Il était bien éloigné de pouvoir envoyer au czar les cinquante mille Allemands qu'il avait promis de faire lever dans l'empire. Le czar même, dangereux voisin de la Pologne, ne se pressait pas de secourir alors de toutes ses forces un royaume divisé, dont il espérait recueillir quelques dépouilles. Il se contenta d'envoyer dans la Lithuanie vingt mille Moscovites, qui y firent plus de mal que les Suédois, fuyant partout devant le vainqueur et ravageant les terres des Polonais, jusqu'à ce que, poursuivis par les généraux suédois, et ne trouvant plus rien à piller, ils s'en retournèrent par troupes dans leur pays. A l'égard des débris de l'armée saxonne battue à Riga, le roi Auguste les envoya hiverner et se recruter en Saxe, afin que ce sacrifice, tout forcé qu'il était, pût ramener à lui la nation polonaise irritée.

Alors la guerre se changea en intrigues. La diète était partagée en presque autant de factions qu'il y avait de palatins. Un jour les intérêts du roi Auguste y dominaient, le lendemain ils y étaient proscrits. Tout le monde criait pour la liberté et la justice, mais on ne savait point ce que c'était que d'être libre et juste. Le temps se perdait à cabaler en secret et à haranguer en public. La diète ne savait ni ce qu'elle voulait, ni ce qu'elle devait faire. Les grandes compagnies n'ont presque jamais pris de bons conseils dans les troubles civils, parce que les factieux y sont hardis, et que les gens de bien y sont timides pour l'ordinaire. La diète se sépara en tumulte le 17 février de l'année 1702, après trois mois de cabales et d'irrésolutions. Les sénateurs, qui sont les palatins et les évêques, restèrent dans Varsovie. Le sénat de Pologne a le droit de faire provisionnellement des lois, que rarement les diètes infirment; ce corps, moins nombreux, accoutumé aux affaires, fut bien moins tumultueux et décida plus vite.

Ils arrêtèrent qu'on enverrait au roi de Suède l'ambassade proposée dans la diète, que la pospolite monterait à cheval et se tiendrait prête à tout événement; ils firent plusieurs règlements pour apaiser les troubles de Lithuanie, et plus encore pour diminuer l'autorité de leur roi, quoique moins à craindre que celle de Charles.

Auguste aima mieux alors recevoir des lois dures de son vainqueur que de ses sujets. Il se détermina à demander la paix au roi de Suède, et voulut entamer avec lui un traité secret. Il fallait cacher cette démarche au sénat, qu'il regardait comme un ennemi encore plus intraitable. L'affaire était délicate; il s'en reposa sur la comtesse de Koënigsmark, Suédoise d'une grande naissance, à laquelle il était alors attaché. C'est elle dont le frère est connu par sa mort malheureuse[1], et dont le fils[2] a commandé les armées en France avec tant de succès et de gloire. Cette femme, célèbre dans le monde par son esprit et par sa beauté, était plus capable qu'aucun ministre de faire réussir une négociation. De plus, comme elle avait du bien dans les États de Charles XII, et qu'elle avait été longtemps à sa cour, elle avait un prétexte plausible d'aller trouver ce prince. Elle vint donc au camp des Suédois en Lithuanie, et s'adressa d'abord au comte Piper, qui lui promit trop légèrement une audience de son maître. La comtesse, parmi les perfections qui la rendaient une des plus aimables personnes de l'Europe, avait le talent singulier de parler les langues de plusieurs pays qu'elle n'avait jamais vus, avec autant de délicatesse

---

1. Philippe, comte de Koënigsmark, était l'amant de la princesse Sophie-Dorothée de Brunswick-Lunebourg-Zelle. Il devait même l'enlever, lorsqu'un soir il fut attaqué par quatre hommes qui le percèrent de coups et jetèrent son corps dans un égout.

2. Maurice de Saxe, maréchal de France, qui avait gagné, en 1745, la bataille de Fontenoy. (Voyez, tome XV, le chapitre xv du *Précis du Siècle de Louis XV*.) La phrase où il est question du frère et du fils de la comtesse a été ajoutée en 1756, six ans après la mort du maréchal de Saxe. (B.)

que si elle y était née; elle s'amusait même quelquefois à faire des vers français[1] qu'on eût pris pour être d'une personne née à Versailles. Elle en composa pour Charles XII, que l'histoire ne doit point omettre. Elle introduisait les dieux de la fable, qui tous louaient les différentes vertus de Charles. La pièce finissait ainsi :

> Enfin chacun des dieux, discourant à sa gloire,
> Le plaçait par avance au temple de mémoire ;
> Mais Vénus ni Bacchus n'en dirent pas un mot.

Tant d'esprit et d'agréments étaient perdus auprès d'un homme tel que le roi de Suède. Il refusa constamment de la voir. Elle prit le parti de se trouver sur son chemin dans les fréquentes promenades qu'il faisait à cheval. Effectivement elle le rencontra un jour dans un sentier fort étroit : elle descendit de carrosse dès qu'elle l'aperçut ; le roi la salua sans lui dire un seul mot, tourna la bride de son cheval, et s'en retourna dans l'instant ; de sorte que la comtesse de Koënigsmark ne remporta de son voyage que la satisfaction de pouvoir croire que le roi de Suède ne redoutait qu'elle.

Il fallut alors que le roi de Pologne se jetât dans les bras du sénat. Il lui fit deux propositions par le palatin de Marienbourg : l'une, qu'on lui laissât la disposition de l'armée de la république, à laquelle il payerait de ses propres deniers deux quartiers d'avance ; l'autre, qu'on lui permît de faire revenir en Pologne douze mille Saxons. Le cardinal primat fit une réponse aussi dure qu'était le refus du roi de Suède. Il dit au palatin de Marienbourg, au nom de l'assemblée, « qu'on avait résolu d'envoyer à Charles XII une ambassade, et qu'il ne lui conseillait pas de faire venir les Saxons ».

Le roi, dans cette extrémité, voulut au moins conserver les apparences de l'autorité royale. Un de ses chambellans alla de sa part trouver Charles, pour savoir de lui où et comment Sa Majesté suédoise voudrait recevoir l'ambassade du roi son maître et de la république. On avait oublié malheureusement de demander un passe-port aux Suédois pour ce chambellan. Le roi de Suède le fit mettre en prison au lieu de lui donner audience, en disant qu'il comptait recevoir une ambassade de la république, et rien du roi Auguste. Cette violation du droit des gens n'était permise que par la loi du plus fort.

---

1. On en trouve dans l'*Histoire du maréchal de Saxe*, Dresde, 1755, tome Ier, page 208.

Alors Charles, ayant laissé derrière lui des garnisons dans quelques villes de Lithuanie, s'avança au delà de Grodno, ville connue en Europe par les diètes qui s'y tiennent, mais mal bâtie, et plus mal fortifiée.

A quelques milles par delà Grodno, il rencontra l'ambassade de la république : elle était composée de cinq sénateurs. Ils voulurent d'abord faire régler un cérémonial que le roi ne connaissait guère; ils demandèrent qu'on traitât la république de *sérénissime*, qu'on envoyât au-devant d'eux les carrosses du roi, et des sénateurs. On leur répondit que la république serait appelée *illustre*, et non *sérénissime;* que le roi ne se servait jamais de carrosse; qu'il avait auprès de lui beaucoup d'officiers, et point de sénateurs; qu'on leur enverrait un lieutenant général, et qu'ils arriveraient sur leurs propres chevaux[1].

Charles XII les reçut dans sa tente, avec quelque appareil d'une pompe militaire; leurs discours furent pleins de ménagements et d'obscurités. On remarquait qu'ils craignaient Charles XII, qu'ils n'aimaient pas Auguste, mais qu'ils étaient honteux d'ôter par l'ordre d'un étranger la couronne au roi qu'ils avaient élu. Rien ne se conclut, et Charles XII leur fit comprendre enfin qu'il conclurait dans Varsovie.

Sa marche fut précédée par un manifeste dont le cardinal et son parti inondèrent la Pologne en huit jours. Charles, par cet écrit, invitait tous les Polonais à joindre leur vengeance à la sienne, et prétendait leur faire voir que leurs intérêts et les siens étaient les mêmes. Ils étaient cependant bien différents; mais le manifeste, soutenu par un grand parti, par le trouble du sénat et par l'approche du conquérant, fit de très-fortes impressions. Il fallut reconnaître Charles pour protecteur, puisqu'il voulait l'être, et qu'on était encore trop heureux qu'il se contentât de ce titre.

Les sénateurs contraires à Auguste publièrent hautement l'écrit sous ses yeux mêmes. Le peu qui lui étaient attachés demeurèrent dans le silence. Enfin, quand on apprit que Charles avançait à grandes journées, tous se préparèrent en confusion à partir : le cardinal quitta Varsovie des premiers; la plupart précipitèrent leur fuite, les uns pour aller attendre dans leurs terres le dénoûment de cette affaire, les autres pour aller soulever leurs amis. Il ne demeura auprès du roi que l'ambassadeur de l'empereur, celui du czar, le nonce du pape, et quelques évêques et

---

1. Cet alinéa est le résumé d'une page supprimée.

palatins liés à sa fortune. Il fallait fuir, et on n'avait encore rien décidé en sa faveur. Il se hâta, avant de partir, de tenir un conseil avec ce petit nombre de sénateurs qui représentaient encore le sénat. Quelque zélés qu'ils fussent pour son service, ils étaient Polonais : ils avaient tous conçu une si grande aversion pour les troupes saxonnes qu'ils n'osèrent pas lui accorder la liberté d'en faire venir au delà de six mille pour sa défense ; encore votèrent-ils que ces six mille hommes seraient commandés par le grand-général de la Pologne, et renvoyés immédiatement après la paix. Quant aux armées de la république, ils lui en laissèrent la disposition.

Après ce résultat, le roi quitta Varsovie, trop faible contre ses ennemis, et peu satisfait de son parti même. Il fit aussitôt publier ses universaux[1] pour assembler la pospolite et les armées, qui n'étaient guère que de vains noms : il n'y avait rien à espérer en Lithuanie, où étaient les Suédois. L'armée de Pologne, réduite à peu de troupes, manquait d'armes, de provisions et de bonne volonté. La plus grande partie de la noblesse, intimidée, irrésolue, ou mal disposée, demeura dans ses terres. En vain le roi, autorisé par les lois de l'État, ordonne, sur peine de la vie, à tous les gentilshommes de monter à cheval et de le suivre ; il commençait à devenir problématique si on devait lui obéir. Sa grande ressource était dans les troupes de son électorat, où la forme du gouvernement, entièrement absolue, ne lui laissait pas craindre une désobéissance. Il avait déjà mandé secrètement douze mille Saxons qui s'avançaient avec précipitation. Il en faisait encore revenir huit mille qu'il avait promis à l'empereur dans la guerre de l'empire contre la France, et qu'il fut obligé de rappeler par la nécessité où il était réduit. Introduire tant de Saxons en Pologne, c'était révolter contre lui tous les esprits et violer la loi faite par son parti même, qui ne lui en permettait que six mille ; mais il savait bien que s'il était vainqueur on n'oserait pas se plaindre, et que s'il était vaincu on ne lui pardonnerait pas d'avoir même amené les six mille hommes. Pendant que ces soldats arrivaient par troupes, et qu'il allait de palatinat en palatinat rassembler la noblesse qui lui était attachée, le roi de Suède arriva enfin devant Varsovie le 5 mai 1702. A la première sommation les portes lui furent ouvertes. Il renvoya la garnison polonaise, congédia la garde bourgeoise, établit des corps de garde partout, et ordonna aux habitants de venir

---

1. Lettres circulaires.

remettre toutes leurs armes ; mais, content de les désarmer, et ne voulant pas les aigrir, il n'exigea d'eux qu'une contribution de cent mille francs. Le roi Auguste assemblait alors ses forces à Cracovie : il fut bien surpris d'y voir arriver le cardinal primat [1]. Cet homme [2] prétendait peut-être garder jusqu'au bout la décence de son caractère, et chasser son roi avec des dehors respectueux ; il lui fit entendre que le roi de Suède paraissait disposé à un accommodement raisonnable, et demanda humblement la permission d'aller le trouver. Le roi Auguste accorda ce qu'il ne pouvait refuser, c'est-à-dire la liberté de lui nuire.

Le cardinal primat [3] courut incontinent voir le roi de Suède, auquel il n'avait point encore osé se présenter. Il vit ce prince à Praag [4], près de Varsovie, mais sans les cérémonies dont on avait usé avec les ambassadeurs de la république. Il trouva ce conquérant vêtu d'un habit de gros drap bleu, avec des boutons de cuivre doré, de grosses bottes, des gants de buffle qui lui venaient jusqu'au coude, dans une chambre sans tapisserie où étaient le duc de Holstein, son beau-frère, le comte Piper, son premier ministre, et plusieurs officiers généraux. Le roi avança quelques pas au-devant du cardinal ; ils eurent ensemble debout une conférence d'un quart d'heure, que Charles finit en disant tout haut : « Je ne donnerai point la paix aux Polonais qu'ils n'aient élu un autre roi. » Le cardinal, qui s'attendait à cette déclaration, la fit savoir aussitôt à tous les palatinats, les assurant de l'extrême déplaisir qu'il disait en avoir, et en même temps de la nécessité où l'on était de complaire au vainqueur.

A cette nouvelle, le roi de Pologne vit bien qu'il fallait perdre ou conserver son trône par une bataille. Il épuisa ses ressources pour cette grande décision. Toutes ses troupes saxonnes étaient arrivées des frontières de Saxe ; la noblesse du palatinat de Cracovie, où il était encore, venait en foule lui offrir ses services. Il encourageait lui-même chacun de ses gentilshommes à se souvenir de leurs serments ; ils lui promirent de verser pour lui jusqu'à la dernière goutte de leur sang. Fortifié de leurs secours, et des

---

1. Varsovie n'était pas fortifiée, et il n'y avait point de garnison. Le cardinal resta dans le lieu de sa résidence, à Louïez, et n'alla pas à Cracovie. (P.)

2. VARIANTE : « Qui brûlait de consommer son ouvrage... »

3. VARIANTE : « Couvrant ainsi le scandale de sa conduite en y ajoutant la perfidie, courut... »

4. C'est ainsi qu'a écrit Voltaire. Mais on appelle ordinairement Praga, et quelquefois Prague, l'espèce de faubourg de Varsovie que Souwarow prit et inonda de sang le 4 novembre 1794. (B.)

troupes qui portaient le nom de l'*armée de la couronne*, il alla pour la première fois chercher en personne le roi de Suède. Il le trouva bientôt qui s'avançait lui-même vers Cracovie.

Les deux rois parurent en présence le 13 juillet de cette année 1702, dans une vaste plaine auprès de Clissau, entre Varsovie et Cracovie. Auguste avait près de vingt-quatre mille hommes. Charles XII n'en avait que douze mille. Le combat commença par des décharges d'artillerie. A la première volée qui fut tirée par les Saxons, le duc de Holstein, qui commandait la cavalerie suédoise, jeune prince plein de courage et de vertu, reçut un coup de canon dans les reins. Le roi demanda s'il était mort; on lui dit que oui; il ne répondit rien. Quelques larmes tombèrent de ses yeux : il se cacha un moment le visage avec les mains; puis tout à coup, poussant son cheval à toute bride, il s'élança au milieu des ennemis à la tête de ses gardes.

Le roi de Pologne fit tout ce qu'on devait attendre d'un prince qui combattait pour sa couronne. Il ramena lui-même trois fois ses troupes à la charge; mais il ne combattait qu'avec ses Saxons; les Polonais, qui formaient son aile droite, s'enfuirent tous dès le commencement de la bataille, les uns par terreur, les autres par mauvaise volonté. L'ascendant de Charles XII prévalut. Il remporta une victoire complète. Le camp ennemi, les drapeaux, l'artillerie, la caisse militaire d'Auguste, lui demeurèrent. Il ne s'arrêta pas sur le champ de bataille[1], et marcha droit à Cracovie, poursuivant le roi de Pologne, qui fuyait devant lui.

Les bourgeois de Cracovie furent assez hardis pour fermer leurs portes au vainqueur. Il les fit rompre ; la garnison n'osa tirer un seul coup : on la chassa à coups de fouet et de canne jusque dans le château, où le roi entra avec elle. Un seul officier d'artillerie osant se préparer à mettre le feu au canon, Charles court à lui, et lui arrache la mèche : le commandant se jette aux genoux du roi. Trois régiments suédois furent logés à discrétion chez les citoyens, et la ville taxée à une contribution de cent mille rixdales. Le comte de Steinbock, fait gouverneur de la ville, ayant ouï dire qu'on avait caché des trésors dans les tombeaux des rois de Pologne, qui sont à Cracovie dans l'église Saint-Nicolas, les fit ouvrir : on n'y trouva que des ornements d'or et d'argent qui appartenaient aux églises ; on en prit une partie, et Charles XII

---

1. Il resta huit jours sur le champ de bataille, laissa ensuite tous les blessés au château de Pinczow, à une lieue de distance du champ de bataille, marcha ensuite à Cracovie, où il se cassa la jambe et resta le temps marqué pour se guérir. (P.)

envoya même un calice d'or à une église de Suède, ce qui aurait soulevé contre lui les Polonais catholiques, si quelque chose avait pu prévaloir contre la terreur de ses armes.

Il sortait de Cracovie bien résolu de poursuivre le roi Auguste sans relâche. A quelques milles de la ville, son cheval s'abattit, et lui fracassa la cuisse[1]. Il fallut le reporter à Cracovie, où il demeura au lit six semaines entre les mains des chirurgiens. Cet accident donna à Auguste le loisir de respirer. Il fit aussitôt répandre dans la Pologne et dans l'empire que Charles XII était mort de sa chute. Cette fausse nouvelle, crue quelque temps, jeta tous les esprits dans l'étonnement et dans l'incertitude. Dans ce petit intervalle il assemble à Marienbourg, puis à Lublin, tous les ordres du royaume déjà convoqués à Sandomir. La foule y fut grande : peu de palatinats refusèrent d'y envoyer. Il regagna presque tous les esprits par des largesses, par des promesses, et par cette affabilité nécessaire aux rois absolus pour se faire aimer, et aux rois électifs pour se maintenir[2]. La diète fut bientôt détrompée de la fausse nouvelle de la mort du roi de Suède; mais le mouvement était déjà donné à ce grand corps : il se laissa emporter à l'impulsion qu'il avait reçue; tous les membres jurèrent de demeurer fidèles à leur souverain; tant les compagnies sont sujettes aux variations. Le cardinal primat lui-même, affectant encore d'être attaché au roi Auguste, vint à la diète de Lublin ; il y baisa la main au roi, et ne refusa point de prêter le serment comme les autres. Ce serment consistait à jurer que l'on n'avait rien entrepris et qu'on n'entreprendrait rien contre Auguste. Le roi dispensa le cardinal de la première partie du serment, et le prélat jura le reste en rougissant. Le résultat de cette diète fut que la république de Pologne entretiendrait une armée de cinquante mille hommes à ses dépens pour le service de son souverain; qu'on donnerait six semaines aux Suédois pour déclarer s'ils

---

1. D'autres auteurs placent cet accident avant l'entrée de Charles XII à Cracovie.
2. Ici une circonstance très-nécessaire à l'éclaircissement de l'histoire est omise. Les députés de la grande Pologne, à la diète de Lublin, soupçonnés d'être partisans du roi de Suède, ne furent point admis à l'activité. Dans leur diétine de relation, assemblées qui se tiennent ordinairement après la diète, ils exagérèrent l'affront fait aux palatinats et la lésion faite à la liberté. Animés d'ailleurs et soutenus par les Suédois, ils firent une confédération qui contenait le maintien du roi Auguste sur le trône, *salvis juribus pactorum conventorum;* clause fort sujette à interprétation, et à un examen douteux si le roi l'avait observée. Cette confédération, appelant d'autres palatinats pour se joindre à ceux de la grande Pologne, s'avança vers Varsovie où, dans l'assemblée convoquée par le cardinal, l'*exvinculatio* de l'obéissance au roi de Pologne fut publiée. (P.)

voulaient la paix ou la guerre, et pareil terme aux princes de Sapieha, les premiers auteurs des troubles de Lithuanie, pour venir demander pardon au roi de Pologne.

Mais durant ces délibérations, Charles XII, guéri de sa blessure, renversait tout devant lui. Toujours ferme dans le dessein de forcer les Polonais à détrôner eux-mêmes leur roi, il fit convoquer, par les intrigues du cardinal primat, une nouvelle assemblée à Varsovie, pour l'opposer à celle de Lublin. Ses généraux lui représentaient que cette affaire pourrait encore avoir des longueurs, et s'évanouir dans des délais; que pendant ce temps les Moscovites s'aguerrissaient tous les jours contre les troupes qu'il avait laissées en Livonie et en Ingrie ; que les combats qui se donnaient souvent dans ces provinces entre les Suédois et les Russes n'étaient pas toujours à l'avantage des premiers, et qu'enfin sa présence y serait peut-être bientôt nécessaire. Charles, aussi inébranlable dans ses projets que vif dans ses actions, leur répondit : « Quand je devrais rester ici cinquante ans, je n'en sortirai point que je n'aie détrôné le roi de Pologne. »

Il laissa l'assemblée de Varsovie combattre par des discours et par des écrits celle de Lublin, et chercher de quoi justifier ses procédés dans les lois du royaume; lois toujours équivoques, que chaque parti interprète à son gré, et que le succès seul rend incontestables. Pour lui, ayant augmenté ses troupes victorieuses de six mille hommes de cavalerie, et de huit mille d'infanterie, qu'il reçut de Suède, il marcha contre les restes de l'armée saxonne, qu'il avait battue à Clissau, et qui avait eu le temps de se rallier et de se grossir pendant que sa chute de cheval l'avait retenu au lit. Cette armée évitait ses approches, et se retirait vers la Prusse, au nord-ouest de Varsovie. La rivière de Bug était entre lui et les ennemis. Charles passa à la nage, à la tête de sa cavalerie ; l'infanterie alla chercher un gué au-dessus. (1ᵉʳ mai 1703) On arrive aux Saxons dans un lieu nommé Pultesh. Le général Stenau les commandait au nombre d'environ dix mille. Le roi de Suède, dans sa marche précipitée, n'en avait pas amené davantage, sûr qu'un moindre nombre lui suffisait. La terreur de ses armes était si grande que la moitié de l'armée saxonne s'enfuit à son approche sans rendre de combat. Le général Stenau fit ferme un moment avec deux régiments : le moment d'après il fut lui-même entraîné dans la fuite générale de son armée, qui se dispersa avant d'être vaincue. Les Suédois ne firent pas mille prisonniers, et ne tuèrent pas six cents hommes, ayant plus de peine à les poursuivre qu'à les défaire.

Auguste, à qui il ne restait plus que les débris de ses Saxons, battus de tous côtés, se retira en hâte dans Thorn, vieille ville de la Prusse royale, sur la Vistule, laquelle est sous la protection des Polonais. Charles se disposa aussitôt à l'assiéger. Le roi de Pologne, qui ne s'y crut pas en sûreté, se retira, et courut dans tous les endroits de la Pologne où il pouvait rassembler encore quelques soldats, et où les courses des Suédois n'avaient point pénétré. Cependant Charles, dans tant de marches si vives, traversant des rivières à la nage, et courant avec son infanterie montée en croupe derrière ses cavaliers, n'avait pu amener de canon devant Thorn; il lui fallut attendre qu'il lui en vînt de Suède par mer [1].

En attendant, il se posta à quelques milles de la ville : il s'avançait souvent trop près des remparts pour la reconnaître. L'habit simple qu'il portait toujours lui était, dans ces dangereuses promenades, d'une utilité à laquelle il n'avait jamais pensé : il l'empêchait d'être remarqué, et d'être choisi par les ennemis, qui eussent tiré à sa personne. Un jour, s'étant avancé fort près avec un de ses généraux nommé Lieven, qui était vêtu d'un habit [2] bleu galonné d'or, il craignit que ce général ne fût trop aperçu; il lui ordonna de se mettre derrière lui, par un mouvement de cette magnanimité qui lui était si naturelle que même il ne faisait pas réflexion qu'il exposait sa vie à un danger manifeste pour sauver celle de son sujet. Lieven, connaissant trop tard sa faute d'avoir mis un habit remarquable, qui exposait aussi ceux qui étaient auprès de lui, et craignant également pour le roi, en quelque place qu'il fût, hésitait s'il devait obéir; dans le moment que durait cette contestation, le roi le prend par le bras, se met devant lui, et le couvre ; au même instant une volée de canon, qui venait en flanc, renverse le général mort sur la place même que le roi quittait à peine [3]. La mort de cet homme, tué précisément au lieu de lui, et parce qu'il l'avait voulu sauver, ne contribua pas peu à l'affermir dans l'opinion où il fut toute sa vie d'une prédestination absolue, et lui fit croire que sa destinée, qui le conservait si singulièrement, le réservait à l'exécution des plus grandes choses.

Tout lui réussissait, et ses négociations et ses armes étaient

---

1. L'auteur d'une *Histoire de Charles XII*, Limiers, dit qu'il y eut du retard dans les opérations parce que Charles parlementait sans cesse pour grossir son parti. (G. A.)

2. On avait, dans les premières éditions, donné un habit d'écarlate à cet officier; mais le chapelain Nordberg a si bien démontré que l'habit était bleu, qu'on a corrigé cette faute. (*Note de Voltaire.*) — Voyez la lettre de Voltaire à Nordberg, dans la *Correspondance*, année 1744.

3. Limiers dit que ce général fut tué à la bataille même de Pultesh.

également heureuses. Il était comme présent dans toute la Pologne, car son grand-maréchal Rehnsköld était au cœur de cet État avec un grand corps d'armée. Près de trente mille Suédois sous divers généraux, répandus au nord et à l'orient sur les frontières de la Moscovie, arrêtaient les efforts de tout l'empire des Russes, et Charles était à l'occident, à l'autre bout de la Pologne, à la tête de l'élite de ses troupes.

Le roi de Danemark, lié par le traité de Travendal, que son impuissance l'empêchait de rompre, demeurait dans le silence[1]. Ce monarque, plein de prudence, n'osait faire éclater son dépit de voir le roi de Suède si près de ses États. Plus loin, en tirant vers le sud-ouest, entre les fleuves de l'Elbe et du Véser, le duché de Brême, dernier territoire des anciennes conquêtes de la Suède, rempli de fortes garnisons, ouvrait encore à ce conquérant les portes de la Saxe et de l'empire. Ainsi, depuis l'Océan germanique jusque assez près de l'embouchure du Borysthène, ce qui fait la largeur de l'Europe, et jusqu'aux portes de Moscou, tout était dans la consternation et dans l'attente d'une révolution entière. Ses vaisseaux, maîtres de la mer Baltique, étaient employés à transporter dans son pays les prisonniers faits en Pologne. La Suède, tranquille au milieu de ces grands mouvements, goûtait une paix profonde, et jouissait de la gloire de son roi, sans en porter le poids, puisque ses troupes victorieuses étaient payées et entretenues aux dépens des vaincus.

Dans ce silence général du Nord devant les armes de Charles XII, la ville de Dantzick osa lui déplaire. Quatorze frégates et quarante vaisseaux de transport amenaient au roi un renfort de six mille hommes, avec du canon et des munitions pour achever le siège de Thorn. Il fallait que ce secours remontât la Vistule. A l'embouchure de ce fleuve est Dantzick, ville riche et libre, qui jouit en Pologne, avec Thorn et Elbing, des mêmes privilèges que les villes impériales ont dans l'Allemagne. Sa liberté a été attaquée tour à tour par les Danois, la Suède, et quelques princes allemands; et elle ne l'a conservée que par la jalousie qu'ont ces puissances les unes des autres. Le comte de Steinbock, un des généraux suédois, assembla le magistrat de la part du roi, demanda le passage pour les troupes, et quelques munitions. Le magistrat, par une imprudence ordinaire à ceux qui traitent avec plus fort qu'eux, n'osa ni le refuser ni lui accorder nettement ses demandes. Le général Steinbock se fit donner de force plus qu'il n'avait demandé :

---

1. Il y avait encore ici une erreur relative à la Prusse, que Voltaire a supprimée.

on exigea même de la ville une contribution de cent mille écus, par laquelle elle paya son refus imprudent. Enfin les troupes de renfort, le canon et les munitions, étant arrivés devant Thorn, on commença le siège le 22 septembre.

Robel, gouverneur de la place, la défendit un mois avec cinq mille hommes de garnison. Au bout de ce temps il fut forcé de se rendre à discrétion. La garnison fut faite prisonnière de guerre, et envoyée en Suède. Robel fut présenté désarmé au roi. Ce prince, qui ne perdait jamais une occasion d'honorer le mérite dans ses ennemis, lui donna une épée de sa main, lui fit un présent considérable en argent, et le renvoya sur sa parole[1]. Mais la ville, petite et pauvre, fut condamnée à payer quarante mille écus; contribution excessive pour elle.

Elbing, bâtie sur un bras de la Vistule, fondée par les chevaliers teutons, et annexée aussi à la Pologne, ne profita pas de la faute des Dantzickois : elle balança trop à donner passage aux troupes suédoises. Elle en fut plus sévèrement punie que Dantzick. Charles y entra le 13 de décembre, à la tête de quatre mille hommes, la baïonnette au bout du fusil. Les habitants, épouvantés, se jetèrent à genoux dans les rues, et lui demandèrent miséricorde. Il les fit tous désarmer, logea ses soldats chez les bourgeois ; ensuite, ayant mandé le magistrat, il exigea le jour même une contribution de deux cent soixante mille écus; il y avait dans la ville deux cents pièces de canon et quatre cents milliers de poudre, qu'il saisit. Une bataille gagnée ne lui eût pas valu de si grands avantages. Tous ces succès étaient les avant-coureurs du détrônement du roi Auguste.

A peine le cardinal avait juré à son roi de ne rien entreprendre contre lui qu'il s'était rendu à l'assemblée de Varsovie, toujours sous le prétexte de la paix. Il arriva, ne parlant que de concorde et d'obéissance, mais accompagné de soldats levés dans ses terres. Enfin il leva le masque, et, le 14 février 1704, déclara, au nom de l'assemblée, *Auguste, électeur de Saxe, inhabile à porter la couronne de Pologne.* On y prononça d'une commune voix que le trône était vacant[2]. La volonté du roi de Suède, et par conséquent celle de cette diète, était de donner au prince Jacques Sobieski le trône du roi Jean, son père. Jacques Sobieski était alors à Breslau en

1. On lisait encore : « L'honneur qu'avait la ville de Thorn d'avoir produit autrefois Copernic, le fondateur du vrai système du monde, ne lui servit de rien auprès d'un vainqueur trop peu instruit de ces matières, et qui ne savait encore récompenser que la valeur. La ville, etc. »

2. Sur une observation de Nordberg, Voltaire corrigea encore ici une erreur.

Silésie, attendant avec impatience la couronne qu'avait portée son père. Il était un jour à la chasse, à quelques lieues de Breslau, avec le prince Constantin, l'un de ses frères ; trente cavaliers saxons, envoyés secrètement par le roi Auguste, sortent tout à coup d'un bois voisin, entourent les deux princes, et les enlèvent sans résistance. On avait préparé des chevaux de relais, sur lesquels ils furent sur-le-champ conduits à Leipsick, où on les enferma étroitement. Ce coup dérangea les mesures de Charles, du cardinal et de l'assemblée de Varsovie.

La fortune, qui se joue des têtes couronnées, mit presque dans le même temps le roi Auguste sur le point d'être pris lui-même. Il était à table, à trois lieues de Cracovie, se reposant sur une garde avancée, et postée à quelque distance, lorsque le général Rehnsköld parut subitement, après avoir enlevé cette garde. Le roi de Pologne n'eut que le temps de monter à cheval, lui onzième. Le général Rehnsköld le poursuivit pendant quatre jours, prêt de le saisir à tout moment. Le roi fuit jusqu'à Sandomir : le général suédois l'y suivit encore, et ce ne fut que par un bonheur singulier que ce prince échappa.

Pendant tout ce temps le parti du roi Auguste traitait celui du cardinal, et en était traité réciproquement de traître à la patrie. L'armée de la couronne était partagée entre les deux factions. Auguste, forcé enfin d'accepter le secours moscovite, se repentit de n'y avoir pas eu recours assez tôt. Il courait tantôt en Saxe, où ses ressources étaient épuisées, tantôt il retournait en Pologne, où l'on n'osait le servir. D'un autre côté, le roi de Suède, victorieux et tranquille, régnait en effet en Pologne.

Le comte Piper, qui avait dans l'esprit autant de politique que son maître avait de grandeur dans le sien, proposa alors à Charles XII de prendre pour lui-même la couronne de Pologne. Il lui représentait combien l'exécution en était facile avec une armée victorieuse et un parti puissant dans le cœur d'un royaume qui lui était déjà soumis. Il le tentait par le titre de défenseur de la religion évangélique, nom qui flattait l'ambition de Charles. Il était aisé, disait-il, de faire en Pologne ce que Gustave Vasa avait fait en Suède, d'y établir le luthéranisme, et de rompre les chaînes du peuple, esclave de la noblesse et du clergé. Charles fut tenté un moment ; mais la gloire était son idole. Il lui sacrifia son intérêt et le plaisir qu'il eût eu d'enlever la Pologne au pape. Il dit au comte Piper qu'il était plus flatté de donner que de gagner des royaumes ; il ajouta en souriant : « Vous étiez fait pour être le ministre d'un prince italien. »

Charles était encore auprès de Thorn, dans cette partie de la Prusse royale qui appartient à la Pologne ; il portait de là sa vue sur ce qui se passait à Varsovie, et tenait en respect les puissances voisines. Le prince Alexandre, frère des deux Sobieski enlevés en Silésie, vint lui demander vengeance. Charles la lui promit d'autant plus qu'il la croyait aisée, et qu'il se vengeait lui-même. Mais, impatient de donner un roi à la Pologne, il proposa au prince Alexandre de monter sur le trône, dont la fortune s'opiniâtrait à écarter son frère. Il ne s'attendait pas à un refus. Le prince Alexandre lui déclara que rien ne pourrait jamais l'engager à profiter du malheur de son aîné. Le roi de Suède, le comte Piper, tous ses amis, et surtout le jeune palatin de Posnanie, Stanislas Leczinski, le pressèrent d'accepter la couronne. Il fut inébranlable : les princes voisins apprirent avec étonnement ce refus inouï, et ne savaient lequel ils devaient admirer davantage, ou un roi de Suède, qui à l'âge de vingt-trois ans donnait la couronne de Pologne, ou le prince Alexandre, qui la refusait.

FIN DU LIVRE DEUXIÈME

LIVRE TROISIÈME.

ARGUMENT.

Stanislas Leczinski, élu roi de Pologne. Mort du cardinal primat. Belle retraite du général Schulenbourg. Exploits du czar. Fondation de Pétersbourg. Bataille de Frauenstadt. Charles entre en Saxe. Paix d'Alt-Rantstadt. Auguste abdique la couronne, et la cède à Stanislas. Le général Patkul, plénipotentiaire du czar, est roué et écartelé. Charles reçoit en Saxe des ambassadeurs de tous les princes ; il va seul à Dresde voir Auguste avant de partir.

Le jeune Stanislas Leczinski était alors député à l'assemblée de Varsovie pour aller rendre compte au roi de Suède de plusieurs différends survenus dans le temps de l'enlèvement du prince Jacques [1]. Stanislas avait une physionomie heureuse, pleine de hardiesse et de douceur, avec un air de probité et de franchise qui de tous les avantages extérieurs est le plus grand, et qui donne plus de poids aux paroles que l'éloquence même. La sagesse avec laquelle il parla du roi Auguste, de l'assemblée, du cardinal primat et des intérêts différents qui divisaient la Pologne, frappa Charles. Le roi Stanislas m'a fait l'honneur de me raconter qu'il dit en latin au roi de Suède : « Comment pourrons-nous faire une élection, si les deux princes Jacques et Constantin Sobieski sont captifs? » et que Charles lui répondit : « Comment délivrera-t-on la république, si on ne fait pas une élection ? » Cette conversation fut l'unique brigue qui mit Stanislas sur le trône. Charles prolongea exprès la conférence, pour mieux sonder le génie du jeune député. Après l'audience, il dit tout haut qu'il n'avait jamais vu d'homme si propre à concilier tous les partis. Il ne tarda pas à s'informer du caractère du palatin Leczinski. Il sut qu'il était plein de bravoure, endurci à la fatigue ; qu'il couchait toujours sur une espèce de paillasse, n'exigeant aucun service de ses domestiques auprès de sa personne ; qu'il était d'une tempérance peu commune dans ce climat, économe, adoré de ses vassaux, et le seul seigneur peut-être en Pologne qui eût quelques amis dans un temps où

[1]. Sobieski.

l'on ne connaissait de liaisons que celles de l'intérêt et de la faction. Ce caractère, qui avait en quelques choses du rapport avec le sien, le détermina entièrement. Il dit tout haut après la conférence : « Voilà un homme qui sera toujours mon ami » ; et on s'aperçut bientôt que ces mots signifiaient : « Voilà un homme qui sera roi. »

Quand le primat de Pologne sut que Charles XII avait nommé le palatin Leczinski, à peu près comme Alexandre avait nommé Abdolonyme, il accourut auprès du roi de Suède pour tâcher de faire changer cette résolution ; il voulait faire tomber la couronne à un Lubomirski : « Mais qu'avez-vous à alléguer contre Stanislas Leczinski ? dit le conquérant. — Sire, dit le primat, il est trop jeune. » Le roi répliqua sèchement : « Il est à peu près de mon âge », tourna le dos au prélat, et aussitôt envoya le comte de Horn signifier à l'assemblée de Varsovie qu'il fallait élire un roi dans cinq jours, et qu'il fallait élire Stanislas Leczinski. Le comte de Horn arriva le 7 juillet ; il fixa le jour de l'élection au 12, comme il aurait ordonné le décampement d'un bataillon. Le cardinal primat, frustré du fruit de tant d'intrigues, retourna à l'assemblée, où il remua tout pour faire échouer une élection à laquelle il n'avait point de part. Mais le roi de Suède arriva lui-même *incognito* à Varsovie ; alors il fallut se taire. Tout ce que put faire le primat fut de ne point se trouver à l'élection ; il se réduisit à une neutralité inutile, ne pouvant s'opposer au vainqueur, et ne voulant pas le seconder [1].

Le samedi 12 juillet 1704, jour fixé pour l'élection, étant venu, on s'assembla à trois heures après midi au Colo, champ destiné pour cette cérémonie : l'évêque de Posnanie vint présider à l'assemblée à la place du cardinal primat. Il arriva suivi des gentilshommes du parti. Le comte de Horn et deux autres officiers généraux assistaient publiquement à cette solennité, comme ambassadeurs extraordinaires de Charles auprès de la république. La séance dura jusqu'à neuf heures du soir : l'évêque de Posnanie la finit en déclarant, au nom de la diète, Stanislas élu roi de Pologne [2]. Tous les bonnets sautèrent en l'air, et le bruit des acclamations étouffa les cris des opposants.

Il ne servit de rien au cardinal primat et à ceux qui avaient voulu demeurer neutres de s'être absentés de l'élection, il fallut que dès le lendemain ils vinssent tous rendre hommage au nou-

---

1. **Variante :** « Se ménageant encore entre Auguste et Stanislas, et attendant l'occasion de nuire à tous deux. »
2. **Variante :** « Charles XII, mêlé dans la foule, fut le premier à crier: *Vivat!* »

veau roi ; la plus grande mortification qu'ils eurent fut d'être obligés de le suivre au quartier du roi de Suède. Ce prince rendit au souverain qu'il venait de faire tous les honneurs dus à un roi de Pologne ; et, pour donner plus de poids à sa nouvelle dignité, on lui assigna de l'argent et des troupes [1].

Charles XII partit aussitôt de Varsovie pour aller achever la conquête de la Pologne. Il avait donné rendez-vous à son armée devant Léopol, capitale du grand palatinat de Russie, place importante par elle-même, et plus encore par les richesses dont elle était remplie. On croyait qu'elle tiendrait quinze jours, à cause des fortifications que le roi Auguste y avait faites. Le conquérant l'investit le 5 septembre, et le lendemain la prit d'assaut. Tout ce qui osa résister fut passé au fil de l'épée. Les troupes, victorieuses et maîtresses de la ville, ne se débandèrent point pour courir au pillage, malgré le bruit des trésors qui étaient dans Léopol. Elles se rangèrent en bataille dans la grande place. Là, ce qui restait de la garnison vint se rendre prisonnier de guerre. Le roi fit publier à son de trompe que tous ceux des habitants qui auraient des effets appartenant au roi Auguste ou à ses adhérents les apportassent eux-mêmes avant la fin du jour, sur peine de la vie. Les mesures furent si bien prises que peu osèrent désobéir ; on apporta au roi quatre cents caisses remplies d'or et d'argent monnayé, de vaisselle et de choses précieuses.

Ce commencement du règne de Stanislas fut marqué presque le même jour par un événement bien différent. Quelques affaires qui demandaient absolument sa présence l'avaient obligé de demeurer dans Varsovie. Il avait avec lui sa mère, sa femme et ses deux filles. Le cardinal primat, l'évêque de Posnanie, et quelques grands de Pologne, composaient sa nouvelle cour. Elle était gardée par six mille Polonais de l'armée de la couronne, depuis peu passés à son service, mais dont la fidélité n'avait point encore été éprouvée. Le général Horn, gouverneur de la ville, n'avait d'ailleurs avec lui que quinze cents Suédois. On était à Varsovie dans une tranquillité profonde, et Stanislas comptait en partir dans peu de jours pour aller à la conquête de Léopol. Tout à coup il apprend qu'une armée nombreuse approche de

---

1. VARIANTE : « Le nom de roi ne changea rien dans les mœurs de Stanislas : il ne fit seulement que tourner ses talents du côté de la guerre ; un orage venait de le mettre sur le trône ; un autre orage pouvait l'en faire tomber. Il avait à conquérir la moitié de son nouveau royaume, et à s'affermir dans l'autre : traité de souverain à Varsovie, et de rebelle à Sandomir, il se prépara à se faire reconnaître de tout le monde par la force des armes. »

la ville : c'était le roi Auguste, qui, par un nouvel effort et par une des plus belles marches que jamais général ait faites, ayant donné le change au roi de Suède, venait avec vingt mille hommes fondre dans Varsovie, et enlever son rival.

Varsovie n'était pas fortifiée, et les troupes polonaises qui la défendaient, peu sûres. Auguste avait des intelligences dans la ville; si Stanislas demeurait, il était perdu. Il renvoya sa famille en Posnanie, sous la garde des troupes polonaises auxquelles il se fiait le plus. Il crut, dans ce désordre, avoir perdu sa seconde fille, âgée d'un an. Elle fut égarée par sa nourrice : il la retrouva dans une auge d'écurie, où elle avait été abandonnée, dans un village voisin; c'est ce que je lui ai entendu conter. Ce fut ce même enfant que la destinée, après de plus grandes vicissitudes, fit depuis reine de France[1]. Plusieurs gentilshommes prirent des chemins différents; le nouveau roi partit lui-même pour aller trouver Charles XII, apprenant de bonne heure à souffrir des disgrâces, et forcé de quitter sa capitale six semaines après y avoir été élu souverain.

Auguste entra dans la capitale en souverain irrité et victorieux. Les habitants, déjà rançonnés par le roi de Suède, le furent encore davantage par Auguste. Le palais du cardinal et toutes les maisons des seigneurs confédérés, tous leurs biens à la ville et à la campagne, furent livrés au pillage. Ce qu'il y eut de plus étrange dans cette révolution passagère, c'est qu'un nonce du pape, qui était venu avec le roi Auguste, demanda au nom de son maître qu'on lui livrât l'évêque de Posnanie, comme justiciable de la cour de Rome, en qualité d'évêque et de fauteur d'un prince mis sur le trône par les armes d'un luthérien.

La cour de Rome, qui a toujours songé à augmenter son pouvoir temporel à la faveur du spirituel, avait depuis très-longtemps établi en Pologne une espèce de juridiction à la tête de laquelle est le nonce du pape. Ses ministres n'avaient pas manqué de profiter de toutes les conjonctures favorables pour étendre leur pouvoir, révéré par la multitude, mais toujours contesté par les plus sages. Ils s'étaient attribué le droit de juger toutes les causes des ecclésiastiques, et avaient surtout, dans les temps de troubles, usurpé beaucoup d'autres prérogatives, dans lesquelles ils se sont maintenus jusque vers l'année 1728, où l'on a retran-

---

[1]. Marie Leczinska, née en 1703, qui épousa Louis XV en 1725, et mourut en 1768. — Voyez, sur les circonstances qui amenèrent son mariage, tome XV, pages 172-174.

ché ces abus, qui ne sont jamais réformés que lorsqu'ils sont devenus tout à fait intolérables.

Le roi Auguste, bien aise de punir l'évêque de Posnanie avec bienséance, et de plaire à la cour de Rome, contre laquelle il se serait élevé en tout autre temps, remit le prélat polonais entre les mains du nonce. L'évêque, après avoir vu piller sa maison, fut porté par des soldats chez le ministre italien, et envoyé en Saxe, où il mourut. Le comte de Horn essuya, dans le château où il était enfermé, le feu continuel des ennemis ; enfin, la place n'étant pas tenable, il se rendit prisonnier de guerre avec ses quinze cents Suédois. Ce fut là le premier avantage qu'eut le roi Auguste, dans le torrent de sa mauvaise fortune, contre les armes victorieuses de son ennemi.

Ce dernier effort était l'éclat d'un feu qui s'éteint. Ses troupes, assemblées à la hâte, étaient des Polonais prêts à l'abandonner à la première disgrâce, des recrues de Saxons qui n'avaient point encore vu de guerres, des Cosaques vagabonds plus propres à dépouiller des vaincus qu'à vaincre : tous tremblaient au seul nom du roi de Suède.

Ce conquérant, accompagné du roi Stanislas, alla chercher son ennemi à la tête de l'élite de ses troupes. L'armée saxonne fuyait partout devant lui. Les villes lui envoyaient leurs clefs de trente milles à la ronde : il n'y avait point de jour qui ne fût signalé par quelque avantage. Les succès devenaient trop familiers à Charles. Il disait que c'était aller à la chasse plutôt que faire la guerre, et se plaignait de ne point acheter la victoire.

Auguste confia pour quelque temps le commandement de son armée au comte de Schulenbourg[1], général très-habile, et qui avait besoin de toute son expérience à la tête d'une armée découragée. Il songea plus à conserver les troupes de son maître qu'à vaincre : il faisait la guerre avec adresse, et les deux rois avec vivacité. Il leur déroba des marches, occupa des passages avantageux, sacrifia quelque cavalerie pour donner le temps à son infanterie de se retirer en sûreté. Il sauva ses troupes par des retraites glorieuses, devant un ennemi avec lequel on ne pouvait guère alors acquérir que cette espèce de gloire.

A peine arrivé dans le palatinat de Posnanie, il apprend que les deux rois, qu'il croyait à cinquante lieues de lui, avaient fait ces cinquante lieues en neuf jours. Il n'avait que huit mille fantassins et mille cavaliers ; il fallait se soutenir contre une

---

1. A qui Voltaire a écrit la lettre du 15 sept. 1740 ; voyez dans la *Correspondance*.

armée supérieure, contre le nom du roi de Suède, et contre la crainte naturelle que tant de défaites inspiraient aux Saxons. Il avait toujours prétendu, malgré l'avis des généraux allemands, que l'infanterie pouvait résister en pleine campagne, même sans chevaux de frise, à la cavalerie : il en osa faire ce jour-là l'expérience contre cette cavalerie victorieuse, commandée par deux rois et par l'élite des généraux suédois. Il se posta si avantageusement qu'il ne put être entouré. Son premier rang mit le genou en terre : il était armé de piques et de fusils ; les soldats, extrêmement serrés, présentaient aux chevaux des ennemis une espèce de rempart hérissé de piques et de baïonnettes ; le second rang, un peu courbé sur les épaules du premier, tirait par-dessus ; et le troisième, debout, faisait feu en même temps derrière les deux autres. Les Suédois fondirent avec leur impétuosité ordinaire sur les Saxons, qui les attendirent sans s'ébranler : les coups de fusil, de pique et de baïonnette, effarouchèrent les chevaux, qui se cabraient au lieu d'avancer. Par ce moyen, les Suédois n'attaquèrent qu'en désordre, et les Saxons se défendirent en gardant leurs rangs.

Il en fit un bataillon carré long ; et, quoique chargé de cinq blessures, il se retira en bon ordre en cette forme, au milieu de la nuit, dans la petite ville de Gurau, à trois lieues du champ de bataille. A peine commençait-il à respirer dans cet endroit que les deux rois paraissent tout à coup derrière lui.

Au delà de Gurau, en tirant vers le fleuve de l'Oder, était un bois épais, à travers duquel le général saxon sauva son infanterie fatiguée. Les Suédois, sans se rebuter, le poursuivirent par le bois même, avançant avec difficulté dans des routes à peine praticables pour des gens de pied. Les Saxons n'eurent traversé le bois que cinq heures avant la cavalerie suédoise. Au sortir de ce bois coule la rivière de Parts, au pied d'un village nommé Rutsen. Schulenbourg avait envoyé en diligence rassembler des bateaux ; il fait passer la rivière à sa troupe, qui était déjà diminuée de moitié. Charles arrive dans le temps que Schulenbourg était à l'autre bord. Jamais vainqueur n'avait poursuivi si vivement son ennemi. La réputation de Schulenbourg dépendait d'échapper au roi de Suède ; le roi, de son côté, croyait sa gloire intéressée à prendre Schulenbourg et le reste de son armée : il ne perd point de temps ; il fait passer sa cavalerie à un gué. Les Saxons se trouvaient enfermés entre cette rivière de Parts et le grand fleuve de l'Oder, qui prend sa source dans la Silésie, et qui est déjà profond et rapide en cet endroit.

La perte de Schulenbourg paraissait inévitable ; cependant, après avoir sacrifié peu de soldats, il passa l'Oder pendant la nuit. Il sauva ainsi son armée, et Charles ne put s'empêcher de dire : « Aujourd'hui Schulenbourg nous a vaincus [1]. »

C'est ce même Schulenbourg qui fut depuis général des Vénitiens, et à qui la république a érigé une statue dans Corfou, pour avoir défendu contre les Turcs ce rempart de l'Italie. Il n'y a que les républiques qui rendent de tels honneurs [2] ; les rois ne donnent que des récompenses.

Mais ce qui faisait la gloire de Schulenbourg n'était guère utile au roi Auguste. Ce prince abandonna encore une fois la Pologne à ses ennemis ; il se retira en Saxe, et fit réparer avec précipitation les fortifications de Dresde, craignant déjà, non sans raison, pour la capitale de ses États héréditaires.

Charles XII voyait la Pologne soumise ; ses généraux, à son exemple, venaient de battre en Courlande plusieurs petits corps moscovites, qui, depuis la grande bataille de Narva, ne se montraient plus que par pelotons, et qui, dans ces quartiers, ne faisaient la guerre que comme des Tartares vagabonds, qui pillent, qui fuient, et qui reparaissent pour fuir encore.

Partout où se trouvaient les Suédois, ils se croyaient sûrs de la victoire quand ils étaient vingt contre cent. Dans de si heureuses conjonctures, Stanislas prépara son couronnement. La fortune, qui l'avait fait élire à Varsovie, et qui l'en avait chassé, l'y rappela encore aux acclamations d'une foule de noblesse que le sort des armes lui attachait. Une diète y fut convoquée ; tous les obstacles y furent aplanis ; il n'y eut que la cour de Rome seule qui le traversa.

Il était naturel qu'elle se déclarât pour le roi Auguste, qui, de protestant, s'était fait catholique pour monter sur le trône, contre Stanislas, placé sur le même trône par un grand ennemi de la religion catholique. Clément XI, alors pape, envoya des brefs à tous les prélats de Pologne, et surtout au cardinal primat, par lesquels il les menaçait de l'excommunication s'ils osaient assister au sacre de Stanislas, et attenter en rien contre les droits du roi Auguste.

---

1. Montesquieu admirait ce récit. Voltaire a beaucoup retranché de la première version.
2. Tout cet alinéa fut ajouté en 1756. Quelques années auparavant, le sénat de la république de Gênes avait décerné une statue au maréchal de Richelieu, pour sa défense de Gênes en 1747. (B.) — Voyez, tome X, page 353, l'épître de Voltaire à ce sujet, datée du 18 novembre 1748.

Si ces brefs parvenaient aux évêques qui étaient à Varsovie, il était à craindre que quelques-uns n'obéissent par faiblesse, et que la plupart ne s'en prévalussent pour se rendre plus difficiles, à mesure qu'ils seraient plus nécessaires. On avait donc pris toutes les précautions pour empêcher que les lettres du pape ne fussent reçues dans Varsovie. Un franciscain reçut secrètement les brefs pour les délivrer en main propre aux prélats. Il en donna d'abord un au suffragant de Chelm : ce prélat, très-attaché à Stanislas, le porta au roi tout cacheté. Le roi fit venir le religieux, et lui demanda comment il avait osé se charger d'une telle pièce. Le franciscain répondit que c'était par l'ordre de son général. Stanislas lui ordonna d'écouter désormais les ordres de son roi préférablement à ceux du général des franciscains, et le fit sortir dans le moment de la ville.

Le même jour on publia un placard du roi de Suède, par lequel il était défendu à tous ecclésiastiques séculiers et réguliers dans Varsovie, sous des peines très-grièves, de se mêler des affaires d'État. Pour plus de sûreté, il fit mettre des gardes aux portes de tous les prélats, et défendit qu'aucun étranger entrât dans la ville. Il prenait sur lui ces petites sévérités, afin que Stanislas ne fût point brouillé avec le clergé à son avénement. Il disait qu'il se délassait de ses fatigues militaires en arrêtant les intrigues de la cour romaine, et qu'on se battait contre elle avec du papier, au lieu qu'il fallait attaquer les autres souverains avec des armes véritables.

Le cardinal primat était sollicité par Charles et par Stanislas de venir faire la cérémonie du couronnement. Il ne crut pas devoir quitter Dantzick pour sacrer un roi qu'il n'avait point voulu élire; mais comme sa politique était de ne jamais rien faire sans prétexte, il voulut préparer une excuse légitime à son refus. Il fit afficher, pendant la nuit, le bref du pape à la porte de sa propre maison. Le magistrat de Dantzick, indigné, fit chercher les coupables, qu'on ne trouva point. Le primat feignait d'être irrité, et était fort content : il avait une raison pour ne point sacrer le nouveau roi, et il se ménageait en même temps avec Charles XII, Auguste, Stanislas, et le pape. Il mourut peu de jours après, laissant son pays dans une confusion affreuse, et n'ayant réussi, par toutes ses intrigues, qu'à se brouiller à la fois avec les trois rois Charles, Auguste et Stanislas, avec sa république, et avec le pape, qui lui avait ordonné de venir à Rome rendre compte de sa conduite; mais comme les politiques mêmes ont quelquefois des remords dans leurs derniers moments, il écrivit au roi Auguste, en mourant, pour lui demander pardon.

Le sacre se fit tranquillement et avec pompe, le 4 octobre 1705, dans la ville de Varsovie, malgré l'usage où l'on est en Pologne de couronner les rois à Cracovie. Stanislas Leczinski et sa femme Charlotta Opalinska furent sacrés roi et reine de Pologne par les mains de l'archevêque de Léopol, assisté de beaucoup d'autres prélats. Charles XII vit cette cérémonie *incognito* : unique fruit qu'il retirait de ses conquêtes.

Tandis qu'il donnait un roi à la Pologne soumise, que le Danemark n'osait le troubler, que le roi de Prusse[1] recherchait son amitié, et que le roi Auguste se retirait dans ses États héréditaires, le czar devenait de jour en jour redoutable. Il avait faiblement secouru Auguste en Pologne, mais il avait fait de puissantes diversions en Ingrie.

Pour lui, non-seulement il commençait à être grand homme de guerre, mais même à montrer l'art à ses Moscovites : la discipline s'établissait dans ses troupes; il avait de bons ingénieurs, une artillerie bien servie, beaucoup de bons officiers; il savait le grand art de faire subsister des armées. Quelques-uns de ses généraux avaient appris, et à bien combattre, et, selon le besoin, à ne combattre pas ; bien plus, il avait formé une marine capable de faire tête aux Suédois dans la mer Baltique.

Fort de tous ces avantages dus à son seul génie, et de l'absence du roi de Suède, il prit Narva d'assaut, le 21 août de l'année 1704[2], après un siége régulier et après avoir empêché qu'elle ne fût secourue par mer et par terre. Les soldats, maîtres de la ville, coururent au pillage ; ils s'abandonnèrent aux barbaries les plus énormes. Le czar courait de tous côtés pour arrêter le désordre et le massacre ; il arracha lui-même des femmes des mains des soldats, qui les allaient égorger après les avoir violées. Il fut même obligé de tuer de sa main quelques Moscovites qui n'écoutaient point ses ordres. On montre encore à Narva, dans l'hôtel de ville, la table sur laquelle il posa son épée en entrant; et on s'y ressouvient des paroles qu'il adressa aux citoyens qui s'y rassemblèrent : « Ce n'est point du sang des habitants que cette épée est teinte, mais de celui des Moscovites, que j'ai répandu pour sauver vos vies. »

Si le czar avait toujours eu cette humanité, c'était le premier des hommes. Il aspirait à plus qu'à détruire des villes; il en fondait une alors peu loin de Narva même, au milieu de ses nouvelles

---

1. C'était Frédéric Ier; voyez une note sur les rois de Prusse, tome XV, p. 195.
2. Dans l'*Histoire de Russie*, chapitre XIII de la première partie, Voltaire dit le 20 auguste.

conquêtes : c'était la ville de Pétersbourg, dont il fit depuis sa résidence et le centre du commerce. Elle est située entre la Finlande et l'Ingrie, dans une île marécageuse, autour de laquelle la Néva se divise en plusieurs bras avant de tomber dans le golfe de Finlande : lui-même traça le plan de la ville, de la forteresse, du port, des quais qui l'embellissent, et des forts qui en défendent l'entrée. Cette île inculte et déserte, qui n'était qu'un amas de boue pendant le court été de ces climats, et dans l'hiver qu'un étang glacé où l'on ne pouvait aborder par terre qu'à travers des forêts sans route et des marais profonds, et qui n'avait été jusqu'alors que le repaire des loups et des ours, fut remplie, en 1703, de plus de trois cent mille hommes que le czar avait rassemblés de ses États. Les paysans du royaume d'Astracan et ceux qui habitent les frontières de la Chine furent transportés à Pétersbourg. Il fallut percer des forêts, faire des chemins, sécher des marais, élever des digues, avant de jeter les fondements de la ville. La nature fut forcée partout. Le czar s'obstina à peupler un pays qui semblait n'être pas destiné pour des hommes : ni les inondations qui ruinèrent ses ouvrages, ni la stérilité du terrain, ni l'ignorance des ouvriers, ni la mortalité même, qui fit périr deux cent mille[1] hommes dans ces commencements, ne lui firent point changer de résolution[2]. La ville fut fondée parmi les obstacles que la nature, le génie des peuples et une guerre malheureuse y apportaient. Pétersbourg était déjà une ville en 1705, et son port était rempli de vaisseaux. L'empereur y attirait les étrangers par des bienfaits, distribuant des terres aux uns, donnant des maisons aux autres, et encourageant tous les arts qui venaient adoucir ce climat sauvage. Surtout il avait rendu Pétersbourg inaccessible aux efforts des ennemis. Les généraux suédois, qui battaient souvent ses troupes partout ailleurs, n'avaient pu endommager cette colonie naissante. Elle était tranquille au milieu de la guerre qui l'environnait.

Le czar, en se créant ainsi de nouveaux États, tendait toujours la main au roi Auguste, qui perdait les siens ; il lui persuada par le général Patkul, passé depuis peu au service de Moscovie, et alors ambassadeur du czar en Saxe, de venir à Grodno conférer encore une fois avec lui sur l'état malheureux de ses affaires. Le roi Auguste y vint avec quelques troupes, accompagné du général Schulenbourg, que son passage de l'Oder avait rendu illustre dans le Nord, et en qui il mettait sa dernière espérance. Le czar y arriva,

---

1. Voyez une note ajoutée aux *Anecdotes sur le czar Pierre le Grand*.
2. VARIANTE : « Il est difficile de prévoir si cette colonie subsistera longtemps. »

faisant marcher après lui une armée de soixante et dix mille hommes. Les deux monarques firent de nouveaux plans de guerre. Le roi Auguste, détrôné, ne craignait plus d'irriter les Polonais en abandonnant leur pays aux troupes moscovites. Il fut résolu que l'armée du czar se diviserait en plusieurs corps pour arrêter le roi de Suède à chaque pas. Ce fut dans le temps de cette entrevue que le roi Auguste renouvela l'ordre de l'aigle blanc, faible ressource alors pour lui attacher quelques seigneurs polonais, plus avides d'avantages réels que d'un vain honneur qui devient ridicule quand on le tient d'un prince qui n'est roi que de nom. La conférence des deux rois finit d'une manière extraordinaire. Le czar partit soudainement, et laissa ses troupes à son allié, pour courir éteindre lui-même une rébellion dont il était menacé à Astracan. A peine était-il parti que le roi Auguste ordonna que Patkul fût arrêté à Dresde. Toute l'Europe fut surprise qu'il osât, contre le droit des gens, et en apparence contre ses intérêts, mettre en prison l'ambassadeur du seul prince qui le protégeait.

Voici le nœud secret de cet événement, selon ce que le maréchal de Saxe, fils du roi Auguste, m'a fait l'honneur de me dire. Patkul, proscrit en Suède pour avoir soutenu les priviléges de la Livonie, sa patrie, avait été général du roi Auguste; mais son esprit vif et altier s'accommodant mal des hauteurs du général Flemming, favori du roi, plus impérieux et plus vif que lui, il avait passé au service du czar, dont il était alors général et ambassadeur auprès d'Auguste. C'était un esprit pénétrant; il avait démêlé que les vues de Flemming et du chancelier de Saxe étaient de proposer la paix au roi de Suède à quelque prix que ce fût. Il forma aussitôt le dessein de les prévenir, et de ménager un accommodement entre le czar et la Suède. Le chancelier éventa son projet, et obtint qu'on se saisît de sa personne. Le roi Auguste dit au czar que Patkul était un perfide qui les trahissait tous deux. Il n'était pourtant coupable que d'avoir trop bien servi son nouveau maître; mais un service rendu mal à propos est souvent puni comme une trahison.

Cependant, d'un côté, les soixante mille Russes, divisés en plusieurs petits corps, brûlaient et ravageaient les terres des partisans de Stanislas; de l'autre, Schulenbourg s'avançait avec ses nouvelles troupes. La fortune des Suédois dissipa ces deux armées en moins de deux mois. Charles XII et Stanislas attaquèrent les corps séparés des Moscovites l'un après l'autre, mais si vivement qu'un général moscovite était battu avant qu'il sût la défaite de son compagnon.

Nul obstacle n'arrêtait le vainqueur: s'il se trouvait une rivière entre les ennemis et lui, Charles XII et ses Suédois la passaient à la nage. Un parti suédois prit le bagage d'Auguste, où il y avait deux cent mille écus d'argent monnayé. Stanislas saisit huit cent mille ducats appartenant au prince Menzikoff, général moscovite. Charles, à la tête de sa cavalerie, fit trente lieues en vingt-quatre heures, chaque cavalier menant un cheval en main pour le monter quand le sien serait rendu. Les Moscovites, épouvantés et réduits à un petit nombre, fuyaient en désordre au delà du Borysthène.

Tandis que Charles chassait devant lui les Moscovites jusqu'au fond de la Lithuanie, Schulenbourg repassa enfin l'Oder, et vint à la tête de vingt mille hommes présenter la bataille au grand maréchal Rehnsköld, qui passait pour le meilleur général de Charles XII, et que l'on appelait *le Parménion de l'Alexandre du Nord.* Ces deux illustres généraux, qui semblaient participer à la destinée de leurs maîtres, se rencontrèrent assez près de Punits, dans un lieu nommé Frauenstadt, territoire déjà fatal aux troupes d'Auguste. Rehnsköld n'avait que treize bataillons et vingt-deux escadrons, qui faisaient en tout près de dix mille hommes. Schulenbourg en avait une fois autant. Il est à remarquer qu'il y avait dans son armée un corps de six à sept mille Moscovites, que l'on avait longtemps disciplinés, et sur lesquels on comptait comme sur des soldats aguerris. Cette bataille de Frauenstadt se donna le 12 février 1706; mais ce même général Schulenbourg, qui, avec quatre mille hommes, avait en quelque façon trompé la fortune du roi de Suède, succomba sous celle du général Rehnsköld. Le combat ne dura pas un quart d'heure; les Saxons ne résistèrent pas un moment; les Moscovites jetèrent leurs armes dès qu'ils virent les Suédois : l'épouvante fut si subite, et le désordre si grand, que les vainqueurs trouvèrent sur le champ de bataille sept mille fusils tout chargés qu'on avait jetés à terre sans tirer. Jamais déroute ne fut plus prompte, plus complète et plus honteuse; et cependant jamais général n'avait fait une si belle disposition que Schulenbourg, de l'aveu de tous les officiers saxons et suédois, qui virent en cette journée combien la prudence humaine est peu maîtresse des événements.

Parmi les prisonniers, il se trouva un régiment entier de Français. Ces infortunés avaient été pris par les troupes de Saxe, l'an 1704, à cette fameuse bataille de Hochstedt, si funeste à la grandeur de Louis XIV. Ils avaient passé depuis au service du roi Auguste, qui en avait fait un régiment de dragons, et en avait donné le commandement à un Français de la maison de Joyeuse. Le colonel fut tué à la première, ou plutôt à la seule charge des

Suédois; le régiment tout entier fut fait prisonnier de guerre. Dès le jour même ces Français demandèrent à servir Charles XII, et ils furent reçus à son service[1], par une destinée singulière qui les réservait à changer encore de vainqueur et de maître.

A l'égard des Moscovites, ils demandèrent la vie à genoux; mais on les massacra inhumainement plus de six heures après le combat, pour punir sur eux les violences de leurs compatriotes, et pour se débarrasser de ces prisonniers dont on n'eût su que faire[2].

Auguste se vit alors sans ressources : il ne lui restait plus que Cracovie, où il s'était enfermé avec deux régiments de Moscovites, deux de Saxons, et quelques troupes de l'armée de la couronne, par lesquelles même il craignait d'être livré au vainqueur; mais son malheur fut au comble quand il sut que Charles XII était enfin entré en Saxe le 1er septembre 1706.

(1706) Il avait traversé la Silésie sans daigner seulement en faire avertir la cour de Vienne. L'Allemagne était consternée; la diète de Ratisbonne, qui représente l'empire, mais dont les résolutions sont souvent aussi infructueuses que solennelles, déclara le roi de Suède ennemi de l'empire s'il passait au delà de l'Oder avec son armée; cela même le détermina à venir plus tôt en Allemagne.

A son approche les villages furent déserts; les habitants fuyaient de tous côtés. Charles en usa alors comme à Copenhague; il fit

---

1. Le *Mercure* de janvier 1746 contient une lettre signée d'un sieur *Popinet*, qui annonce avoir fait partie du régiment français pris à Hochstedt en 1704, puis à Frauenstadt en 1706. Popinet relève ici quelques inexactitudes. A la bataille d'Hochstedt ce régiment fut pris par les Anglais; et, dans le partage qui fut fait de tous les prisonniers, il resta dans le Virtemberg, la Souabe et la Franconie. Auguste, roi de Pologne, ayant obtenu de l'empereur la permission de lever huit cents hommes parmi ces prisonniers, en forma un régiment de grenadiers, dont il fit ses gardes à pied. Le colonel Joyeuse, voyant son régiment passer du côté de Charles XII, prit un drapeau qu'il voulait sauver. Poursuivi par une vingtaine de cavaliers suédois, il feignit de le vouloir remettre à un officier, auquel à l'instant il coupa la tête. Cette mort fut vengée sur-le-champ par celle de Joyeuse, qui reçut vingt coups de pistolet. Le régiment avait quitté l'armée saxonne parce que Charles XII avait fait circuler dans ses rangs des billets où il promettait de le faire passer en France. Mais dès le lendemain le monarque suédois, oubliant sa promesse, le prit à son service. (B.)

2. C'est trois jours après la bataille qu'on accomplit ce massacre, et sur l'ordre de Charles XII.

— Voltaire reparle de cette circonstance dans son *Histoire de Russie sous Pierre le Grand*, chapitre XV de la première partie; et encore dans sa lettre à Schulenbourg, du 15 septembre 1740. Dans les éditions de 1731 à 1751 on lisait ici :

« Le roi, en revenant de Lithuanie, apprit cette nouvelle victoire; mais la satisfaction qu'il en reçut fut troublée par un peu de jalousie ; il ne put s'empêcher de dire : *Rehnsköld ne voudra plus faire comparaison avec moi.* »

Cet alinéa fut supprimé en 1752. (B.)

afficher partout qu'il n'était venu que pour donner la paix ; que tous ceux qui reviendraient chez eux, et qui payeraient les contributions qu'il ordonnerait, seraient traités comme ses propres sujets, et les autres poursuivis sans quartier. Cette déclaration d'un prince qu'on savait n'avoir jamais manqué à sa parole fit revenir en foule tous ceux que la peur avait écartés. Il choisit son camp à Alt-Rantstadt, près de la campagne de Lutzen, champ de bataille fameux par la victoire et par la mort de Gustave-Adolphe. Il alla voir la place où ce grand homme avait été tué. Quand on l'eut conduit sur le lieu : « J'ai tâché, dit-il, de vivre comme lui; Dieu m'accordera peut-être un jour une mort aussi glorieuse. »

De ce camp il ordonna aux états de Saxe de s'assembler, et de lui envoyer sans délai les registres des finances de l'électorat. Dès qu'il les eut en son pouvoir, et qu'il fut informé au juste de ce que la Saxe pouvait fournir, il la taxa à six cent vingt-cinq mille rixdales par mois. Outre cette contribution, les Saxons furent obligés de fournir à chaque soldat suédois deux livres de viande, deux livres de pain, deux pots de bière, et quatre sous par jour, avec du fourrage pour la cavalerie. Les contributions ainsi réglées, le roi établit une nouvelle police pour garantir les Saxons des insultes de ses soldats : il ordonna, dans toutes les villes où il mit garnison, que chaque hôte chez qui les soldats logeraient donnerait des certificats tous les mois de leur conduite; faute de quoi le soldat n'aurait point sa paye. De plus, des inspecteurs allaient tous les quinze jours, de maison en maison, s'informer si les Suédois n'avaient point commis de dégât. Ils avaient soin de dédommager les hôtes, et de punir les coupables.

On sait sous quelle discipline sévère vivaient les troupes de Charles XII[1]; qu'elles ne pillaient pas les villes prises d'assaut avant d'en avoir reçu la permission ; qu'elles allaient même au pillage avec ordre, et le quittaient au premier signal. Les Suédois se vantent encore aujourd'hui de la discipline qu'ils observèrent en Saxe, et cependant les Saxons se plaignent des dégâts affreux qu'ils y commirent : contradictions qu'il serait impossible de concilier si l'on ne savait combien les hommes voient différemment les mêmes objets. Il était bien difficile que les vainqueurs n'abusassent quelquefois de leurs droits, et que les vaincus ne prissent les plus légères lésions pour des brigandages barbares. Un jour, le roi se promenant à cheval près de Leipsick, un paysan saxon vint se jeter à ses pieds pour lui demander justice d'un grenadier

---

1. Voyez page 170.

qui venait de lui enlever ce qui était destiné pour le dîner de sa famille. Le roi fit venir le soldat : « Est-il vrai, dit-il d'un visage sévère, que vous avez volé cet homme ? — Sire, dit le soldat, je ne lui ai pas fait tant de mal que Votre Majesté en a fait à son maître : vous lui avez ôté un royaume, et je n'ai pris à ce manant qu'un dindon. » Le roi donna dix ducats de sa main au paysan, et pardonna au soldat en faveur de la hardiesse du bon mot, en lui disant : « Souviens-toi, mon ami, que si j'ai ôté un royaume au roi Auguste, je n'en ai rien pris pour moi. »

La grande foire de Leipsick se tint comme à l'ordinaire : les marchands y vinrent avec une sûreté entière ; on ne vit pas un soldat suédois dans la foire ; on eût dit que l'armée du roi de Suède n'était en Saxe que pour veiller à la conservation du pays. Il commandait dans tout l'électorat avec un pouvoir aussi absolu et une tranquillité aussi profonde que dans Stockholm.

Le roi Auguste, errant dans la Pologne, privé à la fois de son royaume et de son électorat, écrivit enfin une lettre de sa main à Charles XII pour lui demander la paix. Il chargea en secret le baron d'Imhof d'aller porter la lettre, conjointement avec M. Fingsten, référendaire du conseil privé ; il leur donna à tous deux ses pleins pouvoirs et son blanc-signé. « Allez, leur dit-il en propres mots ; tâchez de m'obtenir des conditions raisonnables et chrétiennes. » Il était réduit à la nécessité de cacher ses démarches pour la paix, et de ne recourir à la médiation d'aucun prince : car étant alors en Pologne à la merci des Moscovites, il craignait, avec raison, que le dangereux allié qu'il abandonnait ne se vengeât sur lui de sa soumission au vainqueur. Ses deux plénipotentiaires arrivèrent de nuit au camp de Charles XII ; ils eurent une audience secrète. Le roi lut la lettre. « Messieurs, dit-il aux plénipotentiaires, vous aurez dans un moment ma réponse. » Il se retira aussitôt dans son cabinet, et fit écrire ce qui suit :

« Je consens de donner la paix aux conditions suivantes, auxquelles il ne faut pas s'attendre que je change rien.

« 1. Que le roi Auguste renonce pour jamais à la couronne de Pologne, qu'il reconnaisse Stanislas pour légitime roi, et qu'il promette de ne jamais songer à remonter sur le trône, même après la mort de Stanislas.

« 2. Qu'il renonce à tous autres traités, et particulièrement à ceux qu'il a faits avec la Moscovie.

« 3. Qu'il renvoie avec honneur en mon camp les princes Sobieski et tous les prisonniers qu'il a pu faire.

« 4. Qu'il me livre tous les déserteurs qui ont passé à son service, et nommément Jean Patkul, et qu'il cesse toute procédure contre ceux qui de son service ont passé dans le mien. »

Il donna ce papier au comte Piper, le chargeant de négocier le reste avec les plénipotentiaires du roi Auguste. Ils furent épouvantés de la dureté de ces propositions. Ils mirent en usage le peu d'art qu'on peut employer quand on est sans pouvoir, pour tâcher de fléchir la rigueur du roi de Suède. Ils eurent plusieurs conférences avec le comte Piper. Ce ministre ne répondit autre chose à toutes leurs insinuations, sinon : « Telle est la volonté du roi mon maître; il ne change jamais ses résolutions. »

Tandis que cette paix se négociait sourdement en Saxe, la fortune sembla mettre le roi Auguste en état d'en obtenir une plus honorable, et de traiter avec son vainqueur sur un pied plus égal.

Le prince Menzikoff, généralissime des armées moscovites, vint avec trente mille hommes le trouver en Pologne dans le temps que non-seulement il ne souhaitait plus ses secours, mais que même il les craignait : il avait avec lui quelques troupes polonaises et saxonnes, qui faisaient en tout six mille hommes. Environné avec ce petit corps de l'armée du prince Menzikoff, il avait tout à redouter en cas qu'on découvrît sa négociation. Il se voyait en même temps détrôné par son ennemi, et en danger d'être arrêté prisonnier par son allié. Dans cette circonstance délicate, l'armée se trouva en présence d'un des généraux suédois, nommé Meyerfelt, qui était à la tête de dix mille hommes à Calish, près du palatinat de Posnanie. Le prince Menzikoff pressa le roi Auguste de donner bataille. Le roi, très-embarrassé, différa sous divers prétextes : car, quoique les ennemis fussent trois fois moins forts que lui, il y avait quatre mille Suédois dans l'armée de Meyerfelt, et c'en était assez pour rendre l'événement douteux. Donner bataille aux Suédois pendant les négociations, et la perdre, c'était creuser l'abîme où il était; il prit le parti d'envoyer un homme de confiance au général ennemi pour lui donner part du secret de la paix, et l'avertir de se retirer; mais cet avis eut un effet tout contraire à ce qu'il en attendait. Le général Meyerfelt crut qu'on lui tendait un piége pour l'intimider, et sur cela seul il se résolut à risquer le combat.

Les Russes vainquirent ce jour-là les Suédois en bataille rangée pour la première fois. Cette victoire, que le roi Auguste remporta presque malgré lui, fut complète : il entra triomphant, au milieu de sa mauvaise fortune, dans Varsovie, autrefois sa capitale, ville alors démantelée et ruinée, prête à recevoir le vainqueur, quel qu'il fût, et à reconnaître le plus fort pour son roi. Il fut tenté de saisir ce moment de prospérité et d'aller attaquer en Saxe le roi de Suède avec l'armée moscovite. Mais ayant réfléchi que Charles XII était à la tête d'une armée suédoise jusqu'alors invincible; que les Russes l'abandonneraient au premier bruit de son traité commencé; que la Saxe, son pays héréditaire, déjà épuisée d'argent et d'hommes, serait ravagée également par les Suédois et par les Moscovites; que l'empire, occupé de la guerre contre la France, ne pouvait le secourir; qu'il demeurerait sans États, sans argent, sans amis : il conçut qu'il fallait fléchir sous la loi qu'imposait le roi de Suède. Cette loi ne devint que plus dure quand Charles eut appris que le roi Auguste avait attaqué ses troupes pendant la négociation. Sa colère et le plaisir d'humilier davantage un ennemi qui venait de le vaincre le rendirent plus inflexible sur tous les articles du traité. Ainsi la victoire du roi Auguste ne servit qu'à rendre sa situation plus malheureuse; ce qui peut-être n'était jamais arrivé qu'à lui.

Il venait de faire chanter le *Te Deum* dans Varsovie, lorsque Fingsten, l'un de ses plénipotentiaires, arriva de Saxe avec ce traité de paix qui lui ôtait la couronne. Auguste hésita, mais il signa, et partit pour la Saxe dans la vaine espérance que sa présence pourrait fléchir le roi de Suède, et que son ennemi se souviendrait peut-être des anciennes alliances de leurs maisons, et du sang qui les unissait.

Ces deux princes se virent, pour la première fois, dans un lieu nommé Gutersdorf, au quartier du comte Piper, sans aucune cérémonie. Charles XII était en grosses bottes, ayant pour cravate un taffetas noir qui lui serrait le cou : son habit était, comme à l'ordinaire, d'un gros drap bleu, avec des boutons de cuivre doré. Il portait au côté une longue épée qui lui avait servi à la bataille de Narva, et sur le pommeau de laquelle il s'appuyait souvent. La conversation ne roula que sur ses grosses bottes. Charles XII dit au roi Auguste qu'il ne les avait quittées depuis six ans que pour se coucher. Ces bagatelles furent le seul entretien de deux rois dont l'un ôtait une couronne à l'autre. Auguste surtout parlait avec un air de complaisance et de satisfaction que les princes et les hommes accoutumés aux grandes affaires savent prendre au milieu des mortifications les plus cruelles. Les deux rois dînèrent deux fois ensemble. Charles XII affecta toujours de donner la droite au roi Auguste; mais bien loin de rien relâcher de ses demandes, il en fit encore de plus dures. C'était déjà beaucoup qu'un souverain fût forcé à livrer un général d'armée, un ministre public : c'était un grand abaissement d'être obligé d'envoyer à son successeur Stanislas les pierreries et les archives de la couronne; mais ce fut le comble à cet abaissement d'être réduit enfin à féliciter de son avénement au trône celui qui allait s'y asseoir à sa place. Charles exigea une lettre d'Auguste à Stanislas : le roi détrôné se le fit dire plus d'une fois; mais Charles voulait cette lettre, et il fallait l'écrire. La voici telle que je l'ai vue depuis peu, copiée fidèlement sur l'original que le roi Stanislas garde encore[1] :

« Monsieur et frère,

« Nous avions jugé qu'il n'était pas nécessaire d'entrer dans un commerce particulier de lettres avec Votre Majesté ; cependant, pour faire plaisir à Sa Majesté suédoise, et afin qu'on ne nous impute pas que nous faisons difficulté de satisfaire à son désir, nous vous félicitons par celle-ci de votre avénement à la couronne, et vous souhaitons que vous trouviez dans votre patrie des sujets plus fidèles que ceux que nous y avons laissés. Tout le monde nous fera la justice de croire que nous n'avons été payés que d'ingratitude pour tous nos bienfaits, et que la plupart de nos sujets ne se sont appliqués qu'à avancer notre ruine. Nous souhaitons que vous ne soyez pas exposé à de pareils malheurs, vous remettant à la protection de Dieu.

« A Dresde, le 8 avril 1707,

« Votre frère et voisin,

« AUGUSTE, ROI. »

Il fallut qu'Auguste ordonnât lui-même à tous ses officiers de magistrature de ne plus le qualifier de roi de Pologne, et qu'il fît effacer des prières publiques ce titre auquel il renonçait. Il eut moins de peine à élargir les Sobieski : ces princes, au sortir de leur prison, refusèrent de le voir; mais le sacrifice de Patkul fut ce qui dut lui coûter davantage. D'un côté, le czar le redemandait hautement comme son ambassadeur; de l'autre, le roi de Suède exigeait, en menaçant, qu'on le lui livrât. Patkul était alors enfermé dans le château de Koënigstein en Saxe. Le roi Auguste crut

---

1. Ces derniers mots furent ajoutés parce que la première version de cette lettre, donnée par Voltaire, avait été trouvée fausse par Nordberg.

pouvoir satisfaire Charles XII et son honneur en même temps. Il envoya des gardes pour livrer ce malheureux aux troupes suédoises; mais auparavant il envoya au gouverneur de Koënigstein un ordre secret de laisser échapper son prisonnier. La mauvaise fortune de Patkul l'emporta sur le soin qu'on prenait de le sauver. Le gouverneur, sachant que Patkul était très-riche, voulut lui faire acheter sa liberté. Le prisonnier, comptant encore sur le droit des gens et informé des intentions du roi Auguste, refusa de payer ce qu'il pensait devoir obtenir pour rien. Pendant cet intervalle les gardes commandés pour saisir le prisonnier arrivèrent, et le livrèrent immédiatement à quatre capitaines suédois, qui l'emmenèrent d'abord au quartier général d'Alt-Rantstadt, où il demeura trois mois attaché à un poteau avec une grosse chaîne de fer. De là il fut conduit à Casimir.

Charles XII, oubliant que Patkul était ambassadeur du czar, et se souvenant seulement qu'il était né son sujet, ordonna au conseil de guerre de le juger avec la dernière rigueur. Il fut condamné à être rompu vif, et à être mis en quartiers. Un chapelain vint lui annoncer qu'il fallait mourir, sans lui apprendre le genre du supplice. Alors cet homme, qui avait bravé la mort dans tant de batailles, se trouvant seul avec un prêtre, et son courage n'étant plus soutenu par la gloire ni par la colère, sources de l'intrépidité des hommes, répandit amèrement des larmes dans le sein du chapelain. Il était fiancé avec une dame saxonne nommée Mme d'Einsiedel, qui avait de la naissance, du mérite et de la beauté, et qu'il avait compté d'épouser à peu près dans le temps même qu'on le livra au supplice. Il recommanda au chapelain d'aller la trouver pour la consoler, et de l'assurer qu'il mourrait plein de tendresse pour elle. Quand on l'eut conduit au lieu du supplice, et qu'il vit les roues et les pieux dressés, il tomba dans des convulsions de frayeur, et se rejeta dans les bras du ministre, qui l'embrassa en le couvrant de son manteau et en pleurant. Alors un officier suédois lut à haute voix un papier dans lequel étaient ces paroles :

« On fait savoir que l'ordre très-exprès de Sa Majesté, notre seigneur *très-clément*, est que cet homme, qui est traître à la patrie, soit roué et écartelé pour réparation de ses crimes, et pour l'exemple des autres. Que chacun se donne de garde de la trahison, et serve son roi fidèlement. » A ces mots de *prince très-clément*: « Quelle clémence! » dit Patkul ; et à ceux de *traître à la patrie*: « Hélas! dit-il, je l'ai trop bien servi. » Il reçut seize coups, et souffrit le supplice le plus long et le plus affreux qu'on puisse imaginer. Ainsi périt l'infortuné Jean Réginold Patkul, ambassadeur et général de l'empereur de Russie.

Ceux qui ne voyaient en lui qu'un sujet révolté contre son roi disaient qu'il avait mérité la mort ; ceux qui le regardaient comme un Livonien, né dans une province laquelle avait des priviléges à défendre, et qui se souvenaient qu'il n'était sorti de la Livonie que pour en avoir soutenu les droits, l'appelaient le martyr de la liberté de son pays. Tous convenaient d'ailleurs que le titre d'ambassadeur du czar devait rendre sa personne sacrée. Le seul roi de Suède, élevé dans les principes du despotisme, crut n'avoir fait qu'un acte de justice, tandis que toute l'Europe condamnait sa cruauté.

Ses membres, coupés en quartiers, restèrent exposés sur des poteaux jusqu'en 1713, qu'Auguste étant remonté sur son trône fit rassembler ces témoignages de la nécessité où il avait été réduit à Alt-Rantstadt : on les lui apporta à Varsovie, dans une cassette, en présence de Buzenval, envoyé de France. Le roi de Pologne, montrant la cassette à ce ministre : « Voilà, lui dit-il simplement, les membres de Patkul », sans rien ajouter pour blâmer ou pour plaindre sa mémoire, et sans que personne de ceux qui étaient présents osât parler sur un sujet si délicat et si triste.

Environ ce temps-là, un Livonien nommé Paykul, officier dans les troupes saxonnes, fait prisonnier les armes à la main, venait d'être jugé à mort à Stockholm par arrêt du sénat ; mais il n'avait été condamné qu'à perdre la tête. Cette différence de supplice dans le même cas faisait trop voir que Charles, en faisant périr Patkul d'une mort si cruelle, avait plus songé à se venger qu'à punir. Quoi qu'il en soit, Paykul, après sa condamnation, fit proposer au sénat de donner au roi le secret de faire de l'or, si on voulait lui pardonner : il fit faire l'expérience de son secret dans la prison, en présence du colonel Hamilton et des magistrats de la ville, et soit qu'il eût en effet découvert quelque art utile, soit qu'il n'eût que celui de tromper habilement, ce qui est beaucoup plus vraisemblable, on porta à la Monnaie de Stockholm l'or qui se trouva dans le creuset à la fin de l'expérience, et on en fit au sénat un rapport si juridique, et qui parut si important, que la reine aïeule de Charles ordonna de suspendre l'exécution jusqu'à ce que le roi, informé de cette singularité, envoyât ses ordres à Stockholm.

Le roi répondit qu'il avait refusé à ses amis la grâce du criminel, et qu'il n'accorderait jamais à l'intérêt ce qu'il n'avait pas donné à l'amitié. Cette inflexibilité eut quelque chose d'héroïque dans un prince qui d'ailleurs croyait le secret possible. Le roi Auguste, qui en fut informé, dit : « Je ne m'étonne pas que le roi de Suède ait tant d'indifférence pour la pierre philosophale ; il l'a trouvée en Saxe. »

Quand le czar eut appris l'étrange paix que le roi Auguste, malgré leurs traités, avait conclue à Alt-Rantstadt, et que Patkul, son ambassadeur plénipotentiaire, avait été livré au roi de Suède, au mépris des lois des nations, il fit éclater ses plaintes dans toutes les cours de l'Europe : il écrivit à l'empereur d'Allemagne, à la reine d'Angleterre, aux états généraux des Provinces-Unies : il appelait lâcheté et perfidie la nécessité douloureuse sous laquelle Auguste avait succombé ; il conjura toutes ces puissances d'interposer leur médiation pour lui faire rendre son ambassadeur, et pour prévenir l'affront qu'on allait faire en sa personne à toutes les têtes couronnées ; il les pressa, par le motif de leur honneur, de ne pas s'avilir jusqu'à donner de la paix d'Alt-Rantstadt une garantie que Charles XII leur arrachait en menaçant. Ces lettres n'eurent d'autre effet que de mieux faire voir la puissance du roi de Suède. L'empereur, l'Angleterre et la Hollande, avaient alors à soutenir contre la France une guerre ruineuse : ils ne jugèrent pas à propos d'irriter Charles XII par le refus de la vaine cérémonie de la garantie d'un traité. A l'égard du malheureux Patkul, il n'y eut pas une puissance qui interposât ses bons offices en sa faveur, et qui ne fît voir combien peu un sujet doit compter sur des rois, et combien tous les rois alors craignaient celui de Suède.

On proposa dans le conseil du czar d'user de représailles envers les officiers suédois, prisonniers à Moscou. Le czar ne voulut point consentir à une barbarie qui eût eu des suites si funestes : il y avait plus de Moscovites prisonniers en Suède que de Suédois en Moscovie.

Il chercha une vengeance plus utile. La grande armée de son ennemi était en Saxe sans agir. Levenhaupt, général du roi de Suède, qui était resté en Pologne à la tête d'environ vingt mille hommes, ne pouvait garder les passages dans un pays sans forteresses et plein de factions. Stanislas était au camp de Charles XII. L'empereur moscovite saisit cette conjoncture, et rentre en Pologne avec plus de soixante mille hommes : il les sépare en plusieurs corps, et marche avec un camp volant jusqu'à Léopol, où il n'y avait point de garnison suédoise. Toutes les villes de Pologne sont à celui qui se présente à leurs portes avec des troupes. Il fit convoquer une assemblée à Léopol, telle à peu près que celle qui avait détrôné Auguste à Varsovie.

La Pologne avait alors deux primats, aussi bien que deux rois, l'un de la nomination d'Auguste, l'autre de celle de Stanislas. Le primat nommé par Auguste convoqua l'assemblée de Léopol, où se rendirent tous ceux que ce prince avait abandonnés par la paix d'Alt-Rantstadt, et ceux que l'argent du czar avait gagnés. On y proposa d'élire un nouveau souverain. Il s'en fallut peu que la Pologne n'eût alors trois rois, sans qu'on eût pu dire quel était le véritable.

Pendant les conférences de Léopol, le czar, lié d'intérêt avec l'empereur d'Allemagne, par la crainte commune où ils étaient du roi de Suède, obtint secrètement qu'on lui envoyât beaucoup d'officiers allemands. Ceux-ci venaient de jour en jour augmenter considérablement ses forces, en apportant avec eux la discipline et l'expérience. Il les engageait à son service par des libéralités ; et pour mieux encourager ses propres troupes, il donna son portrait enrichi de diamants aux officiers généraux et aux colonels qui avaient combattu à la bataille de Calish : les officiers subalternes eurent des médailles d'or ; les simples soldats en eurent d'argent. Ces monuments de la victoire de Calish furent tous frappés dans sa nouvelle ville de Petersbourg, où les arts florissaient à mesure qu'il apprenait à ses troupes à connaître l'émulation et la gloire.

La confusion, la multiplicité des factions, les ravages continuels en Pologne, empêchèrent la diète de Léopol de prendre aucune résolution. Le czar la fit transférer à Lublin. Le changement de lieu ne diminua rien des troubles et de l'incertitude où tout le monde était : l'assemblée se contenta de ne reconnaître ni Auguste, qui avait abdiqué, ni Stanislas, élu malgré eux ; mais ils ne furent ni assez unis ni assez hardis pour nommer un roi. Pendant ces délibérations inutiles, le parti des princes Sapieha, celui d'Oginski, ceux qui tenaient en secret pour le roi Auguste, les nouveaux sujets de Stanislas, se faisaient tous la guerre, pillaient les terres les uns des autres, et achevaient la ruine de leur pays. Les troupes suédoises, commandées par Levenhaupt, dont une partie était en Livonie, une autre en Lithuanie, une autre en Pologne, cherchaient toutes les troupes moscovites. Elles brûlaient tout ce qui était ennemi de Stanislas. Les Russes ruinaient également amis et ennemis ; on ne voyait que des villes en cendres et des troupes errantes de Polonais dépouillés de tout, qui détestaient également et leurs deux rois, et Charles XII, et le czar.

Le roi Stanislas partit d'Alt-Rantstadt, le 15 juillet de l'année 1707, avec le général Rehnsköld, seize régiments suédois et beaucoup d'argent, pour apaiser tous ces troubles en Pologne, et se faire reconnaître paisiblement. Il fut reconnu partout où il passa : la discipline de ses troupes, qui faisait mieux sentir la barbarie des Moscovites, lui gagna les esprits ; son extrême affabilité lui réunit presque toutes les factions, à mesure qu'elle fut connue ; son argent lui donna la plus grande partie de l'armée de la couronne. Le czar, craignant de manquer de vivres dans un pays que ses troupes avaient désolé, se retira en Lithuanie, où était le rendez-vous de ses corps d'armée, et où il devait établir des magasins. Cette retraite laissa le roi Stanislas paisible souverain de presque toute la Pologne.

Le seul qui le troublât alors dans ses États était le comte Siniawski, grand-général de la couronne, de la nomination du roi Auguste. Cet homme, qui avait d'assez grands talents et beaucoup d'ambition, était à la tête d'un tiers parti : il ne reconnaissait ni Auguste ni Stanislas ; et après avoir tout tenté pour se faire élire lui-même, il se contentait d'être chef de parti, ne pouvant pas être roi. Les troupes de la couronne, qui étaient demeurées sous ses ordres, n'avaient guère d'autre solde que la liberté de piller impunément leur propre pays. Tous ceux qui craignaient ces brigandages, ou qui en souffraient, se donnèrent bientôt à Stanislas, dont la puissance s'affermissait de jour en jour.

Le roi de Suède recevait alors dans son camp d'Alt-Rantstadt les ambassadeurs de presque tous les princes de la chrétienté. Les uns venaient le supplier de quitter les terres de l'empire ; les autres eussent bien voulu qu'il eût tourné ses armes contre l'empereur ; le bruit même s'était répandu partout qu'il devait se joindre à la France pour accabler la maison d'Autriche. Parmi tous ces ambassadeurs vint le fameux Jean, duc de Marlborough, de la part d'Anne, reine de la Grande-Bretagne. Cet homme, qui n'a jamais assiégé de ville qu'il n'ait prise, ni donné de bataille qu'il n'ait gagnée, était à Saint-James un adroit courtisan, dans le parlement un chef de parti, dans les pays étrangers le plus habile négociateur de son siècle. Il avait fait autant de mal à la France par son esprit que par ses armes. On a entendu dire au secrétaire des États-Généraux, M. Fagel, homme d'un très-grand mérite, que plus d'une fois les États-Généraux ayant résolu de s'opposer à ce que le duc de Marlborough devait leur proposer, le duc arrivait, leur parlait en français, langue dans laquelle il s'exprimait très-mal, et les persuadait tous. C'est ce que le lord Bolingbroke m'a confirmé.

LIVRE TROISIÈME.

Il soutenait avec le prince Eugène, compagnon de ses victoires, et avec Heinsius, grand-pensionnaire de Hollande, tout le poids des entreprises des alliés contre la France. Il savait que Charles était aigri contre l'empire et contre l'empereur, qu'il était sollicité secrètement par les Français, et que si ce conquérant embrassait le parti de Louis XIV les alliés seraient opprimés.

Il est vrai que Charles avait donné sa parole, en 1700, de ne se mêler en rien de la guerre de Louis XIV contre les alliés; mais le duc de Marlborough ne croyait pas qu'il y eût un prince assez esclave de sa parole pour ne pas la sacrifier à sa grandeur et à son intérêt [1]. Il partit donc de la Haye dans le dessein d'aller sonder les intentions du roi de Suède. M. Fabrice, qui était alors auprès de Charles XII, m'a assuré que le duc de Marlborough, en arrivant, s'adressa secrètement, non pas au comte Piper, premier ministre, mais au baron de Görtz [2], qui commençait à partager avec Piper la confiance du roi. Il arriva même dans le carrosse de ce baron au quartier de Charles XII, et il y eut des froideurs marquées entre lui et le chancelier Piper. Présenté ensuite par Piper, avec Robinson, ministre d'Angleterre, il parla au roi en français; il lui dit qu'il s'estimerait heureux de pouvoir apprendre sous ses ordres ce qu'il ignorait de l'art de la guerre. Le roi ne répondit à ce compliment par aucune civilité, et parut oublier que c'était Marlborough qui lui parlait. Je sais même qu'il trouva que ce grand homme était vêtu d'une manière trop recherchée, et avait l'air trop peu guerrier. La conversation fut fatigante et générale, Charles XII s'exprimant en suédois, et Robinson servant d'interprète. Marlborough, qui ne se hâtait jamais de faire ses propositions, et qui avait, par une longue habitude, acquis l'art de démêler les hommes et de pénétrer les rapports qui sont entre leurs plus secrètes pensées, et leurs actions, leurs gestes, leurs discours, étudia attentivement le roi. En lui parlant de guerre en général, il crut apercevoir dans Charles XII une aversion naturelle pour la France; il remarqua qu'il se plaisait à parler des conquêtes des alliés. Il lui prononça le nom du czar, et vit que les yeux du roi s'allumaient toujours à ce nom, malgré la modération de cette

---

1. Charles XII ayant appris l'inquiétude du duc de Marlborough sur ce qu'il ne pouvait pas démêler si les intentions du roi étaient de s'unir à la France, lui fit dire par le baron de Görtz qu'il se ressouvenait de sa parole donnée en 1700, et que son temps n'était pas encore expiré, pour se mêler de leur guerre. (P.)

2. Ce ne peut être ce baron, qui ne fut au service de Charles XII qu'après Bender. (G. A.) — Voltaire écrivait *Goertz*, et, dans une note de son *Histoire de Russie*, deuxième partie, chapitre IV, il dit que nous prononçons *Gueurtz*. (B.)

conférence. Il aperçut de plus, sur une table, une carte de Moscovie. Il ne lui en fallait pas davantage pour juger que le véritable dessein du roi de Suède et sa seule ambition était de détrôner le czar après le roi de Pologne. Il comprit que si ce prince restait en Saxe, c'était pour imposer quelques conditions un peu dures à l'empereur d'Allemagne. Il savait bien que l'empereur ne résisterait pas, et qu'ainsi les affaires se termineraient aisément. Il laissa Charles XII à son penchant naturel; et, satisfait de l'avoir pénétré, il ne lui fit aucune proposition. Ces particularités m'ont été confirmées par Mme la duchesse de Marlborough, sa veuve, encore vivante [1].

Comme peu de négociations s'achèvent sans argent, et qu'on voit quelquefois des ministres qui vendent la haine ou la faveur de leur maître, on crut dans toute l'Europe que le duc de Marlborough n'avait réussi auprès du roi de Suède qu'en donnant à propos une grosse somme au comte Piper; et la mémoire de ce Suédois en est restée flétrie jusqu'aujourd'hui. Pour moi, qui ai remonté, autant qu'il m'a été possible, à la source de ce bruit, j'ai su que Piper avait reçu un présent médiocre de l'empereur par les mains du comte de Wratislau, avec le consentement du roi son maître, et rien du duc de Marlborough. Il est certain que Charles était inflexible dans le dessein d'aller détrôner l'empereur des Russes, qu'il ne recevait alors conseil de personne, et qu'il n'avait pas besoin des avis du comte Piper pour prendre de Pierre Alexiowitz une vengeance qu'il cherchait depuis si longtemps.

Enfin ce qui achève de justifier ce ministre, c'est l'honneur rendu longtemps après à sa mémoire par Charles XII, qui, ayant appris que Piper était mort en Russie [2], fit transporter son corps à Stockholm, et lui ordonna à ses dépens des obsèques magnifiques.

Le roi, qui n'avait point encore éprouvé de revers, ni même de retardement dans ses succès, croyait qu'une année lui suffirait pour détrôner le czar, et qu'il pourrait ensuite revenir sur ses pas, s'ériger en arbitre de l'Europe; mais il voulait auparavant humilier l'empereur d'Allemagne.

Le baron de Strålheim, envoyé de Suède à Vienne, avait eu dans un repas une querelle avec le comte de Zobor, chambellan de l'empereur : celui-ci ayant refusé de boire à la santé de Charles XII,

---

1. L'auteur écrivait en 1727. On voit par d'autres dates que l'ouvrage a été retouché depuis à plusieurs reprises. (*Note de Voltaire.*)
2. La Motraye dit que ce fut à Slutelbourg, autrefois nommé Noteborg. (B.)

et ayant dit durement que ce prince en usait trop mal avec son maître, Stralheim lui avait donné un démenti et un soufflet, et avait osé, après cette insulte, demander réparation à la cour impériale. La crainte de déplaire au roi de Suède avait forcé l'empereur à bannir son sujet, qu'il devait venger. Charles XII ne fut pas satisfait; il voulut qu'on lui livrât le comte de Zobor. La fierté de la cour de Vienne fut obligée de fléchir; on mit le comte entre les mains du roi, qui le renvoya, après l'avoir gardé quelque temps prisonnier à Stetin.

Il demanda de plus, contre toutes les lois des nations, qu'on lui livrât quinze cents malheureux Moscovites qui, ayant échappé à ses armes, avaient fui jusque sur les terres de l'empire. Il fallut encore que la cour de Vienne consentît à cette étrange demande; et si l'envoyé moscovite à Vienne n'avait adroitement fait évader ces malheureux par divers chemins, ils étaient tous livrés à leurs ennemis.

La troisième et la dernière de ses demandes fut la plus forte. Il se déclara le protecteur des sujets protestants de l'empereur en Silésie, province appartenante à la maison d'Autriche, non à l'empire; il voulut que l'empereur leur accordât des libertés et des priviléges, établis, à la vérité, par les traités de Vestphalie, mais éteints, ou du moins éludés par ceux de Rysvick. L'empereur, qui ne cherchait qu'à éloigner un voisin si dangereux, plia encore, et accorda tout ce qu'on voulut. Les luthériens de Silésie eurent plus de cent églises que les catholiques furent obligés de leur céder par ce traité; mais beaucoup de ces concessions, que leur assurait la fortune du roi de Suède, leur furent ravies dès qu'il ne fut plus en état d'imposer des lois.

L'empereur qui fit ces concessions forcées, et qui plia en tout sous la volonté de Charles XII, s'appelait Joseph; il était fils aîné de Léopold, et frère de Charles VI, qui lui succéda depuis. L'internonce du pape, qui résidait alors auprès de Joseph, lui fit des reproches fort vifs de ce qu'un empereur catholique comme lui avait fait céder l'intérêt de sa propre religion à ceux des hérétiques. « Vous êtes bien heureux, lui répondit l'empereur en riant, que le roi de Suède ne m'ait pas proposé de me faire luthérien; car, s'il l'avait voulu, je ne sais pas ce que j'aurais fait. »

Le comte de Wratislau, son ambassadeur auprès de Charles XII, apporta à Leipsick le traité en faveur des Silésiens, signé de la main de son maître. Alors Charles dit qu'il était le meilleur ami de l'empereur; cependant il ne vit pas sans dépit que Rome l'eût traversé autant qu'elle l'avait pu. Il regardait avec mépris la faiblesse de cette cour, qui, ayant aujourd'hui la moitié de l'Europe pour ennemie irréconciliable, est toujours en défiance de l'autre, et ne soutient son crédit que par l'habileté des négociations; cependant il songeait à se venger d'elle. Il dit au comte de Wratislau que les Suédois avaient autrefois subjugué Rome, et qu'ils n'avaient pas dégénéré comme elle. Il fit avertir le pape qu'il lui redemanderait un jour les effets que la reine Christine avait laissés à Rome. On ne sait jusqu'où ce jeune conquérant eût porté ses ressentiments et ses armes si la fortune eût secondé ses desseins. Rien ne lui paraissait alors impossible : il avait même envoyé secrètement plusieurs officiers en Asie, et jusque dans l'Égypte, pour lever le plan des villes, et l'informer des forces de ces États. Il est certain que si quelqu'un eût pu renverser l'empire des Persans et des Turcs, et passer ensuite en Italie, c'était Charles XII[1]. Il était aussi jeune qu'Alexandre, aussi guerrier, aussi entreprenant, plus infatigable, plus robuste et plus tempérant, et les Suédois valaient peut-être mieux que les Macédoniens ; mais de pareils projets, qui sont traités de divins quand ils réussissent, ne sont regardés que comme des chimères quand on est malheureux.

Enfin toutes les difficultés étant aplanies, toutes ses volontés exécutées, après avoir humilié l'empereur, donné la loi dans l'empire, avoir protégé sa religion luthérienne au milieu des catholiques, détrôné un roi, couronné un autre, se voyant la terreur de tous les princes, il se prépara à partir. Les délices de la Saxe, où il était resté oisif une année, n'avaient en rien adouci sa manière de vivre. Il montait à cheval trois fois par jour, se levait à quatre heures du matin, s'habillait seul, ne buvait point de vin, ne restait à table qu'un quart d'heure, exerçait ses troupes tous les jours, et ne connaissait d'autre plaisir que celui de faire trembler l'Europe.

Les Suédois ne savaient point encore où le roi voulait les mener. On se doutait seulement, dans l'armée, que Charles pourrait aller à Moscou. Il ordonna, quelques jours avant son départ, à son grand maréchal des logis de lui donner par écrit la route depuis Leipsick... Il s'arrêta un moment à ce mot ; et de peur que le maréchal des logis ne pût rien deviner de ses projets, il ajouta en riant : « Jusqu'à toutes les capitales de l'Europe. » Le maréchal lui apporta une liste de toutes ces routes, à la tête desquelles il avait affecté de mettre en grosses lettres : *Route de Leipsick à Stockholm.* La plupart des Suédois n'aspiraient qu'à y retourner ; mais le roi

---

1. Tout cela rappelle les idées de Bonaparte à ses débuts. (G. A.)

était bien éloigné de songer à leur faire revoir leur patrie.
« Monsieur le maréchal, dit-il, je vois bien où vous voudriez me
mener ; mais nous ne retournerons pas à Stockholm sitôt. »

L'armée était déjà en marche, et passait auprès de Dresde :
Charles était à la tête, courant toujours, selon sa coutume, deux
ou trois cents pas devant ses gardes. On le perdit tout d'un
coup de vue : quelques officiers s'avancèrent à bride abattue pour
savoir où il pouvait être ; on courut de tous côtés, on ne le trouva
point : l'alarme est en un moment dans toute l'armée ; on fait
halte ; les généraux s'assemblent ; on était déjà dans la consternation ; on apprit enfin d'un Saxon qui passait ce qu'était devenu
le roi.

L'envie lui avait pris, en passant si près de Dresde, d'aller
rendre une visite au roi Auguste : il était entré à cheval dans la
ville, suivi de trois ou quatre officiers généraux ; on leur demanda
leur nom à la barrière : Charles dit qu'il s'appelait Carl, et qu'il
était draban ; chacun prit un nom supposé. Le comte Flemming,
les voyant passer dans la place, n'eut que le temps de courir
avertir son maître. Tout ce qu'on pouvait faire dans une occasion
pareille s'était déjà présenté à l'idée du ministre : il en parlait à
Auguste ; mais Charles entra tout botté dans la chambre, avant
qu'Auguste eût eu même le temps de revenir de sa surprise. Il
était malade alors, et en robe de chambre : il s'habilla en hâte.
Charles déjeuna avec lui comme un voyageur qui vient prendre
congé de son ami ; ensuite il voulut voir les fortifications. Pendant
le peu de temps qu'il employa à les parcourir, un Livonien proscrit en Suède, qui servait dans les troupes de Saxe, crut que jamais il ne s'offrirait une occasion plus favorable d'obtenir sa grâce ;
il conjura le roi Auguste de la demander à Charles, bien sûr que
ce roi ne refuserait pas cette légère condescendance à un prince
à qui il venait d'ôter une couronne, et entre les mains duquel il
était dans ce moment. Auguste se chargea aisément de cette affaire.
Il était un peu éloigné du roi de Suède, et s'entretenait avec Hord,
général suédois. « Je crois, lui dit-il en souriant, que votre maître
ne me refusera pas. — Vous ne le connaissez pas, repartit le général
Hord ; il vous refusera plutôt ici que partout ailleurs. » Auguste
ne laissa pas de demander au roi en termes pressants la grâce
du Livonien. Charles la refusa d'une manière à ne se la pas faire
demander une seconde fois. Après avoir passé quelques heures
dans cette étrange visite, il embrassa le roi Auguste, et partit. Il
trouva, en rejoignant son armée, tous ses généraux encore en
alarmes : ils lui dirent qu'ils comptaient assiéger Dresde, en cas

qu'on eût retenu Sa Majesté prisonnière. « Bon, dit le roi, on n'oserait. » Le lendemain, sur la nouvelle qu'on reçut que le roi Auguste tenait conseil extraordinaire à Dresde : « Vous verrez, dit le baron de Stralheim, qu'ils délibèrent sur ce qu'ils devaient faire hier[1]. » A quelques jours de là, Rehnsköld, étant venu trouver le roi, lui parla avec étonnement de ce voyage de Dresde. « Je me suis fié, dit Charles, sur ma bonne fortune : j'ai vu cependant un moment qui n'était pas bien net; Flemming n'avait nulle envie que je sortisse de Dresde sitôt. »

1. L'anecdote qui suit n'est pas dans les premières éditions.

FIN DU LIVRE TROISIÈME.

LIVRE QUATRIÈME.

ARGUMENT.

Charles victorieux quitte la Saxe, poursuit le czar, s'enfonce dans l'Ukraine. Ses pertes; sa blessure. Bataille de Pultava. Suites de cette bataille. Charles réduit à fuir en Turquie. Sa réception en Bessarabie.

Charles partit enfin de Saxe en septembre 1707, suivi d'une armée de quarante-trois mille hommes, autrefois couverte de fer, et alors brillante d'or et d'argent, et enrichie des dépouilles de la Pologne et de la Saxe. Chaque soldat emportait avec lui cinquante écus d'argent comptant; non-seulement tous les régiments étaient complets, mais il y avait dans chaque compagnie plusieurs surnuméraires. Outre cette armée, le comte Levenhaupt, l'un de ses meilleurs généraux, l'attendait en Pologne avec vingt mille hommes; il avait encore une autre armée de quinze mille hommes en Finlande, et de nouvelles recrues lui venaient de Suède. Avec toutes ces forces on ne douta pas qu'il ne dût détrôner le czar.

Cet empereur était alors en Lithuanie, occupé à ranimer un parti auquel le roi Auguste semblait avoir renoncé : ses troupes, divisées en plusieurs corps, fuyaient de tous côtés au premier bruit de l'approche du roi de Suède. Il avait recommandé lui-même à tous ses généraux de ne jamais attendre ce conquérant avec des forces inégales, et il était bien obéi.

Le roi de Suède, au milieu de sa marche victorieuse, reçut un ambassadeur de la part des Turcs. L'ambassadeur eut son audience au quartier du comte Piper; c'était toujours chez ce ministre que se faisaient les cérémonies d'éclat. Il soutenait la dignité de son maître par des dehors qui avaient alors un peu de magnificence, et le roi, toujours plus mal logé, plus mal servi, et plus simplement vêtu que le moindre officier de son armée, disait que son palais était le quartier de Piper. L'ambassadeur turc présenta à Charles cent soldats suédois qui, ayant été pris par des Calmoucks et vendus en Turquie, avaient été rachetés par le Grand Seigneur, et que cet empereur envoyait au roi comme le présent le plus agréable qu'il pût lui faire [1]; non que la fierté ottomane prétendît rendre hommage à la gloire de Charles XII, mais parce que le sultan, ennemi naturel des empereurs de Moscovie et d'Allemagne, voulait se fortifier contre eux de l'amitié de la Suède et de l'alliance de la Pologne. L'ambassadeur complimenta Stanislas sur son avénement : ainsi ce roi fut reconnu en peu de temps par l'Allemagne, la France, l'Angleterre, l'Espagne, et la Turquie. Il n'y eut que le pape qui voulut attendre, pour le reconnaître, que le temps eut affermi sur sa tête cette couronne qu'une disgrâce pouvait faire tomber.

A peine Charles eut-il donné audience à l'ambassadeur de la Porte-Ottomane qu'il courut chercher les Moscovites. Les troupes du czar étaient sorties de Pologne, et y étaient rentrées plus de vingt fois pendant le cours de la guerre : ce pays, ouvert de toutes parts, n'ayant point de places fortes qui coupent la retraite à une armée, laissait aux Russes la liberté de reparaître souvent au même endroit où ils avaient été battus, et même de pénétrer dans le pays aussi avant que le vainqueur. Pendant le séjour de Charles en Saxe, le czar s'était avancé jusqu'à Léopol, à l'extrémité méridionale de la Pologne. Il était alors vers le nord, à Grodno en Lithuanie, à cent lieues de Léopol.

Charles laissa en Pologne Stanislas, qui, assisté de dix mille Suédois et de ses nouveaux sujets, avait à conserver son nouveau royaume contre les ennemis étrangers et domestiques : pour lui, il se mit à la tête de sa cavalerie, et marcha vers Grodno, au milieu des glaces, au mois de janvier 1708.

Il avait déjà passé le Niemen, à deux lieues de la ville; et le czar ne savait encore rien de sa marche. A la première nouvelle que les Suédois arrivent, le czar sort par la porte du nord, et Charles entre par celle qui est au midi. Le roi n'avait avec lui que six cents gardes; le reste n'avait pu le suivre [2]. Le czar fuyait

---

1. Ici l'auteur s'est mépris : car ce n'était pas l'ambassadeur turc qui présenta au roi des esclaves faits par les Moscovites; mais c'était le roi de Suède qui, lorsqu'il avait pris Léopol, y avait trouvé cent esclaves turcs, pris autrefois dans les guerres avec la Pologne, et leur avait donné la liberté, de l'argent, des habits magnifiques, et une escorte jusqu'aux frontières de la Turquie. L'ambassadeur turc offrit au roi une alliance avec son maître. Mais, soit que ce prince se crût lui-même assez en état de faire la guerre avec le czar, soit qu'il eût été persuadé par les représentations de son ministère et du clergé qu'il ne convenait point de faire alliance avec les ennemis des chrétiens, on se contenta de renvoyer l'ambassadeur comblé de présents, mais sans rien dire ni répondre à ses propositions. (P.)

2. Il était parti avec huit cents gardes, dit Voltaire dans l'*Histoire de Pierre le Grand,* première partie, chapitre xvi.

avec plus de deux mille hommes, dans l'opinion que toute une armée entrait dans Grodno. Il apprend le jour même, par un transfuge polonais, qu'il n'a quitté la place qu'à six cents hommes, et que le gros de l'armée ennemie était encore éloigné de plus de cinq lieues. Il ne perd point de temps ; il détache quinze cents chevaux de sa troupe à l'entrée de la nuit pour aller surprendre le roi de Suède dans la ville. Les quinze cents Moscovites arrivèrent à la faveur de l'obscurité jusqu'à la première garde suédoise, sans être reconnus. Trente hommes composaient cette garde; ils soutinrent seuls un demi-quart d'heure l'effort des quinze cents hommes. Le roi, qui était à l'autre bout de la ville, accourut bientôt avec le reste de ses six cents gardes. Les Russes s'enfuirent avec précipitation. Son armée ne fut pas longtemps sans le joindre, ni lui sans poursuivre l'ennemi. Tous les corps moscovites répandus dans la Lithuanie se retiraient en hâte du côté de l'orient, dans le palatinat de Minski, près des frontières de la Moscovie, où était leur rendez-vous. Les Suédois, que le roi partagea aussi en divers corps, ne cessèrent de les suivre pendant plus de trente lieues de chemin. Ceux qui fuyaient, et ceux qui poursuivaient, faisaient des marches forcées presque tous les jours, quoiqu'on fût au milieu de l'hiver. Il y avait déjà longtemps que toutes les saisons étaient devenues égales pour les soldats de Charles et pour ceux du czar ; la seule terreur qu'inspirait le nom du roi Charles mettait alors de la différence entre les Russes et les Suédois.

Depuis Grodno jusqu'au Borysthène, en tirant vers l'orient, ce sont des marais, des déserts, des forêts immenses ; dans les endroits qui sont cultivés on ne trouve point de vivres, les paysans enfouissent dans la terre tous leurs grains, et tout ce qui peut s'y conserver : il faut sonder la terre avec de grandes perches ferrées pour découvrir ces magasins souterrains. Les Moscovites et les Suédois se servirent tour à tour de ces provisions ; mais on n'en trouvait pas toujours, et elles n'étaient pas suffisantes.

Le roi de Suède, qui avait prévu ces extrémités, avait fait apporter du biscuit pour la subsistance de son armée : rien ne l'arrêtait dans sa marche. Après qu'il eut traversé la forêt de Minski, où il fallut abattre à tout moment des arbres pour faire un chemin à ses troupes et à son bagage, il se trouva le 25 juin 1708 devant la rivière de Bérézine, vis-à-vis Borislou.

Le czar avait rassemblé en cet endroit la plus grande partie de ses forces ; il y était avantageusement retranché. Son dessein était d'empêcher les Suédois de passer la rivière. Charles posta quelques régiments sur le bord de la Bérézine, à l'opposite de

Borislou, comme s'il avait voulu tenter le passage à la vue de l'ennemi. Dans le même temps il remonte avec son armée trois lieues au delà vers la source de la rivière : il y fait jeter un pont, passe sur le ventre à un corps de trois mille hommes qui défendait ce poste, et marche à l'armée ennemie sans s'arrêter. Les Russes ne l'attendirent pas, ils décampèrent, et se retirèrent vers le Borysthène, gâtant tous les chemins et détruisant tout sur leur route pour retarder au moins les Suédois[1].

Charles surmonta tous les obstacles, avançant toujours vers le Borysthène. Il rencontra sur son chemin vingt mille Moscovites retranchés dans un lieu nommé Hollosin, derrière un marais, auquel on ne pouvait aborder qu'en passant une rivière. Charles n'attendit pas, pour les attaquer, que le reste de son infanterie fût arrivé; il se jette dans l'eau à la tête de ses gardes à pied; il traverse la rivière et le marais, ayant souvent de l'eau au-dessus des épaules. Pendant qu'il allait ainsi aux ennemis, il avait ordonné à sa cavalerie de faire le tour du marais pour prendre les ennemis en flanc. Les Moscovites, étonnés qu'aucune barrière ne pût les défendre, furent enfoncés en même temps par le roi, qui les attaquait à pied, et par la cavalerie suédoise.

Cette cavalerie, s'étant fait jour à travers les ennemis, joignit le roi au milieu du combat. Alors il monta à cheval; mais quelque temps après il trouva dans la mêlée un jeune gentilhomme suédois nommé Gyllenstierna, qu'il aimait beaucoup, blessé et hors d'état de marcher; il le força à prendre son cheval, et continua de commander à pied à la tête de son infanterie. De toutes les batailles qu'il avait données, celle-ci était peut-être la plus glorieuse, celle où il avait essuyé les plus grands dangers, et où il avait montré le plus d'habileté. On en conserva la mémoire par une médaille, où on lisait d'un côté : *Sylvæ, paludes, aggeres, hostes, victi;* et de l'autre ce vers de Lucain : *Victrices copias alium laturus in orbem*[2].

Les Russes, chassés partout, repassèrent le Borysthène, qui sépare la Pologne de leur pays. Charles ne tarda pas à les poursuivre; il passa ce grand fleuve après eux à Mohilou, dernière ville de la Pologne, qui appartenait tantôt aux Polonais, tantôt aux czars; destinée commune aux places frontières.

Le czar, qui vit alors son empire, où il venait de faire naître les arts et le commerce, en proie à une guerre capable de renverser

---

1. On voit combien cette campagne rappelle celle de 1813. Les Russes usèrent de la même tactique contre les Français. (G. A.)

2. Dans la *Pharsale*, v. 238, le texte porte : *Victrices aquilas.*

dans peu tous ses grands desseins, et peut-être son trône, songea à parler de paix : il fit hasarder quelques propositions par un gentilhomme polonais qui vint à l'armée de Suède. Charles XII, accoutumé à n'accorder la paix à ses ennemis que dans leurs capitales, répondit : « Je traiterai avec le czar à Moscou. » Quand on rapporta au czar cette réponse hautaine : « Mon frère Charles, dit-il, prétend faire toujours l'Alexandre ; mais je me flatte qu'il ne trouvera pas en moi un Darius. »

De Mohilou, place où le roi traversa le Borysthène, si vous remontez au nord le long de ce fleuve, toujours sur les frontières de Pologne et de Moscovie, vous trouvez à trente lieues le pays de Smolensko, par où passe la grande route qui va de Pologne à Moscou. Le czar fuyait par ce chemin. Le roi le suivait à grandes journées. Une partie de l'arrière-garde moscovite fut plus d'une fois aux prises avec les dragons de l'avant-garde suédoise. L'avantage demeurait presque toujours à ces derniers ; mais ils s'affaiblissaient, à force de vaincre dans de petits combats qui ne décidaient rien, et où ils perdaient toujours du monde.

Le 22 septembre de cette année 1708, le roi attaqua auprès de Smolensko un corps de dix mille hommes de cavalerie et de six mille Calmoucks.

Ces Calmoucks sont des Tartares qui habitent entre le royaume d'Astracan, domaine du czar, et celui de Samarcande, pays des Tartares Usbecks, et patrie de Timur, connu sous le nom de Tamerlan. Le pays des Calmoucks s'étend à l'orient jusqu'aux montagnes qui séparent le Mogol de l'Asie occidentale. Ceux qui habitent vers Astracan sont tributaires du czar : il prétend sur eux un empire absolu ; mais leur vie vagabonde l'empêche d'en être le maître, et fait qu'il se conduit avec eux comme le Grand Seigneur avec les Arabes, tantôt souffrant leurs brigandages, et tantôt les punissant. Il y a toujours de ces Calmoucks dans les troupes de Moscovie. Le czar était même parvenu à les discipliner comme le reste de ses soldats.

Le roi fondit sur cette armée, n'ayant avec lui que six régiments de cavalerie et quatre mille fantassins. Il enfonça d'abord les Moscovites à la tête de son régiment d'Ostrogothie ; les ennemis se retirèrent. Le roi avança sur eux par des chemins creux et inégaux, où les Calmoucks étaient cachés : ils parurent alors, et se jetèrent entre le régiment où le roi combattait et le reste de l'armée suédoise. A l'instant et Russes et Calmoucks entourèrent ce régiment, et percèrent jusqu'au roi. Ils tuèrent deux aides de camp qui combattaient auprès de sa personne. Le cheval du roi fut tué sous lui : un écuyer lui en présentait un autre ; mais l'écuyer et le cheval furent percés de coups. Charles combattit à pied, entouré de quelques officiers qui accoururent incontinent autour de lui.

Plusieurs furent pris, blessés ou tués, ou entraînés loin du roi par la foule qui se jetait sur eux ; il ne restait que cinq hommes auprès de Charles. Il avait tué plus de douze ennemis de sa main, sans avoir reçu une seule blessure, par ce bonheur inexprimable qui jusqu'alors l'avait accompagné partout, et sur lequel il compta toujours. Enfin un colonel, nommé Dahldorf, se fait jour à travers des Calmoucks avec seulement une compagnie de son régiment ; il arrive à temps pour dégager le roi : le reste des Suédois fit main basse sur ces Tartares. L'armée reprit ses rangs : Charles monta à cheval, et, tout fatigué qu'il était, il poursuivit les Russes pendant deux lieues.

Le vainqueur était toujours dans le grand chemin de la capitale de Moscovie. Il y a de Smolensko, auprès duquel se donna ce combat, jusqu'à Moscou, environ cent de nos lieues françaises : l'armée n'avait presque plus de vivres[1]. On pria fortement le roi d'attendre que le général Levenhaupt, qui devait lui en amener avec un renfort de quinze mille hommes, vînt le joindre. Non-seulement le roi, qui rarement prenait conseil, n'écouta point cet avis judicieux ; mais, au grand étonnement de toute l'armée, il quitta le chemin de Moscou, et fit marcher au midi vers l'Ukraine, pays des Cosaques, situé entre la Petite-Tartarie, la Pologne et la Moscovie. Ce pays a environ cent de nos lieues du midi au septentrion, et presque autant de l'orient au couchant. Il est partagé en deux parties à peu près égales par le Borysthène, qui le traverse en coulant du nord-ouest au sud-est : la principale ville est Bathurin, sur la petite rivière de Sem. La partie la plus septentrionale de l'Ukraine est cultivée et riche. La plus méridionale, située près du quarante-huitième degré, est un des pays les plus fertiles du monde, et les plus déserts. Le mauvais gouvernement y étouffait le bien que la nature s'efforce de faire aux hommes. Les habitants de ces cantons, voisins de la Petite-Tartarie, ne semaient ni ne plantaient, parce que les Tartares de Budziack, ceux de Précop, les Moldaves, tous peuples brigands, auraient ravagé leurs moissons.

L'Ukraine a toujours aspiré à être libre ; mais, étant entourée

---

1. Dans les premières éditions, Voltaire parlait encore ici du mauvais état des chemins.

de la Moscovie, des États du Grand Seigneur, et de la Pologne, il lui a fallu chercher un protecteur, et par conséquent un maître dans l'un de ces trois États. Elle se mit d'abord sous la protection de la Pologne, qui la traita trop en sujette : elle se donna depuis au Moscovite, qui la gouverna en esclave autant qu'il le put. D'abord les Ukrainiens jouirent du privilége d'élire un prince sous le nom de général ; mais bientôt ils furent dépouillés de ce droit, et leur général fut nommé par la cour de Moscou.

Celui qui remplissait alors cette place était un gentilhomme polonais nommé Mazeppa, né dans le palatinat de Podolie ; il avait été élevé page de Jean-Casimir, et avait pris à sa cour quelque teinture des belles-lettres. Une intrigue qu'il eut dans sa jeunesse avec la femme d'un gentilhomme polonais ayant été découverte, le mari le fit lier tout nu sur un cheval farouche, et le laissa aller en cet état. Le cheval, qui était du pays de l'Ukraine, y retourna, et y porta Mazeppa demi-mort de fatigue et de faim. Quelques paysans le secoururent : il resta longtemps parmi eux, et se signala dans plusieurs courses contre les Tartares. La supériorité de ses lumières lui donna une grande considération parmi les Cosaques : sa réputation, s'augmentant de jour en jour, obligea le czar à le faire prince de l'Ukraine [1].

Un jour, étant à table à Moscou avec le czar, cet empereur lui proposa de discipliner les Cosaques, et de rendre ces peuples plus dépendants. Mazeppa répondit que la situation de l'Ukraine et le génie de cette nation étaient des obstacles insurmontables. Le czar, qui commençait à être échauffé par le vin, et qui ne commandait pas toujours à sa colère, l'appela traître, et le menaça de le faire empaler.

Mazeppa, de retour en Ukraine, forma le projet d'une révolte : l'armée de Suède, qui parut bientôt après sur les frontières, lui en facilita les moyens : il prit la résolution d'être indépendant, et de se former un puissant royaume de l'Ukraine et des débris de l'empire de Russie. C'était un homme courageux, entreprenant, et d'un travail infatigable, quoique dans une grande vieillesse. Il se ligua secrètement avec le roi de Suède pour hâter la chute du czar, et pour en profiter.

Le roi lui donna rendez-vous auprès de la rivière de Desna. Mazeppa promit de s'y rendre avec trente mille hommes, des munitions de guerre, des provisions de bouche, et ses trésors, qui

---

[1]. On connaît le poëme de lord Byron sur Mazeppa. Ce paragraphe est un de ceux qui servent d'argument au poëme anglais.

étaient immenses. L'armée suédoise marcha donc de ce côté, au grand regret [1] de tous les officiers, qui ne savaient rien du traité du roi avec les Cosaques. Charles envoya ordre à Levenhaupt de lui amener en diligence ses troupes, et des provisions dans l'Ukraine, où il projetait de passer l'hiver, afin que, s'étant assuré de ce pays, il pût conquérir la Moscovie au printemps suivant : et cependant il s'avança vers la rivière de Desna, qui tombe dans le Borysthène à Kiovie.

Les obstacles qu'on avait trouvés jusqu'alors dans la route étaient légers en comparaison de ceux qu'on rencontra dans ce nouveau chemin. Il fallut traverser une forêt de cinquante lieues pleine de marécages. Le général Lagercron, qui marchait devant avec cinq mille hommes et des pionniers, égara l'armée vers l'orient, à trente lieues de la véritable route. Après quatre jours de marche, le roi reconnut la faute de Lagercron : on se remit avec peine dans le chemin ; mais presque toute l'artillerie et tous les chariots restèrent embourbés ou abîmés dans les marais.

Enfin, après douze jours d'une marche si pénible, pendant laquelle les Suédois avaient consommé le peu de biscuit qui leur restait, cette armée, exténuée de lassitude et de faim, arrive sur les bords de la Desna, dans l'endroit où Mazeppa avait marqué le rendez-vous ; mais au lieu d'y trouver ce prince, on trouva un corps de Moscovites qui avançait vers l'autre bord de la rivière. Le roi fut étonné ; mais il résolut sur-le-champ de passer la Desna, et d'attaquer les ennemis. Les bords de cette rivière étaient si escarpés qu'on fut obligé de descendre les soldats avec des cordes. Ils traversèrent la rivière selon leur manière accoutumée, les uns sur des radeaux faits à la hâte, les autres à la nage. Le corps des Moscovites, qui arrivait dans ce temps-là même, n'était que de huit mille hommes ; il ne résista pas longtemps, et cet obstacle fut encore surmonté.

Charles avançait dans ces pays perdus, incertain de sa route et de la fidélité de Mazeppa : ce Cosaque parut enfin, mais plutôt comme un fugitif que comme un allié puissant. Les Moscovites avaient découvert et prévenu ses desseins. Ils étaient venus fondre sur ses Cosaques, qu'ils avaient taillés en pièces : ses principaux amis, pris les armes à la main, avaient péri au nombre de trente par le supplice de la roue ; ses villes étaient réduites en cendres, ses trésors pillés, les provisions qu'il préparait au roi de Suède saisies : à peine avait-il pu échapper avec six mille hommes, et

---

1. VARIANTE : « Au grand étonnement. »

quelques chevaux chargés d'or et d'argent. Toutefois il apportait au roi l'espérance de se soutenir, par ses intelligences, dans ce pays inconnu, et l'affection de tous les Cosaques, qui, enragés contre les Russes, arrivaient par troupes au camp, et le firent subsister.

Charles espérait au moins que son général Levenhaupt viendrait réparer cette mauvaise fortune. Il devait amener environ quinze mille Suédois qui valaient mieux que cent mille Cosaques, et apporter des provisions de guerre et de bouche. Il arriva à peu près dans le même état que Mazeppa.

Il avait déjà passé le Borysthène au-dessus de Mohilou, et s'était avancé vingt de nos lieues au delà, sur le chemin de l'Ukraine. Il amenait au roi un convoi de huit mille chariots, avec l'argent qu'il avait levé en Lithuanie sur sa route. Quand il fut vers le bourg de Lesno, près de l'endroit où les rivières de Pronia et Sossa se joignent pour aller tomber loin au-dessous dans le Borysthène, le czar parut à la tête de près de quarante mille hommes [1].

Le général suédois, qui n'en avait pas seize mille complets, ne voulut pas se retrancher. Tant de victoires avaient donné aux Suédois une si grande confiance qu'ils ne s'informaient jamais du nombre de leurs ennemis, mais seulement du lieu où ils étaient. Levenhaupt marcha donc à eux sans balancer, le 7 d'octobre 1708 après-midi. Dans le premier choc, les Suédois tuèrent quinze cents Moscovites. La confusion se mit dans l'armée du czar : on fuyait de tous côtés. L'empereur des Russes vit le moment où il allait être entièrement défait. Il sentait que le salut de ses États dépendait de cette journée, et qu'il était perdu si Levenhaupt joignait le roi de Suède avec une armée victorieuse.

Dès qu'il vit que ses troupes commençaient à reculer, il courut à l'arrière-garde, où étaient des Cosaques et des Calmoucks: « Je vous ordonne, leur dit-il, de tirer sur quiconque fuira, et de me tuer moi-même si j'étais assez lâche pour me retirer. » De là il retourna à l'avant-garde, et rallia ses troupes lui-même, aidé du prince Menzikoff et du prince Gallitzin. Levenhaupt, qui avait des ordres pressants de rejoindre son maître, aima mieux continuer sa marche que recommencer le combat, croyant en avoir assez fait pour ôter aux ennemis la résolution de le poursuivre.

Dès le lendemain à onze heures, le czar l'attaqua au bord

---

[1]. Il n'avait que quatorze mille sept cents hommes.

d'un marais, et étendit son armée pour l'envelopper. Les Suédois firent face partout : on se battit pendant deux heures avec une opiniâtreté égale. Les Moscovites perdirent trois fois plus de monde, mais aucun ne lâcha pied, et la victoire fut indécise.

A quatre heures le général Bayer amena au czar un renfort de troupes. La bataille recommença alors pour la troisième fois avec plus de furie et d'acharnement; elle dura jusqu'à la nuit : enfin le nombre l'emporta ; les Suédois furent rompus, enfoncés, et poussés jusqu'à leur bagage. Levenhaupt rallia ses troupes derrière ses chariots. Les Suédois étaient vaincus, mais ils ne s'enfuirent point. Ils étaient environ neuf mille hommes, dont aucun ne s'écarta ; le général les mit en ordre de bataille aussi facilement que s'ils n'avaient point été vaincus. Le czar, de l'autre côté, passa la nuit sous les armes; il défendit aux officiers, sous peine d'être cassés, et aux soldats, sous peine de mort, de s'écarter pour piller.

Le lendemain encore, il commanda, au point du jour, une nouvelle attaque. Levenhaupt s'était retiré à quelques milles, dans un lieu avantageux, après avoir encloué une partie de son canon, et mis le feu à ses chariots.

Les Moscovites arrivèrent assez à temps pour empêcher tout le convoi d'être consumé par les flammes ; ils se saisirent de plus de six mille chariots qu'ils sauvèrent. Le czar, qui voulait achever la défaite des Suédois, envoya un de ses généraux, nommé Phlug, les attaquer encore pour la cinquième fois : ce général leur offrit une capitulation honorable. Levenhaupt la refusa, et livra un cinquième combat, aussi sanglant que les premiers. De neuf mille soldats qu'il avait encore, il en perdit environ la moitié, l'autre ne put être forcée ; enfin, la nuit survenant, Levenhaupt, après avoir soutenu cinq combats contre quarante mille hommes [1], passa la Sossa avec environ cinq mille combattants qui lui restaient [2]. Le czar perdit près de dix mille hommes dans ces cinq combats, où il eut la gloire de vaincre les Suédois, et Levenhaupt celle de disputer trois jours la victoire, et de se retirer sans avoir été forcé dans son dernier poste. Il vint donc au camp de son maître avec l'honneur de s'être si bien défendu, mais n'amenant avec lui ni munitions, ni armée. Le roi de Suède se trouva ainsi sans provisions et sans communication

---

1. Dans son *Histoire de Russie sous Pierre le Grand*, première partie, chapitre XVII, Voltaire, d'après de nouveaux mémoires, réduit ce nombre à vingt mille.
2. VARIANTE : « Dont les blessés passèrent sur des radeaux. »

avec la Pologne, entouré d'ennemis, au milieu d'un pays où il n'avait guère de ressource que son courage[1].

Dans cette extrémité, le mémorable hiver de 1709, plus terrible encore sur ces frontières de l'Europe que nous ne l'avons senti en France, détruisit une partie de son armée. Charles voulait braver les saisons comme il faisait ses ennemis ; il osait faire de longues marches de troupes pendant ce froid mortel. Ce fut dans une de ces marches que deux mille hommes tombèrent morts de froid sous ses yeux. Les cavaliers n'avaient plus de bottes, les fantassins étaient sans souliers, et presque sans habits. Ils étaient réduits à se faire des chaussures de peaux de bêtes, comme ils pouvaient ; souvent ils manquaient de pain. On avait été réduit à jeter presque tous les canons dans des marais et dans des rivières, faute de chevaux pour les traîner. Cette armée, auparavant si florissante, était réduite à vingt-quatre mille hommes prêts à mourir de faim. On ne recevait plus de nouvelles de la Suède ; et on ne pouvait y en faire tenir. Dans cet état, un seul officier se plaignit. « Hé quoi ! lui dit le roi, vous ennuyez-vous d'être loin de votre femme ? Si vous êtes un vrai soldat, je vous mènerai si loin que vous pourrez à peine recevoir des nouvelles de Suède une fois en trois ans[2]. »

Le marquis de Brancas, depuis ambassadeur en Suède, m'a conté[3] qu'un soldat osa présenter au roi, avec murmure, en présence de toute l'armée, un morceau de pain noir et moisi, fait d'orge et d'avoine, seule nourriture qu'ils avaient alors, et dont ils n'avaient pas même suffisamment. Le roi reçut le morceau de pain sans s'émouvoir, le mangea tout entier, et dit ensuite froidement au soldat : « Il n'est pas bon, mais il peut se manger. » Ce trait, tout petit qu'il est, si ce qui augmente le respect et la confiance peut être petit, contribua plus que tout le reste à faire supporter à l'armée suédoise des extrémités qui eussent été intolérables sous tout autre général.

---

1. Voltaire a beaucoup emprunté pour tout ce récit de combats à l'Histoire de Limiers.

2. Vers janvier 1709, Charles parvint à chasser les Russes de l'Ukraine, et les poursuivit jusqu'aux frontières de ce pays. Là, il fit une halte : « Vite, vite, Gyllenkrock, dit-il, demandez le chemin de l'Asie. » Frappé de stupeur, le général dit que c'était une tout autre direction. « Mazeppa, répondit Charles, m'a assuré qu'elle n'était pas éloignée. Il nous faut y aller pour que nous puissions dire un jour que nous avons touché le sol de l'Asie. » C'était en effet chez le roi un parti pris. Il n'y renonça qu'après que Mazeppa lui eut assuré que l'Asie était en effet fort éloignée. (Geyer, *Histoire de Suède*.)

3. Voltaire, dans les premières éditions, ne désignait pas la personne qui lui avait rapporté l'anecdote suivante.

Dans cette situation, il reçut enfin des nouvelles de Stockholm ; elles lui apprirent la mort de la duchesse de Holstein, sa sœur, que la petite vérole enleva au mois de décembre 1708, dans la vingt-septième année de son âge. C'était une princesse aussi douce et aussi compatissante que son frère était impérieux dans ses volontés, et implacable dans ses vengeances. Il avait toujours eu pour elle beaucoup de tendresse ; il fut d'autant plus affligé de sa perte que, commençant alors à devenir malheureux, il en devenait un peu plus sensible.

Il apprit aussi qu'on avait levé des troupes et de l'argent en exécution de ses ordres ; mais rien ne pouvait arriver jusqu'à son camp, puisque entre lui et Stockholm il y avait près de cinq cents lieues à traverser, et des ennemis supérieurs en nombre à combattre.

Le czar, aussi agissant que lui, après avoir envoyé de nouvelles troupes au secours des confédérés en Pologne, réunis contre Stanislas sous le général Siniawski, s'avança bientôt dans l'Ukraine, au milieu de ce rude hiver, pour faire tête au roi de Suède. Là il continua dans la politique d'affaiblir son ennemi par de petits combats, jugeant bien que l'armée suédoise périrait entièrement à la longue, puisqu'elle ne pouvait être recrutée. Il fallait que le froid fût bien excessif, puisque les deux ennemis furent contraints de s'accorder une suspension d'armes. Mais, dès le 1ᵉʳ de février, on recommença à se battre au milieu des glaces et des neiges.

Après plusieurs petits combats, et quelques désavantages, le roi vit au mois d'avril qu'il ne lui restait plus que dix-huit mille Suédois. Mazeppa seul, ce prince des Cosaques, les faisait subsister : sans ce secours, l'armée eût péri de faim et de misère. Le czar, dans cette conjoncture, fit proposer à Mazeppa de rentrer sous sa domination ; mais le Cosaque fut fidèle à son nouvel allié, soit que le supplice affreux de la roue, dont avaient péri ses amis, le fit craindre pour lui-même, soit qu'il voulût les venger.

Charles, avec ses dix-huit mille Suédois, n'avait perdu ni le dessein ni l'espérance de pénétrer jusqu'à Moscou. Il alla, vers la fin de mai, investir Pultava, sur la rivière Vorskla, à l'extrémité orientale de l'Ukraine, à treize grandes lieues du Borysthène. Ce terrain est celui des Zaporaviens, le plus étrange peuple qui soit sur la terre : c'est un ramas d'anciens Russes, Polonais, et Tartares, faisant tous profession d'une espèce de christianisme et d'un brigandage semblable à celui des flibustiers. Ils élisent un chef, qu'ils déposent ou qu'ils égorgent souvent. Ils ne souffrent point de femmes chez eux, mais ils vont enlever tous les enfants à vingt et trente lieues à la ronde, et les élèvent dans leurs mœurs. L'été, ils sont toujours en campagne ; l'hiver, ils couchent dans des granges spacieuses qui contiennent quatre ou cinq cents hommes. Ils ne craignent rien ; ils vivent libres ; ils affrontent la mort pour le plus léger butin, avec la même intrépidité que Charles XII la bravait pour donner des couronnes. Le czar leur fit donner soixante mille florins, dans l'espérance qu'ils prendraient son parti ; ils prirent son argent, et se déclarèrent pour Charles XII, par les soins de Mazeppa ; mais ils servirent très-peu, parce qu'ils trouvent ridicule de combattre pour autre chose que pour piller. C'était beaucoup qu'ils ne nuisissent pas ; il y en eut environ deux mille tout au plus qui firent le service. On présenta dix de leurs chefs un matin au roi ; mais on eut bien de la peine à obtenir d'eux qu'ils ne fussent point ivres, car c'est par là qu'ils commencent la journée. On les mena à la tranchée ; ils y firent paraître leur adresse à tirer avec de longues carabines : car, étant montés sur le revers, ils tuaient à la distance de six cents pas les ennemis qu'ils choisissaient. Charles ajouta à ces bandits quelque mille Valaques que lui vendit le kan de la Petite-Tartarie. Il assiégeait donc Pultava avec toutes ses troupes de Zaporaviens, de Cosaques, de Valaques, qui, joints à ses dix-huit mille Suédois, faisaient une armée d'environ trente mille hommes, mais une armée délabrée, manquant de tout[1]. Le czar avait fait de Pultava un magasin. Si le roi le prenait, il se rouvrait le chemin de Moscou, et pouvait au moins attendre dans l'abondance de toutes choses les secours qu'il espérait encore de Suède, de Livonie, de Poméranie et de Pologne. Sa seule ressource étant donc dans la prise de Pultava, il en pressa le siège avec ardeur. Mazeppa, qui avait des intelligences dans la ville, l'assura qu'il en serait bientôt le maître ; l'espérance renaissait dans l'armée. Les soldats regardaient la prise de Pultava comme la fin de toutes leurs misères.

Le roi s'aperçut, dès le commencement du siège, qu'il avait enseigné l'art de la guerre à ses ennemis. Le prince Menzikoff, malgré toutes ses précautions, jeta du secours dans la ville. La garnison, par ce moyen, se trouva forte de près de cinq mille hommes[2].

---

1. Cette phrase et la précédente ne sont pas dans les premières éditions.
2. VARIANTE : « Dix mille. »

On faisait des sorties[1], et quelquefois avec succès ; on fit jouer une mine ; mais ce qui rendait la ville imprenable, c'était l'approche du czar, qui s'avançait avec soixante et dix mille combattants. Charles XII alla les reconnaître le 27 juin[2], jour de sa naissance, et battit un de leurs détachements ; mais comme il retournait à son camp, il reçut un coup de carabine qui lui perça la botte, et lui fracassa l'os du talon. On ne remarqua pas sur son visage le moindre changement qui pût faire soupçonner qu'il était blessé : il continua à donner tranquillement ses ordres, et demeura encore près de six heures à cheval. Un de ses domestiques s'apercevant que le soulier de la botte du prince était tout sanglant courut chercher des chirurgiens : la douleur du roi commençait à être si cuisante qu'il fallut l'aider à descendre de cheval, et l'emporter dans sa tente. Les chirurgiens visitèrent sa plaie ; ils furent d'avis de lui couper la jambe. La consternation de l'armée était inexprimable. Un chirurgien nommé Neuman, plus habile et plus hardi que les autres, assura qu'en faisant de profondes incisions il sauverait la jambe du roi. « Travaillez donc tout à l'heure, lui dit le roi ; taillez hardiment, ne craignez rien. » Il tenait lui-même sa jambe avec les deux mains, regardant les incisions qu'on lui faisait, comme si l'opération eût été faite sur un autre.

Dans le temps même qu'on lui mettait un appareil, il ordonna un assaut pour le lendemain ; mais à peine avait-il donné cet ordre qu'on vint lui apprendre que toute l'armée ennemie s'avançait sur lui. Il fallut alors prendre un autre parti. Charles, blessé et incapable d'agir, se voyait entre le Borysthène et la rivière qui passe à Pultava, dans un pays désert, sans places de sûreté, sans munitions, vis-à-vis une armée qui lui coupait la retraite et les vivres. Dans cette extrémité, il n'assembla point de conseil de guerre, comme tant de relations l'ont débité ; mais la nuit du 7 au 8 de juillet, il fit venir le feld-maréchal Rehnsköld dans sa tente, et lui ordonna sans délibération, comme sans inquiétude, de tout

---

1. VARIANTE : « Le roi en continua le siége avec plus de vigueur ; il emporta les ouvrages avancés, donna même deux assauts au corps de la place, et prit la courtine. Le siége était en cet état lorsque le roi, s'étant avancé à cheval dans la rivière pour reconnaître de plus près quelques ouvrages, reçut un coup... »

2. Les éditions antérieures à 1748 ne donnent point de date. L'édition de 1748 et toutes celles qui l'ont suivie jusqu'à la présente disent : « 27 mai. » Mais il est évident que c'est une faute de copiste. Le 27 mai est la date de la fondation de Pétersbourg ; le *jour de la naissance* de Charles XII est, comme Voltaire l'a dit, page 150, le 27 juin ; et c'est au 27 juin qu'il parle de la blessure de Charles XII, dans son *Histoire de Russie*, chapitre XVIII de la première partie. (B.)

disposer pour attaquer le czar le lendemain. Rehnsköld ne contesta point, et sortit pour obéir. A la porte de la tente du roi il rencontra le comte Piper, avec qui il était fort mal depuis longtemps, comme il arrive souvent entre le ministre et le général. Piper lui demanda s'il n'y avait rien de nouveau : « Non », dit le général froidement, et passa outre pour aller donner ses ordres. Dès que le comte Piper fut entré dans la tente : « Rehnsköld ne vous a-t-il rien appris? lui dit le roi. — Rien, répondit Piper. — Hé bien! je vous apprends donc, reprit le roi, que demain nous donnons bataille. » Le comte Piper fut effrayé d'une résolution si désespérée; mais il savait bien qu'on ne faisait jamais changer son maître d'idée; il ne marqua son étonnement que par son silence, et laissa Charles dormir jusqu'à la pointe du jour.

Ce fut le 8 juillet de l'année 1709 que se donna cette bataille décisive de Pultava, entre les deux plus singuliers monarques qui fussent alors dans le monde : Charles XII, illustre par neuf années de victoires; Pierre Alexiowitz, par neuf années de peines prises pour former des troupes égales aux troupes suédoises; l'un, glorieux d'avoir donné des États; l'autre, d'avoir civilisé les siens; Charles, aimant les dangers, et ne combattant que pour la gloire; Alexiowitz, ne fuyant point le péril, et ne faisant la guerre que pour ses intérêts; le monarque suédois, libéral par grandeur d'âme; le Moscovite, ne donnant jamais que par quelque vue; celui-là, d'une sobriété et d'une continence sans exemple, d'un naturel magnanime, et qui n'avait été barbare qu'une fois[1]; celui-ci, n'ayant pas dépouillé la rudesse de son éducation et de son pays, aussi terrible à ses sujets qu'admirable aux étrangers, et trop adonné à des excès qui ont même abrégé ses jours. Charles avait le titre d'*invincible*, qu'un moment pouvait lui ôter; les nations avaient déjà donné à Pierre Alexiowitz le nom de *grand*, qu'une défaite ne pouvait lui faire perdre, parce qu'il ne le devait pas à des victoires.

Pour avoir une idée nette de cette bataille et du lieu où elle fut donnée, il faut se figurer Pultava au nord, le camp du roi de Suède au sud, tirant un peu vers l'orient, son bagage derrière lui à environ un mille, et la rivière de Pultava au nord de la ville, coulant de l'orient à l'occident.

Le czar avait passé la rivière à une lieue de Pultava, du côté de l'occident, et commençait à former son camp.

---

1. Voltaire veut parler du supplice de Patkul; mais Charles avait commis bien d'autres atrocités.

A la pointe du jour, les Suédois parurent hors de leurs tranchées avec quatre canons de fer pour toute artillerie : le reste fut laissé dans le camp avec environ trois mille hommes ; quatre mille demeurèrent au bagage : de sorte que l'armée suédoise marcha aux ennemis forte d'environ vingt et un mille hommes, dont il y avait environ seize mille Suédois [1].

Les généraux Rehnskold, Roos, Levenhaupt, Slipenbach, Hoorn, Sparre, Hamilton, le prince de Vurtenberg, parent du roi, et quelques autres [2], dont la plupart avaient vu la bataille de Narva, faisaient tous souvenir les officiers subalternes de cette journée où huit mille Suédois avaient détruit une armée de quatre-vingt mille Moscovites dans un camp retranché. Les officiers le disaient aux soldats ; tous s'encourageaient en marchant.

Le roi conduisait la marche, porté sur un brancard à la tête de son infanterie [3]. Une partie de la cavalerie s'avança par son ordre pour attaquer celle des ennemis ; la bataille commença par cet engagement à quatre heures et demie du matin : la cavalerie ennemie était à l'occident, à la droite du camp moscovite ; le prince Menzikoff et le comte Gollovin l'avaient disposée par intervalles entre des redoutes garnies de canons. Le général Slipenbach, à la tête des Suédois, fondit sur cette cavalerie. Tous ceux qui ont servi dans les troupes suédoises savent qu'il était presque impossible de résister à la fureur de leur premier choc. Les escadrons moscovites furent rompus et enfoncés. Le czar accourut lui-même pour les rallier ; son chapeau fut percé d'une balle de mousquet ; Menzikoff eut trois chevaux tués sous lui : les Suédois crièrent *victoire*.

Charles ne douta pas que la victoire ne fût gagnée ; il avait envoyé au milieu de la nuit le général Creutz avec cinq mille cavaliers ou dragons, qui devaient prendre les ennemis en flanc, tandis qu'il les attaquerait de front ; mais son malheur voulut que Creutz s'égarât, et ne parût point. Le czar, qui s'était cru perdu, eut le temps de rallier sa cavalerie. Il fondit à son tour sur celle du roi, qui, n'étant point soutenue par le détachement de Creutz, fut rompue à son tour ; Slipenbach même fut fait prisonnier dans cet engagement. En même temps soixante et douze canons tiraient du camp sur la cavalerie suédoise, et l'infanterie rus-

---

1. Dix à onze mille, selon la relation qui suit le journal d'Adlerfeld. (A. G.)
2. Il est étonnant que Voltaire ne nomme pas ici l'officier suédois Stralemberg, qu'il cite plusieurs fois dans le chapitre 1ᵉʳ de la première partie de l'*Histoire de Russie*, et qu'il appelle même *célèbre*. (B.)
3. Il resta au contraire presque toujours en arrière de son armée.

sienne, débouchant de ses lignes, venait attaquer celle de Charles.

Le czar détacha alors le prince Menzikoff pour aller se poster entre Pultava et les Suédois : le prince Menzikoff exécuta avec habileté et avec promptitude l'ordre de son maître ; non-seulement il coupa la communication entre l'armée suédoise et les troupes restées au camp devant Pultava, mais, ayant rencontré un corps de réserve de trois mille hommes, il l'enveloppa et le tailla en pièces. Si Menzikoff fit cette manœuvre de lui-même, la Russie lui dut son salut ; si le czar l'ordonna, il était un digne adversaire de Charles XII [1]. Cependant l'infanterie moscovite sortait de ses lignes, et s'avançait en bataille dans la plaine. D'un autre côté la cavalerie suédoise se ralliait à un quart de lieue de l'armée ennemie, et le roi, aidé de son feld-maréchal Rehnsköld, ordonnait tout pour un combat général.

Il rangea sur deux lignes ce qui lui restait de troupes, son infanterie occupant le centre, sa cavalerie les deux ailes. Le czar disposa son armée de même ; il avait l'avantage du nombre et celui de soixante et douze canons, tandis que les Suédois ne lui en opposaient que quatre, et qu'ils commençaient à manquer de poudre.

L'empereur moscovite était au centre de son armée, n'ayant alors que le titre de major général [2], et semblait obéir au général Sheremetoff ; mais il allait comme empereur de rang en rang, monté sur un cheval turc, qui était un présent du Grand Seigneur, exhortant les capitaines et les soldats, et promettant à chacun des récompenses [3].

A neuf heures du matin la bataille recommença ; une des premières volées du canon moscovite emporta les deux chevaux du brancard de Charles : il en fit atteler deux autres ; une seconde volée mit le brancard en pièces, et renversa le roi. De vingt-quatre drabans [4] qui se relayaient pour le porter, vingt et un furent tués. Les Suédois, consternés, s'ébranlèrent, et le canon ennemi continuant à les écraser [5], la première ligne se replia sur la seconde, et la seconde s'enfuit. Ce ne fut, en cette dernière action, qu'une

---

1. Cette phrase est postérieure aux premières éditions.
2. Erreur. Il n'avait pas de grade.
3. VARIANTE : « Charles fit ce qu'il put pour monter à cheval à la tête de ses troupes ; mais, ne pouvant s'y tenir sans de grandes douleurs, il se fit remettre sur son brancard, tenant son épée d'une main et son pistolet de l'autre. »
4. Petits escadrons de deux cents gentilshommes, créés par Charles XI. Charles XII les réduisit à cent cinquante hommes. — L'Allemagne et plusieurs autres États de l'Europe avaient depuis longtemps des *Trabants*. (A. G.)
5. VARIANTE : « Et la poudre leur manquant. »

ligne de dix mille hommes de l'infanterie russe qui mit en déroute l'armée suédoise, tant les choses étaient changées [1].

Tous les écrivains suédois disent qu'ils auraient gagné la bataille si on n'avait point fait de fautes ; mais tous les officiers prétendent que c'en était une grande de la donner, et une plus grande encore de s'enfermer dans ces pays perdus, malgré l'avis des plus sages, contre un ennemi aguerri, trois fois plus fort que Charles XII par le nombre d'hommes et par les ressources qui manquaient aux Suédois. Le souvenir de Narva fut la principale cause du malheur de Charles à Pultava.

Déjà le prince de Vurtenberg, le général Rehnsköld et plusieurs officiers principaux étaient prisonniers, le camp devant Pultava forcé, et tout dans une confusion à laquelle il n'y avait plus de ressource. Le comte Piper avec quelques officiers de la chancellerie étaient sortis de ce camp, et ne savaient ni ce qu'ils devaient faire, ni ce qu'était devenu le roi ; ils couraient de côté et d'autre dans la plaine. Un major, nommé Bère, s'offrit de les conduire au bagage ; mais les nuages de poussière et de fumée qui couvraient la campagne, et l'égarement d'esprit naturel dans cette désolation, les conduisirent droit sur la contrescarpe de la ville même, où ils furent tous pris par la garnison.

Le roi ne voulut point fuir, et ne pouvait se défendre. Il avait en ce moment auprès de lui le général Poniatowski, colonel de la garde suédoise du roi Stanislas, homme d'un mérite rare, que son attachement pour la personne de Charles avait engagé à le suivre en Ukraine sans aucun commandement. C'était un homme qui, dans toutes les occurrences de sa vie et dans les dangers, où les autres n'ont tout au plus que de la valeur, prit toujours son parti sur-le-champ, et bien, et avec bonheur. Il fit signe [2] à deux drabans, qui prirent le roi par-dessous les bras, et le mirent à cheval, malgré les douleurs extrêmes de sa blessure.

Poniatowski, quoiqu'il n'eût point de commandement dans l'armée, devenu en cette occasion général par nécessité, rallia cinq cents cavaliers auprès de la personne du roi ; les uns étaient

---

1. VARIANTE : « Le roi, porté sur des piques par quatre grenadiers, couvert de sang et tout froissé de sa chute, pouvant parler à peine, s'écriait : « Suédois ! Suédois ! » La colère et la douleur lui rendant quelques forces, il tenta de rallier quelques régiments. Les Moscovites les poursuivaient à coups d'épées, de baïonnettes et de piques. Déjà le prince de Vurtenberg, les généraux Renchild, Hamilton, Stakelberg, étaient faits prisonniers ; le camp devant Pultava... »

2. Ceci n'est pas tout à fait conforme à la première version, que Voltaire corrigea, d'après les remarques de Poniatowski lui-même.

des drabans, les autres des officiers, quelques-uns de simples cavaliers : cette troupe rassemblée, et ranimée par le malheur de son prince, se fit jour à travers plus de dix régiments moscovites, et conduisit Charles au milieu des ennemis, l'espace d'une lieue, jusqu'au bagage de l'armée suédoise.

Le roi, fuyant et poursuivi, eut son cheval tué sous lui ; le colonel Gierta, blessé et perdant tout son sang, lui donna le sien. Ainsi on remit deux fois à cheval, dans sa fuite, ce conquérant qui n'avait pu y monter pendant la bataille [1].

Cette retraite étonnante était beaucoup dans un si grand malheur ; mais il fallait fuir plus loin : on trouva dans le bagage le carrosse du comte Piper, car le roi n'en eut jamais depuis qu'il sortit de Stockholm. On le mit dans cette voiture, et l'on prit avec précipitation la route du Borysthène. Le roi, qui depuis le moment où on l'avait mis à cheval jusqu'à son arrivée au bagage n'avait pas dit un seul mot, demanda alors ce qu'était devenu le comte Piper. « Il est pris avec toute la chancellerie, lui répondit-on. — Et le général Rehnsköld, et le duc de Vurtenberg ? ajouta-t-il. — Ils sont aussi prisonniers, lui dit Poniatowski. — *Prisonniers chez des Russes !* reprit Charles en haussant les épaules ; *allons donc, allons plutôt chez les Turcs.* » On ne remarquait pourtant point d'abattement sur son visage, et quiconque l'eût vu alors, et eût ignoré son état, n'eût point soupçonné qu'il était vaincu et blessé.

Pendant qu'il s'éloignait, les Russes saisirent son artillerie dans le camp devant Pultava, son bagage, sa caisse militaire, où ils trouvèrent six millions en espèces, dépouilles des Polonais et des Saxons. Près de neuf mille hommes, Suédois ou Cosaques, furent tués dans la bataille ; environ six mille furent pris [2]. Il restait encore environ seize mille hommes [3], tant Suédois et Polonais que Cosaques, qui fuyaient vers le Borysthène, sous la conduite du général Levenhaupt. Il marcha d'un côté avec ses troupes fugitives ; le roi [4] alla par un autre chemin avec quelques cavaliers. Le carrosse où il était rompit dans la marche, on le remit à cheval. Pour comble de disgrâce, il s'égara pendant la nuit dans un bois ; là, son courage ne pouvant plus suppléer à ses forces épuisées, les douleurs

---

1. Cet alinéa ne se trouve que dans les dernières éditions. Lord Byron l'a placé aussi en tête de son poëme.
2. Voltaire, dans son *Histoire de Pierre le Grand*, partie première, chapitre xviii, porte à neuf mille deux cent vingt-quatre le nombre des Suédois tués, et dit que les prisonniers furent au nombre de deux à trois mille.
3. Dans son *Histoire de Pierre le Grand*, Voltaire dit : *environ quatorze mille.*
4. Lord Byron a encore reproduit la fin de cet alinéa.

de sa blessure devenues plus insupportables par la fatigue, son cheval étant tombé de lassitude, il se coucha quelques heures au pied d'un arbre, en danger d'être surpris à tout moment par les vainqueurs, qui le cherchaient de tous côtés[1].

Enfin la nuit du 9 au 10 juillet il se trouva vis-à-vis le Borysthène. Levenhaupt venait d'arriver avec les débris de l'armée. Les Suédois revirent, avec une joie mêlée de douleur, leur roi, qu'ils croyaient mort. L'ennemi approchait, on n'avait ni pont pour passer le fleuve, ni temps pour en faire, ni poudre pour se défendre, ni provision pour empêcher de mourir de faim une armée qui n'avait mangé depuis deux jours. Cependant les restes de cette armée étaient des Suédois, et ce roi vaincu était Charles XII. Presque tous les officiers croyaient qu'on attendrait là de pied ferme les Russes, et qu'on périrait ou qu'on vaincrait sur le bord du Borysthène. Charles eût pris sans doute cette résolution, s'il n'eût été accablé de faiblesse. Sa plaie suppurait, il avait la fièvre; et on a remarqué que la plupart des hommes les plus intrépides perdent dans la fièvre de la suppuration cet instinct de valeur qui, comme les autres vertus, demande une tête libre. Charles n'était plus lui-même : c'est ce qu'on m'a assuré, et ce qui est le plus vraisemblable. On l'entraîna comme un malade qui ne se connaît plus. Il y avait encore par bonheur une mauvaise calèche qu'on avait amenée à tout hasard jusqu'en cet endroit : on l'embarqua sur un petit bateau; le roi se mit dans un autre avec le général Mazeppa. Celui-ci avait sauvé plusieurs coffres pleins d'argent; mais le courant étant trop rapide, et un vent violent commençant à souffler, ce Cosaque jeta plus des trois quarts de ses trésors dans le fleuve pour soulager le bateau. Muller, chancelier du roi, et le comte Poniatowski, homme plus que jamais nécessaire au roi par les ressources que son esprit lui fournissait dans les disgrâces, passèrent dans d'autres barques avec quelques officiers. Trois cents cavaliers, et un très-grand nombre de Polonais et de Cosaques, se fiant sur la bonté de leurs chevaux, hasardèrent de passer le fleuve à la nage. Leur troupe, bien serrée, résistait au courant et rompait les vagues; mais tous ceux qui s'écartèrent un peu au-dessous furent emportés et abîmés dans le fleuve. De tous les

---

1. Selon Norberg, il n'est pas vrai que le roi se mit dans le carrosse du comte Piper, que le carrosse se rompit, que le roi s'égara, qu'il se coucha au pied d'un arbre, etc... — Les Mémoires d'Adlerfeld disent que Mazeppa, qui craignait pour lui-même, détermina Charles à se retirer, et que tous deux entrèrent alors dans une chaise de poste. — Toutes les relations s'accordent à dire que la retraite se fit paisiblement et au son des trompettes.

fantassins qui tentèrent le passage, aucun n'arriva à l'autre bord.

Tandis que les débris de l'armée étaient dans cette extrémité, le prince Menzikoff s'approchait avec dix mille cavaliers, ayant chacun un fantassin en croupe. Les cadavres des Suédois morts, dans le chemin, de leurs blessures, de fatigue et de faim, montraient assez au prince Menzikoff la route qu'avait prise le gros de l'armée fugitive. Le prince envoya au général suédois un trompette pour lui offrir une capitulation. Quatre officiers généraux furent aussitôt envoyés par Levenhaupt pour recevoir la loi du vainqueur. Avant ce jour, seize mille soldats du roi Charles eussent attaqué toutes les forces de l'empire moscovite, et eussent péri jusqu'au dernier plutôt que de se rendre; mais, après une bataille perdue, après avoir fui pendant deux jours, ne voyant plus leur prince, qui était contraint de fuir lui-même, les forces de chaque soldat étant épuisées, leur courage n'étant plus soutenu par aucune espérance, l'amour de la vie l'emporta sur l'intrépidité [1]. Il n'y eut que le colonel Troutfetre qui, voyant approcher les Moscovites, s'ébranla avec un bataillon suédois pour les charger, espérant entraîner le reste des troupes; mais Levenhaupt fut obligé d'arrêter ce mouvement inutile. La capitulation fut achevée, et cette armée entière fut faite prisonnière de guerre. Quelques soldats, désespérés de tomber entre les mains des Moscovites, se précipitèrent dans le Borysthène. Deux officiers du régiment de ce brave Troutfetre s'entre-tuèrent, le reste fut fait esclave [2]. Ils défilèrent tous en présence du prince Menzikoff, mettant les armes à ses pieds, comme trente mille Moscovites avaient fait neuf ans auparavant devant le roi de Suède, à Narva. Mais, au lieu que le roi avait alors renvoyé tous ces prisonniers moscovites qu'il ne craignait pas, le czar retint les Suédois pris à Pultava.

Ces malheureux furent dispersés depuis dans les États du czar, mais particulièrement en Sibérie, vaste province de la Grande-Tartarie, qui, du côté de l'orient, s'étend jusqu'aux frontières de l'empire chinois [3]. Dans ce pays barbare, où l'usage du pain n'était pas même connu, les Suédois, devenus ingénieux par le besoin, y exercèrent les métiers et les arts dont ils pouvaient avoir quelque teinture. Alors toutes les distinctions que la fortune met entre les hommes furent bannies. L'officier qui ne

---

1. Les deux phrases qui suivent ne sont pas dans les premières éditions.
2. Autre phrase ajoutée.
3. Même sort fut réservé à nos soldats après la campagne de Russie. (G. A.)

put exercer aucun métier fut réduit à fendre et à porter le bois du soldat, devenu tailleur, drapier, menuisier, ou maçon, ou orfévre, et qui gagnait de quoi subsister. Quelques officiers devinrent peintres; d'autres, architectes. Il y en eut qui enseignèrent les langues, les mathématiques ; ils y établirent même des écoles publiques, qui, avec le temps, devinrent si utiles et si connues qu'on y envoyait des enfants de Moscou.

Le comte Piper, premier ministre du roi de Suède, fut longtemps enfermé à Pétersbourg. Le czar était persuadé, comme le reste de l'Europe, que ce ministre avait vendu son maître au duc de Marlborough, et avait attiré sur la Moscovie les armes de la Suède, qui auraient pu pacifier l'Europe [1]. Il lui rendit sa captivité plus dure. Ce ministre mourut quelques années après en Moscovie, peu secouru par sa famille, qui vivait à Stockholm dans l'opulence, et plaint inutilement par son roi, qui ne voulut jamais s'abaisser à offrir pour son ministre une rançon qu'il craignait que le czar n'acceptât pas : car il n'y eut jamais de cartel d'échange entre Charles et le czar.

L'empereur moscovite, pénétré d'une joie qu'il ne se mettait pas en peine de dissimuler, recevait sur le champ de bataille les prisonniers qu'on lui amenait en foule, et demandait à tout moment : « Où est donc mon frère Charles ? »

Il fit aux généraux suédois l'honneur de les inviter à sa table. Entre autres questions qu'il leur fit, il demanda au général Rehnsköld à combien les troupes du roi son maître pouvaient monter avant la bataille. Rehnsköld répondit que le roi seul en avait la liste, qu'il ne communiquait à personne ; mais que pour lui il pensait que le tout pouvait aller à environ trente mille [2] hommes, savoir, dix-huit mille Suédois, et le reste Cosaques. Le czar parut surpris, et demanda comment ils avaient pu hasarder de pénétrer dans un pays si reculé, et d'assiéger Pultava avec ce peu de monde. « Nous n'avons pas toujours été consultés, reprit le général suédois ; mais, comme fidèles serviteurs, nous avons obéi aux ordres de notre maître, sans jamais y contredire. » Le czar se tourna à cette réponse vers quelques-uns de ses courtisans, autrefois soupçonnés d'avoir trempé dans des conspirations contre lui : « Ah! dit-il, voilà comme il faut servir son souverain. » Alors, prenant un verre de vin : « A la santé, dit-il, de mes

---

1. Voyez page 226.
2. Voltaire, dans l'*Histoire de Pierre le Grand*, livre Ier, chapitre XVIII, donne le détail, qui réduit les combattants à vingt-sept mille.

maîtres dans l'art de la guerre. » Rehnsköld lui demanda qui étaient ceux qu'il honorait d'un si beau titre. « Vous, messieurs les généraux suédois, reprit le czar. — Votre Majesté est donc bien ingrate, reprit le comte, d'avoir tant maltraité ses maîtres! » Le czar, après le repas, fit rendre les épées à tous les officiers généraux, et les traita comme un prince qui voulait donner à ses sujets des leçons de générosité et de la politesse qu'il connaissait. Mais ce même prince, qui traita si bien les généraux suédois, fit rouer tous les Cosaques qui tombèrent dans ses mains[1].

Cependant cette armée suédoise, sortie de la Saxe si triomphante, n'était plus. La moitié avait péri de misère; l'autre moitié était esclave ou massacrée. Charles XII avait perdu en un jour le fruit de neuf ans de travaux, et de près de cent combats. Il fuyait dans une méchante calèche, ayant à son côté le major général Hord, blessé dangereusement[2]. Le reste de sa troupe suivait, les uns à pied, les autres à cheval, quelques-uns dans des charrettes, à travers un désert où ils ne voyaient ni huttes, ni tentes, ni hommes, ni animaux, ni chemins; tout y manquait, jusqu'à l'eau même. C'était dans le commencement de juillet. Le pays est situé au quarante-septième degré. Le sable aride du désert rendait la chaleur du soleil plus insupportable : les chevaux tombaient; les hommes étaient près de mourir de soif. Un ruisseau d'eau bourbeuse[3] fut l'unique ressource qu'on trouva vers la nuit; on remplit des outres de cette eau, qui sauva la vie à la petite troupe du roi de Suède. Après cinq jours de marche, il se trouva sur le rivage du fleuve Hypanis, aujourd'hui nommé le Bog par les barbares, qui ont défiguré jusqu'au nom de ces pays, que des colonies grecques firent fleurir autrefois. Ce fleuve se joint à quelques milles de là au Borysthène, et tombe avec lui dans la mer Noire.

Au delà du Bog, du côté du midi, est la petite ville d'Oczakov, frontière de l'empire des Turcs. Les habitants, voyant venir à eux une troupe de gens de guerre dont l'habillement et le langage leur étaient inconnus, refusèrent de les passer à Oczakov sans un ordre de Mehemet bacha, gouverneur de la ville. Le roi envoya un exprès[4] à ce gouverneur, pour lui demander le passage; ce

---

1. Cette dernière phrase est postérieure aux premières éditions.
2. Ne croirait-on pas voir Napoléon fuyant seul avec Caulaincourt? (G. A.)
3. Ruisseau que Voltaire avait entouré à tort de saules dans les premières éditions.
4. Poniatowski.

Turc, incertain de ce qu'il devait faire dans un pays où une fausse démarche coûte souvent la vie, n'osa rien prendre sur lui sans avoir auparavant la permission du sérasquier de la province, qui réside à Bender, dans la Bessarabie. Pendant qu'on attendait cette permission, les Russes, qui avaient pris l'armée du roi prisonnière, avaient passé le Borysthène, et approchaient pour le prendre lui-même. Enfin le bacha d'Oczakov envoya dire au roi qu'il fournirait une petite barque pour sa personne et pour deux ou trois hommes de sa suite. Dans cette extrémité, les Suédois prirent de force ce qu'ils ne pouvaient avoir de gré; quelques-uns allèrent à l'autre bord, dans une petite nacelle, se saisir de quelques bateaux, et les amenèrent à leur rivage : ce fut leur salut, car les patrons des barques turques, craignant de perdre une occasion de gagner beaucoup, vinrent en foule offrir leurs services. Précisément dans le même temps, la réponse favorable du sérasquier de Bender arrivait aussi; mais les Moscovites se présentaient [1], et le roi eut la douleur de voir cinq cents hommes de sa suite saisis par ses ennemis, dont il entendait les bravades insultantes. Le bacha d'Oczakov lui demanda, par un interprète, pardon de ses retardements, qui étaient cause de la prise de ces cinq cents hommes, et le supplia de vouloir bien ne point s'en plaindre au Grand Seigneur. Charles le promit, non sans lui faire une réprimande, comme s'il eût parlé à un de ses sujets.

Le commandant de Bender, qui était en même temps sérasquier, titre qui répond à celui de général, et bacha de la province, qui signifie gouverneur et intendant, envoya en hâte un aga complimenter le roi, et lui offrir une tente magnifique, avec les provisions, le bagage, les chariots, les commodités, les officiers, toute la suite nécessaire pour le conduire avec splendeur jusqu'à Bender : car tel est l'usage des Turcs, non-seulement de défrayer les ambassadeurs jusqu'au lieu de leur résidence, mais de fournir tout abondamment aux princes réfugiés chez eux, pendant le temps de leur séjour.

1. Ces mots ont été rétablis par Beuchot. Voir l'Avertissement de cet éditeur, page 120, note 2.

FIN DU LIVRE QUATRIÈME.

LIVRE CINQUIÈME.

ARGUMENT.

État de la Porte-Ottomane. Charles séjourne près de Bender. Ses occupations. Ses intrigues à la Porte. Ses desseins. Auguste remonte sur son trône. Le roi de Danemark fait une descente en Suède. Tous les autres États de Charles sont attaqués. Le czar triomphe dans Moscou. Affaire du Pruth. Histoire de la czarine, paysanne, devenue impératrice.

Achmet III gouvernait alors l'empire de Turquie. Il avait été mis en 1703 sur le trône, à la place de son frère Mustapha, par une révolution semblable à celle qui avait donné en Angleterre la couronne de Jacques II à son gendre Guillaume. Mustapha, gouverné par son mufti, que les Turcs abhorraient, souleva contre lui tout l'empire. Son armée, avec laquelle il comptait punir les mécontents, se joignit à eux. Il fut pris, déposé en cérémonie, et son frère tiré du sérail pour devenir sultan, sans qu'il y eût presque une goutte de sang répandue. Achmet renferma le sultan déposé dans le sérail de Constantinople, où il vécut encore quelques années, au grand étonnement de la Turquie, accoutumée à voir la mort de ses princes suivre toujours leur détrônement.

Le nouveau sultan, pour toute récompense d'une couronne qu'il devait aux ministres, aux généraux, aux officiers des janissaires, enfin à ceux qui avaient eu part à la révolution, les fit tous périr les uns après les autres, de peur qu'un jour ils n'en tentassent une seconde. Par le sacrifice de tant de braves gens il affaiblit les forces de l'empire; mais il affermit son trône, du moins pour quelques années. Il s'appliqua depuis à amasser des trésors : c'est le premier des Ottomans qui ait osé altérer un peu la monnaie et établir de nouveaux impôts; mais il a été obligé de s'arrêter dans ces deux entreprises, de crainte d'un soulèvement : car la rapacité et la tyrannie du Grand Seigneur ne s'étendent presque jamais que sur les officiers de l'empire, qui, quels qu'ils soient, sont esclaves domestiques du sultan; mais le reste des musulmans vit dans une sécurité profonde, sans craindre ni pour leurs vies, ni pour leurs fortunes, ni pour leur liberté.

Tel était l'empereur des Turcs, chez qui le roi de Suède vint chercher un asile. Il lui écrivit dès qu'il fut sur ses terres ; sa lettre est du 13 juillet 1709. Il en courut plusieurs copies différentes [1], qui toutes passent aujourd'hui pour infidèles ; mais de toutes celles que j'ai vues, il n'en est aucune qui ne marquât de la hauteur, et qui ne fût plus conforme à son courage qu'à sa situation. Le sultan ne lui fit réponse que vers la fin de septembre. La fierté de la Porte-Ottomane fit sentir à Charles XII la différence qu'elle mettait entre l'empereur turc et un roi d'une partie de la Scandinavie, chrétien, vaincu et fugitif. Au reste, toutes ces lettres, que les rois écrivent très-rarement eux-mêmes, ne sont que de vaines formalités qui ne font connaître ni le caractère des souverains ni leurs affaires.

Charles XII, en Turquie, n'était en effet qu'un captif honorablement traité. Cependant il concevait le dessein d'armer l'empire ottoman contre ses ennemis. Il se flattait de ramener la Pologne sous le joug, et de soumettre la Russie ; il avait un envoyé à Constantinople ; mais celui qui le servit le plus dans ses vastes projets fut le comte Poniatowski [2], lequel alla à Constantinople sans mission, et se rendit bientôt nécessaire au roi, agréable à la Porte, et enfin dangereux aux grands vizirs mêmes [3].

Un de ceux qui secondèrent plus adroitement ses desseins fut le médecin Fonseca [4], portugais, juif établi à Constantinople, homme savant et délié, capable d'affaires, et le seul philosophe peut-être de sa nation : sa profession lui procurait des entrées à la Porte-Ottomane, et souvent la confiance des vizirs. Je l'ai fort connu à Paris ; il m'a confirmé toutes les particularités que je vais raconter. Le comte Poniatowski m'a dit lui-même, et m'a écrit qu'il avait eu l'adresse de faire tenir des lettres à la sultane Validé, mère de l'empereur régnant, autrefois maltraitée par son fils, mais qui commençait à prendre du crédit dans le sérail. Une juive, qui approchait souvent de cette princesse, ne cessait de lui

---

1. Dans les premières éditions, Voltaire donnait le texte d'une de ces copies; mais Poniatowski ayant dit dans ses *Remarques* que *la lettre du roi de Suède n'a jamais été du sens* de celle que Voltaire rapportait, c'en fut assez pour que Voltaire supprimât la lettre. (B.)

2. Dernière version.

3. C'est de lui dont je tiens non-seulement les *Remarques* qui ont été imprimées, et dont le chapelain Nordberg a fait usage, mais encore beaucoup d'autres manuscrits concernant cette histoire. (*Note de Voltaire.*)

4. C'était un renégat français, nommé M. Goin, premier chirurgien du sérail. (P.)

raconter les exploits du roi de Suède, et la charmait par ses récits. La sultane, par une secrète inclination, dont presque toutes les femmes se sentent surprises en faveur des hommes extraordinaires, même sans les avoir vus, prenait hautement dans le sérail le parti de ce prince : elle ne l'appelait que son lion. « Quand voulez-vous donc, disait-elle quelquefois au sultan son fils, aider mon lion à dévorer ce czar? » Elle passa même par-dessus les lois austères du sérail, au point d'écrire de sa main plusieurs lettres au comte Poniatowski, entre les mains duquel elles sont encore au temps qu'on écrit cette histoire[1].

Cependant on avait conduit le roi avec honneur à Bender, par le désert qui s'appelait autrefois la solitude des Gètes. Les Turcs eurent soin que rien ne manquât sur sa route de tout ce qui pouvait rendre son voyage plus agréable. Beaucoup de Polonais, de Suédois, de Cosaques, échappés les uns après les autres des mains des Moscovites, venaient par différents chemins grossir sa suite sur la route. Il avait avec lui dix-huit cents hommes quand il se trouva à Bender : tout ce monde était nourri, logé, eux et leurs chevaux, aux dépens du Grand Seigneur.

Le roi voulut camper auprès de Bender, au lieu de demeurer dans la ville. Le sérasquier Jussuf, bacha, lui fit dresser une tente magnifique, et on en fournit à tous les seigneurs de sa suite. Quelque temps après, le prince se fit bâtir une maison dans cet endroit : ses officiers en firent autant à son exemple ; les soldats dressèrent des baraques; de sorte que ce camp devint insensiblement une petite ville. Le roi n'étant point encore guéri de sa blessure, il fallut lui tirer du pied un os carié; mais dès qu'il put monter à cheval, il reprit ses fatigues ordinaires, toujours se levant avant le soleil, lassant trois chevaux par jour, faisant faire l'exercice à ses soldats. Pour tout amusement il jouait quelquefois aux échecs : si les petites choses peignent les hommes, il est permis de rapporter qu'il faisait toujours marcher le roi à ce jeu; il s'en servait plus que des autres pièces, et par là il perdait toutes les parties[2].

---

1. Cette phrase existe dès l'édition de 1731. (B.)

2. VARIANTE : « Seulement il jouait quelquefois aux échecs avec le général Poniatowski ou M. de Grothusen, son trésorier. Ceux qui voulaient lui plaire l'accompagnaient dans ses courses à cheval, et étaient en bottes tout le jour. Un matin qu'il entrait chez son chancelier Muller, qui était encore endormi, il défendit qu'on l'éveillât, et attendit dans l'antichambre. Il y avait un grand feu dans la cheminée, et quelques paires de souliers auprès, que Muller avait fait venir d'Allemagne pour son usage; le roi les jeta tous au feu, et s'en alla. Quand le chancelier sentit à son réveil l'odeur du cuir brûlé, et en apprit la raison : « Voilà « un étrange roi, dit-il, dont il faut que le chancelier soit toujours botté. »

Il se trouvait à Bender dans une abondance de toutes choses, bien rare pour un prince vaincu et fugitif : car, outre les provisions plus que suffisantes et les cinq cents écus par jour qu'il recevait de la magnificence ottomane, il tirait encore de l'argent de la France, et il empruntait des marchands de Constantinople. Une partie de cet argent servit à ménager des intrigues dans le sérail, à acheter la faveur des vizirs, ou à procurer leur perte. Il répandait l'autre partie avec profusion parmi ses officiers et les janissaires qui lui servaient de gardes à Bender. Grothusen, son favori et trésorier, était le dispensateur de ses libéralités; c'était un homme qui, contre l'usage de ceux qui sont en cette place, aimait autant à donner que son maître. Il lui apporta un jour un compte de soixante mille écus en deux lignes : dix mille écus donnés aux Suédois et aux janissaires par les ordres généreux de Sa Majesté, et le reste mangé par moi. « Voilà comme j'aime que mes amis me rendent leurs comptes, dit ce prince; Muller me fait lire des pages entières pour des sommes de dix mille francs. J'aime mieux le style laconique de Grothusen. » Un de ses vieux officiers, soupçonné d'être un peu avare, se plaignit à lui de ce que Sa Majesté donnait tout à Grothusen : « Je ne donne de l'argent, répondit le roi, qu'à ceux qui savent en faire usage. » Cette générosité le réduisit souvent à n'avoir pas de quoi donner. Plus d'économie dans ses libéralités eût été aussi honorable et plus utile; mais c'était le défaut de ce prince de pousser à l'excès toutes les vertus.

Beaucoup d'étrangers accouraient de Constantinople pour le voir. Les Turcs, les Tartares du voisinage, y venaient en foule; tous le respectaient et l'admiraient. Son opiniâtreté à s'abstenir du vin, et sa régularité à assister deux fois par jour aux prières publiques, leur faisaient dire : *C'est un vrai musulman.* Ils brûlaient d'impatience de marcher avec lui à la conquête de la Moscovie.

Dans ce loisir de Bender, qui fut plus long qu'il ne pensait, il prit insensiblement du goût pour la lecture. Le baron Fabrice, gentilhomme du duc de Holstein, jeune homme aimable qui avait dans l'esprit cette gaieté et ce tour aisé qui plaît aux princes, fut celui qui l'engagea à lire. Il était envoyé auprès de lui à Bender pour y ménager les intérêts du jeune duc de Holstein, et il y réussit en se rendant agréable. Il avait lu tous les bons auteurs français. Il fit lire au roi les tragédies de Pierre Corneille, celles de Racine, et les ouvrages de Despréaux. Le roi ne prit nul goût aux satires de ce dernier, qui en effet ne sont pas ses meilleures pièces; mais il aimait fort ses autres écrits. Quand on lui lut ce trait de la satire huitième[1] où l'auteur traite Alexandre de fou et d'enragé, il déchira le feuillet.

De toutes les tragédies françaises, *Mithridate* était celle qui lui plaisait davantage, parce que la situation de ce roi vaincu, et respirant la vengeance, était conforme à la sienne. Il montrait avec le doigt à M. Fabrice les endroits qui le frappaient ; mais il n'en voulait lire aucun tout haut, ni hasarder jamais un mot en français. Même quand il vit depuis à Bender M. Désaleurs, ambassadeur de France à la Porte, homme d'un mérite distingué, mais qui ne savait que sa langue naturelle, il répondit à cet ambassadeur en latin ; et sur ce que M. Désaleurs protesta qu'il n'entendait pas quatre mots de cette langue, le roi, plutôt que de parler français, fit venir un interprète[2].

Telles étaient les occupations de Charles XII à Bender, où il attendait qu'une armée de Turcs vînt à son secours. Son envoyé présentait des mémoires en son nom au grand vizir, et Poniatowski les soutenait par le crédit qu'il savait se donner. L'insinuation réussit partout : il ne paraissait vêtu qu'à la turque ; il se procurait toutes les entrées. Le Grand Seigneur lui fit présent d'une bourse de mille ducats, et le grand vizir lui dit : « Je prendrai votre roi d'une main, et une épée dans l'autre, et je le mènerai à Moscou à la tête de deux cent mille hommes. » Ce grand vizir s'appelait Chourlouli Ali bacha ; il était fils d'un

---

1. Les premières éditions portaient : « Quand il lut cette épître au roi de France, Louis XIV, où l'auteur, etc. » Brossette, dans l'édition qu'on fit à Lyon de *l'Histoire de Charles XII*, fit mettre : « Quand il lut cette satire, où l'auteur, etc. » Brossette trouvait dans la première version inexactitude et amphibologie, ainsi qu'on le voit par une lettre qu'il écrivit à Voltaire le 20 mars 1732, et à laquelle Voltaire répondit le 14 avril. Cependant ce n'est qu'en 1748 que Voltaire mit la version qu'on lit aujourd'hui. (B.)

2. Charles XII affectait de ne pas parler le français ; cependant il possédait bien cette langue. L'historien suédois Gjorwel a publié trois lettres de ce prince, adressées à Stanislas ; deux sont antérieures à la bataille de Pultava ; il est persuadé que les Cosaques doivent le soutenir, ce qui le décide à marcher vers l'Ukraine. La troisième, qui mérite d'être rappelée, est datée *du 27 d'aoust 1709*, auprès de Bender :

« Sire, ayant appris que la nouvelle de la bataille auprès de Pultava et l'incertitude de ma destinée ont causé beaucoup de peine à Votre Majesté, je n'ai pas voulu manquer à lui faire savoir que cette perte n'est pas d'une telle conséquence qu'elle ne puisse être réparée, et que ma blessure pourra être guérie dans quinze jours. C'est pourquoi je prie Votre Majesté de ne rien relâcher de son grand courage, et d'être assurée que je trouverai moyen de me rendre bientôt auprès d'elle avec un secours considérable. En attendant, je la recommande à la divine protection ; et demeure, de Votre Majesté, le bon frère, ami et voisin.

« Carolus. »

paysan du village de Chourlou. Ce n'est point parmi les Turcs un reproche qu'une telle extraction ; on n'y connaît point la noblesse, soit celle à laquelle les emplois sont attachés, soit celle qui ne consiste que dans des titres. Les services seuls sont censés tout faire, c'est l'usage de presque tout l'Orient ; usage très-naturel et très-bon, si les dignités pouvaient n'être données qu'au mérite ; mais les vizirs ne sont d'ordinaire que des créatures d'un eunuque noir, ou d'une esclave favorite.

Le premier ministre changea bientôt d'avis. Le roi ne pouvait que négocier, et le czar pouvait donner de l'argent ; il en donna, et ce fut de celui même de Charles XII qu'il se servit. La caisse militaire prise à Pultava fournit de nouvelles armes contre le vaincu : il ne fut plus alors question de faire la guerre aux Russes. Le crédit du czar fut tout-puissant à la Porte ; elle accorda à son envoyé des honneurs dont les ministres moscovites n'avaient point encore joui à Constantinople : on lui permit d'avoir un sérail, c'est-à-dire un palais dans le quartier des Francs, et de communiquer avec les ministres étrangers. Le czar crut même pouvoir demander qu'on lui livrât le général Mazeppa, comme Charles XII s'était fait livrer le malheureux Patkul. Chourlouli Ali bacha ne savait plus rien refuser à un prince qui demandait en donnant des millions : ainsi ce même grand vizir, qui auparavant avait promis solennellement de mener le roi de Suède en Moscovie avec deux cent mille hommes, osa bien lui faire proposer de consentir au sacrifice du général Mazeppa. Charles fut outré de cette demande. On ne sait jusqu'où le vizir eût poussé l'affaire si Mazeppa, âgé de soixante et dix ans, ne fût mort précisément dans cette conjoncture. La douleur et le dépit du roi augmentèrent quand il apprit que Tolstoy, devenu l'ambassadeur du czar à la Porte, était publiquement servi par des Suédois faits esclaves à Pultava, et qu'on vendait tous les jours ces braves soldats dans le marché de Constantinople. L'ambassadeur moscovite disait même hautement que les troupes musulmanes qui étaient à Bender y étaient plus pour s'assurer du roi que pour lui faire honneur.

Charles, abandonné par le grand vizir, vaincu par l'argent du czar en Turquie, après l'avoir été par ses armes dans l'Ukraine, se voyait trompé, dédaigné par la Porte, presque prisonnier parmi des Tartares. Sa suite commençait à désespérer. Lui seul tint ferme, et ne parut pas abattu un moment ; il crut que le sultan ignorait les intrigues de Chourlouli Ali, son grand vizir : il résolut de les lui apprendre, et Poniatowski se chargea de cette commission hardie. Le Grand Seigneur va tous les vendredis à la mosquée, entouré de ses solaks, espèce de gardes dont les turbans sont ornés de plumes si hautes qu'elles dérobent le sultan à la vue du peuple. Quand on a quelque placet à présenter au Grand Seigneur, on tâche de se mêler parmi ces gardes, et on lève en haut le placet. Quelquefois le sultan daigne le prendre lui-même ; mais le plus souvent il ordonne à un aga de s'en charger, et se fait ensuite représenter les placets au sortir de la mosquée. Il n'est pas à craindre qu'on ose l'importuner de mémoires inutiles, et de placets sur des bagatelles, puisqu'on écrit moins à Constantinople en toute une année qu'à Paris en un seul jour. On se hasarde encore moins à présenter des mémoires contre les ministres, à qui, pour l'ordinaire, le sultan les renvoie sans les lire. Poniatowski n'avait que cette voie pour faire passer jusqu'au Grand Seigneur les plaintes du roi de Suède. Il dressa un mémoire accablant contre le grand vizir. M. de Fériol, alors ambassadeur de France[1], et qui m'a conté le fait, fit traduire le mémoire en turc. On donna quelque argent à un Grec pour le présenter. Ce Grec, s'étant mêlé parmi les gardes du Grand Seigneur, leva le papier si haut, si longtemps, et fit tant de bruit, que le sultan l'aperçut, et prit lui-même le mémoire.

On se servit plusieurs fois de ce moyen pour présenter au sultan des mémoires contre ses vizirs : un Suédois, nommé Leloing, en donna encore un autre bientôt après. Charles XII, dans l'empire des Turcs, était réduit à employer les ressources d'un sujet opprimé[2].

Quelques jours après, le sultan envoya au roi de Suède, pour toute réponse à ses plaintes, vingt-cinq chevaux arabes, dont l'un, qui avait porté Sa Hautesse, était couvert d'une selle et d'une housse enrichie de pierreries, avec des étriers d'or massif. Ce présent fut accompagné d'une lettre obligeante, mais conçue en termes généraux, et qui faisait soupçonner que le ministre n'avait rien fait que du consentement du sultan. Chourlouli, qui savait dissimuler, envoya aussi cinq chevaux très-rares au roi. Charles dit fièrement à celui qui les amenait : « Retournez vers votre maître, et dites-lui que je ne reçois point de présents de mes ennemis. »

M. Poniatowski, ayant déjà osé faire présenter un mémoire

---

1. Père de d'Argental et de Pont-de-Vesle.
2. Alinéa postérieur aux premières éditions.

contre le grand vizir, conçut alors le hardi dessein de le faire déposer. Il savait que ce vizir déplaisait à la sultane mère, que le kislar aga, chef des eunuques noirs, et l'aga des janissaires, le haïssaient : il les excita tous trois à parler contre lui. C'était une chose bien surprenante de voir un chrétien, un Polonais, un agent sans caractère d'un roi suédois réfugié chez les Turcs, cabaler presque ouvertement, à la Porte, contre un vice-roi de l'empire ottoman, qui de plus était utile et agréable à son maître. Poniatowski n'eût jamais réussi, et l'idée seule du projet lui eût coûté la vie, si une puissance plus forte que toutes celles qui étaient dans ses intérêts n'eût porté les derniers coups à la fortune du grand vizir Chourlouli.

Le sultan avait un jeune favori, qui a depuis gouverné l'empire ottoman, et a été tué en Hongrie, en 1716, à la bataille de Peterwaradin, gagnée sur les Turcs par le prince Eugène de Savoie. Son nom était Coumourgi Ali bacha. Sa naissance n'était guère différente de celle de Chourlouli : il était fils d'un porteur de charbon, comme *Coumourgi* le signifie, car *coumour* veut dire *charbon* en turc. L'empereur Achmet II, oncle d'Achmet III, ayant rencontré dans un petit bois, près d'Andrinople, Coumourgi encore enfant, dont l'extrême beauté le frappa, le fit conduire dans son sérail. Il plut à Mustapha, fils aîné et successeur de Mahomet[1]. Achmet III en fit son favori. Il n'avait alors que la charge de *selictar aga*, porte-épée de la couronne. Son extrême jeunesse ne lui permettait pas de prétendre à l'emploi de grand vizir ; mais il avait l'ambition d'en faire. La faction de Suède ne put jamais gagner l'esprit de ce favori. Il ne fut en aucun temps l'ami de Charles, ni d'aucun prince chrétien, ni d'aucun de leurs ministres ; mais, en cette occasion, il servait le roi Charles XII sans le vouloir ; il s'unit avec la sultane Validé et les grands officiers de la Porte pour faire tomber Chourlouli, qu'ils haïssaient tous. Ce vieux ministre, qui avait longtemps et bien servi son maître, fut la victime du caprice d'un enfant et des intrigues d'un étranger. On le dépouilla de sa dignité et de ses richesses : on lui ôta sa femme, qui était fille du dernier sultan Mustapha ; et il fut relégué à Caffa, autrefois Théodosie, dans la Tartarie Crimée. On donna le bul, c'est-à-dire le sceau de l'empire, à Numan Couprougli, petit-fils du grand Couprougli[2] qui prit

---

1. Je crois qu'il faut lire : Mustapha, fils aîné de Mahomet IV, et successeur d'Achmet II. (B.)

2. Il est nommé Cuprogli, ou Kieuperli, tome XIII, page 140.

Candie. Ce nouveau vizir était tel que les chrétiens mal instruits ont peine à se figurer un Turc ; homme d'une vertu inflexible, scrupuleux observateur de la loi, il opposait souvent la justice aux volontés du sultan. Il ne voulut point entendre parler de la guerre contre le Moscovite, qu'il traitait d'injuste et d'inutile ; mais le même attachement à sa loi qui l'empêchait de faire la guerre au czar, malgré la foi des traités, lui fit respecter les devoirs de l'hospitalité envers le roi de Suède. Il disait à son maître : « La loi te défend d'attaquer le czar, qui ne t'a point offensé, mais elle t'ordonne de secourir le roi de Suède, qui est malheureux chez toi. » Il fit tenir à ce prince huit cents bourses (une bourse vaut cinq cents écus), et lui conseilla de s'en retourner paisiblement dans ses États par les terres de l'empereur d'Allemagne, ou par des vaisseaux français, qui étaient alors au port de Constantinople, et que M. de Fériol, ambassadeur de France à la Porte, offrait à Charles XII pour le transporter à Marseille. Le comte Poniatowski négocia plus que jamais avec ce ministre, et acquit dans les négociations une supériorité que l'or des Moscovites ne pouvait plus disputer auprès d'un vizir incorruptible. La faction russe crut que la meilleure ressource pour elle était d'empoisonner un négociateur si dangereux. On gagna un de ses domestiques, qui devait lui donner du poison dans du café ; le crime fut découvert avant l'exécution ; on trouva le poison entre les mains du domestique, dans une petite fiole que l'on porta au Grand Seigneur. L'empoisonneur fut jugé en plein divan, et condamné aux galères, parce que la justice des Turcs ne punit jamais de mort les crimes qui n'ont pas été exécutés.

Charles XII, toujours persuadé que tôt ou tard il réussirait à faire déclarer l'empire turc contre celui de Russie, n'accepta aucune des propositions qui tendaient à un retour paisible dans ses États ; il ne cessait de représenter comme formidable aux Turcs ce même czar qu'il avait si longtemps méprisé ; ses émissaires insinuaient sans cesse que Pierre Alexiowitz voulait se rendre maître de la navigation de la mer Noire ; qu'après avoir subjugué les Cosaques, il en voulait à la Tartarie Crimée. Tantôt ses représentations animaient la Porte, tantôt les ministres russes les rendaient sans effet.

Tandis que Charles XII faisait ainsi dépendre sa destinée des volontés des vizirs, qu'il recevait des bienfaits et des affronts d'une puissance étrangère, qu'il faisait présenter des placets au sultan, qu'il subsistait de ses libéralités dans un désert, tous ses ennemis réveillés attaquaient ses États.

La bataille de Pultava fut d'abord le signal d'une révolution dans la Pologne. Le roi Auguste y retourna, protestant contre son abdication, contre la paix d'Alt-Rantstadt, et accusant publiquement de brigandage et de barbarie Charles XII, qu'il ne craignait plus. Il mit en prison Fingsten et Imhof, ses plénipotentiaires, qui avaient signé son abdication, comme s'ils avaient en cela passé leurs ordres et trahi leur maître. Ses troupes saxonnes, qui avaient été le prétexte de son détrônement, le ramenèrent à Varsovie accompagné de la plupart des palatins polonais qui, lui ayant autrefois juré fidélité, avaient fait depuis les mêmes serments à Stanislas, et revenaient en faire de nouveaux à Auguste. Siniawski même rentra dans son parti, et, perdant l'idée de se faire roi, se contenta de rester grand-général de la couronne. Flemming, son premier ministre, qui avait été obligé de quitter pour un temps la Saxe, de peur d'être livré avec Patkul, contribua alors par son adresse à ramener à son maître une grande partie de la noblesse polonaise.

Le pape releva ses peuples du serment de fidélité qu'ils avaient fait à Stanislas. Cette démarche du saint-père faite à propos, et appuyée des forces d'Auguste, fut d'un assez grand poids : elle affermit le crédit de la cour de Rome en Pologne, où l'on n'avait nulle envie de contester alors aux premiers pontifes le droit chimérique de se mêler du temporel des rois. Chacun retournait volontiers sous la domination d'Auguste, et recevait sans répugnance une absolution inutile, que le nonce ne manqua pas de faire valoir comme nécessaire.

La puissance de Charles et la grandeur de la Suède touchèrent alors à leur dernier période. Plus de dix têtes couronnées voyaient depuis longtemps avec crainte et avec envie la domination suédoise s'étendant loin de ses bornes naturelles, au delà de la mer Baltique, depuis la Duna jusqu'à l'Elbe. La chute de Charles et son absence réveillèrent les intérêts et les jalousies de tous ces princes, assoupies longtemps par des traités et par l'impuissance de les rompre.

Le czar, plus puissant qu'eux tous ensemble, profitant de la victoire, prit Vibourg et toute la Carélie, inonda la Finlande de troupes, mit le siége devant Riga, et envoya un corps d'armée en Pologne pour aider Auguste à remonter sur le trône. Cet empereur était alors ce que Charles avait été autrefois, l'arbitre de la Pologne et du Nord ; mais il ne consultait que ses intérêts, au lieu que Charles n'avait jamais écouté que ses idées de vengeance et de gloire. Le monarque suédois avait secouru ses alliés et accablé ses ennemis, sans exiger le moindre fruit de ses victoires ; le czar, se conduisant plus en prince et moins en héros, ne voulut secourir le roi de Pologne qu'à condition qu'on lui céderait la Livonie, et que cette province, pour laquelle Auguste avait allumé la guerre, resterait aux Moscovites pour toujours.

Le roi de Danemark, oubliant le traité de Travendal, comme Auguste celui d'Alt-Rantstadt, songea dès lors à se rendre maître des duchés de Holstein et de Brême, sur lesquels il renouvela ses prétentions. Le roi de Prusse avait d'anciens droits sur la Poméranie suédoise, qu'il voulait faire revivre. Le duc de Mecklenbourg voyait avec dépit que la Suède possédât encore Vismar, la plus belle ville du duché : ce prince devait épouser une nièce de l'empereur moscovite, et le czar ne demandait qu'un prétexte pour s'établir en Allemagne, à l'exemple des Suédois. George, électeur de Hanovre, cherchait de son côté à s'enrichir des dépouilles de Charles. L'évêque de Munster aurait bien voulu faire aussi valoir quelques droits, s'il en avait eu le pouvoir.

Douze à treize mille Suédois défendaient la Poméranie et les autres pays que Charles possédait en Allemagne : c'était là que la guerre allait se porter. Cet orage alarma l'empereur et ses alliés. C'est une loi de l'empire, que quiconque attaque une de ses provinces est réputé l'ennemi de tout le corps germanique.

Mais il y avait encore un plus grand embarras. Tous ces princes, à la réserve du czar, étaient réunis alors contre Louis XIV, dont la puissance avait été quelque temps aussi redoutable à l'empire que celle de Charles.

L'Allemagne s'était trouvée, au commencement du siècle, pressée, du midi au nord, entre les armées de la France et de la Suède. Les Français avaient passé le Danube, et les Suédois l'Oder ; si leurs forces, alors victorieuses, s'étaient jointes, l'empire eût été perdu. Mais la même fatalité qui accabla la Suède avait aussi humilié la France ; toutefois la Suède avait encore des ressources, et Louis XIV faisait la guerre avec vigueur, quoique malheureusement. Si la Poméranie et le duché de Brême devenaient le théâtre de la guerre, il était à craindre que l'empire n'en souffrît, et qu'étant affaibli de ce côté il n'en fût moins fort contre Louis XIV. Pour prévenir ce danger, l'empereur, les princes d'Allemagne, Anne, reine d'Angleterre, les états généraux des Provinces-Unies, conclurent à la Haye, sur la fin de l'année 1709, un des plus singuliers traités que jamais on ait signés.

Il fut stipulé par ces puissances que la guerre contre les Suédois ne se ferait point en Poméranie, ni dans aucune des provinces de l'Allemagne, et que les ennemis de Charles XII pourraient l'attaquer partout ailleurs. Le roi de Pologne et le czar accédèrent eux-mêmes à ce traité ; ils y firent insérer un article aussi extraordinaire que le traité même : ce fut que les douze mille Suédois qui étaient en Poméranie n'en pourraient sortir pour aller défendre leurs autres provinces.

Pour assurer l'exécution de ce traité, on proposa d'assembler une armée conservatrice de cette neutralité imaginaire. Elle devait camper sur le bord de l'Oder : c'eût été une nouveauté singulière qu'une armée levée pour empêcher une guerre ; ceux mêmes qui devaient la soudoyer avaient pour la plupart beaucoup d'intérêt à faire cette guerre, qu'on prétendait écarter; le traité portait qu'elle serait composée de troupes de l'empereur, du roi de Prusse, de l'électeur de Hanovre, du landgrave de Hesse, de l'évêque de Munster.

Il arriva ce qu'on devait naturellement attendre d'un pareil projet : il ne fut point exécuté ; les princes qui devaient fournir leur contingent pour lever cette armée ne donnèrent rien : il n'y eut pas deux régiments formés; on parla beaucoup de neutralité, personne ne la garda, et tous les princes du Nord, qui avaient des intérêts à démêler avec le roi de Suède, restèrent en pleine liberté de se disputer les dépouilles de ce prince.

Dans ces conjonctures, le czar, après avoir laissé ses troupes en quartier dans la Lithuanie, et avoir ordonné le siége de Riga, s'en retourna à Moscou étaler à ses peuples un appareil aussi nouveau que tout ce qu'il avait fait jusqu'alors dans ses États : ce fut un triomphe tel à peu près que celui des anciens Romains. Il fit son entrée dans Moscou le 1er janvier 1710, sous sept arcs triomphaux dressés dans les rues, ornées de tout ce que le climat peut fournir et de ce que le commerce, florissant par ses soins, y avait pu apporter. Un régiment des gardes commençait la marche, suivi des pièces d'artillerie prises sur les Suédois à Lesno et à Pultava : chacune était traînée par huit chevaux couverts de housses d'écarlate pendantes à terre ; ensuite venaient les étendards, les timbales, les drapeaux gagnés à ces deux batailles, portés par les officiers et par les soldats qui les avaient pris ; toutes ces dépouilles étaient suivies des plus belles troupes du czar. Après qu'elles eurent défilé, on vit sur un char fait exprès[1] paraître le brancard

---

1. M. Nordberg, confesseur de Charles XII, reprend ici l'auteur, et assure que ce brancard était porté à la main. On s'en rapporte sur ces circonstances essentielles à ceux qui les ont vues. (*Note de Voltaire.*)

de Charles XII, trouvé sur le champ de bataille de Pultava, tout brisé de deux coups de canon ; derrière ce brancard marchaient deux à deux tous les prisonniers : on y voyait le comte Piper, premier ministre de Suède, le célèbre maréchal Rehnsköld, le comte de Levenhaupt, les généraux Slipenbach, Stackelberg, Hamilton, tous les officiers et les soldats, qu'on dispersa depuis dans la Grande-Russie. Le czar paraissait immédiatement après eux sur le même cheval qu'il avait monté à la bataille de Pultava. A quelques pas de lui, on voyait les généraux qui avaient eu part au succès de cette journée. Un autre régiment des gardes venait ensuite. Les chariots de munitions des Suédois fermaient la marche.

Cette pompe passa au bruit de toutes les cloches de Moscou, au son des tambours, des timbales, des trompettes, et d'un nombre infini d'instruments de musique, qui se faisaient entendre par reprises avec les salves de deux cents pièces de canon, et les acclamations de cinq cent mille hommes qui s'écriaient : *Vive l'empereur notre père!* à chaque pause que faisait le czar dans cette entrée triomphale.

Cet appareil imposant augmenta la vénération de ses peuples pour sa personne; tout ce qu'il avait fait d'utile en leur faveur le rendait peut-être moins grand à leurs yeux. Il fit cependant continuer le blocus de Riga. Ses généraux s'emparèrent du reste de la Livonie et d'une partie de la Finlande. En même temps le roi de Danemark vint avec toute sa flotte faire une descente en Suède : il y débarqua dix-sept mille hommes, qu'il laissa sous la conduite du comte de Reventlau.

La Suède était alors gouvernée par une régence composée de quelques sénateurs, que le roi établit quand il partit de Stockholm. Le corps du sénat, qui croyait que le gouvernement lui appartenait de droit, était jaloux de la régence. L'État souffrit de ces divisions; mais quand, après la bataille de Pultava, la première nouvelle qu'on apprit dans Stockholm fut que le roi était à Bender à la merci des Tartares et des Turcs, et que les Danois étaient descendus en Scanie, où ils avaient pris la ville d'Helsinbourg, alors les jalousies cessèrent ; on ne songea qu'à sauver la Suède. Elle commençait à être épuisée de troupes réglées, car quoique Charles eût toujours fait ses grandes expéditions à la tête de petites armées, cependant les combats innombrables qu'il avait livrés pendant neuf années, la nécessité de recruter continuellement ses troupes, d'entretenir ses garnisons, et les corps d'armée qu'il fallait toujours avoir sur pied dans la Finlande, dans l'Ingrie, la

Livonie, la Poméranie, Brême, Verden, tout cela avait coûté à la Suède, pendant le cours de la guerre, plus de deux cent cinquante mille soldats ; il ne restait pas huit mille hommes d'anciennes troupes, qui, avec les milices nouvelles, étaient les seules ressources de la Suède [1].

La nation est née belliqueuse, et tout peuple prend insensiblement le génie de son roi. On ne s'entretenait, d'un bout du pays à l'autre, que des actions prodigieuses de Charles et de ses généraux, et des vieux corps qui avaient combattu sous eux à Narva, à la Duna, à Clissau, à Pultusk [2], à Hollosin. Les moindres Suédois en prenaient un esprit d'émulation et de gloire. La tendresse pour le roi, la pitié, la haine irréconciliable contre les Danois, s'y joignirent encore. Dans bien d'autres pays les paysans sont esclaves ou traités comme tels : ceux-ci, faisant un corps dans l'État, se regardaient comme des citoyens, et se formaient des sentiments plus grands ; de sorte que ces milices devenaient en peu de temps les meilleures troupes du Nord.

Le général Stenbock se mit, par ordre de la régence, à la tête de huit mille hommes d'anciennes troupes, et d'environ douze mille de ces nouvelles milices, pour aller chasser les Danois, qui ravageaient toute la côte d'Helsinbourg, et qui étendaient déjà leurs contributions fort avant dans les terres.

On n'eut ni le temps ni les moyens de donner aux milices des habits d'ordonnance : la plupart de ces laboureurs vinrent vêtus de leurs sarraus de toile, ayant à leurs ceintures des pistolets attachés avec des cordes. Stenbock, à la tête de cette armée extraordinaire, se trouva en présence des Danois, à trois lieues d'Helsinbourg, le 10 mars 1710. Il voulut laisser à ses troupes quelques jours de repos, se retrancher, et donner à ses nouveaux soldats le temps de s'accoutumer à l'ennemi ; mais tous ces paysans demandèrent la bataille le même jour qu'ils arrivèrent.

Des officiers qui y étaient m'ont dit les avoir vus alors presque tous écumer de colère, tant la haine nationale des Suédois contre les Danois est extrême ! Stenbock profita de cette disposition des esprits, qui, dans un jour de bataille, vaut autant que la discipline militaire ; on attaqua les Danois, et c'est là qu'on vit ce dont il n'y a peut-être pas deux exemples de plus, des milices toutes nouvelles égaler dans le premier combat l'intrépidité des vieux corps. Deux

---

1. Les premières éditions donnaient ensuite un long morceau sur l'organisation militaire de la Suède sous Charles XII. — Après une critique de Nordberg, Voltaire le supprima. (A. G.)

2. Ou Pultesh ; voyez page 195.

régiments de ces paysans, armés à la hâte, taillèrent en pièces le régiment des gardes du roi de Danemark, dont il ne resta que dix hommes.

Les Danois, entièrement défaits, se retirèrent sous le canon d'Helsinbourg. Le trajet de Suède en Séeland est si court que le roi de Danemark apprit le même jour à Copenhague la défaite de son armée en Suède; il envoya sa flotte pour embarquer les débris de ses troupes. Les Danois quittèrent la Suède avec précipitation cinq jours après la bataille; mais, ne pouvant emmener leurs chevaux, et ne voulant pas les laisser à l'ennemi, ils les tuèrent tous aux environs d'Helsinbourg, et mirent le feu à leurs provisions, brûlant leurs grains et leurs bagages, et laissant dans Helsinbourg quatre mille blessés, dont la plus grande partie mourut par l'infection de tant de chevaux tués, et par le défaut de provisions, dont leurs compatriotes mêmes les privaient, pour empêcher que les Suédois n'en jouissent.

Dans le même temps, les paysans de la Dalécarlie ayant ouï dire, dans le fond de leurs forêts, que leur roi était prisonnier chez les Turcs, députèrent à la régence de Stockholm, et offrirent d'aller à leurs dépens, au nombre de vingt mille, délivrer leur maître des mains de ses ennemis. Cette proposition, qui marquait plus de courage et d'affection qu'elle n'était utile, fut écoutée avec plaisir, quoique rejetée; et on ne manqua pas d'en instruire le roi, en lui envoyant le détail de la bataille d'Helsinbourg.

Charles reçut dans son camp, près de Bender, ces nouvelles consolantes, au mois de juillet 1710. Peu de temps après, un autre événement le confirma dans ses espérances.

Le grand vizir Couprougli, qui s'opposait à ses desseins, fut déposé après deux mois de ministère. La petite cour de Charles XII, et ceux qui tenaient encore pour lui en Pologne, publiaient que Charles faisait et défaisait les vizirs, et qu'il gouvernait l'empire turc du fond de sa retraite de Bender; mais il n'avait aucune part à la disgrâce de ce favori. La rigide probité du vizir fut, dit-on, la seule cause de sa chute: son prédécesseur ne payait point les janissaires du trésor impérial, mais de l'argent qu'il faisait venir par ses extorsions. Couprougli les paya de l'argent du trésor. Achmet lui reprocha qu'il préférait l'intérêt des sujets à celui de l'empereur: « Ton prédécesseur Chourlouli, lui dit-il, savait bien trouver d'autres moyens de payer mes troupes. » Le grand vizir répondit: « S'il avait l'art d'enrichir Ta Hautesse par des rapines, c'est un art que je fais gloire d'ignorer. »

Le secret profond du sérail permet rarement que de pareils

discours transpirent dans le public ; mais celui-ci fut su avec la disgrâce de Couprougli. Ce vizir ne paya point sa hardiesse de sa tête, parce que la vraie vertu se fait quelquefois respecter, lors même qu'elle déplaît. On lui permit de se retirer dans l'île de Négrepont. J'ai su ces particularités par des lettres de M. Bru, mon parent, premier drogman à la Porte-Ottomane ; et je les rapporte pour faire connaître l'esprit de ce gouvernement [1].

Le Grand Seigneur fit alors revenir d'Alep Baltagi Mehemet, bacha de Syrie, qui avait déjà été grand vizir avant Chourlouli. Les baltagis du sérail, ainsi nommés de *balta*, qui signifie *cognée*, sont des esclaves qui coupent le bois pour l'usage des princes du sang ottoman et des sultanes. Ce vizir avait été baltagi dans sa jeunesse, et en avait toujours retenu le nom, selon la coutume des Turcs, qui prennent sans rougir le nom de leur première profession, ou de celle de leur père, ou du lieu de leur naissance.

Dans le temps que Baltagi Mehemet était valet dans le sérail, il fut assez heureux pour rendre quelques petits services au prince Achmet, alors prisonnier d'État, sous l'empire de son frère Mustapha. On laisse aux princes du sang ottoman, pour leurs plaisirs, quelques femmes d'un âge à ne plus avoir d'enfants (et cet âge arrive de bonne heure en Turquie), mais assez belles encore pour plaire. Achmet, devenu sultan, donna une de ses esclaves, qu'il avait beaucoup aimée, en mariage à Baltagi Mehemet. Cette femme, par ses intrigues, fit son mari grand vizir : une autre intrigue le déplaça, et une troisième le fit encore grand vizir.

Quand Baltagi Mehemet vint recevoir le bul de l'empire, il trouva le parti du roi de Suède dominant dans le sérail. La sultane Validé, Ali Coumourgi, favori du Grand Seigneur, le kislar aga, chef des eunuques noirs, et l'aga des janissaires, voulaient la guerre contre le czar : le sultan y était déterminé ; le premier ordre qu'il donna au grand vizir fut d'aller combattre les Moscovites avec deux cent mille hommes. Baltagi Mehemet n'avait jamais fait la guerre ; mais ce n'était point un imbécile, comme les Suédois, mécontents de lui, l'ont représenté. Il dit au Grand Seigneur, en recevant de sa main un sabre garni de pierreries : « Ta Hautesse sait que j'ai été élevé à me servir d'une hache pour fendre du bois, et non d'une épée pour commander tes armées ; je tâcherai de te bien servir ; mais, si je ne réussis pas, souviens-toi que je t'ai supplié de ne me le point imputer. »

---

1. La dernière phrase de ce paragraphe n'est pas dans les premières éditions.

Le sultan l'assura de son amitié, et le vizir se prépara à obéir.

La première démarche de la Porte-Ottomane fut de mettre au château des Sept-Tours l'ambassadeur moscovite. La coutume des Turcs est de commencer d'abord par faire arrêter les ministres des princes auxquels ils déclarent la guerre. Observateurs de l'hospitalité en tout le reste, ils violent en cela le droit le plus sacré des nations. Ils commettent cette injustice sous prétexte d'équité, s'imaginant ou voulant faire croire qu'ils n'entreprennent jamais que de justes guerres, parce qu'elles sont consacrées par l'approbation de leur mufti. Sur ce principe, ils se croient armés pour châtier les violateurs de traités, que souvent ils rompent eux-mêmes, et croient punir les ambassadeurs des rois leurs ennemis, comme complices des infidélités de leurs maîtres.

A cette raison se joint le mépris ridicule qu'ils affectent pour les princes chrétiens et pour les ambassadeurs, qu'ils ne regardent d'ordinaire que comme des consuls de marchands.

Le han des Tartares de Crimée, que nous nommons le *kan*, reçut ordre de se tenir prêt avec quarante mille Tartares. Ce prince gouverne le Nagaï, le Budziack, avec une partie de la Circassie, et toute la Crimée, province connue dans l'antiquité sous le nom de Chersonèse Taurique, où les Grecs portèrent leur commerce et leurs armes, et fondèrent de puissantes villes, et où les Génois pénétrèrent depuis, lorsqu'ils étaient les maîtres du commerce de l'Europe. On voit en ce pays des ruines des villes grecques, et quelques monuments des Génois, qui subsistent encore au milieu de la désolation et de la barbarie.

Le kan est appelé par ses sujets empereur; mais, avec ce grand titre, il n'en est pas moins l'esclave de la Porte. Le sang ottoman, dont les kans sont descendus, et le droit qu'ils prétendent à l'empire des Turcs, au défaut de la race du Grand Seigneur, rendent leur famille respectable au sultan même, et leurs personnes redoutables. C'est pourquoi le Grand Seigneur n'ose détruire la race des kans tartares; mais il ne laisse presque jamais vieillir ces princes sur le trône. Leur conduite est toujours éclairée par les bachas voisins, leurs États entourés de janissaires, leurs volontés traversées par les grands vizirs, leurs desseins toujours suspects. Si les Tartares se plaignent du kan, la Porte le dépose sur ce prétexte; s'il en est trop aimé, c'est un plus grand crime dont il est plus tôt puni : ainsi presque tous passent de la souveraineté à l'exil, et finissent leurs jours à Rhodes, qui est d'ordinaire leur prison et leur tombeau.

Les Tartares, leurs sujets, sont les peuples les plus brigands de la terre, et en même temps, ce qui semble inconcevable, les plus hospitaliers. Ils vont à cinquante lieues de leur pays attaquer une caravane, détruire des villages ; mais qu'un étranger, quel qu'il soit, passe dans leur pays, non-seulement il est reçu partout, logé et défrayé, mais, dans quelque lieu qu'il passe, les habitants se disputent l'honneur de l'avoir pour hôte ; le maître de la maison, sa femme, ses filles, le servent à l'envi. Les Scythes, leurs ancêtres, leur ont transmis ce respect inviolable pour l'hospitalité, qu'ils ont conservé, parce que le peu d'étrangers qui voyagent chez eux et le bas prix de toutes les denrées ne leur rendent point cette vertu trop onéreuse.

Quand les Tartares vont à la guerre avec l'armée ottomane, ils sont nourris par le Grand Seigneur : le butin qu'ils font est leur seul paye; aussi sont-ils plus propres à piller qu'à combattre régulièrement.

Le kan, gagné par les présents et par les intrigues du roi de Suède, obtint d'abord que le rendez-vous général des troupes serait à Bender même, sous les yeux de Charles XII, afin de lui marquer mieux que c'était pour lui qu'on faisait la guerre.

Le nouveau vizir, Baltagi Mehemet, n'ayant pas les mêmes engagements, ne voulait pas flatter à ce point un prince étranger. Il changea l'ordre, et ce fut à Andrinople que s'assembla cette grande armée. C'est toujours[1] dans les vastes et fertiles plaines d'Andrinople qu'est le rendez-vous des armées turques, quand ce peuple fait la guerre aux chrétiens : les troupes venues d'Asie et d'Afrique s'y reposent et s'y rafraîchissent quelques semaines ; mais le grand vizir, pour prévenir le czar, ne laissa reposer l'armée que trois jours, et marcha vers le Danube, et de là vers la Bessarabie.

Les troupes des Turcs ne sont plus aujourd'hui si formidables qu'autrefois, lorsqu'elles conquirent tant d'États dans l'Asie, dans l'Afrique, et dans l'Europe : alors la force du corps, la valeur et le nombre des Turcs triomphaient d'ennemis moins robustes qu'eux et plus mal disciplinés ; mais aujourd'hui que les chrétiens entendent mieux l'art de la guerre, ils battent presque toujours les Turcs en bataille rangée, même à forces inégales. Si l'empire ottoman a depuis peu fait quelques conquêtes, ce n'est que sur la république de Venise, estimée plus sage que guerrière, défendue par des étrangers, et mal secourue par les princes chrétiens, toujours divisés entre eux.

---

1. La fin de ce paragraphe ne se trouve pas dans les premières éditions.

Les janissaires et les spahis attaquent en désordre, incapables d'écouter le commandement et de se rallier ; leur cavalerie, qui devrait être excellente, attendu la bonté et la légèreté de leurs chevaux, ne saurait soutenir le choc de la cavalerie allemande ; l'infanterie ne savait point encore faire un usage avantageux de la baïonnette au bout du fusil ; de plus, les Turcs n'ont pas eu un grand général de terre parmi eux depuis Couprougli, qui conquit l'île de Candie [1]. Une esclave nourri dans l'oisiveté et dans le silence du sérail, fait vizir par faveur, et général malgré lui, conduisait une armée levée à la hâte, sans expérience, sans discipline, contre des troupes moscovites aguerries par douze ans de guerres, et fières d'avoir vaincu les Suédois.

Le czar, selon toutes les apparences, devait vaincre Baltagi Mehemet ; mais il fit la même faute avec les Turcs que le roi de Suède avait commise avec lui ; il méprisa trop son ennemi. Sur la nouvelle de l'armement des Turcs, il quitta Moscou ; et ayant ordonné qu'on changeât le siége de Riga en blocus, il assembla sur les frontières de Pologne quatre-vingt mille hommes de ses troupes [2]. Avec cette armée il prit son chemin par la Moldavie et Valachie, autrefois le pays des Daces, aujourd'hui habité par ces chrétiens grecs tributaires du Grand Seigneur.

La Moldavie était gouvernée alors par le prince Cantemir, grec d'origine, qui réunissait les talents des anciens Grecs, la science des lettres et celle des armes. On le faisait descendre du fameux Timur, connu sous le nom de Tamerlan. Cette origine paraissait plus belle qu'une grecque ; on prouvait cette descendance par le nom de ce conquérant. Timur, dit-on, ressemble à Témir ; le titre de kan, que possédait Timur avant de conquérir l'Asie, se retrouve dans le nom de Cantemir : ainsi le prince Cantemir est descendant de Tamerlan. Voilà les fondements de la plupart des généalogies.

De quelque maison que fût Cantemir, il devait toute sa fortune à la Porte-Ottomane. A peine avait-il reçu l'investiture de sa principauté qu'il trahit l'empereur turc son bienfaiteur pour le czar, dont il espérait davantage. Il se flattait que le vainqueur de Charles XII triompherait aisément d'un vizir peu estimé, qui n'avait jamais fait la guerre, et qui avait choisi pour son kiaia,

---

1. En 1669. Voyez tome XIII, page 141.
2. Le chapelain Nordberg prétend que le czar força le quatrième homme de ses sujets capables de porter les armes de le suivre à cette guerre. Si cela eût été vrai, l'armée eût été au moins de deux millions de soldats. (*Note de Voltaire.*)

c'est-à-dire pour son lieutenant, l'intendant des douanes de Turquie. Il comptait que tous les Grecs [1] se rangeraient de son parti ; les patriarches grecs l'encouragèrent à cette défection. Le czar ayant donc fait un traité secret avec ce prince, et l'ayant reçu dans son armée, s'avança dans le pays, et arriva, au mois de juin 1711, sur le bord septentrional du fleuve Hiérase, aujourd'hui le Pruth, près d'Yassi, capitale de la Moldavie.

Dès que le grand vizir eut appris que Pierre Alexiowitz marchait de ce côté, il quitta aussitôt son camp, et, suivant le cours du Danube, il alla passer ce fleuve sur un pont de bateaux, près d'un bourg nommé Saccia, au même endroit où Darius fit construire autrefois le pont qui porta son nom. L'armée turque fit tant de diligence qu'elle parut bientôt en présence des Moscovites, la rivière du Pruth entre deux.

Le czar, sûr du prince de Moldavie, ne s'attendait pas que les Moldaves dussent lui manquer ; mais, souvent, le prince et les sujets ont des intérêts très-différents. Ceux-ci aimaient la domination turque, qui n'est jamais fatale qu'aux grands, et qui affecte de la douceur pour les peuples tributaires ; ils redoutaient les chrétiens, et surtout les Moscovites, qui les avaient toujours traités avec inhumanité. Ils portèrent toutes leurs provisions à l'armée ottomane : les entrepreneurs, qui s'étaient engagés à fournir des vivres aux Moscovites, exécutèrent avec le grand vizir le marché même qu'ils avaient fait avec le czar. Les Valaques, voisins des Moldaves, montrèrent aux Turcs la même affection : tant l'ancienne idée de la barbarie moscovite avait aliéné tous les esprits.

Le czar, ainsi trompé dans ses espérances, peut-être trop légèrement prises, vit tout d'un coup son armée sans vivres et sans fourrages. Les soldats désertaient par troupes, et bientôt cette armée se trouva réduite à moins de trente mille hommes près de périr de misère. Le czar éprouvait sur le Pruth, pour s'être livré à Cantemir, ce que Charles XII avait éprouvé à Pultava pour avoir trop compté sur Mazeppa. Cependant les Turcs passent la rivière, enferment les Russes, et forment devant eux un camp retranché. Il est surprenant que le czar ne disputât point le passage de la rivière, ou du moins qu'il ne réparât pas cette faute en livrant bataille aux Turcs immédiatement après le passage, au lieu de leur donner le temps de faire périr son armée de faim et de fatigue. Il semble que ce prince fit dans cette cam-

---

1. M. Beuchot a mis « les Grecs », au lieu de « ses gens », d'après une annotation de Wagnière. Voyez son Avertissement, page 120, note 2.

pagne tout ce qu'il fallait pour être perdu. Il se trouva sans provisions, ayant la rivière de Pruth derrière lui, cent cinquante mille Turcs devant lui, et quarante mille Tartares qui le harcelaient continuellement à droite et à gauche. Dans cette extrémité, il dit publiquement : « Me voilà du moins aussi mal que mon frère Charles l'était à Pultava. »

Le comte Poniatowski, infatigable agent du roi de Suède, était dans l'armée du grand vizir avec quelques Polonais et quelques Suédois, qui tous croyaient la perte du czar inévitable.

Dès que Poniatowski vit que les armées seraient infailliblement en présence, il le manda au roi de Suède, qui partit aussitôt de Bender, suivi de quarante officiers, jouissant par avance du plaisir de combattre l'empereur moscovite. Après beaucoup de pertes et de marches ruineuses, le czar, poussé vers le Pruth, n'avait pour tout retranchement que des chevaux de frise et des chariots : quelques troupes de janissaires et de spahis vinrent fondre sur son armée si mal retranchée ; mais ils attaquèrent en désordre, et les Moscovites se défendirent avec une vigueur que la présence de leur prince et le désespoir leur donnaient.

Les Turcs furent deux fois repoussés. Le lendemain, M. Poniatowski conseilla au grand vizir d'affamer l'armée moscovite, qui, manquant de tout, serait obligée, dans un jour, de se rendre à discrétion avec son empereur.

Le czar a depuis avoué plus d'une fois qu'il n'avait jamais rien senti de si cruel dans sa vie que les inquiétudes qui l'agitèrent cette nuit : il roulait dans son esprit tout ce qu'il avait fait depuis tant d'années pour la gloire et le bonheur de sa nation ; tant de grands ouvrages, toujours interrompus par des guerres, allaient peut-être périr avec lui avant d'avoir été achevés ; il fallait ou être détruit par la faim, ou attaquer près de cent quatre-vingt mille hommes avec des troupes languissantes, diminuées de plus de la moitié, une cavalerie presque toute démontée, et des fantassins exténués de faim et de fatigue [1].

---

[1]. Pierre, sentant toute l'horreur de sa situation, fit partir pour Moscou un courrier qui eut le bonheur de traverser l'armée ennemie ; il le chargea de la lettre suivante, dont l'original est conservé dans le cabinet de Pierre Ier, au palais impérial : « Je vous annonce que, trompé par de faux avis et sans qu'il y ait de ma faute, je me trouve enfermé ici dans mon camp par une armée turque quatre fois plus forte que la mienne, les vivres coupés, et sur le point de nous voir tailler en pièces ou prendre prisonniers, à moins que le Ciel ne vienne à notre secours d'une manière inattendue. S'il arrive que je sois pris par les Turcs, vous n'avez plus à me considérer comme votre czar et seigneur, ni à tenir compte d'aucun ordre qui pourrait vous être porté de ma part, pas même quand vous y reconnaîtriez ma propre main ;

Il appela le général Sheremetoff vers le commencement de la nuit, et lui ordonna, sans balancer et sans prendre conseil, que tout fût prêt à la pointe du jour pour aller attaquer les Turcs la baïonnette au bout du fusil.

Il donna de plus ordre exprès qu'on brûlât tous les bagages, et que chaque officier ne réservât qu'un seul chariot, afin que, s'ils étaient vaincus, les ennemis ne pussent du moins profiter du butin qu'ils espéraient.

Après avoir tout réglé avec le général pour la bataille, il se retira dans sa tente, accablé de douleur et agité de convulsions, mal dont il était souvent attaqué, et qui redoublait toujours avec violence quand il avait quelque inquiétude. Il défendit que personne osât de la nuit entrer dans sa tente, sous quelque prétexte que ce pût être, ne voulant pas qu'on vînt lui faire des remontrances sur une résolution désespérée, mais nécessaire, encore moins qu'on fût témoin du triste état où il se sentait.

Cependant on brûla, selon son ordre, la plus grande partie de ses bagages. Toute l'armée suivit cet exemple, quoique à regret; plusieurs enterrèrent ce qu'ils avaient de plus précieux. Les officiers généraux ordonnaient déjà la marche, et tâchaient d'inspirer à l'armée une confiance qu'ils n'avaient pas eux-mêmes; chaque soldat, épuisé de fatigue et de faim, marchait sans ardeur et sans espérance. Les femmes, dont l'armée était trop remplie, poussaient des cris qui énervaient encore les courages; tout le monde attendait, le lendemain matin, la mort ou la servitude. Ce n'est point une exagération, c'est à la lettre ce qu'on a entendu dire à des officiers qui servaient dans cette armée.

Il y avait alors dans le camp moscovite une femme aussi singulière peut-être que le czar même. Elle n'était encore connue que sous le nom de Catherine. Sa mère était une malheureuse paysanne nommée Erb-Magden, du village de Ringen en Estonie, province où les peuples sont serfs, et qui était en ce temps-là sous la domination de la Suède; jamais elle ne connut son père[1]; elle

---

mais vous attendrez que je vienne moi-même en personne. Si je dois périr ici et que vous receviez la nouvelle de ma mort bien confirmée, alors vous choisirez parmi vous le plus digne de me succéder. » Pierre avait alors un fils de vingt et un ans que, comme on voit, il pensait déjà à exclure du trône. (A. G.)

1. On m'a assuré que son père était un fossoyeur. Il est assez inutile de savoir quelle était sa profession; il suffit qu'on sache qu'une paysanne est devenue impératrice par son mérite encore plus que par sa beauté. (*Note de Voltaire.*) — Cette note est dans l'édition de 1737. L'auteur, en 1746, la réduisit à ces mots : « On m'a assuré depuis que le père de la czarine était un fossoyeur, » et la supprima en 1748. Ce fut alors qu'il ajouta la note 2 de la page suivante. (B.)

fut baptisée sous le nom de Marthe. Le vicaire de la paroisse l'éleva par charité jusqu'à quatorze ans; à cet âge elle fut servante à Marienbourg chez un ministre luthérien de ce pays, nommé Gluk.

En 1702, à l'âge de dix-huit ans, elle épousa un dragon suédois. Le lendemain de ses noces, un parti des troupes de Suède ayant été battu par les Moscovites, ce dragon, qui avait été à l'action, ne reparut plus, sans que sa femme pût savoir s'il avait été fait prisonnier, et sans même que depuis ce temps elle en pût jamais rien apprendre.

Quelques jours après, faite prisonnière elle-même par le général Bauer, elle servit chez lui, ensuite chez le maréchal Sheremetoff : celui-ci la donna à Menzikoff, homme qui a connu les plus extrêmes vicissitudes de la fortune, ayant été, de garçon pâtissier, général et prince, ensuite dépouillé de tout, et relégué en Sibérie, où il est mort dans la misère et dans le désespoir.

Ce fut à un souper, chez le prince Menzikoff, que l'empereur la vit et en devint amoureux. Il l'épousa secrètement en 1707, non pas séduit par des artifices de femme, mais parce qu'il lui trouva une fermeté d'âme capable de seconder ses entreprises, et même de les conduire après lui. Il avait déjà répudié depuis longtemps sa première femme Ottokefa[1], fille d'un boïard, accusée de s'opposer aux changements qu'il faisait dans ses États. Ce crime était le plus grand aux yeux du czar. Il ne voulait dans sa famille que des personnes qui pensassent comme lui. Il crut rencontrer dans cette esclave étrangère les qualités d'un souverain, quoiqu'elle n'eût aucune des vertus de son sexe : il dédaigna, pour elle, les préjugés qui eussent arrêté un homme ordinaire; il la fit couronner impératrice : le même génie qui la fit femme de Pierre Alexiowitz lui donna l'empire après la mort de son mari. L'Europe a vu avec surprise cette femme, qui ne sut jamais ni lire ni écrire[2], réparer son éducation et ses faiblesses

---

1. Je ne sais ce que signifie ce nom, qu'on lit dans toutes les éditions. La première femme de Pierre s'appelait Lapouchin (Eudoxie-Fedorovna), ainsi que Voltaire le dit dans son *Histoire de Russie*, chapitre vi de la première partie, et chapitres 1er, iii et x de la seconde. (B.)

2. Le sieur La Motraye prétend qu'on lui avait donné une belle éducation, qu'elle lisait et écrivait très-bien. Le contraire est connu de tout le monde; on ne souffre point en Livonie que les paysans apprennent à lire et à écrire, à cause de l'ancien privilége nommé *le bénéfice des clercs*, établi autrefois chez les nouveaux chrétiens barbares, et subsistant dans ces pays. Les mémoires sur lesquels on rapporte ce fait disent d'ailleurs que la princesse Élisabeth, depuis impératrice, signait toujours pour sa mère dès son enfance. (*Note de Voltaire.*) — Voyez dans le *Dictionnaire philosophique*, au mot CLERC, ce que c'est que le *bénéfice des clercs*. (B.)

par son courage, et remplir avec gloire le trône d'un législateur.

Lorsqu'elle épousa le czar, elle quitta la religion luthérienne, où elle était née, pour la moscovite : on la rebaptisa selon l'usage du rite russien, et, au lieu du nom de Marthe, elle prit le nom de Catherine, sous lequel elle a été connue depuis. Cette femme étant donc au camp du Pruth tint un conseil avec les officiers généraux et le vice-chancelier Schaffirof, pendant que le czar était dans sa tente.

On conclut qu'il fallait demander la paix aux Turcs, et engager le czar à faire cette démarche. Le vice-chancelier écrivit une lettre au grand vizir, au nom de son maître : la czarine entra avec cette lettre dans la tente du czar, malgré la défense, et, ayant, après bien des prières, des contestations et des larmes, obtenu qu'il la signât, elle rassembla sur-le-champ toutes ses pierreries, tout ce qu'elle avait de plus précieux, tout son argent; elle en emprunta même des officiers généraux, et, ayant composé de cet amas un présent considérable, elle l'envoya à Osman aga, lieutenant du grand vizir, avec la lettre signée par l'empereur moscovite. Mehemet Baltagi, conservant d'abord la fierté d'un vizir et d'un vainqueur, répondit : « Que le czar m'envoie son premier ministre, et je verrai ce que j'ai à faire. » Le vice-chancelier Schaffirof vint aussitôt chargé de quelques présents, qu'il offrit publiquement lui-même au grand vizir, assez considérables pour lui marquer qu'on avait besoin de lui, mais trop peu pour le corrompre.

La première demande du vizir fut que le czar se rendît avec toute son armée à discrétion. Le vice-chancelier répondit que son maître allait l'attaquer dans un quart d'heure, et que les Moscovites périraient jusqu'au dernier plutôt que de subir des conditions si infâmes. Osman ajouta ses remontrances aux paroles de Schaffirof.

Mehemet Baltagi n'était pas guerrier : il voyait que les janissaires avaient été repoussés la veille. Osman lui persuada aisément de ne pas mettre au hasard d'une bataille des avantages certains. Il accorda donc d'abord une suspension d'armes pour six heures, pendant laquelle on conviendrait des conditions du traité.

Pendant qu'on parlementait, il arriva un petit accident qui peut faire connaître que les Turcs sont souvent plus jaloux de leur parole que nous ne croyons. Deux gentilshommes italiens, parents de M. Brillo, lieutenant-colonel d'un régiment de grenadiers au service du czar, s'étant écartés pour chercher quelque fourrage, furent pris par des Tartares, qui les emmenèrent à leur camp, et offrirent de les vendre à un officier des janissaires. Le Turc, indigné qu'on osât ainsi violer la trêve, fit arrêter les Tartares, et les conduisit lui-même devant le grand vizir avec ces deux prisonniers.

Le vizir renvoya ces deux gentilshommes au camp du czar, et fit trancher la tête aux Tartares qui avaient eu le plus de part à leur enlèvement.

Cependant le kan des Tartares s'opposait à la conclusion d'un traité qui lui ôtait l'espérance du pillage. Poniatowski secondait le kan par les raisons les plus pressantes; mais Osman l'emporta sur l'impatience tartare et sur les insinuations de Poniatowski.

Le vizir crut faire assez pour le Grand Seigneur, son maître, de conclure une paix avantageuse. Il exigea que les Moscovites rendissent Azof; qu'ils brûlassent les galères qui étaient dans ce port; qu'ils démolissent des citadelles importantes bâties sur les Palus-Méotides, et que tout le canon et les munitions de ces forteresses demeurassent au Grand Seigneur; que le czar retirât ses troupes de la Pologne; qu'il n'inquiétât plus le petit nombre de Cosaques qui étaient sous la protection des Polonais, ni ceux qui dépendaient de la Turquie, et qu'il payât dorénavant aux Tartares un subside de quarante mille sequins par an, tribut odieux, imposé depuis longtemps, mais dont le czar avait affranchi son pays.

Enfin le traité allait être signé sans qu'on eût seulement fait mention du roi de Suède. Tout ce que Poniatowski put obtenir du vizir fut qu'on insérât un article par lequel le Moscovite s'engageait à ne point troubler le retour de Charles XII; et ce qui est assez singulier, il fut stipulé dans cet article que le czar et le roi de Suède feraient la paix s'ils en avaient envie, et s'ils pouvaient s'accorder.

A ces conditions le czar eut la liberté de se retirer avec son armée, son canon, son artillerie, ses drapeaux, son bagage. Les Turcs lui fournirent des vivres, et tout abonda dans son camp deux heures après la signature du traité, qui fut commencé le 21 juillet 1711 et signé le 1ᵉʳ auguste.

Dans le temps que le czar, échappé de ce mauvais pas, se retirait tambour battant et enseignes déployées, arrive le roi de Suède, impatient de combattre et de voir son ennemi entre ses mains. Il avait couru plus de cinquante lieues à cheval depuis Bender jusqu'auprès d'Yassi. Il arriva dans le temps que les Russes commençaient à faire paisiblement leur retraite; il fallait, pour pénétrer au camp des Turcs, aller passer le Pruth sur un pont, à trois lieues de là. Charles XII, qui ne faisait rien comme les autres hommes, passa la rivière à la nage, au hasard de se noyer, et traversa le camp moscovite, au hasard d'être pris; il parvint à l'armée turque, et descendit à la tente du comte Poniatowski, qui m'a conté et écrit ce fait [1]. Le comte s'avança tristement vers lui, et lui apprit comment il venait de perdre une occasion qu'il ne recouvrerait peut-être jamais.

Le roi, outré de colère, va droit à la tente du grand vizir; il lui reproche, avec un visage enflammé, le traité qu'il vient de conclure. « J'ai droit, dit le grand vizir d'un air calme, de faire la guerre et la paix. — Mais, reprend le roi, n'avais-tu pas toute l'armée moscovite en ton pouvoir? — Notre loi nous ordonne, repartit gravement le vizir, de donner la paix à nos ennemis quand ils implorent notre miséricorde. — Hé! t'ordonne-t-elle, insiste le roi en colère, de faire un mauvais traité quand tu peux imposer telles lois que tu veux? Ne dépendait-il pas de toi d'amener le czar prisonnier à Constantinople? »

Le Turc, poussé à bout, répondit sèchement : « Hé! qui gouvernerait son empire en son absence? Il ne faut pas que tous les rois soient hors de chez eux [2]. » Charles répliqua par un sourire d'indignation : il se jeta sur un sopha, et, regardant le vizir d'un air plein de colère et de mépris, il étendit sa jambe vers lui, et, embarrassant exprès son éperon dans la robe du Turc, il la lui déchira [3], se releva sur-le-champ, remonta à cheval, et retourna à Bender le désespoir dans le cœur.

Poniatowski resta encore quelque temps avec le grand vizir pour essayer, par des voies plus douces, de l'engager à tirer un meilleur parti du czar; mais, l'heure de la prière étant venue, le Turc, sans répondre un seul mot, alla se laver et prier Dieu.

---

1. Les trois phrases précédentes ne sont pas dans les premières éditions.
2. « Plusieurs historiens, dit Voltaire, ont cru que la réponse du vizir était celle d'un imbécile. C'est celle d'un homme piqué, et qui fait un reproche à un autre. » Remarquons cependant que, selon Poniatowski, dont le témoignage a une grande autorité, le vizir aurait répondu : « Le bon Dieu a partagé le monde et en a donné une portion à chacun des princes pour la gouverner. Qui est-ce qui gouvernerait la Moscovie, si je lui enlevais son prince? »
3. La Motraye fait tout exprès une note pour établir que Charles a seulement *fort crotté le sopha*. — Limiers place ces détails après le combat de Bender.

FIN DU LIVRE CINQUIÈME.

LIVRE SIXIÈME.

ARGUMENT.

Intrigues à la Porte-Ottomane. Le kan des Tartares et le bacha de Bender veulent forcer Charles de partir. Il se défend avec quarante domestiques contre une armée. Il est pris et traité en prisonnier.

La fortune du roi de Suède, si changée de ce qu'elle avait été, le persécutait dans les moindres choses : il trouva, à son retour, son petit camp de Bender et tout le logement inondés des eaux du Niester ; il se retira à quelques milles, près d'un village nommé Varnitza, et, comme s'il eût eu un secret pressentiment de ce qui devait lui arriver, il fit bâtir en cet endroit une large maison de pierre, capable, en un besoin, de soutenir quelques heures un assaut. Il la meubla même magnifiquement, contre sa coutume, pour imposer plus de respect aux Turcs.

Il en construisit aussi deux autres, l'une pour sa chancellerie, l'autre pour son favori Grothusen, qui tenait une de ses tables. Tandis que le roi bâtissait ainsi près de Bender, comme s'il eût voulu rester toujours en Turquie, Baltagi Mehemet, craignant plus que jamais les intrigues et les plaintes de ce prince à la Porte, avait envoyé le résident de l'empereur d'Allemagne demander lui-même à Vienne un passage pour le roi de Suède par les terres héréditaires de la maison d'Autriche. Cet envoyé avait rapporté en trois semaines de temps une promesse de la régence impériale de rendre à Charles XII les honneurs qui lui étaient dus, et de le conduire en toute sûreté en Poméranie.

On s'était adressé à cette régence de Vienne, parce qu'alors l'empereur d'Allemagne Charles, successeur de Joseph Ier, était en Espagne, où il disputait la couronne à Philippe V. Pendant que l'envoyé allemand exécutait à Vienne cette commission, le grand vizir envoya trois bachas au roi de Suède pour lui signifier qu'il fallait quitter les terres de l'empire turc.

Le roi, qui savait l'ordre dont ils étaient chargés, leur fit d'abord dire que s'ils osaient lui rien proposer contre son honneur, et lui manquer de respect, il les ferait pendre tous trois sur l'heure. Le bacha de Salonique, qui portait la parole, déguisa la dureté de sa commission sous les termes les plus respectueux. Charles finit l'audience sans daigner seulement répondre ; son chancelier Muller, qui resta avec ces trois bachas, leur expliqua en peu de mots le refus de son maître, qu'ils avaient assez compris par son silence.

Le grand vizir ne se rebuta pas : il ordonna à Ismaël bacha, nouveau sérasquier de Bender, de menacer le roi de l'indignation du sultan s'il ne se déterminait pas sans délai. Ce sérasquier était d'un tempérament doux et d'un esprit conciliant, qui lui avait attiré la bienveillance de Charles et l'amitié de tous les Suédois. Le roi entra en conférence avec lui, mais ce fut pour lui dire qu'il ne partirait que quand Achmet lui aurait accordé deux choses : la punition de son grand vizir, et cent mille hommes pour retourner en Pologne.

Baltagi Mehemet sentait bien que Charles restait en Turquie pour le perdre : il eut soin de faire mettre des gardes sur toutes les routes de Bender à Constantinople pour intercepter les lettres du roi. Il fit plus, il lui retrancha son thaïm, c'est-à-dire la provision que la Porte fournit aux princes à qui elle accorde un asile. Celle du roi de Suède était immense, consistant en cinq cents écus par jour en argent, et dans une profusion de tout ce qui peut contribuer à l'entretien d'une cour dans la splendeur et dans l'abondance.

Dès que le roi sut que le vizir avait osé retrancher sa subsistance, il se tourna vers son grand-maître d'hôtel, et lui dit : « Vous n'avez eu que deux tables jusqu'à présent ; je vous ordonne d'en tenir quatre dès demain. »

Les officiers de Charles XII étaient accoutumés à ne trouver rien d'impossible de ce qu'il ordonnait ; cependant on n'avait ni provisions ni argent : on fut obligé d'emprunter à vingt, à trente, à quarante pour cent, des officiers, des domestiques et des janissaires, devenus riches par les profusions du roi. M. Fabrice, l'envoyé de Holstein, Jeffreys, ministre d'Angleterre, leurs secrétaires, leurs amis, donnèrent ce qu'ils avaient. Le roi, avec sa fierté ordinaire, et sans inquiétude du lendemain, subsistait de ces dons, qui n'auraient pas suffi longtemps. Il fallut tromper la vigilance des gardes, et envoyer secrètement à Constantinople pour emprunter de l'argent des négociants européens[1]. Tous refusèrent d'en prêter à un roi qui semblait s'être mis hors d'état de jamais rendre. Un seul marchand anglais, nommé Cook, osa enfin prêter environ quarante mille écus, satisfait de les perdre si le roi de Suède venait à mourir. On apporta cet argent au petit camp du roi, dans le temps qu'on commençait à manquer de tout, et à ne plus espérer de ressource.

Dans cet intervalle, M. Poniatowski écrivit, du camp même du grand vizir, une relation de la campagne du Pruth, dans laquelle il accusait Baltagi Mehemet de lâcheté et de perfidie. Un vieux janissaire, indigné de la faiblesse du vizir, et de plus gagné par les présents de Poniatowski, se chargea de cette relation, et, ayant obtenu un congé, il présenta lui-même la lettre au sultan.

Poniatowski partit du camp quelques jours après, et alla à la Porte-Ottomane former des intrigues contre le grand vizir, selon sa coutume.

Les circonstances étaient favorables : le czar, en liberté, ne se pressait pas d'accomplir ses promesses[2]; les clefs d'Azof ne venaient point; le grand vizir, qui en était responsable, craignant avec raison l'indignation de son maître, n'osait s'aller présenter devant lui.

Le sérail était alors plus rempli que jamais d'intrigues et de factions. Ces cabales, que l'on voit dans toutes les cours, et qui se terminent d'ordinaire dans les nôtres par quelque déplacement de ministre, ou tout au plus par quelque exil, font toujours tomber à Constantinople plus d'une tête; il en coûta la vie à l'ancien vizir Chourlouli et à Osman, ce lieutenant de Baltagi Mehemet, qui était le principal auteur de la paix du Pruth, et qui depuis cette paix avait obtenu une charge considérable à la Porte. On trouva parmi les trésors d'Osman la bague de la czarine, et vingt mille pièces d'or au coin de Saxe et de Moscovie; ce fut une preuve que l'argent seul avait tiré le czar du précipice, et avait ruiné la fortune de Charles XII. Le vizir Baltagi Mehemet fut relégué dans l'île de Lemnos, où il mourut trois ans après. Le sultan ne saisit son bien ni à son exil ni à sa mort; il n'était pas riche, et sa pauvreté justifia sa mémoire.

---

1. Dans les premières éditions, Voltaire rendait ici justice à l'adresse et au dévouement de La Motraye, qui alla secrètement à Constantinople faire l'emprunt nécessaire. La Motraye ayant chicané sur quelques détails, Voltaire retrancha tout le morceau. (A. G.)

2 VARIANTE : « C'est l'usage que les princes qui rendent des villes aux Turcs envoient des clefs d'or au sultan. »

A ce grand vizir succéda Jussuf, c'est-à-dire Joseph, dont la fortune était aussi singulière que celle de ses prédécesseurs. Né sur les frontières de la Moscovie, et fait prisonnier par les Turcs à l'âge de six ans avec sa famille, il avait été vendu à un janissaire. Il fut longtemps valet dans le sérail, et devint enfin la seconde personne de l'empire où il avait été esclave; mais ce n'était qu'un fantôme de ministre. Le jeune Selictar Ali Coumourgi l'éleva à ce poste glissant, en attendant qu'il pût s'y placer lui-même, et Jussuf, sa créature, n'eut d'autre emploi que d'apposer les sceaux de l'empire aux volontés du favori. La politique de la cour ottomane parut toute changée dès les premiers jours de ce vizirat : les plénipotentiaires du czar, qui restaient à Constantinople et comme ministres et comme otages, y furent mieux traités que jamais ; le grand vizir confirma avec eux la paix du Pruth ; mais ce qui mortifia le plus le roi de Suède, ce fut d'apprendre que les liaisons secrètes qu'on prenait à Constantinople avec le czar étaient le fruit de la médiation des ambassadeurs d'Angleterre et de Hollande.

Constantinople, depuis la retraite de Charles à Bender, était devenue ce que Rome a été si souvent, le centre des négociations de la chrétienté. Le comte Désaleurs, ambassadeur de France, y appuyait les intérêts de Charles et de Stanislas; le ministre de l'empereur allemand les traversait ; les factions de Suède et de Moscovie s'entre-choquaient, comme on a vu longtemps celles de France et d'Espagne agiter la cour de Rome.

L'Angleterre et la Hollande, qui paraissaient neutres, ne l'étaient pas : le nouveau commerce que le czar avait ouvert dans Pétersbourg attirait l'attention de ces deux nations commerçantes.

Les Anglais et les Hollandais seront toujours pour le prince qui favorisera le plus leur trafic. Il y avait beaucoup à gagner avec le czar[1] : il n'est donc pas étonnant que les ministres d'Angleterre et de Hollande le servissent secrètement à la Porte-Ottomane. Une des conditions de cette nouvelle amitié fut que l'on ferait sortir incessamment Charles des terres de l'empire turc : soit que le czar espérât se saisir de sa personne sur les chemins, soit qu'il crût Charles moins redoutable dans ses États qu'en Turquie, où il était toujours sur le point d'armer les forces ottomanes contre l'empire des Russes.

---

1. L'auteur donne une véritable et juste idée des négociations des ministre étrangers à Constantinople. (P.)

Le roi de Suède sollicitait toujours la Porte de le renvoyer par la Pologne avec une nombreuse armée. Le divan résolut en effet de le renvoyer, mais avec une simple escorte de sept à huit mille hommes; non plus comme un roi qu'on voulait secourir, mais comme un hôte dont on voulait se défaire. Pour cet effet, le sultan Achmet lui écrivit en ces termes :

Très-puissant entre les rois adorateurs de Jésus, redresseur des torts et des injures, et protecteur de la justice dans les ports et les républiques du Midi et du Septentrion, éclatant en majesté, ami de l'honneur et de la gloire, et de notre Sublime-Porte, Charles, roi de Suède, dont Dieu couronne les entreprises de bonheur.

« Aussitôt que le très-illustre Achmet, ci-devant chiaoux pachi [1], aura eu l'honneur de vous présenter cette lettre, ornée de notre sceau impérial, soyez persuadé et convaincu de la vérité de nos intentions qui y sont contenues, à savoir que, quoique nous nous fussions proposé de faire marcher de nouveau contre le czar nos troupes toujours victorieuses, cependant ce prince, pour éviter le juste ressentiment que nous avait donné son retardement à exécuter le traité conclu sur les bords du Pruth, et renouvelé depuis à notre Sublime-Porte, ayant rendu à notre empire le château et la ville d'Azof, et cherché par la médiation des ambassadeurs d'Angleterre et de Hollande, nos anciens amis, à cultiver avec nous les liens d'une constante paix, nous la lui avons accordée, et donné à ses plénipotentiaires, qui nous restent pour otages, notre ratification impériale, après avoir reçu la sienne de leurs mains.

« Nous avons donné au très-honorable et vaillant Delvet Gheraï, kan de Cudziack, de Crimée, de Nagaï et de Circassie, et à notre très-sage conseiller et généreux sérasquier de Bender, Ismaël (que Dieu perpétue et augmente leur magnificence et prudence), nos ordres inviolables et salutaires pour votre retour par la Pologne, selon votre premier dessein, qui nous a été renouvelé de votre part. Vous devez donc vous préparer à partir sous les auspices de la Providence, et avec une honorable escorte, avant l'hiver prochain, pour vous rendre dans vos provinces, ayant soin de passer en ami par celles de la Pologne.

« Tout ce qui sera nécessaire pour votre voyage vous sera fourni par ma Sublime-Porte, tant en argent qu'en hommes,

---

1. Chef des huissiers du divan. Il a la garde des prisonniers illustres.

chevaux et chariots. Nous vous exhortons surtout, et vous recommandons de donner vos ordres les plus positifs et les plus clairs à tous les Suédois et autres gens qui se trouvent auprès de vous de ne commettre aucun désordre, et de ne faire aucune action qui tende directement ou indirectement à violer cette paix et amitié.

« Vous conserverez par là notre bienveillance, dont nous chercherons à vous donner d'aussi grandes et d'aussi fréquentes marques qu'il s'en présentera d'occasions. Nos troupes destinées pour vous accompagner recevront des ordres conformes à nos intentions impériales.

« Donné à notre Sublime-Porte de Constantinople, le 14 de la lune *rebyul eurech* 1124. » Ce qui revient au 19 avril 1712.

Cette lettre ne fit point encore perdre l'espérance au roi de Suède : il écrivit au sultan qu'il serait toute sa vie reconnaissant des faveurs dont Sa Hautesse l'avait comblé ; mais qu'il croyait le sultan trop juste pour le renvoyer avec la simple escorte d'un camp-volant dans un pays encore inondé des troupes du czar. En effet l'empereur russe, malgré le premier article de la paix du Pruth, par lequel il s'était engagé à retirer toutes ses troupes de la Pologne, y en avait fait encore passer de nouvelles ; et ce qui semble étonnant, c'est que le Grand Seigneur n'en savait rien.

La mauvaise politique de la Porte, d'avoir toujours par vanité des ambassadeurs des princes chrétiens à Constantinople, et de ne pas entretenir un seul agent dans les cours chrétiennes, fait que ceux-ci pénètrent et conduisent quelquefois les résolutions les plus secrètes du sultan, et que le divan est toujours dans une profonde ignorance de ce qui se passe publiquement chez les chrétiens.

Le sultan, enfermé dans son sérail parmi ses femmes et ses eunuques, ne voit que par les yeux de son grand vizir : ce ministre, aussi inaccessible que son maître, occupé des intrigues du sérail, et sans correspondance au dehors, est d'ordinaire trompé, ou trompe le sultan, qui le dépose ou le fait étrangler à la première faute, pour en choisir un autre aussi ignorant ou aussi perfide, qui se conduit comme ses prédécesseurs, et qui tombe bientôt comme eux.

Telle est pour l'ordinaire l'inaction et la sécurité profonde de cette cour que, si les princes chrétiens se liguaient contre elle, leurs flottes seraient aux Dardanelles, et leur armée de terre aux portes d'Andrinople, avant que les Turcs eussent songé à se défendre ; mais les divers intérêts qui diviseront toujours la chrétienté sauveront les Turcs d'une destinée que leur peu de politique et leur ignorance dans la guerre et dans la marine semblent leur préparer aujourd'hui.

Achmet était si peu informé de ce qui se passait en Pologne qu'il envoya un aga pour voir s'il était vrai que les armées du czar y fussent encore : deux secrétaires du roi de Suède, qui savaient la langue turque, accompagnèrent l'aga afin de servir de témoins contre lui en cas qu'il fît un faux rapport.

Cet aga vit par ses yeux la vérité, et en vint rendre compte au sultan même. Achmet, indigné, allait faire étrangler le grand vizir; mais le favori, qui le protégeait, et qui croyait avoir besoin de lui, obtint sa grâce, et le soutint encore quelque temps dans le ministère.

Les Russes étaient protégés ouvertement par le vizir, et secrètement par Ali Coumourgi, qui avait changé de parti; mais le sultan était si irrité, l'infraction du traité était si manifeste, et les janissaires, qui font trembler souvent les ministres, les favoris et les sultans, demandaient si hautement la guerre, que personne dans le sérail n'osa ouvrir un avis modéré.

Aussitôt le Grand Seigneur fit mettre aux Sept-Tours les ambassadeurs moscovites, déjà aussi accoutumés à aller en prison qu'à l'audience. La guerre est de nouveau déclarée contre le czar, les queues de cheval arborées, les ordres donnés à tous les bachas d'assembler une armée de deux cent mille combattants. Le sultan lui-même quitta Constantinople, et vint établir sa cour à Andrinople, pour être moins éloigné du théâtre de la guerre.

Pendant ce temps, une ambassade solennelle, envoyée au Grand Seigneur de la part d'Auguste et de la république de Pologne, s'avançait sur le chemin d'Andrinople; le palatin de Mazovie était à la tête de l'ambassade, avec une suite de plus de trois cents personnes.

Tout ce qui composait l'ambassade fut arrêté et retenu prisonnier dans l'un des faubourgs de la ville : jamais le parti du roi de Suède ne s'était plus flatté que dans cette occasion; cependant ce grand appareil devint encore inutile, et toutes ses espérances furent trompées.

Si l'on en croit un ministre public, homme sage et clairvoyant, qui résidait alors à Constantinople, le jeune Coumourgi roulait déjà dans sa tête d'autres desseins que de disputer des déserts au czar de Moscovie dans une guerre douteuse. Il projetait d'enlever aux Vénitiens le Péloponèse, nommé aujourd'hui la Morée et de se rendre maître de la Hongrie.

Il n'attendait, pour exécuter ses grands desseins, que l'emploi de premier vizir, dont sa jeunesse l'écartait encore. Dans cette idée, il avait plus besoin d'être l'allié que l'ennemi du czar; son intérêt ni sa volonté n'étaient pas de garder plus longtemps le roi de Suède, encore moins d'armer la Turquie en sa faveur. Non-seulement il voulait renvoyer ce prince, mais il disait ouvertement qu'il ne fallait plus souffrir désormais aucun ministre chrétien à Constantinople ; que tous ces ambassadeurs ordinaires n'étaient que des espions honorables[1], qui corrompaient ou qui trahissaient les vizirs, et donnaient depuis trop longtemps le mouvement aux intrigues du sérail ; que les Francs établis à Péra et dans les Échelles du Levant sont des marchands qui n'ont besoin que d'un consul, et non d'un ambassadeur. Le grand vizir, qui devait son établissement et sa vie même au favori, et qui de plus le craignait, se conformait à ses intentions d'autant plus aisément qu'il s'était vendu aux Moscovites, et qu'il espérait se venger du roi de Suède, qui avait voulu le perdre. Le mufti, créature d'Ali Coumourgi, était aussi l'esclave de ses volontés : il avait conseillé la guerre contre le czar quand le favori la voulait, et il la trouva injuste dès que ce jeune homme eut changé d'avis ; ainsi à peine l'armée fut assemblée qu'on écouta des propositions d'accommodement. Le vice-chancelier Schaffirof et le jeune Sheremetoff, plénipotentiaires et otages du czar à la Porte, promirent, après bien des négociations, que le czar retirerait ses troupes de la Pologne. Le grand vizir, qui savait bien que le czar n'exécuterait pas ce traité, ne laissa pas de le signer ; et le sultan, content d'avoir en apparence imposé des lois aux Russes, resta encore à Andrinople. Ainsi on vit en moins de six mois la paix jurée avec le czar, ensuite la guerre déclarée, et la paix renouvelée encore.

Le principal article de tous ces traités fut toujours qu'on ferait partir le roi de Suède. Le sultan ne voulait point commettre son honneur et celui de l'empire ottoman, en exposant le roi à être pris sur la route par ses ennemis. Il fut stipulé qu'il partirait, mais que les ambassadeurs de Pologne et de Moscovie répondraient de la sûreté de sa personne : ces ambassadeurs jurèrent, au nom de leurs maîtres, que ni le czar ni le roi Auguste ne troubleraient son passage, et que Charles, de son côté, ne tenterait d'exciter aucun mouvement en Pologne. Le divan ayant ainsi réglé la destinée de Charles, Ismaël, sérasquier de Bender, se transporta à Varnitza, où le roi était campé, et vint lui rendre compte des résolutions de la Porte, en lui insinuant adroitement qu'il n'y avait plus à différer, et qu'il fallait partir.

Charles ne répondit autre chose, sinon que le Grand Seigneur lui avait promis une armée et non une escorte, et que les rois devaient tenir leur parole.

Cependant le général Flemming, ministre et favori du roi Auguste, entretenait une correspondance secrète avec le kan de Tartarie et le sérasquier de Bender. La Mare, gentilhomme français, colonel au service de Saxe, avait fait plus d'un voyage de Bender à Dresde, et tous ces voyages étaient suspects.

Précisément dans ce temps le roi de Suède fit arrêter sur les frontières de la Valachie un courrier que Flemming envoyait au prince de Tartarie. Les lettres lui furent apportées ; on les déchiffra : on y vit une intelligence marquée entre les Tartares et la cour de Dresde ; mais elles étaient conçues en termes si ambigus et si généraux qu'il était difficile de démêler si le but du roi Auguste était seulement de détacher les Turcs du parti de la Suède, ou s'il voulait que le kan livrât Charles à ses Saxons en le reconduisant en Pologne [1].

Il semblait difficile d'imaginer qu'un prince aussi généreux qu'Auguste voulût, en saisissant la personne du roi de Suède, hasarder la vie de ses ambassadeurs et de trois cents gentilshommes polonais qui étaient retenus dans Andrinople comme des gages de la sûreté de Charles.

Mais, d'un autre côté, on savait que Flemming, ministre absolu d'Auguste, était très-délié et peu scrupuleux. Les outrages faits au roi-électeur par le roi de Suède semblaient rendre toute vengeance excusable, et on pouvait penser que si la cour de Dresde achetait Charles du kan de Tartares, elle pourrait acheter aisément de la cour ottomane la liberté des otages polonais.

Ces raisons furent agitées entre le roi, Muller, son chancelier privé, et Grothusen, son favori. Ils lurent et relurent les lettres, et, la malheureuse situation où ils étaient les rendant plus soupçonneux, ils se déterminèrent à croire ce qu'il y avait de plus triste.

Quelques jours après, le roi fut confirmé dans ses soupçons par le départ précipité d'un comte Sapieha, réfugié auprès de lui, qui le quitta brusquement pour aller en Pologne se jeter entre les bras d'Auguste. Dans toute autre occasion, Sapieha ne lui aurait paru qu'un mécontent ; mais, dans ces conjonctures délicates, il ne

---

1. Les chroniques moldaves parlent d'une correspondance entre le feld-maréchal russe Shemeretoff et le kan de Crimée ou de Tartarie, que Charles XII parvint à intercepter. Par ces dépêches, le kan s'engageait à conduire Charles par la Pologne et par les endroits les plus favorables pour que les Russes pussent s'emparer facilement de sa personne. (G. A.)

balança pas à le croire un traître. Les instances réitérées qu'on lui fit alors de partir changèrent ses soupçons en certitude. L'opiniâtreté de son caractère se joignant à toutes ces vraisemblances, il demeura ferme dans l'opinion qu'on voulait le trahir et le livrer à ses ennemis, quoique ce complot n'ait jamais été prouvé.

Il pouvait se tromper dans l'idée qu'il avait que le roi Auguste avait marchandé sa personne avec les Tartares; mais il se trompait encore davantage en comptant sur le secours de la cour ottomane. Quoi qu'il en soit, il résolut de gagner du temps.

Il dit au bacha de Bender qu'il ne pouvait partir sans avoir auparavant de quoi payer ses dettes : car, quoiqu'on lui eût rendu depuis longtemps son thaïm, ses libéralités l'avaient toujours forcé d'emprunter. Le bacha lui demanda ce qu'il voulait; le roi répondit au hasard *mille bourses*, qui sont quinze cent mille francs de notre argent en monnaie forte [1]. Le bacha en écrivit à la Porte : le sultan, au lieu de mille bourses qu'on lui demandait, en accorda douze cents, et écrivit au bacha la lettre suivante :

Lettre du Grand Seigneur au bacha de Bender.

« Le but de cette lettre impériale est pour vous faire savoir que, sur votre recommandation et représentation, et sur celle du très-noble Delvet Gherai, kan à notre Sublime-Porte, notre impériale magnificence a accordé mille bourses au roi de Suède, qui seront envoyées à Bender, sous la conduite et la charge du très-illustre Mehemet bacha, ci-devant chiaoux pachi, pour rester sous votre garde jusqu'au temps du départ du roi de Suède, dont Dieu dirige les pas! et lui être données alors avec deux cents bourses de plus, comme un surcroît de notre libéralité impériale qui excède sa demande.

« Quant à la route de Pologne, qu'il est résolu de prendre, vous aurez soin, vous et le kan qui devez l'accompagner, de prendre des mesures si prudentes et si sages que, pendant tout le passage, les troupes qui sont sous votre commandement, et les gens du roi de Suède, ne causent aucun dommage, et ne fassent aucune action qui puisse être réputée contraire à la paix qui subsiste encore entre notre Sublime-Porte et le royaume et la république de Pologne : en sorte que le roi passe comme ami sous notre protection.

---

1. C'est-à-dire en espèces évaluées sur un pied avantageux à celui qui reçoit (*Dictionnaire de l'Académie.*)

« Ce que faisant, comme vous lui recommanderez bien expressément de faire, il recevra tous les honneurs et les égards dus à Sa Majesté de la part des Polonais, ce dont nous ont fait assurer les ambassadeurs du roi Auguste et de la république, en s'offrant même à cette condition, aussi bien que quelques autres nobles Polonais, si nous le requérons, pour otages et sûreté de son passage.

« Lorsque le temps dont vous serez convenu avec le très-noble Delvet Gherai, pour la marche, sera venu, vous vous mettrez à la tête de vos braves soldats, entre lesquels seront les Tartares, ayant à leur tête le kan, et vous conduirez le roi de Suède avec ses gens.

« Qu'ainsi il plaise au seul Dieu tout-puissant de diriger vos pas et les leurs; le bacha d'Aulos restera à Bender pour le garder, en votre absence, avec un corps de spahis et un autre de janissaires; et en suivant nos ordres et nos intentions impériales en tous ces points et articles, vous vous rendrez dignes de la continuation de notre faveur impériale, aussi bien que des louanges et des récompenses dues à tous ceux qui les observent.

« Fait à notre résidence impériale de Constantinople, le 2 de la lune de cheval[1], 1124 de l'hégire. »

Pendant qu'on attendait cette réponse du Grand Seigneur, le roi écrivit à la Porte pour se plaindre de la trahison dont il soupçonnait le kan des Tartares; mais les passages étaient bien gardés : de plus, le ministère lui était contraire; les lettres ne parvinrent point au sultan; le vizir empêcha même M. Désaleurs de venir à Andrinople, où était la Porte, de peur que ce ministre, qui agissait pour le roi de Suède, ne voulût déranger le dessein qu'on avait de le faire partir.

Charles, indigné de se voir en quelque sorte chassé des terres du Grand Seigneur, se détermina à ne point partir du tout.

Il pouvait demander à s'en retourner par les terres d'Allemagne, ou s'embarquer sur la mer Noire, pour se rendre à Marseille par la Méditerranée[2]; mais il aima mieux ne demander rien, et attendre les événements.

Quand les douze cents bourses furent arrivées, son trésorier Grothusen, qui avait appris la langue turque dans ce long séjour, alla voir le bacha sans interprète, dans le dessein de tirer de lui les douze cents bourses, et de former ensuite à la Porte quelque

---

1. C'est le mot turc *schewal*. — Les Turcs ne connaissent que les mois lunaires. Leur année est de douze mois et de trois cent cinquante-quatre jours.

2. C'est ce qu'on lui avait même proposé d'abord; mais il avait répondu : « Je suis arrivé par terre, c'est par terre que je retournerai. »

intrigue nouvelle, toujours sur cette fausse supposition que le parti suédois armerait enfin l'empire ottoman contre le czar.

Grothusen dit au bacha que le roi ne pouvait avoir ses équipages prêts sans argent : « Mais, dit le bacha, c'est nous qui ferons tous les frais de votre départ; votre maître n'a rien à dépenser tant qu'il sera sous la protection du mien. »

Grothusen répliqua qu'il y avait tant de différence entre les équipages turcs et ceux des Francs, qu'il fallait avoir recours aux artisans suédois et polonais qui étaient à Varnitza.

Il assura que son maître était disposé à partir, et que cet argent faciliterait et avancerait son départ. Le bacha, trop confiant, donna les douze cents bourses; il vint quelques jours après demander au roi, d'une manière très-respectueuse, les ordres pour le départ.

Sa surprise fut extrême quand le roi lui dit qu'il n'était pas prêt à partir, et qu'il lui fallait encore mille bourses. Le bacha, confondu à cette réponse, fut quelque temps sans pouvoir parler. Il se retira vers une fenêtre, où on le vit verser quelques larmes. Ensuite, s'adressant au roi : « Il m'en coûtera la tête, dit-il, pour avoir obligé Ta Majesté ; j'ai donné les douze cents bourses malgré l'ordre exprès de mon souverain. » Ayant dit ces paroles, il s'en retournait plein de tristesse.

Le roi l'arrêta, et lui dit qu'il l'excuserait auprès du sultan. « Ah! repartit le Turc en s'en allant, mon maître ne sait point excuser les fautes ; il ne sait que les punir. »

Ismaël bacha alla apprendre cette nouvelle au kan des Tartares, lequel ayant reçu le même ordre que le bacha, de ne point souffrir que les douze cents bourses fussent données avant le départ du roi, et ayant consenti qu'on délivrât cet argent, appréhendait aussi bien que le bacha l'indignation du Grand Seigneur. Ils écrivirent tous deux à la Porte pour se justifier ; ils protestèrent qu'ils n'avaient donné les douze cents bourses que sur les promesses positives d'un ministre du roi de partir sans délai ; et ils supplièrent Sa Hautesse que le refus du roi ne fût point attribué à leur désobéissance.

Charles, persistant toujours dans l'idée que le kan et le bacha voulaient le livrer à ses ennemis, ordonna à M. Funk, alors son envoyé auprès du Grand Seigneur, de porter contre eux des plaintes, et de demander encore mille bourses. Son extrême générosité, et le peu de cas qu'il faisait de l'argent, l'empêchaient de sentir qu'il y avait de l'avilissement dans cette proposition. Il ne la faisait que pour s'attirer un refus, et pour avoir un nouveau prétexte de ne point partir ; mais c'était être réduit à d'étranges extrémités que d'avoir besoin de pareils artifices. Savari, son interprète, homme adroit et entreprenant, porte sa lettre à Andrinople, malgré la sévérité avec laquelle le grand vizir faisait garder les passages.

Funk fut obligé d'aller faire cette demande dangereuse. Pour toute réponse on le fit mettre en prison. Le sultan, indigné, fit assembler un divan extraordinaire, et y parla lui-même, ce qu'il ne fait que très-rarement. Tel fut son discours, selon la traduction qu'on en fit alors :

« Je n'ai presque connu le roi de Suède que par la défaite de Pultava, et par la prière qu'il m'a faite de lui accorder un asile dans mon empire ; je n'ai, je crois, nul besoin de lui, et n'ai sujet ni de l'aimer ni de le craindre ; cependant, sans consulter d'autres motifs que l'hospitalité d'un musulman, et ma générosité qui répand la rosée de ses faveurs sur les grands comme sur les petits, sur les étrangers comme sur mes sujets, je l'ai reçu et secouru de tout, lui, ses ministres, ses officiers, ses soldats, et n'ai cessé, pendant trois ans et demi, de l'accabler de présents.

« Je lui ai accordé une escorte considérable pour le conduire dans ses États. Il a demandé mille bourses pour payer quelques frais, quoique je les fasse tous : au lieu de mille, j'en ai accordé douze cents. Après les avoir tirées de la main du sérasquier de Bender, il en demande encore mille autres, et ne veut point partir, sous prétexte que l'escorte est trop petite, au lieu qu'elle n'est que trop grande pour passer par un pays ami.

« Je demande donc si c'est violer les lois de l'hospitalité que de renvoyer ce prince, et si les puissances étrangères doivent m'accuser de violence et d'injustice en cas qu'on soit réduit à le faire partir par force[1]. » Tout le divan répondit que le Grand Seigneur agissait avec justice.

Le mufti déclara que l'hospitalité n'est point de commande aux musulmans envers les infidèles, encore moins envers les ingrats; et il donna son fetfa, espèce de mandement qui accompagne presque toujours les ordres importants du Grand Seigneur; ces fetfas sont révérés comme des oracles, quoique ceux dont ils émanent soient des esclaves du sultan comme les autres.

L'ordre et le fetfa furent portés à Bender par le *bouyouk imraour*, grand maître des écuries, et un *chiaoux bacha*, premier huissier. Le bacha de Bender reçut l'ordre chez le kan des Tartares; aussitôt il alla à Varnitza demander si le roi voulait partir comme ami, ou le réduire à exécuter les ordres du sultan.

---

1. M. Fabrice, dans sa lettre du 30 janvier 1712, cite à peu près textuellement cette harangue telle que Voltaire l'a rapportée.

Charles XII, menacé, n'était pas maître de sa colère. « Obéis à ton maître, si tu l'oses, lui dit-il, et sors de ma présence. » Le bacha, indigné, s'en retourna au grand galop, contre l'usage ordinaire des Turcs : en s'en retournant, il rencontra Fabrice, et lui cria toujours en courant : « Le roi ne veut point écouter la raison ; tu vas voir des choses bien étranges. » Le jour même il retrancha les vivres au roi, et lui ôta sa garde de janissaires. Il fit dire aux Polonais et aux Cosaques qui étaient à Varnitza, que s'ils voulaient avoir des vivres il fallait quitter le camp du roi de Suède, et venir se mettre dans la ville de Bender sous la protection de la Porte. Tous obéirent, et laissèrent le roi réduit aux officiers de sa maison et à trois cents soldats suédois contre vingt mille Tartares et six mille Turcs.

Il n'y avait plus de provisions dans le camp pour les hommes ni pour les chevaux. Le roi ordonna qu'on tuât hors du camp, à coups de fusil, vingt de ces beaux chevaux arabes que le Grand Seigneur lui avait envoyés, en disant : « Je ne veux ni de leurs provisions ni de leurs chevaux. » Ce fut un régal pour les troupes tartares, qui, comme on sait, trouvent la chair de cheval délicieuse. Cependant les Turcs et les Tartares investirent de tous côtés le petit camp du roi.

Ce prince, sans s'étonner, fit faire des retranchements réguliers par ses trois cents Suédois : il y travailla lui-même ; son chancelier, son trésorier, ses secrétaires, les valets de chambre, tous ses domestiques, aidaient à l'ouvrage. Les uns barricadaient les fenêtres, les autres enfonçaient des solives derrière les portes, en forme d'arcs-boutants.

Quand on eut bien barricadé la maison, et que le roi eut fait le tour de ses prétendus retranchements, il se mit à jouer aux échecs tranquillement avec son favori Grothusen, comme si tout eût été dans une sécurité profonde. Heureusement Fabrice, l'envoyé de Holstein, ne s'était point logé à Varnitza, mais dans un petit village entre Varnitza et Bender, où demeurait aussi M. Jeffreys, envoyé d'Angleterre auprès du roi de Suède. Ces deux ministres, voyant l'orage prêt à éclater, prirent sur eux de se rendre médiateurs entre les Turcs et le roi. Le kan, et surtout le bacha de Bender, qui n'avait nulle envie de faire violence à ce monarque, reçurent avec empressement les offres de ces deux ministres ; ils eurent ensemble à Bender deux conférences, où assistèrent cet huissier du sérail et le grand maître des écuries, qui avaient apporté l'ordre du sultan et le fetfa du mufti.

M. Fabrice[1] leur avoua que Sa Majesté suédoise avait de justes raisons de croire qu'on voulait le livrer à ses ennemis en Pologne. Le kan, le bacha et les autres, jurèrent sur leurs têtes, prirent Dieu à témoin qu'ils détestaient une si horrible perfidie; qu'ils verseraient tout leur sang plutôt que de souffrir qu'on manquât seulement de respect au roi en Pologne; ils dirent qu'ils avaient entre leurs mains les ambassadeurs russes et polonais, dont la vie leur répondait du moindre affront qu'on oserait faire au roi de Suède. Enfin ils se plaignirent amèrement des soupçons outrageants que le roi concevait sur des personnes qui l'avaient si bien reçu et si bien traité. Quoique les serments ne soient souvent que le langage de la perfidie, Fabrice se laissa persuader par les Turcs: il crut voir dans leurs protestations cet air de vérité que le mensonge n'imite jamais qu'imparfaitement. Il savait bien qu'il y avait eu une secrète correspondance entre le kan tartare et le roi Auguste; mais il demeura convaincu qu'il ne s'était agi dans leur négociation que de faire sortir Charles XII des terres du Grand Seigneur. Soit que Fabrice se trompât ou non, il les assura qu'il représenterait au roi l'injustice de ses défiances. « Mais prétendez-vous le forcer à partir? ajouta-t-il. — Oui, dit le bacha; tel est l'ordre de notre maître. » Alors il les pria encore une fois de bien considérer si cet ordre était de verser le sang d'une tête couronnée? « Oui, répliqua le kan en colère, si cette tête couronnée désobéit au Grand Seigneur dans son empire. »

Cependant tout étant prêt pour l'assaut, la mort de Charles XII paraissait inévitable, et l'ordre du sultan n'étant pas positivement de le tuer, en cas de résistance, le bacha engagea le kan à souffrir qu'on envoyât dans le moment un exprès à Andrinople, où était alors le Grand Seigneur, pour avoir les derniers ordres de Sa Hautesse.

M. Jeffreys et M. Fabrice ayant obtenu ce peu de relâche courent en avertir le roi; ils arrivent avec l'empressement de gens qui apportaient une nouvelle heureuse; mais ils furent très-froidement reçus; il les appela médiateurs volontaires, et persista à soutenir que l'ordre du sultan et le fetfa du mufti étaient forgés, puisqu'on venait d'envoyer demander de nouveaux ordres à la Porte.

Le ministre anglais se retira, bien résolu de ne se plus mêler des affaires d'un prince si inflexible. M. Fabrice, aimé du roi, et plus accoutumé à son humeur que le ministre anglais, resta avec

---

1. Tout ce récit est rapporté par M. Fabrice dans ses lettres. (*Note de Voltaire.*)

lui pour le conjurer de ne pas hasarder une vie si précieuse dans une occasion si inutile.

Le roi, pour toute réponse, lui fit voir ses retranchements, et le pria d'employer sa médiation seulement pour lui faire avoir des vivres; on obtint aisément des Turcs de laisser passer des provisions dans le camp du roi, en attendant que le courrier fût revenu d'Andrinople. Le kan même avait défendu à ses Tartares, impatients du pillage, de rien attenter contre les Suédois jusqu'à nouvel ordre; de sorte que Charles XII sortait quelquefois de son camp avec quarante chevaux, et courait au milieu des troupes tartares, qui lui laissaient respectueusement le passage libre : il marchait même droit à leurs rangs, et ils s'ouvraient plutôt que de résister.

Enfin l'ordre du Grand Seigneur étant venu de passer au fil de l'épée tous les Suédois qui feraient la moindre résistance, et de ne pas épargner la vie du roi, le bacha eut la complaisance de montrer cet ordre à M. Fabrice, afin qu'il fît un dernier effort sur l'esprit de Charles. Fabrice vint faire aussitôt ce triste rapport. « Avez-vous vu l'ordre dont vous parlez? dit le roi. — Oui, répondit Fabrice. — Eh bien, dites-leur de ma part que c'est un second ordre qu'ils ont supposé, et que je ne veux point partir. » Fabrice se jeta à ses pieds, se mit en colère, lui reprocha son opiniâtreté : tout fut inutile. « Retournez à vos Turcs, lui dit le roi en souriant; s'ils m'attaquent, je saurai bien me défendre. »

Les chapelains du roi se mirent aussi à genoux devant lui, le conjurant de ne pas exposer à un massacre certain les malheureux restes de Pultava, et surtout sa personne sacrée; l'assurant de plus que cette résistance était injuste, qu'il violait les droits de l'hospitalité en s'opiniâtrant à rester par force chez des étrangers qui l'avaient si longtemps et si généreusement secouru. Le roi, qui ne s'était point fâché contre Fabrice, se mit en colère contre ses prêtres, et leur dit qu'il les avait pris pour faire les prières, et non pour lui dire leurs avis.

Le général Hord et le général Dahldorf, dont le sentiment avait toujours été de ne pas tenter un combat dont la suite ne pouvait être que funeste, montrèrent au roi leurs estomacs couverts de blessures reçues à son service; et, l'assurant qu'ils étaient prêts de mourir pour lui, ils le supplièrent que ce fût au moins dans une occasion plus nécessaire. « Je sais par vos blessures et par les miennes, leur dit Charles XII, que nous avons vaillamment combattu ensemble; vous avez fait votre devoir jusqu'à présent; il faut le faire encore aujourd'hui. » Il n'y eut plus alors qu'à obéir; chacun eut honte de ne pas chercher de mourir avec le roi. Ce prince, préparé à l'assaut, se flattait en secret du plaisir et de l'honneur de soutenir avec trois cents Suédois les efforts de toute une armée. Il plaça chacun à son poste : son chancelier Muller, le secrétaire Ehrenpreus, et les clercs, devaient défendre la maison de la chancellerie; le baron Fief, à la tête des officiers de la bouche, était à un autre poste; les palefreniers, les cuisiniers, avaient un autre endroit à garder, car avec lui tout était soldat; il courait à cheval de ses retranchements à sa maison, promettant des récompenses à tout le monde, créant des officiers, et assurant de faire capitaines les moindres valets qui combattraient avec courage.

On ne fut pas longtemps sans voir l'armée des Turcs et des Tartares, qui venaient attaquer le petit retranchement avec dix pièces de canon et deux mortiers. Les queues de cheval flottaient en l'air, les clairons sonnaient, les cris de *alla, alla,* se faisaient entendre de tous côtés. Le baron de Grothusen remarqua que les Turcs ne mêlaient dans leurs cris aucune injure contre le roi, et qu'ils l'appelaient seulement *Demirbash,* tête de fer. Aussitôt il prend le parti de sortir seul sans armes des retranchements ; il s'avança dans les rangs des janissaires, qui presque tous avaient reçu de l'argent de lui. « Eh quoi! mes amis, leur dit-il en propres mots, venez-vous massacrer trois cents Suédois sans défense? Vous, braves janissaires, qui avez pardonné à cinquante mille Russes quand ils vous ont crié *amman* (pardon), avez-vous oublié les bienfaits que vous avez reçus de nous? et voulez-vous assassiner ce grand roi de Suède que vous aimez tant, et qui vous a fait tant de libéralités? Mes amis, il ne demande que trois jours, et les ordres du sultan ne sont pas si sévères qu'on vous le fait croire. »

Ces paroles firent un effet que Grothusen n'attendait pas lui-même. Les janissaires jurèrent sur leurs barbes qu'ils n'attaqueraient point le roi, et qu'ils lui donneraient les trois jours qu'il demandait. En vain on donna le signal de l'assaut : les janissaires, loin d'obéir, menacèrent de se jeter sur leurs chefs si l'on n'accordait pas trois jours au roi de Suède; ils vinrent en tumulte à la tente du bacha de Bender, criant que les ordres du sultan étaient supposés ; à cette sédition inopinée, le bacha n'eut à opposer que la patience.

Il feignit d'être content de la généreuse résolution des janissaires, et leur ordonna de se retirer à Bender. Le kan des Tartares, homme violent, voulait donner immédiatement l'assaut avec ses troupes; mais le bacha, qui ne prétendait pas que les Tartares eussent seuls l'honneur de prendre le roi, tandis qu'il serait puni peut-être de la désobéissance de ses janissaires, persuada au kan d'attendre jusqu'au lendemain.

Le bacha, de retour à Bender, assembla tous les officiers des janissaires et les plus vieux soldats; il leur lut et leur fit voir l'ordre positif du sultan et le fetfa du mufti. Soixante des plus vieux, qui avaient des barbes blanches vénérables, et qui avaient reçu mille présents des mains du roi, proposèrent d'aller eux-mêmes le supplier de se remettre entre leurs mains, et de souffrir qu'ils lui servissent de gardes.

Le bacha le permit; il n'y avait point d'expédient qu'il n'eût pris, plutôt que d'être réduit à faire tuer ce prince. Ces soixante vieillards allèrent donc le lendemain matin à Varnitza, n'ayant dans leurs mains que de longs bâtons blancs, seules armes des janissaires quand ils ne vont point au combat; car les Turcs regardent comme barbare la coutume des chrétiens de porter des épées en temps de paix, et d'entrer armés chez leurs amis et dans leurs églises.

Ils s'adressèrent au baron de Grothusen et au chancelier Muller; ils leur dirent qu'ils venaient dans le dessein de servir de fidèles gardes au roi; et que, s'il voulait, ils le conduiraient à Andrinople, où il pourrait parler lui-même au Grand Seigneur. Dans le temps qu'ils faisaient cette proposition, le roi lisait des lettres qui arrivaient de Constantinople, et que Fabrice, qui ne pouvait plus le voir, lui avait fait tenir secrètement par un janissaire. Elles étaient du comte Poniatowski, qui ne pouvait le servir à Bender ni à Andrinople, étant retenu à Constantinople par ordre de la Porte, depuis l'indiscrète demande des mille bourses. Il mandait au roi que les ordres du sultan pour saisir ou massacrer sa personne royale, en cas de résistance, n'étaient que trop réels; qu'à la vérité le sultan était trompé par ses ministres, mais que plus l'empereur était trompé dans cette affaire, plus il voulait être obéi; qu'il fallait céder au temps et plier sous la nécessité; qu'il prenait la liberté de lui conseiller de tout tenter auprès des ministres par la voie des négociations; de ne point mettre de l'inflexibilité où il ne fallait que de la douceur, et d'attendre de la politique et du temps le remède à un mal que la violence aigrirait sans ressource.

Mais ni les propositions de ces vieux janissaires, ni les lettres de Poniatowski, ne purent donner seulement au roi l'idée qu'il pouvait fléchir sans déshonneur. Il aimait mieux mourir de la main des Turcs que d'être en quelque sorte leur prisonnier; il renvoya ces janissaires sans les vouloir voir, et leur fit dire que, s'ils ne se retiraient, il leur ferait couper la barbe, ce qui est dans l'Orient le plus outrageant de tous les affronts.

Les vieillards, remplis de l'indignation la plus vive, s'en retournèrent en criant : « Ah! la tête de fer! puisqu'il veut périr, qu'il périsse. » Ils vinrent rendre compte au bacha de leur commission, et apprendre à leurs camarades de Bender l'étrange réception qu'on leur avait faite. Tous jurèrent alors d'obéir aux ordres du bacha sans délai, et eurent autant d'impatience d'aller à l'assaut qu'ils en avaient eu peu le jour précédent. L'ordre est donné dans le moment : les Turcs marchent aux retranchements ; les Tartares les attendaient déjà, et les canons commençaient à tirer [1].

Les janissaires d'un côté, et les Tartares de l'autre, forcent en un instant ce petit camp : à peine vingt Suédois tirèrent l'épée ; les trois cents soldats furent enveloppés et faits prisonniers sans résistance. Le roi était alors à cheval, entre sa maison et son camp, avec les généraux Hord, Dahldorf, et Sparre : voyant que tous les soldats s'étaient laissé prendre en sa présence, il dit de sang-froid à ces trois officiers : « Allons défendre la maison ; nous combattrons, ajouta-t-il en souriant, *pro aris et focis.* »

Aussitôt il galope avec eux vers cette maison, où il avait mis environ quarante domestiques en sentinelle, et qu'on avait fortifiée du mieux qu'on avait pu.

Ces généraux, tout accoutumés qu'ils étaient à l'opiniâtre intrépidité de leur maître, ne pouvaient se lasser d'admirer qu'il voulût de sang-froid, et en plaisantant, se défendre contre dix canons et toute une armée ; ils le suivirent avec quelques gardes et quelques domestiques, qui faisaient en tout vingt personnes.

Mais quand ils furent à la porte, ils la trouvèrent assiégée de janissaires ; déjà même près de deux cents Turcs ou Tartares étaient entrés par une fenêtre, et s'étaient rendus maîtres de tous les appartements, à la réserve d'une grande salle où les domestiques du roi s'étaient retirés. Cette salle était heureusement près de la porte par où le roi voulait entrer avec sa petite troupe de vingt personnes ; il s'était jeté en bas de son cheval, le pistolet et l'épée à la main, et sa suite en avait fait autant.

---

1. La lettre écrite après le combat par Fabrice, 15 février 1713, confirme tous les détails donnés par Voltaire, et en ajoute de fort curieux : « Quand le siège commençait, les clairons, hautbois, tambours, timbales et autres instruments de la musique militaire des Turcs, se firent entendre, et le roi, pour ne leur devoir rien de reste, fit monter cinq à six trompettes au haut de sa maison, qui leur répondaient, etc. » (A. G.)

Les janissaires tombent sur lui de tous côtés ; ils étaient animés par la promesse qu'avait faite le bacha de huit ducats d'or à chacun de ceux qui auraient seulement touché son habit, en cas qu'on pût le prendre. Il blessait et il tuait tous ceux qui s'approchaient de sa personne. Un janissaire qu'il avait blessé lui appuya son mousqueton sur le visage : si le bras du Turc n'avait fait un mouvement causé par la foule qui allait et qui venait comme des vagues, le roi était mort ; la balle glissa sur son nez, lui emporta un bout de l'oreille, et alla casser le bras au général Hord, dont la destinée était d'être toujours blessé à côté de son maître [1].

Le roi enfonça son épée dans l'estomac du janissaire ; en même temps ses domestiques, qui étaient enfermés dans la grande salle, en ouvrent la porte : le roi entre comme un trait, suivi de sa petite troupe ; on referme la porte dans l'instant, et on la barricade avec tout ce qu'on peut trouver. Voilà Charles XII dans cette salle, enfermé avec toute sa suite, qui consistait en près de soixante hommes, officiers, gardes, secrétaires, valets de chambre, domestiques de toute espèce.

Les janissaires et les Tartares pillaient le reste de la maison, et remplissaient les appartements. « Allons un peu chasser de chez moi ces barbares », dit-il ; et, se mettant à la tête de son monde, il ouvrit lui-même la porte de la salle, qui donnait dans son appartement à coucher ; il entre, et fait feu sur ceux qui pillaient.

Les Turcs, chargés de butin, épouvantés de la subite apparition de ce roi qu'ils étaient accoutumés à respecter, jettent leurs armes, sautent par la fenêtre, ou se retirent jusque dans les caves ; le roi, profitant de leur désordre, et les siens animés par le succès, poursuivent les Turcs de chambre en chambre, tuent ou blessent ceux qui ne fuient point, et en un quart d'heure nettoient la maison d'ennemis.

Le roi aperçut, dans la chaleur du combat, deux janissaires qui se cachaient sous son lit : il en tua un d'un coup d'épée ; l'autre lui demanda pardon en criant *amman*. « Je te donne la vie, dit le roi au Turc, à condition que tu iras faire au bacha un fidèle récit de ce que tu as vu. » Le Turc promit aisément ce qu'on voulut, et on lui permit de sauter par la fenêtre comme les autres.

Les Suédois étant enfin maîtres de la maison refermèrent et barricadèrent encore les fenêtres. Ils ne manquaient point d'armes : une chambre basse, pleine de mousquets et de poudre, avait échappé à la recherche tumultueuse des janissaires ; on s'en

---

1. Voyez page 253.

servit à propos ; les Suédois tiraient à travers les fenêtres, presque à bout portant, sur cette multitude de Turcs, dont ils tuèrent deux cents en moins d'un demi-quart d'heure.

Le canon tirait contre la maison ; mais les pierres étant fort molles, il ne faisait que des trous, et ne renversait rien.

Le kan des Tartares et le bacha, qui voulaient prendre le roi en vie, honteux de perdre du monde et d'occuper une armée entière contre soixante personnes, jugèrent à propos de mettre le feu à la maison pour obliger le roi de se rendre. Ils firent lancer sur le toit, contre les portes et contre les fenêtres, des flèches entortillées de mèches allumées : la maison fut en flammes en un moment. Le toit tout embrasé était prêt à fondre sur les Suédois. Le roi donna tranquillement ses ordres pour éteindre le feu. Trouvant un petit baril plein de liqueur, il prend le baril lui-même, et, aidé de deux Suédois, il le jette à l'endroit où le feu était le plus violent. Il se trouva que ce baril était rempli d'eau-de-vie ; mais la précipitation, inséparable d'un tel embarras, empêcha d'y penser. L'embrasement redoubla avec plus de rage : l'appartement du roi était consumé ; la grande salle, où les Suédois se tenaient, était remplie d'une fumée affreuse, mêlée de tourbillons de feu qui entraient par les portes des appartements voisins ; la moitié du toit était abîmée dans la maison même, l'autre tombait en dehors en éclatant dans les flammes.

Un garde nommé Walberg osa, dans cette extrémité, crier qu'il fallait se rendre. « Voilà un étrange homme, dit le roi, qui s'imagine qu'il n'est pas plus beau d'être brûlé que d'être prisonnier. » Un autre garde nommé Rosen s'avisa de dire que la maison de la chancellerie, qui n'était qu'à cinquante pas, avait un toit de pierre, et était à l'épreuve du feu ; qu'il fallait faire une sortie, gagner cette maison, et s'y défendre. « Voilà un vrai Suédois ! » s'écria le roi : il embrassa ce garde, et le créa colonel sur-le-champ. « Allons, mes amis, dit-il, prenez avec vous le plus de poudre et de plomb que vous pourrez, et gagnons la chancellerie, l'épée à la main. »

Les Turcs, qui cependant entouraient cette maison tout embrasée, voyaient avec une admiration mêlée d'épouvante que les Suédois n'en sortaient point ; mais leur étonnement fut encore plus grand lorsqu'ils virent ouvrir les portes, et le roi et les siens fondre sur eux en désespérés. Charles et ses principaux officiers étaient armés d'épées et de pistolets : chacun tira deux coups à la fois, à l'instant que la porte s'ouvrit ; et dans le même clin d'œil, jetant leurs pistolets et s'armant de leurs épées, ils firent reculer les Turcs plus de cinquante pas. Mais, le moment d'après, cette petite troupe fut entourée : le roi, qui était en bottes selon sa coutume, s'embarrassa dans ses éperons et tomba ; vingt et un janissaires se jettent aussitôt sur lui ; il jette en l'air son épée pour s'épargner la douleur de la rendre : les Turcs l'emmènent au quartier du bacha, les uns le tenant sous les jambes, les autres sous les bras, comme on porte un malade que l'on craint d'incommoder.

Au moment que le roi se vit saisi, la violence de son tempérament, et la fureur où un combat si long et si terrible avait dû le mettre, firent place tout à coup à la douceur et à la tranquillité. Il ne lui échappa pas un mot d'impatience, pas un coup d'œil de colère. Il regardait les janissaires en souriant, et ceux-ci le portaient en criant *alla*, avec une indignation mêlée de respect. Ses officiers furent pris au même temps, et dépouillés par les Turcs et par les Tartares. Ce fut le 12 février de l'an 1713 qu'arriva cet étrange événement, qui eut encore des suites singulières [1].

---

1. M. Nordberg, qui n'était pas présent à cet événement, n'a fait que suivre ici dans son histoire celle de M. de Voltaire; mais il l'a tronquée, il en a supprimé les circonstances intéressantes, et n'a pu justifier la témérité de Charles XII. Tout ce qu'il a pu dire contre M. de Voltaire, au sujet de cette affaire de Bender, se réduit à l'aventure du sieur Frédéric, valet de chambre du roi de Suède, que quelques-uns prétendaient avoir été brûlé dans la maison du roi, et que d'autres disaient avoir été coupé en deux par les Tartares. La Motraye prétend aussi que le roi de Suède ne dit point ces paroles : « Nous combattrons *pro aris et focis* »; mais M. Fabrice, qui était présent, assure que le roi prononça ces mots, que La Motraye n'était pas plus à portée d'écouter qu'il n'était capable de les comprendre, ne sachant pas un mot de latin. (*Note de Voltaire.*) — Cette note existe dès 1748. (B.)

FIN DU LIVRE SIXIÈME.

LIVRE SEPTIÈME.

ARGUMENT.

Les Turcs transfèrent Charles à Démirtash. Le roi Stanislas est pris dans le même temps. Action hardie de M. de Villelongue. Révolution dans le sérail. Bataille donnée en Poméranie. Altena brûlé par les Suédois. Charles part enfin pour retourner dans ses États. Sa manière étrange de voyager. Son arrivée à Stralsund. Disgrâces de Charles. Succès de Pierre le Grand. Son triomphe dans Pétersbourg.

Le bacha de Bender attendait Charles gravement dans sa tente, ayant près de lui Marco pour interprète. Il reçut ce prince avec un profond respect, et le supplia de se reposer sur un sopha ; mais le roi ne prenant pas seulement garde aux civilités du Turc, se tint debout dans la tente.

« Le Tout-Puissant soit béni, dit le bacha, de ce que Ta Majesté est en vie ! mon désespoir est amer d'avoir été réduit par Ta Majesté à exécuter les ordres de Sa Hautesse. » Le roi, fâché seulement de ce que ses trois cents soldats s'étaient laissé prendre dans leurs retranchements, dit au bacha : « Ah ! s'ils s'étaient défendus comme ils devaient, on ne nous aurait pas forcés en dix jours. — Hélas ! dit le Turc, voilà du courage bien mal employé. » Il fit reconduire le roi à Bender sur un cheval richement caparaçonné. Ses Suédois étaient ou tués ou pris ; tout son équipage, ses meubles, ses papiers, ses hardes les plus nécessaires, pillés ou brûlés ; on voyait sur les chemins les officiers suédois presque nus, enchaînés deux à deux, et suivant à pied des Tartares ou des janissaires. Le chancelier, les généraux, n'avaient point un autre sort ; ils étaient esclaves des soldats auxquels ils étaient échus en partage.

Ismaël bacha, ayant conduit Charles XII dans son sérail de Bender, lui céda son appartement, et le fit servir en roi, non sans prendre la précaution de mettre des janissaires en sentinelle à la porte de la chambre. On lui prépara un lit ; mais il se jeta tout botté sur un sopha, et dormit profondément. Un officier, qui se tenait debout auprès de lui, lui couvrit la tête d'un bonnet, que le roi jeta en se réveillant de son premier sommeil ; et le Turc voyait avec étonnement un souverain qui couchait en bottes et nu-tête. Le lendemain matin, Ismaël introduisit Fabrice dans la chambre du roi. Fabrice trouva ce prince avec ses habits déchirés, ses bottes, ses mains, et toute sa personne, couvertes de sang et de poudre, les sourcils brûlés, mais l'air serein dans cet état affreux. Il se jeta à genoux devant lui, sans pouvoir proférer une parole ; rassuré bientôt par la manière libre et douce dont le roi lui parlait, il reprit avec lui sa familiarité ordinaire, et tous deux s'entretinrent en riant du combat de Bender. « On prétend, dit Fabrice, que Votre Majesté a tué vingt janissaires de sa main. — Bon, bon, dit le roi, on augmente toujours les choses de la moitié. » Au milieu de cette conversation, le bacha présenta au roi son favori Grothusen et le colonel Ribbing, qu'il avait eu la générosité de racheter à ses dépens. Fabrice se chargea de la rançon des autres prisonniers.

Jeffreys, l'envoyé d'Angleterre, se joignit à lui pour fournir à cette dépense. Un Français, que la curiosité avait amené à Bender [1], et qui a écrit une partie des événements que l'on rapporte, donna aussi ce qu'il avait. Ces étrangers, assistés des soins et même de l'argent du bacha, rachetèrent non-seulement les officiers, mais encore leurs habits, des mains des Turcs et des Tartares.

Dès le lendemain, on conduisit le roi prisonnier dans un chariot couvert d'écarlate sur le chemin d'Andrinople : son trésorier Grothusen était avec lui ; le chancelier Muller et quelques officiers suivaient dans un autre char ; plusieurs étaient à cheval, et lorsqu'ils jetaient les yeux sur le chariot où était le roi, ils ne pouvaient retenir leurs larmes. Le bacha était à la tête de l'escorte. Fabrice lui représenta qu'il était honteux de laisser le roi sans épée, et le pria de lui en donner une. « Dieu m'en préserve ! dit le bacha, il voudrait nous en couper la barbe. » Cependant il la lui rendit quelques heures après.

Comme on conduisait ainsi prisonnier et désarmé ce roi qui, peu d'années auparavant, avait donné la loi à tant d'États, et qui

---

1. Ce texte est de 1748. Dans les éditions antérieures, il y avait : « La Motraye, ce gentilhomme français que la curiosité, etc.; » et en note : « On s'est éloigné souvent des Mémoires du sieur de La Motraye pour suivre ceux de MM. Fabrice de Fierville, Jeffreys, et de Villelongue. » (B.)

s'était vu l'arbitre du Nord et la terreur de l'Europe, on vit au même endroit un autre exemple de la fragilité des grandeurs humaines.

Le roi Stanislas avait été arrêté sur les terres des Turcs, et on l'amenait prisonnier à Bender, dans le temps même qu'on transférait Charles XII.

Stanislas, n'étant plus soutenu par la main qui l'avait fait roi, se trouvant sans argent, et par conséquent sans parti en Pologne, s'était retiré d'abord en Poméranie ; et, ne pouvant plus conserver son royame, il avait défendu autant qu'il l'avait pu les États de son bienfaiteur. Il avait même passé en Suède, pour précipiter les secours dont on avait besoin dans la Poméranie et dans la Livonie : il avait fait tout ce qu'on devait attendre de l'ami de Charles XII. En ce temps, le premier roi de Prusse[1], prince trèssage, s'inquiétant avec raison du voisinage des Moscovites, imagina de se liguer avec Auguste et la république de Pologne pour renvoyer les Russes dans leur pays, et de faire entrer Charles XII lui-même dans ce projet. Trois grands événements devaient en être le fruit : la paix du Nord, le retour de Charles dans ses États, et une barrière opposée aux Russes, devenus formidables à l'Europe. Le préliminaire de ce traité, dont dépendait la tranquillité publique, était l'abdication de Stanislas. Non-seulement Stanislas l'accepta, mais il se chargea d'être le négociateur d'une paix qui lui enlevait la couronne ; la nécessité, le bien public, la gloire du sacrifice et l'intérêt de Charles, à qui il devait tout, et qu'il aimait, le déterminèrent. Il écrivit à Bender : il exposa au roi de Suède l'état des affaires, les malheurs et le remède ; il le conjura de ne point s'opposer à une abdication devenue nécessaire par les conjonctures, et honorable par les motifs ; il le pressa de ne point immoler les intérêts de la Suède à ceux d'un ami malheureux, qui s'immolait au bien public sans répugnance. Charles XII reçut ces lettres à Varnitza ; il dit en colère au courrier, en présence de plusieurs témoins : « Si mon ami ne veut pas être roi, je saurai bien en faire un autre. »

Stanislas s'obstina au sacrifice que Charles refusait. Ces temps étaient destinés à des sentiments et à des actions extraordinaires. Stanislas voulut aller lui-même fléchir Charles, et il hasarda, pour abdiquer un trône, plus qu'il n'avait fait pour s'en emparer. Il se déroba un jour, à dix heures du soir, de l'armée suédoise

---

1. Frédéric Ier (1701-1713). Voyez une note sur les rois de Prusse, tome XV, page 195.

qu'il commandait en Poméranie, et partit avec le baron Sparre, qui a été depuis ambassadeur en Angleterre et en France, et avec un autre colonel. Il prend le nom d'un Français, nommé Haran, alors major au service de Suède, et qui est mort depuis commandant de Dantzick. Il côtoie toute l'armée des ennemis ; arrêté plusieurs fois et relâché sur un passe-port obtenu au nom de Haran, il arrive enfin, après bien des périls, aux frontières de Turquie.

Quand il est arrivé en Moldavie, il renvoie à son armée le baron Sparre, entre dans Yassi, capitale de la Moldavie, se croyant en sûreté dans un pays où le roi de Suède avait été si respecté : il était bien loin de soupçonner ce qui se passait alors.

On lui demande qui il est : il se dit major d'un régiment au au service de Charles XII. On l'arrête à ce seul nom ; il est mené devant le hospodar de Moldavie, qui, sachant déjà par les gazettes que Stanislas s'était éclipsé de son armée, concevait quelques soupçons de la vérité. On lui avait dépeint la figure du roi, très-aisé à reconnaître à un visage plein et aimable, et à un air de douceur assez rare.

Le hospodar l'interrogea, lui fit beaucoup de questions captieuses, et enfin il lui demanda quel emploi il avait dans l'armée suédoise. Stanislas et le hospodar parlaient latin. *Major sum*, lui dit Stanislas. — *Imo maximus es*, lui répondit le Moldave ; et aussitôt, lui présentant un fauteuil, il le traita en roi ; mais aussi il le traita en roi prisonnier, et on fit une garde exacte autour d'un couvent grec dans lequel il fut obligé de rester jusqu'à ce qu'on eût des ordres du sultan. Les ordres vinrent de le conduire à Bender, dont on faisait partir Charles.

La nouvelle en vint au bacha dans le temps qu'il accompagnait le chariot du roi de Suède. Le bacha le dit à Fabrice : celui-ci, s'approchant du chariot de Charles XII, lui apprit qu'il n'était pas le seul roi prisonnier entre les mains des Turcs, et que Stanislas était à quelques milles de lui, conduit par des soldats. « Courez à lui, mon cher Fabrice, lui dit Charles sans se déconcerter d'un tel accident ; dites-lui bien qu'il ne fasse jamais de paix avec le roi Auguste, et assurez-le que dans peu nos affaires changeront. » Telle était l'inflexibilité de Charles dans ses opinions que, tout abandonné qu'il était en Pologne, tout poursuivi dans ses propres États, tout captif dans une litière turque, conduit prisonnier sans savoir où on le menait, il comptait encore sur sa fortune, et espérait toujours un secours de cent mille hommes de la Porte Ottomane. Fabrice courut s'acquitter de sa commission, accompagné d'un janissaire, avec la permission du bacha. Il trouva à quelques milles le gros de soldats qui conduisait Stanislas : il s'adressa au milieu d'eux à un cavalier vêtu à la française et assez mal monté, et lui demanda en allemand où était le roi de Pologne. Celui à qui il parla était Stanislas lui-même, qu'il n'avait pas reconnu sous ce déguisement. « Hé quoi ! lui dit le roi, ne vous souvenez-vous donc plus de moi ? » Alors Fabrice lui apprit le triste état où était le roi de Suède, et la fermeté inébranlable, mais inutile, de ses desseins.

Quand Stanislas fut près de Bender, le bacha, qui revenait après avoir accompagné Charles XII quelques milles, envoya au roi polonais un cheval arabe avec un harnais magnifique.

Il fut reçu dans Bender au bruit de l'artillerie, et, à la liberté près qu'il n'eut pas d'abord, il n'eut point à se plaindre du traitement qu'on lui fit[1]. Cependant on conduisait Charles sur le chemin d'Andrinople. Cette ville était déjà remplie du bruit de son combat. Les Turcs le condamnaient et l'admiraient ; mais le divan, irrité, menaçait déjà de le reléguer dans une île de l'Archipel.

Le roi de Pologne Stanislas, qui m'a fait l'honneur de m'apprendre la plupart de ces particularités, m'a confirmé aussi qu'il fut proposé dans le divan de le confiner lui-même dans une île de la Grèce ; mais, quelques mois après, le Grand Seigneur, adouci, le laissa partir[2].

M. Désaleurs, qui aurait pu prendre le parti de Charles et empêcher qu'on ne fît cet affront aux rois chrétiens, était à Constantinople, aussi bien que M. Poniatowski, dont on craignait toujours le génie fécond en ressources. La plupart des Suédois restés dans Andrinople étaient en prison ; le trône du sultan paraissait inaccessible de tous côtés aux plaintes du roi de Suède.

Le marquis de Fierville, envoyé secrètement de la part de la France[3] auprès de Charles à Bender, était pour lors à Andrinople. Il osa imaginer de rendre service à ce prince dans le temps que tout l'abandonnait ou l'opprimait. Il fut heureusement secondé dans ce dessein par un gentilhomme français, d'une ancienne maison de Champagne, nommé de Villelongue,

---

1. Le bon chapelain Nordberg prétend qu'on se contredit ici en disant que le roi Stanislas fut retenu en prisonnier et servi en roi dans Bender. Comment ce pauvre homme ne voyait-il pas qu'on peut être à la fois honoré et prisonnier? (*Note de Voltaire.*)

2. Alinéa postérieur aux premières éditions.

3. Sur les affaires de France à cette époque, consultez les chapitres XXII et XXIII du *Siècle de Louis XIV*, tome XIV.

homme intrépide qui, n'ayant pas alors une fortune selon son courage, et charmé d'ailleurs de la réputation du roi de Suède, était venu chez les Turcs dans le dessein de se mettre au service de ce prince.

M. de Fierville, avec l'aide de ce jeune homme, écrivit un mémoire au nom du roi de Suède, dans lequel ce monarque demandait vengeance au sultan de l'insulte faite en sa personne à toutes les têtes couronnées, et de la trahison vraie ou fausse du kan et du bacha de Bender.

On y accusait le vizir et les autres ministres d'avoir été corrompus par les Moscovites, d'avoir trompé le Grand Seigneur, d'avoir empêché les lettres du roi de parvenir jusqu'à Sa Hautesse, et d'avoir, par ses artifices, arraché du sultan cet ordre si contraire à l'hospitalité musulmane, par lequel on avait violé le droit des nations d'une manière si indigne d'un grand empereur, en attaquant avec vingt mille hommes un roi qui n'avait, pour se défendre, que ses domestiques, et qui comptait sur la parole sacrée du sultan.

Quand ce mémoire fut écrit, il fallut le faire traduire en turc, et l'écrire d'une écriture particulière sur un papier fait exprès, dont on doit se servir pour tout ce qu'on présente au sultan.

On s'adressa à quelques interprètes français qui étaient dans la ville; mais les affaires du roi de Suède étaient si désespérées, et le vizir déclaré si ouvertement contre lui, qu'aucun interprète n'osa seulement traduire l'écrit de M. de Fierville. On trouva enfin un autre étranger, dont la main n'était point connue à la Porte, qui, moyennant quelque récompense et l'assurance d'un secret profond, traduisit le mémoire en turc, et l'écrivit sur le papier convenable; le baron d'Arvidson, officier des troupes de Suède, contrefit la signature du roi. Fierville, qui avait le sceau royal, l'apposa à l'écrit, et on cacheta le tout avec les armes de Suède. Villelongue se chargea de remettre lui-même ce paquet entre les mains du Grand Seigneur, lorsqu'il irait à la mosquée, selon la coutume. On s'était déjà servi d'une pareille voie pour présenter au sultan des mémoires contre ses ministres; mais cela même rendait le succès de cette entreprise plus difficile, et le danger beaucoup plus grand.

Le vizir, qui prévoyait que les Suédois demanderaient justice à son maître, et qui n'était que trop instruit par le malheur de ses prédécesseurs, avait expressément défendu qu'on laissât approcher personne du Grand Seigneur, et avait ordonné surtout qu'on arrêtât tous ceux qui se présenteraient auprès de la mosquée avec des placets.

Villelongue savait cet ordre, et n'ignorait pas qu'il y allait de sa tête. Il quitta son habit franc, prit un vêtement à la grecque, et, ayant caché dans son sein la lettre qu'il voulait présenter, il se promena de bonne heure près de la mosquée où le Grand Seigneur devait aller. Il contrefit l'insensé, s'avança en dansant au milieu de deux haies de janissaires, entre lesquelles le Grand Seigneur allait passer ; il laissait tomber exprès quelques pièces d'argent de ses poches pour amuser les gardes.

Dès que le sultan approcha, on voulut faire retirer Villelongue ; il se jeta à genoux, et se débattit entre les mains des janissaires : son bonnet tomba ; de grands cheveux qu'il portait le firent reconnaître pour un Franc ; il reçut plusieurs coups, et fut très-maltraité. Le Grand Seigneur, qui était déjà proche, entendit ce tumulte, et en demanda la cause. Villelongue lui cria de toutes ses forces : *Amman! amman! miséricorde!* en tirant la lettre de son sein. Le sultan commanda qu'on le laissât approcher. Villelongue court à lui dans le moment, embrasse son étrier, et lui présente l'écrit en lui disant : « *Suet kral dan;* c'est le roi de Suède qui te le donne. » Le sultan mit la lettre dans son sein, et continua son chemin vers la mosquée. Cependant on s'assure de Villelongue, et on le conduit en prison dans les bâtiments extérieurs du sérail.

Le sultan, au sortir de la mosquée, après avoir lu la lettre, voulut lui-même interroger le prisonnier. Ce que je raconte ici paraîtra peut-être peu croyable ; mais enfin je n'avance rien que sur la foi des lettres de M. de Villelongue lui-même[1] ; quand un si brave officier assure un fait sur son honneur, il mérite quelque créance. Il m'a donc assuré que le sultan quitta l'habit impérial, comme aussi le turban particulier qu'il porte, et se déguisa en officier des janissaires, ce qui lui arrivait assez souvent. Il amena avec lui un vieillard de l'île de Malte, qui lui servit d'interprète. A la faveur de ce déguisement, Villelongue jouit d'un honneur qu'aucun ambassadeur chrétien n'a jamais eu : il eut tête à tête une conférence d'un quart d'heure avec l'empereur turc. Il ne manqua pas d'expliquer les griefs du roi de Suède, d'accuser les ministres, et de demander vengeance avec d'autant plus de

---

1. Cela est fort exact. On peut voir à la Bibliothèque les lettres de M. de Villelongue à Voltaire, et la confirmation des faits qui y sont rapportés, sauf l'entrevue avec le sultan, qui reste douteuse.

liberté qu'en parlant au sultan même il était censé ne parler qu'à son égal. Il avait reconnu aisément le Grand Seigneur malgré l'obscurité de la prison, et il n'en fut que plus hardi dans la conversation. Le prétendu officier des janissaires dit à Villelongue ces propres paroles : « Chrétien, assure-toi que le sultan mon maître a l'âme d'un empereur, et que si ton roi de Suède a raison, il lui fera justice. » Villelongue fut bientôt élargi[1] ; on vit, quelques semaines après, un changement subit dans le sérail, dont les Suédois attribuèrent la cause à cette unique conférence. Le mufti fut déposé ; le kan des Tartares exilé à Rhodes, et le sérasquier bacha de Bender relégué dans une île de l'Archipel.

La Porte Ottomane est si sujette à de pareils orages qu'il est bien difficile de décider si en effet le sultan voulait apaiser le roi de Suède par ces sacrifices. La manière dont ce prince fut traité ne prouve pas que la Porte s'empressât beaucoup à lui plaire.

Le favori Ali Coumourgi fut soupçonné d'avoir fait seul tous ces changements pour ses intérêts particuliers. On dit qu'il fit exiler le kan de Tartarie et le sérasquier de Bender, sous prétexte qu'ils avaient délivré au roi les douze cents bourses, malgré l'ordre du Grand Seigneur. Il mit sur le trône des Tartares le frère du kan déposé, jeune homme de son âge, qui aimait peu son frère, et sur lequel Ali Coumourgi comptait beaucoup dans les guerres qu'il méditait. A l'égard du grand vizir Jussuf, il ne fut déposé que quelques semaines après, et Soliman bacha eut le titre de premier vizir.

Je suis obligé de dire que M. de Villelongue et plusieurs Suédois m'ont assuré que la simple lettre présentée au sultan au nom du roi avait causé tous ces grands changements à la Porte ; mais M. de Fierville m'a, de son côté, assuré tout le contraire. J'ai trouvé quelquefois de pareilles contrariétés dans les mémoires que l'on m'a confiés. En ce cas, tout ce que doit faire un historien, c'est de conter ingénument le fait, sans vouloir pénétrer les motifs, et de se borner à dire précisément ce qu'il sait, au lieu de deviner ce qu'il ne sait pas.

Cependant on avait conduit Charles XII dans le petit château de Démirtash auprès d'Andrinople. Une foule innombrable de Turcs s'était rendue en cet endroit pour voir arriver ce prince : on le transporta de son chariot au château sur un sopha ; mais

---

1. Il n'avait été conduit en prison que pour être mis à l'abri des ministres, qu'il accusait.

Charles, pour n'être point vu de cette multitude, se mit un carreau sur la tête.

La Porte se fit prier quelques jours de souffrir qu'il habitât à Démotica, petite ville à six lieues d'Andrinople, près du fameux fleuve Hébrus, aujourd'hui appelé Mérizza. Coumourgi dit au grand vizir Soliman : « Va, fais avertir le roi de Suède qu'il peut rester à Démotica toute sa vie : je te réponds qu'avant un an il demandera à s'en aller de lui-même ; mais surtout ne lui fais point tenir d'argent. »

Ainsi on transféra le roi à la petite ville de Démotica, où la Porte lui assigna un thaïm considérable de provisions pour lui et pour sa suite ; on lui accorda seulement vingt-cinq écus par jour en argent, pour acheter du cochon et du vin, deux sortes de provisions que les Turcs ne fournissent pas ; mais la bourse de cinq cents écus par jour qu'il avait à Bender lui fut retranchée.

A peine fut-il à Démotica avec sa petite cour qu'on déposa le grand vizir Soliman ; sa place fut donnée à Ibrahim Molla, fier, brave et grossier à l'excès. Il n'est pas inutile de savoir son histoire, afin que l'on connaisse plus particulièrement tous ces vicerois de l'empire ottoman, dont la fortune de Charles a si longtemps dépendu.

Il avait été simple matelot à l'avénement du sultan Achmet III. Cet empereur se déguisait souvent en homme privé, en iman ou en dervis ; il se glissait le soir dans les cafés de Constantinople et dans les lieux publics pour entendre ce qu'on disait de lui, et pour recueillir par lui-même les sentiments du peuple. Il entendit un jour ce Molla qui se plaignait que les vaisseaux turcs ne revenaient jamais avec des prises, et qui jurait que s'il était capitaine de vaisseau il ne rentrerait jamais dans le port de Constantinople sans ramener avec lui quelque bâtiment des infidèles. Le Grand Seigneur ordonna dès le lendemain qu'on lui donnât un vaisseau à commander, et qu'on l'envoyât en course. Le nouveau capitaine revint quelques jours après avec une barque maltaise et une galiote de Gênes. Au bout de deux ans on le fit capitaine général de la mer, et enfin grand vizir. Dès qu'il fut dans ce poste, il crut pouvoir se passer du favori, et, pour se rendre nécessaire, il projeta de faire la guerre aux Moscovites : dans cette intention il fit dresser une tente près de l'endroit où demeurait le roi de Suède.

Il invita ce prince à l'y venir trouver avec le nouveau kan des Tartares, et l'ambassadeur de France. Le roi, d'autant plus altier qu'il était malheureux, regardait comme le plus sensible des affronts qu'un sujet osât l'envoyer chercher : il ordonna à son chancelier Muller d'y aller à sa place ; et de peur que les Turcs ne lui manquassent de respect, et ne le forçassent à commettre sa dignité, ce prince, extrême en tout, se mit au lit et résolut de n'en pas sortir tant qu'il serait à Démotica. Il resta dix mois couché, feignant d'être malade : le chancelier Muller, Grothusen et le colonel Duben étaient les seuls qui mangeassent avec lui. Ils n'avaient aucune des commodités dont les Francs se servent ; tout avait été pillé à l'affaire de Bender, de sorte qu'il s'en fallait bien qu'il y eût dans leurs repas de la pompe et de la délicatesse. Ils se servaient eux-mêmes, et ce fut le chancelier Muller qui fit pendant tout ce temps la fonction de cuisinier.

Tandis que Charles XII passait sa vie dans son lit, il apprit la désolation de toutes ses provinces situées hors de la Suède.

Le général Stenbock, illustre pour avoir chassé les Danois de la Scanie, et pour avoir vaincu leurs meilleures troupes avec des paysans, soutint encore quelque temps la réputation des armes suédoises. Il défendit autant qu'il put la Poméranie et Brême, et ce que le roi possédait encore en Allemagne ; mais il ne put empêcher les Saxons et les Danois réunis d'assiéger Stade, ville forte et considérable, située près de l'Elbe dans le duché de Brême. La ville fut bombardée et réduite en cendres, et la garnison obligée de se rendre à discrétion, avant que Stenbock pût s'avancer pour la secourir.

Ce général, qui avait environ douze mille hommes, dont la moitié était cavalerie, poursuivit les ennemis qui étaient une fois plus forts, et les atteignit enfin dans le duché de Mecklenbourg, près d'un lieu nommé Gadebesk, et d'une petite rivière qui porte ce nom : il arriva vis-à-vis des Saxons et des Danois le 20 décembre 1712. Il était séparé d'eux par un marais. Les ennemis, campés derrière ce marais, étaient appuyés à un bois : ils avaient l'avantage du nombre et du terrain, et on ne pouvait aller à eux qu'en traversant le marécage sous le feu de leur artillerie.

Stenbock passe à la tête de ses troupes, arrive en ordre de bataille, et engage un des combats les plus sanglants et les plus acharnés qui se fussent encore donnés entre ces deux nations rivales. Après trois heures de cette mêlée si vive, les Danois et les Saxons furent enfoncés et quittèrent le champ de bataille.

Un fils du roi Auguste et de la comtesse de Koënigsmarck, connu sous le nom de comte de Saxe, fit dans cette bataille son apprentissage de l'art de la guerre. C'est ce même comte de Saxe qui eut depuis l'honneur d'être élu duc de Courlande, et à qui il n'a manqué que la force pour jouir du droit le plus incontestable qu'un homme puisse jamais avoir sur une souveraineté, je veux dire les suffrages unanimes du peuple. C'est lui[1] qui s'est acquis depuis une gloire plus réelle en sauvant la France à la bataille de Fontenoy, en conquérant la Flandre, et en méritant la réputation du plus grand général de nos jours. Il commandait un régiment à Gadebesk, et y eut un cheval tué sous lui : je lui ai entendu dire que les Suédois gardèrent toujours leurs rangs, et que même après que la victoire fut décidée, les premières lignes de ces braves troupes ayant à leurs pieds leurs ennemis morts, il n'y eut pas un soldat suédois qui osât seulement se baisser pour les dépouiller, avant que la prière eût été faite sur le champ de bataille, tant ils étaient inébranlables dans la discipline sévère à laquelle leur roi les avait accoutumés.

Stenbock, après cette victoire, se souvenant que les Danois avaient mis Stade en cendres, alla s'en venger sur Altena, qui appartient au roi de Danemark. Altena est au-dessous de Hambourg, sur le fleuve de l'Elbe, qui peut apporter dans son port d'assez gros vaisseaux. Le roi de Danemark favorisait cette ville de beaucoup de priviléges ; son dessein était d'y établir un commerce florissant : déjà même l'industrie des Altenais, encouragée par les sages vues du roi, commençait à mettre leur ville au nombre des villes commerçantes et riches. Hambourg en concevait de la jalousie, et ne souhaitait rien tant que sa destruction. Dès que Stenbock fut à la vue d'Altena, il envoya dire par un trompette aux habitants qu'ils eussent à se retirer avec ce qu'ils pourraient emporter d'effets, et qu'on allait détruire leur ville de fond en comble.

Les magistrats vinrent se jeter à ses pieds, et offrirent cent mille écus de rançon. Stenbock en demanda deux cent mille. Les Altenais supplièrent qu'il leur fût permis au moins d'envoyer à Hambourg où étaient leurs correspondances, et assurèrent que le lendemain ils apporteraient cette somme : le général suédois répondit qu'il fallait la donner sur l'heure, ou qu'on allait embraser Altena sans délai [2].

1. Cette phrase fut ajoutée en 1748. (B.)
2. Entre cet alinéa et le suivant, il y avait dans la première édition : « On disait que les Hambourgeois avaient donné secrètement à Stenbock une grosse somme pour acheter la ruine de cette ville, qui leur faisait ombrage, et que Stenbock, dans cette sévérité, satisfaisait également ses intérêts, sa vengeance et celle de son maître. » Ce passage et celui qui forme la note suivante furent le sujet d'une réclamation dans la *Bibliothèque raisonnée*, réclamation à l'occasion de laquelle Voltaire écrivit le morceau intitulé *Aux auteurs de la Bibliothèque raisonnée*, 1732; voyez à cette date dans les *Mélanges*.

Ses troupes étaient dans le faubourg, le flambeau à la main : une faible porte de bois et un fossé déjà comblé étaient les seules défenses des Altenais. Ces malheureux furent obligés de quitter leurs maisons avec précipitation au millieu de la nuit : c'était le 9 janvier 1713 : il faisait un froid rigoureux, augmenté par un vent de nord violent, qui servit à étendre l'embrasement avec plus de promptitude dans la ville, et à rendre plus insupportables les extrémités où le peuple fut réduit dans la campagne. Les hommes, les femmes, courbés sous le fardeau des meubles qu'il emportaient, se réfugièrent, en pleurant et en poussant des hurlements, sur les coteaux voisins, qui étaient couverts de glace. On voyait plusieurs jeunes gens qui portaient sur leurs épaules des vieillards paralytiques. Quelques femmes nouvellement accouchées emportèrent leurs enfants, et moururent de froid avec eux sur la colline, en regardant de loin les flammes qui consumaient leur patrie. Tous les habitants n'étaient pas encore sortis de la ville lorsque les Suédois y mirent le feu. Altena brûla depuis minuit jusqu'à dix heures du matin. Presque toutes les maisons étaient de bois : tout fut consumé, et il ne parut pas le lendemain qu'il y eût eu une ville en cet endroit.

Les vieillards, les malades, et les femmes les plus délicates, réfugiés dans les glaces pendant que leurs maisons étaient en feu, se traînèrent aux portes de Hambourg, et supplièrent qu'on leur ouvrît et qu'on leur sauvât la vie ; mais[1] on refusa de les recevoir, parce qu'il régnait dans Altena quelques maladies contagieuses ; et les Hambourgeois n'aimaient pas assez les Altenais pour s'exposer, en les recueillant, à infecter leur propre ville. Ainsi la plupart de ces misérables expirèrent sous les murs de Hambourg, en prenant le ciel à témoin de la barbarie des Suédois, et de celle des Hambourgeois, qui ne paraissait pas moins inhumaine.

Toute l'Allemagne cria contre cette violence : les ministres et les généraux de Pologne et de Danemark écrivirent au comte de Stenbock pour lui reprocher une cruauté si grande, qui, faite sans nécessité et demeurant sans excuse, soulevait contre lui le ciel et la terre.

Stenbock répondit « qu'il ne s'était porté à ces extrémités que pour apprendre aux ennemis du roi son maître à ne plus faire une guerre de barbares, et à respecter le droit des gens ; qu'ils

---

1. La première édition portait : « Mais les Hambourgeois refusèrent de les recevoir, sous prétexte qu'il régnait dans Altena quelques maladies contagieuses ; ainsi la plupart, etc. » Voyez la note précédente. (B.)

avaient rempli la Poméranie de leurs cruautés, dévasté cette belle province, et vendu près de cent mille habitants aux Turcs ; que les flambeaux qui avaient mis Altena en cendres étaient les représailles des boulets rouges par qui Stade avait été consumée ».

C'était avec cette fureur que les Suédois et leurs ennemis se faisaient la guerre. Si Charles XII avait paru alors dans la Poméranie, il est à croire qu'il eût pu retrouver sa première fortune. Ses armées, quoique éloignées de sa présence, étaient encore animées de son esprit ; mais l'absence du chef est toujours dangereuse aux affaires, et empêche qu'on ne profite des victoires. Stenbock perdit par les détails ce qu'il avait gagné par des actions signalées qui en un autre temps auraient été décisives.

Tout vainqueur qu'il était, il ne put empêcher les Moscovites, les Saxons et les Danois de se réunir. On lui enleva des quartiers : il perdit du monde dans plusieurs escarmouches ; deux mille hommes de ses troupes se noyèrent en passant l'Eider pour aller hiverner dans le Holstein. Toutes ces pertes étaient sans ressource dans un pays où il était entouré de tous côtés d'ennemis puissants[1].

Il voulut défendre le pays du Holstein contre le Danemark ; mais, malgré ses ruses et ses efforts, le pays fut perdu, toute l'armée fut détruite, et Stenbock fut prisonnier.

La Poméranie sans défense, à la réserve de Stralsund, de l'île de Rugen et de quelques lieux circonvoisins, devint la proie des alliés. Elle fut séquestrée entre les mains du roi de Prusse. Les États de Brême furent remplis de garnisons danoises. Au même temps les Russes inondaient la Finlande, et y battaient les Suédois, que la confiance abandonnait et qui, étant inférieurs en nombre, commençaient à n'avoir plus sur leurs ennemis aguerris la supériorité de la valeur.

Pour achever les malheurs de la Suède, son roi s'obstinait à rester à Démotica, et se repaissait encore de l'espérance de ce secours turc sur lequel il ne devait plus compter.

Ibrahim Molla, ce vizir si fier, qui s'obstinait à la guerre contre les Moscovites malgré les vues du favori, fut étranglé entre deux portes. La place de vizir était devenue si dangereuse que personne n'osait l'occuper : elle demeura vacante pendant six mois. Enfin le favori Ali Coumourgi prit le titre de grand vizir. Alors toutes les espérances du roi de Suède tombèrent. Il connaissait Coumourgi, d'autant mieux qu'il en avait été servi quand les intérêts de ce favori s'accordaient avec les siens.

---

1. Cet alinéa est l'abrégé d'un long morceau que Voltaire retrancha.

Il avait été onze mois à Démotica, enseveli dans l'inaction et dans l'oubli ; cette oisiveté extrême, succédant tout à coup aux plus violents exercices, lui avait donné enfin la maladie qu'il feignait. On le croyait mort dans toute l'Europe. Le conseil de régence qu'il avait établi à Stockholm, quant il partit de sa capitale, n'entendait plus parler de lui. Le sénat vint en corps supplier la princesse Ulrique-Éléonore, sœur du roi, de se charger de la régence pendant cette longue absence de son frère : elle l'accepta ; mais quand elle vit que le sénat voulait l'obliger à faire la paix avec le czar et le roi de Danemark, qui attaquaient la Suède de tous côtés, cette princesse, jugeant bien que son frère ne ratifierait jamais la paix, se démit de la régence, et envoya en Turquie un long détail de cette affaire.

Le roi reçut le paquet de sa sœur à Démotica. Le despotisme qu'il avait sucé en naissant lui faisait oublier qu'autrefois la Suède avait été libre, et que le sénat gouvernait anciennement le royaume conjointement avec les rois. Il ne regardait ce corps que comme une troupe de domestiques qui voulaient commander dans la maison en l'absence du maître : il leur écrivit que, s'ils prétendaient gouverner, il leur enverrait une de ses bottes, et que ce serait d'elle dont il faudrait qu'ils prissent les ordres [1].

Pour prévenir donc ces prétendus attentats en Suède contre son autorité, et pour défendre enfin son pays, n'espérant plus rien de la Porte Ottomane, et ne comptant plus que sur lui seul, il fit signifier au grand vizir qu'il souhaitait partir, et s'en retourner par l'Allemagne [2].

M. Désaleurs, ambassadeur de France, qui s'était chargé des affaires de la Suède, fit la demande de sa part. « Hé bien, dit le vizir au comte Désaleurs, n'avais-je pas bien dit que l'année ne se passerait pas sans que le roi de Suède demandât à partir? Dites-lui qu'il est à son choix de s'en aller ou de demeurer ; mais qu'il se détermine bien, et qu'il fixe le jour de son départ, afin qu'il ne nous jette pas une seconde fois dans l'embarras de Bender. »

Le comte Désaleurs adoucit au roi la dureté de ces paroles. Le jour fut choisi ; mais Charles, avant que de quitter la Turquie, voulut étaler la pompe d'un grand roi, quoique dans la misère

---

1. Dans l'*Histoire de Russie*, chapitre XIX de la première partie, Voltaire dit que c'est de Bender que Charles XII écrivit cette singulière lettre.

2 Le Sénat, dit Geyer, avait dépêché, dans Démotica, pour l'engager à revenir, l'honnête et courageux comte Liewen, qui lui dit franchement que le peuple allait peut-être nommer un régent. Ce ferme langage et les lettres de Görtz décidèrent le roi à partir. (A. G.)

d'un fugitif. Il donna à Grothusen le titre d'ambassadeur extraordinaire, et l'envoya prendre congé dans les formes à Constantinople, suivi de quatre-vingts personnes toutes superbement vêtues. Les ressorts secrets qu'il fallut faire jouer pour amasser de quoi fournir à cette dépense étaient plus humiliants que l'ambassade n'était pompeuse.

M. Désaleurs prêta au roi quarante mille écus ; Grothusen avait des agents à Constantinople qui empruntaient en son nom, à cinquante pour cent d'intérêt, mille écus d'un Juif, deux cents pistoles d'un marchand anglais, mille francs d'un Turc.

On amassa ainsi de quoi jouer en présence du divan la brillante comédie de l'ambassade suédoise. Grothusen reçut à Constantinople tous les honneurs que la Porte fait aux ambassadeurs extraordinaires des rois le jour de leur audience. Le but de tout ce fracas était d'obtenir de l'argent du grand vizir ; mais ce ministre fut inexorable.

Grothusen proposa d'emprunter un million de la Porte. Le vizir répliqua sèchement que son maître savait donner quand il voulait, et qu'il était au-dessous de sa dignité de prêter ; qu'on fournirait au roi abondamment ce qui était nécessaire pour son voyage, d'une manière digne de celui qui le renvoyait ; que peut-être même la Porte lui ferait quelque présent en or non monnayé, mais qu'on n'y devait pas compter.

Enfin, le 1ᵉʳ octobre 1714, le roi de Suède se mit en route pour quitter la Turquie. Un capigi bacha avec six chiaoux le vinrent prendre au château de Démirtash, où ce prince demeurait depuis quelques jours : il lui présenta, de la part du Grand Seigneur, une large tente d'écarlate brodée d'or, un sabre avec une poignée garnie de pierreries, et huit chevaux arabes d'une beauté parfaite, avec des selles superbes, dont les étriers étaient d'argent massif. Il n'est pas indigne de l'histoire de dire qu'un écuyer arabe, qui avait soin de ces chevaux, donna au roi leur généalogie ; c'est un usage établi depuis longtemps chez ces peuples, qui semblent faire beaucoup plus d'attention à la noblesse des chevaux qu'à celle des hommes, ce qui peut-être n'est pas si déraisonnable, puisque, chez les animaux, les races dont on a soin, et qui sont sans mélange, ne dégénèrent jamais.

Soixante chariots chargés de toutes sortes de provisions, et trois cents chevaux, formaient le convoi. Le capigi-bacha, sachant que plusieurs Turcs avaient prêté de l'argent aux gens de la suite du roi à un gros intérêt, lui dit que, l'usure étant contraire à la loi mahométane, il suppliait Sa Majesté de liquider toutes ses dettes, et d'ordonner au résident qu'il laisserait à Constantinople de ne payer que le capital. « Non, dit le roi, si mes domestiques ont donné des billets de cent écus, je veux les payer, quand ils n'en auraient reçu que dix. »

Il fit proposer aux créanciers de le suivre, avec l'assurance d'être payés de leurs frais et de leurs dettes. Plusieurs entreprirent le voyage de Suède, et Grothusen eut soin qu'ils fussent payés.

Les Turcs, afin de montrer plus de déférence pour leur hôte, le faisaient voyager à très-petites journées ; mais cette lenteur respectueuse gênait l'impatience du roi. Il se levait dans la route à trois heures du matin, selon sa coutume. Dès qu'il était habillé, il éveillait lui-même le capigi et les chiaoux, et ordonnait la marche au milieu de la nuit noire. La gravité turque était dérangée par cette manière nouvelle de voyager ; mais le roi prenait plaisir à leur embarras, et disait qu'il se vengeait un peu de l'affaire de Bender.

Tandis qu'il gagnait les frontières des Turcs, Stanislas en sortait par un autre chemin, et allait se retirer en Allemagne, dans le duché de Deux-Ponts, province qui confine au palatinat du Rhin et à l'Alsace, et qui appartenait au roi de Suède depuis que Charles X, successeur de Christine, avait joint cet héritage à la couronne. Charles assigna à Stanislas le revenu de ce duché, estimé alors environ soixante et dix mille écus. Ce fut là qu'aboutirent pour lors tant de projets, tant de guerres et tant d'espérances. Stanislas voulait et aurait pu faire un traité avantageux avec le roi Auguste ; mais l'indomptable opiniâtreté de Charles XII lui fit perdre ses terres et ses biens réels en Pologne, pour lui conserver le titre de roi.

Ce prince resta dans le duché de Deux-Ponts jusqu'à la mort de Charles : alors, cette province retournant à un prince de la maison palatine, il choisit sa retraite à Veissembourg, dans l'Alsace française. M. Sum, envoyé du roi Auguste, en porta ses plaintes au duc d'Orléans, régent de France. Le duc d'Orléans répondit à M. Sum ces paroles remarquables : « Monsieur, mandez au roi votre maître que la France a toujours été l'asile des rois malheureux [1]. »

Le roi de Suède, étant arrivé sur les confins de l'Allemagne, apprit que l'empereur avait ordonné qu'on le reçût dans toutes

---

1. Voltaire a cité cette réponse dans l'*Encyclopédie*, au mot HAUTEUR ; voyez le même mot dans le *Dictionnaire philosophique*. Il a dit dans *Zaïre*, acte II, scène III :

... La cour de Louis est l'asile des rois.

les terres de son obéissance avec une magnificence convenable. Les villes et les villages où les maréchaux des logis avaient par avance marqué sa route faisaient des préparatifs pour le recevoir : tous ces peuples attendaient avec impatience de voir passer cet homme extraordinaire, dont les victoires et les malheurs, les moindres actions, et le repos même, avaient fait tant de bruit en Europe et en Asie. Mais Charles n'avait nulle envie d'essuyer toute cette pompe, ni de montrer en spectacle le prisonnier de Bender; il avait résolu même de ne jamais rentrer dans Stockholm qu'il n'eût auparavant réparé ses malheurs par une meilleure fortune.

Quand il fut à Tergovitz, sur les frontières de la Transylvanie, après avoir congédié son escorte turque, il assembla sa suite dans une grange, et il leur dit à tous de ne se mettre point en peine de sa personne, et de se trouver le plus tôt qu'ils pourraient à Stralsund, en Poméranie, sur le bord de la mer Baltique, environ à trois cents lieues de l'endroit où ils étaient.

Il ne prit avec lui que During, et quitta toute sa suite gaiement, la laissant dans l'étonnement, dans la crainte et dans la tristesse. Il prit une perruque noire pour se déguiser, car il portait toujours ses cheveux, mit un chapeau bordé d'or avec un habit gris d'épine et un manteau bleu, prit le nom d'un officier allemand, et courut la poste à cheval avec son compagnon de voyage.

Il évita dans sa route, autant qu'il le put, les terres de ses ennemis déclarés et secrets, prit son chemin par la Hongrie, la Moravie, l'Autriche, la Bavière, le Vurtenberg, le Palatinat, la Vestphalie et le Mecklenbourg; ainsi il fit presque le tour de l'Allemagne, et allongea son chemin de la moitié. A la fin de la première journée, après avoir couru sans relâche, le jeune During, qui n'était pas endurci à ces fatigues excessives comme le roi de Suède, s'évanouit en descendant de cheval. Le roi, qui ne voulait pas s'arrêter un moment sur la route, demanda à During, quand celui-ci fut revenu à lui, combien il avait d'argent. During ayant répondu qu'il avait environ mille écus en or : « Donne-m'en la moitié, dit le roi ; je vois bien que tu n'es pas en état de me suivre : j'achèverai la route tout seul. » During le supplia de daigner se reposer du moins trois heures, l'assurant qu'au bout de ce temps il serait en état de remonter à cheval, et de suivre Sa Majesté ; il le conjura de penser à tous les risques qu'il allait courir. Le roi, inexorable, se fit donner les cinq cents écus et demanda des chevaux. Alors During, effrayé de la résolution du roi, s'avisa d'un stratagème innocent : il tira à part le maître de la poste, et lui montrant le roi de Suède : « Cet homme, lui dit-il, est mon cousin ; nous voyageons ensemble pour la même affaire ; il voit que je suis malade, et ne veut pas seulement m'attendre trois heures ; donnez-lui, je vous prie, le plus méchant cheval de votre écurie, et cherchez-moi quelque chaise ou quelque chariot de poste. »

Il mit deux ducats dans la main du maître de la poste, qui satisfit exactement à toutes ses demandes. On donna au roi un cheval rétif et boiteux : ce monarque partit seul à dix heures du soir dans cet équipage, au milieu d'une nuit noire, avec le vent, la neige et la pluie. Son compagnon de voyage, après avoir dormi quelques heures, se mit en route dans un chariot traîné par de forts chevaux. A quelques milles, il rencontra, au point du jour, le roi de Suède, qui, ne pouvant plus faire marcher sa monture, s'en allait de son pied gagner la poste prochaine.

Il fut forcé de se mettre sur le chariot de During ; il dormit sur de la paille. Ensuite ils continuèrent leur route, courant à cheval le jour, et dormant sur une charrette la nuit, sans s'arrêter en aucun lieu.

Après seize jours de course, non sans danger d'être arrêtés plus d'une fois, ils arrivèrent enfin, le 21 novembre de l'année 1714, aux portes de la ville de Stralsund, à une heure après minuit.

Le roi cria à la sentinelle qu'il était un courrier dépêché de Turquie par le roi de Suède ; qu'il fallait qu'on le fît parler dans le moment au général Düker, gouverneur de la place. La sentinelle répondit qu'il était tard, que le gouverneur était couché, et qu'il fallait attendre le point du jour.

Le roi répliqua qu'il venait pour des affaires importantes, et leur déclara que s'ils n'allaient pas réveiller le gouverneur sans délai, ils seraient tous punis le lendemain matin. Un sergent alla enfin réveiller le gouverneur. Düker s'imagina que c'était peut-être un des généraux du roi de Suède : on fit ouvrir les portes ; on introduisit ce courrier dans sa chambre.

Düker, à moitié endormi, lui demanda des nouvelles du roi de Suède ; le roi, le prenant par le bras : « Hé quoi ! dit-il, Düker, mes plus fidèles sujets m'ont-ils oublié [1] ? » Le général reconnut le roi : il ne pouvait croire ses yeux ; il se jette en bas du lit, embrasse les genoux de son maître en versant des larmes de joie. La nouvelle en fut répandue à l'instant dans la ville, tout le

---

1. Comparez l'arrivée de Napoléon à Varsovie, dans l'*Histoire* que de Pradt a faite de son ambassade en 1812. (G. A.)

monde se leva : les soldats vinrent entourer la maison du gouverneur. Les rues se remplirent d'habitants, qui se demandaient les uns aux autres : « Est-il vrai que le roi est ici ? » On fit des illuminations à toutes les fenêtres ; le vin coula dans les rues, à la lumière de mille flambeaux et au bruit de l'artillerie.

Cependant on mena le roi au lit : il y avait seize jours qu'il ne s'était couché ; il fallut couper ses bottes sur les jambes, qui s'étaient enflées par l'extrême fatigue. Il n'avait ni linge ni habits : on lui fit une garde-robe en hâte de ce qu'on put trouver de plus convenable dans la ville. Quand il eut dormi quelques heures, il ne se leva que pour aller faire la revue de ses troupes et visiter les fortifications. Le jour même il envoya partout ses ordres pour recommencer une guerre plus vive que jamais contre tous ses ennemis. Au reste, toutes ces particularités, si conformes au caractère extraordinaire de Charles XII, m'ont été confirmées par le comte de Croissy, ambassadeur auprès de ce prince, après m'avoir été apprises par M. Fabrice.

L'Europe chrétienne était alors dans un état bien différent de celui où elle était quand Charles la quitta en 1709.

La guerre qui en avait si longtemps déchiré toute la partie méridionale, c'est-à-dire l'Allemagne, l'Angleterre, la Hollande, la France, l'Espagne, le Portugal et l'Italie, était éteinte. Cette paix générale avait été produite par des brouilleries particulières arrivées à la cour d'Angleterre. Le comte d'Oxford, ministre habile, et le lord Bolingbroke, un des plus brillants génies et l'homme le plus éloquent de son siècle, prévalurent contre le fameux duc de Marlborough, et engagèrent la reine Anne à faire la paix avec Louis XIV. La France, n'ayant plus l'Angleterre pour ennemie, força bientôt les autres puissances à s'accommoder.

Philippe V, petit-fils de Louis XIV, commençait à régner paisiblement sur les débris de la monarchie espagnole. L'empereur d'Allemagne, devenu maître de Naples et de la Flandre, s'affermissait dans ses vastes États. Louis XIV n'aspirait plus qu'à achever en paix sa longue carrière.

Anne, reine d'Angleterre, était morte le 10 août 1714, haïe de la moitié de sa nation pour avoir donné la paix à tant d'États. Son frère Jacques Stuart, prince malheureux, exclu du trône presque en naissant, n'ayant point paru alors en Angleterre pour tenter de recueillir une succession que de nouvelles lois lui auraient donnée si son parti eût prévalu, George Ier, électeur de Hanovre, fut reconnu unanimement roi de la Grande-Bretagne. Le trône appartenait à cet électeur, non en vertu du sang, quoiqu'il descendît d'une fille de Jacques, mais en vertu d'un acte du parlement de la nation.

George, appelé dans un âge avancé à gouverner un peuple dont il n'entendait point la langue, et chez qui tout lui était étranger, se regardait comme l'électeur de Hanovre plutôt que comme le roi d'Angleterre. Toute son ambition était d'agrandir ses États d'Allemagne. Il repassait presque tous les ans la mer pour revoir des sujets dont il était adoré. Au reste il se plaisait plus à vivre en homme qu'en maître. La pompe de la royauté était pour lui un fardeau pesant. Il vivait avec un petit nombre d'anciens courtisans qu'il admettait à sa familiarité. Ce n'était pas le roi de l'Europe qui eût le plus d'éclat ; mais il était un des plus sages, et le seul qui connût sur le trône les douceurs de la vie privée et de l'amitié. Tels étaient les principaux monarques, et telle la situation du midi de l'Europe.

Les changements arrivés dans le Nord étaient d'une autre nature. Ses rois étaient en guerre, et se réunissaient contre le roi de Suède.

Auguste était depuis longtemps remonté sur le trône de Pologne avec l'aide du czar et du consentement de l'empereur d'Allemagne, d'Anne d'Angleterre, et des États-Généraux, qui, tous garants du traité d'Alt-Rantstadt quand Charles XII imposait les lois, se désistèrent de leur garantie quand il ne fut plus à craindre.

Mais Auguste ne jouissait pas d'un pouvoir tranquille. La république de Pologne, en reprenant son roi, reprit bientôt ses craintes du pouvoir arbitraire : elle était en armes pour l'obliger à se conformer aux *pacta conventa*, contrat sacré entre les peuples et les rois, et semblait n'avoir rappelé son maître que pour lui déclarer la guerre. Dans les commencements de ces troubles, on n'entendait pas prononcer le nom de Stanislas; son parti semblait anéanti, et on ne se ressouvenait en Pologne du roi de Suède que comme d'un torrent qui avait, pour un temps, changé le cours de toutes choses dans son passage.

Pultava et l'absence de Charles XII, en faisant tomber Stanislas, avaient aussi entraîné la chute du duc de Holstein, neveu de Charles, qui venait d'être dépouillé de ses États par le roi de Danemark. Le roi de Suède avait aimé tendrement le père : il était pénétré et humilié des malheurs du fils; de plus, n'ayant rien fait en sa vie que pour la gloire, la chute des souverains qu'il avait faits ou rétablis fut pour lui aussi sensible que la perte de tant de provinces.

C'était à qui s'enrichirait de ses pertes. Frédéric-Guillaume, depuis peu roi de Prusse, qui paraissait avoir autant d'inclination à la guerre que son père avait été pacifique, commença par se faire livrer Stetin et une partie de la Poméranie, sur laquelle il avait des droits pour quatre cent mille écus payés au roi de Danemark et au czar.

George, électeur de Hanovre, devenu roi d'Angleterre, avait aussi séquestré entre ses mains le duché de Brême et de Verden, que le roi de Danemark lui avait mis en dépôt pour soixante mille pistoles. Ainsi on disposait des dépouilles de Charles XII, et ceux qui les avaient en garde devenaient, par leurs intérêts, des ennemis aussi dangereux que ceux qui les avaient prises.

Quant au czar, il était sans doute le plus à craindre : ses anciennes défaites, ses victoires, ses fautes même, sa persévérance à s'instruire et à montrer à ses sujets ce qu'il avait appris, ses travaux continuels, en avaient fait un grand homme en tout genre. Déjà Riga était pris ; la Livonie, l'Ingrie, la Carélie, la moitié de la Finlande, tant de provinces qu'avaient conquises les rois ancêtres de Charles, étaient sous le joug moscovite.

Pierre Alexiowitz, qui vingt ans auparavant n'avait pas une barque dans la mer Baltique, se voyait alors maître de cette mer, à la tête d'une flotte de trente grands vaisseaux de ligne.

Un de ces vaisseaux avait été construit de ses propres mains ; il était le meilleur charpentier, le meilleur amiral, le meilleur pilote du Nord. Il n'y avait point de passage difficile qu'il n'eût sondé lui-même depuis le fond du golfe de Bothnie jusqu'à l'Océan, ayant joint le travail d'un matelot aux expériences d'un philosophe et aux desseins d'un empereur, et étant devenu amiral par degrés et à force de victoires, comme il avait voulu parvenir au généralat sur terre.

Tandis que le prince Gallitzin, général formé par lui, et l'un de ceux qui secondèrent le mieux ses entreprises, achevait la conquête de la Finlande, prenait la ville de Vasa et battait les Suédois, cet empereur se mit en mer pour aller conquérir l'île d'Aland, située dans la mer Baltique, à douze lieues de Stockholm.

Il partit pour cette expédition au commencement de juillet 1714, pendant que son rival Charles XII se tenait dans son lit à Démotica. Il s'embarqua au port de Cronslot, qu'il avait bâti depuis quelques années à quatre milles de Pétersbourg. Ce nouveau port, la flotte qu'il contenait, les officiers et les matelots qui la montaient, tout cela était son ouvrage, et de quelque côté qu'il jetât les yeux il ne voyait rien qu'il n'eût créé en quelque sorte.

La flotte russe se trouva le 15 juillet à la hauteur d'Aland. Elle était composée de trente vaisseaux de ligne, de quatre-vingts galères, et de cent demi-galères. Elle portait vingt mille soldats : l'amiral Apraxin la commandait ; l'empereur russe y servait en qualité de contre-amiral. La flotte suédoise vint le 16 à sa rencontre, commandée par le vice-amiral Ehrensköld ; elle était moins forte des deux tiers ; toutefois, elle se battit pendant trois heures. Le czar s'attacha au vaisseau d'Ehrensköld, et le prit après un combat opiniâtre.

Le jour de la victoire, il débarqua seize mille hommes dans Aland ; et ayant pris plusieurs soldats suédois qui n'avaient pu encore s'embarquer sur la flotte d'Ehrensköld, il les amena prisonniers sur ses vaisseaux. Il rentra dans son port de Cronslot avec le grand vaisseau d'Ehrensköld, trois autres de moindre grandeur, une frégate, et six galères, dont il s'était rendu maître dans ce combat.

De Cronslot il arriva dans le port de Pétersbourg, suivi de toute sa flotte victorieuse et des vaisseaux pris sur les ennemis. Il fut salué d'une triple décharge de cent cinquante canons : après quoi il fit une entrée triomphale qui le flatta encore davantage que celle de Moscou[1], parce qu'il recevait ces honneurs dans sa ville favorite, en un lieu où dix ans auparavant il n'y avait pas une cabane, et où il voyait alors trente-quatre mille cinq cents maisons ; enfin, parce qu'il se trouvait non-seulement à la tête d'une marine victorieuse, mais de la première flotte russe qu'on eût jamais vue dans la mer Baltique, et au milieu d'une nation à qui le nom de flotte n'était pas même connu avant lui.

On observa à Pétersbourg à peu près les mêmes cérémonies qui avaient décoré le triomphe à Moscou. Le vice-amiral suédois fut le principal ornement de ce triomphe nouveau : Pierre Alexiowitz y parut en qualité de contre-amiral. Un boïard russien, nommé Romanodowski, lequel représentait le czar dans des occasions solennelles, était assis sur un trône, ayant à ses côtés douze sénateurs. Le contre-amiral lui présenta la relation de sa victoire, et on le déclara vice-amiral, en considération de ses services ; cérémonie bizarre, mais utile dans un pays où la subordination militaire était une des nouveautés que le czar avait introduites.

L'empereur moscovite, enfin victorieux des Suédois sur mer et sur terre, et ayant aidé à les chasser de la Pologne, y dominait à son tour. Il s'était rendu médiateur entre la république et

---

1. Voyez plus haut, livre V, page 266.

Auguste; gloire aussi flatteuse peut-être que d'y avoir fait un roi. Cet éclat et toute la fortune de Charles avaient passé au czar; il en jouissait même plus utilement que n'avait fait son rival, car il faisait servir tous ses succès à l'avantage de son pays. S'il prenait une ville, les principaux artisans allaient porter à Pétersbourg leur industrie : il transportait en Moscovie les manufactures, les arts, les sciences des provinces conquises sur la Suède; ses États s'enrichissaient par ses victoires, ce qui, de tous les conquérants, le rendait le plus excusable.

La Suède, au contraire, privée de presque toutes ses provinces au delà de la mer, n'avait plus ni commerce, ni argent, ni crédit. Ses vieilles troupes, si redoutables, avaient péri dans les batailles, ou de misère. Plus de cent mille Suédois étaient esclaves dans les vastes États du czar, et presque autant avaient été vendus aux Turcs et aux Tartares. L'espèce d'hommes manquait sensiblement; mais l'espérance renaquit dès qu'on sut le roi à Stralsund.

Les impressions de respect et d'admiration pour lui étaient encore si fortes dans l'esprit de ses sujets que la jeunesse des campagnes se présenta en foule pour s'enrôler, quoique les terres n'eussent pas assez de mains pour les cultiver.

FIN DU LIVRE SEPTIÈME.

LIVRE HUITIÈME.

ARGUMENT.

Charles marie la princesse sa sœur au prince de Hesse. Il est assiégé dans Stralsund, et se sauve en Suède. Entreprise du baron de Görtz, son premier ministre. Projet d'une réconciliation avec le czar, et d'une descente en Angleterre. Charles assiége Frédrickhall en Norvége. Il est tué. Son caractère. Görtz est décapité.

Le roi, au milieu de ces préparatifs, donna la sœur qui lui restait, Ulrique-Éléonore, en mariage au prince Frédéric de Hesse-Cassel. La reine douairière, grand'mère de Charles XII et de la princesse, âgée de quatre-vingts ans, fit les honneurs de cette fête, le 4 avril 1715[1], dans le palais de Stockholm, et mourut peu de temps après.

Ce mariage ne fut point honoré de la présence du roi ; il resta dans Stralsund, occupé à achever les fortifications de cette place importante, menacée par les rois de Danemark et de Prusse. Il déclara cependant son beau-frère généralissime de ses armées en Suède. Ce prince avait servi les États-Généraux dans les guerres contre la France : il était regardé comme un bon général, qualité qui n'avait pas peu contribué à lui faire épouser une sœur de Charles XII.

Les mauvais succès se suivaient alors aussi rapidement qu'autrefois les victoires. Au mois de juin de cette année 1715, les troupes allemandes du roi d'Angleterre, et celles de Danemark, investirent la forte ville de Vismar ; les Danois et les Saxons, réunis au nombre de trente-six mille, marchèrent en même temps vers Stralsund pour en former le siége. Les rois de Danemark et de Prusse coulèrent à fond, près de Stralsund, cinq vaisseaux suédois. Le czar était alors sur la mer Baltique avec vingt grands

---

[1]. La veille de ce jour, la France avait signé avec la Suède un traité d'alliance offensive.

vaisseaux de guerre, et cent cinquante de transport, sur lesquels il y avait trente mille hommes. Il menaçait la Suède d'une descente : tantôt il avançait jusqu'à la côte d'Helsinbourg, tantôt il se présentait à la hauteur de Stockholm. Toute la Suède était en armes sur les côtes, et n'attendait que le moment de cette invasion. Dans ce même temps ses troupes de terre chassaient de poste en poste les Suédois des places qu'ils possédaient encore dans la Finlande, vers le golfe de Bothnie ; mais le czar ne poussa pas plus loin ses entreprises.

A l'embouchure de l'Oder, fleuve qui partage en deux la Poméranie, et qui, après avoir coulé sous Stetin, tombe dans la mer Baltique, est la petite île d'Usedom : cette place est très-importante par sa situation, qui commande l'Oder à droite et à gauche ; celui qui en est le maître l'est aussi de la navigation du fleuve. Le roi de Prusse avait délogé les Suédois de cette île, et s'en était saisi, aussi bien que de Stetin, qu'il gardait en séquestre, *le tout,* disait-il, *pour l'amour de la paix*[1]. Les Suédois avaient repris l'île d'Usedom au mois de mai 1715. Ils y avaient deux forts : l'un était le fort de la Suine, sur la branche de l'Oder qui porte ce nom ; l'autre, de plus de conséquence, était Pennamonder, sur l'autre cours de la rivière. Le roi de Suède n'avait, pour garder ces deux forts et toute l'île, que deux cent cinquante soldats poméraniens, commandés par un vieil officier suédois nommé Kuse-Slerp, dont le nom mérite d'être conservé.

Le roi de Prusse envoie, le 4 août, quinze cents hommes de pied et huit cents dragons pour débarquer dans l'île : ils arrivent et mettent pied à terre, sans opposition, du côté du fort de la Suine. Le commandant suédois leur abandonna ce fort comme le moins important ; et, ne pouvant partager le peu qu'il avait de monde, il se retira dans le château de Pennamonder avec sa petite troupe, résolu de se défendre jusqu'à la dernière extrémité.

Il fallut donc l'assiéger dans les formes. On embarque pour cet effet de l'artillerie à Stetin ; on renforce les troupes prussiennes de mille fantassins et de quatre cents cavaliers. Le 18 août on ouvre la tranchée en deux endroits, et la place est vivement battue par le canon et par les mortiers. Pendant le siège un soldat suédois, chargé en secret d'une lettre de Charles XII, trouva le moyen d'aborder dans l'île, et de s'introduire dans Pen-

---

1. Il y avait eu entente avec la régence de Suède. Les Prussiens acceptaient de se retirer moyennant le remboursement de quarante mille écus. Charles aima mieux faire la guerre. (*Manuscrits de la Bibliothèque nationale.*)

namonder : il rendit la lettre au commandant ; elle était conçue en ces termes : « Ne faites aucun feu que quand les ennemis seront au bord du fossé, défendez-vous jusqu'à la dernière goutte de votre sang : je vous recommande à votre bonne fortune. CHARLES. »

Slerp, ayant lu ce billet, résolut d'obéir et de mourir comme il lui était ordonné, pour le service de son maître. Le 22, au point du jour, les ennemis donnèrent l'assaut : les assiégés, n'ayant tiré que quand ils virent les assiégeants au bord du fossé, en tuèrent un grand nombre ; mais le fossé était comblé, la brèche large, le nombre des assiégeants trop supérieur. On entra dans le château par deux endroits à la fois. Le commandant ne songea alors qu'à vendre chèrement sa vie, et à obéir à la lettre. Il abandonne les brèches par où les ennemis entraient ; il retranche près d'un bastion sa petite troupe, qui a l'audace et la fidélité de le suivre ; il la place de façon qu'elle ne peut être entourée. Les ennemis courent à lui, étonnés de ce qu'il ne demande point de quartier. Il se bat pendant une heure entière, et, après avoir perdu la moitié de ses soldats, il est tué enfin avec son lieutenant et son major. Alors cent soldats, qui restaient avec un seul officier, demandèrent la vie, et furent faits prisonniers : on trouva dans la poche du commandant la lettre de son maître, qui fut portée au roi de Prusse.

Pendant que Charles perdait l'île d'Usedom, et les îles voisines, qui furent bientôt prises ; que Vismar était prêt de se rendre ; qu'il n'avait plus de flotte ; que la Suède était menacée, il était dans la ville de Stralsund[1] ; et cette place était déjà assiégée par trente-six mille hommes.

Stralsund, ville devenue fameuse en Europe par le siége qu'y soutint le roi de Suède, est la plus forte place de la Poméranie. Elle est bâtie entre la mer Baltique et le lac de Franken, sur le détroit de Gella : on n'y peut arriver de terre que sur une chaussée étroite, défendue par une citadelle et par des retranchements qu'on croyait inaccessibles. Elle avait une garnison de près de neuf mille hommes, et de plus le roi de Suède lui-même. Les rois de Danemark et de Prusse entreprirent ce siége avec une armée de trente-six mille hommes, composée de Prussiens, de Danois et de Saxons.

---

1. Charles XII attendait dans Stralsund l'arrivée par mer des secours que lui avait promis la France. Mais son malheur voulut que, justement à cette époque, survînt la mort de Louis XIV, 1ᵉʳ septembre 1715. Le général en chef des Saxons, voulant effrayer les Suédois par cette mauvaise nouvelle, la fit annoncer par un trompette. Charles se contenta de lui faire répondre de dessus les murailles, par un autre trompette : « Si Louis XIV est mort, Charles XII vit encore ! » *Chroniques moldaves.* (A. G.)

L'honneur d'assiéger Charles XII était un motif si pressant qu'on passa par-dessus tous les obstacles, et qu'on ouvrit la tranchée la nuit du 19 au 20 octobre de cette année 1715. Le roi de Suède, dans le commencement du siége, disait qu'il ne comprenait pas comment une place bien fortifiée, et munie d'une garnison suffisante, pouvait être prise. Ce n'est pas que, dans le cours de ses conquêtes passées, il n'eût pris plusieurs places, mais presque jamais par un siége régulier : la terreur de ses armes avait alors tout emporté ; d'ailleurs il ne jugeait pas des autres par lui-même, et n'estimait pas assez ses ennemis. Les assiégeants pressèrent leurs ouvrages avec une activité et des efforts qui furent secondés par un hasard très-singulier.

On sait que la mer Baltique n'a ni flux ni reflux. Le retranchement qui couvrait la ville, et qui était appuyé du côté de l'occident à un marais impraticable, et du côté de l'orient à la mer, semblait hors de toute insulte. Personne n'avait fait attention que, lorsque les vents d'occident soufflaient avec quelque violence, ils refoulaient les eaux de la mer Baltique vers l'orient, et ne leur laissaient que trois pieds de profondeur vers ce retranchement, qu'on eût cru bordé d'une mer impraticable. Un soldat s'étant laissé tomber du haut du retranchement dans la mer, fut étonné de trouver fond : il conçut que cette découverte pourrait faire sa fortune ; il déserta et alla au quartier du comte Wackerbarth, général des troupes saxonnes, donner avis qu'on pouvait passer la mer à gué, et pénétrer sans peine au retranchement des Suédois. Le roi de Prusse ne tarda pas à profiter de l'avis [1].

Le lendemain donc, à minuit, le vent d'occident soufflant encore, le lieutenant-colonel Koppen entra dans l'eau, suivi de dix-huit cents hommes ; deux mille s'avançaient en même temps sur la chaussée qui conduisait à ce retranchement ; toute l'artillerie des Prussiens tirait, et les Prussiens et les Danois donnaient l'alarme d'un autre côté.

Les Suédois se crurent sûrs de renverser ces deux mille hommes qu'ils voyaient venir si témérairement en apparence sur la chaussée ; mais tout à coup Koppen, avec ses dix-huit cents hommes, entre dans le retranchement du côté de la mer. Les Suédois, entourés et surpris, ne purent résister : le poste fut

---

[1]. M. de Koppen avait étudié à Stralsund ; il s'y était souvent baigné dans la mer et en connaissait la profondeur. Il reconnut que le retranchement se terminait à un endroit où la mer n'avait qu'environ quatre pieds ; il en fit part au roi, et fut détaché pour se rendre maître des retranchements. *Manuscrits.* (A. G.)

enlevé après un grand carnage. Quelques Suédois s'enfuirent vers la ville ; les assiégeants les y poursuivirent : ils entraient pêle-mêle avec les fuyards ; deux officiers et quatre soldats saxons étaient déjà sur le pont-levis, mais on eut le temps de le lever : ils furent pris, et la ville fut sauvée pour cette fois.

On trouva dans ces retranchements vingt-quatre canons, que l'on tourna contre Stralsund. Le siége fut poussé avec l'opiniâtreté et la confiance que devait donner ce premier succès. On canonna et on bombarda la ville presque sans relâche.

Vis-à-vis Stralsund, dans la mer Baltique, est l'île de Rugen, qui sert de rempart à cette place, et où la garnison et les bourgeois auraient pu se retirer s'ils avaient eu des barques pour les transporter. Cette île était d'une conséquence extrême pour Charles : il voyait bien que, si les ennemis en étaient les maîtres, il se trouverait assiégé par terre et par mer ; et que, selon toutes les apparences, il serait réduit, ou à s'ensevelir sous les ruines de Stralsund, ou à se voir prisonnier de ces mêmes ennemis qu'il avait si longtemps méprisés, et auxquels il avait imposé des lois si dures. Cependant le malheureux état de ses affaires ne lui avait pas permis de mettre dans Rugen une garnison suffisante ; il n'y avait pas plus de deux mille hommes de troupes.

Ses ennemis faisaient, depuis trois mois, toutes les dispositions nécessaires pour descendre dans cette île, dont l'abord est très-difficile ; enfin, ayant fait construire des barques, le prince d'Anhalt, à l'aide d'un temps favorable, débarqua dans Rugen, le 15 novembre, avec douze mille hommes. Le roi, présent partout, était dans cette île ; il avait joint ses deux mille soldats, qui étaient retranchés près d'un petit port, à trois lieues de l'endroit où l'ennemi avait abordé ; il se met à leur tête, et marche au milieu de la nuit dans un silence profond. Le prince d'Anhalt avait déjà retranché ses troupes, par une précaution qui semblait inutile. Les officiers qui commandaient sous lui ne s'attendaient pas d'être attaqués la nuit même, et croyaient Charles XII à Stralsund ; mais le prince d'Anhalt, qui savait de quoi Charles était capable, avait fait creuser un fossé profond, bordé de chevaux de frise, et prenait toutes ses sûretés comme s'il eût eu une armée supérieure en nombre à combattre.

A deux heures du matin, Charles arrive aux ennemis sans faire le moindre bruit. Ses soldats se disaient les uns aux autres : *Arrachez les chevaux de frise.* Ces paroles furent entendues des sentinelles : l'alarme est donnée aussitôt dans le camp ; les ennemis se mettent sous les armes. Le roi, ayant ôté les chevaux de frise, vit devant lui un large fossé : « Ah, dit-il, est-il possible ! je ne m'y attendais pas. » Cette surprise ne le découragea point : il ne savait pas combien de troupes étaient débarquées : ses ennemis ignoraient, de leur côté, à quel petit nombre ils avaient affaire. L'obscurité de la nuit semblait favorable à Charles : il prend son parti sur-le-champ ; il se jette dans le fossé, accompagné des plus hardis, et suivi en un instant de toute le reste; les chevaux de frise arrachés, la terre éboulée, les troncs et les branches d'arbres qu'on put trouver, les soldats tués par les coups de mousquet tirés au hasard, servirent de fascines. Le roi, les généraux qu'il avait avec lui, les officiers et les soldats les plus intrépides, montent sur l'épaule les uns des autres comme à un assaut. Le combat s'engage dans le camp ennemi. L'impétuosité suédoise mit d'abord le désordre parmi les Danois et les Prussiens ; mais le nombre était trop inégal : les Suédois furent repoussés après un quart d'heure de combat, et repassèrent le fossé. Le prince d'Anhalt les poursuivit alors dans la plaine ; il ne savait pas que, dans ce moment, c'était Charles XII lui-même qui fuyait devant lui. Ce roi malheureux rallia sa troupe en plein champ, et le combat recommença avec une opiniâtreté égale de part et l'autre. Grothusen, le favori du roi, et le général Dahldorf tombèrent morts auprès de lui. Charles, en combattant, passa sur le corps de ce dernier, qui respirait encore. During, qui l'avait seul accompagné dans son voyage de Turquie à Stralsund, fut tué à ses yeux.

Au milieu de cette mêlée, un lieutenant danois, dont je n'ai jamais pu savoir le nom, reconnut Charles, et lui saisissant d'une main son épée, et de l'autre le tirant avec force par les cheveux : « Rendez-vous, sire, lui dit-il, ou je vous tue. » Charles avait à sa ceinture un pistolet : il le tira de la main gauche sur cet officier, qui en mourut le lendemain matin. Le nom du roi Charles, qu'avait prononcé ce Danois, attira en un instant une foule d'ennemis. Le roi fut entouré. Il reçut un coup de fusil au-dessous de la mamelle gauche ; le coup, qu'il appelait une contusion, enfonçait de deux doigts. Le roi était à pied, et prêt d'être tué ou pris. Le comte Poniatowski combattait dans ce moment auprès de sa personne. Il lui avait sauvé la vie à Pultava, il eut le bonheur de la lui sauver encore dans ce combat de Rugen, et le remit à cheval.

Les Suédois se retirèrent vers un endroit de l'île nommé Alteferre, où il y avait un fort dont ils étaient encore maîtres. De là le roi repassa à Stralsund, obligé d'abandonner les braves troupes qui l'avaient si bien secondé dans cette entreprise ; elles furent faites prisonnières de guerre deux jours après.

Parmi ces prisonniers se trouva ce malheureux régiment français, composé des débris de la bataille d'Hochstedt, qui avait passé au service du roi Auguste et de là à celui du roi de Suède[1] : la plupart des soldats furent incorporés dans un nouveau régiment d'un fils du prince d'Anhalt, qui fut leur quatrième maître. Celui qui commandait dans Rugen ce régiment errant était alors ce même comte de Villelongue qui avait si généreusement exposé sa vie à Andrinople[2] pour le service de Charles XII. Il fut pris avec sa troupe, et ne fut ensuite que très-mal récompensé de tant de services, de fatigues et de malheurs.

Le roi, après tous ces prodiges de valeur qui ne servaient qu'à affaiblir ses forces, renfermé dans Stralsund et prêt d'y être forcé, était tel qu'on l'avait vu à Bender. Il ne s'étonnait de rien : le jour, il faisait faire des coupures et des retranchements derrière les murailles; la nuit, il faisait des sorties sur l'ennemi : cependant Stralsund était battu en brèche ; les bombes pleuvaient sur les maisons; la moitié de la ville était en cendres : les bourgeois, loin de murmurer, pleins d'admiration pour leur maître, dont les fatigues, la sobriété et le courage les étonnaient, étaient tous devenus soldats sous lui. Ils l'accompagnaient dans les sorties; ils étaient pour lui une seconde garnison.

Un jour que le roi dictait des lettres pour la Suède à un secrétaire, une bombe tomba sur la maison, perça le toit, et vint éclater près de la chambre même du roi. La moitié du plancher tomba en pièces ; le cabinet où le roi dictait, étant pratiqué en partie dans une grosse muraille, ne souffrit point de l'ébranlement, et, par un bonheur étonnant, nul des éclats qui sautaient en l'air n'entra dans ce cabinet dont la porte était ouverte. Au bruit de la bombe et au fracas de la maison, qui semblait tomber, la plume échappa des mains du secrétaire. « Qu'y a-t-il donc? lui dit le roi d'un air tranquille ; pourquoi n'écrivez-vous pas? » Celui-ci ne put répondre que ces mots : « Eh! sire, la bombe! — Eh bien, reprit le roi, qu'a de commun la bombe avec la lettre que je vous dicte? continuez. »

Il y avait alors dans Stralsund un ambassadeur de France enfermé avec le roi de Suède : c'était un Colbert, comte de Croissy, lieutenant général des armées de France, frère du marquis de Torcy, célèbre ministre d'État, et parent de ce fameux Colbert dont le nom doit être immortel en France. Envoyer un homme à la

---

1. Voyez page 213.
2. Voyez page 308.

tranchée ou en ambassade auprès de Charles XII, c'était presque la même chose. Le roi entretenait Croissy des heures entières dans les endroits les plus exposés, pendant que le canon et les bombes tuaient du monde à côté et derrière eux, sans que le roi s'aperçût du danger, ni que l'ambassadeur voulût lui faire seulement soupçonner qu'il y avait des endroits plus convenables pour parler d'affaires. Ce ministre fit ce qu'il put avant le siége pour ménager un accommodement entre les rois de Suède et de Prusse ; mais celui-ci demandait trop, et Charles XII ne voulait rien céder. Le comte de Croissy n'eut donc, dans son ambassade, d'autre satisfaction que celle de jouir de la familiarité de cet homme singulier. Il couchait souvent auprès de lui sur le même manteau : il avait, en partageant ses dangers et ses fatigues, acquis le droit de lui parler avec liberté. Charles encourageait cette hardiesse dans ceux qu'il aimait ; il disait quelquefois au comte de Croissy : « *Veni, maledicamus de rege;* allons, disons un peu de mal de Charles XII. » C'est ce que cet ambassadeur m'a raconté [1].

Croissy resta jusqu'au 13 novembre dans la ville ; et enfin, ayant obtenu des ennemis permission de sortir avec ses bagages, il prit congé du roi de Suède, qu'il laissa au milieu des ruines de Stralsund avec une garnison dépérie des deux tiers, résolu de soutenir un assaut.

En effet, on en donna un deux jours après à l'ouvrage à corne. Les ennemis s'en emparèrent deux fois, et en furent deux fois chassés. Le roi y combattit toujours parmi les grenadiers : enfin le nombre prévalut ; les assiégeants en demeurèrent les maîtres. Charles resta encore deux jours dans la ville, attendant à tout moment un assaut général. Il s'arrêta le 19, jusqu'à minuit, sur un petit ravelin tout ruiné par les bombes et par le canon ; le jour d'après, les officiers principaux le conjurèrent de ne plus rester dans une place qu'il n'était plus question de défendre ; mais la retraite était devenue aussi dangereuse que la place même. La mer Baltique était couverte de vaisseaux moscovites et danois. On n'avait dans le port de Stralsund qu'une petite barque à voiles et à rames. Tant de périls, qui rendaient cette retraite glorieuse, y déterminèrent Charles. Il s'embarqua, la nuit du 20 décembre 1715, avec dix personnes seulement. Il fallut casser la glace dont la mer était couverte dans le port : ce travail pénible dura plusieurs heures avant que la barque pût voguer librement. Les amiraux ennemis avaient des ordres précis de ne point laisser sortir Charles de Stralsund,

---

1. Cette dernière phrase n'est pas dans les premières éditions.

et de le prendre mort ou vif. Heureusement ils étaient sous le vent, et ne purent l'aborder : il courut un danger encore plus grand en passant à la vue de l'île de Rugen, près d'un endroit nommé la *Babrette*, où les Danois avaient élevé une batterie de douze canons. Ils tirèrent sur le roi. Les matelots faisaient force de voiles et de rames pour s'éloigner ; un coup de canon tua deux hommes à côté de Charles, un autre fracassa le mât de la barque. Au milieu de ces dangers le roi arriva vers deux de ses vaisseaux qui croisaient dans la mer Baltique ; dès le lendemain Stralsund se rendit ; la garnison fut faite prisonnière de guerre, et Charles aborda à Ystad en Scanie, et de là se rendit à Carlscrona, dans un état bien autre que quand il en partit, quinze ans auparavant, sur un vaisseau de cent vingt canons, pour aller donner des lois au Nord.

Si près de sa capitale, on s'attendait qu'il la reverrait après cette longue absence ; mais son dessein était de n'y rentrer qu'après des victoires. Il ne pouvait se résoudre d'ailleurs à revoir des peuples qui l'aimaient, et qu'il était forcé d'opprimer pour se défendre contre ses ennemis. Il voulut seulement voir sa sœur : il lui donna rendez-vous sur le bord du lac Veter en Ostrogothie ; il s'y rendit en poste, suivi d'un seul domestique, et s'en retourna après avoir resté un jour avec elle.

De Carlscrona, où il séjourna l'hiver, il ordonna de nouvelles levées d'hommes dans son royaume. Il croyait que tous ses sujets n'étaient nés que pour le suivre à la guerre, et il les avait accoutumés à le croire aussi. On enrôlait des jeunes gens de quinze ans : il ne resta dans plusieurs villages que des vieillards, des enfants, et des femmes ; on voyait même, en beaucoup d'endroits, les femmes seules labourer la terre [1].

Il était encore plus difficile d'avoir une flotte. Pour y suppléer on donna des commissions à des armateurs qui, moyennant des priviléges excessifs et ruineux pour le pays, équipèrent quelques vaisseaux : ces efforts étaient les dernières ressources de la Suède. Pour subvenir à tant de frais, il fallut prendre la substance des peuples. Il n'y eut point d'extorsion que l'on n'inventât sous le nom de taxe et d'impôt. On fit la visite dans toutes les maisons, et on en tira la moitié des provisions pour être mises dans les magasins du roi ; on acheta pour son compte tout le fer qui était dans le royaume, que le gouvernement paya en billets, et qu'il vendit en argent. Tous ceux qui portaient des habits où il entrait de la soie, qui avaient des perruques et des épées dorées, furent

---

1. Il est impossible de ne pas songer ici à l'état de la France en 1813. (G. A.)

taxés. On mit un impôt excessif sur les cheminées. Le peuple, accablé de tant d'exactions, se fût révolté sous tout autre roi ; mais le paysan le plus malheureux de la Suède savait que son maître menait une vie encore plus dure et plus frugale que lui : ainsi tout se soumettait sans murmure à des rigueurs que le roi endurait le premier.

Le danger public fit même oublier les misères particulières. On s'attendait à tout moment à voir les Moscovites, les Danois, les Prussiens, les Saxons, les Anglais même, descendre en Suède : cette crainte était si bien fondée et si forte que ceux qui avaient de l'argent ou des meubles précieux les enfouissaient dans la terre.

En effet, une flotte anglaise avait déjà paru dans la mer Baltique, sans qu'on sût quels étaient ses ordres ; et le roi de Danemark avait la parole du czar que les Moscovites, joints aux Danois, fondraient en Suède au printemps de 1716.

Ce fut une surprise extrême pour toute l'Europe attentive à la fortune de Charles XII quand, au lieu de défendre son pays menacé par tant de princes, il passa en Norvége au mois de mars 1716, avec vingt mille hommes.

Depuis Annibal on n'avait point encore vu de général qui, ne pouvant se soutenir chez lui-même contre ses ennemis, fût allé leur faire la guerre au cœur de leurs États. Le prince de Hesse, son beau-frère, l'accompagna dans cette expédition.

On ne peut aller de Suède en Norvége que par des défilés assez dangereux ; et quand on les a passés, on rencontre de distance en distance des flaques d'eau que la mer y forme entre des rochers ; il fallait faire des ponts chaque jour. Un petit nombre de Danois aurait pu arrêter l'armée suédoise ; mais on n'avait pas prévu cette invasion subite. L'Europe fut encore plus étonnée que le czar demeurât tranquille au milieu de ces événements, et ne fît pas une descente en Suède, comme il en était convenu avec ses alliés.

La raison de cette inaction était un dessein des plus grands, mais en même temps des plus difficiles à exécuter qu'ait jamais formés l'imagination humaine.

Le baron Henri de Görtz, né en Franconie, et baron immédiat de l'empire, ayant rendu des services importants au roi de Suède pendant le séjour de ce monarque à Bender, était depuis devenu son favori et son premier ministre.

Jamais homme ne fut si souple et si audacieux à la fois, si plein de ressources dans les disgrâces, si vaste dans ses desseins, ni si actif dans ses démarches ; nul projet ne l'effrayait, nul moyen ne lui coûtait : il prodiguait les dons, les promesses, les serments, la vérité et le mensonge.

Il allait de Suède en France, en Angleterre, en Hollande, essayer lui-même les ressorts qu'il voulait faire jouer. Il eût été capable d'ébranler l'Europe, et il en avait conçu l'idée. Ce que son maître était à la tête d'une armée, il l'était dans le cabinet : aussi prit-il sur Charles XII un ascendant qu'aucun ministre n'avait eu avant lui.

Ce roi, qui à l'âge de vingt ans n'avait donné que des ordres au comte Piper, recevait alors des leçons du baron de Görtz : d'autant plus soumis à ce ministre que le malheur le mettait dans la nécessité d'écouter des conseils, et que Görtz ne lui en donnait que de conformes à son courage. Il remarqua que de tant de princes réunis contre la Suède, George, électeur de Hanovre, roi d'Angleterre, était celui contre lequel Charles était le plus piqué, parce que c'était le seul que Charles n'eût point offensé ; que George était entré dans la querelle sous prétexte de l'apaiser, et uniquement pour garder Brême et Verden, auxquels il semblait n'avoir d'autre droit que de les avoir achetés à vil prix du roi de Danemark, à qui ils n'appartenaient pas.

Il entrevit aussi de bonne heure que le czar était secrètement mécontent des alliés, qui tous l'avaient empêché d'avoir un établissement dans l'empire d'Allemagne, où ce monarque, devenu trop dangereux, n'aspirait qu'à mettre le pied. Vismar, la seule ville qui restât encore aux Suédois sur les côtes d'Allemagne, venait enfin de se rendre aux Prussiens et aux Danois le 14 février 1716. Ceux-ci ne voulurent pas seulement souffrir que les troupes moscovites, qui étaient dans le Mecklenbourg, parussent à ce siége. De pareilles défiances, réitérées depuis deux ans, avaient aliéné l'esprit du czar, et avaient peut-être empêché la ruine de la Suède. Il y a beaucoup d'exemples d'États alliés conquis par une seule puissance ; il y en a bien peu d'un grand empire conquis par plusieurs alliés. Si leurs forces réunies l'abattent, leurs divisions le relèvent bientôt.

Dès l'année 1714, le czar eût pu faire une descente en Suède. Mais, soit qu'il ne s'accordât pas avec les rois de Pologne, d'Angleterre, de Danemark et de Prusse, alliés justement jaloux, soit qu'il ne crût pas encore ses troupes assez aguerries pour attaquer sur ses propres foyers cette même nation dont les seuls paysans avaient vaincu l'élite des troupes danoises, il recula toujours cette entreprise.

Ce qui l'avait arrêté encore était le besoin d'argent. Le czar était un des plus puissants monarques du monde, mais un des moins riches : ses revenus ne montaient pas alors à plus de vingt-quatre millions de nos livres. Il avait découvert des mines d'or, d'argent, de fer, de cuivre ; mais le profit en était encore incertain, et le travail ruineux. Il établissait un grand commerce, mais les commencements ne lui apportaient que des espérances ; ses provinces nouvellement conquises augmentaient sa puissance et sa gloire, sans accroître encore ses revenus. Il fallait du temps pour fermer les plaies de la Livonie, pays abondant, mais désolé par quinze ans de guerre, par le fer, par le feu et par la contagion, vide d'habitants, et qui était alors à charge à son vainqueur. Les flottes qu'il entretenait, les nouvelles entreprises qu'il faisait tous les jours, épuisaient ses finances. Il avait été réduit à la mauvaise ressource de hausser les monnaies, remède qui ne guérit jamais les maux d'un État, et qui est surtout préjudiciable à un pays qui reçoit des étrangers plus de marchandises qu'il ne leur en fournit.

Voilà en partie les fondements sur lesquels Görtz bâtit le dessein d'une révolution. Il osa proposer au roi de Suède d'acheter la paix de l'empereur moscovite à quelque prix que ce pût être, lui faisant envisager le czar irrité contre les rois de Pologne et d'Angleterre, et lui donnant à entendre que Pierre Alexiowitz et Charles XII réunis pourraient faire trembler le reste de l'Europe.

Il n'y avait pas moyen de faire la paix avec le czar sans céder une grande partie des provinces qui sont à l'orient et au nord de la mer Baltique ; mais il lui fit considérer qu'en cédant ces provinces, que le czar possédait déjà et qu'on ne pouvait reprendre, le roi pourrait avoir la gloire de remettre à la fois Stanislas sur le trône de Pologne, de replacer le fils de Jacques II sur celui d'Angleterre, et de rétablir le duc de Holstein dans ses États.

Charles, flatté de ces grandes idées, sans pourtant y compter beaucoup, donna carte blanche à son ministre. Görtz partit de Suède, muni d'un plein pouvoir qui l'autorisait à tout sans restriction, et le rendait plénipotentiaire auprès de tous les princes avec qui il jugerait à propos de négocier. Il fit d'abord sonder la cour de Moscou par le moyen d'un Écossais nommé Areskins, premier médecin du czar, dévoué au parti du prétendant, ainsi que l'étaient presque tous les Écossais qui ne subsistaient pas des faveurs de la cour de Londres.

Ce médecin fit valoir au prince Menzikoff l'importance et la grandeur du projet avec toute la vivacité d'un homme qui y était intéressé. Le prince Menzikoff goûta ses ouvertures ; le czar les approuva. Au lieu de descendre en Suède, comme il en était convenu avec les alliés, il fit hiverner ses troupes dans le Mecklenbourg, et il y vint lui-même sous prétexte de terminer les querelles qui commençaient à naître entre le duc de Mecklenbourg et la noblesse de ce pays, mais poursuivant en effet son dessein favori d'avoir une principauté en Allemagne, et comptant engager le duc de Mecklenbourg à lui vendre sa souveraineté.

Les alliés furent irrités de cette démarche : ils ne voulaient point d'un voisin si terrible, qui, ayant une fois des terres en Allemagne, pourrait un jour s'en faire élire empereur et en opprimer les souverains. Plus ils étaient irrités, plus le grand projet du baron de Görtz s'avançait vers le succès. Il négociait cependant avec tous les princes confédérés pour mieux cacher ses intrigues secrètes. Le czar les amusait tous aussi par des espérances. Charles XII, cependant, était en Norvége avec son beau-frère le prince de Hesse, à la tête de vingt mille hommes ; la province n'était gardée que par onze mille Danois divisés en plusieurs corps, que le roi et le prince de Hesse passèrent au fil de l'épée.

Charles avança jusqu'à Christiana, capitale de ce royaume : la fortune recommençait à lui devenir favorable dans ce coin du monde ; mais jamais le roi ne prit assez de précautions pour faire subsister ses troupes. Une armée et une flotte danoise approchaient pour défendre la Norvége. Charles, qui manquait de vivres, se retira en Suède, attendant l'issue des vastes entreprises de son ministre.

Cet ouvrage demandait un profond secret et des préparatifs immenses, deux choses assez incompatibles. Görtz fit chercher jusque dans les mers de l'Asie un secours qui, tout odieux qu'il paraissait, n'en eût pas été moins utile pour une descente en Écosse, et qui du moins eût apporté en Suède de l'argent, des hommes et des vaisseaux.

Il y avait longtemps que des pirates de toutes nations, et particulièrement des Anglais, ayant fait entre eux une association, infestaient les mers de l'Europe et de l'Amérique. Poursuivis partout sans quartier, ils venaient de se retirer sur les côtes de Madagascar, grande île à l'orient de l'Afrique. C'étaient des hommes désespérés, presque tous connus par des actions auxquelles il ne manquait que de la justice pour être héroïques. Ils cherchaient un prince qui voulût les recevoir sous sa protection ; mais les lois des nations leur fermaient tous les ports du monde.

Dès qu'ils surent que Charles XII était retourné en Suède, ils espérèrent que ce prince passionné pour la guerre, obligé de la faire, et manquant de flotte et de soldats, leur ferait une bonne composition : ils lui envoyèrent un député qui vint en Europe sur un vaisseau hollandais, et qui alla proposer au baron de Görtz de les recevoir dans le port de Gottembourg, où ils s'offraient de se rendre avec soixante vaisseaux chargés de richesses.

Le baron fit agréer au roi la proposition ; on envoya même l'année suivante deux gentilshommes suédois, l'un nommé Cronström, et l'autre Mendal, pour consommer la négociation avec ces corsaires de Madagascar.

On trouva depuis un secours plus noble et plus important dans le cardinal Albéroni[1], puissant génie qui a gouverné l'Espagne assez longtemps pour sa gloire, et trop peu pour la grandeur de cet État. Il entra avec ardeur dans le projet de mettre le fils de Jacques II sur le trône d'Angleterre. Cependant, comme il ne venait que de mettre le pied dans le ministère, et qu'il avait l'Espagne à rétablir avant que de songer à bouleverser d'autres royaumes, il semblait qu'il ne pouvait de plusieurs années mettre la main à cette grande machine ; mais en moins de deux ans on le vit changer la face de l'Espagne, lui rendre son crédit dans l'Europe, engager, à ce qu'on prétend, les Turcs à attaquer l'empereur d'Allemagne, et tenter en même temps d'ôter la régence de France au duc d'Orléans, et la couronne de la Grande-Bretagne au roi George : tant un seul homme est dangereux quand il est absolu dans un puissant État, et qu'il a de la grandeur et du courage dans l'esprit.

Görtz, ayant ainsi dispersé à la cour de Moscovie et à celle d'Espagne les premières étincelles de l'embrasement qu'il méditait, alla secrètement en France, et de là en Hollande, où il vit les adhérents du prétendant.

Il s'informa plus particulièrement de leurs forces, du nombre

---

1. « Albéroni, dit Saint-Simon, c. 161, était fils d'un jardinier, qui, se sentant de l'esprit, avait pris un petit collet pour, sous une figure d'abbé, aborder où son sarrau de toile eût été sans accès. Il était bouffon ; il plut à M. de Parme comme un bas valet dont on s'amuse ; en s'en amusant, il lui trouva de l'esprit, et qu'il pouvait n'être pas incapable d'affaires. Il le chargea d'une affaire à traiter avec le maréchal de Vendôme, à qui il plut.... Il fit à M. de Vendôme, qui aimait les mets extraordinaires, des soupes au fromage et d'autres ragoûts étranges, qu'il trouva excellents... Il changea de maître ; et bientôt après, sans cesser son métier de bouffon et de faiseur de potages et de ragoûts bizarres, il mit le nez dans les lettres de M. de Vendôme, y réussit à son gré, et devint son principal secrétaire... et ami de confiance... »

et de la disposition des mécontents d'Angleterre, de l'argent qu'ils pouvaient fournir, et des troupes qu'ils pouvaient mettre sur pied. Les mécontents ne demandaient qu'un secours de dix mille hommes, et faisaient envisager une révolution sûre avec l'aide de ces troupes.

Le comte de Gyllenborg, ambassadeur de Suède en Angleterre, instruit par le baron de Görtz, eut plusieurs conférences à Londres avec les principaux mécontents : il les encouragea, et leur promit tout ce qu'ils voulurent ; le parti du prétendant alla jusqu'à fournir des sommes considérables que Görtz toucha en Hollande. Il négocia l'achat de quelques vaisseaux, et en acheta six en Bretagne avec des armes de toute espèce.

Il envoya alors secrètement en France plusieurs officiers, entre autres le chevalier de Folard [1], qui, ayant fait trente campagnes dans les armées françaises, et y ayant fait peu de fortune, avait été depuis peu offrir ses services au roi de Suède, moins par des vues intéressées que par le désir de servir sous un roi qui avait une réputation si étonnante. Le chevalier de Folard espérait d'ailleurs faire goûter à ce prince les nouvelles idées qu'il avait sur la guerre ; il avait étudié toute sa vie cet art en philosophe, et il a depuis communiqué ses découvertes au public dans ses *Commentaires sur Polybe*. Ses vues furent goûtées de Charles XII, qui lui-même avait fait la guerre d'une manière nouvelle, et qui ne se laissait conduire en rien par la coutume ; il destina le chevalier de Folard à être un des instruments dont il voulait se servir dans la descente projetée en Écosse. Ce gentilhomme exécuta en France les ordres secrets du baron de Görtz. Beaucoup d'officiers français, un plus grand nombre d'Irlandais, entrèrent dans cette conjuration d'une espèce nouvelle, qui se tramait en même temps en Angleterre, en France, en Moscovie, et dont les branches s'étendaient secrètement d'un bout de l'Europe à l'autre.

Ces préparatifs étaient encore peu de chose pour le baron de Görtz ; mais c'était beaucoup d'avoir commencé. Le point le plus important, et sans lequel rien ne pouvait réussir, était d'achever la paix entre le czar et Charles ; il restait beaucoup de difficultés à aplanir. Le baron Osterman, ministre d'État en Moscovie, ne s'était point laissé entraîner d'abord aux vues de Görtz ; il était aussi circonspect que le ministre de Charles était entreprenant. Sa politique lente et mesurée voulait laisser tout mûrir ; le génie impatient de l'autre prétendait recueillir immédiatement après

---

1. Né à Avignon en 1669, mort en 1752.

avoir semé. Osterman craignait que l'empereur son maître, ébloui par l'éclat de cette entreprise, n'accordât à la Suède une paix trop avantageuse ; il retardait par ses longueurs et par ses obstacles la conclusion de cette affaire.

Heureusement pour le baron de Görtz, le czar lui-même vint en Hollande au commencement de 1717. Son dessein était de passer ensuite en France : il lui manquait d'avoir vu cette nation célèbre, qui est depuis plus de cent ans censurée, enviée, et imitée par tous ses voisins ; il voulait y satisfaire sa curiosité insatiable de voir et d'apprendre, et exercer en même temps sa politique.

Görtz vit deux fois à la Haye cet empereur ; il avança plus dans ces deux conférences qu'il n'eût fait en six mois avec des plénipotentiaires. Tout prenait un tour favorable : ses grands desseins paraissaient couverts d'un secret impénétrable ; il se flattait que l'Europe ne les apprendrait que par l'exécution. Il ne parlait cependant à la Haye que de paix : il disait hautement qu'il voulait regarder le roi d'Angleterre comme le pacificateur du Nord ; il pressait même en apparence la tenue d'un congrès à Brunsvick, où les intérêts de la Suède et de ses ennemis devaient être décidés à l'amiable.

Le premier qui découvrit ces intrigues fut le duc d'Orléans, régent de France ; il avait des espions dans toute l'Europe. Ce genre d'hommes, dont le métier est de vendre le secret de leurs amis, et qui subsiste de délations, et souvent même de calomnies, s'était tellement multiplié en France sous son gouvernement que la moitié de la nation était devenue l'espion de l'autre. Le duc d'Orléans, lié avec le roi d'Angleterre par des engagements personnels, lui découvrit les menées qui se tramaient contre lui.

Dans le même temps les Hollandais, qui prenaient des ombrages de la conduite de Görtz, communiquèrent leurs soupçons au ministre anglais. Görtz et Gyllenborg poursuivaient leurs desseins avec chaleur, lorsqu'ils furent arrêtés tous deux, l'un à Deventer en Gueldre, et l'autre à Londres.

Comme Gyllenborg, ambassadeur de Suède, avait violé le droit des gens en conspirant contre le prince auprès duquel il était envoyé, on viola sans scrupule le même droit en sa personne. Mais on s'étonna que les États-Généraux, par une complaisance inouïe pour le roi d'Angleterre, missent en prison le baron de Görtz. Ils chargèrent même le comte de Welderen de l'interroger. Cette formalité ne fut qu'un outrage de plus, lequel devenant inutile ne tourna qu'à leur confusion. Görtz demanda au comte de Welderen s'il était connu de lui. « Oui, monsieur, répondit le Hollandais. — Eh bien, dit le baron de Görtz, si vous me connaissez vous devez savoir que je ne dis que ce que je veux. » L'interrogatoire ne fut guère poussé plus loin : tous les ambassadeurs, mais particulièrement le marquis de Montéléon, ministre d'Espagne en Angleterre, protestèrent contre l'attentat commis envers la personne de Görtz et de Gyllenborg. Les Hollandais étaient sans excuse : ils avaient non-seulement violé un droit sacré en arrêtant le premier ministre du roi de Suède, qui n'avait rien machiné contre eux; mais ils agissaient directement contre les principes de cette liberté précieuse qui a attiré chez eux tant d'étrangers, et qui a été le fondement de leur grandeur.

A l'égard du roi d'Angleterre, il n'avait rien fait que de juste en arrêtant prisonnier un ennemi. Il fit, pour sa justification, imprimer les lettres du baron de Görtz et du comte de Gyllenborg, trouvées dans les papiers du dernier. Le roi de Suède était alors dans la province de Scanie; on lui apporta ces lettres imprimées avec la nouvelle de l'enlèvement de ses deux ministres. Il demanda en souriant si on n'avait pas aussi imprimé les siennes. Il ordonna aussitôt qu'on arrêtât à Stockholm le résident anglais avec toute sa famille et ses domestiques; il défendit sa cour au résident hollandais, qu'il fit garder à vue. Cependant il n'avoua ni ne désavoua le baron de Görtz : trop fier pour nier une entreprise qu'il avait approuvée, et trop sage pour convenir d'un dessein éventé presque dans sa naissance, il se tint dans un silence dédaigneux avec l'Angleterre et la Hollande [1].

Le czar prit tout un autre parti. Comme il n'était point nommé, mais obscurément impliqué dans les lettres de Gyllenborg et de Görtz, il écrivit au roi d'Angleterre une longue lettre pleine de compliments sur la conspiration, et d'assurance d'une amitié sincère : le roi George reçut ses protestations sans les croire, et feignit de se laisser tromper. Une conspiration tramée par des particuliers, quand elle est découverte, est anéantie; mais une conspiration de rois n'en prend que de nouvelles forces. Le czar arriva à Paris au mois de mai de la même année 1717. Il ne s'y occupa pas uniquement à voir les beautés de l'art et de la nature, à visiter les académies, les bibliothèques publiques, les cabinets des curieux, les maisons royales : il proposa au duc d'Orléans, régent de France, un traité dont l'acceptation eût pu mettre le comble à la grandeur moscovite. Son dessein était de se réunir

---

1. Voyez le chapitre VIII de l'*Histoire de Russie*.

avec le roi de Suède, qui lui cédait de grandes provinces, d'ôter entièrement aux Danois l'empire de la mer Baltique, d'affaiblir les Anglais par une guerre civile, et d'attirer à la Moscovie tout le commerce du Nord. Il ne s'éloignait pas même de remettre le roi Stanislas aux prises avec le roi Auguste, afin que le feu étant allumé de tous côtés, il pût courir pour l'attiser ou pour l'éteindre, selon qu'il y trouverait ses avantages. Dans ces vues, il proposa au régent de France la médiation entre la Suède et la Moscovie, et de plus une alliance offensive et défensive avec ces couronnes et celle d'Espagne. Ce traité, qui paraissait si naturel, si utile à ces nations, et qui mettait dans leurs mains la balance de l'Europe, ne fut cependant pas accepté du duc d'Orléans. Il prenait précisément dans ce temps des engagements tout contraires ; il se liguait avec l'empereur d'Allemagne et George, roi d'Angleterre. La raison d'État changeait alors dans l'esprit de tous les princes, au point que le czar était prêt de se déclarer contre son ancien allié le roi Auguste, et d'embrasser les querelles de Charles, son mortel ennemi, pendant que la France allait, en faveur des Allemands et des Anglais, faire la guerre au petit-fils de Louis XIV, après l'avoir soutenu si longtemps contre ces mêmes ennemis aux dépens de tant de trésors et de sang. Tout ce que le czar obtint, par des voies indirectes, fut que le régent interposât ses bons offices pour l'élargissement du baron de Görtz et du comte de Gyllenborg. Il s'en retourna dans ses États à la fin de juin, après avoir donné à la France le spectacle rare d'un empereur qui voyageait pour s'instruire ; mais trop de Français ne virent en lui que les dehors grossiers que sa mauvaise éducation lui avait laissés ; et le législateur, le créateur d'une nation nouvelle, le grand homme leur échappa.

Ce qu'il cherchait dans le duc d'Orléans, il le trouva bientôt dans le cardinal Albéroni, devenu tout-puissant en Espagne. Albéroni ne souhaitait rien tant que le rétablissement du prétendant, et comme ministre de l'Espagne, que l'Angleterre avait si maltraitée, et comme ennemi personnel du duc d'Orléans, lié avec l'Angleterre contre l'Espagne, et enfin comme prêtre d'une église pour laquelle le père du prétendant avait si mal à propos perdu sa couronne.

Le duc d'Ormond, aussi aimé en Angleterre que le duc de Marlborough y était admiré, avait quitté son pays à l'avénement du roi George ; et, s'étant alors retiré à Madrid, il alla, muni de pleins pouvoirs du roi d'Espagne et du prétendant, trouver le czar sur son passage à Mittau en Courlande, accompagné d'Irnegan, autre Anglais, homme habile et entreprenant. Il demanda la princesse Anne Petrowna, fille du czar, en mariage pour le fils de Jacques II [1], espérant que cette alliance attacherait plus étroitement le czar aux intérêts de ce prince malheureux. Mais cette proposition faillit à reculer les affaires pour un temps, au lieu de les avancer. Le baron de Görtz avait, dans ses projets, destiné depuis longtemps cette princesse au duc de Holstein, qui en effet l'a épousée depuis. Dès qu'il sut cette proposition du duc d'Ormond, il en fut jaloux, et s'appliqua à la traverser. Il sortit de prison au mois d'août, aussi bien que le comte de Gyllenborg, sans que le roi de Suède eût daigné faire la moindre excuse au roi d'Angleterre, ni montrer le plus léger mécontentement de la conduite de son ministre.

En même temps on élargit à Stockholm le résident anglais et toute sa famille, qui avaient été traités avec beaucoup plus de sévérité que Gyllenborg ne l'avait été à Londres.

Görtz, en liberté, fut un ennemi déchaîné, qui, outre les puissants motifs qui l'agitaient, eut encore celui de la vengeance. Il se rendit en poste auprès du czar, et ses insinuations prévalurent plus que jamais auprès de ce prince. D'abord il l'assura qu'en moins de trois mois il lèverait, avec un seul plénipotentiaire de Moscovie, tous les obstacles qui retardaient la conclusion de la paix avec la Suède : il prit entre ses mains une carte géographique que le czar avait dessinée lui-même, et, tirant une ligne depuis Vibourg jusqu'à la mer Glaciale, en passant par le lac Ladoga, il se fit fort de porter son maître à céder ce qui était à l'orient de cette ligne, aussi bien que la Carélie, l'Ingrie et la Livonie ; ensuite il jeta des propositions de mariage entre la fille de Sa Majesté czarienne et le duc de Holstein, le flattant que ce duc lui pourrait céder ses États moyennant un équivalent ; que par là il serait membre de l'empire, lui montrant de loin la couronne impériale, soit pour quelqu'un de ses descendants, soit pour lui-même. Il flattait ainsi les vues ambitieuses du monarque moscovite, ôtait au prétendant la princesse czarienne, en même temps qu'il lui ouvrait le chemin de l'Angleterre ; et il remplissait toutes ses vues à la fois.

1. Le cardinal Albéroni lui-même a certifié la vérité de tous ces récits dans une lettre de remerciement à l'auteur. Au reste, M. Nordberg, aussi mal instruit des affaires de l'Europe que mauvais écrivain, prétend que le duc d'Ormond ne quitta pas l'Angleterre à l'avénement du roi George Ier, mais immédiatement après la mort de la reine Anne; comme si George Ier n'avait pas été le successeur immédiat de cette reine. (*Note de Voltaire*.)

Le czar nomma l'île d'Aland pour les conférences que son ministre d'État Osterman devait avoir avec le baron de Görtz. On pria le duc d'Ormond de s'en retourner, pour ne pas donner de trop violents ombrages à l'Angleterre, avec laquelle le czar ne voulait rompre que sur le point de l'invasion ; on retint seulement à Pétersbourg Irnegan, le confident du duc d'Ormond, qui fut chargé des intrigues, et qui logea dans la ville avec tant de précaution qu'il ne sortait que de nuit, et ne voyait jamais les ministres du czar que déguisé tantôt en paysan, tantôt en Tartare.

Dès que le duc d'Ormond fut parti, le czar fit valoir au roi d'Angleterre sa complaisance d'avoir renvoyé le plus grand partisan du prétendant ; et le baron de Görtz, plein d'espérance, retourna en Suède.

Il retrouva son maître à la tête de trente-cinq mille hommes de troupes réglées, et les côtes bordées de milices. Il ne manquait au roi que de l'argent : le crédit était épuisé en dedans et en dehors du royaume. La France, qui lui avait fourni quelques subsides dans les dernières années de Louis XIV, n'en donnait plus sous la régence du duc d'Orléans, qui se conduisait par des vues toutes contraires. L'Espagne en promettait, mais elle n'était pas encore en état d'en fournir beaucoup. Le baron de Görtz donna alors une libre étendue à un projet qu'il avait déjà essayé avant d'aller en France et en Hollande : c'était de donner au cuivre la même valeur qu'à l'argent ; de sorte qu'une pièce de cuivre, dont la valeur intrinsèque est un demi-sou, passait pour quarante sous avec la marque du prince ; à peu près comme, dans une ville assiégée, les gouverneurs ont souvent payé les soldats et les bourgeois avec de la monnaie de cuir, en attendant qu'on pût avoir des espèces réelles. Ces monnaies fictices [1], inventées par la nécessité, et auxquelles la bonne foi seule peut donner un crédit durable, sont comme des billets de change, dont la valeur imaginaire peut excéder aisément les fonds qui sont dans un État.

Ces ressources sont d'un excellent usage dans un pays libre ;

---

1. Dans l'édition de 1731, il y a : *monnaies fictices;* dans celle de 1737, *monnaies idéales;* dans celles de 1746, 1751, et de Kehl, *monnaies fictives;* dans celles de 1748, 1752, 1756, 1761, 1768 (in-4°) et 1775, *monnaies fictrices.* L'exemplaire de 1748, avec corrections manuscrites, dont j'ai parlé dans mon avertissement, porte (au moyen d'une correction) *monnaies fictices.* (B.)

— Une monnaie *fictive* est celle qui représente une monnaie réelle. Une monnaie *fictice* est celle qui est figurée, feinte, qui n'a pas de valeur intrinsèque. Le Dictionnaire de l'Académie n'a adopté que le mot *fictif.*

elles ont quelquefois sauvé une république, mais elles ruinent presque sûrement une monarchie [1], car, les peuples manquant bientôt de confiance, le ministre est réduit à manquer de bonne foi : les monnaies idéales se multiplient avec excès, les particuliers enfouissent leur argent, et la machine se détruit avec une confusion accompagnée souvent des plus grands malheurs. C'est ce qui arriva au royaume de Suède.

Le baron de Görtz ayant d'abord répandu avec discrétion dans le public les nouvelles espèces fut entraîné en peu de temps au delà de ses mesures par la rapidité du mouvement, qu'il ne pouvait plus conduire. Toutes les marchandises et toutes les denrées ayant monté à un prix excessif, il fut forcé d'augmenter le nombre des espèces de cuivre. Plus elles se multiplièrent, plus elles furent décréditées ; la Suède, inondée de cette fausse monnaie, ne forma qu'un cri contre le baron de Görtz. Les peuples, toujours pleins de vénération pour Charles XII, n'osaient presque le haïr, et faisaient tomber le poids de leur aversion sur un ministre qui, comme étranger et comme gouvernant les finances, était doublement assuré de la haine publique.

Un impôt qu'il voulut mettre sur le clergé acheva de le rendre exécrable à la nation ; les prêtres, qui trop souvent joignent leur cause à celle de Dieu, l'appelèrent publiquement athée, parce qu'il leur demandait de l'argent. Les nouvelles espèces de cuivre avaient l'empreinte de quelques dieux de l'antiquité ; on en prit occasion d'appeler ces pièces de monnaie *les dieux du baron de Görtz*.

A la haine publique contre lui se joignit la jalousie des ministres, implacable à mesure qu'elle était alors impuissante. La sœur du roi, et le prince son mari, le craignaient comme un homme attaché par sa naissance au duc de Holstein, et capable de lui mettre un jour la couronne de Suède sur la tête. Il n'avait plu dans le royaume qu'à Charles XII ; mais cette aversion générale ne servait qu'à confirmer l'amitié du roi, dont les sentiments s'affermissaient toujours par les contradictions. Il marqua alors au baron une confiance qui allait jusqu'à la soumission : il lui laissa un pouvoir absolu dans le gouvernement intérieur du royaume, et s'en remit à lui sans réserve sur tout ce qui regardait les négociations avec le czar ; il lui recommanda surtout de presser les conférences de l'île d'Aland.

En effet, dès que Görtz eut achevé à Stockholm les arrange-

---

1. Allusion aux actions du banquier Law. (G. A.)

ments des finances, qui demandaient sa présence, il partit pour aller consommer avec le ministre du czar le grand ouvage qu'il avait entamé.

Voici les conditions préliminaires de cette alliance, qui devait changer la face de l'Europe, telles qu'elles furent trouvées dans les papiers de Görtz, après sa mort.

Le czar, retenant pour lui toute la Livonie, et une partie de l'Ingrie et de la Carélie, rendait à la Suède tout le reste; il s'unissait avec Charles XII dans le dessein de rétablir le roi Stanislas sur le trône de Pologne, et s'engageait à rentrer dans ce pays avec quatre-vingt mille Moscovites, pour détrôner ce même roi Auguste en faveur duquel il avait fait dix ans la guerre. Il fournissait au roi de Suède les vaisseaux nécessaires pour transporter dix mille Suédois en Angleterre, et trente mille en Allemagne : les forces réunies de Pierre et de Charles devaient attaquer le roi d'Angleterre dans ses États de Hanovre, et surtout dans Brême et Verden; les mêmes troupes auraient servi à rétablir le duc de Holstein, et forcé le roi de Prusse à accepter un traité par lequel on lui ôtait une partie de ce qu'il avait pris. Charles en usa dès lors comme si ses troupes victorieuses, renforcées de celles du czar, avaient déjà exécuté tout ce qu'on méditait. Il fit demander hautement à l'empereur d'Allemagne l'exécution du traité d'Alt-Rantstadt. A peine la cour de Vienne daigna-t-elle répondre à la proposition d'un prince dont elle croyait n'avoir rien à craindre.

Le roi de Pologne eut moins de sécurité; il vit l'orage qui grossissait de tous les côtés. La noblesse polonaise était confédérée contre lui; et depuis son rétablissement il lui fallait toujours, ou combattre ses sujets, ou traiter avec eux. Le czar, médiateur à craindre, avait cent galères auprès de Dantzick, et quatre-vingt mille hommes sur les frontières de Pologne. Tout le Nord était en jalousies et en alarmes. Flemming, le plus défiant de tous les hommes, et celui dont les puissances voisines devaient le plus se défier, soupçonna le premier les desseins du czar et ceux du roi de Suède en faveur de Stanislas. Il voulut le faire enlever dans le duché de Deux-Ponts, comme on avait saisi Jacques Sobieski en Silésie. Un de ces Français entreprenants et inquiets qui vont tenter la fortune dans les pays étrangers avait amené depuis peu quelques partisans, français comme lui, au service du roi de Pologne. Il communiqua au ministre Flemming un projet par lequel il répondait d'aller, avec trente officiers français déterminés, enlever Stanislas dans son palais, et de l'amener prisonnier à Dresde. Le projet fut approuvé. Ces entreprises étaient alors assez communes. Quelques-uns de ceux qu'en Italie on appelle *braves* avaient fait des coups pareils dans le Milanais durant la dernière guerre entre l'Allemagne et la France. Depuis même, plusieurs Français réfugiés en Hollande avaient osé pénétrer jusqu'à Versailles, dans le dessein d'enlever le dauphin, et s'étaient saisis de la personne du premier écuyer, presque sous les fenêtres du château de Louis XIV.

L'aventurier disposa donc ses hommes et ses relais pour surprendre et pour enlever Stanislas. L'entreprise fut découverte la veille de l'exécution. Plusieurs se sauvèrent; quelques-uns furent pris. Ils ne devaient point s'attendre à être traités comme des prisonniers de guerre, mais comme des bandits. Stanislas, au lieu de les punir, se contenta de leur faire quelques reproches pleins de bonté; il leur donna même de l'argent pour se conduire, et montra par cette bonté généreuse qu'en effet Auguste, son rival, avait raison de le craindre [1].

Cependant Charles partit une seconde fois pour la conquête de la Norvége, au mois d'octobre 1718. Il avait si bien pris toutes ses mesures qu'il espérait se rendre maître en six mois de ce royaume. Il aima mieux aller conquérir des rochers au milieu des neiges et des glaces, dans l'âpreté de l'hiver, qui tue les animaux en Suède même où l'air est moins rigoureux, que d'aller reprendre ses belles provinces d'Allemagne des mains de ses ennemis : c'est qu'il espérait que sa nouvelle alliance avec le czar le mettrait bientôt en état de ressaisir toutes ces provinces; bien plus, sa gloire était flattée d'enlever un royaume à son ennemi victorieux.

A l'embouchure du fleuve Tistedal, près de la manche de Danemark, entre les villes de Bahus et d'Anslo, est située Frédrickhall, place forte et importante, qu'on regardait comme la clef du royaume. Charles en forma le siége au mois de décembre. Le soldat, transi de froid, pouvait à peine remuer la terre endurcie sous la glace : c'était ouvrir la tranchée dans une espèce de roc; mais les Suédois ne pouvaient se rebuter en voyant à leur tête un roi qui partageait leurs fatigues. Jamais Charles n'en essuya de plus grandes. Sa constitution, éprouvée par dix-huit ans de travaux pénibles, s'était fortifiée au point qu'il dormait en plein

---

1. Voilà ce que Nordberg appelle manquer de respect aux têtes couronnées, comme si ce récit véritable contenait une injure, et comme si on devait aux rois qui sont morts autre chose que la vérité. Pense-t-il que l'histoire doive ressembler aux sermons prêchés devant les rois, dans lesquels on leur fait des complîments? (*Note de Voltaire.*)

champ en Norvége, au cœur de l'hiver, sur de la paille ou sur une planche, enveloppé seulement d'un manteau, sans que sa santé en fût altérée. Plusieurs de ses soldats tombaient morts de froid dans leurs postes; et les autres, presque gelés, voyant leur roi qui souffrait comme eux, n'osaient proférer une plainte. Ce fut queque temps avant cette expédition qu'ayant entendu parler en Scanie d'une femme nommée Johns Dotter, qui avait vécu plusieurs mois sans prendre d'autre nourriture que de l'eau, lui qui s'était étudié toute sa vie à supporter les plus extrêmes rigueurs que la nature humaine peut soutenir, voulut essayer encore combien de temps il pourrait supporter la faim sans en être abattu. Il passa cinq jours entiers sans manger ni boire; le sixième, au matin, il courut deux lieues à cheval, et descendit chez le prince de Hesse, son beau-frère, où il mangea beaucoup, sans que ni une abstinence de cinq jours l'eût abattu, ni qu'un grand repas[1], à la suite d'un si long jeûne, l'incommodât[2].

Avec ce corps de fer, gouverné par une âme si hardie et si inébranlable, dans quelque état qu'il pût être réduit, il n'avait point de voisin auquel il ne fût redoutable.

Le 11 décembre, jour de Saint-André, il alla sur les neuf heures du soir visiter la tranchée, et, ne trouvant pas la parallèle assez avancée à son gré, il parut très-mécontent. M. Mégret, ingénieur français, qui conduisait le siège, l'assura que la place serait prise dans huit jours. « Nous verrons », dit le roi; et il continua de visiter les ouvrages avec l'ingénieur. Il s'arrêta dans un endroit où le boyau faisait un angle avec la parallèle; il se mit à genoux sur le talus intérieur, et, appuyant ses coudes sur le parapet, resta quelque temps à considérer les travailleurs, qui continuaient les tranchées à la lueur des étoiles.

Les moindres circonstances deviennent essentielles quand il s'agit de la mort d'un homme tel que Charles XII; ainsi je dois avertir que toute la conversation que tant d'écrivains ont rapportée entre le roi et l'ingénieur Mégret est absolument fausse. Voici ce que je sais de véritable sur cet événement[3].

Le roi était exposé presque à demi corps à une batterie de canon pointée vis-à-vis l'angle où il était : il n'y avait alors auprès

---

1. Il avala un gigot et un dindon. (G. A.)
2. Nordberg prétend que ce fut pour se guérir d'un mal de poitrine que Charles XII essaya cette étrange abstinence : le confesseur Nordberg est assurément un mauvais médecin. (*Note de Voltaire.*)
3. Quoi que dise Voltaire par avance, le récit qu'il va faire n'est pas véridique. (G. A.)

de sa personne que deux Français : l'un était M. Siquier, son aide de camp[1], homme de tête et d'exécution, qui s'était mis à son service en Turquie, et qui était particulièrement attaché au prince de Hesse ; l'autre était cet ingénieur. Le canon tirait sur eux à cartouches ; mais le roi, qui se découvrait davantage, était le plus exposé. A quelques pas derrière était le comte Schwerin, qui commandait la tranchée. Le comte Posse, capitaine aux gardes, et un aide de camp nommé Kaulbar[2], recevaient des ordres de lui. Siquier et Mégret virent dans ce moment le roi de Suède qui tombait sur le parapet en poussant un grand soupir : ils s'approchèrent ; il était déjà mort. Une balle pesant une demi-livre l'avait atteint à la tempe droite, et avait fait un trou dans lequel on pouvait enfoncer trois doigts ; sa tête était renversée sur le parapet, l'œil gauche était enfoncé, et le droit entièrement hors de son orbite. L'instant de sa blessure avait été celui de sa mort ; cependant il avait eu la force, en expirant d'une manière si subite, de mettre, par un mouvement naturel, la main sur la garde de son épée, et était encore dans cette attitude[3]. A ce spectacle, Mégret, homme singulier et indifférent, ne dit autre chose, sinon : « Voilà la pièce finie, allons souper. » Siquier court sur-le-champ avertir le comte Schwerin. Ils résolurent ensemble de dérober la connaissance de cette mort aux soldats, jusqu'à ce que le prince de Hesse en pût être informé. On enveloppa le corps d'un manteau gris ; Siquier mit sa perruque et son chapeau sur la tête du roi ; en cet état, on transporta Charles, sous le nom du capitaine Carlberg, au travers des troupes, qui voyaient passer leur roi mort sans se douter que ce fût lui.

Le prince ordonna à l'instant que personne ne sortît du camp, et fît garder tous les chemins de la Suède, afin d'avoir le temps de prendre ses mesures pour faire tomber la couronne sur la tête de sa femme ; et pour en exclure le duc de Holstein, qui pouvait y prétendre.

Ainsi périt, à l'âge de trente-six ans et demi, Charles XII, roi de Suède, après avoir éprouvé ce que la prospérité a de

---

1. C'est lui, paraît-il, qui assassina Charles XII.
2. Voltaire a écrit Kulbert. (B.)
3. Le procès-verbal de l'autopsie cadavérique, faite en 1746, établit que le coup qui avait traversé les deux tempes n'y avait laissé qu'une blessure longue de sept lignes et large de deux. Une *balle d'une demi-livre* eût laissé bien d'autres traces. Charles XII fut trouvé mort ayant la main droite sur la poignée de son épée à moitié tirée du fourreau : circonstance qui prouve que le roi a vu le coup qui le menaçait, et voulait se défendre. On croit que Siquier était l'instrument de Frédéric de Hesse, beau-frère de Charles XII. (B.)

plus grand, et ce que l'adversité a de plus cruel, sans avoir été amolli par l'une, ni ébranlé un moment par l'autre. Presque toutes ses actions, jusqu'à celles de sa vie privée et unie, ont été bien loin au delà du vraisemblable. C'est peut-être le seul de tous les hommes, et jusqu'ici le seul de tous les rois, qui ait vécu sans faiblesses ; il a porté toutes les vertus des héros à un excès où elles sont aussi dangereuses que les vices opposés. Sa fermeté, devenue opiniâtreté, fit ses malheurs dans l'Ukraine, et le retint cinq ans en Turquie ; sa libéralité, dégénérant en profusion, a ruiné la Suède ; son courage, poussé jusqu'à la témérité, a causé sa mort ; sa justice a été quelquefois jusqu'à la cruauté, et, dans les dernières années, le maintien de son autorité approchait de la tyrannie. Ses grandes qualités, dont une seule eût pu immortaliser un autre prince, ont fait le malheur de son pays. Il n'attaqua jamais personne ; mais il ne fut pas aussi prudent qu'implacable dans ses vengeances. Il a été le premier qui ait eu l'ambition d'être conquérant sans avoir l'envie d'agrandir ses États : il voulait gagner des empires pour les donner. Sa passion pour la gloire, pour la guerre, et pour la vengeance, l'empêcha d'être bon politique, qualité sans laquelle on n'a jamais vu de conquérant. Avant la bataille et après la victoire, il n'avait que de la modestie ; après la défaite, que de la fermeté : dur pour les autres comme pour lui-même, comptant pour rien la peine et la vie de ses sujets, aussi bien que la sienne ; homme unique plutôt que grand homme ; admirable plutôt qu'à imiter. Sa vie doit apprendre aux rois combien un gouvernement pacifique et heureux est au-dessus de tant de gloire[1].

Charles XII était d'une taille avantageuse et noble ; il avait un très-beau front, de grands yeux bleus remplis de douceur, un nez bien formé, mais le bas du visage désagréable, trop souvent défiguré par un rire fréquent qui ne partait que des lèvres, presque point de barbe ni de cheveux. Il parlait très-peu, et ne répondait souvent que par ce rire dont il avait pris l'habitude. On observait à sa table un silence profond. Il avait conservé, dans l'inflexibilité de son caractère, cette timidité qu'on nomme mauvaise honte. Il eût été embarrassé dans une conversation, parce que s'étant donné tout entier aux travaux et à la guerre, il n'avait jamais connu la société. Il n'avait lu jusqu'à son loisir chez les Turcs que les

---

1. Il faut lire dans LÉMONTEY, *Histoire de la Régence*, tome Ier, page 128, et tome II, page 383, beaucoup de curieux détails sur la fin du règne de Charles XII et sur le misérable état dans lequel il laissait la Suède à sa mort : l'agriculture et le service des postes abandonnés aux femmes, une population composée de vieillards et d'enfants, etc.

Commentaires de César et l'*Histoire d'Alexandre;* mais il avait écrit quelques réflexions sur la guerre, et sur ses campagnes depuis 1700 jusqu'à 1709. Il l'avoua au chevalier de Folard, et lui dit que ce manuscrit avait été perdu à la malheureuse journée de Pultava. Quelques personnes ont voulu faire passer ce prince pour un bon mathématicien ; il avait sans doute beaucoup de pénétration dans l'esprit, mais la preuve que l'on donne de ses connaissances en mathématique n'est pas bien concluante ; il voulut changer la manière de compter par dizaine, et il proposait à la place le nombre soixante-quatre, parce que ce nombre contenait à la fois un cube et un carré; et qu'étant divisé par deux il était enfin réductible à l'unité. Cette idée prouvait seulement qu'il aimait en tout l'extraordinaire et le difficile [1].

A l'égard de sa religion, quoique les sentiments d'un prince ne doivent pas influer sur les autres hommes, et que l'opinion d'un monarque aussi peu instruit que Charles ne soit d'aucun poids dans ces matières, cependant il faut satisfaire sur ce point comme sur le reste la curiosité des hommes qui ont eu les yeux ouverts sur tout ce qui regarde ce prince. Je sais de celui qui m'a confié les principaux mémoires de cette histoire que Charles XII fut luthérien de bonne foi jusqu'à l'année 1707. Il vit alors à Leipsick le fameux philosophe M. Leibnitz, qui pensait et parlait librement, et qui avait déjà inspiré ses sentiments libres à plus d'un prince. Je ne crois pas que Charles XII puisa, comme on me l'avait dit, de l'indifférence pour le luthéranisme dans la conversation de ce philosophe, qui n'eut jamais l'honneur de l'entretenir qu'un quart d'heure ; mais M. Fabrice, qui approcha de lui familièrement sept années de suite, m'a dit que dans son loisir chez les Turcs, ayant vu plus de diverses religions, il étendit plus loin son indifférence [2]. La Motraye même, dans ses Voyages, confirme cette idée. Le comte de Croissy pense de même, et m'a dit plusieurs fois que ce prince ne conserva de ses premiers principes que celui d'une prédesti-

---

1. Elle prouve aussi qu'il avait approfondi jusqu'à un certain point la théorie des nombres, puisqu'il connaissait la nature et les propriétés des échelles arithmétiques. (K.)

2. Un de ses chapelains, dit La Motraye, m'a dit qu'il fut très-dévot jusqu'à Pultava, ne manquant jamais, avant une action, ou aux heures marquées pour la prière, de se mettre à genoux en pleine campagne, sans coussin ni tapis, et priant de la manière du monde la plus exemplaire, et cela dès sa première campagne contre le Danemark, avant donc qu'il eût entendu parler de M. Leibnitz; mais à voir son indifférence et son peu d'attention aux sermons ou aux prières depuis Pultava, il semblait que, se croyant abandonné du ciel, il l'eût abandonné comme par représailles.

nation absolue, dogme qui favorisait son courage, et qui justifiait ses témérités[1]. Le czar avait les mêmes sentiments que lui sur la religion et sur la destinée ; mais il en parlait plus souvent, car il s'entretenait familièrement de tout avec ses favoris, et avait pardessus Charles l'étude de la philosophie et le don de l'éloquence.

Je ne puis me défendre de parler ici d'une calomnie renouvelée trop souvent à la mort des princes, que les hommes malins et crédules prétendent toujours avoir été ou empoisonnés ou assassinés. Le bruit se répandit alors en Allemagne que c'était M. Siquier lui-même qui avait tué le roi de Suède. Ce brave officier fut longtemps désespéré de cette calomnie ; un jour, en m'en parlant, il me dit ces propres paroles : « J'aurais pu tuer le roi de Suède ; mais tel était mon respect pour ce héros que, si je l'avais voulu, je n'aurais pas osé[2]. »

[3] Je sais bien que Siquier lui-même avait donné lieu à cette fatale accusation, qu'une partie de la Suède croit encore ; il m'avoua lui-même qu'à Stockholm, dans une fièvre chaude, il s'était écrié qu'il avait tué le roi de Suède ; que même il avait dans son accès ouvert la fenêtre, et demandé publiquement pardon de ce parricide. Lorsque dans sa guérison il eut appris ce qu'il avait dit dans sa maladie, il fut sur le point de mourir de douleur. Je n'ai point voulu révéler cette anecdote pendant sa vie. Je le vis quelque temps avant sa mort, et je peux assurer que loin d'avoir tué Charles XII, il se serait fait tuer pour lui mille fois. S'il avait été coupable d'un tel crime, ce ne pouvait être que pour servir quelque puissance qui l'en aurait sans doute bien récompensé ; il est mort très-pauvre en France, et même il y a eu besoin du secours de ses amis. Si ces raisons ne suffisent pas, que l'on considère que la balle qui frappa Charles XII ne pouvait entrer dans un pistolet, et que Siquier n'aurait pu faire ce coup détestable qu'avec un pistolet caché sous son habit[4].

---

1. « Voyez-vous là-haut cette étoile ? dit une fois Napoléon au cardinal Fesch. — Non, sire. — Regardez bien. — Sire, je ne la vois pas. — Hé bien ! moi, je la vois. » (M. DE SÉGUR, livre II, chapitre III.)

2. On lit dans les lettres de Villelongue à Voltaire (*Bibliothèque nationale*, *manuscrits*) : « M. de Rémuzat peut rappeler sa mémoire et vous raconter bien des choses. M. de Siker aussi, si vous voulez l'assurer que vous ne lui ferez point de tort dans le public avec les vérités qu'il pourra vous dire, etc. »

3. Cet alinéa n'a été ajouté qu'en 1748. (B.)

4. Beaucoup de gens prétendent encore que Charles XII fut la victime de la haine qu'il avait inspirée à ses sujets. Cette opinion n'est pas même destituée de vraisemblance. M. de Voltaire ne l'ignorait pas ; mais comme il ne pouvait vérifier les petites circonstances sur lesquelles cette opinion s'appuie, il a préféré la passer

Après la mort du roi on leva le siége de Frédrickhall ; tout changea dans un moment : les Suédois, plus accablés que flattés de la gloire de leur prince, ne songèrent qu'à faire la paix avec leurs ennemis, et à réprimer chez eux la puissance absolue dont le baron de Görtz leur avait fait éprouver l'excès. Les états élurent librement pour leur reine la princesse, sœur de Charles XII [1], et l'obligèrent solennellement de renoncer à tout droit héréditaire sur la couronne, afin qu'elle ne la tînt que des suffrages de la nation. Elle promit, par des serments réitérés, qu'elle ne tenterait jamais de rétablir le pouvoir arbitraire ; elle sacrifia depuis la jalousie de la royauté à la tendresse conjugale, en cédant la couronne à son mari [2], et elle engagea les états à élire ce prince, qui monta sur le trône aux mêmes conditions qu'elle.

Le baron de Görtz, arrêté immédiatement après la mort de Charles, fut condamné par le sénat de Stockholm à avoir la tête tranchée au pied de la potence de la ville : exemple de vengeance peut-être encore plus que de justice, et affront cruel à la mémoire d'un roi que la Suède admire encore [3].

sous silence. On garde à Stockholm le chapeau de Charles XII ; et la petitesse du trou dont il est percé est une des raisons de ceux qui veulent croire qu'il périt par un assassinat. (K.) — Las Cases, dans le *Mémorial de Sainte-Hélène,* dit qu'il tenait de la propre bouche de Gustave III que Charles avait été assassiné par les siens, que la balle était d'un pistolet, qu'elle avait été tirée de près, et par derrière. On avait fait l'autopsie du cadavre le 12 juillet 1746. — Voyez la note 3 de la page 348.

1. Ulrique-Éléonore, morte le 5 décembre 1741, à cinquante-quatre ans.
2. Frédéric de Hesse-Cassel, associé, avec l'agrément des états, au trône de Suède, le 4 avril 1720, mourut le 5 avril 1751, à soixante-quinze ans.
3. Le baron de Görtz expia les fautes commises par Charles XII ; on l'accusa d'avoir été l'instigateur de toutes les mesures oppressives qui avaient accablé la Suède. Jugé par une commission spéciale, il se défendit avec noblesse, et, après un procès inique, il fut condamné et exécuté à Stockholm, le 2 mars 1719.

Il est nécessaire d'ajouter quelques mots pour indiquer au moins le résultat de tant d'efforts et de tant d'intrigues : la mort de Charles XII confondit tous les projets de Görtz et d'Albéroni ; et de toute cette ligue terrible, à peine commencée, il ne resta de puissant que le czar. La Suède avait été épuisée par Charles XII, et le nouveau roi Frédéric fut heureux d'accepter la médiation du duc d'Orléans. Un congrès s'assembla à Nystadt en Finlande. On souscrivit à toutes les volontés de Pierre ; on lui céda la Livonie, l'Estonie, l'Ingrie, la Carélie, le pays de Viborg, les îles d'Œsel, Dago, etc. Il était maître de la Baltique. Des fêtes magnifiques signalèrent ce glorieux événement, et l'on décerna à Pierre les noms de Grand et de Père de la patrie. (L. G.) — Voyez l'ouvrage suivant.

FIN DE L'HISTOIRE DE CHARLES XII.

NOTES

SUR

LES *REMARQUES* DE LA MOTRAYE [1]

PRÉCÉDÉES

DU TEXTE SUJET DES NOTES.

I. Mon admiration pour tout ce qui part de votre plume croît de plus en plus.

Si cela était, M. de La Motraye aurait communiqué ses remarques à M. de Voltaire, au lieu de les vendre à un libraire.

II. Ayant eu pendant tant d'années l'honneur d'approcher votre héros, et de converser continuellement avec ses officiers, j'ai dû être mieux informé que vous de ce qui le regarde.

Les mémoires qu'on a communiqués à M. de Voltaire, et qu'il déposera dans une bibliothèque publique, sont faits par des ministres et des officiers généraux, qui peuvent avoir vu beaucoup de choses échappées au sieur de La Motraye.

III. Tout le monde convient que votre livre est très-bien écrit : cela suffirait, dit-on, pour un roman où l'invention domine; mais ce n'est pas assez pour une histoire où la vérité doit régner absolument, où il faut des nerfs et de la force plutôt que des grâces et des fleurs.

---

1. La Motraye, gentilhomme français, voyageait en Turquie et se trouva à Bender dans le temps que Charles XII y était pour ainsi dire interné. Il prêta de l'argent à ce prince; il se chargea d'en obtenir pour lui à Constantinople, etc. Revenu en France, il attaqua sans nulle retenue l'*Histoire* de Voltaire quelques mois après son apparition (1732). Voltaire fit une courte réponse à chacune des *Remarques historiques et critiques* de La Motraye. (G. A.)

Les nerfs et la force dépendent du style, et non de la vérité. On peut mentir avec force, et dire la vérité ennuyeusement.

IV. Dans le premier livre de votre histoire... vous faites gagner au czar Pierre Ier, en 1697, la bataille d'Azof sur les Turcs, et leur enlever cette ville (la clef de l'empire ottoman), qui se rendit par capitulation le 28e de juillet 1695; vous lui faites quitter, en 1678, la Moscovie pour sa grande ambassade; cette ambassade partit en 1697.

M. de La Motraye se trompe. Azof se rendit le 27 juin 1696. A l'égard de la date de 1678, il n'y a personne qui ne sente que c'est une faute d'impression. Cette faute a été corrigée dans les dernières éditions de l'*Histoire de Charles XII*.

V. Ce qui me surprend, c'est que vous n'avez pas corrigé dans cette édition (la deuxième de Paris) ce que vous dites de M. Le Fort, qu'il était fils d'un Français réfugié à Genève, et qu'il alla d'abord chercher de l'emploi dans les troupes moscovites.

Cette erreur a été corrigée dans plusieurs éditions. M. de La Motraye devrait les avoir lues, puisque cette critique est imprimée après la quatrième édition débitée en France du livre de M. de Voltaire.

VI. M. Le Fort était d'une famille genevoise partagée entre la magistrature et le commerce... Son père l'envoya chez M. Franconis, fameux négociant de cette ville (Amsterdam).

Jamais M. de Voltaire n'avait eu dessein d'écrire l'histoire de M. Le Fort, ni celle de M. Franconis.

VII. Ce prince (le czar Pierre) ayant un jour remarqué le respect avec lequel Le Fort se tenait derrière la chaise de son maître (l'ambassadeur de Suède) pendant le dîner, et l'envisageant, fut frappé de son bon air et de sa physionomie; et comme il servait d'interprète et parlait bon russien, Sa Majesté lui demanda de quelle nation il était, et où il avait appris cette langue, et lui fit d'autres questions auxquelles il répondit d'une manière satisfaisante. Le czar en fut charmé, et lui demanda s'il voulait entrer à son service.

C'est au lecteur à décider si ces circonstances étaient bien nécessaires à l'*Histoire de Charles XII*.

VIII. Le czar en fut si satisfait (de l'habillement de Le Fort), qu'il dit qu'il voulait en avoir de semblables pour une compagnie de cinquante hommes, dont il le ferait capitaine, et la faire discipliner à la manière des cours dont il l'avait entretenu. Le Fort chercha chez tous les marchands étrangers établis à Moscou tout ce qui est nécessaire pour habiller cette compagnie; et, ayant arrêté tous les tailleurs étrangers qui se trouvaient dans la ville, il demanda un ordre au czar pour faire prendre la mesure à ceux d'entre les strélitz qui étaient de plus belle taille et avaient meilleure mine.

Il est constant qu'il n'y avait aucun strélitz dans cette compagnie de cinquante hommes; mais ces petits faits sont des bagatelles sur lesquelles il importe peu d'avoir raison.

IX. Ce que vous traitez de bruit populaire ou de fausseté, touchant les excès de vin qui portèrent Charles XII avant la guerre à des actions indignes d'un prince... est très-vrai.

Cela est très-faux. M. le comte de Croissy prit un jour la liberté de le demander à Charles XII lui-même, qui, quoi qu'en dise le sieur de La Motraye, répondit que c'était une calomnie. C'est ce que je tiens de la bouche de M. le comte de Croissy, ambassadeur auprès de ce roi.

X. Le comte Dahlberg ayant repris le fort de Dunamunden sur les Saxons par capitulation, après une aussi longue et aussi vigoureuse attaque des assiégeants que fut la résistance des assiégés, ce jeune héros (Charles XII) voulait à toute force qu'on y fît rentrer les prisonniers pour le prendre d'assaut, et sans donner ni recevoir de quartier.

Cela n'est ni vraisemblable ni vrai. De pareils contes déshonoreraient une histoire.

XI. Les relations de la victoire de Narva, assiégée par les Moscovites en 1700, varient fort; et ce que j'en ai appris... ne s'accorde pas tout à fait avec ce que vous en dites. Vous faites débarquer Charles avec seize mille hommes, etc.

On ne fait presque que copier ici l'histoire de M. de Voltaire; il n'y a de différence que dans le style et dans des circonstances qu'un écrivain judicieux doit supprimer.

XII. Les officiers dont je viens de parler m'ont raconté, entre autres particularités, que le nombre des prisonniers moscovites était si grand que, pour s'en débarrasser, on les renvoya à leur maître, après leur avoir ôté jusqu'à un couteau et coupé en deux endroits la ceinture de leurs hauts-de-chausses, qu'ils étaient obligés de soutenir des deux mains.

Il reste à savoir si c'est une faute bien considérable d'avoir omis l'aventure des culottes des Moscovites.

XIII. Je ne vous disputerai point l'étymologie du mot *czar* ou de *czarafis* ; je me contente de dire que je n'ai jamais entendu appeler czar que le souverain de Moscovie, dont le fils aîné est toujours appelé *czarowitz* ; mais je sais bien que les Asiatiques appellent ordinairement le prince de Géorgie Gurgistanbey, etc...

Tout cela n'empêche pas que le mot *czar* ne signifiât roi et prince chez les Scythes.

XIV. On trouve aussi que la relation que vous avez donnée du siége et de la bataille de Pultava ne s'accorde point avec celles qu'on en a eues jusqu'ici, ni avec ce qu'on en a appris de ceux qui y étaient, etc...

Ces réflexions critiques ne paraissent pas avoir beaucoup de suite. A l'égard de Pultava, M. de Voltaire conserve le plan de la bataille qui lui a été confié par un officier très-expérimenté. A l'égard de Narva et de ses suites, M. de La Motraye fait bien de l'honneur à M. de Voltaire de répéter ce qu'il en a dit dans son histoire.

XV. Vous dites que le général Rehnsköld fit inhumainement massacrer, six heures après la bataille de Frauenstadt, tous les prisonniers moscovites, sans avoir égard à leur soumission ni à leurs larmes : des officiers suédois, qui étaient présents, m'ont assuré que ce fut le roi lui-même qui ordonna ce massacre.

M. de La Motraye n'y était pas, et tous ceux qui y étaient savent que le roi ne vit Rehnsköld que quelques jours après. Si Charles XII avait fait tuer les Moscovites si longtemps après qu'on leur avait donné quartier, il aurait été coupable de la cruauté la plus inouïe et la plus horrible ; mais on sait qu'il n'y eut point de part.

XVI. Mais, ajouterez-vous, Charles XII violait le droit des nations en se faisant livrer Patkul ; je ne répondrai rien à cette objection.

Si vous ne répondez rien à cette objection, ce n'était donc pas la peine de la faire vous-même.

XVII. Ce fut M. le baron de Strålheim, fameux par ses bons mots, qui dit à Charles, le lendemain de son retour d'auprès du roi Auguste à Dresde, ce que vous lui faites dire par le général Rehnsköld.

Cette erreur de nom avait déjà été corrigée.

XVIII. Ce héros tout-puissant en Saxe et en Pologne aurait fait l'action du monde la plus généreuse s'il fût allé visiter le roi Auguste, ou l'eût invité à son quartier immédiatement après la ratification du traité d'Alt-Rantstadt, et qu'il eût déchiré ce traité et dit : *Je vous rends la couronne : régnez, et soyez aussi sincèrement mon ami que je veux être le vôtre.*

M. de Voltaire s'est contenté de dire ce que Charles XII a fait : c'est à M. de La Motraye à dire ce que Charles XII aurait dû faire.

XIX. Vous dites que le duc de Marlborough, en arrivant à Leipsick, s'adressa secrètement, non au comte Piper, mais au baron de Görtz, etc... Je n'ai jamais ouï parler de ces circonstances.

Vous en avez entendu parler à M. Fabrice, qui vous a protégé auprès du roi de Suède, et qui m'a conté ce fait dont il a été témoin.

XX. Dès que le duc l'aperçut (le comte Piper) sur sa porte prêt à le recevoir, il sortit du carrosse, et, mettant son chapeau, il passa devant lui sans le saluer, et se retira à côté comme pour faire de l'eau...

Que le duc de Marlborough ait pissé ou non en descendant de carrosse, cela pourrait être indifférent ; mais par cette froideur entre lui et le comte Piper, il paraît assez que le duc de Marlborough s'était adressé au baron de Görtz.

XXI. J'ai eu l'honneur d'approcher assez souvent Charles XII pendant son séjour à Bender ; je n'ai jamais remarqué en lui la moindre aversion pour la France.

Il y a des courriers du cabinet qui approchent des princes, qui portent les secrets de l'État, mais qui ne les savent pas.

XXII. Le traité en faveur des Silésiens protestants, que vous faites rompre à l'empereur Joseph dès que Charles ne fut plus en état d'imposer des lois, ne s'exécuta qu'alors. Je vis à mon retour de Russie, en passant par la Silésie, quantité de ces protestants encore en pleine possession des priviléges et des églises qu'ils avaient recouvrés par ce traité.

Il n'y a eu que très-peu d'églises de rendues ; c'est un fait connu.

XXIII. L'ambassadeur que vous faites envoyer par le Grand Seigneur au roi de Suède était un aga envoyé à la république de Pologne, qui, voyant que tous les ministres étrangers complimentaient Charles sur ses victoires, et le nouveau roi sur son avénement à la couronne, en fit de même.

Puisqu'il rendit des esclaves suédois, apparemment qu'il avait quelque ordre pour le roi de Suède.

XXIV. Vous dites que la gangrène se mit au pied du roi immédiatement après sa blessure à Pultava : ce ne fut qu'à Bender qu'il en parut quelques symptômes.

Si M. de La Motraye avait vu les dernières éditions du livre qu'il critique, il aurait lu qu'on commençait à craindre la gangrène.

XXV. Je lui ai ouï dire (au chirurgien qui embauma le corps de Charles XII) plus d'une fois qu'il n'avait jamais vu de corps plus sain, et dont toutes les parties fussent plus parfaites, excepté que les pellicules intérieures du bas-ventre étaient si minces, ce qu'il attribuait au violent et fréquent exercice du cheval, que s'il eût vécu il n'aurait pu éviter une rupture.

Le fréquent exercice du cheval devait faire un effet contraire; mais cette erreur est pardonnable.

XXVI. La chancellerie n'était pas toute prise, comme vous dites, puisque M. Muller, M. le conseiller Fief, et plusieurs secrétaires que j'ai rachetés à Bender, des mains des Turcs et des Tartares, ne l'étaient pas.

On a dit que presque toute la chancellerie était prise; ce qui est vrai.

XXVII. On mit ce prince dans un carrosse qu'on avait transporté de l'autre côté du fleuve, car il n'était pas en état de monter à cheval, et le général Hord, qui était aussi blessé, y entra avec le roi. Ils traversèrent le désert qui règne entre le Borysthène et le Bog, et qui fait partie de la *Scythia parva* des anciens, où je m'égarai et errai pendant trois ou quatre jours sans trouver ni eau ni provisions, en 1717, à mon retour de Circassie.

Tout cela se trouve à peu près dans l'histoire, excepté la disette d'eau où s'est trouvé M. de La Motraye, en 1717, *fait important, mais dont il était difficile d'être instruit.*

XXVIII. Le roi accepta les rafraîchissements que ce pacha avait fait apporter, reçut ses excuses, et ne lui fit point la réprimande que vous dites.

On a le contraire écrit de la main de M. de Poniatowski.

XXIX. Le roi écrivit ensuite au Grand Seigneur la lettre que vous avez trouvée dans l'appendice de mon premier volume; mais vous en avez changé le style, et l'avez abrégée de moitié.

Est-ce une si grande faute d'abréger un peu ces écrits publics, et de conserver seulement ce qui est essentiel?

XXX. Le comte Piper, que vous faites mourir à Moscou, mourut à Slutelbourg...

Cette faute, si peu essentielle, a été déjà reconnue et corrigée dans une édition d'Angleterre et dans une édition de Hollande.

XXXI. Au reste, les luthériens, bien loin d'être prédestinateurs comme vous le supposez, ont en horreur les calvinistes et les autres chrétiens qui croient la prédestination... Mais on vous pardonnera aisément cette faute, si on fait réflexion que vous avez plus étudié l'ancienne mythologie que les systèmes des théologiens.

M. de Voltaire connaît les mythologies anciennes et nouvelles, et leur rend la justice qu'elles méritent ; il sait que Luther était prédestinateur outré, et que les luthériens l'ont abandonné sur cet article. Il a dit que la prédestination était un principe de Charles XII, mais il n'a pas dit que ce fût le dogme des ministres luthériens.

XXXII. Vous dites que le général Poniatowski trouva moyen de faire parvenir à la sultane Validé (ou sultane mère) une lettre de Charles XII. Cette lettre, celles que vous faites écrire par la Validé à ce général de sa propre main, le récit que vous faites faire par M. Bru des exploits de ce héros au chef des eunuques..., tout cela ne peut que paraître romanesque à ceux qui ont quelque connaissance du génie des Turcs...

L'auteur conserve et déposera dans une bibliothèque publique la lettre de M. de Poniatowski, dans laquelle on trouve ces propres paroles : *Si je retrouve quelques lettres de la sultane Validé, je vous les enverrai par madame de ****. Le sieur de La Motraye peut, s'il veut, donner un démenti à M. de Poniatowski, pour avoir le plaisir d'écrire.

XXXIII. Les Grands Seigneurs ne se mariant jamais, et ne prenant que des concubines à qui on n'apprend point à écrire.

Cela est très-faux ; il n'y a point de femme à qui on n'apprenne à lire et à écrire.

XXXIV. M. Bru était mon bon ami, et m'a fourni quelques mémoires : il connaissait trop bien l'indifférence des Turcs sur ce que font les chrétiens pour avoir dit qu'ils se plaisaient à en faire le sujet de leurs entretiens.

Les Turcs peuvent avoir beaucoup d'indifférence pour ce que font les chrétiens en France et à Rome, mais non pas pour ce que faisait chez eux un roi qui faisait déposer tant de vizirs.

XXXV. Les mécontents qui, en 1703, élevèrent sur le trône, à la place de Mustapha Achmet, son frère dernier déposé, exigèrent de lui, à ce qu'on a dit, qu'il ne donnerait aucune part dans les affaires de l'empire à la sultane sa mère ; et depuis je n'ai ouï dire à personne qu'elle s'en soit mêlée.

M. de Poniatowski, M. Fabrice, M. de Fierville, M. de Villelongue, peuvent savoir des choses que M. de La Motraye ne sait pas.

XXXVI. Il est aussi incertain que le czar ait demandé Mazeppa à la Porte, qu'il l'est que le vizir qui pouvait le forcer, au Pruth, à lui livrer Cantemir, l'ait demandé.

Cela est très-certain ; on en a la preuve dans les manuscrits qu'on déposera.

XXXVII. La fiole de poison destinée par les Moscovites pour le général Poniatowski, que vous faites porter au Grand Seigneur, n'a pas plus de fondement, et n'a été tout au plus qu'une invention pour les rendre odieux aux Turcs.

Le sieur de La Motraye, qui n'y était pas, dément encore M. de Poniatowski, et sera bien surpris quand il verra sa lettre.

XXXVIII. Vous attribuez avec aussi peu de fondement à Charles XII la déposition des vizirs qu'il croyait lui être contraires.

Il est faux que M. de Voltaire attribue la déposition de tous les vizirs à Charles XII et à son parti.

XXXIX. Vous faites Baltagi Mehemet vizir par une intrigue de sa femme, vous le déposez par une autre, et vous le refaites vizir par une troisième intrigue de la même femme. Cependant il n'a jamais été vizir qu'une fois.

Il a été vizir deux fois. Il était pacha d'Alep après son premier viziriat, comme le savent et l'attestent tous nos négociants d'Alep.

XL. Vous lui faites dire au Grand Seigneur, en recevant le sabre : « Ta Hautesse sait que j'ai été élevé à me servir d'une hache pour fendre du bois, et non d'une épée pour commander tes armées : je tâcherai de te servir ; mais si je ne réussis pas, souviens-toi que je t'ai supplié de ne me le point imputer. » Le sultan, ajoutez-vous, l'assura de son amitié, et le vizir se prépara à obéir. On met ce dialogue avec la réponse suivante que vous faites faire par le grand vizir déposé Couprougli Oglou au Grand Seigneur...

On a des preuves par écrit de tout ce qu'on a avancé dans l'*Histoire de Charles XII*. Les doutes de M. de La Motraye, qui n'a pu ni tout voir ni tout entendre, et qui n'a vu ni entendu que de loin, ne suffisent pas pour détruire la validité des mémoires les plus authentiques.

XLI. Vous faites assembler à Belgrade l'armée turque destinée contre le czar, qui est en Moldavie, par un détour de plus de cent lieues. Cette armée s'assembla dans la plaine d'Andrinople, qui est le droit chemin.

Il est certain que la plus grande partie de l'armée s'assembla à Belgrade, parce qu'il y avait beaucoup de troupes en Hongrie ; il y a environ cent de nos lieues de Belgrade à Yassi, et cent cinquante d'Andrinople à Yassi.

XLII. Sultan Ibrahim, qu'Osman aga et l'ancien vizir Chourlouli Ali bacha avaient formé le dessein de mettre sur le trône, en déposant Achmet, n'était point fils aîné du sultan Mustapha, comme vous le faites, mais bien fils unique de Soliman, oncle de l'un et de l'autre.

Cela est corrigé dans la dernière édition de Hollande.

XLIII. Baltagi Mehemet ne fut point banni pour la raison que vous alléguez, ni pour aucune autre ; mais étant de retour à Andrinople avec l'armée, il demanda sa démission au Grand Seigneur à cause de son grand âge, lui recommandant Yasust bacha, alors janissaire aga, pour son successeur au viziriat, ce qu'il obtint ; et il choisit volontairement Lemnos pour retraite.

M. de Poniatowski dit positivement le contraire.

XLIV. M. Gluk, chez qui la dame Catherine servit, et que vous appelez intendant du pays, était le premier ministre de la principale église de Marienbourg.

Il est qualifié de ministre luthérien dans quatre éditions.

XLV. Pour faire croire les Turcs capables de la perfidie que vous leur attribuez (de vouloir livrer Charles XII à ses ennemis en Pologne), il faudrait supposer que le czar et le roi de Pologne auraient gagné par argent non-seulement le kan, le bacha et les envoyés de la Porte, mais toutes les troupes de l'escorte.

On ne leur a pas attribué de perfidie ; on a soupçonné les Tartares, et non les Turcs.

XLVI. Vous dites que quand je fus envoyé à Constantinople emprunter de l'argent pour le roi de Suède, je mis le plein pouvoir et les lettres de ce prince dans un livre dont j'avais ôté le carton, et passai au milieu des Turcs mon livre à la main, disant que c'était mon livre de prières ; mais je ne portai point ce livre à la main; il était dans ma valise, confondu avec d'autres livres.

Il est vrai qu'on a laissé cette erreur essentielle.

XLVII. Le Grand Seigneur n'ordonna douze cents bourses pour le roi qu'après que ce prince lui eut écrit qu'il était résolu de s'en retourner incessamment dans ses États, et lui en eut demandé mille.

Cela est dit mot pour mot dans l'histoire.

XLVIII. Les prétendues lettres du comte Flemming en chiffres au kan, qui, interprétées, dites-vous, par les Suédois, les déterminèrent à croire que le roi Auguste marchandait avec le kan et le bacha pour lui livrer le roi de Suède; le soupçon qu'en conçut Charles XII et dans lequel il fut, ajoutez-vous, confirmé par le départ précipité du comte Sapieha, tout cela a paru imaginaire, et pouvait être un prétexte pour différer le départ du roi, qui, ayant remarqué la facilité et la générosité avec laquelle le Grand Seigneur donnait douze cents bourses, au lieu de mille qu'il avait demandées, en demanda encore mille autres. Ce soupçon, qu'on a fait servir de raison pour excuser le refus et la résistance de ce prince à Varnitza, ne pouvait être confirmé par le départ précipité de Sapieha, qui ne partit de Bender que quelques semaines après l'affaire de Varnitza, lorsque Sa Majesté était déjà arrivée dans le voisinage d'Andrinople. Voici ce qu'il y a de certain au sujet de ce comte. Il s'était épuisé en Pologne pour le service de ce monarque, et n'en avait pas été vu de meilleur œil qu'à Bender, où il disait que ses compatriotes et ses rivaux avaient prévenu Sa Majesté contre lui, comme ils firent, ajoutait-il, le roi Stanislas en y arrivant. Il se voyait sans argent et sans crédit; il songea à faire sa paix avec le roi Auguste, comme ont fait dans la suite ces mêmes compatriotes. Quelle trahison trouvez-vous là dedans?

Ce qu'il y a de certain par tout ce récit, c'est que M. de La Motraye n'en sait rien.

XLIX. Je n'ai jamais ouï parler du mot : Nous combattrons *pro aris et focis,* que vous mettez dans la bouche de ce prince.

C'est ce qu'on tient de la bouche de M. Fabrice et de plusieurs autres témoins.

L. Quelques domestiques me dirent qu'ils le[1] croyaient brûlé, parce qu'ils avaient vu une grande partie du plancher tomber en charbons ardents, justement à l'endroit où il tirait par une fenêtre sur les Turcs.

---

1. Il s'agit de Frédéric, valet de chambre du roi de Suède ; voyez la note de Voltaire, page 302.

Un homme qui a été son domestique assure qu'il fut coupé en deux par les Tartares.

LI. Ils ne le désarmèrent point (Charles XII), comme vous dites; il jeta d'abord son épée en l'air pour les prévenir.

On lui saisit son épée comme il levait le bras.

LII. Rien n'est plus facile que de présenter des requêtes au Grand Seigneur; cela n'a jamais été défendu à personne par aucun vizir.

Cela avait été expressément défendu : il est bien étrange que le sieur de La Motraye, qui n'y était pas, veuille en savoir plus que M. de Villelongue lui-même. L'auteur a les lettres originales de M. de Villelongue, qui peuvent servir à confondre les critiques inconsidérées.

LIII. Ce ne fut pas le sultan Galga (comme on appelle les fils aînés des kans), mais Carplan Gherei, frère du kan déposé, qui fut mis en sa place.

Aussi trouve-t-on dans la nouvelle édition de Hollande Carplan Gherei [1].

LIV. Je sais bien que M. Désaleurs persuada à quelques marchands de lui prêter aussi quelque somme d'argent, je ne puis dire combien; mais il ne prêta rien lui-même, et ne fit que répondre du payement.

Cela est encore très-faux; les enfants de M. Désaleurs ont les papiers justificatifs par lesquels il paraît qu'il prêta vingt mille écus, et répondit de pareille somme.

LV. M. Jacques Cooke... lui avança non-seulement de nouvelles sommes, mais jugea que Sa Majesté ne prendrait pas en mauvaise part l'offre... de ce que son frère et lui avaient de vaisselle d'argent, etc.

Tout lecteur judicieux verra que l'histoire du payement du sieur Thomas Cooke ne devait pas tenir deux pages dans l'histoire de Charles XII.

LVI. Vous assurez qu'il n'y avait point de ministre de Hollande à la cour de Suède quand le roi fit arrêter à Stockholm le résident anglais, en

---

1. Je ne connais aucune édition où il soit question de Carplan Gherei. L'édition de 1746 portait encore : « Il mit sur le trône des Tartares *le fils* du kan déposé, jeune homme de son âge, etc. » C'est en 1748 seulement que Voltaire mit : « Le frère du kan, etc. », qu'on lit aujourd'hui. (B.)

représailles de l'arrêt du comte Gyllenborg à Londres, et qu'ainsi il ne put venger le baron de Görtz arrêté par les Hollandais. Cependant il y en avait alors un.

Ce ministre n'arriva en Suède que plus de quatre mois après l'élargissement du baron de Görtz en Hollande.

LVII. Vous dites, parlant des circonstances de la mort du roi, que ce que tant d'écrivains et moi-même avons avancé, touchant la conversation entre ce prince et l'ingénieur Mégret, est absolument faux.

Oui, on le dit, et on a raison de le dire. M. Siquier, qui était seul auprès du roi, a dit à l'auteur plusieurs fois, en présence de témoins, que toute cette conversation était entièrement fabuleuse : il est à Paris ; on peut s'en informer à lui-même.

LVIII. Ceux qui, ignorant tout cela, ont voulu et veulent encore que le roi ait été tué par quelqu'un de ses gens, n'ont soupçonné M. Siquier que quelques années après.

Toute l'Europe est bien persuadée du ridicule de cette calomnie ; et M. de Voltaire ne l'a rapportée que pour en faire sentir l'extravagance. Il souhaiterait que cet exemple pût servir à arrêter la licence effrénée de ceux qui imputent toujours la mort d'un prince à l'ambition de son successeur.

LIX. On trouve qu'au lieu d'abaisser si fort les Anglais de notre siècle au-dessous de ceux de Cromwell, vous les pourriez fort bien comparer à votre héros... Divers imprimés hebdomadaires de Londres vous ont fait des reproches très-vifs... Je vous plains... d'avoir, sans y penser, encouru la haine de presque toutes les nations dont vous avez eu à parler.

De quel droit, par quelle raison et avec quelle confiance osez-vous dire que M. de Voltaire a encouru la haine des nations dont il a parlé? Il est vrai que son histoire a été longtemps le sujet de quelques débats en Angleterre, dans les papiers publics; mais il est aisé de voir par ces papiers que l'*Histoire de Charles XII* servait de prétexte aux écrivains de parti. On sait les obligations que M. de Voltaire a aux Anglais ; on sait aussi son sincère attachement pour cette nation, et il vous sied bien mal de dire qu'une histoire dont on a fait deux traductions anglaises, et qu'on a imprimée plus souvent à Londres qu'à Paris, déplaît au peuple anglais. M. de Voltaire ose se flatter d'avoir plus de suffrages en Angleterre que dans sa patrie.

LX. Dans un autre endroit de ce même *errata,* en voulant corriger une prétendue faute, vous en faites une réelle; vous dites qu'il faut lire *Achmet II* au lieu de *Mahomet IV.*

Cet errata n'a point été fait par l'auteur de *l'Histoire de Charles XII.* Il est très-imparfait et très-incorrect. La plupart des fautes ont été corrigées dans la dernière édition de Hollande; et l'ordre de la succession dans l'empire ottoman y est fidèlement observé.

LXI. Vous dites… que le baron de Görtz alla de Suède en France et en Hollande : cela est vrai; mais vous ajoutez *en Angleterre* pour essayer les ressorts qu'il voulait jouer. Il n'alla point en Angleterre, au moins depuis le retour du roi de Suède en ses États.

Les personnes qui lui ont parlé dans son voyage secret en Angleterre sont encore à Paris.

LXII. Ces duchés (de Brême et Verden) ne furent point les motifs de l'animosité que pouvait avoir Charles contre George (électeur de Hanovre et roi d'Angleterre). Le roi de Danemark était celui contre lequel il parut toujours le plus animé.

M. de La Motraye permettra qu'on en croie les mémoires des ministres les mieux instruits.

LXIII. Vous faites passer le duc d'Ormond à Madrid quelques années avant qu'il y passât; vous l'envoyez rencontrer le czar Pierre Ier en Courlande… Il n'alla pas en Courlande non plus qu'au congrès d'Aland, entamé en 1717.

Ces faits sont si connus qu'on ne peut qu'admirer la hardiesse avec laquelle on les nie. Il n'y a point d'Anglais qui ne sache que le duc d'Ormond partit de Loches environ vers la fin de 1716.

LXIV. Le czar n'y envoya (au congrès d'Aland), selon vous, qu'un seul plénipotentiaire, à savoir le baron Ostreman, pour traiter avec le baron de Görtz. Permettez-moi de vous dire qu'il y en envoya trois, à savoir le comte Bruce en qualité de premier plénipotentiaire, le baron Ostreman, et le baron Yagorenski; il y eut aussi trois plénipotentiaires de la part de la Suède, à savoir le baron de Görtz, le baron de Lillisted, et le comte de Gyllenborg.

On n'a point dit qu'il n'y avait qu'un plénipotentiaire : d'ailleurs le nombre des plénipotentiaires subalternes importe peu dans une histoire où l'on n'a jamais égard qu'aux grands événements. La gravité de l'histoire dédaigne les détails des gazettes.

LXV. Ce n'est qu'en ce temps-là, à savoir en 1717, que vous placez l'entière exécution ou la libre étendue du projet de donner à une petite pièce de cuivre, à peine de la valeur intrinsèque d'un demi-sol de France, celle de trente-deux sols d'argent. Ce projet fut formé à Stralsund, et exécuté en Suède dès 1715, comme il paraît par la première empreinte que j'ai donnée dans mon second volume, tant de cette monnaie fictice que de celles de 1716, 1717, 1718, et de 1719. Cette dernière fut frappée et eut cours en 1718, et le plus grand nombre en parut en cette même année et excita le plus de murmure contre le baron de Görtz.

Par vos propres paroles, il demeure constant qu'on n'a pas toujours également fait usage de cette monnaie : son grand cours ne fut en effet qu'en 1717 et 1718, mais non pas en 1719, car ce fut alors qu'on commença à l'abolir.

LXVI. On est surpris, monsieur, de vous voir donner à gauche sur des choses si voisines de nous, et par conséquent si aisées à approfondir, et de trouver dans une histoire si moderne et si courte tant d'anachronismes.

Les anachronismes et les fautes sont dans ces courtes *Remarques;* on s'est cru obligé d'y répondre par respect pour le public.

FIN DES NOTES SUR LES REMARQUES DE LA MOTRAYE.

HISTOIRE

de

L'EMPIRE DE RUSSIE

SOUS PIERRE LE GRAND

AVERTISSEMENT

POUR LA PRÉSENTE ÉDITION.

Toute l'histoire de la composition de cet ouvrage, qui coûta à Voltaire beaucoup de peine, est dans la correspondance. Voyez notamment celle qu'il entretint avec le comte Schouvaloff, d'octobre 1760 à mai 1761. Ainsi que le dit M. Gustave Desnoiresterres, Voltaire avait pris à cœur son sujet. « Après avoir fait l'histoire d'un héros de roman, il trouvait plus intéressant et plus digne d'un philosophe d'écrire les belles actions et les durables créations d'un véritable grand homme. » Et, à ce propos, l'auteur de *Voltaire et la Société au XVIIIe siècle* cite, pour en expliquer le vrai sens, une anecdote de Chamfort. Le docteur Poissonnier, à son retour de Russie, étant allé rendre visite au patriarche de Ferney, ne craignit pas d'aborder le chapitre délicat des erreurs que l'on rencontrait dans son livre. Au lieu de s'amuser à discuter, Voltaire se serait borné à répondre: « Mon ami, ils m'ont donné de bonnes pelisses, et je suis très-frileux. »

Faut-il conclure de là que l'écrivain n'attachait aucune importance sérieuse à son travail? — Non sans doute. Qui ne sentira que cette saillie avait pour but unique d'indiquer à l'interlocuteur, plaisamment, poliment, mais clairement, qu'on n'était pas pour l'instant d'humeur à engager un long débat sur un pareil sujet?

En réalité, continue M. Desnoiresterres, Voltaire a prétendu faire œuvre d'historien. « On a un peu de peine avec les Russes, écrit-il à Mme du Deffant, et vous savez que je ne sacrifie la vérité à personne. » Cela est plus aisé à dire qu'à exécuter sans doute. C'est de la main des Russes qu'il recevra ses matériaux, et les coudées ne sont plus aussi franches lorsqu'on attend les preuves de ceux dont on s'est constitué le juge. Convenons aussi qu'il n'est ni de bronze ni de marbre; qu'il désirait, s'il était possible, satisfaire l'impératrice. « Je voudrais savoir surtout, écrit-il à Schouvaloff (15 nov. 1760), si la digne fille de Pierre le Grand est contente de la statue de son père, taillée aux Délices par un ciseau que vous avez conduit. » Pareille question dans une autre lettre au même, à la date du 10 janvier 1761. Puis il aimait à se dire à lui-même et à dire à ses amis: « J'ai du moins une souveraine de deux mille lieues de pays dans mon parti : cela console des cris des polissons [1]. » Mais s'il est plus préoccupé de mettre en relief les

---

1. Lettre à Mme de Florian, 1er février 1761.

grandeurs que les aspects sauvages, les côtés féroces même du fondateur de la puissance moscovite, il défend le plus qu'il peut son indépendance; il fait entendre à son correspondant que, dans l'intérêt même de son héros, il faut que l'historien ne compromette ni ne discrédite son caractère et son autorité par de maladroites et stériles condescendances, et que des faits authentiques sont les seuls éloges sérieux et durables. « Ce sont les grandes actions, dit-il, qui louent les grands hommes [1]. »

On sait le jugement de Diderot sur cet ouvrage : il écrit à Mlle Volland, le 20 octobre 1760 :

« Damilaville m'a envoyé l'histoire du czar, et je l'ai lue. Elle est divisée en trois parties : une préface sur la manière d'écrire l'histoire en général, une description de la Russie, et l'histoire du czar depuis sa naissance jusqu'à la défaite de Charles XII à la journée de Pultava. (C'est la première partie.)

« La préface est légère. C'est le ton de la facilité. Ce morceau figurerait assez bien parmi les mélanges de littérature de l'auteur. On y avance, sur la fin, qu'il ne faut point écrire la vie domestique des grands hommes. Cet étrange paradoxe est appuyé de raisons que l'honnêteté rend spécieuses; mais c'est une fausseté, ou mon ami Plutarque est un sot. Il y a dans ce premier morceau un mot qui me plaît, c'est que, s'il n'y avait eu qu'une bataille donnée, on saurait les noms de tous ceux qui y ont assisté, et que leur généalogie passerait à la postérité la plus reculée. Qu'est-ce qui montre mieux que l'évidence de cette pensée combien c'est une étrange chose que des hommes attroupés qui se rendent dans un même lieu pour s'entr'égorger?...

« La description de la Russie est commune; on y étale par-ci par-là des prétentions à la connaissance de l'histoire naturelle...

« Quant à l'histoire du czar, on la lit avec plaisir; mais si l'on se demandait à la fin : Quel grand tableau ai-je vu? quelle réflexion profonde me reste-t-il? on ne saurait que se répondre. L'écrivain de la France ne s'est peut-être pas élevé au niveau du législateur de la Russie. Cependant si toutes les gazettes étaient faites comme cela, je n'en voudrais perdre aucune.

« Il y a un très-beau chapitre des cruautés de la princesse Sophie. On ne voit pas sans émotion le jeune Pierre, âgé de douze à treize ans, tenant une Vierge entre ses mains, conduit par ses sœurs en pleurs à une multitude de soldats féroces qui le demandent à grands cris pour l'égorger, et qui viennent de couper la tête, les pieds et les mains à son frère. Cela me rappelle certains morceaux de Tacite, tels que la consternation de Rome lorsqu'on y apprit la mort de Britannicus, et la douleur du peuple lorsqu'on y apporta les cendres de ce prince. »

Ce jugement peut s'appliquer à la seconde partie de l'ouvrage aussi bien qu'à la première; il en faut surtout retenir ce mot: « Si toutes les gazettes étaient faites comme cela, je n'en voudrais perdre aucune. » C'est l'avis de tous les lecteurs.

L. M.

---

1. Lettre au comte Schouvaloff, du 30 mars 1761.

AVERTISSEMENT
DE BEUCHOT.

Voltaire, qui avait, en 1731, publié son *Histoire de Charles XII*, pensait, quelques années après, à devenir l'historien de Pierre Ier, empereur de Russie, le rival du roi de Suède. On le voit, en 1737, prier Frédéric, prince royal de Prusse, de transmettre à un agent qu'il avait en Russie une série de questions [1]. Plusieurs autres lettres, soit de Frédéric, soit de Voltaire [2], prouvent l'existence d'un projet que Voltaire n'avait pas encore exécuté, et peut-être même avait abandonné, lorsqu'en 1748 il publia les *Anecdotes sur le czar Pierre le Grand* [3].

Mais, lorsqu'en 1757 le comte Schouvaloff se fut mis en correspondance avec Voltaire, et l'eut engagé à écrire l'*Histoire de Pierre Ier*, le philosophe de Ferney se rendit promptement à ses désirs.

La première partie de l'*Histoire de Russie sous Pierre le Grand* fut imprimée en 1759 [4], et c'est la date que porte l'édition originale. Toutefois, la publication n'eut lieu que l'année suivante, parce que l'auteur attendait le consentement de la cour de Pétersbourg [5], où son volume fut gardé un an [6]. Avant l'impression, Voltaire avait déjà envoyé en Russie son ouvrage manuscrit ; on le soumit à Lomonossoff, homme non moins remarquable par ses talents que par ses connaissances, et auteur d'une *Pétréide*, poëme en deux chants. Quelques-unes des observations de Lomonossoff, publiées dans le *Télégraphe de Moscou*, n° 6 de 1828, ont été reproduites, la même année, dans le septième cahier du *Bulletin du Nord, journal scientifique et littéraire*, imprimé en la même ville.

Parmi les remarques de Lomonossoff il en est une qui porte sur ces paroles du chapitre II, page 423 : « C'est d'un homme devenu patriarche de toutes

---

1. Lettre de mai 1737.
2. Voyez, dans la *Correspondance*, les lettres de Frédéric des 6 mars, 6 août ; 12 et 19 novembre 1737 ; 26 janvier, 4 février, 28 mars 1738 ; et celles de Voltaire d'octobre 1737, janvier et avril 1738.
3. Ces *Anecdotes* sont dans les *Mélanges*.
4. Voyez, dans la *Correspondance*, la lettre à M. Keat, du 20 juin 1759. (L. M.)
5. Lettre de Voltaire à Tressan, du 23 septembre 1760.
6. Lettre à Mairan, du 9 auguste 1760.

les Russies que Pierre le Grand descendait en droite ligne. » C'est juste, dit Lomonossoff; mais Pierre le Grand ne fut pas czar par la raison que son grand-père avait été patriarche. Voltaire n'a tenu aucun compte de cette critique ; mais il a fait son profit de toutes les autres, à en juger par celles qui sont conservées dans les journaux russes dont j'ai parlé.

Le volume de 1759 avait une préface divisée en six paragraphes. Le premier a été changé et divisé en deux : les autres forment à présent les paragraphes III à VII de la *Préface historique et critique*.

L'ouvrage était en circulation depuis peu de temps, lorsqu'on vit paraître une *Lettre du czar Pierre à M. de Voltaire sur son Histoire de Russie*, 1761, in-12 de 39 pages. Ce pamphlet, sorti des presses de Dalles, à Toulouse, avait pour auteur La Beaumelle, qui depuis longtemps s'acharnait sur Voltaire, et qui, suivant son usage, remplit son écrit de passion et de personnalités.

Dans sa lettre à Schouvaloff, du 11 juin 1761, Voltaire accuse réception de *Remarques sur le premier tome de l'Histoire de Russie*. Ces remarques avaient été imprimées, en 1760 et 1761, dans les premier et deuxième volumes du *Nouveau Magasin des sciences utiles*, qui se publiait à Hambourg ; elles sont de Gérard-Frédéric Muller, né en 1705, mort en 1783 [1]. Voltaire ne savait pas qui en était l'auteur ; mais à sa manière d'écrire certains noms, à sa prodigalité des *s, c, k, h*, il pensait que ce devait être un Allemand : il ne se trompait pas, comme on voit ; et, plus piqué que convaincu de ses critiques, il lui souhaitait plus d'esprit et moins de consonnes.

C'est probablement de la même main que sont les *Observations extraites d'un journal de Hambourg*, rapportées dans le *Journal encyclopédique*, du 1er décembre 1762, avec des notes qui semblent avoir été dictées par Voltaire. C'est à quelques-unes de ces observations que répondait Voltaire dans le passage qui fait partie de la note de la page 389.

La seconde partie de l'*Histoire de Russie* ne vit le jour qu'en 1763. L'auteur, pour la terminer, interrompit ses *Commentaires sur Corneille*. En tête de cette seconde partie était une préface intitulée *Au lecteur*, dont la partie conservée forme, depuis 1768, le paragraphe VIII de la *Préface historique et critique* de Voltaire (voyez pages 389 et suivantes). J'ai mis en variante la partie qui avait été retranchée, lorsqu'en 1768 l'auteur fondit en une seule les deux préfaces de 1759 et 1763.

C'est dans la préface de 1763 (aujourd'hui paragraphe VIII) qu'il est question de l'exil en Sibérie de Charles de Talleyrand, prince de Chalais. Voltaire discute et conteste l'ambassade auprès d'Ivan Basilovitz, dont on prétend que Charles de Talleyrand fut chargé. Malgré les justes raisonnements de Voltaire, cette fable a été répétée depuis. P.-C. Levesque, qui, auteur d'une *Histoire de Russie*, n'était pas fâché de prendre Voltaire en défaut, a lu, en 1796, à l'Institut, un mémoire sur les anciennes relations de la France avec la Russie, et il fait tout son possible pour accréditer le

---

1. C'est le même à qui est adressée la lettre latine qu'on trouvera dans la *Correspondance*, à la date du 28 juin 1746.

récit d'Oléarius sur l'ambassade et l'exil de Talleyrand. Or, de ces deux circonstances, l'exil n'est contesté ni par Voltaire ni par personne. La difficulté réelle porte uniquement sur le titre d'ambassadeur du roi de France, donné par Oléarius à Talleyrand. Ce titre ayant encore été donné à Talleyrand, dans un article d'un journal français, du 29 mars 1827, le prince russe A. Labanoff publia une *Lettre à M. le rédacteur du Globe, au sujet de la prétendue ambassade en Russie de Charles de Talleyrand*, Paris, F. Didot, in-8°; *seconde édition, augmentée d'un post-scriptum, contenant une Lettre de Louis XIII*, 1828, in-8°. Le prince Labanoff appuie l'opinion de Voltaire, et réfute celle de Levesque. La question de l'ambassade est tranchée par la lettre de Louis XIII, du 3 mars 1635, adressée à l'empereur et grand-duc Michel Fœdorovitz. Le roi de France réclame Talleyrand comme son sujet, mais dit qu'il *était arrivé à Moscou de la part de Bethlem Gabor*. C'était donc de Bethlem Gabor (prince de Transylvanie, comme le dit le prince Labanoff), et non du roi de France, que Talleyrand tenait sa mission ou ambassade.

La lettre de Louis XIII avait été publiée, en 1782, avec des *Éclaircissements*, par G.-F. Muller, dans le tome XVI du *Magasin pour l'histoire et la géographie, par Busching;* l'article est intitulé *Éclaircissements sur une lettre du roi de France Louis XIII*, etc. Ces *Éclaircissements*, publiés peu avant la mort de Muller, mais quatre ans après celle de Voltaire, qui ne pouvait ni en profiter ni y répondre, ont dû cependant être écrits en 1763, puisque Muller parle du tome second de l'*Histoire de Russie*, comme venant de paraître. L'humeur contre Voltaire perce à chaque phrase, et va (page 354) jusqu'à reprocher à Voltaire de répéter la fable du chapeau cloué sur la tête d'un ambassadeur. Lorsque Voltaire parla, en 1759 (voyez pages 420-421), du chapeau cloué, ce fut comme d'un *conte*; lorsqu'il en parla en 1763 (voyez page 391), ce fut comme d'un *mensonge*. Je ne prétends pas que Voltaire soit infaillible; mais on voit que parfois ses détracteurs sont bien injustes.

La première partie de l'*Histoire de Russie* avait dix-neuf chapitres; la seconde n'en a que seize, mais ils sont suivis de *Pièces justificatives* concernant cette histoire.

Une critique de la seconde partie se trouve dans le recueil allemand de Busching, ayant pour titre : *Pièces et Nouvelles littéraires de la Russie*, 1764.

Au chapitre III de la seconde partie (voyez page 535), Voltaire cite, sans le nommer, *un ministre dont on a imprimé des Mémoires sur la cour de Russie*. Ce ministre doit être Weber, ambassadeur ou envoyé de Saxe. C'est du moins à ce Weber que Mylius (*Bibl. anonymorum*, n° 846, page 147, et n° 2370, page 302) attribue un ouvrage allemand, publié en 1721, in-4°, dont il existe deux traductions françaises : l'une sous le titre de *Mémoires pour servir à l'histoire de l'empire russien, sous le règne de Pierre le Grand*, La Haye, 1725, in-12; l'autre intitulée *Nouveaux Mémoires sur l'état présent de la Grande-Russie ou Moscovie*, Paris, 2 volumes in-12.

Palissot, qui a donné une édition peu estimée des *Œuvres choisies de Voltaire* en 55 volumes in-8°, a ajouté à l'*Histoire de l'empire de Russie* des notes qui lui avaient été fournies par P.-C. Levesque, dont j'ai parlé ci-dessus et page 439, et qu'il m'a semblé inutile de reproduire.

Dans la plupart des éditions, c'est à la suite de l'*Histoire de Pierre le Grand* qu'on a mis les *Anecdotes* sur ce prince. Ces deux ouvrages sur le même personnage ne sont aucunement liés l'un à l'autre. C'est donc dans es *Mélanges*, à la date de 1748, que nous avons placé les *Anecdotes*.

B.

Ce 20 décembre 1829.

PRÉFACE

HISTORIQUE ET CRITIQUE.

§ Ier.

[1] Lorsque, vers le commencement du siècle où nous sommes, le czar Pierre jetait les fondements de Pétersbourg, ou plutôt de son empire, personne ne prévoyait le succès. Quiconque aurait

---

1. Dans l'édition de 1759, cette préface commençait ainsi :
« Qui aurait dit, en 1700, qu'une cour magnifique et polie serait établie au fond du golfe de Finlande; que les habitants du Solikam, de Casan et des bords du Volga et du Saïk, seraient au rang de nos troupes les plus disciplinées, qu'ils remporteraient des victoires en Allemagne, après avoir vaincu les Suédois et les Ottomans; qu'un empire de deux mille lieues, presque inconnu de nous jusqu'alors, serait policé en cinquante années; que son influence s'étendrait sur toutes nos cours, et qu'en 1759, le plus zélé protecteur des lettres en Europe serait un Russe? Qui l'aurait dit eût passé pour le plus chimérique de tous les hommes. Pierre le Grand ayant fait et préparé seul toute cette révolution, que personne n'avait pu prévoir, est peut-être de tous les princes celui dont les faits méritent le plus d'être transmis à la postérité.

« La cour de Pétersbourg a fait parvenir à l'historien chargé de cet ouvrage tous les documents authentiques. Il est dit dans le corps de cette histoire que ces mémoires sont déposés dans la bibliothèque publique de Genève, ville assez fréquentée, et voisine des terres où cet historien demeure. Mais comme toutes les instructions et tout le journal de Pierre le Grand ne lui ont pas encore été communiqués, il a pris le parti de garder chez lui ces archives, qui seront montrées à tous les curieux, avec la même facilité qu'elles le seraient par les gardes de la bibliothèque de Genève; et le tout y sera déposé quand le second volume sera achevé.

« Le public a quelques prétendues histoires, etc. »

Dans l'édition in-4° de 1768, le second alinéa est réduit à ces mots : « La cour de Pétersbourg a fait parvenir à l'historien chargé de cet ouvrage tous les documents authentiques. Il n'a écrit que sur des preuves incontestables. Le public, etc. »

Le début actuel est de 1775, ainsi que la disposition des paragraphes. Jusque-là, ce qui forme aujourd'hui le paragraphe II faisait partie du paragraphe Ier. Le paragraphe III actuel n'était que le II, et successivement pour les quatre suivants. Quant au paragraphe VIII, il fut et est composé d'une partie de l'avis *Au lecteur*, qui se lisait en tête de la première édition de la seconde partie. (B.)

imaginé alors qu'un souverain de Russie pourrait envoyer des flottes victorieuses aux Dardanelles, subjuguer la Crimée, chasser les Turcs de quatre grandes provinces, dominer sur la mer Noire, établir la plus brillante cour de l'Europe, et faire fleurir tous les arts au milieu de la guerre ; quiconque l'eût dit n'eût passé que pour un visionnaire.

Mais un visionnaire plus avéré est l'écrivain qui prédit en 1762, dans je ne sais quel *Contrat social* ou insocial, que l'empire de Russie allait tomber. Il dit en propres mots[1] : « Les Tartares, ses sujets ou ses voisins, deviendront ses maîtres et les nôtres : cela me paraît infaillible. »

C'est une étrange manie que celle d'un polisson qui parle en maître aux souverains, et qui prédit infailliblement la chute prochaine des empires, du fond du tonneau où il prêche, et qu'il croit avoir appartenu autrefois à Diogène[2]. Les étonnants progrès de l'impératrice Catherine II et de la nation russe sont une preuve

---

1. *Contrat social* de J.-J. Rousseau, livre II, chapitre VIII.
2. Nous ne croyons pas que jamais les Tartares se rendent les maîtres de l'Europe. Les lumières, dont il ne faut pas confondre les progrès avec la perfection des arts, de la poésie, de l'éloquence, ne peuvent manquer de s'accroître et de se répandre ; et elles opposent aux Tartares une barrière que la férocité ne peut vaincre.

Mais le célèbre Jean-Jacques avait pris le parti de soutenir que plus on était ignorant, plus on avait de raison et de vertu. Nous sommes fâchés que, dans ce passage et dans quelques autres, M. de Voltaire ait paru refuser à un homme libre le droit de parler avec liberté des souverains, et de juger leurs actions ; mais si l'on examine ces passages, on verra que dans tous il défend un prince qu'il regarde comme un homme supérieur, contre un écrivain qu'il n'estime point. Ce n'est donc pas à un citoyen qu'il refuse le droit de juger les rois, c'est à un déclamateur qu'il refuse celui de juger un grand homme. On peut croire qu'il s'est trompé dans son jugement sur le mérite d'un philosophe ou d'un historien, mais on ne doit pas l'accuser d'avoir commis envers le genre humain le crime de s'être élevé contre un de ses droits. (K.)

— Voici le passage de Rousseau auquel Voltaire est revenu bien souvent :

« Tel peuple est disciplinable en naissant, tel autre ne l'est pas au bout de dix siècles. Les Russes ne seront jamais vraiment policés parce qu'ils l'ont été trop tôt. Pierre avait le génie imitatif ; il n'avait pas le vrai génie, celui qui crée et fait tout de rien. Quelques-unes des choses qu'il fit étaient bien, la plupart étaient déplacées. Il a vu que son peuple était barbare, il n'a point vu qu'il n'était pas mûr pour la police ; il l'a voulu civiliser quand il ne fallait que l'aguerrir. Il a d'abord voulu faire des Allemands, des Anglais, quand il fallait commencer par faire des Russes. Il a empêché ses sujets de jamais devenir ce qu'ils pourraient être en leur persuadant qu'ils étaient ce qu'ils ne sont pas. C'est ainsi qu'un précepteur français forme son élève pour briller un moment dans son enfance, et puis n'être jamais rien. L'empire de Russie voudra subjuguer l'Europe et sera subjugué lui-même. Les Tartares, ses sujets ou ses voisins, deviendront ses maîtres et les nôtres : cette révolution me paraît infaillible. Tous les rois de l'Europe travaillent de concert à l'accélérer. »

assez forte que Pierre le Grand a bâti sur un fondement ferme et durable.

Il est même de tous les législateurs, après Mahomet, celui dont le peuple s'est le plus signalé après lui. Les Romulus et les Thésée n'en approchent pas [1].

Une preuve assez belle qu'on doit tout en Russie à Pierre le Grand est ce qui arriva dans la cérémonie de l'action de grâces rendue à Dieu, selon l'usage, dans la cathédrale de Pétersbourg, pour la victoire du comte d'Orlof, qui brûla la flotte ottomane tout entière en 1770.

Le prédicateur, nommé Platon [2], et digne de ce nom, passa, au milieu de son discours, de la chaire où il parlait au tombeau de Pierre le Grand, et, embrassant la statue de ce fondateur: « C'est toi, dit-il, qui as remporté cette victoire, c'est toi qui as construit parmi nous le premier vaisseau, etc., etc. » Ce trait, que nous avons rapporté ailleurs [3], et qui charmera la postérité la plus reculée, est, comme la conduite de plusieurs officiers russes, un exemple du sublime.

Un comte de Schouvaloff [4], chambellan de l'impératrice Élisabeth, l'homme de l'empire peut-être le plus instruit, voulut, en 1759, communiquer à l'historien de Pierre les documents authentiques nécessaires, et on n'a écrit que d'après eux.

§ II.

Le public a quelques prétendues histoires de Pierre le Grand; la plupart ont été composées sur des gazettes. Celle qu'on a donnée à Amsterdam, en quatre volumes, sous le nom du boïard Nestesu-

---

1. Le czar Pierre avait des États immenses, beaucoup d'hommes et de productions; il forma une armée et une flotte, et dès lors il eut formé un puissant empire. Rome n'était qu'un village, et en quatre siècles de victoires continuelles elle forma un empire six fois plus peuplé que celui de Russie et six fois plus grand, si on ne compte pas les déserts pour des provinces. (K.)

2. Il était archevêque de Twer; voyez la lettre de Voltaire à Catherine, du 15 mai 1771.

3. Dans l'article Église de ses *Questions sur l'Encyclopédie*, publié en 1771, et faisant partie du *Dictionnaire philosophique*, Voltaire avait parlé des « sermons que l'ancien Platon grec n'aurait pas désavoués »; mais il n'en citait aucun trait. (B.)

4. Jean Schouvaloff, fils du favori de la czarine Élisabeth, Pierre Schouvaloff, avait la direction des arts en Russie. Il vint saluer Voltaire à Ferney de la part de Catherine II en 1763. (G. A.) — On trouvera dans la *Correspondance*, aux années 1757 à 1762, 1767, 1768, 1769, 1771 et 1773, un assez grand nombre de lettres de Voltaire à ce seigneur russe.

ranoy, est une de ces fraudes typographiques trop communes [1].
Tels sont les Mémoires d'Espagne, sous le nom de don Juan de
Colmenar; l'*Histoire de Louis XIV*, composée par le jésuite La Motte
sur de prétendus mémoires d'un ministre d'État, et attribuée à
La Martinière; telles sont l'histoire de l'empereur Charles VI, et
celle du prince Eugène, et tant d'autres.

C'est ainsi qu'on a fait servir le bel art de l'imprimerie au plus
méprisable des commerces. Un libraire de Hollande commande
un livre comme un manufacturier fait fabriquer des étoffes ; et il
se trouve malheureusement des écrivains que la nécessité force
de vendre leur peine à ces marchands, comme des ouvriers à leurs
gages : de là tous ces insipides panégyriques et ces libelles diffamatoires dont le public est surchargé ; c'est un des vices les plus
honteux de notre siècle.

Jamais l'histoire n'eut plus besoin de preuves authentiques que
dans nos jours, où l'on trafique si insolemment du mensonge.
L'auteur qui donne au public l'*Histoire de l'empire de Russie sous
Pierre le Grand* est le même qui écrivit, il y a trente ans, l'*Histoire
de Charles XII* sur les Mémoires de plusieurs personnes publiques
qui avaient longtemps vécu auprès de ce monarque. La présente
histoire est une confirmation et un supplément de la première.

On se croit obligé ici, par respect pour le public et pour la
vérité, de mettre au jour un témoignage irrécusable, qui apprendra
quelle foi on doit ajouter à l'*Histoire de Charles XII*.

Il n'y a pas longtemps que le roi de Pologne, duc de Lorraine,
se faisait relire cet ouvrage à Commercy; il fut si frappé de la
vérité de tant de faits dont il avait été le témoin, et si indigné de
la hardiesse avec laquelle on les a combattus dans quelques libelles
et dans quelques journaux, qu'il voulut fortifier par le sceau de
son témoignage la créance que mérite l'historien, et que, ne pouvant écrire lui-même, il ordonna à un de ses grands officiers d'en
dresser un acte authentique [2].

Cet acte envoyé à l'auteur lui causa une surprise d'autant plus
agréable qu'il venait d'un roi aussi instruit de tous ces événements
que Charles XII lui-même, et qui d'ailleurs est connu dans l'Europe
par son amour pour le vrai, autant que par sa bienfaisance.

---

1. Les *Mémoires du règne de Pierre Ier*, 5 vol., 1728, sont de Rousset de Missy, protestant réfugié en Hollande. (G. A.)

2. Dans l'édition originale, ou de 1759, il y avait : « Ordonna à un de ses grands officiers de dresser l'acte suivant. » Puis était rapportée la lettre du comte de Tressan, qu'on a lue à la page 142 du présent volume, et qu'il était inutile de répéter ici. Cette disposition et le texte actuel sont de 1768, dans l'édition in-4°. (B.)

On a une foule de témoignages aussi incontestables sur l'histoire du siècle de Louis XIV[1], ouvrage non moins vrai et non moins important, qui respire l'amour de la patrie, mais dans lequel cet esprit de patriotisme n'a rien dérobé à la vérité, et n'a jamais ni outré le bien, ni déguisé le mal ; ouvrage composé sans intérêt, sans crainte et sans espérance, par un homme que sa situation met en état de ne flatter personne.

Il y a peu de citations dans le *Siècle de Louis XIV*, parce que les événements des premières années, connus de tout le monde, n'avaient besoin que d'être mis dans leur jour, et que l'auteur a été témoin des derniers. Au contraire, on cite toujours ses garants dans l'*Histoire de l'empire de Russie*, et le premier de ces témoins, c'est Pierre le Grand lui-même.

§ III.

On ne s'est point fatigué, dans cette *Histoire de Pierre le Grand*, à rechercher vainement l'origine de la plupart des peuples qui composent l'empire immense de Russie, depuis le Kamtschatka jusqu'à la mer Baltique. C'est une étrange entreprise de vouloir prouver par des pièces authentiques que les Huns vinrent autrefois du nord de la Chine en Sibérie, et que les Chinois eux-mêmes sont une colonie d'Égyptiens. Je sais que des philosophes d'un grand mérite[2] ont cru voir quelque conformité entre ces peuples ; mais on a trop abusé de leurs doutes ; on a voulu convertir en certitude leurs conjectures[3].

Voici, par exemple, comme on s'y prend aujourd'hui pour prouver que les Égyptiens sont les pères des Chinois. Un ancien a conté que l'Égyptien Sésostris alla jusqu'au Gange : or, s'il alla vers le Gange, il put aller à la Chine, qui est très-loin du Gange, donc il y alla ; or la Chine alors n'était point peuplée, il est donc clair que Sésostris la peupla. Les Égyptiens, dans leurs fêtes, allumaient des chandelles ; les Chinois ont des lanternes, donc on ne peut douter que les Chinois ne soient une colonie d'Égypte. De plus,

---

1. Le *Siècle de Louis XIV* avait paru depuis huit ans (1751).
2. Mairan (1678-1771), physicien, mathématicien, littérateur et ami de Voltaire, auteur des *Lettres au P. Parennin*. Voyez la *Correspondance*, 9 août 1760.
3. Ceci est contre de Guignes (1721-1800), auteur d'un *Mémoire dans lequel on prouve que les Chinois sont une colonie égyptienne* (1759). « J'ai été obligé en conscience, écrit Voltaire à Mairan, le 9 auguste 1760, de me moquer de lui, sans le nommer pourtant, dans la Préface de l'*Histoire de Pierre Ier*. On imprimait cette histoire l'année passée, lorsqu'on m'envoya cette plaisanterie de M. de Guignes. Je vous avoue que j'éclatai de rire... »

les Égyptiens ont un grand fleuve; les Chinois en ont un. Enfin il est évident que les premiers rois de la Chine ont porté les noms des anciens rois d'Égypte : car dans le nom de la famille Yu, on peut trouver les caractères qui, arrangés d'une autre façon, forment le mot *Menès*. Il est donc incontestable que l'empereur Yu prit son nom de *Menès*, roi d'Égypte, et l'empereur Ki est évidemment le roi *Atoës* en changeant *k* en *a* et *i* en *toës*.

Mais si un savant de Tobolsk ou de Pékin avait lu quelqu'un de nos livres, il pourrait prouver bien plus démonstrativement que nous venons des Troyens. Voici comme il pourrait s'y prendre, et comme il étonnerait son pays par ses profondes recherches. Les livres les plus anciens, dirait-il, et les plus respectés dans le petit pays d'Occident nommé *France*, sont les romans ; ils étaient écrits dans une langue pure, dérivée des anciens Romains, qui n'ont jamais menti : or plus de vingt de ces livres authentiques déposent que Francus, fondateur de la monarchie des Francs, était fils d'Hector ; le nom d'Hector s'est toujours conservé depuis dans la nation, et, même dans ce siècle, un de ses plus grands généraux s'appelait Hector de Villars.

Les nations voisines ont reconnu si unanimement cette vérité que l'Arioste, un des plus savants Italiens, avoue, dans son *Roland*, que les chevaliers de Charlemagne combattaient pour avoir le casque d'Hector. Enfin une preuve sans réplique, c'est que les anciens Francs, pour perpétuer la mémoire des Troyens leurs pères, bâtirent une nouvelle ville de Troyes en Champagne ; et ces nouveaux Troyens ont toujours conservé une si grande aversion pour les Grecs leurs ennemis qu'il n'y a pas aujourd'hui quatre de ces Champenois qui veuillent apprendre le grec. Ils n'ont même jamais voulu recevoir de jésuites chez eux ; et c'est probablement parce qu'ils avaient entendu dire que quelques jésuites expliquaient autrefois Homère aux jeunes lettrés.

Il est certain que de tels raisonnements feraient un grand effet à Pékin et à Tobolsk ; mais aussi un autre savant renverserait cet édifice en prouvant que les Parisiens descendent des Grecs : car, dirait-il, le premier président d'un tribunal de Paris s'appelait Achille de Harlai. Achille vient certainement de l'Achille grec, et Harlai vient d'Aristos, en changeant *istos* en *lai*. Les Champs-Élysées, qui sont encore à la porte de la ville, et le mont Olympe, qu'on voit encore près de Mézières, sont des monuments contre lesquels l'incrédulité la plus déterminée ne peut tenir. D'ailleurs toutes les coutumes d'Athènes sont conservées dans Paris ; on y juge les tragédies et les comédies avec autant de légèreté qu'elles l'étaient par les Athéniens; on y couronne les généraux des armées sur les théâtres comme dans Athènes; et en dernier lieu [1] le maréchal de Saxe reçut publiquement des mains d'une actrice une couronne qu'on ne lui aurait pas donnée dans la cathédrale. Les Parisiens ont des académies qui viennent de celles d'Athènes, une église, une liturgie, des paroisses, des diocèses, toutes inventions grecques, tous mots tirés du grec; les maladies des Parisiens sont grecques, *apoplexie, phthisie, péripneumonie, cachexie, dyssenterie, jalousie,* etc.

Il faut avouer que ce sentiment balancerait beaucoup l'autorité du savant personnage qui a démontré tout à l'heure que nous sommes une colonie troyenne. Ces deux opinions seraient encore combattues par d'autres profonds antiquaires; les uns feraient voir que nous sommes Égyptiens, attendu que le culte d'Isis fut établi au village d'Issy, sur le chemin de Paris à Versailles. D'autres prouveraient que nous sommes des Arabes, comme le témoignent le mot d'*almanach*, d'*alambic*, d'*algèbre*, d'*amiral*. Les savants chinois et sibériens seraient très-embarrassés à décider, et nous laisseraient enfin pour ce que nous sommes.

Il paraît qu'il faut s'en tenir à cette incertitude sur l'origine de toutes les nations. Il en est des peuples comme des familles : plusieurs barons allemands se font descendre en droite ligne d'Arminius; on composa pour Mahomet une généalogie par laquelle il venait d'Abraham et d'Agar.

Ainsi la maison des anciens czars de Russie venait du roi de Hongrie Bela; ce Bela, d'Attila; Attila, de Turck, père des Huns, et Turck était fils de Japhet. Son frère Russ avait fondé le trône de Russie; un autre frère, nommé Camari, établit sa puissance vers le Volga.

Tous ces fils de Japhet étaient, comme chacun sait, les petits-fils de Noé, inconnu à toute la terre, excepté à un petit peuple très-longtemps inconnu lui-même. Les trois enfants de ce Noé allèrent vite s'établir à mille lieues les uns des autres, de peur de se donner des secours, et firent probablement avec leurs sœurs des millions d'habitants en très-peu d'années.

Plusieurs graves personnages ont suivi exactement ces filiations avec la même sagacité qu'ils ont découvert comment les Japonais

---

1. Voltaire écrivait cela en 1759 : c'était en 1745, après la bataille de Fontenoy, que le maréchal de Saxe, de retour à Paris, assistant dans les balcons de l'Opéra à une représentation d'*Armide*, s'était vu présenter une couronne de laurier par Mlle de Metz, qui faisait le rôle de la Gloire.

avaient peuplé le Pérou. L'histoire a été longtemps écrite dans ce goût, qui n'est pas celui du président de Thou et de Rapin de Thoiras.

§ IV.

S'il faut être un peu en garde contre les historiens qui remontent à la Tour de Babel et au déluge, il ne faut pas moins se défier de ceux qui particularisent toute l'histoire moderne, qui entrent dans tous les secrets des ministres, et qui vous donnent audacieusement la relation exacte de toutes les batailles dont les généraux auraient eu bien de la peine à rendre compte.

Il s'est donné depuis le commencement du dernier siècle près de deux cents grands combats en Europe, la plupart plus meurtriers que les batailles d'Arbelle et de Pharsale; mais très-peu de ces actions ayant eu de grandes suites, elles sont perdues pour la postérité. S'il n'y avait qu'un livre dans le monde, les enfants en sauraient par cœur toutes les lignes, on en compterait toutes les syllabes; s'il n'y avait eu qu'une bataille, le nom de chaque soldat serait connu, et sa généalogie passerait à la dernière postérité : mais dans cette longue suite à peine interrompue de guerres sanglantes que se font les princes chrétiens, les anciens intérêts, qui tous ont changé, sont effacés par les nouveaux; les batailles données il y a vingt ans sont oubliées pour celles qu'on donne de nos jours; comme, dans Paris, les nouvelles d'hier sont étouffées par celles d'aujourd'hui, qui vont l'être à leur tour par celles de demain; et presque tous les événements sont précipités les uns par les autres dans un éternel oubli. C'est une réflexion qu'on ne saurait trop faire : elle sert à consoler des malheurs qu'on essuie; elle montre le néant des choses humaines. Il ne reste, pour fixer l'attention des hommes, que les révolutions frappantes qui ont changé les mœurs et les lois des grands États; et c'est à ce titre que l'histoire de Pierre le Grand mérite d'être connue.

Si on s'est trop appesanti sur quelques détails de combats et de prises de villes qui ressemblent à d'autres combats et à d'autres siéges, on en demande pardon au lecteur philosophe, et on n'a d'autre excuse, sinon que ces petits faits étant liés aux grands, marchent nécessairement à leur suite.

On a réfuté Nordberg[1] dans les endroits qui ont paru les plus importants, et on l'a laissé se tromper impunément sur les petites choses.

---

1. Voyez l'*Histoire de Charles XII*.

§ V.

On a fait l'*Histoire de Pierre le Grand* la plus courte et la plus pleine qu'on a pu. Il y a des histoires de petites provinces, de petites villes, d'abbayes même de moines, en plusieurs volumes in-folio ; les Mémoires d'un abbé [1] retiré quelques années en Espagne, où il n'a presque rien fait, contiennent huit tomes : un seul a suffi pour la vie d'Alexandre.

Il se peut qu'il y ait encore des hommes enfants qui aiment mieux les *fables des Osiris, des Bacchus, des Hercule, des Thésée*, consacrées par l'antiquité, que l'histoire véritable d'un prince moderne, soit parce que ces noms antiques d'Osiris et d'Hercule flattent plus l'oreille que celui de Pierre, soit parce que des géants et des lions terrassés plaisent plus à une imagination faible que des lois et des entreprises utiles. Cependant il faut avouer que la défaite du géant d'Épidaure et du voleur Sinnis, et le combat contre la truie de Crommion, ne valent pas les exploits du vainqueur de Charles XII, du fondateur de Pétersbourg, et du législateur d'un empire redoutable.

Les anciens nous ont appris à penser, il est vrai ; mais il serait bien étrange de préférer le Scythe Anacharsis, parce qu'il était ancien, au Scythe moderne qui a policé tant de peuples [2].

Cette histoire contient la vie publique du czar, laquelle a été utile, non sa vie privée, sur laquelle on n'a que quelques anecdotes d'ailleurs assez connues [3]. Les secrets de son cabinet, de son lit, et de sa table, ne peuvent être bien dévoilés par un étranger, et ne doivent point l'être. Si quelqu'un eût pu donner de tels mémoires, c'eût été un prince Menzikoff, un général Czeremetoff, qui l'ont vu si longtemps dans son intérieur ; ils ne l'ont pas fait, et tout ce qui, aujourd'hui, ne serait appuyé que sur des bruits

---

1. L'abbé de Montgon. (K.)
2. Dans l'édition de 1759, et dans toutes celles qui ont paru du vivant de l'auteur, on lisait de plus ici :
« On ne voit pas que le législateur de la Russie doive céder à Lycurgue et à Solon. Les lois de l'un, qui recommandent l'amour des garçons aux bourgeois d'Athènes, et qui le défendent aux esclaves ; les lois de l'autre, qui ordonnent aux filles de combattre toutes nues à coups de poing dans la place publique, sont-elles préférables aux lois de celui qui a formé les hommes et les femmes à la fermeté, qui a créé la discipline militaire sur terre et sur mer, et qui a ouvert à son pays la carrière de tous les arts ? — Cette histoire contient sa vie publique, laquelle, etc. » (B.)
3. Voltaire s'était engagé à glisser sur les détails de la vie privée du czar. Voyez sa correspondance avec Schouvaloff (année 1757). (G. A.)

publics, ne mériterait point de créance. Les esprits sages aiment mieux voir un grand homme travailler vingt-cinq ans au bonheur d'un vaste empire que d'apprendre d'une manière très-incertaine ce que ce grand homme pouvait avoir de commun avec le vulgaire de son pays. Suétone rapporte ce que les premiers empereurs de Rome avaient fait de plus secret; mais avait-il vécu familièrement avec douze Césars?

§ VI.

Quand il ne s'agit que de style, que de critique, que de petits intérêts d'auteur, il faut laisser aboyer [1] les petits faiseurs de brochures; on se rendrait presque aussi ridicule qu'eux si on perdait son temps à leur répondre ou même à les lire; mais quand il s'agit de faits importants, il faut quelquefois que la vérité s'abaisse à confondre même les mensonges des hommes méprisables : leur opprobre ne doit pas plus empêcher la vérité de s'expliquer, que la bassesse d'un criminel de la lie du peuple n'empêche la justice d'agir contre lui : c'est par cette double raison qu'on a été obligé d'imposer silence au coupable ignorant [2] qui avait corrompu l'*Histoire du Siècle de Louis XIV*, par des notes aussi absurdes que calomnieuses dans lesquelles il outrageait brutalement une branche de la maison de France et toute la maison d'Autriche, et cent familles illustres de l'Europe, dont les antichambres lui étaient aussi inconnues que les faits qu'il osait falsifier.

C'est un grand inconvénient attaché au bel art de l'imprimerie, que cette facilité malheureuse de publier les impostures et les calomnies.

Le prêtre de l'Oratoire Levassor et le jésuite La Motte, l'un mendiant en Angleterre, l'autre mendiant en Hollande, écrivirent tous deux l'histoire pour gagner du pain : l'un choisit le roi de France Louis XIII pour l'objet de sa satire; l'autre prit pour but Louis XIV [3].

---

1. Voltaire, qui avait déjà dit cela en 1736, dans son *Discours préliminaire* en tête d'*Alzire*, y est encore revenu en 1773, dans l'article XIII de ses *Fragments sur l'histoire générale*.

2. La Beaumelle. Voyez tome XV, *Supplément au Siècle de Louis XIV*.

3. Levassor est auteur d'une *Histoire de Louis XIII* (voyez son article, tome XIV, dans la *Liste des écrivains*, en tête du *Siècle de Louis XIV*). L'*Histoire de la vie et du règne de Louis XIV* (par La Motte), 1740, cinq volumes in-4°; id., six volumes in-4°, a fourni plusieurs remarques à Voltaire : voyez tome XIV, les chapitres XXI, XXV, XXVI, XXVII et XXX du *Siècle de Louis XIV*; et, dans les *Mélanges*, 1749-1750, le paragraphe XIV de l'opuscule intitulé *Des Mensonges imprimés*. (B.)

Leur qualité de moines apostats ne devait pas leur concilier la créance publique ; cependant c'est un plaisir de voir avec quelle confiance ils annoncent tous deux qu'ils sont chargés du dépôt de la vérité : ils rebattent sans cesse cette maxime, qu'il faut oser dire tout ce qui est vrai ; ils devaient ajouter qu'il faut commencer par en être instruit.

Leur maxime dans leur bouche est leur propre condamnation ; mais cette maxime en elle-même mérite bien d'être examinée, puisqu'elle est devenue l'excuse de toutes les satires.

Toute vérité publique, importante, utile, doit être dite, sans doute ; mais s'il y a quelque anecdote odieuse sur un prince, si, dans l'intérieur de son domestique, il s'est livré, comme tant de particuliers, à des faiblesses de l'humanité, connues peut-être d'un ou deux confidents, qui vous a chargé de révéler au public ce que ces deux confidents ne devaient révéler à personne? Je veux que vous ayez pénétré dans ce mystère, pourquoi déchirez-vous le voile dont tout homme a droit de se couvrir dans le secret de sa maison? et par quelle raison publiez-vous ce scandale? Pour flatter la curiosité des hommes, répondez-vous, pour plaire à leur malignité, pour débiter mon livre, qui, sans cela, ne serait pas lu. Vous n'êtes donc qu'un satirique, qu'un faiseur de libelles, qui vendez des médisances ; et non pas un historien.

Si cette faiblesse d'un homme public, si ce vice secret que vous cherchez à faire connaître, a influé sur les affaires publiques, s'il a fait perdre une bataille, dérangé les finances de l'État, rendu les citoyens malheureux, vous devez en parler : votre devoir est de démêler ce petit ressort caché qui a produit de grands événements ; hors de là vous devez vous taire.

Que nulle vérité ne soit cachée : c'est une maxime qui peut souffrir quelques exceptions. Mais en voici une qui n'en admet point : « Ne dites à la postérité que ce qui est digne de la postérité. »

§ VII.

Outre le mensonge dans les faits, il y a encore le mensonge dans les portraits. Cette fureur de charger une histoire de portraits a commencé en France par les romans. C'est *Clélie*[1] qui mit cette manie à la mode. Sarrasin, dans l'aurore du bon goût[2], fit l'*Histoire de la conspiration de Valstein*, qui n'avait jamais conspiré ;

---

1. Roman de Mlle Scudéry, en dix volumes, dont la première édition est de 1656.
2. C'est-à-dire au commencement du règne de Louis XIV.

il ne manque pas, en faisant le portrait de Valstein, qu'il n'avait jamais vu, de traduire presque tout ce que Salluste dit de Catilina, que Salluste avait beaucoup vu. C'est écrire l'histoire en bel esprit ; et qui veut trop faire parade de son esprit ne réussit qu'à le montrer, ce qui est bien peu de chose.

Il convenait au cardinal de Retz de peindre les principaux personnages de son temps, qu'il avait tous pratiqués, et qui avaient été ou ses amis ou ses ennemis ; il ne les a pas peints sans doute de ces couleurs fades dont Maimbourg enlumine dans ses histoires romanesques les princes des temps passés. Mais était-il un peintre fidèle? la passion, le goût de la singularité, n'égaraient-ils pas son pinceau? Devait-il, par exemple, s'exprimer ainsi sur la reine, mère de Louis XIV : « Elle avait de cette sorte d'esprit qui lui était nécessaire pour ne pas paraître sotte aux yeux de ceux qui ne la connaissaient pas ; plus d'aigreur que de hauteur, plus de hauteur que de grandeur, plus de manière que de fond, plus d'application à l'argent que de libéralité, plus de libéralité que d'intérêt, plus d'intérêt que de désintéressement, plus d'attachement que de passion, plus de dureté que de fierté, plus d'intention de piété que de piété, plus d'opiniâtreté que de fermeté, et plus d'incapacité que tout ce que dessus » ?

Il faut avouer que les obscurités de ces expressions, cette foule d'antithèses et de comparatifs, et le burlesque de cette peinture si indigne de l'histoire, ne doivent pas plaire aux esprits bien faits. Ceux qui aiment la vérité doutent de celle du portrait, en lui comparant la conduite de la reine ; et les cœurs vertueux sont aussi révoltés de l'aigreur et du mépris que l'historien déploie en parlant d'une princesse qui le combla de bienfaits, qu'ils sont indignés de voir un archevêque faire la guerre civile, comme il l'avoue, uniquement pour le plaisir de la faire.

S'il faut se défier de ces portraits tracés par ceux qui étaient si à portée de bien peindre, comment pourrait-on croire sur sa parole un historien s'il affectait de vouloir pénétrer un prince qui aurait vécu à six cents lieues de lui? Il faut en ce cas le peindre par ses actions, et laisser à ceux qui ont approché longtemps de sa personne le soin de dire le reste.

Les harangues sont une autre espèce de mensonge oratoire que les historiens se sont permis autrefois. On faisait dire à ses héros ce qu'ils n'auraient pu dire. Cette liberté, surtout, pouvait se prendre avec un personnage d'un temps éloigné ; mais aujourd'hui ces fictions ne sont plus tolérées : on exige bien plus, car si on mettait dans la bouche d'un prince une harangue qu'il n'eût pas prononcée, on ne regarderait l'historien que comme un rhéteur.

Une troisième espèce de mensonge, et la plus grossière de toutes, mais qui fut longtemps la plus séduisante, c'est le merveilleux : il domine dans toutes les histoires anciennes, sans en excepter une seule.

On trouve même encore quelques prédictions dans l'*Histoire de Charles XII* par Nordberg ; mais on n'en voit dans aucun de nos historiens sensés qui ont écrit dans ce siècle ; les signes, les prodiges, les apparitions, sont renvoyés à la fable. L'histoire avait besoin d'être éclairée par la philosophie.

§ VIII [1].

Il y a un article important qui peut intéresser la dignité des

---

1. Ce qui forme aujourd'hui le paragraphe VIII est une partie de ce qui formait, en 1763, la préface *Au lecteur*, de la seconde partie. Voici ce qui précédait le passage conservé :

« L'empire de Russie est devenu de notre temps si considérable pour l'Europe que Pierre, son vrai fondateur, en est encore plus intéressant. C'est lui qui a donné au Nord une nouvelle face ; et, après lui, sa nation a été sur le point de changer le sort de l'Allemagne, et son influence s'est étendue sur la France et sur l'Espagne, malgré l'immense distance des lieux. L'établissement de cet empire est peut-être la plus grande époque pour l'Europe, après la découverte du nouveau monde. C'est uniquement ce qui engage l'auteur de la première partie de l'*Histoire de Pierre le Grand* à donner la seconde.

« Il y a quelques fautes dans plusieurs exemplaires du premier tome, dont on doit avertir le lecteur.

. . . .

« Page 26, *Russie rouge,* lisez : *avec une partie de la Russie rouge.* Au reste, il est bon d'apprendre aux critiques mal instruits que la Volhinie, la Podolie, et quelques contrées voisines, ont été appelées *Russie rouge* par tous les géographes.

. . . .

« On peut laisser au pays d'Orembourg l'épithète de *petit*, parce qu'en effet ce gouvernement est petit en comparaison de la Sibérie à laquelle il touche. On peut substituer une *peau d'ours* à la *peau de mouton* que plusieurs voyageurs prétendent être adorée par les Ostiaks. Si ces bonnes gens rendent un culte à ce qui leur est utile, une fourrure d'ours est encore plus adorable qu'une peau de mouton, et il faut avoir une peau d'âne pour s'appesantir sur ces bagatelles.

« Que les barques construites par le czar Pierre Ier aient été appelées ou non *demi-galères ;* que Pierre ait logé d'abord dans une maison de bois ou dans une maison de briques, cela est, je crois, fort indifférent.

« Il y a des choses moins indignes des yeux d'un lecteur sage. Il est dit, par exemple, au premier volume, que les peuples du Kamtschatka sont sans religion. Des mémoires récents, etc. »

Voyez les sept alinéas du chapitre Ier que j'indique comme ajoutés en 1763, et fondus dans le texte en 1768 ; après quoi l'auteur reprenait :

« Au reste, il est bon d'avertir que l'illustre géographe Delisle appelle ce pays couronnes. Oléarius, qui accompagnait, en 1634 [1], des envoyés de Holstein en Russie et en Perse, rapporte, au livre troisième de son histoire, que le czar Ivan Basilovitz avait relégué en Sibérie un ambassadeur de l'empereur : c'est un fait dont aucun autre historien, que je sache, n'a jamais parlé ; il n'est pas vraisemblable que l'empereur eût souffert une violation du droit des gens si extraordinaire et si outrageante.

Le même Oléarius dit dans un autre endroit : « Nous partîmes le 13 février, de compagnie avec un certain ambassadeur de France, qui s'appelait Charles de Talleyrand, prince de Chalais, etc. Louis l'avait envoyé avec Jacques Roussel en ambassade en Turquie et en Moscovie ; mais son collègue lui rendit de si mauvais offices auprès du patriarche que le grand-duc le relégua en Sibérie. »

Au livre troisième, il dit que cet ambassadeur, prince de Chalais, et le nommé Roussel, son collègue, qui était marchand, étaient envoyés de Henri IV [2]. Il est assez probable que Henri IV, mort en 1610, n'envoya point d'ambassade en Moscovie en 1634. Si Louis XIII avait fait partir pour ambassadeur un homme d'une maison aussi illustre que celle de Talleyrand, il ne lui eût point donné un marchand pour collègue ; l'Europe aurait été informée de cette ambassade, et l'outrage singulier fait au roi de France eût fait encore plus de bruit.

Kamshat. Nous retranchons d'ordinaire les *ka* et les *koy* qui sont à la fin des noms russes ; et c'est ainsi qu'en usent les Italiens.

« Il y a un article plus important qui peut intéresser, etc. »
C'est dès 1768 que ce qui forme aujourd'hui le paragraphe VIII a été mis à la suite de la préface de 1759. (B.)

1. Le prince A. Labanoff, dans sa *Lettre à M. le rédacteur du Globe*, 1827, in-8°, dit qu'il faut lire 1635, et que 1634 est une faute d'impression. La faute de Voltaire vient de ce que la date de 1634 se trouve dans une phrase d'Oléarius, qui précède celle où il est question du marquis d'Exideuil. (B.)

2. L'ouvrage allemand d'Oléarius, intitulé *Nouvelle Relation d'un voyage en Moscovie et en Perse*, a eu plusieurs éditions ; la traduction française, par A. de Vicquefort, a été aussi imprimée plusieurs fois. L'édition de 1727 est celle qu'a consultée Voltaire. Car c'est dans cette édition, page 207, qu'on nomme *Henri IV* le roi de France au nom duquel on suppose la mission de Talleyrand. M. le prince A. Labanoff dit qu'Oléarius parle simplement du *roi de France* (sans le nommer). L'édition de 1656, de la traduction française d'Oléarius, porte : *le roi défunt*, expression qui désigne évidemment Louis XIII, qui d'ailleurs est nommé en toutes lettres dans le passage d'Oléarius que vient de transcrire Voltaire. Charles de Talleyrand avait été envoyé en Russie par Bethlem-Gabor, prince de Transylvanie ; c'est ce qu'explique le prince Labanoff dans un *Post-scriptum* de sa *Lettre à M. le rédacteur du Globe*, post-scriptum qui contient une lettre de Louis XIII, du 3 mars 1635, par laquelle le monarque français demande au czar la liberté de Talleyrand. Cette lettre de Louis XIII avait été publiée, dès 1782, par G.-F. Muller, comme je l'ai dit dans mon Avertissement. (B.)

Ayant contesté ce fait incroyable, et voyant que la fable d'Oléarius avait pris quelque crédit, je me suis cru obligé de demander des éclaircissements au dépôt des affaires étrangères en France. Voici ce qui a donné lieu à la méprise d'Oléarius.

Il y eut en effet un homme de la maison de Talleyrand qui, ayant la passion des voyages, alla jusqu'en Turquie, sans en parler à sa famille et sans demander de lettres de recommandation. Il rencontra un marchand hollandais, nommé Roussel, député d'une compagnie de négoce, et qui n'était pas sans liaison avec le ministère de France. Le marquis de Talleyrand se joignit avec lui pour aller voir la Perse, et, s'étant brouillé en chemin avec son compagnon de voyage, Roussel le calomnia auprès du patriarche de Moscou : on l'envoya en effet en Sibérie ; il trouva le moyen d'avertir sa famille, et au bout de trois ans, le secrétaire d'État, M. Desnoyers, obtint sa liberté de la cour de Moscou.

Voilà le fait mis au jour : il n'est digne d'entrer dans l'histoire qu'autant qu'il met en garde contre la prodigieuse quantité d'anecdotes de cette espèce, rapportées par les voyageurs [1].

Il y a des erreurs historiques ; il y a des mensonges historiques. Ce que rapporte Oléarius n'est qu'une erreur ; mais quand on dit qu'un czar [2] fit clouer le chapeau d'un ambassadeur sur sa tête, c'est un mensonge. Qu'on se trompe sur le nombre et la force des vaisseaux d'une armée navale, qu'on donne à une contrée plus ou moins d'étendue, ce n'est qu'une erreur, et une erreur très-pardonnable. Ceux qui répètent les anciennes fables, dans lesquelles l'origine de toutes les nations est enveloppée, peuvent être accusés d'une faiblesse commune à tous les auteurs de l'antiquité ; ce n'est pas là mentir, ce n'est proprement que transcrire des contes.

L'inadvertance nous rend encore sujets à bien des fautes, qu'on ne peut appeler mensonges. Si dans la nouvelle géographie d'Hubner [3] on trouve que les bornes de l'Europe sont à l'endroit où le fleuve Oby se jette dans la mer Noire, et que l'Europe a trente millions d'habitants, voilà des inattentions que tout lecteur

---

1. « Voltaire ayant ainsi prouvé l'invraisemblance du fait rapporté par Oléarius, on n'y songea plus pendant longtemps (dit M. le prince A. Labanoff dans sa *Lettre* déjà citée); Levesque est même le seul qui en ait parlé depuis en 1796, dans un mémoire qu'il lut à l'Institut sur les anciennes relations de la France avec la Russie. Il voulut combattre l'opinion de Voltaire, et rétablir le fait supposé ; mais il échoua entièrement, et cette fable retomba dans l'oubli comme elle le méritait. »

2. C'est au czar Ivan Basilovitz qu'on attribue cette cruauté ; voyez, dans la *Correspondance*, la lettre à Schouvaloff, du 11 juin 1761. (B.)

3. Sa *Géographie universelle* avait été traduite en français en 1759. (G. A.)

instruit rectifie. Cette géographie vous présente souvent des villes grandes, fortifiées, peuplées, qui ne sont plus que des bourgs presque déserts : il est aisé alors de s'apercevoir que le temps a tout changé ; l'auteur a consulté des anciens, et ce qui était vrai de leur temps ne l'est plus aujourd'hui.

On se trompe encore en tirant des inductions. Pierre le Grand abolit le patriarcat. Hubner ajoute qu'il se déclara patriarche lui-même. Des anecdotes prétendues de Russie vont plus loin, et disent qu'il officia pontificalement ; ainsi d'un fait avéré on tire des conclusions erronées, ce qui n'est que trop commun.

Ce que j'ai appelé mensonge historique est plus commun encore ; c'est ce que la flatterie, la satire, ou l'amour insensé du merveilleux, font inventer. L'historien qui, pour plaire à une famille puissante, loue un tyran est un lâche, celui qui veut flétrir la mémoire d'un bon prince est un monstre, et le romancier qui donne ses imaginations pour la vérité est méprisé. Tel qui autrefois faisait respecter des fables par des nations entières ne serait pas lu aujourd'hui des derniers des hommes.

Il y a des critiques plus menteurs encore, qui altèrent des passages, ou qui ne les entendent pas ; qui, inspirés par l'envie, écrivent avec ignorance contre des ouvrages utiles : ce sont les serpents qui rongent la lime, il faut les laisser faire.

HISTOIRE
DE
L'EMPIRE DE RUSSIE
SOUS PIERRE LE GRAND.

PREMIÈRE PARTIE.

AVANT-PROPOS.

Dans les premières années du siècle où nous sommes, le vulgaire ne connaissait dans le Nord de héros que Charles XII. Sa valeur personnelle, qui tenait beaucoup plus d'un soldat que d'un roi, l'éclat de ses victoires et même de ses malheurs, frappaient tous les yeux qui voient aisément ces grands événements, et qui ne voient pas les travaux longs et utiles. Les étrangers doutaient même alors que les entreprises du czar Pierre Ier pussent se soutenir ; elles ont subsisté, et se sont perfectionnées [1] sous les impératrices Anne et Élisabeth, mais surtout sous Catherine II, qui a porté si loin la gloire de la Russie. Cet empire est aujourd'hui compté parmi les plus florissants États, et Pierre est dans le rang des plus grands législateurs. Quoique ses entreprises n'eussent pas besoin de succès aux yeux des sages, ses succès ont affermi pour jamais sa gloire. On juge aujourd'hui que Charles XII méritait

---

1. L'édition de 1759 porte : « Se sont perfectionnées surtout sous l'impératrice Élisabeth, sa fille. Cet empire, etc. » Dans l'édition in-4° de 1768, il y a : « Élisabeth, sa fille, et encore plus sous Catherine Seconde. Cet empire, etc. » La version actuelle est de 1775. (B.)

d'être le premier soldat de Pierre le Grand [1]. L'un n'a laissé que des ruines, l'autre est un fondateur en tout genre. J'osai porter à peu près ce jugement, il y a trente années [2], lorsque j'écrivis l'histoire de Charles. Les Mémoires qu'on me fournit aujourd'hui sur la Russie [3] me mettent en état de faire connaître cet empire, dont les peuples sont si anciens et chez qui les lois, les mœurs et les arts sont d'une création nouvelle. L'histoire de Charles XII était amusante, celle de Pierre Ier est instructive.

CHAPITRE I.

DESCRIPTION DE LA RUSSIE.

L'empire de Russie est le plus vaste de notre hémisphère ; il s'étend d'occident en orient l'espace de plus de deux mille lieues communes de France, et il a plus de huit cents lieues du sud au nord dans sa plus grande largeur. Il confine à la Pologne et à la mer Glaciale ; il touche à la Suède et à la Chine. Sa longueur, de l'île de Dago, à l'occident de la Livonie, jusqu'à ses bornes les plus orientales, comprend près de cent soixante et dix degrés ; de sorte que quand on a midi à l'occident on a près de minuit à l'orient de l'empire. Sa largeur est de trois mille six cents verstes du sud au nord, ce qui fait huit cent cinquante de nos lieues communes [4].

Nous connaissions si peu les limites de ce pays dans le siècle passé que, lorsque en 1689 nous apprîmes que les Chinois et les Russes étaient en guerre, et que l'empereur Cam-hi [5] d'un côté, et de l'autre les czars Ivan et Pierre, envoyaient, pour terminer leurs dif-

---

1. Montesquieu avait dit (*Esprit des lois*, livre X, chapitre XIII), en parlant de Charles XII : « Il n'était point Alexandre, mais il aurait été le meilleur soldat d'Alexandre. »
2. Dès 1731 Voltaire avait écrit que Pierre Ier était *beaucoup plus grand homme* que Charles XII. Voyez page 132.
3. Voyez les lettres de Voltaire à Schouvaloff (*Correspondance*, années 1757 et 1758).
4. L'*Encyclopédie* fait le verste de 547 toises, et en compte 104 pour un degré de latitude ; d'autres le font de 545 toises, et en donnent 104 1/2 au même degré. (*Note de Decroix.*)
5. Voyez ci-après, chapitre VII de la première partie. Le nom de Cam-hi est quelquefois écrit Kang-hi et Kang-ki. (B.)

férends, une ambassade à trois cents lieues de Pékin, sur les limites des deux empires, nous traitâmes d'abord cet événement de fable.

Ce qui est compris aujourd'hui sous le nom de Russie, ou des Russies, est plus vaste que tout le reste de l'Europe, et que ne le fut jamais l'empire romain, ni celui de Darius conquis par Alexandre : car il contient plus de onze cent mille de lieues carrées. L'empire romain et celui d'Alexandre n'en contenaient chacun qu'environ cinq cent cinquante mille, et il n'y a pas un royaume en Europe qui soit la douzième partie de l'empire romain. Pour rendre la Russie aussi peuplée, aussi abondante, aussi couverte de villes que nos pays méridionaux, il faudra encore des siècles et des czars tels que Pierre le Grand.

Un ambassadeur anglais qui résidait, en 1733, à Pétersbourg, et qui avait été à Madrid, dit, dans sa relation manuscrite, que dans l'Espagne, qui est le royaume de l'Europe le moins peuplé, on peut compter quarante personnes par chaque mille carré, et que dans la Russie on n'en peut compter que cinq ; nous verrons au chapitre second si ce ministre ne s'est pas abusé. Il est dit dans la *Dîme*, faussement attribuée au maréchal de Vauban [1], qu'en France chaque mille carré contient à peu près deux cents habitants l'un portant l'autre. Ces évaluations ne sont jamais exactes, mais elles servent à montrer l'énorme différence de la population d'un pays à celle d'un autre.

Je remarquerai ici que de Pétersbourg à Pékin on trouverait à peine une grande montagne dans la route que les caravanes pourraient prendre par la Tartarie indépendante, en passant par les plaines des Calmoucks et par le grand désert de Cobi ; et il est à remarquer que d'Archangel à Pétersbourg, et de Pétersbourg aux extrémités de la France septentrionale, en passant par Dantzick, Hambourg, Amsterdam, on ne voit pas seulement une colline un peu haute. Cette observation peut faire douter de la vérité du système dans lequel on veut que les montagnes n'aient été formées que par le roulement des flots de la mer, en supposant que tout ce qui est terre aujourd'hui a été mer très-longtemps. Mais comment les flots, qui dans cette supposition ont formé les Alpes, les Pyrénées, et le Taurus, n'auraient-ils pas formé aussi quelque coteau élevé de la Normandie à la Chine dans un espace tortueux de trois mille lieues ? La géographie ainsi considérée pourrait prêter des lumières à la physique, ou du moins donner des doutes.

---

1. Nous avons déjà dit (tome XIV, page 141, note 2) que la *Dîme royale* est bien de Vauban.

Nous appelions autrefois la Russie du nom de Moscovie, parce que la ville de Moscou, capitale de cet empire, était la résidence des grands-ducs de Russie ; aujourd'hui l'ancien nom de Russie a prévalu.

Je ne dois point rechercher ici pourquoi on a nommé les contrées depuis Smolensko jusqu'au delà de Moscou la Russie blanche, et pourquoi Hubner la nomme noire, ni pour quelle raison la Kiovie doit être la Russie rouge.

Il se peut encore que Madiès le Scythe, qui fit une irruption en Asie près de sept siècles avant notre ère, ait porté ses armes dans ces régions, comme ont fait depuis Gengis et Tamerlan, et comme probablement on avait fait longtemps avant Madiès. Toute antiquité ne mérite pas nos recherches ; celles des Chinois, des Indes, des Perses, des Égyptiens, sont constatées par des monuments illustres et intéressants. Ces monuments en supposent encore d'autres très-antérieurs, puisqu'il faut un grand nombre de siècles avant qu'on puisse seulement établir l'art de transmettre ses pensées par des signes durables, et qu'il faut encore une multitude de siècles précédents pour former un langage régulier. Mais nous n'avons point de tels monuments dans notre Europe aujourd'hui si policée ; l'art de l'écriture fut longtemps inconnu dans tout le Nord ; le patriarche Constantin, qui a écrit en russe l'histoire de Kiovie, avoue que dans ces pays on n'avait point l'usage de l'écriture au ve siècle.

Que d'autres examinent si des Huns, des Slaves et des Tatars ont conduit autrefois des familles errantes et affamées vers la source du Borysthène. Mon dessein est de faire voir ce que le czar Pierre a créé, plutôt que de débrouiller inutilement l'ancien chaos. Il faut toujours se souvenir qu'aucune famille sur la terre ne connaît son premier auteur, et que par conséquent aucun peuple ne peut savoir sa première origine.

Je me sers du nom de Russes pour désigner les habitants de ce grand empire. Celui de Roxelans [1], qu'on leur donnait autrefois, serait plus sonore ; mais il faut se conformer à l'usage de la langue dans laquelle on écrit. Les gazettes et d'autres mémoires depuis quelque temps semploient le mot de Russiens ; mais comme ce mot approche trop de Prussiens, je m'en tiens à celui de Russes, que presque tous nos auteurs leur ont donné ; et il m'a paru que le peuple le plus étendu de la terre doit être connu

---

1. M. Daunou a lu à l'Institut un mémoire sur les Roxelans, qui n'est point encore imprimé (10 décembre 1829). (B.)

par un terme qui le distingue absolument des autres nations [1].

Il faut d'abord que le lecteur se fasse, la carte à la main, une idée nette de cet empire, partagé aujourd'hui en seize grands gouvernements, qui seront un jour subdivisés, quand les contrées du septentrion et de l'orient auront plus d'habitants.

Voici quels sont ces seize gouvernements, dont plusieurs renferment des provinces immenses.

DE LA LIVONIE.

La province la plus voisine de nos climats est celle de la Livonie. C'est une des plus fertiles du Nord. Elle était païenne au XIIe siècle. Des négociants de Brême et de Lubeck y commercèrent, et des religieux croisés, nommés *porte-glaives*, unis ensuite à l'ordre teutonique, s'en emparèrent au XIIIe siècle, dans le temps que la fureur des croisades armait les chrétiens contre tout ce qui n'était pas de leur religion. Albert, margrave de Brandebourg, grand-maître de ces religieux conquérants, se fit souverain de la Livonie et de la Prusse brandebourgeoise vers l'an 1514. Les Russes et les Polonais se disputèrent dès lors cette province. Bientôt les Suédois y entrèrent : elle fut longtemps ravagée par toutes ces puissances. Le roi de Suède Gustave-Adolphe la conquit. Elle fut cédée à la Suède, en 1660, par la célèbre paix d'Oliva, et enfin le czar Pierre l'a conquise sur les Suédois, comme on le verra dans le cours de cette histoire [2].

La Courlande, qui tient à la Livonie, est toujours vassale de la Pologne, mais dépend beaucoup de la Russie. Ce sont là les limites occidentales de cet empire dans l'Europe chrétienne.

DES GOUVERNEMENTS DE REVEL, DE PÉTERSBOURG ET DE VIBOURG.

Plus au nord se trouve le gouvernement de Revel et de l'Estonie. Revel fut bâtie par les Danois au XIIIe siècle. Les Suédois ont

---

1. « Le mot *Russe* a d'ailleurs, écrit Voltaire à Schouvaloff, quelque chose de plus ferme, de plus noble, de plus original que celui de *Russien;* ajoutez que *Russien* ressemble trop à un terme très-désagréable dans notre langue, qui est celui de *ruffien;* et la plupart de nos dames prononçant les deux ss comme les ff, il en résulte une équivoque indécente qu'il faut éviter. »

2. Chapitre XIX de la première partie.

possédé l'Estonie depuis que le pays se fut mis sous la protection de la Suède, en 1561 ; et c'est encore une des conquêtes de Pierre.

Au bord de l'Estonie est le golfe de Finlande. C'est à l'orient de cette mer, et à l'embouchure de la Neva et du lac Ladoga, qu'est la ville de Pétersbourg, la plus nouvelle et la plus belle ville de l'empire, bâtie par le czar Pierre, malgré tous les obstacles réunis qui s'opposaient à sa fondation.

Elle s'élève sur le golfe de Cronstadt, au milieu de neuf bras de rivières qui divisent ses quartiers ; un château occupe le centre de la ville, dans une île formée par le grand cours de la Neva : sept canaux tirés des rivières baignent les murs d'un palais, ceux de l'amirauté, du chantier des galères, et plusieurs manufactures. Trente-cinq grandes églises sont autant d'ornements à la ville ; et parmi ces églises il y en a cinq pour les étrangers, soit catholiques romains, soit réformés, soit luthériens : ce sont cinq temples élevés à la tolérance, et autant d'exemples donnés aux autres nations. Il y a cinq palais ; l'ancien, que l'on nomme celui d'été, situé sur la rivière de Neva, est bordé d'une balustrade immense de belles pierres tout le long du rivage. Le nouveau palais d'été, près de la porte triomphale, est un des plus beaux morceaux d'architecture qui soient en Europe ; les bâtiments élevés pour l'amirauté, pour le corps des cadets, pour les collèges impériaux, pour l'académie des sciences, la bourse, le magasin des marchandises, celui des galères, sont autant de monuments magnifiques. La maison de la police ; celle de la pharmacie publique, où tous les vases sont de porcelaine ; le magasin pour la cour, la fonderie, l'arsenal, les ponts, les marchés, les places, les casernes pour la garde à cheval et pour les gardes à pied, contribuent à l'embellissement de la ville autant qu'à sa sûreté. On y compte actuellement quatre cent mille âmes. Aux environs de la ville sont des maisons de plaisance dont la magnificence étonne les voyageurs : il y en a une dont les jets d'eau sont très-supérieurs à ceux de Versailles. Il n'y avait rien en 1702 : c'était un marais impraticable. Pétersbourg est regardé comme la capitale de l'Ingrie, petite province conquise par Pierre Ier ; Vibourg, conquis par lui, et la partie de la Finlande perdue et cédée par la Suède en 1742, sont un autre gouvernement.

ARCHANGEL.

Plus haut, en montant au nord, est la province d'Archangel, pays entièrement nouveau pour les nations méridionales de l'Europe. Il prit son nom de saint Michel l'archange, sous la protection duquel il fut mis longtemps après que les Russes eurent reçu le christianisme, qu'ils n'ont embrassé qu'au commencement du xie siècle. Ce ne fut qu'au milieu du xvie que ce pays fut connu des autres nations. Les Anglais, en 1533, cherchèrent un passage entre les mers du nord et de l'est pour aller aux Indes orientales. Chancelor, capitaine d'un des vaisseaux équipés pour cette expédition, découvrit le port d'Archangel dans la mer Blanche. Il n'y avait dans ce désert qu'un couvent avec la petite église de Saint-Michel l'archange.

De ce port, ayant remonté la rivière de la Duina, les Anglais arrivèrent au milieu des terres, et enfin à la ville de Moscou. Ils se rendirent aisément les maîtres du commerce de la Russie, lequel, de la ville de Novogorod où il se faisait par terre, fut transporté à ce port de mer. Il est, à la vérité, inabordable sept mois de l'année ; cependant il fut beaucoup plus utile que les foires de la grande Novogorod, tombées en décadence par les guerres contre la Suède. Les Anglais obtinrent le privilége d'y commercer sans payer aucun droit, et c'est ainsi que toutes les nations devraient peut-être négocier ensemble. Les Hollandais partagèrent bientôt le commerce d'Archangel, qui ne fut pas connu des autres peuples.

Longtemps auparavant, les Génois et les Vénitiens avaient établi un commerce avec les Russes par l'embouchure du Tanaïs, où ils avaient bâti une ville appelée Tana ; mais depuis les ravages de Tamerlan dans cette partie du monde, cette branche du commerce des Italiens avait été détruite ; celui d'Archangel a subsisté, avec de grands avantages pour les Anglais et les Hollandais, jusqu'au temps où Pierre le Grand a ouvert la mer Baltique à ses États.

LAPONIE RUSSE ; DU GOUVERNEMENT D'ARCHANGEL.

A l'occident d'Archangel, et dans son gouvernement, est la Laponie russe, troisième partie de cette contrée ; les deux autres appartiennent à la Suède et au Danemark. C'est un très-grand pays, qui occupe environ huit degrés de longitude, et qui s'étend en latitude du cercle polaire au cap Nord. Les peuples qui l'habitent étaient confusément connus de l'antiquité sous le nom de Troglodytes et de Pygmées septentrionaux ; ces noms convenaient en effet à des hommes hauts pour la plupart de trois coudées, et qui habitent des cavernes : ils sont tels qu'ils étaient alors, d'une couleur tannée, quoique les autres peuples septentrionaux soient blancs; presque tous petits, tandis que leurs voisins et les peuples d'Islande, sous le cercle polaire, sont d'une haute stature ; ils semblent faits pour leur pays montueux, agiles, ramassés, robustes; la peau dure, pour mieux résister au froid ; les cuisses, les jambes déliées, les pieds menus, pour courir plus légèrement au milieu des rochers dont leur terre est toute couverte; aimant passionnément leur patrie, qu'eux seuls peuvent aimer, et ne pouvant même vivre ailleurs. On a prétendu, sur la foi d'Olaüs, que ces peuples étaient originaires de Finlande, et qu'ils se sont retirés dans la Laponie, où leur taille a dégénéré. Mais pourquoi n'auraient-ils pas choisi des terres moins au nord, où la vie eût été plus commode? pourquoi leur visage, leur figure, leur couleur, tout diffère-t-il entièrement de leurs prétendus ancêtres? Il serait peut-être aussi convenable de dire que l'herbe qui croît en Laponie vient de l'herbe du Danemark, et que les poissons particuliers à leurs lacs viennent des poissons de Suède. Il y a grande apparence que les Lapons sont indigènes, comme leurs animaux sont une production de leur pays, et que la nature les a faits les uns pour les autres.

Ceux qui habitent vers la Finlande ont adopté quelques expressions de leurs voisins, ce qui arrive à tous les peuples ; mais quand deux nations donnent aux choses d'usage, aux objets qu'elles voient sans cesse, des noms absolument différents, c'est une grande présomption qu'un de ces peuples n'est pas une colonie de l'autre. Les Finlandais appellent un ours *karu*, et les Lapons, *muriet;* le soleil, en finlandais, se nomme *auringa;* en langue laponne, *beve*. Il n'y a là aucune analogie. Les habitants de Finlande et de la Laponie suédoise ont adoré autrefois une idole qu'ils nommaient *Iumalac;* et depuis le temps de Gustave-Adolphe, auquel ils doivent le nom de luthériens, ils appellent Jésus-Christ le fils d'Iumalac. Les Lapons moscovites sont aujourd'hui censés de l'Église grecque; mais ceux qui errent vers les montagnes septentrionales du cap Nord se contentent d'adorer un Dieu sous quelques formes grossières, ancien usage de tous les peuples nomades.

Cette espèce d'hommes peu nombreuse a très-peu d'idées, et ils sont heureux de n'en avoir pas davantage: car alors ils auraient de nouveaux besoins qu'ils ne pourraient satisfaire : ils vivent contents et sans maladies, en ne buvant guère que de l'eau dans le climat le plus froid, et arrivent à une longue vieillesse. La coutume qu'on leur imputait de prier les étrangers de faire à leurs femmes et à leurs filles l'honneur de s'approcher d'elles vient probablement du sentiment de la supériorité qu'ils reconnaissaient dans ces étrangers, en voulant qu'ils pussent servir à corriger les défauts de leur race. C'était un usage établi chez les peuples vertueux de Lacédémone. Un époux priait un jeune homme bien fait de lui donner de beaux enfants qu'il pût adopter. La jalousie et les lois empêchent les autres hommes de donner leurs femmes ; mais les Lapons étaient presque sans lois, et probablement n'étaient point jaloux.

MOSCOU.

Quand on a remonté la Duina du nord au sud, on arrive au milieu des terres à Moscou, la capitale de l'empire. Cette ville fut longtemps le centre des États russes, avant qu'on se fût étendu du côté de la Chine et de la Perse.

Moscou, situé par le 55ᵉ degré et demi de latitude, dans un terrain moins froid et plus fertile que Pétersbourg, est au milieu d'une vaste et belle plaine, sur la rivière de Moska [1], et de deux autres petites qui se perdent avec elle dans l'Occa, et vont ensuite grossir le fleuve du Volga. Cette ville n'était, au XIIIᵉ siècle, qu'un assemblage de cabanes peuplées de malheureux opprimés par la race de Gengis-kan.

Le Kremelin [2], qui fut le séjour des grands-ducs, n'a été bâti qu'au XIVᵉ siècle, tant les villes ont peu d'antiquité dans cette partie du monde. Ce Kremelin fut construit par des architectes italiens, ainsi que plusieurs églises, dans ce goût gothique, qui était alors celui de toute l'Europe ; il y en a deux du célèbre Aristote de Bologne, qui florissait au XVᵉ siècle ; mais les maisons des particuliers n'étaient que des huttes de bois.

Le premier écrivain qui nous fit connaître Moscou est Oléarius [3], qui, en 1633, accompagna une ambassade d'un duc de Holstein, ambassade aussi vaine dans sa pompe qu'inutile dans son objet. Un Holstenois devait être frappé de l'immensité de Moscou, de ses cinq enceintes, du vaste quartier des czars, et

---

1. En russe, *Moskwa*. (*Note de Voltaire*). — « A l'égard de l'orthographe, écrivait Voltaire à Schouvaloff, on demande la permission de se conformer à l'usage de la langue dans laquelle on écrit. On mettra au bas des pages les noms propres tels qu'on les prononce dans la langue russe. »

2. En russe *Kremln*. (*Id.*)

3. *Voyages en Moscovie, Tartarie et Perse*, 1647, traduits par Vicquefort, 1656-66.

d'une splendeur asiatique qui régnait alors à cette cour. Il n'y avait rien de pareil en Allemagne, nulle ville à beaucoup près aussi vaste, aussi peuplée.

Le comte de Carlisle au contraire, ambassadeur de Charles II, en 1663, auprès du czar Alexis, se plaint, dans sa relation, de n'avoir trouvé ni aucune commodité de la vie dans Moscou, ni hôtellerie dans la route, ni secours d'aucune espèce. L'un jugeait comme un Allemand du Nord, l'autre comme un Anglais ; et tous deux par comparaison. L'Anglais fut révolté de voir que la plupart des boïards avaient pour lit des planches ou des bancs sur lesquels on étendait une peau ou une couverture ; c'est l'usage antique de tous les peuples : les maisons, presque toutes de bois, étaient sans meubles ; presque toutes les tables à manger sans linge ; point de pavé dans les rues, rien d'agréable et de commode ; très-peu d'artisans, encore étaient-ils grossiers, et ne travaillaient qu'aux ouvrages indispensables. Ces peuples auraient paru des Spartiates s'ils avaient été sobres.

Mais la cour, dans les jours de cérémonie, paraissait celle d'un roi de Perse. Le comte de Carlisle dit qu'il ne vit qu'or et pierreries sur les robes du czar et de ses courtisans : ces habits n'étaient pas fabriqués dans le pays ; cependant il était évident qu'on pouvait rendre les peuples industrieux, puisqu'on avait fondu à Moscou, longtemps auparavant, sous le règne du czar Boris Godonou, la plus grosse cloche qui soit en Europe, et qu'on voyait dans l'église patriarcale des ornements d'argent qui avaient exigé beaucoup de soins. Ces ouvrages, dirigés par des Allemands et des Italiens, étaient des efforts passagers ; c'est l'industrie de tous les jours, et la multitude des arts continuellement exercés qui fait une nation florissante. La Pologne alors, et tous les pays voisins des Russes, ne leur étaient pas supérieurs. Les arts de la main n'étaient pas plus perfectionnés dans le nord de l'Allemagne ; les beaux-arts n'y étaient guère plus connus au milieu du xviie siècle.

Quoique Moscou n'eût rien alors de la magnificence et des arts de nos grandes villes d'Europe, cependant son circuit de vingt mille pas, la partie appelée la ville chinoise, où les raretés de la Chine s'étalaient ; le vaste quartier du Kremelin, où est le palais des czars, quelques dômes dorés, des tours élevées et singulières, et enfin le nombre de ses habitants, qui monte à près de cinq cent mille : tout cela faisait de Moscou une des plus considérables villes de l'univers.

Théodore, ou Fœdor, frère aîné de Pierre le Grand, commença à policer Moscou. Il fit construire plusieurs grandes maisons de pierre, quoique sans aucune architecture régulière. Il encourageait les principaux de sa cour à bâtir, leur avançant de l'argent, et leur fournissant des matériaux. C'est à lui qu'on doit les premiers haras de beaux chevaux, et quelques embellissements utiles. Pierre, qui a tout fait, a eu soin de Moscou, en construisant Pétersbourg ; il l'a fait paver, il l'a orné et enrichi par des édifices, par des manufactures ; enfin un chambellan [1] de l'impératrice Élisabeth, fille de Pierre, y a été l'instituteur d'une université depuis quelques années. C'est le même qui m'a fourni tous les Mémoires sur lesquels j'écris. Il était bien plus capable que moi de composer cette histoire, même dans ma langue ; tout ce qu'il m'a écrit fait foi que ce n'est que par modestie qu'il m'a laissé le soin de cet ouvrage.

SMOLENSKO.

A l'occident du duché de Moscou est celui de Smolensko, partie de l'ancienne Sarmatie européane. Les duchés de Moscovie et de Smolensko composaient la Russie blanche proprement dite. Smolensko, qui appartenait d'abord aux grands-ducs de Russie, fut conquise par le grand-duc de Lithuanie au commencement du xv⁰ siècle, reprise cent ans après par ses anciens maîtres. Le roi de Pologne Sigismond III s'en empara en 1611. Le czar Alexis, père de Pierre, la recouvra en 1654 ; et depuis ce temps elle a fait toujours partie de l'empire de Russie. Il est dit dans l'éloge du czar Pierre [2], prononcé à Paris dans l'Académie des sciences, que les Russes, avant lui, n'avaient rien conquis à l'occident et au midi ; il est évident qu'on s'est trompé.

DES GOUVERNEMENTS DE NOVOGOROD ET DE KIOVIE
OU UKRAINE.

Entre Pétersbourg et Smolensko est la province de Novogorod. On dit que c'est dans ce pays que les anciens Slaves, ou Slavons, firent leur premier établissement. Mais d'où venaient ces Slaves, dont la langue s'est étendue dans le nord-est de l'Europe ? *Sla* signifie un chef, et *esclave*, appartenant au chef [3]. Tout ce qu'on

---

1. M. de Schouvaloff. (*Note de Voltaire.*)
2. Par Fontenelle.
3. *Slaves* vient de *slava* (la gloire), et veut dire *hommes illustres*. (G. A.)

sait de ces anciens Slaves, c'est qu'ils étaient des conquérants. Ils bâtirent la ville de Novogorod la grande, située sur une rivière navigable dès sa source, laquelle jouit longtemps d'un florissant commerce, et fut une puissante alliée des villes anséatiques. Le czar Ivan Basilovitz[1] la conquit en 1467, et en emporta toutes les richesses, qui contribuèrent à la magnificence de la cour de Moscou, presque inconnue jusqu'alors.

Au midi de la province de Smolensko, vous trouvez la province de Kiovie, qui est la petite Russie, avec une partie de la Russie rouge, ou l'Ukraine, traversée par le Dnieper, que les Grecs ont appelé Borysthène. La différence de ces deux noms, l'un dur à prononcer, l'autre mélodieux, sert à faire voir, avec cent autres preuves, la rudesse de tous les anciens peuples du Nord, et les grâces de la langue grecque. La capitale Kiou, autrefois Kisovie, fut bâtie par les empereurs de Constantinople, qui en firent une colonie : on y voit encore des inscriptions grecques de douze cents années ; c'est la seule ville qui ait quelque antiquité dans ces pays où les hommes ont vécu tant de siècles sans bâtir des murailles. Ce fut là que les grands-ducs de Russie firent leur résidence dans le XIe siècle, avant que les Tartares asservissent la Russie.

Les Ukraniens, qu'on nomme Cosaques, sont un ramas d'anciens Roxelans, de Sarmates, de Tartares réunis. Cette contrée faisait partie de l'ancienne Scythie. Il s'en faut beaucoup que Rome et Constantinople, qui ont dominé sur tant de nations, soient des pays comparables pour la fertilité à celui de l'Ukraine. La nature s'efforce d'y faire du bien aux hommes ; mais les hommes n'y ont pas secondé la nature : vivant des fruits que produit une terre aussi inculte que féconde, et vivant encore plus de rapines ; amoureux à l'excès d'un bien préférable à tout, la liberté, et cependant ayant servi tour à tour la Pologne et la Turquie. Enfin, ils se donnèrent à la Russie, en 1654, sans trop se soumettre ; et Pierre les a soumis.

Les autres nations sont distinguées par leurs villes et leurs bourgades. Celle-ci est partagée en dix régiments. A la tête de ces dix régiments était un chef élu à la pluralité des voix, nommé *hetman* ou *itman*. Ce capitaine de la nation n'avait pas le pouvoir suprême. C'est aujourd'hui un seigneur de la cour que les souverains de Russie leur donnent pour hetman ; c'est un véritable gouverneur de province, semblable à nos gouverneurs de ces pays d'états qui ont encore quelques priviléges.

1. En russe, *Iwan Wassiliewitsch*. (*Note de Voltaire.*)

Il n'y avait d'abord dans ce pays que des païens et des mahométans ; ils ont été baptisés chrétiens de la communion romaine quand ils ont servi la Pologne ; et ils sont aujourd'hui baptisés chrétiens de l'Église grecque, depuis qu'ils sont à la Russie.

Parmi eux sont compris ces Cosaques zaporaviens, qui sont à peu près ce qu'étaient nos flibustiers, des brigands courageux. Ce qui les distingue de tous les autres peuples, c'est qu'ils ne souffrent jamais de femmes dans leurs peuplades, comme on prétend que les amazones ne souffraient point d'hommes chez elles. Les femmes qui leur servent à peupler demeurent dans d'autres îles du fleuve ; point de mariage, point de famille : ils enrôlent les enfants mâles dans leurs milices, et laissent les filles à leurs mères. Souvent le frère a des enfants de sa sœur, et le père de sa fille. Point d'autres lois chez eux que les usages établis par les besoins : cependant ils ont quelques prêtres du rite grec. On a construit depuis quelque temps le fort Sainte-Élisabeth, sur le Borysthène, pour les contenir. Ils servent dans les armées comme troupes irrégulières, et malheur à qui tombe dans leurs mains !

DES GOUVERNEMENTS DE BELGOROD, DE VÉRONISE, ET DE NISCHGOROD.

Si vous remontez au nord-est de la province de Kiovie, entre le Borysthène et le Tanaïs, c'est le gouvernement de Belgorod qui se présente : il est aussi grand que celui de Kiovie. C'est une des plus fertiles provinces de la Russie ; c'est elle qui fournit à la Pologne une quantité prodigieuse de ce gros bétail qu'on connaît sous le nom de bœufs de l'Ukraine. Ces deux provinces sont à l'abri des incursions des petits Tartares, par des lignes qui s'étendent du Borysthène au Tanaïs, garnies de forts et de redoutes.

Remontez encore au nord, passez le Tanaïs, vous entrez dans le gouvernement de Véronise, qui s'étend jusqu'aux bords des Palus-Méotides. Auprès de la capitale, que nous nommons Véronise[1], à l'embouchure de la rivière de ce nom, qui se jette dans le Tanaïs, Pierre le Grand a fait construire sa première flotte : entreprise dont on n'avait point encore d'idée dans tous ces vastes États. Vous trouvez ensuite le gouvernement de Nischgorod, fertile en grains, traversé par le Volga.

1. En Russie, on écrit et on prononce *Voronesteh*. (*Note de Voltaire.*)

De cette province vous entrez, au midi, dans le royaume d'Astracan. Ce pays commence au 43ᵉ degré et demi de latitude, sous le plus beau des climats, et finit vers le 50ᵉ, comprenant environ autant de degrés de longitude que de latitude ; borné d'un côté par la mer Caspienne, de l'autre par les montagnes de la Circassie, et s'avançant encore au delà de la mer Caspienne, le long du mont Caucase; arrosé du grand fleuve Volga, du Jaïk, et de plusieurs autres rivières entre lesquelles on peut, à ce que prétend l'ingénieur anglais Perri, tirer des canaux qui, en servant de lit aux inondations, feraient le même effet que les canaux du Nil, et augmenteraient la fertilité de la terre. Mais, à la droite et à la gauche du Volga et du Jaïk, ce beau pays était infesté plutôt qu'habité par des Tartares qui n'ont jamais rien cultivé, et qui ont toujours vécu comme étrangers sur la terre.

L'ingénieur Perri, employé par Pierre le Grand dans ces quartiers, y trouva de vastes déserts couverts de pâturages, de légumes, de cerisiers, d'amandiers. Des moutons sauvages, d'une nourriture excellente, paissaient dans ces solitudes. Il fallait commencer par dompter et par civiliser les hommes de ces climats pour y seconder la nature, qui a été forcée dans le climat de Pétersbourg.

Ce royaume d'Astracan est une partie de l'ancien Capshak, conquis par Gengis-kan, et ensuite par Tamerlan ; ces Tartares dominèrent jusqu'à Moscou. Le czar Jean Basilides, petit-fils d'Ivan Basilovitz, et le plus grand conquérant d'entre les Russes, délivra son pays du joug tartare, au XVIᵉ siècle, et ajouta le royaume d'Astracan à ses autres conquêtes en 1554.

Astracan est la borne de l'Asie et de l'Europe, et peut faire le commerce de l'une et de l'autre, en transportant par le Volga les marchandises apportées par la mer Caspienne. C'était encore un des grands projets de Pierre le Grand : il a été exécuté en partie. Tout un faubourg d'Astracan est habité par des Indiens.

ORENBOURG.

Au sud-est du royaume d'Astracan est un petit pays nouvellement formé, qu'on appelle Orenbourg : la ville de ce nom a été bâtie en 1734, sur le bord du fleuve Jaïk. Ce pays est hérissé des branches du mont Caucase. Des forteresses élevées de distance en distance défendent les passages des montagnes et des rivières qui en descendent. C'est dans cette région, auparavant inhabitée, qu'aujourd'hui les Persans viennent déposer et cacher à la rapacité des brigands leurs effets échappés aux guerres civiles. La ville d'Orenbourg est devenue le refuge des Persans et de leurs fortunes, et s'est accrue de leurs calamités; les Indiens, les peuples de la grande Bukarie, y viennent trafiquer; elle devient l'entrepôt de l'Asie.

DES GOUVERNEMENTS DE CASAN ET DE LA GRANDE PERMIE.

Au delà du Volga et du Jaïk, vers le septentrion, est le royaume de Casan, qui, comme Astracan, tomba dans le partage d'un fils de Gengis-kan, et ensuite d'un fils de Tamerlan, conquis de même par Jean Basilides. Il est encore peuplé de beaucoup de Tartares mahométans. Cette grande contrée s'étend jusqu'à la Sibérie : il est constant qu'elle a été florissante et riche autrefois ; elle a conservé encore quelque opulence. Une province de ce royaume, appelée la grande Permie, et ensuite le Solikam, était l'entrepôt des marchandises de la Perse et des fourrures de Tartarie. On a trouvé dans cette Permie une grande quantité de monnaie au coin des premiers califes, et quelques idoles d'or des Tartares[1]; mais ces monuments d'anciennes richesses ont été trouvés au milieu de la pauvreté et dans des déserts : il n'y avait plus aucune trace de commerce; ces révolutions n'arrivent que trop vite et trop aisément dans un pays ingrat, puisqu'elles sont arrivées dans les plus fertiles.

Ce célèbre prisonnier suédois, Stralemberg[2], qui mit si bien à profit son malheur, et qui examina tous ces vastes pays avec tant d'attention, est le premier qui a rendu vraisemblable un fait qu'on n'avait jamais pu croire, concernant l'ancien commerce de ces régions. Pline et Pomponius Mela rapportent que du temps d'Auguste, un roi des Suèves fit présent à Metellus Celer de quelques Indiens jetés par la tempête sur les côtes voisines de l'Elbe. Comment des habitants de l'Inde auraient-ils navigué sur les mers germaniques? Cette aventure a paru fabuleuse à tous nos modernes, surtout depuis que le commerce de notre hémisphère a

---

1. *Mémoires de Stralemberg*, confirmés par mes *Mémoires russes*. (*Note de Voltaire.*)
2. Voyez page 411.

changé par la découverte du cap de Bonne-Espérance ; mais autrefois il n'était pas plus étrange de voir un Indien trafiquer dans les pays septentrionaux de l'Occident que de voir un Romain passer dans l'Inde par l'Arabie. Les Indiens allaient en Perse, s'embarquaient sur la mer d'Hyrcanie, remontaient le Rha, qui est le Volga, allaient jusqu'à la grande Permie par la Kama, et de là pouvaient aller s'embarquer sur la mer du Nord ou sur la Baltique. Il y a eu de tout temps des hommes entreprenants. Les Tyriens firent de plus surprenants voyages.

Si, après avoir parcouru de l'œil toutes ces vastes provinces, vous jetez la vue sur l'orient, c'est là que les limites de l'Europe et de l'Asie se confondent encore. Il aurait fallu un nouveau nom pour cette grande partie du monde. Les anciens divisèrent en Europe, Asie, et Afrique, leur univers connu : ils n'en avaient pas vu la dixième partie ; c'est ce qui fait que quand on a passé les Palus-Méotides, on ne sait plus où l'Europe finit et où l'Asie commence ; tout ce qui est au delà du mont Taurus était désigné par le mot vague de Scythie, et le fut ensuite par celui de Tartarie ou Tatarie. Il serait convenable peut-être d'appeler terres arctiques ou terres du nord tout le pays qui s'étend depuis la mer Baltique jusqu'aux confins de la Chine, comme on donne le nom de terres australes à la partie du monde non moins vaste, située sous le pôle antarctique, et qui fait le contre-poids du globe.

DU GOUVERNEMENT DE LA SIBÉRIE, DES SAMOYÈDES, DES OSTIAKS, DU KAMTSCHATKA, ETC.

Des frontières des provinces d'Archangel, de Résan, d'Astracan, s'étend à l'orient la Sibérie avec les terres ultérieures jusqu'à la mer du Japon; elle touche au midi de la Russie par le mont Caucase ; de là au pays de Kamtschatka, on compte environ douze cents lieues de France ; et de la Tartarie septentrionale, qui lui sert de limite, jusqu'à la mer Glaciale, on en compte environ quatre cents, ce qui est la moindre largeur de l'empire. Cette contrée produit les plus riches fourrures, et c'est ce qui servit à en faire la découverte en 1563. Ce ne fut pas sous le czar Fœdor Ivanovitz, mais sous Ivan Basilides, au XVIe siècle, qu'un particulier des environs d'Archangel, nommé Anika, homme riche pour son état et pour son pays, s'aperçut que des hommes d'une figure extraordinaire, vêtus d'une manière jusqu'alors inconnue dans ce canton, et parlant une langue que personne n'entendait, descendaient tous les ans une rivière qui tombe dans la Duina[1], et venaient apporter au marché des martres et des renards noirs qu'ils troquaient pour des clous et des morceaux de verre, comme les premiers sauvages de l'Amérique donnaient leur or aux Espagnols; il les fit suivre par ses enfants et par ses valets jusque dans leur pays. C'étaient des Samoyèdes, peuples qui paraissent semblables aux Lapons, mais qui ne sont pas de la même race. Ils ignorent comme eux l'usage du pain; ils ont comme eux le secours des rangifères ou rennes, qu'ils attellent à leurs traîneaux. Ils vivent dans des cavernes, dans des huttes au milieu des neiges[2]; mais d'ailleurs la nature a mis entre cette espèce d'hommes et celle des Lapons des différences très-marquées. On assure que leur mâchoire supérieure est plus avancée au niveau de leur nez, et que leurs oreilles sont plus rehaussées. Les hommes et les femmes n'ont de poil que sur la tête; le mamelon est d'un noir d'ébène. Les Lapons et les Laponnes ne sont marqués à aucun de ces signes. On m'a averti, par des mémoires envoyés de ces contrées si peu connues, qu'on s'est trompé dans la belle *Histoire naturelle du jardin du Roi*[3], lorsqu'en parlant de tant de choses curieuses concernant la nature humaine on a confondu l'espèce des Lapons avec l'espèce des Samoyèdes. Il y a beaucoup plus de races d'hommes qu'on ne pense. Celles des Samoyèdes et des Hottentots paraissent les deux extrêmes de notre continent; et si l'on fait attention aux mamelles noires des femmes Samoyèdes, et au tablier que la nature a donné aux Hottentotes, qui descend, dit-on, à la moitié de leurs cuisses, on aura quelque idée des variétés de notre espèce animale; variétés ignorées dans nos villes, où presque tout est inconnu, hors ce qui nous environne.

Les Samoyèdes ont dans leur morale des singularités aussi grandes qu'en physique : ils ne rendent aucun culte à l'Être suprême; ils approchent du manichéisme, ou plutôt de l'ancienne religion des mages, en ce seul point qu'ils reconnaissent un bon et un mauvais principe. Le climat horrible qu'ils habitent semble en quelque manière excuser cette créance si ancienne chez tant de peuples, et si naturelle aux ignorants et aux infortunés.

On n'entend parler chez eux ni de larcins ni de meurtres : étant presque sans passions, ils sont sans injustice. Il n'y a aucun terme dans leur langue pour exprimer le vice et la vertu. Leur

---

1. Mémoires envoyés de Pétersbourg. (*Note de Voltaire.*)
2. Idem. (*Id.*)
3. Par Buffon.

extrême simplicité ne leur a pas encore permis de former des notions abstraites ; le sentiment seul les dirige ; et c'est peut-être une preuve incontestable que les hommes aiment la justice par instinct, quand leurs passions funestes ne les aveuglent pas.

On persuada quelques-uns de ces sauvages de se laisser conduire à Moscou. Tout les y frappa d'admiration. Ils regardèrent l'empereur comme leur dieu, et se soumirent à lui donner tous les ans une offrande de deux martres zibelines par habitant. On établit bientôt quelques colonies au delà de l'Oby et de l'Irtis[1] ; on y bâtit même des forteresses. Un Cosaque fut envoyé dans le pays en 1595, et le conquit pour les czars avec quelques soldats et quelque artillerie, comme Cortès subjugua le Mexique ; mais il ne conquit guère que des déserts.

En remontant l'Oby, à la jonction de la rivière d'Irtis avec celle de Tobolsk, on trouva une petite habitation dont on a fait la ville de Tobolsk[2], capitale de la Sibérie, aujourd'hui considérable. Qui croirait que cette contrée a été longtemps le séjour de ces mêmes Huns qui ont tout ravagé jusqu'à Rome sous Attila, et que ces Huns venaient du nord de la Chine? Les Tartares usbecks ont succédé aux Huns, et les Russes aux Usbecks. On s'est disputé ces contrées sauvages, ainsi qu'on s'est exterminé pour les plus fertiles. La Sibérie fut autrefois plus peuplée qu'elle ne l'est, surtout vers le midi : on en juge par des tombeaux et par des ruines.

Toute cette partie du monde, depuis le soixantième degré ou environ jusqu'aux montagnes éternellement glacées qui bornent les mers du Nord, ne ressemble en rien aux régions de la zone tempérée ; ce ne sont ni les mêmes plantes, ni les mêmes animaux sur la terre, ni les mêmes poissons dans les lacs et dans les rivières.

Au-dessous de la contrée des Samoyèdes est celle des Ostiaks le long du fleuve Oby. Ils ne tiennent en rien des Samoyèdes, sinon qu'ils sont, comme eux et comme tous les premiers hommes, chasseurs, pasteurs et pêcheurs ; les uns sans religion, parce qu'ils ne sont pas rassemblés ; les autres, qui composent des hordes, ayant une espèce de culte, faisant des vœux au principal objet de leurs besoins ; ils adorent, dit-on, une peau de mouton[3], parce que rien ne leur est plus nécessaire que ce bétail ; de même que les anciens Égyptiens agriculteurs choisissaient un bœuf, pour

---

1. En russe, *Irtisch*. (*Note de Voltaire.*)
2. En russe, *Tobolskoy*. (*Id.*)
3. Dans la variante rapportée page 389, Voltaire dit qu'on peut substituer une peau d'ours à la *peau de mouton*. (B.)

adorer dans l'emblème de cet animal la divinité qui l'a fait naître pour l'homme. Quelques auteurs prétendent que ces Ostiaks adorent une peau d'ours, attendu qu'elle est plus chaude que celle de mouton ; il se peut qu'ils n'adorent ni l'une ni l'autre.

Les Ostiaks ont aussi d'autres idoles dont ni l'origine ni le culte ne méritent pas plus notre attention que leurs adorateurs. On a fait chez eux quelques chrétiens vers l'an 1712 ; ceux-là sont chrétiens comme nos paysans les plus grossiers, sans savoir ce qu'ils sont. Plusieurs auteurs prétendent que ce peuple est originaire de la grande Permie ; mais cette grande Permie est presque déserte : pourquoi ses habitants se seraient-ils établis si loin et si mal ? Ces obscurités ne valent pas nos recherches. Tout peuple qui n'a point cultivé les arts doit être condamné à être inconnu.

C'est surtout chez ces Ostiaks, chez les Burates, et les Jakutes, leurs voisins, qu'on trouve souvent dans la terre de cet ivoire dont on n'a jamais pu savoir l'origine : les uns le croient un ivoire fossile ; les autres, les dents d'une espèce d'éléphant dont la race est détruite. Dans quel pays ne trouve-t-on pas des productions de la nature qui étonnent et qui confondent la philosophie ?

Plusieurs montagnes de ces contrées sont remplies de cet amiante, de ce lin incombustible dont on fait tantôt de la toile, tantôt une espèce de papier.

Au midi des Ostiaks sont les Burates, autre peuple qu'on n'a pas encore rendu chrétien. A l'est il y a plusieurs hordes qu'on n'a pu entièrement soumettre. Aucun de ces peuples n'a la moindre connaissance du calendrier. Ils comptent par neiges, et non par la marche apparente du soleil : comme il neige régulièrement et longtemps chaque hiver, ils disent je suis âgé de tant de neiges, comme nous disons j'ai tant d'années.

Je dois rapporter ici ce que raconte l'officier suédois Stralemberg, qui, ayant été pris à Pultava, passa quinze ans en Sibérie, et la parcourut tout entière ; il dit qu'il y a encore des restes d'un ancien peuple dont la peau est bigarrée et tachetée ; qu'il a vu des hommes de cette race ; et ce fait m'a été confirmé par des Russes nés à Tobolsk. Il semble que la variété des espèces humaines ait beaucoup diminué ; on trouve peu de ces races singulières que probablement les autres ont exterminées : par exemple, il y a très-peu de ces Maures blancs ou de ces Albinos, dont un a été présenté à l'Académie des sciences de Paris [1], et que j'ai vu.

---

1. En 1744 ; voyez dans les *Mélanges*, à cette date, la *Relation concernant un Maure blanc*. — Les Albinos ne sont pas une race particulière, ainsi qu'on l'a déjà

Il en est ainsi de plusieurs animaux dont l'espèce est très-rare.

Quant aux Borandiens, dont il est parlé souvent dans la savante *Histoire du jardin du Roi*[1] de France, mes Mémoires disent que ce peuple est absolument inconnu.

Tout le midi de ces contrées est peuplé de nombreuses hordes de Tartares. Les anciens Turcs sont sortis de cette Tartarie pour aller subjuguer tous les pays dont ils sont aujourd'hui en possession. Les Calmoucks, les Monguls, sont ces mêmes Scythes qui, conduits par Madiès, s'emparèrent de la haute Asie, et vainquirent le roi des Mèdes Cyaxares. Ce sont eux que Gengis-kan et ses enfants menèrent depuis jusqu'en Allemagne, et qui formèrent l'empire du Mogol sous Tamerlan. Ces peuples sont un grand exemple des changements arrivés chez toutes les nations. Quelques-unes de leurs hordes, loin d'être redoutables, sont devenues vassales de la Russie.

Telle est une nation de Calmoucks qui habite entre la Sibérie et la mer Caspienne. C'est là qu'on a trouvé, en 1720, une maison souterraine de pierre, des urnes, des lampes, des pendants d'oreilles, une statue équestre d'un prince oriental portant un diadème sur sa tête, deux femmes assises sur des trônes, un rouleau de manuscrits envoyé par Pierre le Grand à l'Académie des inscriptions de Paris, et reconnu pour être en langue du Thibet : tous témoignages singuliers que les arts ont habité ce pays aujourd'hui barbare, et preuves subsistantes de ce qu'a dit Pierre le Grand plus d'une fois, que les arts avaient fait le tour du monde.

La dernière province est le Kamtschatka, le pays le plus oriental du continent[2]. Le nord de cette contrée fournit aussi de belles fourrures ; les habitants s'en revêtaient l'hiver, et marchaient nus l'été. On fut surpris de trouver dans les parties méridionales des hommes avec de longues barbes, tandis que dans les parties septentrionales, depuis le pays des Samoyèdes jusqu'à l'embouchure du fleuve Amour ou Amur, les hommes n'ont pas plus de barbe que les Américains. C'est ainsi que dans l'empire de Russie il y a plus de différentes espèces, plus de singularités, plus de mœurs différentes que dans aucun pays de l'univers.

---

fait remarquer dans l'Introduction à l'*Essai sur les Mœurs* (tome XI, page 6), où Voltaire a reproduit quelques-unes des idées qu'on trouve dans ce paragraphe.

1. Par Buffon.
2. En 1750, on lisait ici cette phrase : « Les habitants étaient absolument sans religion quand on l'a découvert. Le Nord, etc. » Elle devait disparaître lors de l'insertion faite, dès 1768, des sept alinéas qui suivent celui-ci. (B.)

[1] Des mémoires récents m'apprennent que ce peuple sauvage a aussi ses théologiens, qui font descendre les habitants de cette presqu'île d'une espèce d'être supérieur qu'ils appellent Kouthou. Ces Mémoires disent qu'ils ne lui rendent aucun culte, qu'ils ne l'aiment ni ne le craignent.

Ainsi ils auraient une mythologie, et ils n'ont point de religion; cela pourrait être vrai, et n'est guère vraisemblable : la crainte est l'attribut naturel des hommes. On prétend que dans leurs absurdités ils distinguent des choses permises et des choses défendues · ce qui est permis, c'est de satisfaire toutes ses passions; ce qui est défendu, c'est d'aiguiser un couteau ou une hache quand on est en voyage, et de sauver un homme qui se noie. Si en effet c'est un péché parmi eux de sauver la vie à son prochain, ils sont en cela différents de tous les hommes, qui courent par instinct au secours de leurs semblables quand l'intérêt ou la passion ne corrompt pas en eux ce penchant naturel. Il semble qu'on ne pourrait parvenir à faire un crime d'une action si commune et si nécessaire qu'elle n'est pas même une vertu, que par une philosophie également fausse et superstitieuse, qui persuaderait qu'il ne faut pas s'opposer à la providence, et qu'un homme destiné par le ciel à êt renoyé ne doit pas être secouru par un homme; mais les barbares sont bien loin d'avoir même une fausse philosophie.

Cependant ils célèbrent, dit-on, une grande fête, qu'ils appellent dans leur langage d'un mot qui signifie *purification;* mais de quoi se purifient-ils si tout leur est permis? et pourquoi se purifient-ils s'ils ne craignent ni n'aiment leur dieu Kouthou?

Il y a sans doute des contradictions dans leurs idées, comme dans celles de presque tous les peuples ; les leurs sont un défaut d'esprit, et les nôtres en sont un abus; nous avons beaucoup plus de contradictions qu'eux, parce que nous avons plus raisonné.

Comme ils ont une espèce de dieu, ils ont aussi des démons; enfin il y a parmi eux des sorciers, ainsi qu'il y en a toujours eu chez toutes les nations les plus policées. Ce sont les vieilles qui sont sorcières dans le Kamtschatka, comme elles l'étaient parmi nous avant que la saine physique nous éclairât. C'est donc partout l'apanage de l'esprit humain d'avoir des idées absurdes, fondées sur notre curiosité et sur notre faiblesse. Les Kamtschatkales

---

1. Cet alinéa et les six qui le suivent sont de 1763; ils étaient alors dans la préface *Au lecteur*, dont j'ai parlé dans ma note, page 389. Ils ont été intercalés ici dès 1768. (B.)

ont aussi des prophètes qui expliquent les songes ; et il n'y a pas longtemps que nous n'en avons plus.

Depuis que la cour de Russie a assujetti ces peuples en bâtissant cinq forteresses dans leur pays, on leur a annoncé la religion grecque. Un gentilhomme russe très-instruit m'a dit qu'une de leurs grandes objections était que ce culte ne pouvait être fait pour eux, puisque le pain et le vin sont nécessaires à nos mystères, et qu'ils ne peuvent avoir ni pain ni vin dans leur pays.

Ce peuple d'ailleurs mérite peu d'observations ; je n'en ferai qu'une : c'est que, si on jette les yeux sur les trois quarts de l'Amérique, sur toute la partie méridionale de l'Afrique, sur le Nord, depuis la Laponie jusqu'aux mers du Japon, on trouve que la moitié du genre humain n'est pas au-dessus des peuples du Kamtschatka.

D'abord un officier cosaque alla par terre de la Sibérie au Kamtschatka, en 1701, par ordre de Pierre, qui, après la malheureuse journée de Narva, étendait encore ses soins d'un bord du continent à l'autre. Ensuite, en 1725, quelque temps avant que la mort le surprît au milieu de ses grands projets, il envoya le capitaine Béring, danois, avec ordre exprès d'aller par la mer du Kamtschatka sur les terres de l'Amérique, si cette entreprise était praticable. Béring ne put réussir dans sa première navigation. L'impératrice Anne l'y envoya encore en 1733. Spengenberg, capitaine de vaisseau, associé à ce voyage, partit le premier du Kamtschatka ; mais il ne put se mettre en mer qu'en 1739, tant il avait fallu de temps pour arriver au port où l'on s'embarqua, pour y construire des vaisseaux, pour les gréer et les fournir des choses nécessaires. Spengenberg pénétra jusqu'au nord du Japon par un détroit que forme une longue suite d'îles, et revint sans avoir découvert que ce passage.

En 1741, Béring courut cette mer accompagné de l'astronome Delisle de La Croyère, de cette famille Delisle qui a produit de si savants géographes ; un autre capitaine allait de son côté à la découverte. Béring et lui atteignirent les côtes de l'Amérique, au nord de la Californie. Ce passage, si longtemps cherché par les mers du Nord, fut donc enfin découvert[1] ; mais on ne trouva nul secours sur ces côtes désertes. L'eau douce manqua ; le scorbut

---

1. La découverte importante de Béring est celle du détroit qui porte son nom, et qui sépare l'Asie de l'Amérique vers le soixante-septième degré de latitude nord ; point essentiel de géographie, jusqu'alors très-problématique, et qu'il a le premier constaté d'une manière certaine. (*Note de Decroix.*)

fit périr une partie de l'équipage : on vit, l'espace de cent milles, les rivages septentrionaux de la Californie; on aperçut des canots de cuir qui portaient des hommes semblables aux Canadiens. Tout fut infructueux. Béring mourut dans une île à laquelle il donna son nom. L'autre capitaine, se trouvant plus près de la Californie, fit descendre à terre dix hommes de son équipage; ils ne reparurent plus. Le capitaine fut forcé de regagner le Kamtschatka après les avoir attendus inutilement, et Delisle expira en descendant à terre. Ces désastres sont la destinée de presque toutes les premières tentatives sur les mers septentrionales. On ne sait pas encore quel fruit on tirera de ces découvertes si pénibles et si dangereuses.

Nous avons marqué tout ce qui compose en général la domination de la Russie depuis la Finlande à la mer du Japon. Toutes les grandes parties de cet empire ont été unies en divers temps, comme dans tous les autres royaumes du monde. Des Scythes, des Huns, des Massagètes, des Slavons, des Cimbres, des Gètes, des Sarmates, sont aujourd'hui les sujets des czars; les Russes proprement dits sont les anciens Roxelans ou Slavons.

Si l'on y fait réflexion, la plupart des autres États sont ainsi composés. La France est un assemblage de Goths, de Danois appelés Normands, de Germains septentrionaux appelés Bourguignons, de Francs, d'Allemands, de quelques Romains mêlés aux anciens Celtes. Il y a dans Rome et dans l'Italie beaucoup de familles descendues des peuples du nord, et l'on n'en connaît aucune des anciens Romains. Le souverain pontife est souvent le rejeton d'un Lombard, d'un Goth, d'un Teuton, ou d'un Cimbre. Les Espagnols sont une race d'Arabes, de Carthaginois, de Juifs, de Tyriens, de Visigoths, de Vandales, incorporés avec les habitants du pays. Quand les nations se sont ainsi mêlées, elles sont longtemps à se civiliser, et même à former leur langage : les unes se policent plus tôt, les autres plus tard. La police et les arts s'établissent si difficilement, les révolutions ruinent si souvent l'édifice commencé, que si l'on doit s'étonner, c'est que la plupart des nations ne vivent pas en Tartares.

CHAPITRE II.

SUITE DE LA DESCRIPTION DE LA RUSSIE. POPULATION, FINANCES, ARMÉES, USAGES, RELIGION. ÉTAT DE LA RUSSIE AVANT PIERRE LE GRAND.

Plus un pays est civilisé, plus il est peuplé. Ainsi la Chine et l'Inde sont les plus peuplés de tous les empires, parce qu'après la multitude des révolutions qui ont changé la face de la terre, les Chinois et les Indiens ont formé le corps de peuple le plus anciennement policé que nous connaissions. Leur gouvernement a plus de quatre mille ans d'antiquité ; ce qui suppose, comme on l'a dit[1], des essais et des efforts tentés dans des siècles précédents. Les Russes sont venus tard ; et ayant introduit chez eux les arts tout perfectionnés, il est arrivé qu'ils ont fait plus de progrès en cinquante ans qu'aucune nation n'en avait fait par elle-même en cinq cents années. Le pays n'est pas peuplé à proportion de son étendue, il s'en faut beaucoup ; mais tel qu'il est, il possède autant de sujets qu'aucun État chrétien.

Je peux, d'après les rôles de la capitation et du dénombrement des marchands, des artisans, des paysans mâles, assurer qu'aujourd'hui la Russie contient au moins vingt-quatre millions d'habitants. De ces vingt-quatre millions d'hommes la plupart sont des serfs comme dans la Pologne, dans plusieurs provinces de l'Allemagne, et autrefois dans presque toute l'Europe. On compte en Russie et en Pologne les richesses d'un gentilhomme et d'un ecclésiastique, non par leur revenu en argent, mais par le nombre de leurs esclaves.

Voici ce qui résulte d'un dénombrement fait en 1747 des mâles qui payaient la capitation.

Marchands	198,000
Ouvriers	16,500
Paysans incorporés avec les marchands et les ouvriers	1,950
Paysans appelés *odonosk s,* qui contribuent à l'entretien de la milice.	430,220
Autres qui n'y contribuent pas.	26,080
Ouvriers de différents métiers, dont les parents sont inconnus. .	1,000
Autres qui ne sont point incorporés dans les classes des métiers.	4,700
A reporter.	678,450

1. Page 396.

POPULATION, FINANCES, ARMÉES, USAGES.

Report. . . .	678,450
Paysans dépendants immédiatement de la couronne, environ . .	555,000
Employés aux mines de la couronne, tant chrétiens que mahométans et païens	64,000
Autres paysans de la couronne travaillant aux mines et aux fabriques des particuliers.	24,200
Nouveaux convertis à l'Église grecque	57,000
Tartares et Ostiaks païens	241,000
Mourses, Tartares, Morduates, et autres, soit païens, soit grecs, employés aux travaux de l'amirauté	7,800
Tartares contribuables, appelés *tepteris* et *bobilitz*, etc. . . .	28,900
Serfs de plusieurs marchands et autres privilégiés, lesquels, sans posséder de terres, peuvent avoir des esclaves	9,400
Paysans des terres destinées à l'entretien de la cour. . . .	418,000
Paysans des terres appartenantes en propre à Sa Majesté, indépendamment du droit de la couronne	60,500
Paysans des terres confisquées à la couronne	13,600
Serfs des gentilshommes.	3,550,000
Serfs appartenant à l'assemblée du clergé, et qui défrayent ses dépenses.	37,500
Serfs des évêques	116,400
Serfs des couvents, que Pierre avait beaucoup diminués . . .	721,500
Serfs des églises cathédrales et paroissiales.	23,700
Paysans travaillant aux ouvrages de l'amirauté, ou autres ouvrages publics, environ	4,000
Travailleurs aux mines et fabriques des particuliers.	16,000
Paysans des terres données aux principaux manufacturiers. . .	14,500
Travailleurs aux mines de la couronne	3,000
Bâtards élevés par des prêtres	40
Sectaires appelés *raskolnikis*	2,200
Total. . . .	6,646,390

Voilà en nombre rond six millions six cent quarante mille mâles payant la capitation. Dans ce dénombrement, les enfants et les vieillards sont comptés, mais les filles et les femmes ne le sont point, non plus que les garçons qui naissent depuis l'établissement d'un cadastre jusqu'à la confection d'un autre cadastre. Triplez seulement le nombre des têtes taillables, en y comptant les femmes et les filles, vous trouverez près de vingt millions d'âmes.

Il faut ajouter à ce nombre l'état militaire, qui monte à trois cent cinquante mille hommes. Ni la noblesse de tout l'empire, ni les ecclésiastiques, qui sont au nombre de deux cent mille, ne sont soumis à cette capitation. Les étrangers dans l'empire sont tous exempts, de quelque profession et de quelque pays qu'ils soient. Les habitants des provinces conquises, savoir la Livonie, l'Estonie, l'Ingrie, la Carélie, et une partie de la Finlande ; l'Ukraine et les Cosaques du Tanaïs, les Calmoucks et d'autres Tartares, les Samoyèdes, les Lapons, les Ostiaks et tous les peuples idolâtres de la Sibérie, pays plus grand que la Chine, ne sont pas compris dans le dénombrement.

Par ce calcul, il est impossible que le total des habitants de la Russie ne montât au moins à vingt-quatre millions en 1759, lorsqu'on m'envoya de Pétersbourg ces Mémoires, tirés des archives de l'empire[1]. A ce compte, il y a huit personnes par mille carré. L'ambassadeur anglais dont j'ai parlé[2] n'en donne que cinq ; mais il n'avait pas sans doute des Mémoires aussi fidèles que ceux dont on a bien voulu me faire part.

Le terrain de la Russie est donc, proportion gardée, précisément cinq fois moins peuplé que l'Espagne ; mais il a près de quatre fois plus d'habitants : il est à peu près aussi peuplé que la France et que l'Allemagne ; mais en considérant sa vaste étendue, le nombre des peuples y est trente fois plus petit[3].

Il y a une remarque importante à faire sur ce dénombrement, c'est que de six millions six cent quarante mille contribuables, on en trouve à peu près neuf cent mille appartenants au clergé de la Russie, en n'y comprenant ni le clergé des pays conquis, ni celui de l'Ukraine et de la Sibérie.

Ainsi sur sept personnes contribuables le clergé en avait une; mais il s'en faut bien qu'en possédant ce système ils jouissent de la septième partie des revenus de l'État, comme en tant d'autres royaumes, où ils ont au moins la septième partie de toutes les richesses : car leurs paysans payaient une capitation au souverain, et il faut compter pour beaucoup les autres revenus de la couronne de Russie dont le clergé ne touche rien.

Cette évaluation est très-différente de celle de tous les écrivains qui ont fait mention de la Russie ; les ministres étrangers qui ont envoyé des Mémoires à leurs souverains s'y sont tous trompés. Il faut fouiller dans les archives de l'empire.

---

1. Voltaire, dans ses *Questions sur l'Encyclopédie* (voyez le *Dictionnaire philosophique*, au mot DÉNOMBREMENT, section II, déclarait, en 1771, ne pas garantir cette évaluation. On porte aujourd'hui (1829) à soixante millions la population de tout l'empire russe, y compris 3,900,000 pour la Pologne, et 3,445,000 pour les possessions en Asie. (B.)

2. Le comte de Carlisle. Voyez page 402.

3. On compte aujourd'hui (1868) soixante-neuf millions d'habitants dans la Russie européenne. (G. A.)

Il est très-vraisemblable que la Russie a été beaucoup plus peuplée qu'aujourd'hui, dans les temps où la petite vérole, venue du fond de l'Arabie, et l'autre, venue d'Amérique, n'avaient point encore fait de ravages dans ces climats où elles se sont enracinées. Ces deux fléaux, par qui le monde est plus dépeuplé que par la guerre, sont dus, l'un à Mahomet, l'autre à Christophe Colomb. La peste, originaire d'Afrique, approchait rarement des contrées du septentrion. Enfin les peuples du Nord, depuis les Sarmates jusqu'aux Tartares qui sont au delà de la grande muraille, ayant inondé le monde de leurs irruptions, cette ancienne pépinière d'hommes doit avoir étrangement diminué.

Dans cette vaste étendue de pays, on compte environ sept mille quatre cents moines et cinq mille six cents religieuses, malgré le soin que prit Pierre le Grand de les réduire à un plus petit nombre : soin digne d'un législateur dans un empire où ce qui manque principalement c'est l'espèce humaine. Ces treize mille personnes cloîtrées et perdues pour l'État avaient, comme le lecteur a pu le remarquer, sept cent vingt mille [1] serfs pour cultiver leurs terres, et c'est évidemment beaucoup trop. Cet abus, si commun et si funeste à tant d'États, n'a été corrigé que par l'impératrice Catherine II. Elle a osé venger la nature et la religion, en ôtant au clergé et aux moines des richesses odieuses ; elle les a payés du trésor public, et a voulu les forcer d'être utiles en les empêchant d'être dangereux.

Je trouve, par un état des finances de l'empire, en 1725, en comptant le tribut des Tartares, tous les impôts et tous les droits en argent, que le total allait à treize millions de roubles, ce qui fait soixante-cinq millions de nos livres de France, indépendamment des tributs en nature. Cette somme modique suffisait alors pour entretenir trois cent trente-neuf mille cinq cents hommes, tant sur terre que sur mer. Les revenus et les troupes ont augmenté depuis [2].

Les usages, les vêtements, les mœurs, en Russie, avaient toujours plus tenu de l'Asie que de l'Europe chrétienne : telle était l'ancienne coutume de recevoir les tributs des peuples en denrées, de défrayer les ambassadeurs dans leur route et dans leur

---

1. Dans l'état, pages 416-417, il est question de 721,500 ; mais Voltaire néglige ici les fractions. C'était par faute typographique que l'édition originale portait *soixante et douze mille;* voyez, dans la *Correspondance*, la lettre à Schouvaloff, du 11 juin 1760. (B.)

2. On évalue aujourd'hui (1829) les revenus de la Russie à quatre cents millions, et ses troupes à plus d'un million. (B.)

séjour, et celle de ne se présenter ni dans l'église ni devant le trône avec une épée, coutume orientale, opposée à notre usage ridicule et barbare d'aller parler à Dieu, aux rois, à ses amis et aux femmes, avec une longue arme offensive qui descend au bas des jambes [1]. L'habit long, dans les jours de cérémonie, semblait plus noble que le vêtement court des nations occidentales de l'Europe. Une tunique doublée de pelisse avec une longue simarre enrichie de pierreries, dans les jours solennels, et ces espèces de hauts turbans, qui élevaient la taille, étaient plus imposants aux yeux que les perruques et le justaucorps, et plus convenables aux climats froids ; mais cet ancien vêtement de tous les peuples paraît moins fait pour la guerre et moins commode pour les travaux. Presque tous les autres usages étaient grossiers ; mais il ne faut pas se figurer que les mœurs fussent aussi barbares que le disent tant d'écrivains. Albert Krants [2] parle d'un ambassadeur italien à qui un czar fit clouer son chapeau sur la tête, parce qu'il ne se découvrait pas en le haranguant. D'autres attribuent cette aventure à un Tartare ; enfin on a fait ce conte d'un ambassadeur français [3].

Oléarius prétend que le czar Michel Fédérovitz relégua en Sibérie un marquis d'Exideuil, ambassadeur du roi de France Henri IV ; mais jamais assurément ce monarque n'envoya d'ambassadeur à Moscou [4]. C'est ainsi que les voyageurs parlent du pays de Borandie, qui n'existe pas ; ils ont trafiqué avec les peuples de la Nouvelle-Zemble, qui à peine est habitée ; ils ont eu de longues conversations avec des Samoyèdes, comme s'ils avaient pu les entendre. Si on retranchait des énormes compilations de voyages ce qui n'est ni vrai ni utile, ces ouvrages et le public y gagneraient.

Le gouvernement ressemblait à celui des Turcs par la milice des strélitz, qui, comme celle des janissaires, disposa quelquefois

---

1. On voit que Voltaire ne perd aucune occasion de protester contre le port des armes en temps de paix.

2. Chroniqueur du xve siècle, auteur des *Chronica regnorum aquilonarium, Daniæ, Sueciæ, Norvagiæ.*

3. Voltaire rapporte cette aventure comme un conte, et ses ennemis lui ont souvent reproché de l'avoir donnée pour une vérité. (G. A.)

4. Voyez la préface. (*Note de Voltaire.*) — Dans la première édition, Voltaire avait mis dans le texte : « Et jamais il n'y eut en France de marquis d'Exideuil. » Il a supprimé cette phrase parce qu'elle était inexacte, puisque le titre de marquis d'Exideuil appartenait, depuis 1587, à la famille Talleyrand. Voyez au reste, page 391, la note extraite d'une *Lettre* de M. le prince Labanoff, et l'Avertissement de Beuchot.

du trône, et troubla l'État presque toujours autant qu'elle le soutint. Ces strélitz étaient au nombre de quarante mille hommes. Ceux qui étaient dispersés dans les provinces subsistaient de brigandages; ceux de Moscou vivaient en bourgeois, trafiquaient, ne servaient point, et poussaient à l'excès l'insolence. Pour établir l'ordre en Russie, il fallait les casser; rien n'était ni plus nécessaire ni plus dangereux.

L'État ne possédait pas, au XVIIe siècle, cinq millions de roubles (environ vingt-cinq millions de France) de revenu. C'était assez quand Pierre parvint à la couronne, pour demeurer dans l'ancienne médiocrité : ce n'était pas le tiers de ce qu'il fallait pour en sortir et pour se rendre considérable en Europe ; mais aussi beaucoup d'impôts étaient payés en denrées, selon l'usage des Turcs : usage qui foule bien moins les peuples que celui de payer leurs tributs en argent.

TITRE DE CZAR.

Quant au titre de czar, il se peut qu'il vienne des tzars ou tchars du royaume de Casan. Quand le souverain de Russie, Jean ou Ivan Basilides, eut, au XVIe siècle, conquis ce royaume, subjugué par son aïeul, mais perdu ensuite, il en prit le titre, qui est demeuré à ses successeurs. Avant Ivan Basilides, les maîtres de la Russie portaient le nom de *veliki knès* (grand-prince, grand-seigneur, grand-chef) que les nations chrétiennes traduisent par celui de grand-duc. Le czar Michel Fédérovitz prit avec l'ambassade holstenoise les titres de grand-seigneur et grand-knès, conservateur de tous les Russes, prince de Vladimir, Moscou, Novogorod, etc.; tzar de Casan, tzar d'Astracan, tzar de Sibérie. Ce nom des tzars était donc le titre de ces princes orientaux ; il était donc vraisemblable qu'ils dérivaient plutôt des Tshas de Perse que des Césars de Rome[1], dont probablement les tzars sibériens n'avaient jamais entendu parler sur les bords du fleuve Oby.

Un titre, quel qu'il soit, n'est rien, si ceux qui le portent ne sont grands par eux-mêmes. Le nom d'empereur, qui ne signifiait que général d'armée, devint le nom des maîtres de la répu-

---

1. Il ne s'agit pas des césars de Rome, mais des empereurs de Constantinople. On voit dans la *Correspondance* que Voltaire ne voulut pas admettre sur ce point l'opinion de Schouvaloff.

blique romaine : on le donne aujourd'hui aux souverains des Russes à plus juste titre qu'à aucun autre potentat si l'on considère l'étendue et la puissance de leur domination.

RELIGION.

La religion de l'État fut toujours, depuis le xɪᵉ siècle, celle qu'on nomme grecque par opposition à la latine ; mais il y avait plus de pays mahométans et de païens que de chrétiens. La Sibérie, jusqu'à la Chine, était idolâtre; et, dans plus d'une province, toute espèce de religion était inconnue.

L'ingénieur Perri et le baron de Stralemberg, qui ont été si longtemps en Russie, disent qu'ils ont trouvé plus de bonne foi et de probité dans les païens que dans les autres : ce n'est pas le paganisme qui les rendait plus vertueux ; mais, menant une vie pastorale, éloignés du commerce des hommes, et vivant comme dans ces temps qu'on appelle le premier âge du monde, exempts de grandes passions, ils étaient nécessairement plus gens de bien.

Le christianisme ne fut reçu que très-tard dans la Russie, ainsi que dans tous les autres pays du Nord. On prétend qu'une princesse nommée Olha l'y introduisit à la fin du xᵉ siècle, comme Clotilde, nièce d'un prince arien, le fit recevoir chez les Francs ; la femme d'un Micislas, duc de Pologne, chez les Polonais ; et la sœur de l'empereur Henri II, chez les Hongrois. C'est le sort des femmes d'être sensibles aux persuasions des ministres de la religion, et de persuader les autres hommes.

Cette princesse Olha, ajoute-t-on, se fit baptiser à Constantinople : on l'appela Hélène, et, dès qu'elle fut chrétienne, l'empereur Jean Zimiscès ne manqua pas d'en être amoureux. Apparemment qu'elle était veuve. Elle ne voulut point de l'empereur. L'exemple de la princesse Olha ou Olga ne fit pas d'abord un grand nombre de prosélytes : son fils, qui régna longtemps[1], ne pensa point du tout comme sa mère; mais son petit-fils Vladimir, né d'une concubine, ayant assassiné son frère pour régner, et ayant recherché l'alliance de l'empereur de Constantinople Basile, ne l'obtint qu'à condition qu'il se ferait baptiser. C'est à cette époque de l'année 987 que la religion grecque commença en effet à s'établir en Russie. Un patriarche de Constantinople, nommé Chry-

---

1. On l'appelait Sviatoslaf. (*Note de Voltaire.*)

soberge, envoya un évêque baptiser Vladimir, pour ajouter à son patriarcat cette partie du monde[1].

Vladimir acheva donc l'ouvrage commencé par son aïeule. Un Grec fut le premier métropolitain de Russie ou patriarche. C'est de là que les Russes ont adopté dans leur langue un alphabet tiré en partie du grec ; ils y auraient gagné, si le fond de leur langue, qui est la slavone, n'était toujours demeuré le même, à quelques mots près qui concernent leur liturgie et leur hiérarchie[2]. Un des patriarches grecs, nommé Jérémie, ayant un procès au divan, et étant venu à Moscou demander des secours, renonça enfin à sa prétention sur les Églises russes, et sacra patriarche l'archevêque de Novogorod, nommé Job, en 1588.

Depuis ce temps l'Église russe fut aussi indépendante que son empire. Il était en effet dangereux, honteux, et ridicule, que l'Église russe dépendît d'une Église grecque esclave des Turcs. Le patriarche de Russie fut dès lors sacré par les évêques russes, non par le patriarche de Constantinople. Il eut rang dans l'Église grecque après celui de Jérusalem ; mais il fut en effet le seul patriarche libre et puissant, et par conséquent le seul réel. Ceux de Jérusalem, de Constantinople, d'Antioche, d'Alexandrie, ne sont que les chefs mercenaires et avilis d'une Église esclave des Turcs. Ceux même d'Antioche et de Jérusalem ne sont plus regardés comme patriarches, et n'ont pas plus de crédit que les rabbins des synagogues établies en Turquie.

C'est d'un homme devenu patriarche de toutes les Russies que descendait Pierre le Grand en droite ligne[3]. Bientôt ces premiers prélats voulurent partager l'autorité des czars. C'était peu que le souverain marchât nu-tête une fois l'an devant le patriarche, en conduisant son cheval par la bride. Ces respects extérieurs ne servent qu'à irriter la soif de la domination. Cette fureur de dominer causa de grands troubles comme ailleurs.

1. Tiré d'un manuscrit particulier, intitulé *Du Gouvernement ecclésiastique de Russie*. (*Note de Voltaire.*)

2. Dans la première édition, au lieu de la dernière phrase de cet alinéa, on lisait : « Le patriarche Photius, si célèbre par son érudition immense, par ses querelles avec l'Église romaine et par ses malheurs, envoya baptiser Volodimer, pour ajouter à son patriarcat cette partie du monde. » Cette faute de faire Photius contemporain de la princesse Olha fut indiquée par un Russe à Voltaire, qui dit d'abord qu'au lieu de *Photius*, il fallait lire *Polyeucte* (voyez sa lettre à Schouvaloff, du 11 juin 1761), et changea ce passage dès 1768 ; au lieu de Vladimir, Voltaire écrivait Volodimer. (B.)

3. « C'est juste, remarqua le Russe Lomonossoff, à qui l'on soumettait le manuscrit de Voltaire avant l'impression ; mais Pierre le Grand ne fut pas czar par la raison que son grand-père avait été patriarche. »

Le patriarche Nicon, que les moines regardent comme un saint, et qui siégeait du temps d'Alexis, père de Pierre le Grand, voulut élever sa chaire au-dessus du trône; non-seulement il usurpait le droit de s'asseoir dans le sénat à côté du czar, mais il prétendait qu'on ne pouvait faire ni la guerre ni la paix sans son consentement. Son autorité, soutenue par ses richesses et par ses intrigues, par le clergé et par le peuple, tenait son maître dans une espèce de sujétion. Il osa excommunier quelques sénateurs qui s'opposèrent à ses excès, et enfin Alexis, qui ne se sentait pas assez puissant pour le déposer par sa seule autorité, fut obligé de convoquer un synode de tous les évêques. On l'accusa d'avoir reçu de l'argent des Polonais; on le déposa; on le confina pour le reste de ses jours dans un cloître, et les prélats élurent un autre patriarche.

Il y eut toujours, depuis la naissance du christianisme en Russie, quelques sectes, ainsi que dans les autres États : car les sectes sont souvent le fruit de l'ignorance, aussi bien que de la science prétendue. Mais la Russie est le seul grand État chrétien où la religion n'ait pas excité de guerres civiles, quoiqu'elle ait produit quelques tumultes.

La secte de ces raskolnikis, composée aujourd'hui d'environ deux mille mâles, et de laquelle il est fait mention dans le dénombrement [1], est la plus ancienne; elle s'établit, dès le xiiᵉ siècle, par des zélés qui avaient quelque connaissance du Nouveau Testament; ils eurent et ont encore la prétention de tous les sectaires, celle de le suivre à la lettre, accusant tous les autres chrétiens de relâchement, ne voulant point souffrir qu'un prêtre qui a bu de l'eau-de-vie confère le baptême, assurant avec Jésus-Christ qu'il n'y a ni premier ni dernier parmi les fidèles, et surtout qu'un fidèle peut se tuer pour l'amour de son Sauveur. C'est, selon eux, un très-grand péché de dire *alleluia* trois fois; il ne faut le dire que deux, et ne donner jamais la bénédiction qu'avec trois doigts. Nulle société d'ailleurs n'est ni plus réglée ni plus sévère dans ses mœurs : ils vivent comme les quakers [2], mais ils n'admettent point comme eux les autres chrétiens dans leurs assemblées; c'est ce qui fait que les autres leur ont imputé toutes les abominations dont les païens accusèrent les premiers Galiléens, dont ceux-ci chargèrent les gnostiques, dont les catholiques ont chargé les protestants. On leur a souvent imputé d'égorger un enfant, de

---

1. Page 417.
2. Sur les quakers, voyez tome XII, pages 419-420.

boire son sang, et de se mêler ensemble dans leurs cérémonies secrètes, sans distinction de parenté, d'âge, ni même de sexe. Quelquefois on les a persécutés : ils se sont alors enfermés dans leurs bourgades, ont mis le feu à leurs maisons, et se sont jetés dans les flammes. Pierre a pris avec eux le seul parti qui puisse les ramener, celui de les laisser vivre en paix.

Au reste, il n'y a, dans un si vaste empire, que vingt-huit siéges épiscopaux; et du temps de Pierre on n'en comptait que vingt-deux : ce petit nombre était peut-être une des raisons qui avaient tenu l'Église russe en paix. Cette Église, d'ailleurs, était si peu instruite que le czar Fœdor, frère de Pierre le Grand, fut le premier qui introduisit le plain-chant chez elle.

Fœdor, et surtout Pierre, admirent indifféremment dans leurs armées et dans leurs conseils ceux du rite grec, latin, luthérien, calviniste : ils laissèrent à chacun la liberté de servir Dieu suivant sa conscience, pourvu que l'État fût bien servi. Il n'y avait, dans cet empire de deux mille lieues de longueur, aucune église latine. Seulement, lorsque Pierre eut établi de nouvelles manufactures dans Astracan, il y eut environ soixante familles catholiques dirigées par des capucins; mais quand les jésuites voulurent s'introduire dans ses États, il les en chassa par un édit, au mois d'avril 1718. Il souffrait les capucins comme des moines sans conséquence, et regardait les jésuites comme des politiques dangereux. Ces jésuites s'étaient établis en Russie en 1685 ; ils furent expulsés quatre ans après ; ils revinrent encore, et furent encore chassés [1].

L'Église grecque est flattée de se voir étendue dans un empire de deux mille lieues, tandis que la romaine n'a pas la moitié de ce terrain en Europe. Ceux du rite grec ont voulu surtout conserver dans tous les temps leur égalité avec ceux du rite latin, et

---

1. Les jésuites avaient été rechassés de Russie en 1718. Cependant il s'en trouvait dans ce pays à la fin du xviiie siècle; voici comment : lors de la suppression de la société des jésuites par le bref de Clément XIV, du 21 juillet 1773, une partie de la Pologne venait de passer sous la domination de la Russie, et le bref d'extinction n'y fut point publié. Les jésuites qui s'y trouvaient firent comme si le bref n'existait pas. Toutefois ils s'abstinrent de recevoir des novices. Mais en 1779, avec la permission de l'évêque diocésain, autorisé, dit-on, par Pie VI, ils en reçurent. L'ordre se trouvait ainsi perpétué en Russie. Il y eut réclamation des puissances qui avaient demandé le bref du 21 juillet. Catherine insista pour garder les jésuites dont elle croyait avoir besoin pour l'instruction de la jeunesse dans ses États; le pape Pie VI les lui laissa, et, le 7 mars 1801, Pie VII approuva par un bref la société en Russie. Une bulle du même pape rétablit la société le 7 auguste 1814. Dix-sept mois après leur rétablissement général, les jésuites ont été chassés de Russie par un ukase du 1er janvier 1816. Cet ukase se trouve altéré dans le *Moniteur* du 1er février 1816, qui annonce le donner d'après le *Journal de Francfort*. (B.)

ont toujours craint le zèle de l'Église de Rome, qu'il ont pris pour de l'ambition, parce qu'en effet l'Église romaine, très-resserrée dans notre hémisphère, et se disant universelle[1], a voulu remplir ce grand titre.

Il n'y a jamais eu en Russie d'établissements pour les Juifs, comme ils en ont dans tant d'États de l'Europe depuis Constantinople jusqu'à Rome. Les Russes ont toujours fait leur commerce par eux-mêmes, et par les nations établies chez eux. De toutes les Églises grecques, la leur est la seule qui ne voie pas des synagogues à côté de ses temples.

SUITE DE L'ÉTAT OÙ ÉTAIT LA RUSSIE AVANT PIERRE LE GRAND.

La Russie, qui doit uniquement à Pierre le Grand sa grande influence dans les affaires de l'Europe, n'en avait aucune depuis qu'elle était chrétienne. On la voit auparavant faire sur la mer Noire ce que les Normands faisaient sur nos côtes maritimes de l'Océan, armer du temps d'Héraclius quarante mille petites barques, se présenter pour assiéger Constantinople, imposer un tribut aux Césars grecs. Mais le grand-knès Vladimir, occupé du soin d'introduire chez lui le christianisme, et fatigué des troubles intestins de sa maison, affaiblit encore ses États en les partageant entre ses enfants. Ils furent presque tous la proie des Tartares, qui asservirent la Russie pendant deux cents années. Ivan Basilides la délivra et l'agrandit ; mais après lui les guerres civiles la ruinèrent.

Il s'en fallait beaucoup avant Pierre le Grand que la Russie fût aussi puissante, qu'elle eût autant de terres cultivées, autant de sujets, autant de revenus que de nos jours. Elle ne possédait rien dans la Finlande, rien dans la Livonie ; et la Livonie seule vaut mieux que n'a valu longtemps toute la Sibérie. Les Cosaques n'étaient point soumis ; les peuples d'Astracan obéissaient mal ; le peu de commerce que l'on faisait était désavantageux. La mer Blanche, la Baltique, celle du Pont-Euxin, d'Azof, et la mer Caspienne, étaient entièrement inutiles à une nation qui n'avait pas un vaisseau, et qui même dans sa langue manquait de terme pour exprimer une flotte. S'il n'eût fallu qu'être au-dessus des Tartares et des peuples du Nord jusqu'à la Chine, la Russie jouissait de

---

1. Le titre de *catholique* qu'elle prend vient de *catholicos*, qui en grec signifie *universel*.

cet avantage; mais il fallait s'égaler aux nations policées, et se mettre en état d'en surpasser un jour plusieurs. Une telle entreprise paraissait impraticable, puisqu'on n'avait pas un seul vaisseau sur les mers, qu'on ignorait absolument sur terre la discipline militaire, que les manufactures les plus simples étaient à peine encouragées, et que l'agriculture même, qui est le premier mobile de tout, était négligée. Elle exige du gouvernement de l'attention et des encouragements, et c'est ce qui a fait trouver aux Anglais dans leurs blés un trésor supérieur à celui de leurs laines.

Ce peu de culture des arts nécessaires montre assez qu'on n'avait pas d'idée des beaux-arts, qui deviennent nécessaires à leur tour quand on a tout le reste. On aurait pu envoyer quelques naturels du pays s'instruire chez les étrangers; mais la différence des langues, des mœurs et de la religion, s'y opposait; une loi même d'État et de religion, également sacrée et pernicieuse, défendait aux Russes de sortir de leur patrie, et semblait les condamner à une éternelle ignorance. Ils possédaient les plus vastes États de l'univers, et tout y était à faire. Enfin Pierre naquit, et la Russie fut formée.

Heureusement, de tous les grands législateurs du monde Pierre est le seul dont l'histoire soit bien connue. Celle des Thésée, des Romulus, qui firent beaucoup moins que lui, celles des fondateurs de tous les autres États policés sont mêlées de fables absurdes, et nous avons ici l'avantage d'écrire des vérités, qui passeraient pour des fables si elles n'étaient attestées.

CHAPITRE III.

DES ANCÊTRES DE PIERRE LE GRAND.

La famille de Pierre était sur le trône depuis l'an 1613. La Russie, avant ce temps, avait essuyé des révolutions qui éloignaient encore la réforme et les arts. C'est le sort de toutes les sociétés d'hommes. Jamais il n'y eut de troubles plus cruels dans aucun royaume. Le tyran Boris Godonou[1] fit assassiner, en 1597, l'héritier légitime

---

1. Dans l'*Essai sur les Mœurs*, chapitre cxc, tome XIII, page 131, Voltaire a écrit Gudenou.

Demetri, que nous nommons Demetrius, et usurpa l'empire. Un jeune moine prit le nom de Demetrius, prétendit être le prince échappé aux assassins, et, secouru des Polonais et d'un grand parti que les tyrans ont toujours contre eux, il chassa l'usurpateur, et usurpa lui-même la couronne. On reconnut son imposture dès qu'il fut maître, parce qu'on fut mécontent de lui : il fut assassiné. Trois autres faux Demetrius s'élevèrent l'un après l'autre. Cette suite d'impostures supposait un pays tout en désordre. Moins les hommes sont civilisés, plus il est aisé de leur en imposer. On peut juger à quel point ces fraudes augmentaient la confusion et le malheur public. Les Polonais, qui avaient commencé les révolutions en établissant le premier faux Demetri, furent sur le point de régner en Russie. Les Suédois partagèrent les dépouilles du côté de la Finlande, et prétendirent aussi au trône ; l'État était menacé d'une ruine entière.

Au milieu de ces malheurs, une assemblée composée des principaux boïards élut pour souverain, en 1613, un jeune homme de quinze ans : ce qui ne paraissait pas un moyen sûr de finir les troubles. Ce jeune homme était Michel Romano [1], grand-père du czar Pierre, fils de l'archevêque de Rostou, surnommé Philarète, et d'une religieuse, allié par les femmes aux anciens czars.

Il faut savoir que cet archevêque était un seigneur puissant que le tyran Boris avait forcé de se faire prêtre. Sa femme Sheremeto [2] fut aussi contrainte de prendre le voile : c'était un ancien usage des tyrans occidentaux chrétiens latins ; celui des chrétiens grecs était de crever les yeux. Le tyran Demetri donna à Philarète l'archevêché de Rostou, et l'envoya ambassadeur en Pologne. Cet ambassadeur était prisonnier chez les Polonais, alors en guerre avec les Russes, tant le droit des gens était ignoré chez tous ces peuples. Ce fut pendant sa détention que le jeune Romano, fils de cet archevêque, fut élu czar. On échangea son père contre des prisonniers polonais, et le jeune czar créa son père patriarche : ce vieillard fut souverain en effet sous le nom de son fils.

Si un tel gouvernement paraît singulier aux étrangers, le mariage du czar Michel Romano le semble davantage. Les monarques des Russies ne prenaient plus des épouses dans les autres États depuis l'an 1490. Il paraît que depuis qu'ils eurent Casan et

---

1. Les Russes écrivent *Romanow* : les Français ne se servent point du *w*. On prononce aussi *Romanof*. (*Note de Voltaire*.)
2. Voyez la note de Voltaire, page 450.

Astracan, ils suivirent presque en tout les coutumes asiatiques, et principalement celle de ne se marier qu'à leurs sujettes.

Ce qui ressemble encore plus aux usages de l'ancienne Asie, c'est que pour marier un czar on faisait venir à la cour les plus belles filles des provinces ; la grande maîtresse de la cour les recevait chez elle, les logeait séparément, et les faisait manger toutes ensemble. Le czar les voyait ou sous un nom emprunté ou sans déguisement. Le jour du mariage était fixé sans que le choix fût encore connu ; et le jour marqué, on présentait un habit de noce à celle sur qui le choix secret était tombé : on distribuait d'autres habits aux prétendantes, qui s'en retournaient chez elles. Il y eut quatre exemples de pareils mariages.

C'est de cette manière que Michel Romano épousa Eudoxe, fille d'un pauvre gentilhomme nommé Streshneu. Il cultivait ses champs lui-même avec ses domestiques, lorsque des chambellans, envoyés par le czar avec des présents, lui apprirent que sa fille était sur le trône. Le nom de cette princesse est encore cher à la Russie. Tout cela est éloigné de nos mœurs, et n'en est pas moins respectable.

Il est nécessaire de dire qu'avant l'élection de Romano, un grand parti avait élu le prince Ladislas, fils du roi de Pologne Sigismond III. Les provinces voisines de la Suède avaient offert la couronne à un frère de Gustave-Adolphe ; ainsi la Russie était dans la même situation où l'on a vu si souvent la Pologne, chez qui le droit d'élire un monarque a été une source de guerres civiles. Mais les Russes n'imitèrent point les Polonais, qui font un contrat avec le roi qu'ils élisent. Quoiqu'ils eussent éprouvé la tyrannie, ils se soumirent à un jeune homme sans rien exiger de lui.

La Russie n'avait jamais été un royaume électif ; mais la race masculine des anciens souverains ayant manqué, six czars ou prétendants ayant péri malheureusement dans les derniers troubles, il fallut, comme on l'a vu [1], élire un monarque ; et cette élection causa de nouvelles guerres avec la Pologne et la Suède, qui combattirent pour leurs prétendus droits au trône de Russie. Ces droits de gouverner une nation malgré elle ne se soutiennent jamais longtemps. Les Polonais d'un côté, après s'être avancés jusqu'à Moscou, et après des pillages qui étaient les expéditions militaires de ces temps-là, conclurent une trêve de quatorze ans. La Pologne, par cette trêve, demeura en possession du duché de Smolensko,

---

1. Page 450.

dans lequel le Borysthène prend sa source. Les Suédois firent aussi la paix ; ils restèrent en possession de l'Ingrie, et privèrent les Russes de toute communication avec la mer Baltique, de sorte que cet empire resta plus que jamais séparé du reste de l'Europe.

Michel Romano, depuis cette paix, régna tranquille, et il ne se fit dans ses États aucun changement qui corrompît ni qui perfectionnât l'administration. Après sa mort, arrivée en 1645, son fils Alexis Michaelovitz[1], ou fils de Michel, âgé de seize ans, régna par le droit héréditaire. On peut remarquer que les czars étaient sacrés par le patriarche, suivant quelques rites de Constantinople, à cela près que le patriarche de Russie était assis sur la même estrade avec le souverain, et affectait toujours une égalité qui choquait le pouvoir suprême.

ALEXIS MICHAELOVITZ, FILS DE MICHEL.

Alexis se maria comme son père, et choisit parmi les filles qu'on lui amena celle qui lui parut la plus aimable. Il épousa une des deux filles du boïard Miloslauski, en 1647, et ensuite une Nariskin, en 1671. Son favori Morosou épousa l'autre. On ne peut donner à ce Morosou un titre plus convenable que celui de vizir, puisque il était despotique dans l'empire, et que sa puissance excita des révoltes parmi les strélitz et le peuple, comme il est arrivé souvent à Constantinople.

Le règne d'Alexis fut troublé par des séditions sanglantes, par des guerres intestines et étrangères. Un chef des Cosaques du Tanaïs, nommé Stenko-Rasin, voulut se faire roi d'Astracan : il inspira longtemps la terreur ; mais enfin, vaincu et pris, il finit par le dernier supplice, comme tous ses semblables, pour lesquels il n'y a jamais que le trône ou l'échafaud. Environ douze mille de ses partisans furent pendus, dit-on, sur le grand chemin d'Astracan. Cette partie du monde était celle où les hommes, étant le moins gouvernés par les mœurs, ne l'étaient que par les supplices ; et de ces supplices affreux naissaient la servitude et la fureur secrète de la vengeance.

Alexis eut une guerre contre la Pologne ; elle fut heureuse et terminée par une paix qui lui assura la possession de Smolensko, de Kiovie, et de l'Ukraine ; mais il fut malheureux avec les Suédois,

---

1. Dans l'*Histoire de Charles XII*, Voltaire a laissé imprimer *Pierre Alexiowitz* avec un *w;* voyez l'Avertissement de Beuchot, page 120 du présent volume.

et les bornes de l'empire étaient toujours très-resserrées du côté de la Suède.

Les Turcs étaient alors plus à craindre : ils tombaient sur la Pologne, et menaçaient les pays du czar, voisins de la Tartarie-Crimée, l'ancienne Chersonèse taurique. Ils prirent, en 1671, la ville importante de Kaminieck, et tout ce qui dépendait de la Pologne en Ukraine. Les Cosaques de l'Ukraine, qui n'avaient jamais voulu de maîtres, ne savaient alors s'ils appartenaient à la Turquie, à la Pologne, ou à la Russie. Le sultan Mahomet IV, vainqueur des Polonais, et qui venait de leur imposer un tribut, demanda avec tout l'orgueil d'un Ottoman et d'un vainqueur que le czar évacuât tout ce qu'il possédait en Ukraine, et fut refusé avec la même fierté. On ne savait point alors déguiser l'orgueil par les dehors de la bienséance. Le sultan, dans sa lettre, ne traitait le souverain des Russies que de *hospodar chrétien*, et s'intitulait *très-glorieuse majesté*, *roi de tout l'univers*. Le czar répondit « qu'il n'était pas fait pour se soumettre à un chien de mahométan, et que son cimeterre valait bien le sabre du Grand Seigneur ».

Alexis alors forma un dessein qui semblait annoncer l'influence que la Russie devait avoir un jour dans l'Europe chrétienne. Il envoya des ambassadeurs au pape et à presque tous les grands souverains de l'Europe, excepté à la France, alliée des Turcs, pour tâcher de former une ligue contre la Porte-Ottomane. Ses ambassadeurs ne réussirent dans Rome qu'à ne point baiser les pieds du pape, et n'obtinrent ailleurs que des vœux impuissants ; les querelles des princes chrétiens, et les intérêts qui naissent de ces querelles mêmes, les mettant toujours hors d'état de se réunir contre l'ennemi de la chrétienté.

Les Ottomans cependant menaçaient de subjuguer la Pologne, qui refusait de payer le tribut. Le czar Alexis la secourut du côté de la Crimée, et le général de la couronne, Jean Sobieski, lava la honte de son pays dans le sang des Turcs[1], à la célèbre bataille de Choczim, qui lui fraya le chemin au trône. Alexis disputa ce trône, et proposa d'unir ses vastes États à la Pologne, comme les Jagellons y avaient joint la Lithuanie ; mais plus son offre était grande, moins elle fut acceptée. Il était très-digne, dit-on, de ce nouveau royaume par la manière dont il gouvernait les siens. C'est lui qui le premier fit rédiger un code de lois, quoique imparfaites ; il introduisit des manufactures de toile et de soie, qui à la vérité ne se soutinrent pas, mais qu'il eut le mérite d'établir. Il

---

1. En 1674. (*Note de Voltaire.*)

peupla des déserts vers le Volga et la Kama des familles lithuaniennes, polonaises, et tartares, prises dans ses guerres. Tous les prisonniers auparavant étaient esclaves de ceux auxquels ils tombaient en partage ; Alexis en fit des cultivateurs : il mit autant qu'il put la discipline dans ses armées ; enfin il était digne d'être le père de Pierre le Grand ; mais il n'eut le temps de perfectionner rien de ce qu'il entreprit ; une mort prématurée l'enleva à l'âge de quarante-six ans, au commencement de 1677[1] selon notre calendrier, qui avance toujours de onze jours sur celui des Russes.

FOEDOR ALEXIOVITZ.

Après Alexis, fils de Michel, tout retomba dans la confusion. Il laissait de son premier mariage deux princes et six princesses. L'aîné, Fœdor, monta sur le trône, âgé de quinze ans[2] ; prince d'un tempérament faible et valétudinaire, mais d'un mérite qui ne tenait pas de la faiblesse de son corps. Alexis, son père, l'avait fait reconnaître pour son successeur un an auparavant. C'est ainsi qu'en usèrent les rois de France depuis Hugues Capet jusqu'à Louis le Jeune, et tant d'autres souverains.

Le second des fils d'Alexis était Ivan ou Jean, encore plus maltraité par la nature que son frère Fœdor, presque privé de la vue et de la parole, ainsi que de santé, et attaqué souvent de convulsions. Des six filles nées de ce premier mariage, la seule célèbre en Europe fut la princesse Sophie, distinguée par les talents de son esprit, mais malheureusement plus connue encore par le mal qu'elle voulut faire à Pierre le Grand.

Alexis, de son second mariage avec une autre de ses sujettes, fille du boïard Nariskin, laissa Pierre et la princesse Nathalie. Pierre, né le 30 mai 1672, et suivant le nouveau style, 10 juin, avait à peine quatre ans et demi quand il perdit son père. On n'aimait pas les enfants d'un second lit, et on ne s'attendait pas qu'il dût un jour régner.

L'esprit de la famille de Romano fut toujours de policer l'État ; tel fut encore le caractère de Fœdor. Nous avons déjà remarqué[3], en parlant de Moscou, qu'il encouragea les citoyens à bâtir plusieurs maisons de pierre. Il agrandit cette capitale ; on lui doit

---

1. En 1676.
2. 1677. (*Note de Voltaire.*)
3. Page 402.

quelques règlements de police générale. Mais en voulant réformer les boïards, il les indisposa tous. D'ailleurs il n'était ni assez instruit, ni assez actif, ni assez déterminé, pour oser concevoir un changement général. La guerre avec les Turcs, ou plutôt avec les Tartares de la Crimée, qui continuait toujours avec des succès balancés, ne permettait pas à un prince d'une santé faible de tenter ce grand ouvrage. Fœdor épousa, comme ses autres prédécesseurs, une de ses sujettes, originaire des frontières de Pologne ; et, l'ayant perdue au bout d'une année, il prit pour seconde femme, en 1682, Marthe Mateona, fille du secrétaire Apraxin. Il tomba malade quelques mois après de la maladie dont il mourut, et ne laissa point d'enfant. Comme les czars se mariaient sans avoir égard à la naissance, ils pouvaient aussi choisir (du moins alors) un successeur sans égard à la primogéniture. Il semblait que le rang de femme et d'héritier du souverain dût être uniquement le prix du mérite ; et en cela l'usage de cet empire était bien supérieur aux coutumes des États les plus civilisés.

Fœdor [1], avant d'expirer, voyant que son frère Ivan, trop disgracié de la nature, était incapable de régner, nomma pour héritier des Russies son second frère Pierre, qui n'était âgé que de dix ans, et qui faisait déjà concevoir de grandes espérances.

Si la coutume d'élever les sujettes au rang de czarine était favorable aux femmes, il y en avait une autre bien dure : les filles des czars se mariaient alors rarement ; la plupart passaient leur vie dans un monastère.

La princesse Sophie, la troisième des filles du premier lit du czar Alexis, princesse d'un esprit aussi supérieur que dangereux, ayant vu qu'il restait à son frère Fœdor peu de temps à vivre, ne prit point le parti du couvent ; et, se trouvant entre ses deux autres frères qui ne pouvaient gouverner, l'un par son incapacité, l'autre par son enfance, elle conçut le dessein de se mettre à la tête de l'empire : elle voulut, dans les derniers temps de la vie du czar Fœdor, renouveler le rôle que joua autrefois Pulchérie avec l'empereur Théodose son frère [2].

1. Avril 1682. (*Note de Voltaire.*)
2. Voyez Remarques sur *Pulchérie*, dans le *Commentaire sur Corneille*.

CHAPITRE IV.

IVAN ET PIERRE. HORRIBLE SÉDITION DE LA MILICE DES STRÉLITZ.

A peine Fœdor fut-il expiré[1] que la nomination d'un prince de dix ans au trône, l'exclusion de l'aîné, et les intrigues de la princesse Sophie, leur sœur, excitèrent dans le corps des strélitz une des plus sanglantes révoltes. Les janissaires ni les gardes prétoriennes ne furent jamais si barbares. D'abord, deux jours après les obsèques du czar Fœdor, ils courent en armes au Kremelin ; c'est, comme on sait, le palais des czars à Moscou : ils commencent par se plaindre de neuf de leurs colonels qui ne les avaient pas assez exactement payés. Le ministère est obligé de casser les colonels, et de donner aux strélitz l'argent qu'ils demandent. Ces soldats ne sont pas contents ; ils veulent qu'on leur remette les neuf officiers, et les condamnent, à la pluralité des voix, au supplice qu'on appelle des *batoques;* voici comme on inflige ce supplice.

On dépouille nu le patient ; on le couche sur le ventre, et deux bourreaux le frappent sur le dos avec des baguettes jusqu'à ce que le juge dise : *C'est assez.* Les colonels, ainsi traités par leurs soldats, furent encore obligés de les remercier, selon l'usage oriental des criminels, qui, après avoir été punis, baisent la main de leurs juges ; ils ajoutèrent à leurs remerciements une somme d'argent, ce qui n'était pas d'usage.

Tandis que les strélitz commençaient ainsi à se faire craindre, la princesse Sophie, qui les animait sous main pour les conduire de crime en crime, convoquait chez elle une assemblée des princesses du sang, des généraux d'armée, des boïards, du patriarche, des évêques, et même des principaux marchands : elle leur représentait que le prince Ivan, par son droit d'aînesse et par son mérite, devait avoir l'empire, dont elle espérait en secret tenir les rênes. Au sortir de l'assemblée, elle fait promettre aux strélitz une augmentation de paye et des présents. Ses émissaires excitent surtout la soldatesque contre la famille des Nariskins, et principalement contre les deux Nariskins, frères de la jeune czarine douairière, mère de Pierre Ier. On persuade aux strélitz qu'un de ces

---

[1]. Tiré tout entier des Mémoires envoyés de Moscou et de Pétersbourg. (*Note de Voltaire.*)

frères, nommé Jean, a pris la robe du czar, qu'il s'est mis sur le trône, et qu'il a voulu étouffer le prince Ivan ; on ajoute qu'un malheureux médecin hollandais, nommé Daniel Vangad, a empoisonné le czar Fœdor. Enfin Sophie fait remettre entre leurs mains une liste de quarante seigneurs, qu'elle appelle leurs ennemis et ceux de l'État, et qu'ils doivent massacrer. Rien ne ressemble plus aux proscriptions de Sylla et des triumvirs de Rome. Christiern II les avait renouvelées [1] en Danemark et en Suède. On voit par là que ces horreurs sont de tout pays dans les temps de trouble et d'anarchie [2].

On jette d'abord par les fenêtres les knès Dolgorouki et Maffeu [3] : les strélitz les reçoivent sur la pointe de leurs piques, les dépouillent, et les traînent sur la grande place ; aussitôt ils entrent dans le palais, ils y trouvent un des oncles du czar Pierre, Athanase Nariskin, frère de la jeune czarine ; ils le massacrent de la même manière ; ils forcent les portes d'une église voisine où trois proscrits s'étaient réfugiés ; ils les arrachent de l'autel, les dépouillent, et les assassinent à coups de couteau.

Leur fureur était si aveugle que, voyant passer un jeune seigneur de la maison de Soltikoff, qu'ils aimaient, et qui n'était point sur la liste des proscrits, quelques-uns d'eux ayant pris ce jeune homme pour Jean Nariskin, qu'ils cherchaient, ils le tuèrent sur-le-champ. Ce qui découvre bien les mœurs de ces temps-là, c'est qu'ayant reconnu leur erreur, ils portèrent le corps du jeune Soltikoff à son père pour l'enterrer, et le père malheureux, loin d'oser se plaindre, leur donna des récompenses pour lui avoir rapporté le corps sanglant de son fils. Sa femme, ses filles, et l'épouse du mort, en pleurs, lui reprochèrent sa faiblesse. *Attendons le temps de la vengeance,* leur dit le vieillard. Quelques strélitz entendirent ces paroles ; ils rentrent furieux dans la chambre, traînent le père par les cheveux, et l'égorgent à la porte de sa maison.

D'autres strélitz vont chercher partout le médecin hollandais Vangad ; ils rencontrent son fils, ils lui demandent où est son père ; le jeune homme, en tremblant, répond qu'il l'ignore, et sur cette réponse il est égorgé. Ils trouvent un autre médecin allemand : « Tu es médecin, lui disent-ils ; si tu n'as pas empoisonné notre maître Fœdor, tu en as empoisonné d'autres : tu mérites bien la mort ; » et ils le tuent.

---

1. Voyez tome XII, pages 295-296.
2. Singulière excuse ! « Le récit de ces effroyables excès, dit mieux Leclerc, est capable de faire frémir un auditoire de bourreaux. » (G. A.)
3. Ou Matheof ; c'est Matthieu dans notre langue. (*Note de Voltaire.*)

Enfin ils trouvent le Hollandais qu'ils cherchaient, il s'était déguisé en mendiant ; ils le traînent devant le palais : les princesses, qui aimaient ce bonhomme, et qui avaient confiance en lui, demandent sa grâce aux strélitz, en les assurant qu'il est un fort bon médecin, et qu'il a très-bien traité leur frère Fœdor. Les strélitz répondent que non-seulement il mérite la mort comme médecin, mais aussi comme sorcier, et qu'ils ont trouvé chez lui un grand crapaud séché et une peau de serpent. Ils ajoutent qu'il leur faut absolument livrer le jeune Ivan Nariskin, qu'ils cherchent en vain depuis deux jours, qu'il est sûrement caché dans le palais, qu'ils y mettront le feu si on ne leur donne leur victime. La sœur d'Ivan Nariskin, les autres princesses, épouvantées, vont dans la retraite où Jean Nariskin est caché ; le patriarche le confesse, lui donne le viatique et l'extrême-onction ; après quoi il prend une image de la Vierge qui passait pour miraculeuse ; il mène par la main le jeune homme, et s'avance aux strélitz en leur montrant l'image de la Vierge. Les princesses en larmes entourent Nariskin, se mettent à genoux devant les soldats, les conjurent, au nom de la Vierge, d'accorder la vie à leur parent ; mais les soldats l'arrachent des mains des princesses, ils le traînent au bas des escaliers avec Vangad : alors ils forment entre eux une espèce de tribunal ; ils appliquent à la question Nariskin et le médecin. Un d'entre eux, qui savait écrire, dresse un procès-verbal ; ils condamnent les deux infortunés à être hachés en pièces ; c'est un supplice usité à la Chine et en Tartarie pour les parricides : on l'appelle le *supplice des dix mille morceaux*. Après avoir ainsi traité Nariskin et Vangad, ils exposent leurs têtes, leurs pieds et leurs mains, sur les pointes de fer d'une balustrade.

Pendant qu'ils assouvissaient leur fureur aux yeux des princesses, d'autres massacraient tous ceux qui leur étaient odieux, ou suspects à Sophie.

Cette exécution horrible finit par proclamer souverains les deux princes Ivan et Pierre[1], en leur associant leur sœur Sophie en qualité de co-régente. Alors elle approuva tous leurs crimes, et les récompensa, confisqua les biens des proscrits, et les donna aux assassins : elle leur permit même d'élever un monument, sur lequel ils firent graver les noms de ceux qu'ils avaient massacrés comme traîtres à la patrie ; elle leur donna enfin des lettres patentes par lesquelles elle les remerciait de leur zèle et de leur fidélité.

---

1. Juin 1682. (*Note de Voltaire.*)

CHAPITRE V.

GOUVERNEMENT DE LA PRINCESSE SOPHIE. QUERELLE SINGULIÈRE DE RELIGION. CONSPIRATION.

Voilà par quels degrés la princesse Sophie [1] monta en effet sur le trône de Russie sans être déclarée czarine, et voilà les premiers exemples qu'eut Pierre Ier devant les yeux. Sophie eut tous les honneurs d'une souveraine ; son buste sur les monnaies, la signature pour toutes les expéditions, la première place au conseil, et surtout la puissance suprême. Elle avait beaucoup d'esprit, faisait même des vers dans sa langue, écrivait et parlait bien : une figure agréable relevait encore tant de talents ; son ambition seule les ternit.

Elle maria son frère Ivan suivant la coutume dont nous avons tant d'exemples. Une jeune Soltikoff, de la maison de ce même Soltikoff que les strélitz avaient assassiné, fut choisie au milieu de la Sibérie, où son père commandait dans une forteresse, pour être présentée au czar Ivan à Moscou. Sa beauté l'emporta sur les brigues de toutes ses rivales. Ivan l'épousa en 1684. Il semble, à chaque mariage d'un czar, qu'on lise l'histoire d'Assuérus, ou celle du second Théodose.

Au milieu des fêtes de ce mariage, les strélitz excitèrent un nouveau soulèvement ; et, qui le croirait ? c'était pour la religion, c'était pour le dogme. S'ils n'avaient été que soldats, ils ne seraient pas devenus controversistes ; mais ils étaient bourgeois de Moscou. Du fond des Indes jusqu'aux extrémités de l'Europe, quiconque se trouve ou se met en droit de parler avec autorité à la populace peut fonder une secte ; et c'est ce qu'on a vu dans tous les temps, surtout depuis que la fureur du dogme est devenue l'arme des audacieux et le joug des imbéciles.

On avait déjà essuyé quelques séditions en Russie, dans les temps où l'on disputait si la bénédiction devait se donner avec trois doigts ou avec deux. Un certain Abakum, archiprêtre, avait dogmatisé à Moscou sur le Saint-Esprit, qui, selon l'Évangile, doit illuminer tout fidèle ; sur l'égalité des premiers chrétiens ; sur ces paroles de Jésus : *Il n'y aura parmi vous ni premier ni dernier.* Plu-

---

1. Tiré tout entier des Mémoires envoyés de Pétersbourg. (*Note de Voltaire.*)

sieurs citoyens, plusieurs strélitz, embrassèrent les opinions d'Abakum : le parti se fortifia ; un certain Raspop¹ en fut le chef². Les sectaires enfin entrèrent dans la cathédrale, où le patriarche et son clergé officiaient : ils le chassèrent, lui et les siens, à coups de pierres, et se mirent dévotement à leur place pour recevoir le Saint-Esprit. Ils appelaient le patriarche *loup ravisseur dans le bercail*, titre que toutes les communions se sont libéralement donné les unes aux autres. On courut avertir la princesse Sophie et les deux jeunes czars de ces désordres ; on fit dire aux autres strélitz qui soutenaient la bonne cause que les czars et l'Église étaient en danger. Le parti des strélitz et bourgeois patriarcaux en vint aux mains contre la faction des abakumistes ; mais le carnage fut suspendu dès qu'on parla de convoquer un concile. Aussitôt un concile s'assemble dans une salle du palais : cette convocation n'était pas difficile ; on fit venir tous les prêtres qu'on trouva. Le patriarche et un évêque disputèrent contre Raspop, et, au second syllogisme, on se jeta des pierres au visage. Le concile finit par couper le cou à Raspop et à quelques-uns de ses fidèles disciples, qui furent exécutés sur les seuls ordres des trois souverains, Sophie, Ivan et Pierre.

Dans ce temps de trouble, il y avait un knès, Chovanskoï, qui, ayant contribué à l'élévation de la princesse Sophie, voulait, pour prix de ses services, partager le gouvernement. On croit bien qu'il trouva Sophie ingrate. Alors il prit le parti de la dévotion et des raspopites persécutés ; il souleva encore une partie des strélitz et du peuple au nom de Dieu : la conspiration fut plus sérieuse que l'enthousiasme de Raspop. Un ambitieux hypocrite va toujours plus loin qu'un simple fanatique. Chovanskoï ne prétendait pas moins que l'empire ; et, pour n'avoir désormais rien à craindre, il résolut de massacrer, et les deux czars, et Sophie, et les autres princesses, et tout ce qui était attaché à la famille czarienne. Les czars et les princesses furent obligés de se retirer au monastère de la Trinité, à douze lieues de Moscou. C'était à la fois un couvent, un palais et une forteresse, comme Mont-Cassin, Corbie, Fulde, Kempten, et tant d'autres, chez les chrétiens du rite latin. Ce monastère de la Trinité appartient aux moines basiliens ; il est entouré de larges fossés et de remparts de briques garnis d'une artillerie nombreuse. Les moines possédaient quatre lieues de pays à la ronde. La famille czarienne y était en sûreté, plus encore par la

---

1. *Raspop* signifie prêtre excommunié : ce n'est point un nom propre.
2. 1682, 16 juillet n. st. (*Note de Voltaire.*)

force que par la sainteté du lieu. De là Sophie négocia avec le rebelle, le trompa, l'attira à moitié chemin, et lui fit trancher la tête, ainsi qu'à un de ses fils, et à trentre-sept strélitz qui l'accompagnaient[1].

Le corps des strélitz, à cette nouvelle, s'apprête à marcher en armes au couvent de la Trinité, il menace de tout exterminer : la famille czarienne se fortifie ; les boïards arment leurs vassaux ; tous les gentilshommes accourent ; une guerre civile sanglante commençait. Le patriarche apaisa un peu les strélitz ; les troupes qui venaient contre eux de tous côtés les intimidèrent : ils passèrent enfin de la fureur à la crainte, et de la crainte à la plus aveugle soumission, changement ordinaire à la multitude[2]. Trois mille sept cents des leurs, suivis de leurs femmes et de leurs enfants, se mirent une corde au cou, et marchèrent en cet état au couvent de la Trinité, que trois jours auparavant ils voulaient réduire en cendres. Ces malheureux se rendirent devant le monastère, portant deux à deux un billot et une hache ; ils se prosternèrent à terre, et attendirent leur supplice ; on leur pardonna[3]. Ils s'en retournèrent à Moscou en bénissant leurs maîtres, et prêts, sans le savoir, à renouveler tous leurs attentats à la première occasion.

Après ces convulsions, l'État reprit un extérieur tranquille ; Sophie eut toujours la principale autorité, abandonnant Ivan à son incapacité, et tenant Pierre en tutelle. Pour augmenter sa puissance, elle la partagea avec le prince Basile Gallitzin, qu'elle fit généralissime, administrateur de l'État, et garde des sceaux : homme supérieur en tout genre à tout ce qui était alors dans cette cour orageuse ; poli, magnifique, n'ayant que de grands desseins, plus instruit qu'aucun Russe parce qu'il avait reçu une éducation meilleure, possédant même la langue latine, presque totalement ignorée en Russie ; homme d'un esprit actif, laborieux, d'un génie au-dessus de son siècle, et capable de changer la Russie s'il en avait eu le temps et le pouvoir comme il en avait la volonté. C'est l'éloge que fait de lui La Neuville[4], envoyé pour lors de Pologne en Russie, et les éloges des étrangers sont les moins suspects.

---

1. 1682. (*Note de Voltaire.*) — Plusieurs historiens disent que Chavanskoi était innocent, et que Sophie avait imaginé la conspiration pour se débarrasser de lui. (G. A.)

2. Ce n'était pas seulement la crainte qui les possédait alors, mais l'idée du sacrilège qu'ils avaient failli commettre en voulant attaquer *leurs dieux terrestres*, les deux czars.

3. Sauf quelques-uns qui furent suppliciés.

4. P.-C. Levesque, dans une note imprimée par Palissot, reproche à Voltaire d'avoir cité La Neuville, qu'il prétend n'être qu'un pseudonyme. Le Moréri de 1759

Ce ministre contint la milice des strélitz en distribuant les plus mutins dans des régiments en Ukraine, à Casan, en Sibérie. C'est sous son administration que la Pologne, longtemps rivale de la Russie, céda, en 1686, toutes ses prétentions sur les grandes provinces de Smolensko et de l'Ukraine. C'est lui qui, le premier, fit envoyer, en 1687, une ambassade en France, pays qui était depuis vingt ans dans toute sa gloire, par les conquêtes et les nouveaux établissements de Louis XIV, par sa magnificence, et surtout par la perfection des arts, sans lesquels on n'a que de la grandeur, et point de gloire véritable. La France n'avait eu encore aucune correspondance avec la Russie, on ne la connaissait pas; et l'Académie des inscriptions célébra par une médaille cette ambassade, comme si elle fût venue des Indes ; mais, malgré la médaille, l'ambassadeur Dolgorouki échoua; il essuya même de violents dégoûts par la conduite de ses domestiques. On eût mieux fait de tolérer leurs fautes; mais la cour de Louis XIV ne pouvait prévoir alors que la Russie et la France compteraient un jour parmi leurs avantages celui d'être étroitement alliées.

L'État était alors tranquille au dedans, toujours resserré du côté de la Suède, mais étendu du côté de la Pologne, sa nouvelle alliée, continuellement en alarmes vers la Tartarie-Crimée, et en mésintelligence avec la Chine pour les frontières.

Ce qui était le plus intolérable pour cet empire, et ce qui marquait bien qu'il n'était point parvenu encore à une administration vigoureuse et régulière, c'est que le kan des Tartares de Crimée exigeait un tribut annuel de soixante mille roubles, comme la Turquie en avait imposé un à la Pologne.

La Tartarie-Crimée est cette même Chersonèse taurique, célèbre autrefois par le commerce des Grecs, et plus encore par leurs fables ; contrée fertile et toujours barbare, nommée Crimée, du titre des premiers kans, qui s'appelaient *crim* avant les conquêtes des enfants de Gengis. C'est pour s'affranchir et se venger de la honte d'un tel tribut que le premier ministre Gallitzin alla lui-même en Crimée à la tête d'une armée nombreuse[1]. Ces armées ne ressemblaient en rien à celles que le gouvernement entretient aujourd'hui ; point de discipline, pas même de régiment bien armé, point d'habits uniformes, rien de régulier; une milice à la vérité endurcie au travail et à la disette, mais une profusion de

---

attribue en effet à Adrien Baillet la *Relation curieuse et nouvelle de Moscovie*, 1698, in-12. Mais cet ouvrage est réellement de Foy de La Neuville. (B.)

1. 1687, 1688. (*Note de Voltaire.*)

bagages qu'on ne voit pas même dans nos camps, où règne le luxe. Ce nombre prodigieux de chars qui portaient des munitions et des vivres dans des pays dévastés et dans des déserts nuisit aux entreprises sur la Crimée. On se trouva dans de vastes solitudes sur la rivière de Samare, sans magasins. Gallitzin fit dans ces déserts ce qu'on n'a point, je pense, fait ailleurs : il employa trente mille hommes à bâtir sur la Samare une ville qui pût servir d'entrepôt pour la campagne prochaine; elle fut commencée dès cette année, et achevée en trois mois, l'année suivante, toute de bois à la vérité, avec deux maisons de briques et des remparts de gazon, mais munies d'artillerie, et en état de défense.

C'est tout ce qui se fit de singulier dans cette expédition ruineuse. Cependant Sophie régnait : Ivan n'avait que le nom de czar; et Pierre, âgé de dix-sept ans, avait déjà le courage de l'être. L'envoyé de Pologne, La Neuville, résident alors à Moscou, et témoin oculaire de ce qui se passa, prétend que Sophie et Gallitzin engagèrent le nouveau chef des strélitz à leur sacrifier leur jeune czar : il paraît au moins que six cents de ces strélitz devaient s'emparer de sa personne. Les Mémoires secrets que la cour de Russie m'a confiés assurent que le parti était pris de tuer Pierre Ier : le coup allait être porté, et la Russie était privée à jamais de la nouvelle existence qu'elle a reçue depuis [1]. Le czar fut encore obligé de se sauver au couvent de la Trinité, refuge ordinaire de la cour menacée de la soldatesque. Là il convoque les boïards de son parti, assemble une milice, fait parler aux capitaines des strélitz, appelle à lui quelques Allemands établis dans Moscou depuis longtemps, tous attachés à sa personne, parce qu'il favorisait déjà les étrangers. Sophie et Ivan, restés dans Moscou, conjurent le corps des strélitz de leur demeurer fidèles; mais la cause de Pierre, qui se plaint d'un attentat médité contre sa personne et contre sa mère, l'emporte sur celle d'une princesse et d'un czar dont le seul aspect éloignait les cœurs. Tous les complices furent punis avec une sévérité à laquelle le pays était alors aussi accoutumé qu'aux attentats. Quelques-uns furent décapités, après avoir éprouvé le supplice du knout ou des batoques. Le chef des strélitz périt de cette manière : on coupa la langue à d'autres qu'on soupçonnait. Le prince Gallitzin, qui avait un de ses parents auprès du czar Pierre, obtint la vie; mais, dépouillé de tous ses biens, qui étaient immenses, il fut relégué sur le chemin

---

1. Quelques historiens se demandent si Pierre n'avait pas lui-même excité la révolte dans le but de s'affranchir de la domination de sa sœur.

d'Archangel. La Neuville, présent à toute cette catastrophe, dit qu'on prononça la sentence à Gallitzin en ces termes : « Il t'est ordonné par le très-clément czar de te rendre à Karga, ville sous le pôle, et d'y rester le reste de tes jours. La bonté extrême de Sa Majesté t'accorde trois sous par jour. »

Il n'y a point de ville sous le pôle. Karga est au soixante et deuxième degré de latitude, six degrés et demi seulement plus au nord que Moscou. Celui qui aurait prononcé cette sentence eût été mauvais géographe : on prétend que La Neuville a été trompé par un rapport infidèle.

Enfin la princesse Sophie[1] fut reconduite dans son monastère de Moscou : après avoir régné longtemps, ce changement était un assez grand supplice.

De ce moment Pierre régna. Son frère Ivan n'eut d'autre part au gouvernement que celle de voir son nom dans les actes publics; il mena une vie privée, et mourut en 1696.

CHAPITRE VI.

RÈGNE DE PIERRE 1er. COMMENCEMENT DE LA GRANDE RÉFORME.

Pierre le Grand avait une taille haute, dégagée, bien formée, le visage noble, des yeux animés, un tempérament robuste, propre à tous les exercices et à tous les travaux; son esprit était juste, ce qui est le fond de tous les vrais talents, et cette justesse était mêlée d'une inquiétude qui le portait à tout entreprendre et à tout faire. Il s'en fallait beaucoup que son éducation eût été digne de son génie : l'intérêt de la princesse Sophie avait été surtout de le laisser dans l'ignorance, et de l'abandonner aux excès que la jeunesse, l'oisiveté, la coutume, et son rang, ne rendaient que trop permis. Cependant il était récemment marié[2], et il avait épousé, comme tous les autres czars, une de ses sujettes, fille du colonel Lapuchin[3]; mais étant jeune, et n'ayant eu pendant quel-

---

1. 1689. (*Note de Voltaire.*)
2. En juin 1689. (*Id.*)
3. Voltaire a écrit *Lapoukin* et *Lapouchin*, dans les chapitres I, III, X, de la seconde partie.

que temps d'autre prérogative du trône que celle de se livrer à ses plaisirs, les liens sérieux du mariage ne le retinrent pas assez. Les plaisirs de la table avec quelques étrangers attirés à Moscou par le ministre Gallitzin ne firent pas augurer qu'il serait un réformateur; cependant, malgré les mauvais exemples, et même malgré les plaisirs, il s'appliquait à l'art militaire et au gouvernement : on devait déjà reconnaître en lui le germe d'un grand homme.

On s'attendait encore moins qu'un prince qui était saisi d'un effroi machinal qui allait jusqu'à la sueur froide et à des convulsions quand il fallait passer un ruisseau deviendrait un jour le meilleur homme de mer dans le Septentrion. Il commença par dompter la nature en se jetant dans l'eau malgré son horreur pour cet élément; l'aversion se changea même en un goût dominant.

L'ignorance dans laquelle on l'éleva le faisait rougir. Il apprit de lui-même, et presque sans maîtres, assez d'allemand et de hollandais pour s'expliquer et pour écrire intelligiblement dans ces deux langues. Les Allemands et les Hollandais étaient pour lui les peuples les plus polis; puisque les uns exerçaient déjà dans Moscou une partie des arts qu'il voulait faire naître dans son empire, et les autres excellaient dans la marine, qu'il regardait comme l'art le plus nécessaire.

Telles étaient ses dispositions malgré les penchants de sa jeunesse. Cependant il avait toujours des factions à craindre, l'humeur turbulente des strélitz à réprimer, et une guerre presque continuelle contre les Tartares de la Crimée à soutenir. Cette guerre avait fini, en 1689, par une trêve qui ne dura que peu de temps.

Dans cet intervalle, Pierre se fortifia dans le dessein d'appeler les arts dans sa patrie.

Son père Alexis avait eu déjà les mêmes vues; mais ni la fortune ni le temps ne le secondèrent; il transmit son génie à son fils, mais plus développé, plus vigoureux, plus opiniâtre dans les difficultés.

Alexis avait fait venir de Hollande à grands frais le[1] constructeur Bothler, patron de vaisseau, avec des charpentiers et des matelots, qui bâtirent sur le Volga une grande frégate et un yacht : ils descendirent le fleuve jusqu'à Astracan ; on devait les employer avec des navires qu'on allait construire pour trafiquer avanta-

1. Mémoires de Pétersbourg et de Moscou. (*Note de Voltaire.*)

geusement avec la Perse par la mer Caspienne. Ce fut alors qu'éclata la révolte de Stenko-Rasin. Ce rebelle fit détruire les deux bâtiments qu'il eût dû conserver pour son intérêt ; il massacra le capitaine; le reste de l'équipage se sauva en Perse, et de là gagna les terres de la compagnie hollandaise des Indes. Un maître charpentier, bon constructeur, resta dans la Russie, et y fut longtemps ignoré.

Un jour Pierre, se promenant à Ismaël-of, une des maisons de plaisance de son aïeul, aperçut parmi quelques raretés une petite chaloupe anglaise qu'on avait absolument abandonnée : il demanda à l'Allemand Timmerman, son maître de mathématiques, pourquoi ce petit bateau était autrement construit que ceux qu'il avait vus sur la Moska. Timmermann lui répondit qu'il était fait pour aller à voiles et à rames. Le jeune prince voulut incontinent en faire l'épreuve ; mais il fallait le radouber, le ragréer : on retrouva ce même constructeur Brant ; il était retiré à Moscou : il mit en état la chaloupe, et la fit voguer sur la rivière d'Yauza, qui baigne les faubourgs de la ville.

Pierre fit transporter sa chaloupe sur un grand lac dans le voisinage du monastère de la Trinité ; il fit bâtir par Brant deux frégates et trois yachts, et en fut lui-même le pilote. Enfin longtemps après, en 1694, il alla à Archangel ; et ayant fait construire un petit vaisseau dans ce port par ce même Brant, il s'embarqua sur la mer Glaciale, qu'aucun souverain ne vit jamais avant lui : il était escorté d'un vaisseau de guerre hollandais commandé par le capitaine Jolson, et suivi de tous les navires marchands abordés à Archangel. Déjà il apprenait la manœuvre, et malgré l'empressement des courtisans à imiter leur maître, il était le seul qui l'apprît.

Il n'était pas moins difficile de former des troupes de terre affectionnées et disciplinées que d'avoir une flotte. Ses premiers essais de marine sur un lac, avant son voyage d'Archangel, semblèrent seulement des amusements de l'enfance d'un homme de génie ; et ses premières tentatives pour former des troupes ne parurent aussi qu'un jeu. C'était pendant la régence de Sophie : et si l'on eût soupçonné ce jeu d'être sérieux, il eût pu lui être funeste.

Il donna sa confiance à un étranger : c'est ce célèbre Le Fort, d'une noble et ancienne famille de Piémont, transplantée depuis près de deux siècles à Genève, où elle a occupé les premiers emplois. On voulut l'élever dans le négoce, qui seul a rendu considérable cette ville, autrefois connue uniquement par la controverse.

Son génie, qui le portait à de plus grandes choses, lui fit quitter la maison paternelle dès l'âge de quatorze ans ; il servit quatre mois en qualité de cadet dans la citadelle de Marseille ; de là il passa en Hollande, servit quelque temps volontaire, et fut blessé au siège de Grave sur la Meuse, ville assez forte, que le prince d'Orange, depuis roi d'Angleterre, reprit sur Louis XIV en 1674. Cherchant ensuite son avancement partout où l'espérance le guidait, il s'embarqua, en 1675, avec un colonel allemand nommé Verstin, qui s'était fait donner par le czar Alexis, père de Pierre, une commission de lever quelques soldats dans les Pays-Bas, et de les amener au port d'Archangel. Mais quand on y arriva après avoir essuyé tous les périls de la mer, le czar Alexis n'était plus ; le gouvernement avait changé ; la Russie était troublée ; le gouverneur d'Archangel laissa longtemps Verstin, Le Fort et toute sa troupe dans la plus grande misère, et les menaça de les envoyer au fond de la Sibérie : chacun se sauva comme il put. Le Fort, manquant de tout, alla à Moscou, et se présenta au résident de Danemark, nommé de Horn, qui le fit son secrétaire ; il y apprit la langue russe ; quelque temps après il trouva le moyen d'être présenté au czar Pierre. L'aîné Ivan n'était pas ce qu'il lui fallait ; Pierre le goûta, et lui donna d'abord une compagnie d'infanterie. A peine Le Fort avait-il servi ; il n'était point savant ; il n'avait étudié à fond aucun art, mais il avait beaucoup vu avec le talent de bien voir ; sa conformité avec le czar était de devoir tout à son génie : il savait d'ailleurs le hollandais et l'allemand, que Pierre apprenait comme les langues de deux nations qui pouvaient être utiles à ses desseins. Tout le rendit agréable à Pierre, il s'attacha à lui ; les plaisirs commencèrent la faveur, et les talents la confirmèrent : il fut confident du plus dangereux dessein que pût former un czar, celui de se mettre en état de casser un jour sans péril la milice séditieuse et barbare des strélitz. Il en avait coûté la vie au grand sultan ou padisha Osman [1] pour avoir voulu réformer les janissaires. Pierre, tout jeune qu'il était, s'y prit avec plus d'adresse qu'Osman. Il forma d'abord, dans sa maison de campagne Préobazinski, une compagnie de cinquante de ses plus jeunes domestiques : quelques enfants de boïards furent choisis pour en être officiers ; mais, pour apprendre à ces boïards une subordination qu'ils ne connaissaient pas, il les fit passer par tous les grades, et lui-même en donna l'exemple, servant d'abord comme tambour, ensuite soldat, sergent, et lieutenant dans la com-

---

1. Voyez tome XIII, page 137.

pagnie. Rien n'était plus extraordinaire ni plus utile : les Russes avaient toujours fait la guerre comme nous la faisions du temps du gouvernement féodal, lorsque des seigneurs sans expérience menaient au combat des vassaux sans discipline et mal armés ; méthode barbare, suffisante contre des armées pareilles, impuissante contre des troupes régulières.

Cette compagnie, formée par le seul Pierre, fut bientôt nombreuse, et devint depuis le régiment des gardes Préobazinski. Une autre compagnie, formée sur ce modèle, devint l'autre régiment des gardes Semenouski.

Il y avait déjà un régiment de cinq mille hommes sur lequel on pouvait compter, formé par le général Gordon, Écossais, et composé presque tout entier d'étrangers. Le Fort, qui avait porté les armes peu de temps, mais qui était capable de tout, se chargea de lever un régiment de douze mille hommes, et il en vint à bout; cinq colonels furent établis sous lui ; il se vit tout d'un coup général de cette petite armée, levée en effet contre les strélitz autant que contre les ennemis de l'État.

Ce qu'on doit remarquer[1], et ce qui confond bien l'erreur téméraire de ceux qui prétendent que la révocation de l'édit de Nantes et ses suites avaient coûté peu d'hommes à la France, c'est que le tiers de cette armée, appelée régiment, fut composé de Français réfugiés. Le Fort exerça sa nouvelle troupe comme s'il n'eût jamais eu d'autre profession.

Pierre voulut voir une de ces images de la guerre, un de ces camps dont l'usage commençait à s'introduire en temps de paix. On construisit un fort, qu'une partie de ses nouvelles troupes devait défendre, et que l'autre devait attaquer. La différence entre ce camp et les autres fut qu'au lieu de l'image d'un combat[2] on donna un combat réel, dans lequel il y eut des soldats de tués et beaucoup de blessés. Le Fort, qui commandait l'attaque, reçut une blessure considérable. Ces jeux sanglants devaient aguerrir les troupes ; cependant il fallut de longs travaux, et même de longs malheurs pour en venir à bout. Le czar mêla ces fêtes guerrières aux soins qu'il se donnait pour la marine, et comme il avait fait Le Fort général de terre sans qu'il eût encore commandé, il le fit amiral sans qu'il eût jamais conduit un vaisseau ; mais il le voyait digne de l'un et de l'autre. Il est vrai que cet amiral était sans flotte, et que ce général n'avait d'armée que son régiment.

1. Manuscrits du général Le Fort. (*Note de Voltaire.*)
2. Manuscrits du général Le Fort. (*Id.*)

On réformait peu à peu le grand abus du militaire, cette indépendance des boïards qui amenaient à l'armée les milices de leurs paysans : c'était le véritable gouvernement des Francs, des Huns, des Goths et des Vandales ; peuples vainqueurs de l'empire romain dans sa décadence, et qui eussent été exterminés s'ils avaient eu à combattre les anciennes légions romaines disciplinées, ou des armées telles que celles de nos jours.

Bientôt l'amiral Le Fort n'eut pas tout à fait un vain titre ; il fit construire par des Hollandais et des Vénitiens des barques longues, et même deux vaisseaux d'environ trente pièces de canon, à l'embouchure de la Veronise, qui se jette dans le Tanaïs ; ces vaisseaux pouvaient descendre le fleuve, et tenir en respect les Tartares de la Crimée. Les hostilités avec ces peuples se renouvelaient tous les jours. Le czar avait à choisir, en 1689, entre la Turquie, la Suède et la Chine, à qui il ferait la guerre. Il faut commencer par faire voir en quels termes il était avec la Chine, et quel fut le premier traité de paix que firent les Chinois.

CHAPITRE VII.

CONGRÈS ET TRAITÉ AVEC LES CHINOIS [1].

On doit d'abord se représenter quelles étaient les limites de l'empire chinois et de l'empire russe. Quand on est sorti de la Sibérie proprement dite, et qu'on a laissé loin au midi cent hordes de Tartares, Calmoucks blancs, Calmoucks noirs, Monguls mahométans, Monguls nommés idolâtres, on avance vers le 130e degré de longitude, et au 52e de latitude, sur le fleuve d'Amur ou d'Amour. Au nord de ce fleuve est une grande chaîne de montagnes qui s'étend jusqu'à la mer Glaciale par-delà le cercle polaire. Ce fleuve, qui coule l'espace de cinq cents lieues dans la Sibérie et dans la Tartarie chinoise, va se perdre après tant de détours dans la mer de Kamtschatka. On assure qu'à son embouchure dans cette mer

1. Tiré des Mémoires envoyés de la Chine, de ceux de Pétersbourg, et des lettres rapportées dans l'*Histoire de la Chine*, compilée par Duhalde. (*Note de Voltaire.*)

on pêche quelquefois un poisson monstrueux, beaucoup plus gros que l'hippopotame du Nil, et dont la mâchoire est d'un ivoire plus dur et plus parfait[1]. On prétend que cet ivoire faisait autrefois un objet de commerce, qu'on le transportait par la Sibérie, et que c'est la raison pour laquelle on en trouve encore plusieurs morceaux enfouis dans les campagnes. C'est cet ivoire fossile dont nous avons déjà parlé[2] : mais on prétend qu'autrefois il y eut des éléphants en Sibérie ; que des Tartares vainqueurs des Indes amenèrent dans la Sibérie plusieurs de ces animaux dont les os se sont conservés dans la terre.

Ce fleuve d'Amour est nommé le fleuve Noir par les Tartares mantchoux, et le fleuve du Dragon par les Chinois.

C'était[3] dans ces pays si longtemps inconnus que la Chine et la Russie se disputaient les limites de leurs empires. La Russie possédait quelques forts vers le fleuve d'Amour, à trois cents lieues de la grande muraille. Il y eut beaucoup d'hostilités entre les Chinois et les Russes au sujet de ces forts : enfin les deux États entendirent mieux leurs intérêts ; l'empereur Kang-hi préféra la paix et le commerce à une guerre inutile. Il envoya sept ambassadeurs à Nipchou, l'un de ces établissements. Ces ambassadeurs menaient environ dix mille hommes avec eux, en comptant leur escorte. C'était là le faste asiatique ; mais ce qui est très-remarquable, c'est qu'il n'y avait point d'exemple dans les annales de l'empire d'une ambassade vers une autre puissance : ce qui est encore unique, c'est que les Chinois n'avaient jamais fait de traité de paix depuis la fondation de l'empire. Deux fois subjugués par les Tartares, qui les attaquèrent et qui les domptèrent, ils ne firent jamais la guerre à aucun peuple, excepté à quelques hordes, ou bientôt subjuguées, ou bientôt abandonnées à elles-mêmes sans aucun traité. Ainsi cette nation si renommée pour la morale ne connaissait point ce que nous appelons *droit des gens*, c'est-à-dire ces règles incertaines de la guerre et de la paix, ces droits des ministres publics, ces formules de traités, les obligations qui en résultent, les disputes sur la préséance et le point d'honneur.

En quelle langue d'ailleurs les Chinois pouvaient-ils traiter avec

---

1. Il est apparent qu'on voulait parler des morses ou vaches marines, animaux amphibies qui ont à la mâchoire supérieure deux longues et fortes défenses dirigées du haut en bas, en sens contraire de celles des éléphants, et dont l'ivoire est aussi beau et aussi dur. (K.)

2. Page 411.

3. Mémoires des jésuites Péreira et Gerbillon. (*Note de Voltaire.*)

les Russes au milieu des déserts? Deux jésuites, l'un Portugais, nommé Péreira, l'autre Français, nommé Gerbillon, partis de Pékin avec les ambassadeurs chinois, leur aplanirent toutes ces difficultés nouvelles, et furent les véritables médiateurs. Ils traitèrent en latin avec un Allemand de l'ambassade russe, qui savait cette langue. Le chef de l'ambassade russe était Gollovin, gouverneur de Sibérie ; il étala une plus grande magnificence que les Chinois, et par là donna une noble idée de son empire à ceux qui s'étaient crus les seuls puissants sur la terre. Les deux jésuites réglèrent les limites des deux dominations ; elles furent posées à la rivière de Kerbechi, près de l'endroit même où l'on négociait. Le midi resta aux Chinois, le nord aux Russes. Il n'en coûta à ceux-ci qu'une petite forteresse qui se trouva bâtie au delà des limites ; on jura une paix éternelle, et, après quelques contestations, les Russes et les Chinois la jurèrent[1] au nom du même Dieu en ces termes: « Si quelqu'un a jamais la pensée secrète de rallumer le feu de la guerre, nous prions le Seigneur souverain de toutes choses, qui connaît les cœurs, de punir ces traîtres par une mort précipitée. »

Cette formule, commune à des Chinois et à des chrétiens, peut faire connaître deux choses importantes : la première que le gouvernement chinois n'est ni athée ni idolâtre, comme on l'en a si souvent accusé par des imputations contradictoires ; la seconde, que tous les peuples qui cultivent leur raison reconnaissent en effet le même Dieu, malgré tous les égarements de cette raison mal instruite. Le traité fut rédigé en latin dans deux exemplaires. Les ambassadeurs russes signèrent les premiers la copie qui leur demeura, et les Chinois signèrent aussi la leur les premiers, selon l'usage des nations de l'Europe qui traitent de couronne à couronne. On observa un autre usage des nations asiatiques et des premiers âges du monde connu ; le traité fut gravé sur deux gros marbres qui furent posés pour servir de bornes aux deux empires[2]. Trois ans après, le czar envoya le Danois Ilbrand Ide[3] en ambassade à la Chine, et le commerce établi a subsisté depuis avec avantage jusqu'à une rupture entre la Russie et la Chine en 1722 ; mais après cette interruption il a repris une nouvelle vigueur.

1. 1089, 8 septembre (n. st.), Mémoires de la Chine. (*Note de Voltaire.*)
2. Les colonnes ne furent point élevées, si on en croit l'auteur de la *Nouvelle Histoire de Russie.* (K.) — C'est l'ouvrage de P.-C. Levesque (voyez une note sur les *Anecdotes sur le czar Pierre le Grand)* que les éditeurs de Kehl désignent ici.
3. Ses véritables noms sont Éverard-Ysbrantz Ides.

CHAPITRE VIII.

EXPÉDITION VERS LES PALUS-MÉOTIDES. CONQUÊTE D'AZOF. LE CZAR ENVOIE DES JEUNES GENS S'INSTRUIRE DANS LES PAYS ÉTRANGERS.

Il ne fut pas si aisé d'avoir la paix avec les Turcs ; le temps même paraissait venu de s'élever sur leurs ruines. Venise, accablée par eux, commençait à se relever. Le même Morisini qui avait rendu Candie aux Turcs leur prenait le Péloponèse, et cette conquête lui mérita le surnom de *Péloponésiaque*, honneur qui rappelait le temps de la république romaine. L'empereur d'Allemagne Léopold avait quelques succès contre l'empire turc en Hongrie, et les Polonais repoussaient au moins les courses des Tartares de Crimée.

Pierre profita de ces circonstances pour aguerrir ses troupes, et pour se donner, s'il pouvait, l'empire de la mer Noire. Le général Gordon marcha le long du Tanaïs, vers Azof, avec son grand régiment de cinq mille hommes ; le général Le Fort, avec le sien de douze mille, un corps de strélitz commandé par Sheremeto[1] et Shein, originaire de Prusse ; un corps de Cosaques, un grand train d'artillerie : tout fut prêt pour cette expédition[2].

Cette grande armée s'avance sous les ordres du maréchal Sheremeto, au commencement de l'été de 1695, vers Azof, à l'embouchure du Tanaïs, et à l'extrémité des Palus-Méotides, qu'on nomme aujourd'hui la mer de Zabache. Le czar était à l'armée, mais en qualité de volontaire, voulant longtemps apprendre avant de commander. Pendant la marche on prit d'assaut deux tours que les Turcs avaient bâties sur les deux bords du fleuve.

L'entreprise était difficile ; la place, assez bien fortifiée, était défendue par une garnison nombreuse. Des barques longues, semblables aux saïques turques, construites par des Vénitiens, et deux petits vaisseaux de guerre hollandais, sortis de la Véronise, ne furent pas assez tôt prêts, et ne purent entrer dans la mer d'Azof. Tout commencement éprouve toujours des obstacles. Les Russes n'avaient point encore fait de siége régulier. Cet essai ne fut pas d'abord heureux.

---

1. Sheremetow, ou Sheremetof, ou, suivant une autre orthographe, Czeremetoff. (*Note de Voltaire.*) — Dans l'*Histoire de Charles XII* on a imprimé Sheremetoff.)
2. 1694. (*Id.*)

Un nommé Jacob, natif de Dantzick, dirigeait l'artillerie sous le commandement du général Shein : car on n'avait guère que des étrangers pour principaux artilleurs, pour ingénieurs, comme pour pilotes. Ce Jacob fut condamné au châtiment des batoques, par son général Shein, Prussien. Le commandement semblait alors affermi par ces rigueurs. Les Russes s'y soumettaient, malgré leur penchant pour les séditions, et après ces châtiments ils servaient comme à l'ordinaire. Le Dantzickois pensait autrement ; il voulut se venger : il encloua le canon, se jeta dans Azof, embrassa la religion musulmane, et défendit la place avec succès. Cet exemple fait voir que l'humanité qu'on exerce aujourd'hui en Russie est préférable aux anciennes cruautés, et retient mieux dans le devoir les hommes qui, avec une éducation heureuse, ont pris des sentiments d'honneur. L'extrême rigueur était alors nécessaire envers le bas peuple ; mais quand les mœurs ont changé, l'impératrice Élisabeth a achevé par la clémence l'ouvrage que son père commença par les lois. Cette indulgence a été même poussée à un point dont il n'y a point d'exemple dans l'histoire d'aucun peuple. Elle a promis que pendant son règne personne ne serait puni de mort, et a tenu sa promesse. Elle est la première souveraine qui ait ainsi respecté la vie des hommes. Les malfaiteurs ont été condamnés aux mines, aux travaux publics ; leurs châtiments sont devenus utiles à l'État : institution non moins sage qu'humaine. Partout ailleurs on ne sait que tuer un criminel avec appareil, sans avoir jamais empêché les crimes. La terreur de la mort fait moins d'impression peut-être sur des méchants, pour la plupart fainéants, que la crainte d'un châtiment et d'un travail pénible qui renaissent tous les jours.

Pour revenir au siége d'Azof, soutenu désormais par le même homme qui avait dirigé les attaques, on tenta vainement un assaut, et après avoir perdu beaucoup de monde on fut obligé de lever le siége.

La constance dans toute entreprise formait le caractère de Pierre. Il conduisit une armée plus considérable encore devant Azof au printemps de 1696. Le czar Ivan son frère venait de mourir. Quoique son autorité n'eût pas été gênée par Ivan, qui n'avait que le nom de czar, elle l'avait toujours été un peu par les bienséances. Les dépenses de la maison d'Ivan retournaient par sa mort à l'entretien de l'armée : c'était un secours pour un État qui n'avait pas alors d'aussi grands revenus qu'aujourd'hui. Pierre écrivit à l'empereur Léopold, aux États-Généraux, à l'électeur de Brandebourg, pour en obtenir des ingénieurs, des artilleurs, des gens de mer. Il engagea à sa solde des Calmoucks dont la cavalerie est très-utile contre celle des Tartares de Crimée.

Le succès le plus flatteur pour le czar fut celui de sa petite flotte, qui fut enfin complète et bien gouvernée. Elle battit les saïques turques envoyées de Constantinople, et en prit quelques-unes. Le siége fut poussé régulièrement par tranchées, non pas tout à fait selon notre méthode ; les tranchées étaient trois fois plus profondes, et les parapets étaient de hauts remparts. Enfin les assiégés rendirent la place le 28 juillet n. st.[1], sans aucun honneur de la guerre, sans emporter ni armes ni munitions, et ils furent obligés de livrer le transfuge Jacob aux assiégeants[2].

Le czar voulut d'abord, en fortifiant Azof, en le couvrant par des forts, en creusant un port capable de contenir les plus gros vaisseaux, se rendre maître du détroit de Caffa, de ce Bosphore cimmérien qui donne entrée dans le Pont-Euxin, lieux célèbres autrefois par les armements de Mithridate. Il laissa trente-deux saïques armées devant Azof [3], et prépara tout pour former contre les Turcs une flotte de neuf vaisseaux de soixante pièces de canon, et de quarante et un portant depuis trente jusqu'à cinquante pièces d'artillerie. Il exigea que les plus grands seigneurs, les plus riches négociants, contribuassent à cet armement ; et, croyant que les biens des ecclésiastiques devaient servir à la cause commune, il obligea le patriarche, les évêques, les archimandrites, à payer de leur argent cet effort nouveau qu'il faisait pour l'honneur de sa patrie et pour l'avantage de la chrétienté. On fit faire par des Cosaques des bateaux légers auxquels ils sont accoutumés, et qui peuvent côtoyer aisément les rivages de la Crimée. La Turquie devait être alarmée d'un tel armement, le premier qu'on eût jamais tenté sur les Palus-Méotides. Le projet était de chasser pour jamais les Tartares et les Turcs de la Crimée, et d'établir ensuite un grand commerce aisé et libre avec la Perse par la Géorgie. C'est le même commerce que firent autrefois les Grecs à Colchos, et dans cette Chersonèse taurique que le czar semblait devoir soumettre.

Vainqueur des Turcs et des Tartares, il voulut accoutumer son peuple à la gloire comme aux travaux. Il fit entrer à Moscou son armée sous des arcs de triomphe, au milieu des feux d'artifice et

---

1. 1696. (*Note de Voltaire.*)
2. C'est à l'Anglais Gordon, venu en Russie sous Alexis, que Pierre dut le succès de la campagne. (G. A.)
3. Mémoires de Le Fort. (*Note de Voltaire.*)

de tout ce qui put embellir cette fête. Les soldats qui avaient combattu sur les saïques vénitiennes contre les Turcs, et qui formaient une troupe séparée, marchèrent les premiers. Le maréchal Sheremeto, les généraux Gordon et Shein, l'amiral Le Fort, les autres officiers généraux, précédèrent dans cette pompe le souverain, qui disait n'avoir point encore de rang dans l'armée, et qui, par cet exemple, voulait faire sentir à toute la noblesse qu'il faut mériter les grades militaires pour en jouir.

Ce triomphe semblait tenir en quelque chose des anciens Romains ; il leur ressembla surtout en ce que les triomphateurs exposaient dans Rome les vaincus aux regards des peuples, et les livraient quelquefois à la mort : les esclaves faits dans cette expédition suivaient l'armée, et ce Jacob qui l'avait trahi était mené dans un chariot sur lequel on avait dressé une potence, à laquelle il fut ensuite attaché après avoir souffert le supplice de la roue.

On frappa alors la première médaille en Russie. La légende russe est remarquable : « Pierre Ier, empereur de Moscovie, toujours auguste. » Sur le revers est Azof, avec ces mots : « Vainqueur par les flammes et les eaux. »

Pierre était affligé, dans ce succès, de ne voir ses vaisseaux et ses galères de la mer d'Azof bâtis que par des mains étrangères. Il avait encore autant d'envie d'avoir un port sur la mer Baltique que sur le Pont-Euxin.

Il envoya, au mois de mars 1697, soixante jeunes Russes du régiment de Le Fort en Italie, la plupart à Venise, quelques-uns à Livourne, pour y apprendre la marine et la construction des galères ; il en fit partir quarante autres[1] pour s'instruire en Hollande de la fabrique et de la manœuvre des grands vaisseaux ; d'autres furent envoyés en Allemagne pour servir dans les armées de terre, et pour se former à la discipline allemande. Enfin il résolut de s'éloigner quelques années de ses États, dans le dessein d'apprendre à les mieux gouverner. Il ne pouvait résister au violent désir de s'instruire par ses yeux, et même par ses mains, de la marine et des arts qu'il voulait établir dans sa patrie. Il se proposa de voyager inconnu en Danemark, dans le Brandebourg, en Hollande, à Vienne, à Venise et à Rome. Il n'y eut que la France et l'Espagne qui n'entrassent point dans son plan ; l'Espagne, parce que ces arts qu'il cherchait y étaient alors trop négligés ; et la France, parce qu'ils y régnaient peut-être avec trop de faste, et que la hauteur de Louis XIV, qui avait choqué tant de potentats,

---

1. Manuscrits du général Le Fort. (*Note de Voltaire.*)

convenait mal à la simplicité avec laquelle il comptait faire ses voyages. De plus, il était lié avec la plupart de toutes les puissances chez lesquelles il allait, excepté avec la France et avec Rome. Il se souvenait encore avec quelque dépit du peu d'égards que Louis XIV avait eu pour l'ambassade de 1687, qui n'eut pas autant de succès que de célébrité ; et enfin il prenait déjà le parti d'Auguste, électeur de Saxe, à qui le prince de Conti disputait la couronne de Pologne.

CHAPITRE IX.

VOYAGES DE PIERRE LE GRAND.

Le dessein étant pris de voir tant d'États et tant de cours, en simple particulier, il se mit lui-même [1] à la suite de trois ambassadeurs, comme il s'était mis à la suite de ses généraux à son entrée triomphante dans Moscou.

[2] Les trois ambassadeurs étaient le général Le Fort, le boïard Alexis Gollovin, commissaire général des guerres et gouverneur de la Sibérie, le même qui avait signé le traité d'une paix perpétuelle avec les plénipotentiaires de la Chine, sur les frontières de cet empire, et Vonitsin, diak ou secrétaire d'État, longtemps employé dans les cours étrangères. Quatre premiers secrétaires, douze gentilshommes, deux pages pour chaque ambassadeur, une compagnie de cinquante gardes, avec leurs officiers, tous du régiment Préobazinski, composaient la suite principale de cette ambassade ; il y avait en tout deux cents personnes, et le czar, se réservant pour tous domestiques un valet de chambre, un homme de livrée et un nain, se confondait dans la foule. C'était une chose inouïe dans l'histoire du monde qu'un roi de vingt-cinq ans qui abandonnait ses royaumes pour mieux régner. Sa victoire sur les Turcs et les Tartares, l'éclat de son entrée triomphante à Moscou, les nombreuses troupes étrangères affectionnées à son service, la mort d'Ivan son frère, la clôture

---

1. 1697. (*Note de Voltaire.*)
2. Mémoires de Pétersbourg et Mémoires de Le Fort. (*Id.*)

de la princesse Sophie, et plus encore le respect général pour sa personne, devaient lui répondre de la tranquillité de ses États pendant son absence. Il confia la régence au boïard Strecknef et au knès Romadonoski, lesquels devaient, dans les affaires importantes, délibérer avec d'autres boïards.

Les troupes formées par le général Gordon restèrent à Moscou pour assurer la tranquillité de la capitale. Les strélitz, qui pouvaient la troubler, furent distribués sur les frontières de la Crimée, pour conserver la conquête d'Azof et pour réprimer les incursions des Tartares. Ayant ainsi pourvu à tout, il se livrait à son ardeur de voyager et de s'instruire [1].

Ce voyage ayant été l'occasion ou le prétexte de la sanglante guerre qui traversa si longtemps le czar dans tous ses grands projets, et enfin les seconda; qui détrôna le roi de Pologne Auguste, donna la couronne à Stanislas, et la lui ôta; qui fit du roi de Suède Charles XII le premier des conquérants pendant neuf années, et le plus malheureux des rois pendant neuf autres; il est nécessaire, pour entrer dans le détail de ces événements, de représenter ici en quelle situation était alors l'Europe.

Le sultan Mustapha II régnait en Turquie. Sa faible administration ne faisait de grands efforts, ni contre l'empereur d'Allemagne Léopold, dont les armes étaient heureuses en Hongrie, ni contre le czar, qui venait de lui enlever Azof et qui menaçait le Pont-Euxin, ni même contre Venise, qui enfin s'était emparée de tout le Péloponèse.

Jean Sobieski, roi de Pologne, à jamais célèbre par la victoire de Choczim et par la délivrance de Vienne, était mort le 17 juin 1696; et cette couronne était disputée par Auguste, électeur de Saxe, qui l'emporta, et par Armand, prince de Conti, qui n'eut que l'honneur d'être élu.

La Suède venait de perdre[2] et regrettait peu Charles XI, premier souverain véritablement absolu dans ce pays, père d'un roi qui le fut davantage, et avec lequel s'est éteint le despotisme. Il laissait sur le trône Charles XII, son fils, âgé de quinze ans. C'était une conjoncture favorable en apparence aux projets du czar; il pouvait s'agrandir sur le golfe de Finlande et vers la Livonie. Ce n'était pas assez d'inquiéter les Turcs sur la mer Noire; des éta-

---

1. Voltaire oublie de parler d'une tentative de soulèvement avant le départ de Pierre. On coupa les pieds, les mains, la tête, aux conspirateurs. (G. A.)
2. Avril 1697. (*Note de Voltaire*.)

blissements sur les Palus-Méotides et vers la mer Caspienne ne suffisaient pas à ses projets de marine, de commerce et de puissance ; la gloire même, que tout réformateur désire ardemment, n'était ni en Perse ni en Turquie ; elle était dans notre partie de l'Europe, où l'on éternise les grands talents en tout genre. Enfin Pierre ne voulait introduire dans ses États ni les mœurs turques ni les persanes, mais les nôtres.

L'Allemagne, en guerre à la fois avec la Turquie et avec la France, ayant pour ses alliées l'Espagne, l'Angleterre et la Hollande, contre le seul Louis XIV, était prête à conclure la paix, et les plénipotentiaires étaient déjà assemblés au château de Rysvick, auprès de la Haye.

Ce fut dans ces circonstances que Pierre et son ambassade prirent leur route, au mois d'avril 1697, par la grande Novogorod. De là on voyagea par l'Estonie et par la Livonie, provinces autrefois contestées entre les Russes, les Suédois et les Polonais, et acquises enfin à la Suède par la force des armes.

La fertilité de la Livonie, la situation de Riga sa capitale, pouvaient tenter le czar ; il eut du moins la curiosité de voir les fortifications des citadelles. Le comte d'Albert, gouverneur de Riga, en prit de l'ombrage ; il lui refusa cette satisfaction, et parut témoigner peu d'égards pour l'ambassade. Cette conduite ne servit pas à refroidir dans le cœur du czar le désir qu'il pouvait concevoir d'être un jour le maître de ces provinces [1].

De la Livonie on alla dans la Prusse brandebourgeoise, dont une partie a été habitée par les anciens Vandales : la Prusse polonaise avait été comprise dans la Sarmatie d'Europe ; la brandebourgeoise était un pays pauvre, mal peuplé, mais où l'électeur, qui se fit donner depuis le titre de roi, étalait une magnificence nouvelle et ruineuse. Il se piqua de recevoir l'ambassade dans sa ville de Kœnisberg avec un faste royal. On se fit de part et d'autre les présents les plus magnifiques. Le contraste de la parure française, que la cour de Berlin affectait, avec les longues robes asiatiques des Russes, leurs bonnets rehaussés de perles et de pierreries, leurs cimeterres pendants à la ceinture, fit un effet singulier. Le czar était vêtu à l'allemande. Un prince de Géorgie [2] qui était avec lui, vêtu à la mode des Persans, étalait une autre

---

1. Voltaire passe sous silence quelques détails. Le czar, craignant pour ses jours, se jeta dans une barque pour gagner la Courlande, au risque d'être englouti par le choc des glaçons que charriait la Duina.
2. Voyez page 176 du présent volume.

sorte de magnificence : c'est le même qui fut pris à la journée de Narva, et qui est mort en Suède.

Pierre méprisait tout ce faste; il eût été à désirer qu'il eût également méprisé ces plaisirs de table dans lesquels l'Allemagne mettait alors sa gloire[1]. Ce fut dans un de ces repas, trop à la mode alors, aussi dangereux pour la santé que pour les mœurs, qu'il tira l'épée contre son favori Le Fort ; mais il témoigna autant de regret de cet emportement passager qu'Alexandre en eut du meurtre de Clytus. Il demanda pardon à Le Fort : il disait qu'il voulait réformer sa nation, et qu'il ne pouvait pas encore se réformer lui-même. Le général Le Fort, dans son manuscrit, loue encore plus le fond du caractère du czar qu'il ne blâme cet excès de colère [2].

L'ambassade passe par la Poméranie, par Berlin ; une partie prend sa route par Magdebourg, l'autre par Hambourg, ville que son grand commerce rendait déjà puissante, mais non pas aussi opulente et aussi sociable qu'elle l'est devenue depuis. On tourne vers Minden ; on passe la Vestphalie, et enfin on arrive par Clèves dans Amsterdam.

Le czar se rendit dans cette ville quinze jours avant l'ambassade ; il logea d'abord dans la maison de la compagnie des Indes, mais bientôt il choisit un petit logement dans les chantiers de l'amirauté. Il prit un habit de pilote et alla dans cet équipage au village de Sardam, où l'on construisait alors beaucoup plus de vaisseaux encore qu'aujourd'hui. Ce village est aussi grand, aussi peuplé, aussi riche et plus propre que beaucoup de villes opulentes. Le czar admira cette multitude d'hommes toujours occupés, l'ordre, l'exactitude des travaux, la célérité prodigieuse à construire un vaisseau et à le munir de tous ses agrès, et cette quantité incroyable de magasins et de machines qui rendent le travail plus facile et plus sûr. Le czar commença par acheter une barque à laquelle il fit de ses mains un mât brisé ; ensuite il travailla à toutes les parties de la construction d'un vaisseau, menant la même vie que les artisans de Sardam, s'habillant, se nourrissant comme eux [3], travaillant dans les forges, dans les corderies, dans ces moulins dont la quantité prodigieuse borde le village, et dans lesquels on scie le sapin et le chêne, on tire l'huile, on fabrique

---

1. Mémoires manuscrits de Le Fort. (*Note de Voltaire.*)
2. Dans une lettre à Schouvaloff, Voltaire le prévient qu'il mentionnera cet acte d'un barbare ; mais on voit comme il cherche à l'atténuer. (G. A.)
3. Et s'enivrant avec eux. (G. A.)

le papier, on file les métaux ductiles. Il se fit inscrire dans le nombre des charpentiers sous le nom de Pierre Michaeloff. On l'appelait communément maître Pierre (*Peterbas*), et les ouvriers, d'abord interdits d'avoir un souverain pour compagnon, s'y accoutumèrent familièrement [1].

Tandis qu'il maniait à Sardam le compas et la hache, on lui confirma la nouvelle de la scission de la Pologne et de la double nomination de l'électeur Auguste et du prince de Conti. Le charpentier de Sardam promit aussitôt trente mille hommes au roi Auguste. Il donnait de son atelier des ordres à son armée d'Ukraine, assemblée contre les Turcs.

Ses troupes [2], commandées par le général Shein et par le prince Dolgorouki, venaient de remporter une victoire auprès d'Azof, sur les Tartares [3] et même sur un corps de janissaires que le sultan Mustapha leur avait envoyé. Pour lui, il persistait à s'instruire dans plus d'un art; il allait de Sardam à Amsterdam travailler chez le célèbre anatomiste Ruysch; il faisait des opérations de chirurgie, qui, en un besoin, pouvaient le rendre utile à ses officiers ou à lui-même. Il s'instruisait de la physique naturelle dans la maison du bourgmestre Visten, citoyen recommandable à jamais par son patriotisme et par l'emploi de ses richesses immenses, qu'il prodiguait en citoyen du monde, envoyant à grands frais des hommes habiles chercher ce qu'il y avait de plus rare dans toutes les parties de l'univers, et frétant des vaisseaux à ses dépens pour découvrir de nouvelles terres.

Peterbas ne suspendit ses travaux que pour aller voir, sans cérémonie, à Utrecht et à la Haye, Guillaume, roi d'Angleterre et stathouder des Provinces-Unies. Le général Le Fort était seul en tiers avec les deux monarques. Il assista ensuite à la cérémonie de l'entrée de ses ambassadeurs, et à leur audience; ils présentèrent en son nom, aux députés des états, six cents des plus belles martres zibelines; et les états, outre le présent ordinaire

---

1. Bayle et Mirabeau blâment à tort tout ce que fit Pierre à Sardam. « *Pierre charpenta*, dit avec mépris le dernier, et fit le matelot toute sa vie. » Quant à la familiarité de Pierre avec les ouvriers, elle faisait place souvent aux allures du despotisme. On osait à peine dans ses chantiers, dit-on, enfoncer un clou sans son ordre. (G. A.)

2. Dans les éditions données du vivant de l'auteur, la première phrase de cet alinéa était un peu plus loin, et on lisait ici la première phrase du troisième des alinéas qui suivent. L'édition in-8° de Kehl est la première qui contienne cette double transposition. (B.)

3. Juillet 1696. (*Note de Voltaire*.)

qu'ils leur firent à chacun d'une chaîne d'or et d'une médaille, leur donnèrent trois carrosses magnifiques [1]. Ils reçurent les premières visites de tous les ambassadeurs plénipotentiaires qui étaient au congrès de Rysvick, excepté des Français, à qui ils n'avaient pas notifié leur arrivée, non-seulement parce que le czar prenait le parti du roi Auguste contre le prince de Conti, mais parce que le roi Guillaume, dont il cultivait l'amitié, ne voulait point la paix avec la France.

De retour à Amsterdam, il y reprit ses premières occupations, et acheva de ses mains un vaisseau de soixante pièces de canon qu'il avait commencé, et qu'il fit partir pour Archangel, n'ayant pas alors d'autre port sur les mers de l'Océan. Non-seulement il faisait engager à son service des réfugiés français, des Suisses, des Allemands, mais il faisait partir des artisans de toute espèce pour Moscou, et n'envoyait que ceux qu'il avait vus travailler lui-même. Il est très-peu de métiers et d'arts qu'il n'approfondît dans les détails : il se plaisait surtout à réformer les cartes des géographes, qui, alors, plaçaient au hasard toutes les positions des villes et des fleuves de ses États, peu connus. On a conservé la carte sur laquelle il traça la communication de la mer Caspienne et de la mer Noire, qu'il avait déjà projetée et dont il avait chargé un ingénieur allemand nommé Brakel. La jonction de ces deux mers était plus facile que celle de l'Océan et de la Méditerranée, exécutée en France ; mais l'idée d'unir la mer d'Azof et la Caspienne effrayait alors l'imagination. De nouveaux établissements dans ce pays lui paraissaient d'autant plus convenables que ses succès lui donnaient de nouvelles espérances.

Ses troupes remportaient [2] une victoire contre les Tartares, assez près d'Azof [3], et même quelques mois après elles prirent la ville d'Or ou Orkapi, que nous nommons Précop. Ce succès servit à le faire respecter davantage de ceux qui blâmaient un souverain d'avoir quitté ses États pour exercer des métiers dans Amsterdam. Ils virent que les affaires du monarque ne souffraient pas des travaux du philosophe voyageur et artisan.

Il continua dans Amsterdam ses occupations ordinaires de constructeur de vaisseaux, d'ingénieur, de géographe, de physi-

---

1. Le but de l'ambassade était d'obtenir un secours de soixante vaisseaux de ligne et de cent galères pour opérer contre la Porte. Les États-Généraux rejetèrent la demande. (G. A.)

2. Dans les éditions qui ont précédé celles de Kehl, la première phrase de cet alinéa était un peu plus haut. Voyez la note 2 de la page précédente. (B.)

3. 11 août 1697. (*Note de Voltaire.*)

cien pratique, jusqu'au milieu de janvier 1698, et alors il partit pour l'Angleterre, toujours à la suite de sa propre ambassade.

Le roi Guillaume lui envoya son yacht et deux vaisseaux de guerre. Sa manière de vivre fut la même que celle qu'il s'était prescrite dans Amsterdam et dans Sardam. Il se logea près du grand chantier à Deptford, et ne s'occupa guère qu'à s'instruire. Les constructeurs hollandais ne lui avaient enseigné que leur méthode et leur routine : il connut mieux l'art en Angleterre ; les vaisseaux s'y bâtissaient suivant des proportions mathématiques. Il se perfectionna dans cette science, et bientôt il en pouvait donner des leçons. Il travailla selon la méthode anglaise à la construction d'un vaisseau qui se trouva un des meilleurs voiliers de la mer. L'art de l'horlogerie, déjà perfectionné à Londres, attira son attention ; il en connut parfaitement toute la théorie. Le capitaine et ingénieur Perri, qui le suivit de Londres en Russie, dit que depuis la fonderie des canons jusqu'à la filerie des cordes, il n'y eut aucun métier qu'il n'observât et auquel il ne mît la main toutes les fois qu'il était dans les ateliers.

On trouva bon, pour cultiver son amitié, qu'il engageât des ouvriers comme il avait fait en Hollande ; mais outre les artisans, il eut ce qu'il n'aurait pas trouvé si aisément à Amsterdam, des mathématiciens. Fergusson, Écossais, bon géomètre, se mit à son service ; c'est lui qui a établi l'arithmétique en Russie, dans les bureaux des finances, où l'on ne se servait auparavant que de la méthode tartare de compter avec des boules enfilées dans du fil d'archal ; méthode qui suppléait à l'écriture, mais embarrassante et fautive, parce qu'après le calcul on ne peut voir si on s'est trompé. Nous n'avons connu les chiffres indiens dont nous nous servons que par les Arabes, au IXe siècle ; l'empire de Russie ne les a reçus que mille ans après : c'est le sort de tous les arts ; ils ont fait lentement le tour du monde. Deux jeunes gens de l'école des mathématiques accompagnèrent Fergusson, et ce fut le commencement de l'école de marine que Pierre établit depuis. Il observait et calculait les éclipses avec Fergusson. L'ingénieur Perri, quoique très-mécontent de n'avoir pas été assez récompensé, avoue que Pierre s'était instruit dans l'astronomie : il connaissait bien les mouvements des corps célestes, et même les lois de la gravitation qui les dirige. Cette force si démontrée, et avant le grand Newton si inconnue, par laquelle toutes les planètes pèsent les unes sur les autres, et qui les retient dans leurs orbites, était déjà familière à un souverain de la Russie, tandis qu'ailleurs on se repaissait de tourbillons chimériques, et que dans la patrie de Galilée des ignorants ordonnaient à des ignorants de croire la terre immobile.

Perri partit de son côté pour aller travailler à des jonctions de rivières, à des ponts, à des écluses. Le plan du czar était de faire communiquer par des canaux l'Océan, la mer Caspienne et la mer Noire.

On ne doit pas omettre que des négociants anglais, à la tête desquels se mit le marquis de Carmathen, amiral, lui donnèrent quinze mille livres sterling pour obtenir la permission de débiter du tabac en Russie. Le patriarche, par une sévérité mal entendue, avait proscrit cet objet de commerce ; l'Église russe défendait le tabac comme un péché. Pierre, mieux instruit, et qui parmi tous les changements projetés méditait la réforme de l'Église, introduisit ce commerce dans ses États.

Avant que Pierre quittât l'Angleterre, le roi Guillaume lui fit donner le spectacle le plus digne d'un tel hôte, celui d'une bataille navale. On ne se doutait pas alors que le czar en livrerait un jour de véritables contre les Suédois, et qu'il remporterait des victoires sur la mer Baltique. Enfin Guillaume lui fit présent du vaisseau sur lequel il avait coutume de passer en Hollande, nommé le *Royal Transport*, aussi bien construit que magnifique. Pierre retourna sur ce vaisseau en Hollande, à la fin de mai 1698. Il amenait avec lui trois capitaines de vaisseau de guerre, vingt-cinq patrons de vaisseau, nommés aussi capitaines, quarante lieutetenants, trente pilotes, trente chirurgiens, deux cent cinquante canonniers, et plus de trois cents artisans. Cette colonie d'hommes habiles en tout genre passa de Hollande à Archangel sur le *Royal Transport*, et de là fut répandue dans les endroits où leurs services étaient nécessaires. Ceux qui furent engagés à Amsterdam prirent la route de Narva, qui appartenait à la Suède.

Pendant qu'il faisait ainsi transporter les arts d'Angleterre et de Hollande dans son pays, les officiers qu'il avait envoyés à Rome et en Italie engageaient aussi quelques artistes. Son général Sheremetoff, qui était à la tête de son ambassade en Italie, allait de Rome à Naples, à Venise, à Malte ; et le czar passa à Vienne avec les autres ambassadeurs. Il avait à voir la discipline guerrière des Allemands après les flottes anglaises et les ateliers de Hollande. La politique avait encore autant de part au voyage que l'instruction. L'empereur était l'allié nécessaire du czar contre les Turcs. Pierre vit Léopold incognito. Les deux monarques s'entretinrent debout pour éviter les embarras du cérémonial.

Il n'y eut rien de marqué dans son séjour à Vienne, que l'ancienne fête de l'*hôte* et de l'*hôtesse* [1], que Léopold renouvela pour lui, et qui n'avait point été en usage pendant son règne. Cette fête, qui se nomme *wurtchafft*, se célèbre de cette manière. L'empereur est l'hôtelier, l'impératrice l'hôtelière, le roi des Romains, les archiducs, les archiduchesses, sont d'ordinaire les aides, et reçoivent dans l'hôtellerie toutes les nations vêtues à la plus ancienne mode de leur pays ; ceux qui sont appelés à la fête tirent au sort des billets. Sur chacun est écrit le nom de la nation et de la condition qu'on doit représenter. L'un a un billet de mandarin chinois, l'autre de mirza tartare, de satrape persan ou de sénateur romain ; une princesse tire un billet de jardinière ou de laitière ; un prince est paysan ou soldat. On forme des danses convenables à tous ces caractères. L'hôte, l'hôtesse, et sa famille, servent à table. Telle est l'ancienne institution [2] ; mais, dans cette occasion, le roi des Romains, Joseph, et la comtesse de Traun représentèrent les anciens Égyptiens ; l'archiduc Charles et la comtesse de Valstein figuraient les Flamands du temps de Charles-Quint. L'archiduchesse Marie-Élisabeth et le comte de Traun étaient en Tartares ; l'archiduchesse Joséphine avec le comte de Vorkla étaient à la persane ; l'archiduchesse Marianne et le prince Maximilien de Hanovre en paysans de la Nord-Hollande. Pierre s'habilla en paysan de Frise, et on ne lui adressa la parole qu'en cette qualité, en lui parlant toujours du grand czar de Russie. Ce sont de très-petites particularités ; mais ce qui rappelle les anciennes mœurs peut, à quelques égards, mériter qu'on en parle.

Pierre était prêt à partir de Vienne pour aller achever de s'instruire à Venise lorsqu'il eut la nouvelle d'une révolte qui troublait ses États.

---

1. Voltaire a fait, en 1776, un divertissement intitulé *l'Hôte et l'Hôtesse*. Il en devait, comme il le dit, l'idée à cette ancienne fête de la cour de Vienne ; voyez tome VII de la présente édition.
2. Manuscrits de Pétersbourg et de Le Fort. (*Note de Voltaire.*)

CHAPITRE X.

CONJURATION PUNIE. MILICE DES STRÉLITZ ABOLIE. CHANGEMENTS DANS LES USAGES, DANS LES MŒURS, DANS L'ÉTAT ET DANS L'ÉGLISE.

Il avait pourvu à tout en partant, et même aux moyens de réprimer une rébellion. Ce qu'il faisait de grand et d'utile pour son pays fut la cause même de cette révolte.

De vieux boïards, à qui les anciennes coutumes étaient chères; des prêtres, à qui les nouvelles paraissaient des sacriléges, commencèrent les troubles. L'ancien parti de la princesse Sophie se réveilla. Une de ses sœurs[1], dit-on, renfermée avec elle dans le même monastère, ne servit pas peu à exciter les esprits : on représentait de tous côtés combien il était à craindre que des étrangers ne vinssent instruire la nation[2]. Enfin, qui le croirait? la permission que le czar avait donnée de vendre du tabac dans son empire, malgré le clergé, fut un des grands motifs des séditieux. La superstition, qui, dans toute la terre, est un fléau si funeste et si cher aux peuples, passa du peuple russe aux strélitz répandus sur les frontières de la Lithuanie : ils s'assemblèrent, ils marchèrent vers Moscou, dans le dessein de mettre Sophie sur le trône, et de fermer le retour à un czar qui avait violé les usages en osant s'instruire chez les étrangers. Le corps commandé par Shein et par Gordon, mieux discipliné qu'eux, les battit à quinze lieues de Moscou; mais cette supériorité d'un général étranger sur l'ancienne milice, dans laquelle plusieurs bourgeois de Moscou étaient enrôlés, irrita encore la nation.

Pour étouffer ces troubles, le czar part secrètement de Vienne, passe par la Pologne, voit incognito le roi Auguste, avec lequel il prend déjà des mesures pour s'agrandir du côté de la mer Baltique. Il arrive enfin à Moscou[3], et surprend tout le monde par sa présence : il récompense les troupes qui ont vaincu les strélitz ; les prisons étaient pleines de ces malheureux. Si leur crime était grand, le châtiment le fut aussi. Leurs chefs, plusieurs officiers et quelques prêtres, furent condamnés à la mort[4] ; quelques-uns

---

1. Eudoxe. Voyez la page suivante.
2. Manuscrits de Le Fort. (*Note de Voltaire.*)
3. Septembre 1698. (*Id.*)
4. Mémoires du capitaine et ingénieur Perri, employé en Russie par Pierre le Grand. (*Id.*)

furent roués, deux femmes enterrées vives. On pendit autour des murailles de la ville et on fit périr dans d'autres supplices deux mille strélitz [1]; leurs corps restèrent deux jours exposés sur les grands chemins, et surtout autour du monastère où résidaient les princesses Sophie et Eudoxe. On érigea des colonnes de pierre où le crime et le châtiment furent gravés. Un très-grand nombre qui avaient leurs femmes et leurs enfants à Moscou furent dispersés avec leurs familles dans la Sibérie, dans le royaume d'Astracan, dans le pays d'Azof : par là du moins leur punition fut utile à l'État; ils servirent à défricher et à peupler des terres qui manquaient d'habitants et de culture.

Peut-être si le czar n'avait pas eu besoin d'un exemple terrible, il eût fait travailler aux ouvrages publics une partie des strélitz qu'il fit exécuter, et qui furent perdus pour lui et pour l'État, la vie des hommes devant être comptée pour beaucoup, surtout dans un pays où la population demandait tous les soins d'un législateur; mais il crut devoir étonner et subjuguer pour jamais l'esprit de la nation par l'appareil et par la multitude des supplices. Le corps entier des strélitz, qu'aucun de ses prédécesseurs n'aurait osé seulement diminuer, fut cassé à perpétuité, et leur nom aboli. Ce grand changement se fit sans la moindre résistance, parce qu'il avait été préparé. Le sultan des Turcs, Osman, comme on l'a déjà remarqué [2], fut déposé dans le même siècle, et égorgé, pour avoir laissé seulement soupçonner aux janissaires qu'il voulait diminuer leur nombre. Pierre eut plus de bonheur, ayant mieux pris ses mesures. Il ne resta de toute cette grande milice des strélitz que quelques faibles régiments qui n'étaient plus dangereux, et qui cependant, conservant encore leur ancien esprit, se révoltèrent dans Astracan, en 1705, mais furent bientôt réprimés.

Autant Pierre avait déployé de sévérité dans cette affaire d'État, autant il montra d'humanité quand il perdit quelque temps après son favori Le Fort, qui mourut d'une mort prématurée à l'âge de quarante-six ans [3]. Il l'honora d'une pompe funèbre telle qu'on en fait aux grands souverains. Il assista lui-même au convoi, une pique à la main, marchant après les capitaines, au rang de lieutenant qu'il avait pris dans le grand régiment du général, enseignant à la fois à sa noblesse à respecter le mérite et les grades militaires.

---

1. Manuscrits de Le Fort. (*Note de Voltaire.*)
2. Page 445 ci-dessus; et tome XIII, page 137.
3. 12 mars 1699, n. st. (*Note de Voltaire.*)

On connut après la mort de Le Fort que les changements préparés dans l'État ne venaient pas de lui, mais du czar. Il s'était confirmé dans ses projets par les conversations avec Le Fort; mais il les avait tous conçus, et il les exécuta sans lui.

Dès qu'il eut détruit les strélitz, il établit des régiments réguliers sur le modèle allemand; ils eurent des habits courts et uniformes, au lieu de ces jaquettes incommodes dont ils étaient vêtus auparavant: l'exercice fut plus régulier.

Les gardes Préobazinski étaient déjà formées: ce nom leur venait de cette première compagnie de cinquante hommes que le czar, jeune encore, avait exercée dans la retraite de Préobazinski, du temps que sa sœur Sophie gouvernait l'État; et l'autre régiment des gardes était aussi établi.

Comme il avait passé lui-même par les plus bas grades militaires, il voulut que les fils de ses boïards et de ses knès commençassent par être soldats avant d'être officiers. Il en mit d'autres sur la flotte à Véronise et vers Azof, et il fallut qu'ils fissent l'apprentissage de matelot. On n'osait refuser un maître qui avait donné l'exemple. Les Anglais et les Hollandais travaillaient à mettre cette flotte en état, à construire des écluses, à établir des chantiers où l'on pût caréner les vaisseaux à sec, à reprendre le grand ouvrage de la jonction du Tanaïs et du Volga, abandonné par l'Allemand Brakel. Dès lors les réformes dans son conseil d'État, dans les finances, dans l'Église, dans la société même, furent commencées.

Les finances étaient à peu près administrées comme en Turquie. Chaque boïard payait pour ses terres une somme convenue qu'il levait sur ses paysans serfs; le czar établit pour ses receveurs des bourgeois, des bourgmestres, qui n'étaient pas assez puissants pour s'arroger le droit de ne payer au trésor public que ce qu'ils voudraient. Cette nouvelle administration des finances fut ce qui lui coûta le plus de peine; il fallut essayer de plus d'une méthode avant de se fixer.

La réforme dans l'Église, qu'on croit partout difficile et dangereuse, ne le fut point pour lui. Les patriarches avaient quelquefois combattu l'autorité du trône, ainsi que les strélitz: Nicon, avec audace; Joachim, un des successeurs de Nicon, avec souplesse. Les évêques s'étaient arrogé le droit du glaive, celui de condamner à des peines afflictives et à la mort, droit contraire à l'esprit de la religion et au gouvernement: cette usurpation ancienne leur fut ôtée. Le patriarche Adrien étant mort à la fin du siècle, Pierre déclara qu'il n'y en aurait plus. Cette dignité fut entièrement abolie ; les grands biens affectés au patriarcat furent réunis aux finances publiques, qui en avaient besoin. Si le czar ne se fit pas le chef de l'Église russe, comme les rois de la Grande-Bretagne le sont de l'Église anglicane, il en fut en effet le maître absolu, parce que les synodes n'osaient ni désobéir à un souverain despotique, ni disputer contre un prince plus éclairé qu'eux.

Il ne faut que jeter les yeux sur le préambule de l'édit de ses règlements ecclésiastiques, donné en 1721, pour voir qu'il agissait en législateur et en maître. « Nous nous croirions coupable d'ingratitude envers le Très-Haut si, après avoir réformé l'ordre militaire et le civil, nous négligions l'ordre spirituel, etc. A ces causes, suivant l'exemple des plus anciens rois dont la piété est célèbre, nous avons pris sur nous le soin de donner de bons règlements au clergé. » Il est vrai qu'il établit un synode pour faire exécuter ses lois ecclésiastiques ; mais les membres du synode devaient commencer leur ministère par un serment dont lui-même avait écrit et signé la formule : ce serment était celui de l'obéissance ; en voici les termes : « Je jure d'être fidèle et obéissant serviteur et sujet à mon naturel et véritable souverain, aux augustes successeurs qu'il lui plaira de nommer, en vertu du pouvoir incontestable qu'il en a. Je reconnais qu'il est le juge suprême de ce collége spirituel ; je jure par le Dieu qui voit tout, que j'entends et que j'explique ce serment dans toute la force et le sens que les paroles présentent à ceux qui le lisent ou qui l'écoutent. » Ce serment est encore plus fort que celui de suprématie en Angleterre. Le monarque russe n'était pas à la vérité un des pères du synode, mais il dictait leurs lois ; il ne touchait point à l'encensoir, mais il dirigeait les mains qui le portaient.

En attendant ce grand ouvrage, il crut que, dans ses États, qui avaient besoin d'être peuplés, le célibat des moines était contraire à la nature et au bien public. L'ancien usage de l'Église russe est que les prêtres séculiers se marient au moins une fois ; ils y sont même obligés, et autrefois, quand ils avaient perdu leur femme, ils cessaient d'être prêtres ; mais une multitude de jeunes gens et de jeunes filles, qui font vœu dans un cloître d'être inutiles et de vivre aux dépens d'autrui, lui parut dangereuse : il ordonna qu'on n'entrerait dans les cloîtres qu'à cinquante ans, c'est-à-dire dans un âge où cette tentation ne prend presque jamais, et il défendit qu'on y reçût, à quelque âge que ce fût, un homme revêtu d'un emploi public.

Ce règlement a été aboli depuis lui, lorsqu'on a cru devoir

plus de condescendance aux monastères ; mais, pour la dignité de patriarche, elle n'a jamais été rétablie, les grands revenus du patriarcat ayant été employés au payement des troupes.

Ces changements excitèrent d'abord quelques murmures ; un prêtre écrivit que Pierre était l'Antechrist, parce qu'il ne voulait point de patriarche ; et l'art de l'imprimerie, que le czar encourageait, servit à faire imprimer contre lui des libelles ; mais aussi un autre prêtre répondit que ce prince ne pouvait être l'Antechrist, parce que le nombre de 666 ne se trouvait pas dans son nom, et qu'il n'avait point le signe de la bête. Les plaintes furent bientôt réprimées[1]. Pierre, en effet, donna bien plus à son Église qu'il ne lui ôta : car il rendit peu à peu le clergé plus régulier et plus savant. Il a fondé à Moscou trois colléges où l'on apprend les langues, et où ceux qui se destinaient à la prêtrise étaient obligés d'étudier.

Une des réformes les plus nécessaires était l'abolition ou du moins l'adoucissement de quatre grands carêmes : ancien assujettissement de l'Église grecque, aussi pernicieux pour ceux qui travaillent aux ouvrages publics, et surtout pour les soldats, que le fut l'ancienne superstition des Juifs de ne point combattre le jour du sabbat. Aussi le czar dispensa-t-il au moins ses troupes et ses ouvriers de ces carêmes, dans lesquels d'ailleurs, s'il n'était pas permis de manger, il était d'usage de s'enivrer. Il les dispensa même de l'abstinence les jours maigres ; les aumôniers de vaisseau et de régiment furent obligés d'en donner l'exemple, et le donnèrent sans répugnance.

Le calendrier était un objet important. L'année fut autrefois réglée dans tous les pays de la terre par les chefs de la religion, non-seulement à cause des fêtes, mais parce que anciennement l'astronomie n'était guère connue que des prêtres. L'année commençait au premier de septembre chez les Russes ; il ordonna que désormais l'année commencerait au premier de janvier, comme dans notre Europe. Ce changement fut indiqué pour l'année 1700, à l'ouverture du siècle, qu'il fit célébrer par un jubilé et par de grandes solennités. La populace admirait comment le czar avait pu changer le cours du soleil. Quelques obstinés, persuadés que Dieu avait créé le monde en septembre, continuèrent leur ancien style ; mais il changea dans les bureaux, dans les chancelleries, et bientôt dans tout l'empire. Pierre n'adoptait pas le calendrier grégorien

---

1. Voltaire a dit, dans l'*Histoire de Charles XII* (voyez dans ce volume, page 160), quel fut le moyen de répression qu'employa Pierre Ier.

que les mathématiciens anglais rejetaient, et qu'il faudra bien un jour recevoir dans tous les pays[1].

Depuis le v⁰ siècle, temps auquel on avait connu l'usage des lettres, on écrivait sur des rouleaux, soit d'écorce, soit de parchemin, et ensuite sur du papier. Le czar fut obligé de donner un édit par lequel il était ordonné de n'écrire que selon notre usage.

La réforme s'étendit à tout. Les mariages se faisaient auparavant comme dans la Turquie et dans la Perse, où l'on ne voit celle qu'on épouse que lorsque le contrat est signé, et qu'on ne peut plus s'en dédire. Cet usage est bon chez des peuples où la polygamie est établie, et où les femmes sont renfermées; il est mauvais pour les pays où l'on est réduit à une femme, et où le divorce est rare.

Le czar voulut accoutumer sa nation aux mœurs et aux coutumes des nations chez lesquelles il avait voyagé, et dont il avait tiré tous les maîtres qui instruisaient alors la sienne.

Il était utile que les Russes ne fussent point vêtus d'une autre manière que ceux qui leur enseignaient les arts, la haine contre les étrangers étant trop naturelle aux hommes, et trop entretenue par la différence des vêtements. L'habit de cérémonie, qui tenait alors du polonais, du tartare, et de l'ancien hongrois, était, comme on l'a dit[2], très-noble; mais l'habit des bourgeois et du bas peuple ressemblait à ces jaquettes plissées vers la ceinture, qu'on donne encore à certains pauvres dans quelques-uns de nos hôpitaux. En général la robe fut autrefois le vêtement de toutes les nations; ce vêtement demandait moins de façons et moins d'art : on laissait croître sa barbe par la même raison. Le czar n'eut pas de peine à introduire l'habit de nos nations, et la coutume de se raser à sa cour; mais le peuple fut plus difficile; on fut obligé d'imposer une taxe sur les habits longs et sur les barbes. On suspendait aux portes de la ville des modèles de justaucorps : on coupait les robes et les barbes à qui ne voulait pas payer. Tout cela s'exécutait gaiement, et cette gaieté même prévint les séditions[3].

L'attention de tous les législateurs fut toujours de rendre les hommes sociables; mais, pour l'être, ce n'est pas assez d'être ras-

---

1. Le calendrier grégorien n'est pas encore admis en Russie; il n'a été reçu en Angleterre qu'en 1752.
2. Page 420.
3. Il y eut moins de gaieté que le dit Voltaire. Ce fut même le germe d'un mécontentement qui éclata plus tard en révolte. (G. A.)

semblés dans une ville, il faut se communiquer avec politesse : cette communication adoucit partout les amertumes de la vie. Le czar introduisit les *assemblées*, en italien *ridotti*, mot que les gazetiers ont traduit par le terme impropre de *redoute*. Il fit inviter à ces assemblées les dames avec leurs filles habillées à la mode des nations méridionales de l'Europe ; il donna même des règlements pour ces petites fêtes de société. Ainsi jusqu'à la civilité de ses sujets, tout fut son ouvrage et celui du temps.

Pour mieux faire goûter ces innovations, il abolit le mot de *golut*, *esclave*, dont les Russes se servaient quand ils voulaient[1] parler aux czars, et quand ils présentaient des requêtes ; il ordonna qu'on se servît du mot de *raad*, qui signifie *sujet*. Ce changement n'ôta rien à l'obéissance, et devait concilier l'affection. Chaque mois voyait un établissement ou un changement nouveau. Il porta l'attention jusqu'à faire placer sur le chemin de Moscou à Véronise des poteaux peints qui servaient de colonnes milliaires de verste en verste, c'est-à-dire à la distance de sept cent cinquante pas, et fit construire des espèces de caravansérails de vingt verstes en vingt verstes.

En étendant ainsi ses soins sur le peuple, sur les marchands, sur les voyageurs, il voulut mettre quelque pompe dans sa cour, haïssant le faste dans sa personne, et le croyant nécessaire aux autres. Il institua l'ordre de Saint-André[2] à l'imitation de ces ordres dont toutes les cours de l'Europe sont remplies. Gollovin, successeur de Le Fort dans la dignité de grand-amiral, fut le premier chevalier de cet ordre. On regarda l'honneur d'y être admis comme une grande récompense. C'est un avertissement qu'on porte sur soi d'être respecté par le peuple ; cette marque d'honneur ne coûte rien à un souverain, et flatte l'amour-propre d'un sujet sans le rendre puissant.

Tant d'innovations utiles étaient reçues avec applaudissement de la plus saine partie de la nation, et les plaintes des partisans des anciennes mœurs étaient étouffées par les acclamations des hommes raisonnables.

Pendant que Pierre commençait cette création dans l'intérieur de ses États, une trêve avantageuse avec l'empire turc le mettait en liberté d'étendre ses frontières d'un autre côté. Mustapha II, vaincu par le prince Eugène à la bataille de Zenta, en 1697, ayant

---

1. Au lieu de *voulaient*, les éditions, originale de 1759, in-4° de 1768, encadrée de 1775, portent *pouvaient*. (B.)
2. 10 septembre 1698. On suit toujours le nouveau style. (*Note de Voltaire*.)

perdu la Morée conquise par les Vénitiens, et n'ayant pu défendre Azof, fut obligé de faire la paix avec tous ses vainqueurs; elle fut conclue à Carlovitz [1] entre Petervaradin et Salankemen, lieux devenus célèbres par ses défaites. Temisvar fut la borne des possessions allemandes et des domaines ottomans. Kaminieck fut rendu aux Polonais; la Morée et quelques villes de la Dalmatie, prises par les Vénitiens, leur restèrent pour quelque temps, et Pierre Ier demeura maître d'Azof et de quelques forts construits dans les environs. Il n'était guère possible au czar de s'agrandir du côté des Turcs, dont les forces, auparavant divisées, et maintenant réunies, seraient tombées sur lui. Ses projets de marine étaient trop grands pour les Palus-Méotides. Les établissements sur la mer Caspienne ne comportaient pas une flotte guerrière : il tourna donc ses desseins vers la mer Baltique, sans abandonner la marine du Tanaïs et du Volga.

CHAPITRE XI.

GUERRE CONTRE LA SUÈDE. BATAILLE DE NARVA.

(Année 1700.)

Il s'ouvrait alors une grande scène vers les frontières de la Suède. Une des principales causes de toutes les révolutions qui arrivèrent de l'Ingrie jusqu'à Dresde, et qui désolèrent tant d'États pendant dix-huit années, fut l'abus du pouvoir suprême dans Charles XI, roi de Suède, père de Charles XII. On ne peut trop répéter ce fait, il importe à tous les trônes et à tous les peuples. Presque toute la Livonie avec l'Estonie entière avait été abandonnée par la Pologne au roi de Suède Charles XI, qui succéda à Charles X précisément pendant le traité d'Oliva : elle fut cédée, comme c'est l'usage, sous la réserve de tous ses privilèges. Charles XI les respecta peu. Jean Reginold Patkul, gentilhomme livonien, vint à Stockholm, en 1692, à la tête de six députés de la province, porter aux pieds du trône des plaintes respectueuses et fortes[2] : pour toute réponse on mit les six députés en prison,

---

1. 1699, 26 janvier. (*Note de Voltaire.*)
2. Nordberg, chapelain et confesseur de Charles XII, dit dans son histoire

et on condamna Patkul à perdre *l'honneur et la vie*: il ne perdit ni l'un ni l'autre; il s'évada, et resta quelque temps dans le pays de Vaud en Suisse. Lorsque depuis il apprit qu'Auguste, électeur de Saxe, avait promis, à son avénement au trône de Pologne, de recouvrer les provinces arrachées au royaume, il courut à Dresde représenter la facilité de reprendre la Livonie, et de se venger sur un roi de dix-sept ans des conquêtes de ses ancêtres.

Dans le même temps, le czar Pierre pensait à se saisir de l'Ingrie et de la Carélie. Les Russes avaient autrefois possédé ces provinces. Les Suédois s'en étaient emparés par le droit de la guerre dans le temps des faux Demetrius: ils les avaient conservées par des traités. Une nouvelle guerre et de nouveaux traités pouvaient les donner à la Russie. Patkul alla de Dresde à Moscou, et, animant deux monarques à sa propre vengeance, il cimenta leur union et hâta leurs préparatifs pour saisir tout ce qui est à l'orient et au midi de la Finlande.

Précisément dans le même temps le nouveau roi de Danemark, Frédéric IV, se liguait avec le czar et le roi de Pologne contre le jeune Charles, qui semblait devoir succomber. Patkul eut la satisfaction d'assiéger les Suédois dans Riga, capitale de la Livonie, et de presser le siége en qualité de général major.

(Septembre.) Le czar fit marcher environ soixante mille hommes vers l'Ingrie. Il est vrai que dans cette grande armée il n'y avait guère que douze mille soldats bien aguerris qu'il avait disciplinés lui-même, tels que ses deux régiments des gardes et quelques autres; le reste était des milices mal armées: il y avait quelques Cosaques et des Tartares circassiens; mais il traînait après lui cent quarante-cinq pièces de canon. Il mit le siége devant Narva, petite ville en Ingrie, qui a un port commode; et il était très-vraisemblable que la place serait bientôt emportée.

Toute l'Europe sait comment Charles XII, n'ayant pas dix-huit ans accomplis, alla attaquer tous ses ennemis l'un après l'autre, descendit dans le Danemark, finit la guerre de Danemark en moins de six semaines, envoya du secours à Riga, en fit lever le siége, et marcha aux Russes devant Narva, au milieu des glaces, au mois de novembre.

Le czar, comptant sur la prise de la ville, était allé à Novogo-

« qu'il eut l'insolence de se plaindre des vexations, et qu'on le condamna à perdre l'honneur et la vie ». C'est parler en prêtre du despotisme. Il eût dû savoir qu'on ne peut ôter l'honneur à un citoyen qui fait son devoir. (*Note de Voltaire.*) — La remarque de Voltaire ne prouve pas que la condamnation n'ait pas été conçue en ces termes.

rod[1], amenant avec lui son favori Menzikoff, alors lieutenant dans la compagnie des bombardiers du régiment Préobazinski, devenu depuis feld-maréchal et prince, homme dont la singulière fortune mérite qu'on en parle ailleurs[2] avec plus d'étendue.

Pierre laissa son armée et ses instructions pour le siége au prince de Croï, originaire de Flandre, qui depuis peu était passé à son service[3]. Le prince Dolgorouki fut le commissaire de l'armée. La jalousie entre ces deux chefs et l'absence du czar furent en partie cause de la défaite inouïe de Narva. Charles XII ayant débarqué à Pernaw en Livonie avec ses troupes, au mois d'octobre, s'avance au nord à Revel, défait dans ces quartiers un corps avancé de Russes. Il marche et en bat encore un autre. Les fuyards retournent au camp devant Narva, et y portent l'épouvante. Cependant on était déjà au mois de novembre. Narva, quoique mal assiégée, était prête de se rendre. Le jeune roi de Suède n'avait pas alors avec lui neuf mille hommes, et ne pouvait opposer que dix pièces d'artillerie à cent quarant-cinq canons dont les retranchements des Russes étaient bordés. Toutes les relations de ce temps-là, tous les historiens sans exception, font monter l'armée russe devant Narva à quatre-vingt mille combattants. Les Mémoires qu'on m'a fait tenir disent soixante, d'autres quarante mille : quoi qu'il en soit, il est certain que Charles n'en avait pas neuf mille, et que cette journée est une de celles qui prouvent que les grandes victoires ont souvent été remportées par le plus petit nombre depuis la bataille d'Arbelles.

Charles ne balança pas à attaquer avec sa petite troupe cette armée si supérieure ; et, profitant d'un vent violent et d'une grosse neige que ce vent portait contre les Russes, il fondit dans leurs retranchements[4] à l'aide de quelques pièces de canon avantageusement postées. Les Russes n'eurent pas le temps de se reconnaître au milieu de ce nuage de neige qui leur donnait au visage, foudroyés par les canons qu'ils ne voyaient pas, et n'imaginant point quel petit nombre ils avaient à combattre.

Le duc de Croï voulut donner des ordres, et le prince Dolgorouki ne voulut pas les recevoir. Les officiers russes se soulèvent

1. 18 novembre 1700. (*Note de Voltaire.*)
2. Cette phrase donne à penser que Voltaire avait l'intention de consacrer à Menzikoff un article de quelque étendue ; c'est ce qu'il n'a point fait. Il avait, dans son *Histoire de Charles XII* (voyez dans ce volume, page 277), parlé des vicissitudes de la fortune de ce personnage. (B.)
3. Voyez l'*Histoire de Charles XII*. (*Note de Voltaire.*) — Pages 172 et suiv.
4. 30 novembre. (*Id.*)

contre les officiers allemands ; ils massacrent le secrétaire du duc, le colonel Lyon, et plusieurs autres. Chacun quitte son poste ; le tumulte, la confusion, la terreur panique se répand dans toute l'armée. Les troupes suédoises n'eurent alors à tuer que des hommes qui fuyaient. Les uns courent se jeter dans la rivière de Narva, et une foule de soldats y furent noyés ; les autres abandonnaient leurs armes et se mettaient à genoux devant les Suédois. Le duc de Croï, le général Allard, les officiers allemands, qui craignaient plus les Russes, soulevés contre eux, que les Suédois, vinrent se rendre au comte Stenbock ; le roi de Suède, maître de toute l'artillerie, voit trente mille vaincus à ses pieds, jetant les armes, défilant devant lui, nu-tête. Le knès Dolgorouki et tous les autres généraux moscovites se rendent à lui comme les généraux allemands ; et ce ne fut qu'après s'être rendus qu'ils apprirent qu'ils avaient été vaincus par huit mille hommes. Parmi les prisonniers se trouva le fils du roi de Géorgie, qui fut envoyé à Stockholm ; on l'appelait Mittelleski[1], czarovitz, fils de czar : ce qui est une nouvelle preuve que ce titre de czar ou tzar ne tirait point son origine des Césars romains.

Du côté de Charles XII il n'y eut guère que douze cents soldats de tués dans cette bataille. Le journal du czar, qu'on m'a envoyé de Pétersbourg, dit qu'en comptant les soldats qui périrent au siége de Narva et dans la bataille, et qui se noyèrent dans leur fuite, on ne perdit que six mille hommes. L'indiscipline et la terreur firent donc tout dans cette journée. Les prisonniers de guerre étaient quatre fois plus nombreux que les vainqueurs, et si on en croit Nordberg [2], le comte Piper, qui fut depuis prisonnier des Russes, leur reprocha qu'à cette bataille le nombre des prisonniers avait excédé huit fois celui de l'armée suédoise. Si ce fait était vrai, les Suédois auraient fait soixante-douze mille prisonniers. On voit par là combien il est rare d'être instruit des détails. Ce qui est incontestable et singulier, c'est que le roi de Suède permit à la moitié des soldats russes de s'en retourner désarmés, et à l'autre moitié de repasser la rivière avec leurs armes [3]. Cette étrange confiance rendit au czar des troupes qui enfin, étant disciplinées, devinrent redoutables [4].

1. Dans l'*Histoire de Charles XII*, livre II, page 177, Voltaire l'appelle Artchelou.
2. Page 439, tome Ier, édition in-4°, à *La Haye*. (*Note de Voltaire*.)
3. Voyez une note à ce sujet dans l'*Histoire de Charles XII*, livre II, page 176.
4. Le chapelain Nordberg prétend qu'après la bataille de Narva, le Grand Turc écrivit aussitôt une lettre de félicitation au roi de Suède en ces termes : « Le sultan bassa, par la grâce de Dieu, au roi Charles XII, etc. » La lettre est datée de l'ère de la création du monde. (*Note de Voltaire*.)

Tous les avantages qu'on peut tirer d'une bataille gagnée, Charles XII les eut ; magasins immenses, bateaux de transport chargés de provisions, postes évacués ou pris, tout le pays à la discrétion des Suédois : voilà quel fut le fruit de la victoire. Narva délivrée, les débris des Russes ne se montrant pas, toute la contrée ouverte jusqu'à Pleskow, le czar parut sans ressource pour soutenir la guerre ; et le roi de Suède, vainqueur en moins d'une année des monarques de Danemark, de Pologne, et de Russie, fut regardé comme le premier homme de l'Europe, dans un âge où les autres n'osent encore prétendre à la réputation. Mais Pierre, qui dans son caractère avait une constance inébranlable, ne fut découragé dans aucun de ses projets.

Un évêque de Russie composa une prière [1] à saint Nicolas au sujet de cette défaite ; on la récita dans la Russie. Cette pièce, qui fait voir l'esprit du temps et de quelle ignorance Pierre a tiré son pays, disait que les enragés et épouvantables Suédois étaient des sorciers : on s'y plaignait d'avoir été abandonné par saint Nicolas. Les évêques russes d'aujourd'hui n'écriraient pas de pareilles pièces ; et, sans faire tort à saint Nicolas, on s'aperçut bientôt que c'était à Pierre qu'il fallait s'adresser.

CHAPITRE XII.

RESSOURCES APRÈS LA BATAILLE DE NARVA ; CE DÉSASTRE ENTIÈREMENT RÉPARÉ. CONQUÊTE DE PIERRE AUPRÈS DE NARVA MÊME. SES TRAVAUX DANS SON EMPIRE. LA PERSONNE QUI FUT DEPUIS IMPÉRATRICE, PRISE DANS LE SAC D'UNE VILLE. SUCCÈS DE PIERRE ; SON TRIOMPHE A MOSCOU [2].

(ANNÉES 1701 ET 1702.)

Le czar, ayant quitté son armée devant Narva, sur la fin de novembre 1700, pour se concerter avec le roi de Pologne, apprit en chemin la victoire des Suédois. Sa constance était aussi inébran-

---

1. Elle est imprimée dans la plupart des journaux et des pièces de ce temps-là, et se trouve dans l'*Histoire de Charles XII.* (*Note de Voltaire.*) — Voyez dans ce volume, page 177.

2. Tiré tout entier, ainsi que les suivants, du journal de Pierre le Grand, envoyé de Pétersbourg. (*Note de Voltaire.*)

lable que la valeur de Charles XII était intrépide et opiniâtre. Il différa ses conférences avec Auguste pour apporter un prompt remède au désordre des affaires. Les troupes dispersées se rendirent à la grande Novogorod, et de là à Pleskow sur le lac Peipus.

C'était beaucoup de se tenir sur la défensive après un si rude échec. « Je sais bien, disait-il, que les Suédois seront longtemps supérieurs; mais enfin ils nous apprendront à les vaincre. »

Pierre, après avoir pourvu aux premiers besoins, après avoir ordonné partout des levées, court à Moscou faire fondre du canon. Il avait perdu tout le sien devant Narva; on manquait de bronze : il prend les cloches des églises et des monastères. Ce trait ne marquait pas de superstition, mais aussi il ne marquait pas d'impiété. On fabrique donc avec des cloches cent gros canons, cent quarante-trois pièces de campagne, depuis trois jusqu'à six livres de balle, des mortiers, des obus; il les envoie à Pleskow. Dans d'autres pays un chef ordonne, et on exécute; mais alors il fallait que le czar fît tout par lui-même. Tandis qu'il hâte ces préparatifs, il négocie avec le roi de Danemark, qui s'engage à lui fournir trois régiments de pied et trois de cavalerie, engagement que ce roi n'osa remplir.

A peine ce traité est-il signé qu'il revole vers le théâtre de la guerre; il va trouver le roi Auguste[1] à Birzen, sur les frontières de Courlande et de Lithuanie. Il fallait fortifier ce prince dans la résolution de soutenir la guerre contre Charles XII; il fallait engager la diète polonaise dans cette guerre. On sait assez qu'un roi de Pologne n'est que le chef d'une république. Le czar avait l'avantage d'être toujours obéi; mais un roi de Pologne, un roi d'Angleterre, et aujourd'hui un roi de Suède[2], négocient toujours avec leurs sujets. Patkul et les Polonais partisans de leur roi assistèrent à ces conférences. Pierre promit des subsides et vingt mille soldats[3]. La Livonie devait être rendue à la Pologne en cas que la diète voulût s'unir à son roi, et l'aider à recouvrer cette province; mais les propositions du czar firent moins d'effet sur la diète que la crainte. Les Polonais redoutaient à la fois de se voir gênés par les Saxons et par les Russes, et ils redoutaient encore plus Charles XII. Ainsi le plus nombreux parti conclut à ne point servir son roi et à ne point combattre.

---

1. 27 février 1701. (*Note de Voltaire.*)
2. En 1759, le roi de Suède Adolphe-Frédéric était à la merci de la faction dite des *Chapeaux*, qui avait pour antagoniste la faction des *Bonnets*. Gustave III, son successeur, se rendit absolu en 1772. (G. A.) — Voyez, tome X, page 447, l'Épître adressée à ce prince.
3. Dans ce volume, page 178, Voltaire a dit *cinquante mille*.

Les partisans du roi de Pologne s'animèrent contre la faction contraire; et enfin, de ce qu'Auguste avait voulu rendre à la Pologne une grande province, il en résulta dans ce royaume une guerre civile.

Pierre n'avait donc dans le roi Auguste qu'un allié peu puissant, et dans les troupes saxonnes qu'un faible secours. La crainte qu'inspirait partout Charles XII réduisait Pierre à ne se soutenir que par ses propres forces.

Ayant couru de Moscou en Courlande pour s'aboucher avec Auguste, il revole[1] de Courlande à Moscou pour hâter l'accomplissement de ses promesses. Il fait en effet marcher le prince Repnin avec quatre mille hommes vers Riga, sur les bords de la Duina, où les Saxons étaient retranchés.

Cette terreur commune augmenta quand Charles, passant la Duina[2] malgré les Saxons campés avantageusement sur le bord opposé, eut remporté une victoire complète; quand, sans attendre un moment, il eut soumis la Courlande, qu'on le vit avancer en Lithuanie, et que la faction polonaise, ennemie d'Auguste, fut encouragée par le vainqueur.

Pierre n'en suivit pas moins tous ses desseins. Le général Patkul, qui avait été l'âme des conférences de Birzen, et qui avait passé à son service, lui fournissait des officiers allemands, disciplinait ses troupes, et lui tenait lieu du général Le Fort; il perfectionnait ce que l'autre avait commencé. Le czar fournissait des relais à tous les officiers et même aux soldats allemands, ou livoniens, ou polonais, qui venaient servir dans ses armées; il entrait dans les détails de leur armure, de leur habillement, de leur subsistance.

Aux confins de la Livonie et de l'Estonie, et à l'occident de la province de Novogorod, est le grand lac Peipus, qui reçoit du midi de la Livonie la rivière Vélika, et duquel sort, au septentrion, la rivière de Naiova qui baigne les murs de cette ville de Narva, près de laquelle les Suédois avaient remporté leur célèbre victoire. Ce lac a trente de nos lieues communes de long, tantôt douze, tantôt quinze de large : il était nécessaire d'y entretenir une flotte pour empêcher les vaisseaux suédois d'insulter la province de Novogorod, pour être à portée d'entrer sur leurs côtes, mais surtout pour former des matelots. Pierre, pendant toute l'année 1701, fit construire sur ce lac cent demi-galères qui por-

1. 1er mars. (*Note de Voltaire.*)
2. Juillet. (*Id.*)

taient environ cinquante hommes chacune; d'autres barques furent armées en guerre sur le lac Ladoga. Il dirigea lui-même tous les ouvrages, et fit manœuvrer ses nouveaux matelots. Ceux qui avaient été employés, en 1697, sur les Palus-Méotides, l'étaient alors près de la Baltique. Il quittait souvent ces ouvrages pour aller à Moscou et dans ses autres provinces affermir toutes les innovations commencées, et en faire de nouvelles.

Les princes qui ont employé le loisir de la paix à construire des ouvrages publics se sont fait un nom ; mais que Pierre, après l'infortune de Narva, s'occupât à joindre par des canaux la mer Baltique, la mer Caspienne et le Pont-Euxin, il y a là plus de gloire véritable que dans le gain d'une bataille. Ce fut en 1702 qu'il commença à creuser ce profond canal qui va du Tanaïs au Volga. D'autres canaux devaient faire communiquer par des lacs le Tanaïs avec la Duina, dont la mer Baltique reçoit les eaux à Riga ; mais ce second projet était encore fort éloigné, puisque Pierre était bien loin d'avoir Riga en sa puissance.

Charles dévastait la Pologne, et Pierre faisait venir de Pologne et de Saxe à Moscou des bergers et des brebis pour avoir des laines avec lesquelles on pût fabriquer de bons draps ; il établissait des manufactures de linge, des papeteries : on faisait venir par ses ordres des ouvriers en fer, en laiton, des armuriers, des fondeurs ; les mines de la Sibérie étaient fouillées. Il travaillait à enrichir ses États et à les défendre.

Charles poursuivait le cours de ses victoires, et laissait vers les États du czar assez de troupes pour conserver, à ce qu'il croyait, toutes les possessions de la Suède. Le dessein était déjà pris de détrôner le roi Auguste, et de poursuivre ensuite le czar jusqu'à Moscou avec ses armes victorieuses.

Il y eut quelques petits combats cette année entre les Russes et les Suédois. Ceux-ci ne furent pas toujours supérieurs ; et dans les rencontres même où ils avaient l'avantage, les Russes s'aguerrissaient. Enfin, un an après la bataille de Narva, le czar avait déjà des troupes si bien disciplinées qu'elles vainquirent un des meilleurs généraux de Charles.

Pierre était à Pleskow, et de là il envoyait de tous côtés des corps nombreux pour attaquer les Suédois. Ce ne fut point un étranger, mais un Russe qui les défit. Son général Sheremetof enleva près de Derpt, sur les frontières de la Livonie [1], plusieurs quartiers au général suédois Slipenbach, par une manœuvre

---

1. 11 janvier 1702. (*Note de Voltaire.*)

habile, et ensuite le battit lui-même. On gagna pour la première fois des drapeaux suédois au nombre de quatre, et c'était beaucoup alors.

Les lacs de Peipus et de Ladoga furent quelque temps après des théâtres de batailles navales ; les Suédois y avaient le même avantage que sur terre, celui de la discipline et d'un long usage ; cependant les Russes combattirent quelquefois avec succès sur leurs demi-galères ; et dans un combat général sur le lac de Peipus, le feld-maréchal Sheremetof prit une frégate suédoise [1].

C'était par ce lac Peipus que le czar tenait continuellement la Livonie et l'Estonie en alarme : ses galères y débarquaient souvent plusieurs régiments ; on se rembarquait quand le succès n'était pas favorable ; et, s'il l'était, on poursuivait ses avantages. On battit deux fois [2] les Suédois dans ces quartiers auprès de Derpt, tandis qu'ils étaient victorieux partout ailleurs.

Les Russes, dans toutes ces actions, étaient toujours supérieurs en nombre : c'est ce qui fit que Charles XII, qui combattait si heureusement ailleurs, ne s'inquiéta jamais des succès du czar ; mais il dut considérer que ce grand nombre s'aguerrissait tous les jours, et qu'il pouvait devenir formidable pour lui-même.

Pendant qu'on se bat sur terre et sur mer [3] vers la Livonie, l'Ingrie et l'Estonie, le czar apprend qu'une flotte suédoise est destinée pour aller ruiner Archangel ; il y marche : on est étonné d'entendre qu'il est sur les bords de la mer Glaciale, tandis qu'on le croit à Moscou. Il met tout en état de défense, prévient la descente, trace lui-même le plan d'une citadelle nommée la nouvelle Duina, pose la première pierre, retourne à Moscou, et de là vers le théâtre de la guerre.

Charles avançait en Pologne, mais les Russes avançaient en Ingrie et en Livonie. Le maréchal Sheremetof va à la rencontre des Suédois commandés par Slipenbach ; il lui livre bataille auprès de la petite rivière d'Embac, et la gagne ; il prend seize drapeaux et vingt canons. Nordberg met ce combat au 1er décembre 1701, et le journal de Pierre le Grand le place au 19 juillet 1702.

Il avance, il met tout à contribution ; il prend la petite ville de Marienbourg [4], sur les confins de la Livonie et de l'Ingrie. Il y a dans le Nord beaucoup de villes de ce nom ; mais celle-ci,

---

1. Mai. (*Note de Voltaire.*)
2. Juin et juillet. (*Id.*)
3. Juillet. (*Id.*)
4. 6 août. (*Id.*)

quoiqu'elle n'existe plus, est cependant plus célèbre que toutes les autres, par l'aventure de l'impératrice Catherine.

Cette petite ville s'étant rendue à discrétion, les Suédois, soit par inadvertance, soit à dessein, mirent le feu aux magasins. Les Russes, irrités, détruisirent la ville et emmenèrent en captivité tout ce qu'ils trouvèrent d'habitants. Il y avait parmi eux une jeune Livonienne, élevée chez le ministre luthérien du lieu, nommé Gluk; elle fut du nombre des captifs : c'est celle-là même qui devint depuis la souveraine de ceux qui l'avaient prise, et qui a gouverné les Russes sous le nom d'impératrice Catherine.

On avait vu auparavant des citoyennes sur le trône : rien n'était plus commun en Russie, et dans tous les royaumes de l'Asie, que les mariages des souverains avec leurs sujettes; mais qu'une étrangère, prise dans les ruines d'une ville saccagée, soit devenue la souveraine absolue de l'empire où elle fut amenée captive, c'est ce que la fortune et le mérite n'ont fait voir que cette fois dans les annales du monde.

La suite de ce succès ne se démentit point en Ingrie; la flotte des demi-galères russes sur le lac Ladoga contraignit celle des Suédois de se retirer à Vibourg, à une extrémité de ce grand lac : de là ils purent voir à l'autre bout le siége de la forteresse de Notebourg, que le czar fit entreprendre par le général Sheremetof. C'était une entreprise bien plus importante qu'on ne pensait; elle pouvait donner une communication avec la mer Baltique, objet constant des desseins de Pierre.

Notebourg était une place très-forte, bâtie dans une île du lac Ladoga, et qui, dominant sur ce lac, rendait son possesseur maître du cours de la Néva qui tombe dans la mer; elle fut battue nuit et jour depuis le 18 septembre jusqu'au 12 octobre. Enfin les Russes montèrent à l'assaut par trois brèches. La garnison suédoise était réduite à cent soldats en état de se défendre; et, ce qui est bien étonnant, ils se défendirent, et ils obtinrent sur la brèche même une capitulation honorable; encore le colonel Slipenbach, qui commandait dans la place, ne voulut se rendre[1] qu'à condition qu'on lui permettrait de faire venir deux officiers suédois du poste le plus voisin pour examiner les brèches, et pour rendre compte au roi son maître que quatre-vingt-trois combattants qui restaient alors, et cent cinquante-six blessés ou malades, ne s'étaient rendus à une armée entière que quand il était impossible de combattre plus longtemps et de conserver la place. Ce trait seul fait

---

1. 16 octobre. (*Note de Voltaire.*)

voir à quels ennemis le czar avait affaire, et de quelle nécessité avaient été pour lui ses efforts et sa discipline militaire.

Il distribua des médailles d'or aux officiers, et récompensa tous les soldats; mais aussi il en fit punir quelques-uns qui avaient fui à un assaut : leurs camarades leur crachèrent au visage, et ensuite les arquebusèrent pour joindre la honte au supplice.

Notebourg fut réparé; son nom fut changé en celui de Schlusselbourg, *ville de la clef*, parce que cette place est la clef de l'Ingrie et de la Finlande. Le premier gouverneur fut ce même Menzikoff qui était devenu un très-bon officier, et qui, s'étant signalé dans le siége, mérita cet honneur. Son exemple encourageait quiconque avait du mérite sans naissance.

Après cette campagne de 1702, le czar voulut que Sheremetof et tous les officiers qui s'étaient distingués entrassent en triomphe dans Moscou. Tous les prisonniers faits dans cette campagne marchèrent à la suite des vainqueurs[1]; on portait devant eux les drapeaux et les étendards des Suédois, avec le pavillon de la frégate prise sur le lac Peipus. Pierre travailla lui-même aux préparatifs de la pompe, comme il avait travaillé aux entreprises qu'elle célébrait.

Ces solennités devaient inspirer l'émulation, sans quoi elles eussent été vaines. Charles les dédaignait, et depuis le jour de Narva il méprisait ses ennemis, et leurs efforts, et leurs triomphes.

CHAPITRE XIII.

RÉFORME A MOSCOU. NOUVEAUX SUCCÈS. FONDATION DE PÉTERSBOURG. PIERRE PREND NARVA, ETC.

Le peu de séjour que le czar fit à Moscou, au commencement de l'hiver 1703, fut employé à faire exécuter tous ses nouveaux règlements, et à perfectionner le civil ainsi que le militaire; ses divertissements même furent consacrés à faire goûter le nouveau genre de vie qu'il introduisait parmi ses sujets. C'est dans cette vue qu'il fit inviter tous les boïards et les dames aux noces d'un

---

1. 17 décembre. (*Note de Voltaire.*)

de ses bouffons : il exigea que tout le monde y parût vêtu à l'ancienne mode. On servit un repas tel qu'on le faisait au xvi° siècle[1]. Une ancienne superstition ne permettait pas qu'on allumât du feu le jour d'un mariage pendant le froid le plus rigoureux : cette coutume fut sévèrement observée le jour de la fête. Les Russes ne buvaient point de vin autrefois, mais de l'hydromel et de l'eau-de-vie ; il ne permit pas ce jour-là d'autre boisson : on se plaignait en vain ; il répondait en raillant : « Vos ancêtres en usaient ainsi, les usages anciens sont toujours les meilleurs. » Cette plaisanterie contribua beaucoup à corriger ceux qui préféraient toujours le temps passé au présent, ou du moins à décréditer leurs murmures : et il y a encore des nations qui auraien besoin d'un tel exemple.

Un établissement plus utile fut celui d'une imprimerie[2] en caractères russes et latins, dont tous les instruments avaient été tirés de Hollande, et où l'on commença dès lors à imprimer des traductions russes de quelques livres sur la morale et les arts. Fergusson établit des écoles de géométrie, d'astronomie, de navigation.

Une fondation non moins nécessaire fut celle d'un vaste hôpital, non pas de ces hôpitaux qui encouragent la fainéantise, et qui perpétuent la misère, mais tel que le czar en avait vu dans Amsterdam, où l'on fait travailler les vieillards et les enfants, et où quiconque est renfermé devient utile.

Il établit plusieurs manufactures ; et dès qu'il eut mis en mouvement tous les nouveaux arts auxquels il donnait naissance dans Moscou, il courut à Véronise, et il y fit commencer deux vaisseaux de quatre-vingts pièces de canon, avec de longues caisses exactement fermées sous les varangues, pour élever le vaisseau et le faire passer sans risque au-dessus des barres et des bancs de sable qu'on rencontre près d'Azof ; industrie à peu près semblable à celle dont on se sert en Hollande pour franchir le Pampus.

Ayant préparé ses entreprises contre les Turcs, il revole contre les Suédois[3] ; il va voir les vaisseaux qu'il faisait construire dans

---

1. Tiré du Journal de Pierre le Grand. (*Note de Voltaire*.)

2. Dans le n° V du *Bulletin du Nord*, journal français imprimé à Moscou en 1828, on lit, page 38, que d'après un oukase de Pierre le Grand, du 24 février 1708, on devait transporter de Hollande en Russie une typographie slavonne ; mais l'envoi fut arrêté à Dantzick, par Charles XII, qui employa les caractères à imprimer des pamphlets qu'il faisait répandre sur les frontières de la Russie. Ce ne fut qu'en 1711 qu'on établit à Saint-Pétersbourg une presse pour l'impression des oukases. (B.)

3. 30 mars 1703. (*Note de Voltaire*.)

les chantiers d'Olonitz entre le lac Ladoga et celui d'Onega. Il avait établi dans cette ville des fabriques d'armes ; tout y respirait la guerre, tandis qu'il faisait fleurir à Moscou les arts de la paix : une source d'eaux minérales, découverte depuis dans Olonitz, augmenta sa célébrité. D'Olonitz il alla fortifier Schlusselbourg.

Nous avons déjà dit[1] qu'il avait voulu passer par tous les grades militaires : il était lieutenant des bombardiers sous le prince Menzikoff, avant que ce favori eût été fait gouverneur de Schlusselbourg. Il prit alors la place de capitaine, et servit sous le maréchal Sheremetof.

Il y avait une forteresse importante près du lac Ladoga, nommée Niantz ou Nya, près de la Néva. Il était nécessaire de s'en rendre maître, pour s'assurer ses conquêtes et pour favoriser ses desseins. Il fallut l'assiéger par terre, et empêcher que les secours ne vinssent par eau. Le czar se chargea lui-même de conduire des barques chargées de soldats, et d'écarter les convois des Suédois. Sheremetof conduisit les tranchées ; la citadelle se rendit[2]. Deux vaisseaux suédois abordèrent trop tard pour la secourir ; le czar les attaqua avec ses barques, et s'en rendit maître. Son journal porte que, pour récompense de ce service, « le capitaine des bombardiers[3] fut créé chevalier de l'ordre de Saint-André par l'amiral Gollovin, premier chevalier de l'ordre ».

Après la prise du fort de Nya, il résolut enfin de bâtir sa ville de Pétersbourg, à l'embouchure de la Néva, sur le golfe de Finlande.

Les affaires du roi Auguste étaient ruinées ; les victoires consécutives des Suédois en Pologne avaient enhardi le parti contraire, et ses amis mêmes l'avaient forcé de renvoyer au czar environ vingt mille Russes dont son armée était fortifiée. Ils prétendaient par ce sacrifice ôter aux mécontents le prétexte de se joindre au roi de Suède ; mais on ne désarme ses ennemis que par la force, et on les enhardit par la faiblesse. Ces vingt mille hommes, que Patkul avait disciplinés, servirent utilement dans la Livonie et dans l'Ingrie pendant qu'Auguste perdait ses États. Ce renfort, et surtout la possession de Nya, mirent le czar en état de fonder sa nouvelle capitale.

Ce fut donc dans ce terrain désert et marécageux, qui ne com-

---

1. Page 445.
2. 12 mai. (*Note de Voltaire.*)
3. C'est-à-dire Pierre lui-même.

munique à la terre ferme que par un seul chemin, qu'il jeta[1] les premiers fondements de Pétersbourg, au soixantième degré de latitude et au quarante-quatrième et demi de longitude. Les débris de quelques bastions de Niantz furent les premières pierres de cette fondation. On commença par élever un petit fort dans une des îles qui est aujourd'hui au milieu de la ville. Les Suédois ne craignaient pas cet établissement dans un marais où les grands vaisseaux ne pouvaient aborder ; mais bientôt après ils virent les fortifications s'avancer, une ville se former, et enfin la petite île de Cronslot, qui est devant la ville, devenir, en 1704, une forteresse imprenable, sous le canon de laquelle les plus grandes flottes peuvent être à l'abri.

Ces ouvrages, qui semblaient demander un temps de paix, s'exécutaient au milieu de la guerre ; et des ouvriers de toute espèce venaient de Moscou, d'Astracan, de Casan, de l'Ukraine, travailler à la ville nouvelle. La difficulté du terrain, qu'il fallut raffermir et élever, l'éloignement des secours, les obstacles imprévus qui renaissent à chaque pas en tout genre de travail, enfin les maladies épidémiques qui enlevèrent un nombre prodigieux de manœuvres, rien ne découragea le fondateur[2] : il eut une ville en cinq mois de temps. Ce n'était qu'un assemblage de cabanes avec deux maisons de briques, entourées de remparts, et c'était tout ce qu'il fallait alors ; la constance et le temps ont fait le reste. Il n'y avait encore que cinq mois que Pétersbourg était fondée, lorsqu'un vaisseau hollandais y vint trafiquer[3] ; le patron reçut des gratifications, et les Hollandais apprirent bientôt le chemin de Pétersbourg.

Pierre, en dirigeant cette colonie, la mettait en sûreté tous les jours par la prise des postes voisins. Un colonel suédois, nommé Croniort, s'était posté sur la rivière Sestra, et menaçait la ville naissante. Pierre court à lui[4] avec ses deux régiments des gardes, le défait, et lui fait repasser la rivière. Ayant ainsi mis sa ville en sûreté, il va à Olonitz commander la construction de plusieurs petits vaisseaux, et retourne à Pétersbourg[5] sur une frégate qu'il a fait construire avec six bâtiments de transport, en attendant qu'on achève les autres.

---

1. 1703, 27 mai, jour de la Pentecôte, fondation de Pétersbourg. (*Note de Voltaire.*)
2. Les ouvriers y furent envoyés de force, ainsi que les premiers habitants.
3. Novembre. (*Note de Voltaire.*)
4. 9 juillet. (*Id.*)
5. Septembre. (*Id.*)

Dans ce temps-là même il tend toujours la main au roi de Pologne ; il lui envoie[1] douze mille hommes d'infanterie et un subside de trois cent mille roubles, qui font plus de quinze cent mille francs de notre monnaie. Nous avons déjà remarqué[2] qu'il n'avait qu'environ cinq millions de roubles de revenu ; les dépenses pour ses flottes, pour ses armées, pour tous ses nouveaux établissements, devaient l'épuiser. Il avait fortifié presque à la fois Novogorod, Pleskow, Kiovie, Smolensko, Azof, Archangel. Il fondait une capitale. Cependant il avait encore de quoi secourir son allié d'hommes et d'argent. Le Hollandais Corneille le Bruyn, qui voyageait vers ce temps-là en Russie, et avec qui Pierre s'entretint, comme il faisait avec tous les étrangers, rapporte que le czar lui dit qu'il avait encore trois cent mille roubles de reste dans ses coffres, après avoir pourvu à tous les frais de la guerre.

Pour mettre sa ville naissante de Pétersbourg hors d'insulte, il va lui-même sonder la profondeur de la mer, assigne l'endroit où il doit élever le fort Cronslot, en fait un modèle en bois, et laisse à Menzikoff le soin de faire exécuter l'ouvrage sur son modèle. De là il va passer l'hiver à Moscou[3] pour y établir insensiblement tous les changements qu'il fait dans les lois, dans les mœurs, dans les usages. Il règle ses finances, et y met un nouvel ordre ; il presse les ouvrages entrepris sur la Véronise, dans Azof, dans un port qu'il établissait sur les Palus-Méotides, sous le fort de Taganrock.

La Porte, alarmée, lui envoya[4] un ambassadeur pour se plaindre de tant de préparatifs ; il répondit qu'il était le maître dans ses États, comme le Grand Seigneur dans les siens, et que ce n'était point enfreindre la paix que de rendre la Russie respectable sur le Pont-Euxin.

Retourné à Pétersbourg[5], il trouva sa nouvelle citadelle de Cronslot fondée dans la mer, et achevée ; il la garnit d'artillerie. Il fallait, pour s'affermir dans l'Ingrie, et pour réparer entièrement la disgrâce essuyée devant Narva, prendre enfin cette ville. Tandis qu'il fait les préparatifs de ce siége, une petite flotte de brigantins suédois paraît sur le lac Peipus pour s'opposer à ses desseins. Les demi-galères russes vont à sa rencontre, l'attaquent, et la prennent tout entière : elle portait quatre-vingt-dix-huit

---

1. Novembre. (*Note de Voltaire.*)
2. Page 42.
3. 5 novembre. (*Note de Voltaire.*)
4. Janvier 1704. (*Id.*)
5. 30 mars. (*Id.*)

PRISE DE NARVA.

canons. Alors[1] on assiége Narva par terre et par mer; et, ce qui est plus singulier, on assiége en même temps la ville de Derpt en Estonie.

Qui croirait qu'il y eût une université dans Derpt? Gustave-Adolphe l'avait fondée, et elle n'avait pas rendu la ville plus célèbre. Derpt n'est connue que par l'époque de ces deux siéges. Pierre va incessamment de l'un à l'autre, presser les attaques, et diriger toutes les opérations. Le général suédois Slipenbach était auprès de Derpt avec environ deux mille cinq cents hommes.

Les assiégés attendaient le moment où il allait jeter du secours dans la place. Pierre imagina une ruse de guerre dont on ne se sert pas assez. Il fait donner à deux régiments d'infanterie, et à un de cavalerie, des uniformes, des étendards, des drapeaux suédois. Ces prétendus Suédois attaquent les tranchées. Les Russes feignent de fuir; la garnison, trompée par l'apparence, fait une sortie[2]: alors les faux attaquants et les attaqués se réunissent, ils fondent sur la garnison, dont la moitié est tuée, et l'autre moitié rentre dans la ville. Slipenbach arrive bientôt en effet pour la secourir, et il est entièrement battu. Enfin Derpt est contrainte de capituler[3] au moment que Pierre allait donner un assaut général.

Un assez grand échec que le czar reçoit en même temps sur le chemin de sa nouvelle ville de Pétersbourg ne l'empêche ni de continuer à bâtir sa ville, ni de presser le siége de Narva. Il avait, comme on l'a vu[4], envoyé des troupes et de l'argent au roi Auguste, qu'on détrônait; ces deux secours furent également inutiles. Les Russes, joints aux Lithuaniens du parti d'Auguste, furent absolument défaits en Courlande[5] par le général suédois Levenhaupt. Si les vainqueurs avaient dirigé leurs efforts vers la Livonie, l'Estonie et l'Ingrie, ils pouvaient ruiner les travaux du czar, et lui faire perdre tout le fruit de ses grandes entreprises. Pierre minait chaque jour l'avant-mur de la Suède, et Charles ne s'y opposait pas assez: il cherchait une gloire moins utile et plus brillante.

Dès le 12 juillet 1704, un simple colonel suédois, à la tête d'un détachement, avait fait élire un nouveau roi par la noblesse polonaise dans le champ d'élection, nommé Kolo, près de Varsovie. Un cardinal primat du royaume, et plusieurs évêques, se soumettaient aux volontés d'un prince luthérien, malgré toutes les me-

1. Avril. (*Note de Voltaire.*)
2. 27 juin. (*Id.*)
3. 23 juillet. (*Id.*)
4. Page précédente.
5. 31 juillet. (*Note de Voltaire.*)

naces et les excommunications du pape: tout cédait à la force. Personne n'ignore comment fut faite l'élection de Stanislas Leczinski, et comment Charles XII le fit reconnaître dans une grande partie de la Pologne.

Pierre n'abandonna pas le roi détrôné ; il redoubla ses secours à mesure qu'il fut plus malheureux ; et pendant que son ennemi faisait des rois, il battait les généraux suédois en détail dans l'Estonie, dans l'Ingrie, il courait au siége de Narva, et faisait donner des assauts. Il y avait trois bastions fameux, du moins par leurs noms : on les appelait *la Victoire, l'Honneur*, et *la Gloire*. Le czar les emporta tous trois l'épée à la main. Les assiégeants entrent dans la ville, la pillent, et y exercent toutes les cruautés qui n'étaient que trop ordinaires entre les Suédois et les Russes.

Pierre donna alors un exemple qui dut lui concilier les cœurs de ses nouveaux sujets[1] ; il court de tous côtés pour arrêter le pillage et le massacre ; arrache des femmes des mains de ses soldats, et, ayant tué deux de ces emportés qui n'obéissaient pas à ses ordres, il entre à l'hôtel de ville, où les citoyens se réfugiaient en foule ; là, posant son épée sanglante sur la table : « Ce n'est pas du sang des habitants, dit-il, que cette épée est teinte, mais du sang de mes soldats, que j'ai versé pour vous sauver la vie[2]. »

CHAPITRE XIV[3].

TOUTE L'INGRIE DEMEURE A PIERRE LE GRAND, TANDIS QUE CHARLES XII TRIOMPHE AILLEURS. ÉLÉVATION DE MENZIKOFF. PÉTERSBOURG EN SURETÉ. DESSEINS TOUJOURS EXÉCUTÉS MALGRÉ LES VICTOIRES DE CHARLES.

Maître de toute l'Ingrie, Pierre en conféra le gouvernement à Menzikoff, et lui donna le titre de prince et le rang de général-

---

1. 20 août. (*Note de Voltaire.*) — Dans l'*Histoire de Charles XII*, page 210 de ce volume, Voltaire dit le 21 août.
2. Cette phrase est rapportée, avec quelques légères différences, dans l'*Histoire de Charles XII*, page 210.
3. Les chapitres précédents et tous les suivants sont tirés du Journal de Pierre le Grand, et des Mémoires envoyés de Pétersbourg, confrontés avec tous les autres Mémoires. (*Note de Voltaire.*)

major. L'orgueil et le préjugé pouvaient ailleurs trouver mauvais qu'un garçon pâtissier devînt général, gouverneur et prince ; mais Pierre avait déjà accoutumé ses sujets à ne se pas étonner de voir donner tout aux talents, et rien à la seule noblesse. Menzikoff, tiré de son premier état dans son enfance, par un hasard heureux qui le plaça dans la maison du czar, avait appris plusieurs langues, s'était formé aux affaires et aux armes ; et, ayant su d'abord se rendre agréable à son maître, il sut se rendre nécessaire. Il hâtait les travaux de Pétersbourg ; on y bâtissait déjà plusieurs maisons de briques et de pierres, un arsenal, des magasins ; on achevait les fortifications ; les palais ne sont venus qu'après.

Pierre était à peine établi dans Narva qu'il offrit de nouveaux secours au roi de Pologne détrôné : il promit encore des troupes, outre les douze mille hommes qu'il avait déjà envoyés ; et en effet il fit partir[1] pour les frontières de la Lithuanie le général Repnin avec six mille hommes de cavalerie et six mille d'infanterie. Il ne perdait pas de vue sa colonie de Pétersbourg un seul moment ; la ville se bâtissait, la marine s'augmentait ; des vaisseaux, des frégates, se construisaient dans les chantiers d'Olonitz ; il alla les faire achever, et les conduisit à Pétersbourg[2].

Tous ses retours à Moscou étaient marqués par des entrées triomphantes : c'est ainsi qu'il y revint cette année[3], et il n'en partit que pour aller faire lancer à l'eau son premier vaissau de quatre-vingts pièces de canon, dont il avait donné les dimensions l'année précédente sur la Véronise.

Dès que la campagne put s'ouvrir en Pologne[4], il courut à l'armée qu'il avait envoyée sur les frontières de la Lithuanie au secours d'Auguste ; mais pendant qu'il aidait ainsi son allié, une flotte suédoise s'avançait pour détruire Pétersbourg et Cronslot, à peine bâtis ; elle était composée de vingt-deux vaisseaux de cinquante-quatre à soixante-quatre pièces de canon, de six frégates, de deux galiotes à bombes, de deux brûlots. Les troupes de transport firent leur descente dans la petite île de Kotin. Un colonel russe, nommé Tolboguin, ayant fait coucher son régiment ventre à terre pendant que les Suédois débarquaient sur le rivage[5], le fit lever tout à coup ; et le feu fut si vif et si bien ménagé que les Suédois, renversés, furent obligés de regagner leurs vais-

---

1. 19 août. (*Note de Voltaire.*)
2. 11 octobre 1704. (*Id.*)
3. 30 décembre. (*Id.*)
4. Mai 1705. (*Id.*)
5. 17 juin. (*Id.*)

seaux, d'abandonner leurs morts, et de laisser trois cents prisonniers.

Cependant leur flotte restait toujours dans ces parages, et menaçait Pétersbourg. Ils firent encore une descente, et furent repoussés de même ; des troupes de terre avançaient de Vibourg, sous le général suédois Meidel ; elles marchaient du côté de Schlusselbourg : c'était la plus grande entreprise qu'eût encore faite Charles XII sur les États que Pierre avait conquis ou créés. Les Suédois furent repoussés partout[1], et Pétersbourg resta tranquille.

Pierre, de son côté, avançait vers la Courlande, et voulait pénétrer jusqu'à Riga. Son plan était de prendre la Livonie, tandis que Charles XII achevait de soumettre la Pologne au nouveau roi qu'il lui avait donné. Le czar était encore à Vilna en Lithuanie, et son maréchal Sheremetof s'approchait de Mittau, capitale de la Courlande ; mais il y trouva le général Levenhaupt, déjà célèbre par plus d'une victoire. Il se donna une bataille rangée dans un lieu appelé Gémavershof, ou Gémavers.

Dans ces affaires, où l'expérience et la discipline prévalent, les Suédois, quoique inférieurs en nombre, avaient toujours l'avantage : les Russes furent entièrement défaits, toute leur artillerie prise[2]. Pierre, après trois batailles ainsi perdues, à Gémavers, à Jacobstadt, à Narva, réparait toujours ses pertes, et en tirait même avantage.

Il marche en forces en Courlande, après la journée de Gémavers : il arrive devant Mittau, s'empare de la ville, assiége la citadelle, et y entre par capitulation[3].

Les troupes russes avaient alors la réputation de signaler leurs succès par les pillages, coutume trop ancienne chez toutes les nations. Pierre avait, à la prise de Narva, tellement changé cet usage que les soldats russes commandés pour garder, dans le château de Mittau, les caveaux où étaient inhumés les grands-ducs de Courlande, voyant que les corps avaient été tirés de leurs tombeaux et dépouillés de leurs ornements, refusèrent d'en prendre possession, et exigèrent auparavant qu'on fît venir un colonel suédois reconnaître l'état des lieux : il en vint un en effet, qui leur délivra un certificat par lequel il avouait que les Suédois étaient les auteurs de ce désordre.

Le bruit qui avait couru dans tout l'empire que le czar avait

1. 25 juin. (*Note de Voltaire.*)
2. 28 juillet. (*Id.*)
3. 14 septembre. (*Id.*)

été totalement défait à la journée de Gémavers lui fit encore plus de tort que cette bataille même. Un reste d'anciens strélitz, en garnison dans Astracan, s'enhardit, sur cette fausse nouvelle, à se révolter : ils tuèrent le gouverneur de la ville, et le czar fut obligé d'y envoyer le maréchal Sheremetof avec des troupes, pour les soumettre et les punir.

Tout conspirait contre lui : la fortune et la valeur de Charles XII, les malheurs d'Auguste, la neutralité forcée du Danemark ; les révoltes des anciens strélitz, les murmures d'un peuple qui ne sentait alors que la gêne de la réforme et non l'utilité, les mécontentements des grands, assujettis à la discipline militaire, l'épuisement des finances ; rien ne découragea Pierre un seul moment : il étouffa la révolte, et ayant mis en sûreté l'Ingrie, s'étant assuré de la citadelle de Mittau, malgré Levenhaupt vainqueur, qui n'avait pas assez de troupes pour s'opposer à lui, il eut alors la liberté de traverser la Samogitie et la Lithuanie.

Il partageait avec Charles XII la gloire de dominer en Pologne : il s'avança jusqu'à Tykoczin ; ce fut là qu'il vit pour la seconde fois le roi Auguste ; il le consola de ses infortunes, lui promit de le venger, lui fit présent de quelques drapeaux pris par Menzikoff sur des partis de troupes de son rival ; ils allèrent ensuite à Grodno, capitale de la Lithuanie, et y restèrent jusqu'au 15 décembre. Pierre, en partant[1], lui laissa de l'argent et une armée, et, selon sa coutume, alla passer quelque temps de l'hiver à Moscou pour y faire fleurir les arts et les lois, après avoir fait une campagne très-difficile.

CHAPITRE XV.

TANDIS QUE PIERRE SE SOUTIENT DANS SES CONQUÊTES ET POLICE SES ÉTATS, SON ENNEMI CHARLES XII GAGNE DES BATAILLES, DOMINE DANS LA POLOGNE ET DANS LA SAXE. AUGUSTE, MALGRÉ UNE VICTOIRE DES RUSSES, REÇOIT LA LOI DE CHARLES XII. IL RENONCE A LA COURONNE ; IL LIVRE PATKUL, AMBASSADEUR DU CZAR ; MEURTRE DE PATKUL CONDAMNÉ A LA ROUE.

Pierre à peine était à Moscou qu'il apprit que Charles XII, partout victorieux, s'avançait du côté de Grodno pour combattre

---

[1]. 30 décembre 1705. (*Note de Voltaire.*)

son armée; le roi Auguste avait été obligé de fuir de Grodno, et se retirait en hâte vers la Saxe avec quatre régiments de dragons russes; il affaiblissait ainsi l'armée de son protecteur et la décourageait par sa retraite; le czar trouva tous les chemins de Grodno occupés par les Suédois, et son armée dispersée.

Tandis qu'il rassemblait ses quartiers avec une peine extrême en Lithuanie, le célèbre Schulenbourg, qui était la dernière ressource d'Auguste, et qui s'acquit depuis tant de gloire par la défense de Corfou contre les Turcs[1], avançait du côté de la grande Pologne avec environ douze mille Saxons et six mille Russes tirés des troupes que le czar avait confiées à ce malheureux prince. Schulenbourg avait une juste espérance de soutenir la fortune d'Auguste : il voyait Charles XII occupé alors du côté de la Lithuanie; il n'y avait qu'environ dix mille Suédois sous le général Rehnsköld qui pussent arrêter sa marche; il s'avançait donc avec confiance jusqu'aux frontières de la Silésie, qui est le passage de la Saxe dans la haute Pologne. Quand il fut près du bourg de Frauenstadt, sur les frontières de Pologne, il trouva le maréchal Rehnsköld qui venait lui livrer bataille.

Quelque effort que je fasse pour ne pas répéter ce que j'ai déjà dit dans l'*Histoire de Charles XII*, je dois redire ici qu'il y avait dans l'armée saxonne un régiment français qui, ayant été fait prisonnier tout entier à la fameuse bataille d'Hochstedt, avait été forcé de servir dans les troupes saxonnes. Mes Mémoires disent qu'on lui avait confié la garde de l'artillerie; ils ajoutent que ces Français, frappés de la gloire de Charles XII et mécontents du service de Saxe, posèrent les armes dès qu'ils virent les ennemis[2], et demandèrent d'être reçus parmi les Suédois, qu'ils servirent depuis en effet jusqu'à la fin de la guerre[3]. Ce fut là le commencement et le signal d'une déroute entière. Il ne se sauva pas trois bataillons russes, et encore tous les soldats qui échappèrent étaient blessés; tout le reste fut tué sans qu'on fît quartier à personne. Le chapelain Nordberg prétend que le mot des Suédois, dans cette bataille, était *au nom de Dieu*, et que celui des Russes était *massacrez tout*; mais ce furent les Suédois qui massacrèrent tout au nom de Dieu. Le czar même assure dans un de ses manifestes[4] que beaucoup de prisonniers, Russes, Cosaques,

---

1. Voyez, dans la *Correspondance*, la lettre à Schulenbourg, du 15 sept. 1740.
2. 6 février. (*Note de Voltaire.*)
3. Voyez la note de la page 214.
4. Manifeste du czar en Ukraine, 1709. (*Note de Voltaire.*)

Calmoucks, furent tués trois jours après la bataille. Les troupes irrégulières des deux armées avaient accoutumé les généraux à ces cruautés : il ne s'en commit jamais de plus grandes dans les temps barbares. Le roi Stanislas m'a fait l'honneur de me dire que dans un de ces combats qu'on livrait si souvent en Pologne, un officier russe, qui avait été son ami, vint, après la défaite d'un corps qu'il commandait, se mettre sous sa protection, et que le général suédois Stenbock le tua, d'un coup de pistolet, entre ses bras.

Voilà quatre batailles perdues par les Russes contre les Suédois, sans compter les autres victoires de Charles XII en Pologne. Les troupes du czar, qui étaient dans Grodno, couraient risque d'essuyer une plus grande disgrâce, et d'être enveloppées de tous côtés ; il sut heureusement les rassembler, et même les augmenter; il fallait à la fois pourvoir à la sûreté de cette armée et à celle de ses conquêtes dans l'Ingrie. Il fit marcher son armée sous le prince Menzikoff vers l'orient, et de là au midi, jusqu'à Kiovie.

Tandis qu'elle marchait [1], il se rend à Schlusselbourg, à Narva, à sa colonie de Pétersbourg, met tout en sûreté; et des bords de la mer Baltique il court à ceux du Borysthène, pour rentrer par la Kiovie dans la Pologne, s'appliquant toujours à rendre inutiles les victoires de Charles XII, qu'il n'avait pu empêcher, préparant même déjà une conquête nouvelle : c'était celle de Vibourg, capitale de la Carélie, sur le golfe de Finlande. Il alla l'assiéger [2] ; mais cette fois elle résista à ses armes : les secours vinrent à propos, et il leva le siège. Son rival, Charles XII, ne faisait réellement aucune conquête en gagnant des batailles : il poursuivait alors le roi Auguste en Saxe, toujours plus occupé d'humilier ce prince et de l'accabler du poids de sa puissance et de sa gloire que du soin de reprendre l'Ingrie sur un ennemi vaincu qui la lui avait enlevée.

Il répandait la terreur dans la haute Pologne, en Silésie, en Saxe. Toute la famille du roi Auguste, sa mère, sa femme, son fils, les principales familles du pays, se retiraient dans le cœur de l'empire. Auguste implorait la paix ; il aimait mieux se mettre à la discrétion de son vainqueur que dans les bras de son protecteur. Il négociait un traité qui lui ôtait la couronne de Pologne, et qui le couvrait de confusion : ce traité était secret; il fallait le cacher aux généraux du czar, avec lesquels il était alors comme

---

1. Août. (*Note de Voltaire.*)
2. Octobre. (*Id.*)

réfugié en Pologne, pendant que Charles XII donnait des lois dans Leipsick et régnait dans tout son électorat. Déjà était signé [1] par ses plénipotentiaires le fatal traité par lequel il renonçait à la couronne de Pologne, promettait de ne prendre jamais le titre de roi de ce pays, reconnaissait Stanislas, renonçait à l'alliance du czar son bienfaiteur, et, pour comble d'humiliation, s'engageait à remettre à Charles XII l'ambassadeur du czar, Jean Réginold Patkul, général des troupes russes, qui combattait pour sa défense. Il avait fait, quelque temps auparavant, arrêter Patkul contre le droit des gens, sur de faux soupçons; et contre ce même droit des gens il le livrait à son ennemi. Il valait mieux mourir les armes à la main que de conclure un tel traité : non-seulement il perdait sa couronne et sa gloire, mais il risquait même sa liberté, puisqu'il était alors entre les mains du prince Menzikoff, en Posnanie, et que le peu de Saxons qu'il avait avec lui recevaient alors leur solde de l'argent des Russes [2].

Le prince Menzikoff avait en tête, dans ces quartiers, une armée suédoise renforcée des Polonais du parti du nouveau roi Stanislas, commandée par le général Meyerfelt [3]; et ignorant qu'Auguste traitait avec ses ennemis, il lui proposa de les attaquer. Auguste n'osa refuser : la bataille se donna auprès de Calish [4], dans le palatinat même du roi Stanislas : ce fut la première bataille rangée que les Russes gagnèrent contre les Suédois; le prince Menzikoff en eut la gloire : on tua aux ennemis quatre mille hommes, on leur en prit deux mille cinq cent quatre-vingt-dix-huit.

Il est difficile de comprendre comment Auguste put, après cette victoire, ratifier un traité qui lui en ôtait tout le fruit; mais Charles était en Saxe, et y était tout-puissant; son nom imprimait tellement la terreur, on comptait si peu sur des succès soutenus de la part des Russes, le parti polonais contre le roi Auguste était si fort, et enfin Auguste était si mal conseillé, qu'il signa ce traité funeste. Il ne s'en tint pas là ; il écrivit à son envoyé Fingsten une lettre plus triste que le traité même, par laquelle il demandait pardon de sa victoire, « protestant que la bataille s'était donnée

---

1. 14 septembre. (*Note de Voltaire.*)
2. Voltaire traite ici Auguste comme il le mérite. Dans l'*Histoire de Charles XII*, il avait dû le ménager pour qu'on tolérât son livre. (G. A.)
3. Voltaire nommait ici Maderfeld le général que, dans son *Histoire de Charles XII*, livre III, voyez dans ce volume, page 217, il avait appelé Meyerfelt, et dont le véritable nom est Meyerfelt. (B.)
4. 19 octobre. (*Note de Voltaire.*)

malgré lui ; que les Russes et les Polonais de son parti l'y avaient obligé ; qu'il avait fait, dans ce dessein, des mouvements pour abandonner Menzikoff ; que Meyerfelt aurait pu le battre s'il avait profité de l'occasion ; qu'il rendrait tous les prisonniers suédois, ou qu'il romprait avec les Russes ; et qu'enfin il donnerait au roi de Suède toutes les satisfactions convenables pour avoir osé battre ses troupes ».

Tout cela est unique, inconcevable, et pourtant de la plus exacte vérité. Quand on songe qu'avec cette faiblesse Auguste était un des plus braves princes de l'Europe, on voit bien que c'est le courage d'esprit qui fait perdre ou conserver les États, qui les élève ou qui les abaisse.

Deux traits achevèrent de combler l'infortune du roi de Pologne, électeur de Saxe, et l'abus que Charles XII faisait de son bonheur : le premier fut une lettre de félicitation que Charles força Auguste d'écrire au nouveau roi Stanislas [1]. Le second fut horrible : ce même Auguste fut contraint de lui livrer Patkul, cet ambassadeur, ce général du czar. L'Europe sait assez que ce ministre fut depuis roué vif à Casimir [2], au mois de septembre 1707. Le chapelain Nordberg avoue que tous les ordres pour cette exécution furent écrits de la propre main de Charles.

Il n'est point de jurisconsulte en Europe, il n'est pas même d'esclave qui ne sente toute l'horreur de cette injustice barbare. Le premier crime de cet infortuné était d'avoir représenté respectueusement les droits de sa patrie, à la tête de six gentilshommes livoniens, députés de tout l'État : condamné pour avoir rempli le premier des devoirs, celui de servir son pays selon les lois, cette sentence inique l'avait mis dans le plein droit naturel qu'ont tous les hommes de se choisir une patrie. Devenu ambassadeur d'un des plus grands monarques du monde, sa personne était sacrée. Le droit du plus fort viola en lui le droit de la nature et celui des nations. Autrefois l'éclat de la gloire couvrait de telles cruautés, aujourd'hui elles la ternissent.

1. Cette lettre est rapportée dans l'*Histoire de Charles XII*; voyez dans ce volume, page 219.
2. Voyez page 220.

CHAPITRE XVI.

ON VEUT FAIRE UN TROISIÈME ROI EN POLOGNE. CHARLES XII PART DE SAXE AVEC UNE ARMÉE FLORISSANTE, TRAVERSE LA POLOGNE EN VAINQUEUR. CRUAUTÉS EXERCÉES. CONDUITE DU CZAR. SUCCÈS DE CHARLES, QUI S'AVANCE ENFIN VERS LA RUSSIE.

Charles XII jouissait de ses succès dans Alt-Rantstadt, près de Leipsick. Les princes protestants de l'empire d'Allemagne venaient en foule lui rendre leurs hommages et lui demander sa protection. Presque toutes les puissances lui envoyaient des ambassadeurs. L'empereur Joseph Ier déférait à toutes ses volontés. Pierre alors, voyant que le roi Auguste avait renoncé à sa protection et au trône, et qu'une partie de la Pologne reconnaissait Stanislas, écouta les propositions que lui fit Yolkova d'élire un troisième roi [1].

On proposa plusieurs palatins dans une diète à Lublin : on mit sur les rangs le prince Ragotski ; c'était ce même prince Ragotski longtemps retenu en prison dans sa jeunesse par l'empereur Léopold, et qui depuis fut son compétiteur au trône de Hongrie, après s'être procuré la liberté. Cette négociation fut poussée très-loin, et il s'en fallut peu qu'on ne vît trois rois de Pologne à la fois. Le prince Ragotski n'ayant pu réussir, Pierre voulut donner le trône au grand-général de la république Siniawski, homme puissant, accrédité, chef d'un tiers parti, ne voulant reconnaître ni Auguste détrôné ni Stanislas élu par un parti contraire.

Au milieu de ces troubles on parla de paix, comme on fait toujours. Buzenval, envoyé de France en Saxe, s'entremit pour réconcilier le czar et le roi de Suède. On pensait alors à la cour de France que Charles, n'ayant plus à combattre ni les Russes ni les Polonais, pourrait tourner ses armes contre l'empereur Joseph, dont il était mécontent, et auquel il imposait des lois dures pendant son séjour en Saxe ; mais Charles répondit qu'il traiterait de la paix avec le czar dans Moscou. C'est alors que Pierre dit : « Mon frère Charles veut faire l'Alexandre, mais il ne trouvera pas en moi un Darius. »

---

1. Janvier 1707. (*Note de Voltaire.*)

PROPOSITION D'UN TROISIÈME ROI DE POLOGNE.

Cependant les Russes étaient encore en Pologne, et même à Varsovie, tandis que le roi donné aux Polonais par Charles XII était à peine reconnu d'eux, et que Charles enrichissait son armée des dépouilles des Saxons.

Enfin il partit [1] de son quartier d'Alt-Rantstadt à la tête d'une armée de quarante-cinq mille hommes, à laquelle il semblait que son ennemi ne dût jamais résister, puisqu'il l'avait entièrement défait avec huit mille à Narva.

Ce fut en passant sous les murs de Dresde qu'il alla [2] faire au roi Auguste cette étrange visite *qui doit causer de l'admiration à la postérité*, à ce que dit Nordberg : elle peut au moins causer quelque étonnement. C'était beaucoup risquer que de se mettre entre les mains d'un prince auquel il avait ôté un royaume. Il repassa par la Silésie, et rentra en Pologne.

Ce pays était entièrement dévasté par la guerre, ruiné par les factions, et en proie à toutes les calamités. Charles avançait par la Masovie, et choisissait le chemin le moins praticable. Les habitants, réfugiés dans des marais, voulurent au moins lui faire acheter le passage. Six mille paysans lui députèrent un vieillard de leur corps : cet homme, d'une figure extraordinaire, vêtu tout de blanc et armé de deux carabines, harangua Charles ; et comme on n'entendait pas trop bien ce qu'il disait, on prit le parti de le tuer aux yeux du prince, au milieu de sa harangue. Les paysans, désespérés, se retirèrent et s'armèrent. On saisit tous ceux qu'on put trouver ; on les obligeait de se pendre les uns les autres, et le dernier était forcé de se passer lui-même la corde au cou, et d'être son propre bourreau. On réduisit en cendres toutes leurs habitations. C'est le chapelain Nordberg qui atteste ce fait dont il fut témoin : on ne peut ni le récuser, ni s'empêcher de frémir [3].

Charles arrive à quelques lieues de Grodno en Lithuanie [4]; on lui dit que le czar est en personne dans cette ville avec quelques troupes ; il prend avec lui, sans délibérer, huit cents gardes seulement [5], et court à Grodno. Un officier allemand, nommé Mulfelds, qui commandait un corps de troupes à une porte de la ville, ne doute pas, en voyant Charles XII, qu'il ne soit suivi de son armée : il lui livre le passage au lieu de le disputer ; l'alarme se

---

1. 22 août. (*Note de Voltaire.*)
2. 27 août. (*Id.*)
3. Voltaire n'a pas cru devoir intercaler ce fait dans son *Charles XII* (G. A.)
4. 6 février 1708. (*Note de Voltaire.*)
5. Voyez page 233.

répand dans la ville ; chacun croit que l'armée suédoise est entrée : le peu de Russes qui veulent résister sont taillés en pièces par la garde suédoise ; tous les officiers confirment au czar qu'une armée victorieuse se rend maîtresse de tous les postes de la ville. Pierre se retire au delà des remparts, et Charles met une garde de trente hommes à la porte même par où le czar vient de sortir.

Dans cette confusion, quelques jésuites, dont on avait pris la maison pour loger le roi de Suède parce que c'était la plus belle de Grodno, se rendent la nuit auprès du czar, et lui apprennent cette fois la vérité. Aussitôt Pierre rentre dans la ville, force la garde suédoise : on combat dans les rues, dans les places ; mais déjà l'armée du roi arrivait. Le czar fut enfin obligé de céder, et de laisser la ville au pouvoir du vainqueur, qui faisait trembler la Pologne.

Charles avait augmenté ses troupes en Livonie et en Finlande, et tout était à craindre de ce côté pour les conquêtes de Pierre, comme du côté de la Lithuanie pour ses anciens États, et pour Moscou même. Il fallait donc se fortifier dans toutes ces parties si éloignées les unes des autres. Charles ne pouvait faire de progrès rapides en tirant à l'orient par la Lithuanie, au milieu d'une saison rude, dans des pays marécageux, infectés de maladies contagieuses que la pauvreté et la famine avaient répandues de Varsovie à Minski. Pierre posta ses troupes dans les quartiers sur le passage des rivières, garnit les postes importants, fit tout ce qu'il put pour arrêter à chaque pas la marche de son ennemi, et courut[1] ensuite mettre ordre à tout vers Pétersbourg.

Charles, en dominant chez les Polonais, ne leur prenait rien ; mais Pierre, en faisant usage de sa nouvelle marine, en descendant en Finlande, en prenant Borgo qu'il détruisit[2], et en faisant un grand butin sur ses ennemis, se donnait des avantages utiles.

Charles[3], longtemps retenu dans la Lithuanie par des pluies continuelles, s'avança enfin sur la petite rivière de Bérézine, à quelques lieues du Borysthène. Rien ne put résister à son activité ; il jeta un pont à la vue des Russes ; il battit le détachement qui gardait ce passage, et arriva à Hollosin, sur la rivière de Vabis. C'était là que le czar avait posté un corps considérable qui devait

---

1. 8 avril. (*Note de Voltaire.*)
2. 21 mai. (*Id.*)
3. Il faut remarquer, dans tout ce qui va suivre, avec quel art Voltaire évite de se répéter. (G. A.)

arrêter l'impétuosité de Charles. La petite rivière de Vabis [1] n'est qu'un ruisseau dans les sécheresses ; mais alors c'était un torrent impétueux, profond, grossi par les pluies. Au delà était un marais, et derrière ce marais les Russes avaient tiré un retranchement d'un quart de lieue, défendu par un large fossé, et couvert par un parapet garni d'artillerie. Neuf régiments de cavalerie et onze d'infanterie étaient avantageusement disposés dans ces lignes. Le passage de la rivière paraissait impossible.

Les Suédois, selon l'usage de la guerre, préparèrent des pontons pour passer, et établirent des batteries de canons pour favoriser la marche ; mais Charles n'attendit pas que les pontons fussent prêts ; son impatience de combattre ne souffrait jamais le moindre retardement. Le maréchal de Schwerin, qui a longtemps servi sous lui, m'a confirmé plusieurs fois qu'un jour d'action il disait à ses généraux, occupés du détail de ses dispositions : *Aurez-vous bientôt terminé ces bagatelles?* et il s'avançait alors le premier à la tête de ses drabans : c'est ce qu'il fit surtout dans cette journée mémorable.

Il s'élance dans la rivière, suivi de son régiment des gardes. Cette foule rompait l'impétuosité du flot ; mais on avait de l'eau jusqu'aux épaules, et on ne pouvait se servir de ses armes. Pour peu que l'artillerie du parapet eût été bien servie, et que les bataillons eussent tiré à propos, il ne serait pas échappé un seul Suédois.

Le roi, après avoir traversé la rivière [2], passa encore le marais à pied. Dès que l'armée eut franchi ces obstacles à la vue des Russes, on se mit en bataille ; on attaqua sept fois leurs retranchements, et les Russes ne cédèrent qu'à la septième. On ne leur prit que douze pièces de campagne et vingt-quatre mortiers à grenades, de l'aveu même des historiens suédois.

Il était donc visible que le czar avait réussi à former des troupes aguerries, et cette victoire d'Hollosin, en comblant Charles XII de gloire, pouvait lui faire sentir tous les dangers qu'il allait courir en pénétrant dans des pays si éloignés : on ne pouvait marcher qu'en corps séparés, de bois en bois, de marais en marais, et à chaque pas il fallait combattre ; mais les Suédois, accoutumés à tout renverser devant eux, ne redoutèrent ni danger ni fatigue.

1. En russe, *Bibitsch*. (*Note de Voltaire.*)
2. 25 juillet. (*Id.*)

CHAPITRE XVII.

CHARLES XII PASSE LE BORYSTHÈNE, S'ENFONCE EN UKRAINE, PREND MAL SES MESURES. UNE DE SES ARMÉES EST DÉFAITE PAR PIERRE LE GRAND; SES MUNITIONS SONT PERDUES. IL S'AVANCE DANS DES DÉSERTS. AVENTURES EN UKRAINE.

Enfin Charles arriva sur la rive du Borysthène, à une petite ville nommée Mohilou[1]. C'était à cet endroit fatal qu'on devait apprendre s'il dirigerait sa route à l'orient vers Moscou, ou au midi vers l'Ukraine. Son armée, ses ennemis, ses amis, s'attendaient qu'il marcherait à la capitale. Quelque chemin qu'il prît, Pierre le suivait depuis Smolensko avec une forte armée; on ne s'attendait pas qu'il prendrait le chemin de l'Ukraine : cette étrange résolution lui fut inspirée par Mazeppa, hetman des Cosaques; c'était un vieillard de soixante et dix ans, qui, n'ayant point d'enfants, semblait ne devoir penser qu'à finir tranquillement sa vie : la reconnaissance devait encore l'attacher au czar, auquel il devait sa place ; mais, soit qu'il eût en effet à se plaindre de ce prince, soit que la gloire de Charles XII l'eût ébloui, soit plutôt qu'il cherchât à devenir indépendant, il avait trahi son bienfaiteur[2], et s'était donné en secret au roi de Suède, se flattant de faire avec lui révolter toute sa nation.

Charles ne douta pas de triompher de tout l'empire russe quand ses troupes victorieuses seraient secondées d'un peuple si belliqueux. Il devait recevoir de Mazeppa les vivres, les munitions, l'artillerie, qui pouvaient lui manquer : à ce puissant secours devait se joindre une armée de seize à dix-huit mille combattants, qui arrivait de Livonie, conduite par le général Levenhaupt, conduisant après elle une quantité prodigieuse de provisions de guerre et de bouche. Charles ne s'inquiétait pas si le czar était à portée de tomber sur cette armée, et de le priver d'un secours si nécessaire. Il ne s'informait pas si Mazeppa était en état de tenir toutes ses promesses, si ce Cosaque avait assez de crédit pour faire

---

1. En russe, *Mogilev*. (*Note de Voltaire.*)
2. Voltaire, comme on le sent, est assez embarrassé ici avec Mazeppa. Il se garde bien de dire, comme dans son *Charles XII*, que le soi-disant bienfaiteur étant ivre l'avait appelé traître, et menacé de le faire empaler. (G. A.)

changer une nation entière, qui ne prend conseil que d'elle-même, et s'il restait enfin assez de ressources à son armée dans un malheur ; et en cas que Mazeppa fût sans fidélité ou sans pouvoir, il comptait sur sa valeur et sur sa fortune. L'armée suédoise avança donc au delà du Borysthène, vers la Desna ; et c'était entre ces deux rivières que Mazeppa était attendu. La route était pénible, et des corps de Russes voltigeant dans ces quartiers rendaient la marche dangereuse.

Menzikoff, à la tête de quelques régiments de cavalerie et de dragons, attaqua[1] l'avant-garde du roi, la mit en désordre, tua beaucoup de Suédois, perdit encore plus des siens, mais ne se rebuta pas. Charles, qui accourut sur le champ de bataille, ne repoussa les Russes que difficilement, en risquant longtemps sa vie, et en combattant contre plusieurs dragons qui l'environnaient. Cependant Mazeppa ne venait point ; les vivres commençaient à manquer ; les soldats suédois, voyant leur roi partager tous leurs dangers, leurs fatigues et leur disette, ne se décourageaient pas ; mais, en l'admirant, ils le blâmaient et murmuraient.

L'ordre envoyé par le roi à Levenhaupt de marcher avec son armée, et d'amener des munitions en diligence, avait été rendu douze jours trop tard, et ce temps était long dans une telle circonstance. Levenhaupt marchait enfin : Pierre le laissa passer le Borysthène, et quand cette armée fut engagée entre ce fleuve et les petites rivières qui s'y perdent, il passa le fleuve après lui, et l'attaqua avec ses corps rassemblés qui se suivaient presque en échelons. La bataille se donna entre le Borysthène et la Sossa[2].

Le prince Menzikoff revenait avec ce même corps de cavalerie qui s'était mesuré contre Charles XII ; le général Bayer le suivait, et Pierre conduisait de son côté l'élite de son armée. Les Suédois crurent avoir à faire à quarante mille combattants ; et on le crut longtemps sur la foi de leur relation. Mes nouveaux Mémoires m'apprennent que Pierre n'avait que vingt mille hommes dans cette journée[3] ; ce nombre n'était pas fort supérieur à celui de ses ennemis. L'activité du czar, sa patience, son opiniâtreté, celle de ses troupes animées par sa présence, décidèrent du sort, non pas de cette journée, mais de trois journées consécutives, pendant lesquelles on combattit à plusieurs reprises.

---

1. 11 septembre 1708. (*Note de Voltaire.*)
2. En russe, *Soeza*. (*Id.*)
3. Voltaire avait dit *quarante mille,* dans le livre IV de l'*Histoire de Charles XII* ; voyez dans ce volume, page 240.

D'abord on attaqua l'arrière-garde de l'armée suédoise près du village de Lesnau, qui a donné le nom à cette bataille. Ce premier choc fut sanglant, sans être décisif. Levenhaupt se retira dans un bois, et conserva son bagage [1]; le lendemain il fallut chasser les Suédois de ce bois; le combat fut plus meurtrier et plus heureux : c'est là que le czar, voyant ses troupes en désordre, s'écria qu'on tirât sur les fuyards et sur lui-même s'il se retirait. Les Suédois furent repoussés, mais ne furent point mis en déroute.

Enfin un renfort de quatre mille dragons arriva; on fondit sur les Suédois pour la troisième fois : ils se retirèrent vers un bourg nommé Prospock; on les y attaqua encore; ils marchèrent vers la Desna, et on les y poursuivit. Jamais ils ne furent entièrement rompus, mais ils perdirent plus de huit mille hommes, dix-sept canons, quarante-quatre drapeaux : le czar fit prisonniers cinquante-six officiers, et près de neuf cents soldats : tout ce grand convoi qu'on amenait à Charles demeura au pouvoir du vainqueur.

Ce fut la première fois que le czar défit en personne, dans une bataille rangée, ceux qui s'étaient signalés par tant de victoires sur ses troupes : il remerciait Dieu de ce succès quand il apprit que son général Apraxin venait de remporter [2] un avantage en Ingrie, à quelques lieues de Narva : avantage, à la vérité, moins considérable que la victoire de Lesnau; mais ce concours d'événements heureux fortifiait ses espérances et le courage de son armée.

Charles XII apprit toutes ces funestes nouvelles lorsqu'il était prêt de passer la Desna dans l'Ukraine. Mazeppa vint enfin le trouver : il devait lui amener vingt mille hommes [3] et des provisions immenses, mais il n'arriva qu'avec deux régiments, et plutôt en fugitif qui demandait du secours qu'en prince qui venait en donner. Ce Cosaque avait marché en effet avec quinze à seize mille des siens, leur ayant dit d'abord qu'ils allaient contre le roi de Suède, qu'ils auraient la gloire d'arrêter ce héros dans sa marche, et que le czar leur aurait une éternelle obligation d'un si grand service.

A quelques milles de la Desna, il leur déclara enfin son projet; mais ces braves gens en eurent horreur; ils ne voulurent point trahir un monarque dont ils n'avaient point à se plaindre, pour

---

1. 7 octobre. (*Note de Voltaire.*)
2. 17 septembre. (*Id.*)
3. Voltaire avait dit *trente mille* dans l'*Histoire de Charles XII*, livre IV, page 237 du présent volume.

un Suédois qui venait à main armée dans leur pays, qui, après l'avoir quitté, ne pourrait plus les défendre, et qui les laisserait à la discrétion des Russes irrités, et des Polonais, autrefois leurs maîtres et toujours leurs ennemis : ils retournèrent chez eux, et donnèrent avis au czar de la défection de leur chef : il ne resta auprès de Mazeppa qu'environ deux régiments dont les officiers étaient à ses gages [1].

Il était encore maître de quelques places dans l'Ukraine, et surtout de Bathurin, lieu de sa résidence, regardée comme la capitale des Cosaques : elle est située près des forêts, sur la rivière Desna, mais fort loin du champ de bataille où Pierre avait vaincu Levenhaupt. Il y avait toujours quelques régiments russes dans ces quartiers. Le prince Menzikoff fut détaché de l'armée du czar; il y arriva par de grands détours. Charles ne pouvait garder tous les passages, il ne les connaissait pas même; il avait négligé de s'emparer du poste important de Strarodoub, qui mène droit à Bathurin, à travers sept ou huit lieues de forêts que la Desna traverse. Son ennemi avait toujours sur lui l'avantage de connaître le pays. Menzikoff passa aisément avec le prince Gallitzin; on se présenta devant Bathurin [2]; elle fut prise presque sans résistance, saccagée, et réduite en cendres : un magasin destiné pour le roi de Suède, et les trésors de Mazeppa, furent enlevés; les Cosaques élurent un autre hetman, nommé Skoropaski, que le czar agréa. Il voulut qu'un appareil imposant fît sentir au peuple l'énormité de la trahison; l'archevêque de Kiovie et deux autres excommunièrent publiquement Mazeppa; il fut pendu en effigie [3], et quelques-uns de ses complices moururent par le supplice de la roue [4].

Cependant Charles XII, à la tête d'environ vingt-cinq à vingt-sept mille Suédois, ayant encore reçu les débris de l'armée de Levenhaupt, fortifié de deux ou trois mille hommes que Mazeppa lui avait amenés, et toujours séduit par l'espérance de faire déclarer toute l'Ukraine, passa la Desna loin de Bathurin et près du Borysthène [5], malgré les troupes du czar qui l'entouraient de

---

1. Voltaire déguise encore ici la vérité pour plaire aux Russes, car il dit au contraire, dans son *Charles XII*, que Mazeppa était arrivé sans forces parce que les Moscovites, prévenus, avaient taillé en pièces ses Cosaques, roué ses amis, brûlé ses villes, pillé ses trésors, etc. (G. A.)
2. 14 novembre. (*Note de Voltaire.*)
3. 22 novembre. (*Id.*)
4. Cela vient ici trop tard. (G. A.)
5. 15 novembre. (*Note de Voltaire.*)

tous côtés, dont les unes suivaient son arrière-garde, et les autres, répandues au delà de la rivière, s'opposaient à son passage.

Il marchait, mais par des déserts, et ne trouvait que des villages ruinés et brûlés. Le froid se fit sentir dès le mois de décembre avec une rigueur si excessive que, dans une de ses marches, près de deux mille hommes tombèrent morts à ses yeux : les troupes du czar souffraient moins parce qu'elles avaient plus de secours; celles de Charles, manquant presque de vêtements, étaient plus exposées à l'âpreté de la saison.

Dans cet état déplorable, le comte Piper, chancelier de Suède, qui ne donna jamais que de bons conseils à son maître, le conjura de rester, de passer au moins le temps le plus rigoureux de l'hiver dans une petite ville de l'Ukraine, nommée Romna, où il pourrait se fortifier, et faire quelques provisions par le secours de Mazeppa. Charles répondit qu'il n'était pas homme à s'enfermer dans une ville. Piper alors le conjura de repasser la Desna et le Borysthène, de rentrer en Pologne, d'y donner à ses troupes des quartiers dont elles avaient besoin, de s'aider de la cavalerie légère des Polonais qui lui était absolument nécessaire, de soutenir le roi qu'il avait fait nommer, et de contenir le parti d'Auguste, qui commençait à lever la tête. Charles répliqua que ce serait fuir devant le czar, que la saison deviendrait plus favorable, qu'il fallait subjuguer l'Ukraine et marcher à Moscou [1].

Les armées russes et suédoises furent quelques semaines dans l'inaction, tant le froid fut violent au mois de janvier 1709; mais dès que le soldat put se servir de ses armes, Charles attaqua tous les petits postes qui se trouvèrent sur son passage. Il fallait envoyer de tous côtés des partis pour chercher des vivres, c'est-à-dire pour aller ravir à vingt lieues à la ronde la subsistance des paysans. Pierre sans se hâter veillait sur ses marches, et le laissait se consumer.

Il est impossible au lecteur de suivre la marche des Suédois dans ces contrées; plusieurs rivières qu'ils passèrent ne se trouvent point dans les cartes : il ne faut pas croire que les géographes connaissent ces pays comme nous connaissons l'Italie, la France, et l'Allemagne; la géographie est encore de tous les arts celui qui a le plus besoin d'être perfectionné, et l'ambition a jusqu'ici pris plus de soin de dévaster la terre que de la décrire.

Contentons-nous de savoir que Charles enfin traversa toute l'Ukraine, au mois de février, brûlant partout des villages, et en

---

1. Avoué par le chapelain Nordberg, tome II, page 263. (*Note de Voltaire.*)

trouvant que les Russes avaient brûlés. Il s'avança au sud-est jusqu'aux déserts arides bordés par les montagnes qui séparent les Tartares Nogaïs des Cosaques du Tanaïs : c'est à l'orient de ces montagnes que sont les autels d'Alexandre. Il se trouvait donc au delà de l'Ukraine, dans le chemin que prennent les Tartares pour aller en Russie; et quand il fut là, il fallut retourner sur ses pas pour subsister : les habitants se cachaient dans des tanières avec leurs bestiaux; ils disputaient quelquefois leur nourriture aux soldats qui venaient l'enlever; les paysans dont on put se saisir furent mis à mort : ce sont là, dit-on, les droits de la guerre. Je dois transcrire ici quelques lignes du chapelain Nordberg[1]. « Pour faire voir, dit-il, combien le roi aimait la justice, nous insérerons un billet de sa main au colonel Hielmen : « Monsieur « le colonel, je suis bien aise qu'on ait attrapé les paysans qui ont « enlevé un Suédois; quand on les aura convaincus de leur crime, « on les punira suivant l'exigence du cas, en les faisant mourir. « CHARLES, *et plus bas* Budis[2]. » Tels sont les sentiments de justice et d'humanité du confesseur d'un roi; mais si les paysans de l'Ukraine avaient pu faire pendre des paysans d'Ostrogothie enrégimentés, qui se croyaient en droit de venir de si loin leur ravir la nourriture de leurs femmes et de leurs enfants, les confesseurs et les chapelains de ces Ukraniens n'auraient-ils pas pu bénir leur justice?

Mazeppa négociait depuis longtemps avec les Zaporaviens, qui habitent vers les deux rives du Borysthène, et dont une partie habite les îles de ce fleuve[3]. C'est cette partie qui compose ce peuple, sans femmes et sans familles, subsistant de rapines, entassant leurs provisions dans leurs îles pendant l'hiver, et les allant vendre au printemps dans la petite ville de Pultava; les autres habitent des bourgs à droite et à gauche du fleuve. Tous ensemble choisissent un hetman particulier, et cet hetman est subordonné à celui de l'Ukraine. Celui qui était alors à la tête des Zaporaviens alla trouver Mazeppa : ces deux barbares s'abouchèrent, faisant porter chacun devant eux une queue de cheval et une massue.

Pour faire connaître ce que c'était que cet hetman des Zaporaviens et son peuple, je ne crois pas indigne de l'histoire de rapporter comment le traité fut fait. Mazeppa donna un grand repas servi avec quelque vaisselle d'argent à l'hetman zaporavien et à

---

1. Tome II, page 279. (*Note de Voltaire.*)
2. Encore un fait dont Voltaire n'a pas jugé à propos d'enrichir son *Charles XII*.
3. Voyez le chapitre 1ᵉʳ, page 405. (*Note de Voltaire.*)

ses principaux officiers : quand ces chefs furent ivres d'eau-de-vie, ils jurèrent à table, sur l'Évangile, qu'ils fourniraient des hommes et des vivres à Charles XII; après quoi ils emportèrent la vaisselle et tous les meubles. Le maître d'hôtel de la maison courut après eux, et leur remontra que cette conduite ne s'accordait pas avec l'Évangile sur lequel ils avaient juré; les domestiques de Mazeppa voulurent reprendre la vaisselle : les Zaporaviens s'attroupèrent; ils vinrent en corps se plaindre à Mazeppa de l'affront inouï qu'on faisait à de si braves gens, et demandèrent qu'on leur livrât le maître d'hôtel pour le punir selon les lois; il leur fut abandonné, et les Zaporaviens, selon les lois, se jetèrent les uns aux autres ce pauvre homme, comme on pousse un ballon ; après quoi on lui plongea un couteau dans le cœur.

Tels furent les nouveaux alliés que fut obligé de recevoir Charles XII : il en composa un régiment de deux mille hommes; le reste marcha par troupes séparées contre les Cosaques et les Calmoucks du czar, répandus dans ces quartiers.

La petite ville de Pultava, dans laquelle ces Zaporaviens trafiquent, était remplie de provisions, et pouvait servir à Charles d'une place d'armes; elle est située sur la rivière de Vorskla, assez près d'une chaîne de montagnes qui la dominent au nord; le côté de l'orient est un vaste désert; celui de l'occident est plus fertile et plus peuplé. La Vorskla va se perdre à quinze grandes lieues au-dessous dans le Borysthène. On peut aller de Pultava au septentrion gagner le chemin de Moscou, par les défilés qui servent de passage aux Tartares; cette route est difficile; les précautions du czar l'avaient rendue presque impraticable ; mais rien ne paraissait impossible à Charles, et il comptait toujours prendre le chemin de Moscou après s'être emparé de Pultava : il mit donc le siége devant cette ville au commencement de mai.

CHAPITRE XVIII.

BATAILLE DE PULTAVA.

C'était là que Pierre l'attendait : il avait disposé ses corps d'armée à portée de se joindre, et de marcher tous ensemble aux assiégeants ; il avait visité toutes les contrées qui entourent l'Ukraine, le duché de Séverie, où coule la Desna, devenue célèbre par sa victoire, et où cette rivière est déjà profonde; le pays de Bolcho, dans lequel l'Occa prend sa source; les déserts et les montagnes qui conduisent aux Palus-Méotides : il était enfin auprès d'Azof, et là il faisait nettoyer le port, construire des vaisseaux, fortifier la citadelle de Taganrock, mettant ainsi à profit, pour l'avantage de ses États, le temps qui s'écoula entre les batailles de Desna et de Pultava.

Dès qu'il sait que cette ville est assiégée, il rassemble ses quartiers. Sa cavalerie, ses dragons, son infanterie, Cosaques, Calmoucks, s'avancent de vingt endroits; rien ne manque à son armée, ni gros canon, ni pièces de campagne, ni munitions de toute espèce, ni vivres, ni médicaments; c'était encore une supériorité qu'il s'était donnée sur son rival.

Le 15 juin 1709, il arrive devant Pultava avec une armée d'environ soixante mille combattants; la rivière Vorskla était entre lui et Charles : les assiégeants au nord-ouest; les Russes au sud-est.

Pierre remonte la rivière au-dessus de la ville, établit ses ponts, fait passer son armée[1], et tire un long retranchement, qu'on commence et qu'on achève en une seule nuit, vis-à-vis l'armée ennemie. Charles put juger alors si celui qu'il méprisait, et qu'il comptait détrôner à Moscou, entendait l'art de la guerre. Cette disposition faite, Pierre posta sa cavalerie entre deux bois, et la couvrit de plusieurs redoutes garnies d'artillerie. Toutes les mesures ainsi prises, il va reconnaître le camp des assiégeants[2] pour en former l'attaque.

Cette bataille allait décider du destin de la Russie, de la Pologne, de la Suède, et des deux monarques sur qui l'Europe avait les yeux. On ne savait, chez la plupart des nations attentives à ces grands intérêts, ni où étaient ces deux princes, ni quelle était leur situation; mais après avoir vu partir de Saxe Charles XII victorieux, à la tête de l'armée la plus formidable, après avoir vu qu'il poursuivait partout son ennemi, on ne doutait pas qu'il ne dût l'accabler, et qu'ayant donné des lois en Danemark, en Pologne, en Allemagne, il n'allât dicter dans le Kremelin de Moscou les conditions de la paix, et faire un czar après avoir fait un roi de Pologne. J'ai vu des lettres de plusieurs ministres qui confirmaient leurs cours dans cette opinion générale.

---

1. 3 juillet. (*Note de Voltaire.*)
2. 6 juillet. (*Id.*)

Le risque n'était point égal entre ces deux rivaux. Si Charles perdait une vie tant de fois prodiguée, ce n'était, après tout, qu'un héros de moins. Les provinces de l'Ukraine, les frontières de Lithuanie et de Russie cessaient alors d'être dévastées ; la Pologne reprenait avec sa tranquillité son roi légitime, déjà réconcilié avec le czar son bienfaiteur.

La Suède enfin, épuisée d'hommes et d'argent, pouvait trouver des motifs de consolation ; mais si le czar périssait, des travaux immenses, utiles à tout le genre humain, étaient ensevelis avec lui, et le plus vaste empire de la terre retombait dans le chaos dont il était à peine tiré.

Quelques corps suédois et russes avaient été plus d'une fois aux mains sous les murs de la ville. Charles, dans une de ces rencontres [1], avait été blessé d'un coup de carabine qui lui fracassa les os du pied ; il essuya des opérations douloureuses, qu'il soutint avec son courage ordinaire, et fut obligé d'être quelques jours au lit. Dans cet état, il apprit que Pierre devait l'attaquer ; ses idées de gloire ne lui permirent pas de l'attendre dans ses retranchements ; il sortit du sien en se faisant porter sur un brancard. Le Journal de Pierre le Grand avoue que les Suédois attaquèrent avec une ardeur si opiniâtre les redoutes garnies de canons qui protégeaient sa cavalerie que, malgré sa résistance et malgré un feu continuel, ils se rendirent maîtres de deux redoutes. On a écrit que l'infanterie suédoise, maîtresse des deux redoutes, crut la bataille gagnée, et cria *victoire!* Le chapelain Nordberg, qui était loin du champ de bataille, au bagage (où il devait être), prétend que c'est une calomnie ; mais que les Suédois aient crié victoire ou non, il est certain qu'ils ne l'eurent pas. Le feu des autres redoutes ne se ralentit point, et les Russes résistèrent partout avec autant de fermeté qu'on les attaquait avec ardeur. Ils ne firent aucun mouvement irrégulier. Le czar rangea son armée en bataille hors de ses retranchements avec ordre et promptitude.

La bataille devint générale. Pierre faisait dans son armée la fonction de général-major ; le général Bayer commandait la droite ; Menzikoff, la gauche ; Sheremetof le centre. L'action dura deux heures. Charles, le pistolet à la main, allait de rang en rang sur son brancard, porté par ses drabans. Un coup de canon tua un des gardes qui le portaient, et mit le brancard en pièces. Charles se fit alors porter sur des piques ; car il est difficile, quoi qu'en dise Nordberg, que dans une action aussi vive on eût trouvé un

---

1. 27 juin. (*Note de Voltaire.*)

nouveau brancard tout prêt. Pierre reçut plusieurs coups dans ses habits et dans son chapeau; ces deux princes furent continuellement au milieu du feu pendant toute l'action. Enfin, après deux heures de combat, les Suédois furent partout enfoncés; la confusion se mit parmi eux, et Charles XII fut obligé de fuir devant celui qu'il avait tant méprisé. On mit à cheval, dans sa fuite, ce même héros qui n'avait pu y monter pendant la bataille; la nécessité lui rendit un peu de force; il courut en souffrant d'extrêmes douleurs, devenues encore plus cuisantes par celle d'être vaincu sans ressource. Les Russes comptèrent neuf mille deux cent vingt-quatre Suédois morts sur le champ de bataille[1] : ils firent pendant l'action deux à trois mille prisonniers, surtout dans la cavalerie[2].

Charles XII précipitait sa fuite avec environ quatorze mille combattants, très-peu d'artillerie de campagne, de vivres, de munitions et de poudre. Il marcha vers le Borysthène, au midi, entre les rivières de Vorskla et de Sol[3], dans le pays des Zaporaviens. Par-delà le Borysthène, en cet endroit, sont de grands déserts qui conduisent aux frontières de la Turquie. Nordberg assure que les vainqueurs n'osèrent poursuivre Charles; cependant il avoue que le prince Menzikoff se présenta sur les hauteurs avec dix mille hommes de cavalerie et un train d'artillerie considérable, quand le roi passait le Borysthène.

Quatorze mille Suédois se rendirent prisonniers de guerre[4] à ces dix mille Russes; Levenhaupt, qui les commandait, signa cette fatale capitulation, par laquelle il livrait au czar les Zaporaviens, qui, ayant combattu pour son roi, se trouvaient dans cette armée fugitive. Les principaux prisonniers faits dans la bataille et par la capitulation furent le comte Piper, premier ministre, avec deux secrétaires d'État et deux du cabinet; le feld-maréchal Rhensköld, les généraux Levenhaupt, Slipenbach, Rosen, Stackelberg, Creutz, Hamilton, trois aides de camp généraux, l'auditeur général de l'armée, cinquant-neuf officiers de l'état-major, cinq colonels, parmi lesquels était un prince de Vurtenberg; seize mille neuf cent quarante-deux soldats ou bas officiers; enfin, en y comprenant les domestiques du roi et d'autres personnes suivant l'armée, il y en eut dix-huit mille sept cent quarante-six au pouvoir

---

1. Voyez page 249.
2. Tout ce récit est broché. Il faut lire la bataille dans *Charles XII*. (G. A.)
3. Ou Psol. (*Note de Voltaire.*)
4. 12 juillet. (*Id.*)

du vainqueur : ce qui, joint aux neuf mille deux cent vingt-quatre qui furent tués dans la bataille, et à près de deux mille hommes qui passèrent le Borysthène à la suite du roi, fait voir qu'il avait en effet vingt-sept mille combattants sous ses ordres dans cette journée mémorable[1].

Il était parti de Saxe avec quarante-cinq mille combattants; Levenhaupt en avait amené plus de seize mille de Livonie; rien ne restait de toute cette armée florissante; et d'une nombreuse artillerie perdue dans ses marches, enterrée dans des marais, il n'avait conservé que dix-huit canons de fonte, deux obus, et douze mortiers. C'était avec ces faibles armes qu'il avait entrepris le siége de Pultava, et qu'il avait attaqué une armée pourvue d'une artillerie formidable : aussi l'accuse-t-on d'avoir montré, depuis son départ d'Allemagne, plus de valeur que de prudence. Il n'y eut de morts du côté des Russes que cinquante-deux officiers et douze cent quatre-vingt-treize soldats : c'est une preuve que leur disposition était meilleure que celle de Charles, et que leur feu fut infiniment supérieur.

Un ministre envoyé à la cour du czar prétend, dans ses Mémoires, que Pierre ayant appris le dessein de Charles XII de se retirer chez les Turcs, lui écrivit pour le conjurer de ne point prendre cette résolution désespérée, et de se remettre plutôt entre ses mains qu'entre celles de l'ennemi naturel de tous les princes chrétiens. Il lui donnait sa parole d'honneur de ne point le retenir prisonnier, et de terminer leurs différends par une paix raisonnable. La lettre fut portée par un exprès jusqu'à la rivière de Bog, qui sépare les déserts de l'Ukraine des États du Grand Seigneur. Il arriva lorsque Charles était déjà en Turquie, et rapporta la lettre à son maître. Le ministre ajoute qu'il tient ce fait[2] de celui-là même qui avait été chargé de la lettre. Cette anecdote n'est pas sans vraisemblance, mais elle ne se trouve ni dans le Journal de Pierre le Grand, ni dans aucun des Mémoires qu'on m'a confiés. Ce qui est le plus important dans cette bataille, c'est que de toutes celles qui ont jamais ensanglanté la terre, c'est la seule qui, au lieu de ne produire que la destruction, ait servi au

---

1. On a imprimé à Amsterdam, en 1730, les *Mémoires de Pierre le Grand*, par le prétendu boïard Ivan Nestesuranoy. Il est dit dans ces Mémoires que le roi de Suède, avant de passer le Borysthène, envoya un officier général offrir la paix au czar. Les quatre tomes de ces Mémoires sont un tissu de faussetés et d'inepties pareilles, ou de gazettes compilées. (*Note de Voltaire.*)

2. Ce fait se trouve aussi dans une lettre imprimée au devant des *Anecdotes de Russie*. (*Id.*)

bonheur du genre humain, puisqu'elle a donné au czar la liberté de policer une grande partie du monde.

Il s'est donné en Europe plus de deux cents batailles rangées depuis le commencement de ce siècle jusqu'à l'année où j'écris. Les victoires les plus signalées et les plus sanglantes n'ont eu d'autres suites que la réduction de quelques petites provinces, cédées ensuite par des traités et reprises par d'autres batailles. Des armées de cent mille hommes ont souvent combattu, mais les plus violents efforts n'ont eu que des succès faibles et passagers : on a fait les plus petites choses avec les plus grands moyens. Il n'y a point d'exemple dans nos nations modernes d'aucune guerre qui ait compensé par un peu de bien le mal qu'elle a fait ; mais il a résulté de la journée de Pultava la félicité du plus vaste empire de la terre [1].

CHAPITRE XIX.

SUITE DE LA VICTOIRE DE PULTAVA. CHARLES XII RÉFUGIÉ CHEZ LES TURCS. AUGUSTE, DÉTRÔNÉ PAR LUI, RENTRE DANS SES ÉTATS. CONQUÊTES DE PIERRE LE GRAND.

Cependant on présentait au vainqueur tous les principaux prisonniers ; le czar leur fit rendre leurs épées, et les invita à sa table. Il est assez connu qu'en buvant à leur santé il leur dit : « Je bois à la santé de mes maîtres dans l'art de la guerre ; » mais la plupart de ses maîtres, du moins tous les officiers subalternes et tous les soldats, furent bientôt envoyés en Sibérie. Il n'y avait point de cartel entre les Russes et les Suédois : le czar en avait proposé un avant le siège de Pultava ; Charles le refusa, et ses Suédois furent en tout les victimes de son indomptable fierté [2].

C'est cette fierté, toujours hors de saison, qui causa toutes les aventures de ce prince en Turquie, et toutes ses calamités plus dignes d'un héros de l'Arioste que d'un roi sage : car, dès qu'il fut auprès de Bender, on lui conseilla d'écrire au grand vizir selon

---

1. « Sans la victoire de Pultava, Pierre, dit l'Anglais Perri, était détrôné ; tout était mûr pour la rébellion, même au sein de la capitale. »
2. Dans le *Charles XII*, Voltaire accuse au contraire l'empereur de Russie. Voyez livre IV.

l'usage, et il crut que ce serait trop s'abaisser. Une pareille opiniâtreté le brouilla avec tous les ministres de la Porte successivement : il ne savait s'accommoder ni aux temps ni aux lieux [1].

Aux premières nouvelles de la bataille de Pultava, ce fut une révolution générale dans les esprits et dans les affaires en Pologne, en Saxe, en Suède, en Silésie. Charles, quand il donnait des lois, avait exigé de l'empereur d'Allemagne Joseph Ier qu'on dépouillât les catholiques de cent cinq églises en faveur des Silésiens de la confession d'Augsbourg ; les catholiques reprirent presque tous les temples luthériens, dès qu'ils furent informés de la disgrâce de Charles. Les Saxons ne songèrent qu'à se venger des extorsions d'un vainqueur qui leur avait coûté, disaient-ils, vingt-trois millions d'écus. Leur électeur, roi de Pologne, protesta sur-le-champ [2] contre l'abdication qu'on lui avait arrachée, et, étant rentré dans les bonnes grâces du czar, il s'empressa de remonter sur le trône de Pologne. La Suède, consternée, crut longtemps son roi mort, et le sénat incertain ne pouvait prendre aucun parti.

Pierre prit incontinent celui de profiter de sa victoire : il fait partir le maréchal Sheremetof avec une armée pour la Livonie, sur les frontières de laquelle ce général s'était signalé tant de fois. Le prince Menzikoff fut envoyé en diligence avec une nombreuse cavalerie pour seconder le peu de troupes laissées en Pologne, pour encourager toute la noblesse du parti d'Auguste, pour chasser le compétiteur que l'on ne regardait plus que comme un rebelle, et pour dissiper quelques troupes suédoises qui restaient encore sous le général suédois Crassau.

Pierre part bientôt lui-même, passe par la Kiovie, par les palatinats de Chelm et de la haute Volhinie, arrive à Lublin, se concerte avec le général de la Lithuanie ; il voit ensuite les troupes de la couronne, qui prêtent serment de fidélité au roi Auguste [3] ; de là se rend à Varsovie, et jouit à Thorn du plus beau de tous les triomphes, celui de recevoir [4] les remerciements d'un roi auquel il rendait ses États. C'est là qu'il conclut un traité contre la Suède avec les rois de Danemark, de Pologne, et de Prusse. Il s'agissait déjà de reprendre toutes les conquêtes de Gustave-Adolphe. Pierre

---

1. La Motraye, dans le récit de ses voyages, rapporte une lettre de Charles XII au grand vizir ; mais cette lettre est fausse comme la plupart des récits de ce voyageur mercenaire ; et Nordberg lui-même avoue que le roi de Suède ne voulut jamais écrire au grand vizir. (*Note de Voltaire.*)

2. 8 août. (*Id.*)
3. 18 septembre. (*Id.*)
4. 7 octobre. (*Id.*)

faisait revivre les anciennes prétentions des czars sur la Livonie, l'Ingrie, la Carélie, et sur une partie de la Finlande; le Danemark revendiquait la Scanie; le roi de Prusse, la Poméranie.

La valeur infortunée de Charles ébranlait ainsi tous les édifices que la valeur heureuse de Gustave-Adolphe avait élevés. La noblesse polonaise venait en foule confirmer ses serments à son roi, ou lui demander pardon de l'avoir abandonné; presque tous reconnaissaient Pierre pour leur protecteur.

Aux armes du czar, à ces traités, à cette révolution subite, Stanislas n'eut à opposer que sa résignation; il répandit un écrit qu'on appelle *Universal*, dans lequel il dit qu'il est prêt à renoncer à la couronne si la république l'exige.

Pierre, après avoir tout concerté avec le roi de Pologne, et ayant ratifié le traité avec le Danemark, partit incontinent pour achever sa négociation avec le roi de Prusse. Il n'était pas encore en usage chez les souverains d'aller faire eux-mêmes les fonctions de leurs ambassadeurs : ce fut Pierre qui introduisit cette coutume nouvelle et peu suivie. L'électeur de Brandebourg, premier roi de Prusse, alla conférer avec le czar à Marienverder, petite ville située dans la partie occidentale de la Poméranie, bâtie par les chevaliers teutoniques, et enclavée dans la lisière de la Prusse devenue royaume. Ce royaume était petit et pauvre, mais son nouveau roi y étalait, quand il y voyageait, la pompe la plus fastueuse : c'est dans cet éclat qu'il avait déjà reçu Pierre à son premier passage, quand ce prince quitta son empire pour aller s'instruire chez les étrangers. Il reçut le vainqueur de Charles XII avec encore plus de magnificence. Pierre ne conclut d'abord avec le roi de Prusse qu'un traité défensif[1], mais qui ensuite acheva la ruine des affaires de Suède.

Nul instant n'était perdu. Pierre, après avoir achevé rapidement les négociations qui partout ailleurs sont si longues, va joindre son armée devant Riga, la capitale de la Livonie, commence par bombarder la place[2], met feu lui-même aux trois premières bombes, forme ensuite un blocus; et, sûr que Riga ne lui peut échapper, il va veiller aux ouvrages de sa ville de Pétersbourg, à la construction des maisons, à sa flotte, pose de ses mains la quille d'un vaisseau[3] de cinquante-quatre canons, et part ensuite pour Moscou. Il se fit un amusement de travailler aux préparatifs

---

1. 20 octobre. (*Note de Voltaire.*)
2. 21 novembre. (*Id.*)
3. 3 décembre. (*Id.*)

du triomphe qu'il étala dans cette capitale; il ordonna toute la fête, travailla lui-même, disposa tout.

L'année 1710 commença[1] par cette solennité nécessaire alors à ses peuples, auxquels elle inspirait des sentiments de grandeur, et agréable à ceux qui avaient craint de voir entrer en vainqueurs dans leurs murs ceux dont on triomphait : on vit passer sous sept arcs magnifiques l'artillerie des vaincus, leurs drapeaux, leurs étendards, le brancard de leur roi, les soldats, les officiers, les généraux, les ministres prisonniers, tous à pied, au bruit des cloches, des trompettes, de cent pièces de canon, et des acclamations d'un peuple innombrable, qui se faisaient entendre quand les canons se taisaient. Les vainqueurs à cheval fermaient la marche, les généraux à la tête, et Pierre à son rang de général-major. A chaque arc de triomphe on trouvait des députés des différents ordres de l'État, et au dernier une troupe choisie de jeunes enfants de boïards vêtus à la romaine, qui présentaient des lauriers au monarque victorieux.

A cette fête publique succéda une cérémonie non moins satisfaisante. Il était arrivé, en 1708, une aventure d'autant plus désagréable que Pierre était alors malheureux. Matéof, son ambassadeur à Londres auprès de la reine Anne, ayant pris congé, fut arrêté avec violence par deux officiers de justice, au nom de quelques marchands anglais, et conduit chez un juge de paix pour la sûreté de leurs créances. Les marchands anglais prétendaient que les lois du commerce devaient l'emporter sur les priviléges des ministres : l'ambassadeur du czar et tous les ministres publics qui se joignirent à lui disaient que leur personne doit être toujours inviolable. Le czar demanda fortement justice par ses lettres à la reine Anne; mais elle ne pouvait la lui faire, parce que les lois d'Angleterre permettaient aux marchands de poursuivre leurs débiteurs, et qu'aucune loi n'exemptait les ministres publics de cette poursuite. Le meurtre de Patkul, ambassadeur du czar, exécuté l'année précédente par les ordres de Charles XII, enhardissait le peuple d'Angleterre à ne pas respecter un caractère si cruellement profané; les autres ministres qui étaient alors à Londres furent obligés de répondre pour celui du czar, et enfin, tout ce que put faire la reine en sa faveur, ce fut d'engager le parlement à passer un acte par lequel dorénavant il ne serait plus permis de faire arrêter un ambassadeur pour ses dettes ; mais, après la bataille de Pultava, il fallut faire une satisfaction plus authentique. La reine lui fit

---

1. 1ᵉʳ janvier. (*Note de Voltaire.*)

des excuses publiques par une ambassade solennelle. M. de Withworth, choisi pour cette cérémonie[1], commença sa harangue par ces mots : *Très-haut et très-puissant empereur.* Il lui dit qu'on avait mis en prison ceux qui avaient osé arrêter son ambassadeur, et qu'on les avait déclarés infâmes ; il n'en était rien, mais il suffisait de le dire, et le titre d'empereur, que la reine ne lui donnait pas avant la bataille de Pultava, marquait assez la considération qu'il avait en Europe[2]. On lui donnait déjà communément ce titre en Hollande ; et non-seulement ceux qui l'avaient vu travailler avec eux dans les chantiers de Sardam, et qui s'intéressaient davantage à sa gloire, mais tous les principaux de l'État l'appelaient à l'envi du nom d'empereur, et célébraient sa victoire par des fêtes en présence du ministre de Suède.

Cette considération universelle qu'il s'était donnée par sa victoire, il l'augmentait en ne perdant pas un moment pour en profiter. Elbing est d'abord assiégée ; c'est une ville anséatique de la Prusse royale, en Pologne ; les Suédois y avaient encore une garnison. Les Russes montent à l'assaut[3], entrent dans la ville, et la garnison se rend prisonnière de guerre : cette place était un des grands magasins de Charles XII ; on y trouva cent quatre-vingt-trois canons de bronze, et cent cinquante-sept mortiers. Aussitôt Pierre se hâte d'aller de Moscou à Pétersbourg : à peine arrivé[4], il s'embarque sous sa nouvelle forteresse de Cronslot, côtoie les côtes de la Carélie, et, malgré une violente tempête, il amène sa flotte devant Vibourg, la capitale de la Carélie en Finlande, tandis que ses troupes de terre approchent sur des marais glacés : la ville est investie, et le blocus de la capitale de la Livonie est resserré. Vibourg se rend[5] bientôt après la brèche faite, et une garnison, composée d'environ quatre mille hommes, capitule, mais sans pouvoir obtenir les honneurs de la guerre ; elle fut faite prisonnière malgré la capitulation. Pierre se plaignait de plusieurs infractions de la part des Suédois ; il promit de rendre la liberté à ces troupes quand les Suédois auraient satisfait à ses plaintes ; il fallut, sur cette affaire, demander les ordres du roi de Suède, toujours inflexible ; et ces soldats, que Charles aurait pu délivrer, restèrent captifs. C'est ainsi que le prince d'Orange, roi d'Angleterre, Guil-

---

1. 16 février. (*Note de Voltaire.*)
2. Le gouvernement anglais ne fit cette démarche humiliante que dans un intérêt mercantile. (G. A.)
3. 11 mars. (*Note de Voltaire.*)
4. 2 avril. (*Id.*)
5. 23 juin. (*Id.*)

laume III, avait arrêté, en 1695, le maréchal de Boufflers, malgré la capitulation de Namur. Il y a plusieurs exemples de ces violations, et il serait à souhaiter qu'il n'y en eût point[1].

Après la prise de cette capitale, le siége de Riga devint bientôt un siége régulier, poussé avec vivacité : il fallait rompre les glaces dans la rivière de Duina, qui baigne au nord les murs de la ville. La contagion, qui désolait depuis quelque temps ces climats, se mit dans l'armée assiégeante, et lui enleva neuf mille hommes ; cependant le siége ne fut point ralenti ; il fut long, et la garnison obtint les honneurs de la guerre : mais on stipula dans la capitulation[2] que tous les officiers et soldats livoniens resteraient au service de la Russie, comme citoyens d'un pays qui en avait été démembré, et que les ancêtres de Charles XII avaient usurpé ; les priviléges dont son père avait dépouillé des Livoniens leur furent rendus, et tous les officiers entrèrent au service du czar : c'était la plus noble vengeance qu'il pût prendre du meurtre du Livonien Patkul, son ambassadeur, condamné pour avoir défendu ces mêmes priviléges. La garnison était composée d'environ cinq mille hommes. Peu de temps après, la citadelle de Pennamunde fut prise ; on trouva, tant dans la ville que dans ce fort, plus de huit cents bouches à feu.

Il manquait, pour être entièrement maître de la Carélie, la forte ville de Kexholm, sur le lac Ladoga, située dans une île, et qu'on regardait comme imprenable ; elle fut bombardée quelque temps après[3], et bientôt rendue[4]. L'île d'Oesel, dans la mer qui borde le nord de la Livonie, fut soumise avec la même rapidité.

Du côté de l'Estonie, province de la Livonie, vers le septentrion, et sur le golfe de Finlande, sont les villes de Pernau et de Revel ; si on en était maître, la conquête de la Livonie était achevée. Pernau se rendit après un siége de peu de jours[5], et Revel se soumit[6] sans qu'on tirât contre la ville un seul coup de canon ; mais les assiégés trouvèrent le moyen d'échapper au vainqueur dans le temps même qu'ils se rendaient prisonniers de guerre : quelques vaisseaux de Suède abordèrent à la rade pendant la nuit ; la garnison s'embarqua, ainsi que la plupart des bourgeois ; et les assiégeants, en

1. On voit que Voltaire est encore bien embarrassé ici pour excuser la perfidie de Pierre.
2. 15 juillet. (*Note de Voltaire.*)
3. 19 septembre. (*Id.*)
4. 23 septembre. (*Id.*)
5. 25 août. (*Id.*)
6. 10 septembre. (*Id.*)

entrant dans la ville, furent étonnés de la trouver déserte. Quand Charles XII remportait la victoire de Narva, il ne s'attendait pas que ses troupes auraient un jour besoin de pareilles ruses de guerre.

En Pologne, Stanislas, voyant son parti détruit, s'était réfugié dans la Poméranie, qui restait à Charles XII, Auguste régnait, et il était difficile de décider si Charles avait eu plus de gloire à le détrôner que Pierre à le rétablir.

Les États du roi de Suède étaient encore plus malheureux que lui; cette maladie contagieuse qui avait ravagé toute la Livonie passa en Suède, et enleva trente mille personnes dans la seule ville de Stockholm : elle y ravagea les provinces déjà trop dénuées d'habitants, car, pendant dix années de suite, la plupart étaient sortis du pays pour aller périr à la suite de leur maître.

Sa mauvaise fortune le poursuivait dans la Poméranie. Ses troupes de Pologne s'y étaient retirées au nombre de onze mille combattants; le czar, le roi de Danemark, celui de Prusse, l'électeur de Hanovre, le duc de Holstein, s'unirent tous ensemble pour rendre cette armée inutile, et pour forcer le général Crassau, qui la commandait, à la neutralité. La régence de Stockholm, ne recevant point de nouvelles de son roi, se crut trop heureuse, au milieu de la contagion qui dévastait la ville, de signer cette neutralité, qui semblait du moins devoir écarter les horreurs de la guerre d'une de ses provinces. L'empereur d'Allemagne favorisa ce traité singulier. On stipula que l'armée suédoise qui était en Poméranie n'en pourrait sortir pour aller défendre ailleurs son monarque; il fut même résolu, dans l'empire d'Allemagne, de lever une armée pour faire exécuter cette convention, qui n'avait point d'exemple: c'est que l'empereur, qui était alors en guerre contre la France, espérait faire entrer l'armée suédoise à son service. Toute cette négociation fut conduite pendant que Pierre s'emparait de la Livonie, de l'Estonie, et de la Carélie.

Charles XII, qui pendant tout ce temps-là faisait jouer, de Bender à la Porte-Ottomane, tous les ressorts possibles pour engager le divan à déclarer la guerre au czar, reçut cette nouvelle comme un des plus funestes coups que lui portait sa mauvaise fortune : il ne put soutenir que son sénat de Stockholm eût lié les mains à son armée : ce fut alors qu'il lui écrivit qu'il lui enverrait *une de ses bottes pour le gouverner*[1].

Les Danois cependant préparaient une descente en Suède.

---

1. Dans l'*Histoire de Charles XII* (page 316 de ce volume), c'est de Démotica que le roi de Suède aurait écrit cette lettre.

Toutes les nations de l'Europe étaient alors en guerre : l'Espagne, le Portugal, l'Italie, la France, l'Allemagne, la Hollande, l'Angleterre, combattaient encore pour la succession du roi d'Espagne Charles II ; et tout le Nord était armé contre Charles XII. Il ne manquait qu'une querelle avec la Porte-Ottomane pour qu'il n'y eût pas un village d'Europe qui ne fût exposé aux ravages. Cette querelle arriva lorsque Pierre était au plus haut point de sa gloire, et précisément parce qu'il y était.

FIN DE LA PREMIÈRE PARTIE.

SECONDE PARTIE[1].

CHAPITRE I.

CAMPAGNE DU PRUTH.

Le sultan Achmet III déclara la guerre à Pierre Ier; mais ce n'était pas pour le roi de Suède; c'était, comme on le croit bien, pour ses seuls intérêts. Le kan des Tartares de Crimée voyait avec crainte un voisin devenu si puissant. La Porte avait pris ombrage de ses vaisseaux sur les Palus-Méotides et sur la mer Noire, de la ville d'Azof fortifiée, du port de Taganrock, déjà célèbre, enfin de tant de grands succès, et de l'ambition, que les succès augmentent toujours.

Il n'est ni vraisemblable ni vrai que la Porte-Ottomane ait fait la guerre au czar vers les Palus-Méotides parce qu'un vaisseau suédois avait pris sur la mer Baltique une barque dans laquelle on avait trouvé une lettre d'un ministre qu'on n'a jamais nommé. Nordberg a écrit que cette lettre contenait un plan de la conquête de l'empire turc; que la lettre fut portée à Charles XII, en Turquie; que Charles l'envoya au divan, et que, sur cette lettre, la guerre fut déclarée. Cette fable porte assez avec elle son caractère de fable. Le kan des Tartares, plus inquiet encore que le divan de Constantinople du voisinage d'Azof, fut celui qui, par ses instances, obtint qu'on entrerait en campagne [2].

---

1. Voyez l'Avertissement de Beuchot.
2. Ce que rapporte Nordberg sur les prétentions du Grand Seigneur n'est ni moins faux ni moins puéril : il dit que le sultan Achmet envoya au czar les conditions auxquelles il accorderait la paix avant d'avoir commencé la guerre. Ces conditions étaient, selon le confesseur de Charles XII, de renoncer à son alliance avec le roi Auguste, de rétablir Stanislas, de rendre la Livonie à Charles, de payer à ce prince, argent comptant, ce qu'il lui avait pris à Pultava, et de démolir Pétersbourg. Cette pièce fut forgée par un nommé Brazey, auteur famélique d'une feuille intitulée *Mémoires satiriques, historiques et amusants*. Nordberg puisa dans cette

La Livonie n'était point encore tout entière au pouvoir du czar quand Achmet III prit, dès le mois d'auguste, la résolution de se déclarer. Il pouvait à peine savoir la reddition de Riga. La proposition de rendre en argent les effets perdus par le roi de Suède à Pultava serait de toutes les idées la plus ridicule, si celle de démolir Pétersbourg ne l'était davantage. Il y eut beaucoup de romanesque dans la conduite de Charles à Bender ; mais celle du divan eût été plus romanesque encore s'il eût fait de telles demandes.

Le kan des Tartares, qui fut le grand moteur de cette guerre[1], alla voir Charles dans sa retraite [2]. Ils étaient unis par les mêmes intérêts, puisque Azof est frontière de la petite Tartarie. Charles et le kan de Crimée étaient ceux qui avaient le plus perdu par l'agrandissement du czar ; mais ce kan ne commandait point les armées du Grand Seigneur : il était comme les princes feudataires d'Allemagne, qui ont servi l'empire avec leurs propres troupes, subordonnées au général de l'empereur allemand.

La première démarche du divan fut de faire arrêter [3] dans les rues de Constantinople l'ambassadeur du czar Tolstoy, et trente de ses domestiques, et de l'enfermer au château des Sept-Tours. Cet usage barbare, dont les sauvages auraient honte, vient de ce que les Turcs ont toujours des ministres étrangers résidant continuellement chez eux, et qu'ils n'envoient jamais d'ambassadeurs ordinaires. Ils regardent les ambassadeurs des princes chrétiens comme des consuls de marchands ; et, n'ayant pas d'ailleurs moins de mépris pour les chrétiens que pour les juifs, ils ne daignent observer avec eux le droit des gens que quand ils y sont forcés ; du moins, jusqu'à présent, ils ont persisté dans cet orgueil féroce.

Le célèbre vizir Achmet Couprougli, qui prit Candie sous Mahomet IV, avait traité le fils d'un ambassadeur de France avec outrage, et, ayant poussé la brutalité jusqu'à le frapper, l'avait envoyé en prison sans que Louis XIV, tout fier qu'il était, s'en fût autrement ressenti qu'en envoyant un autre ministre à la Porte. Les princes chrétiens, très-délicats entre eux sur le point d'honneur, et qui l'ont même fait entrer dans le droit public, semblaient l'avoir oublié avec les Turcs.

---

source. Il paraît que ce confesseur n'était pas le confident de Charles XII. (*Note de Voltaire.*)

1. Le sultan fut déterminé par le ministre français à Constantinople, M. Désaleurs, et par l'agent de Charles XII, Poniatowski. (G. A).
2. Novembre 1710. (*Note de Voltaire.*)
3. 20 novembre 1710. (*Id.*)

Jamais souverain ne fut plus offensé dans la personne de ses ministres que le czar de Russie. Il vit, dans l'espace de peu d'années, son ambassadeur à Londres mis en prison pour dettes; son plénipotentiaire en Pologne et en Saxe roué vif sur un ordre du roi de Suède; son ministre à la Porte-Ottomane saisi et mis en prison dans Constantinople comme un malfaiteur.

La reine d'Angleterre lui fit, comme nous avons vu [1], satisfaction pour l'outrage de Londres. L'horrible affront reçu dans la personne de Patkul fut lavé dans le sang des Suédois à la bataille de Pultava ; mais la fortune laissa impunie la violation du droit des gens par les Turcs.

Le czar fut obligé de quitter le théâtre de la guerre en Occident [2] pour aller combattre sur les frontières de la Turquie. D'abord il fait avancer vers la Moldavie [3] dix régiments qui étaient en Pologne; il ordonne au maréchal Sheremetof de partir de la Livonie avec son corps d'armée; et, laissant le prince Menzikoff à la tête des affaires à Pétersbourg, il va donner dans Moscou tous les ordres pour la campagne qui doit s'ouvrir.

Un sénat de régence est établi [4]; ses régiments des gardes se mettent en marche; il ordonne à la jeune noblesse de venir apprendre sous lui le métier de la guerre; place les uns en qualité de cadets, les autres, d'officiers subalternes. L'amiral Apraxin va dans Azof commander sur terre et sur mer. Toutes ces mesures étant prises, il ordonne dans Moscou qu'on reconnaisse une nouvelle czarine : c'était cette même personne faite prisonnière de guerre dans Marienbourg en 1702. Pierre avait répudié, l'an 1696, Eudoxia Lapoukin [5], son épouse, dont il avait deux enfants. Les lois de son Église permettent le divorce; et si elles l'avaient défendu, il eût fait une loi pour le permettre.

La jeune prisonnière de Marienbourg, à qui on avait donné le nom de Catherine, était au-dessus de son sexe et de son malheur. Elle se rendit si agréable par son caractère que le czar voulut l'avoir auprès de lui; elle l'accompagna dans ses courses et dans ses travaux pénibles, partageant ses fatigues, adoucissant ses peines par la gaieté de son esprit et par sa complaisance, ne connaissant point cet appareil de luxe et de mollesse dont les femmes

---

1. Page 512.
2. Janvier 1711. (*Note de Voltaire.*)
3. Il est bien étrange que tant d'auteurs confondent la Valachie et la Moldavie. (*Id.*)
4. 18 janvier 1711. (*Id.*)
5. Ou Lapouchin. (*Id.*)

se sont fait ailleurs des besoins réels. Ce qui rendit sa faveur plus singulière, c'est qu'elle ne fut ni enviée ni traversée, et que personne n'en fut la victime. Elle calma souvent la colère du czar, et le rendit plus grand encore en le rendant plus clément. Enfin elle lui devint si nécessaire qu'il l'épousa secrètement en 1707. Il en avait déjà deux filles, et il en eut l'année suivante une princesse qui épousa depuis le duc de Holstein. Le mariage secret de Pierre et de Catherine fut déclaré le jour même [1] que le czar [2] partit avec elle pour aller éprouver sa fortune contre l'empire ottoman. Toutes les dispositions promettaient un heureux succès. L'hetman des Cosaques devait contenir les Tartares, qui déjà ravageaient l'Ukraine dès le mois de février ; l'armée russe avançait vers le Niester ; un autre corps de troupes, sous le prince Gallitzin, marchait par la Pologne. Tous les commencements furent favorables, car, Gallitzin ayant rencontré près de Kiovie un parti nombreux de Tartares joints à quelques Cosaques et à quelques Polonais du parti de Stanislas, et même de Suédois, il les défit entièrement et leur tua cinq mille hommes. Ces Tartares avaient déjà fait dix mille esclaves dans le plat pays. C'est de temps immémorial la coutume des Tartares de porter plus de cordes que de cimeterres, pour lier les malheureux qu'ils surprennent. Les captifs furent tous délivrés, et leurs ravisseurs passés au fil de l'épée. Toute l'armée, si elle eût été rassemblée, devait monter à soixante mille hommes. Elle dut être encore augmentée par les troupes du roi de Pologne. Ce prince, qui devait tout au czar, vint le trouver le 3 juin, à Jaroslau, sur la rivière de Sane, et lui promit de nombreux secours. On proclama la guerre contre les Turcs au nom des deux rois ; mais la diète de Pologne ne ratifia pas ce qu'Auguste avait promis ; elle ne voulut point rompre avec les Turcs. C'était le sort du czar d'avoir dans le roi Auguste un allié qui ne pouvait jamais l'aider. Il eut les mêmes espérances dans la Moldavie et dans la Valachie, et il fut trompé de même.

La Moldavie et la Valachie devaient secouer le joug des Turcs. Ces pays sont ceux des anciens Daces, qui, mêlés aux Gépides, inquiétèrent longtemps l'empire romain : Trajan les soumit ; le premier Constantin les rendit chrétiens. La Dacie fut une province de l'empire d'Orient ; mais bientôt après ces mêmes peuples contribuèrent à la ruine de celui d'Occident, en servant sous les Odoacre et sous les Théodoric.

---

1. 17 mars 1711. (*Note de Voltaire.*)
2. Journal de Pierre le Grand. (*Id.*)

Ces contrées restèrent depuis annexées à l'empire grec, et quand les Turcs eurent pris Constantinople, elles furent gouvernées et opprimées par des princes particuliers. Enfin elles ont été entièrement soumises par le padisha ou empereur turc, qui en donne l'investiture. Le hospodar ou vaivode que la Porte choisit pour gouverner ces provinces est toujours un chrétien grec. Les Turcs ont, par ce choix, fait connaître leur tolérance, tandis que nos déclamateurs ignorants leur reprochent la persécution. Le prince que la Porte nomme est tributaire, ou plutôt fermier : elle confère cette dignité à celui qui en offre davantage, et qui fait le plus de présents au vizir, ainsi qu'elle confère le patriarcat grec de Constantinople. C'est quelquefois un dragoman, c'est-à-dire un interprète du divan, qui obtient cette place. Rarement la Moldavie et la Valachie sont réunies sous un même vaivode ; la Porte partage ces deux provinces, pour en être plus sûre. Demetrius Cantemir avait obtenu la Moldavie. On faisait descendre ce vaivode Cantemir de Tamerlan, parce que le nom de Tamerlan était Timur, que ce Timur était un kan tartare : et du nom de Timurkan venait, disait-on, la famille Kantemir.

Bassaraba Brancovan avait été investi de la Valachie. Ce Bassaraba ne trouva point de généalogiste qui le fît descendre d'un conquérant tartare. Cantemir crut que le temps était venu de se soustraire à la domination des Turcs, et de se rendre indépendant par la protection du czar. Il fit précisément avec Pierre ce que Mazeppa avait fait avec Charles. Il engagea même d'abord le hospodar de Valachie, Bassaraba, à entrer dans la conspiration, dont il espérait recueillir tout le fruit. Son plan était de se rendre maître des deux provinces. L'évêque de Jérusalem, qui était alors en Valachie, fut l'âme de ce complot. Cantemir promit au czar des troupes et des vivres, comme Mazeppa en avait promis au roi de Suède, et ne tint pas mieux sa parole.

Le général Sheremetof s'avança jusqu'à Yassi, capitale de la Moldavie, pour voir et pour soutenir l'exécution de ces grands projets. Cantemir l'y vint trouver, et en fut reçu en prince; mais il n'agit en prince qu'en publiant un manifeste contre l'empire turc. Le hospodar de Valachie, qui démêla bientôt ses vues ambitieuses, abandonna son parti et rentra dans son devoir. L'évêque de Jérusalem, craignant justement pour sa tête, s'enfuit et se cacha ; les peuples de la Valachie et de la Moldavie demeurèrent fidèles à la Porte-Ottomane, et ceux qui devaient fournir des vivres à l'armée russe les allèrent porter à l'armée turque.

Déjà le vizir Baltagi Mehemet avait passé le Danube à la tête de cent mille hommes, et marchait vers Yassi le long du Pruth, autrefois le fleuve Hiérase, qui tombe dans le Danube, et qui est à peu près la frontière de la Moldavie et de la Bessarabie. Il envoya alors le comte Poniatowski, gentilhomme polonais attaché à la fortune du roi de Suède, prier ce prince de venir lui rendre visite, et voir son armée. Charles ne put s'y résoudre ; il exigeait que le grand vizir lui fît sa première visite dans son asile près de Bender : sa fierté l'emporta sur ses intérêts [1]. Quand Poniatowski revint au camp des Turcs, et qu'il excusa les refus de Charles XII : « Je m'attendais bien, dit le vizir au kan des Tartares, que ce fier païen en userait ainsi. » Cette fierté réciproque, qui aliène toujours tous les hommes en place, n'avança pas les affaires du roi de Suède : il dut d'ailleurs s'apercevoir bientôt que les Turcs n'agissaient que pour eux, et non pas pour lui.

Tandis que l'armée ottomane passait le Danube, le czar avançait par les frontières de la Pologne, passait le Borysthène pour aller dégager le maréchal Sheremetof, qui, étant au midi d'Yassi sur les bords du Pruth, était menacé de se voir bientôt environné de cent mille Turcs et d'une armée de Tartares. Pierre, avant de passer le Borysthène, avait craint d'exposer Catherine à un danger qui devenait chaque jour plus terrible ; mais Catherine regarda cette attention du czar comme un outrage à sa tendresse et à son courage ; elle fit tant d'instances que le czar ne put se passer d'elle : l'armée la voyait avec joie à cheval, à la tête des troupes. Elle se servait rarement de voiture. Il fallut marcher au delà du Borysthène par quelques déserts, traverser le Bog, et ensuite la rivière du Tiras, qu'on nomme aujourd'hui Niester ; après quoi l'on trouvait encore un autre désert avant d'arriver à Yassi sur les bords du Pruth. Elle encourageait l'armée, y répandait la gaieté, envoyait des secours aux officiers malades, et étendait ses soins sur les soldats.

On arrive enfin à Yassi [2], où l'on devait établir des magasins. Le hospodar de Valachie Bassaraba, rentré dans les intérêts de la Porte, et feignant d'être dans ceux du czar, lui proposa la paix, quoique le grand vizir ne l'en eût point chargé : on sentit le piège ; on se borna à demander des vivres, qu'il ne pouvait ni ne voulait fournir. Il était difficile d'en faire venir de Pologne ; les provisions que Cantemir avait promises, et qu'il espérait en vain tirer de la Valachie, ne pouvaient arriver ; la situation devenait

---

1. Fait omis dans l'*Histoire de Charles XII*. (G. A.)
2. 4 juillet 1711. (*Note de Voltaire*.)

très-inquiétante. Un fléau dangereux se joignit à tous ces contre-temps ; des nuées de sauterelles couvrirent les campagnes, les dévorèrent et les infectèrent : l'eau manquait souvent dans la marche, sous un soleil brûlant et dans des déserts arides ; on fut obligé de faire porter à l'armée de l'eau dans des tonneaux.

Pierre, dans cette marche, se trouvait, par une fatalité singulière, à portée de Charles XII : car Bender n'est éloigné que de vingt-cinq lieues communes de l'endroit où l'armée russe campait auprès d'Yassi. Des partis de Cosaques pénétrèrent jusqu'à la retraite de Charles ; mais les Tartares de Crimée, qui voltigeaient dans ces quartiers, mirent le roi de Suède à couvert d'une surprise. Il attendait avec impatience et sans crainte dans son camp l'événement de la guerre.

Pierre se hâta de marcher sur la rive droite du Pruth, dès qu'il eut formé quelques magasins. Le point décisif était d'empêcher les Turcs, postés au-dessous sur la rive gauche, de passer ce fleuve et de venir à lui. Cette manœuvre devait le rendre maître de la Moldavie et de la Valachie : il envoya le général Janus avec l'avant-garde pour s'opposer à ce passage des Turcs ; mais ce général n'arriva que dans le temps même qu'ils passaient sur leurs pontons : il se retira, et son infanterie fut poursuivie jusqu'à ce que le czar vînt lui-même le dégager.

L'armée du grand vizir s'avança donc bientôt vers celle du czar le long du fleuve. Ces deux armées étaient bien différentes : celle des Turcs, renforcée des Tartares, était, dit-on, de près de deux cent cinquante mille hommes ; celle des Russes n'était alors que d'environ trente-sept mille combattants. Un corps assez considérable, sous le général Renne, était au delà des montagnes de la Moldavie sur la rivière de Sireth ; et les Turcs coupèrent la communication.

Le czar commençait à manquer de vivres, et à peine ses troupes, campées non loin du fleuve, pouvaient-elles avoir de l'eau ; elles étaient exposées à une nombreuse artillerie placée par le grand vizir sur la rive gauche, avec un corps de troupes qui tirait sans cesse sur les Russes. Il paraît, par ce récit très-détaillé et très-fidèle, que le vizir Baltagi Mehemet, loin d'être un imbécile, comme les Suédois l'ont représenté, s'était conduit avec beaucoup d'intelligence. Passer le Pruth à la vue d'un ennemi, le contraindre à reculer, et le poursuivre ; couper tout d'un coup la communication entre l'armée du czar et un corps de sa cavalerie, enfermer cette armée sans lui laisser de retraite, lui ôter l'eau et les vivres, la tenir sous des batteries de canon qui la menacent d'une rive opposée : tout cela n'était pas d'un homme sans activité et sans prévoyance.

Pierre alors se trouva dans une plus mauvaise position que Charles XII à Pultava : enfermé comme lui par une armée supérieure, éprouvant plus que lui la disette, et s'étant fié comme lui aux promesses d'un prince trop peu puissant pour les tenir, il prit le parti de la retraite, et tenta d'aller choisir un camp avantageux, en retournant vers Yassi.

Il décampa dans la nuit[1]; mais à peine est-il en marche que les Turcs tombent sur son arrière-garde au point du jour. Le régiment des gardes Préobazinski arrêta longtemps leur impétuosité. On se forma, on fit des retranchements avec les chariots et le bagage. Le même jour[2] toute l'armée turque attaqua encore les Russes. Une preuve qu'ils pouvaient se défendre, quoi qu'on en ait dit, c'est qu'ils se défendirent très-longtemps, qu'ils tuèrent beaucoup d'ennemis, et qu'ils ne furent point entamés.

Il y avait dans l'armée ottomane deux officiers du roi de Suède, l'un le comte Poniatowski, l'autre le comte de Sparre, avec quelques Cosaques du parti de Charles XII. Mes Mémoires disent que ces généraux conseillèrent au grand vizir de ne point combattre, de couper l'eau et les vivres aux ennemis, et de les forcer à se rendre prisonniers ou de mourir. D'autres Mémoires prétendent qu'au contraire ils animèrent le grand vizir à détruire avec le sabre une armée fatiguée et languissante, qui périssait déjà par la disette. La première idée paraît plus circonspecte; la seconde, plus conforme au caractère des généraux élevés par Charles XII[3].

Le fait est que le grand vizir tomba sur l'arrière-garde au point du jour. Cette arrière-garde était en désordre. Les Turcs ne rencontrèrent d'abord devant eux qu'une ligne de quatre cents hommes; on se forma avec célérité. Un général allemand, nommé Allard, eut la gloire de faire des dispositions si rapides et si bonnes que les Russes résistèrent pendant trois heures à l'armée ottomane sans perdre de terrain.

La discipline à laquelle le czar avait accoutumé ses troupes le paya bien de ses peines. On avait vu à Narva soixante mille hommes défaits par huit mille, parce qu'ils étaient indisciplinés;

---

1. 20 juillet 1711. (*Note de Voltaire.*)
2. 21 juillet 1711. (*Id.*)
3. Voltaire, dans son *Charles XII*, présente au contraire et sans hésitation les généraux suédois comme ayant conseillé la temporisation. Voyez page 275.

et ici l'on voit une arrière-garde d'environ huit mille Russes soutenir les efforts de cent cinquante mille Turcs, leur tuer sept mille hommes, et les forcer à retourner en arrière.

Après ce rude combat, les deux armées se retranchèrent pendant la nuit ; mais l'armée russe restait toujours enfermée, privée de provisions et d'eau même. Elle était près des bords du Pruth, et ne pouvait approcher du fleuve : car sitôt que quelques soldats hasardaient d'aller puiser de l'eau, un corps de Turcs postés à la rive opposée faisait pleuvoir sur eux le plomb et le fer d'une artillerie nombreuse chargée à cartouche. L'armée turque, qui avait attaqué les Russes, continuait toujours de son côté à la foudroyer par son canon.

Il était probable qu'enfin les Russes allaient être perdus sans ressource par leur position, par l'inégalité du nombre, et par la disette. Les escarmouches continuaient toujours ; la cavalerie du czar, presque toute démontée, ne pouvait plus être d'aucun secours, à moins qu'elle ne combattit à pied ; la situation paraissait désespérée. Il ne faut que jeter les yeux sur la carte exacte du camp du czar et de l'armée ottomane pour voir qu'il n'y eut jamais de position plus dangereuse, que la retraite était impossible, qu'il fallait remporter une victoire complète, ou périr jusqu'au dernier, ou être esclave des Turcs [1].

Toutes les relations, tous les Mémoires du temps, conviennent unanimement que le czar, incertain s'il tenterait le lendemain le sort d'une nouvelle bataille, s'il exposerait sa femme, son armée, son empire, et le fruit de tant de travaux, à une perte qui semblait inévitable, se retira dans sa tente, accablé de douleur et agité de convulsions dont il était quelquefois attaqué, et que ses chagrins redoublaient. Seul, en proie à tant d'inquiétudes cruelles, ne voulant que personne fût témoin de son état, il défendit qu'on entrât dans sa tente. Il vit alors quel était son bonheur d'avoir permis à sa femme de le suivre. Catherine entra malgré la défense.

Une femme qui avait affronté la mort pendant tous ces com-

---

[1]. L'auteur de la nouvelle *Histoire de Russie* prétend que le czar envoya un courrier à Moscou pour recommander aux sénateurs de continuer de gouverner, s'ils apprenaient qu'il eût été fait prisonnier, leur défendre d'exécuter ceux de ses ordres donnés pendant sa captivité qui leur paraîtraient contraires à l'intérêt de l'empire, et leur ordonner de choisir un autre maître, s'ils croyaient cette élection nécessaire au salut de l'État : cependant le czarovitz Alexis vivait alors, et était en âge de gouverner; mais il n'est question de cet ordre ni dans le *Journal de Pierre Ier*, ni dans aucun recueil authentique. (K.) — Voyez la note 2, page 449.

bats, exposée comme un autre au feu de l'artillerie des Turcs, avait le droit de parler. Elle persuada son époux de tenter la voie de la négociation.

C'est la coutume immémoriale dans tout l'Orient, quand on demande audience aux souverains ou à leurs représentants, de ne les aborder qu'avec des présents. Catherine rassembla le peu de pierreries qu'elle avait apportées dans ce voyage guerrier, dont toute magnificence et tout luxe étaient bannis ; elle y ajouta deux pelisses de renard noir ; l'argent comptant qu'elle ramassa fut destiné pour le kiaia. Elle choisit elle-même un officier intelligent qui devait, avec deux valets, porter les présents au grand vizir, et ensuite faire conduire au kiaia en sûreté le présent qui lui était réservé. Cet officier fut chargé d'une lettre du maréchal Sheremetof à Mehemet Baltagi. Les Mémoires de Pierre conviennent de la lettre : ils ne disent rien des détails dans lesquels entra Catherine ; mais tout est assez confirmé par la déclaration de Pierre lui-même, donnée en 1723, quand il fit couronner Catherine impératrice. « Elle nous a été, dit-il, d'un très-grand secours dans tous les dangers, et particulièrement à la bataille du Pruth, où notre armée était réduite à vingt-deux mille hommes. » Si le czar en effet n'avait plus alors que vingt-deux mille combattants, menacés de périr par la faim ou par le fer, le service rendu par Catherine était aussi grand que les bienfaits dont son époux l'avait comblée. Le journal manuscrit[1] de Pierre le Grand dit que, le jour même du grand combat du 20 juillet, il y avait trente et un mille cinq cent cinquante-quatre hommes d'infanterie, et six mille six cent quatre-vingt-douze de cavalerie, presque tous démontés ; il aurait donc perdu seize mille deux cent quarante-six combattants dans cette bataille. Les autres Mémoires assurent que la perte des Turcs fut beaucoup plus considérable que la sienne, et qu'attaquant en foule et sans ordre, aucun des coups tirés sur eux ne porta à faux. S'il est ainsi, la journée du Pruth, du 20 au 21 juillet, fut une des plus meurtrières qu'on ait vues depuis plusieurs siècles.

Il faut, ou soupçonner Pierre le Grand de s'être trompé, lorsqu'en couronnant l'impératrice il lui témoigne sa reconnaissance « d'avoir sauvé son armée, réduite à vingt-deux mille combattants » ; ou accuser de faux son journal, dans lequel il est dit que, le jour de cette bataille, son armée du Pruth, indépendamment du corps qui campait sur le Sireth, « montait à trente et un

---

1. Page 177 du Journal de Pierre le Grand. (*Note de Voltaire.*)

mille cinq cent cinquante-quatre hommes d'infanterie, et à six mille six cent quatre-vingt-douze de cavalerie. » Suivant ce calcul, la bataille aurait été plus terrible que tous les historiens et tous les *Mémoires pour et contre ne l'ont rapporté jusqu'ici*. Il y a certainement ici quelque malentendu ; et cela est très-ordinaire dans les récits de campagnes, lorsqu'on entre dans les détails. Le plus sûr est de s'en tenir toujours à l'événement principal, à la victoire et à la défaite : on sait rarement avec précision ce que l'une et l'autre ont coûté.

A quelque petit nombre que l'armée russe fût réduite, on se flattait qu'une résistance si intrépide et si opiniâtre en imposerait au grand vizir ; qu'on obtiendrait la paix à des conditions honorables pour la Porte-Ottomane ; que ce traité, en rendant le vizir agréable à son maître, ne serait pas trop humiliant pour l'empire de Russie. Le grand mérite de Catherine fut, ce semble, d'avoir vu cette possibilité dans un moment où les généraux ne paraissaient voir qu'un malheur inévitable[1].

Nordberg, dans son *Histoire de Charles XII*, rapporte une lettre du czar au grand vizir, dans laquelle il s'exprime en ces mots : « Si, contre mon attente, j'ai le malheur d'avoir déplu à Sa Hautesse, je suis prêt à réparer les sujets de plainte qu'elle peut avoir contre moi... Je vous conjure, très-noble général, d'empêcher qu'il ne soit répandu plus de sang, et je vous supplie de faire cesser dans le moment le feu excessif de votre artillerie... Recevez l'otage que je viens de vous envoyer... »

Cette lettre porte tous les caractères de fausseté, ainsi que la plupart des pièces rapportées au hasard par Nordberg : elle est datée du 11 juillet, nouveau style ; et on n'écrivit à Baltagi Mehemet que le 21, nouveau style ; ce ne fut point le czar qui écrivit, ce fut le maréchal Sheremetof ; on ne se servit point dans cette lettre de ces expressions « le czar a eu le malheur de déplaire à Sa Hautesse », ces termes ne conviennent qu'à un sujet qui demande pardon à son maître ; il n'est point question d'otage : on n'en envoya point ; la lettre fut portée par un officier, tandis que l'artillerie tonnait des deux côtés. Sheremetof, dans sa lettre, faisait seulement souvenir le vizir de quelques offres de paix que la Porte avait faites au commencement de la campagne par les ministres d'Angleterre et de Hollande, lorsque le divan demandait la cession de la citadelle et du port de Taganrock, qui étaient les vrais sujets de la guerre.

---

1. Voltaire insiste sur les mérites de Catherine Ire par galanterie pour Catherine II. (G. A.)

Il se passa quelques heures avant qu'on eût une réponse du grand vizir. On craignait que le porteur n'eût été tué par le canon, on n'eût été retenu par les Turcs. On dépêcha un second courrier[1] avec un duplicata, et on tint conseil de guerre en présence de Catherine. Dix officiers généraux signèrent le résultat que voici :

« Si l'ennemi ne veut pas accepter les conditions qu'on lui offre, et s'il demande que nous posions les armes et que nous nous rendions à discrétion, tous les généraux et les ministres sont unanimement d'avis de se faire jour au travers des ennemis. »

En conséquence de cette résolution, on entoura le bagage de retranchements, et on s'avança jusqu'à cent pas de l'armée turque, lorsque enfin le grand vizir fit publier une suspension d'armes.

Tout le parti suédois a traité dans ses Mémoires ce vizir de lâche et d'infâme, qui s'était laissé corrompre. C'est ainsi que tant d'écrivains ont accusé le comte Piper d'avoir reçu de l'argent du duc de Marlborough pour engager le roi de Suède à continuer la guerre contre le czar, et qu'on a imputé à un ministre de France d'avoir fait, à prix d'argent, le traité de Séville. De telles accusations ne doivent être avancées que sur des preuves évidentes. Il est très-rare que des premiers ministres s'abaissent à de si honteuses lâchetés, découvertes tôt ou tard par ceux qui ont donné l'argent, et par les registres qui en font foi. Un ministre est toujours un homme en spectacle à l'Europe, son honneur est la base de son crédit; il est toujours assez riche pour n'avoir pas besoin d'être un traître.

La place de vice-roi de l'empire ottoman est si belle, les profits en sont si immenses en temps de guerre, l'abondance et la magnificence régnaient à un si haut point dans les tentes de Baltagi Mehemet, la simplicité et surtout la disette étaient si grandes dans l'armée du czar, que c'était bien plutôt au grand vizir à donner qu'à recevoir. Une légère attention de la part d'une femme qui envoyait des pelisses et quelques bagues, comme il est d'usage dans toutes les cours, ou plutôt dans toutes les Portes orientales, ne pouvait être regardée comme une corruption. La conduite franche et ouverte de Baltagi Mehemet semble confondre les accusations dont on a souillé tant d'écrits touchant cette affaire. Le vice-chancelier Schaffirof alla dans sa tente avec un grand appareil; tout se passa publiquement, et ne pouvait se passer autrement. La négociation même fut entamée en présence d'un homme attaché au roi de Suède, et domestique du comte Poniatowski,

---

1. 21 juillet 1711. (*Note de Voltaire.*)

officier de Charles XII, lequel servit d'abord d'interprète ; et les articles furent rédigés publiquement par le premier secrétaire du viziriat, nommé Hummer Effendi. Le comte Poniatowski y était présent lui-même. Le présent qu'on faisait au kiaia fut offert publiquement et en cérémonie ; tout se passa selon l'usage des Orientaux ; on se fit des présents réciproques : rien ne ressemble moins à une trahison. Ce qui détermina le vizir à conclure, c'est que dans ce temps-là même le corps d'armée commandé par le général Renne, sur la rivière de Sireth en Moldavie, avait passé trois rivières, et était alors vers le Danube, où Renne venait de prendre la ville et le château de Brahila, défendus par une garnison nombreuse commandée par un pacha. Le czar avait un autre corps d'armée qui avançait des frontières de la Pologne. Il est de plus très-vraisemblable que le vizir ne fut pas instruit de la disette que souffraient les Russes. Le compte des vivres et des munitions n'est pas communiqué à son ennemi ; on se vante, au contraire, devant lui d'être dans l'abondance, dans le temps qu'on souffre le plus. Il n'y a point de transfuge entre les Turcs et les Russes ; la différence des vêtements, de la religion et du langage, ne le permet pas. Ils ne connaissent point comme nous la désertion ; aussi le grand vizir ne savait pas au juste dans quel état déplorable était l'armée de Pierre.

Baltagi, qui n'aimait pas la guerre, et qui cependant l'avait bien faite, crut que son expédition était assez heureuse s'il remettait aux mains du Grand Seigneur les villes et les ports pour lesquels il combattait ; s'il renvoyait des bords du Danube en Russie l'armée victorieuse du général Renne, et s'il fermait à jamais l'entrée des Palus-Méotides, le Bosphore cimmérien, la mer Noire, à un prince entreprenant ; enfin s'il ne mettait pas des avantages certains au risque d'une nouvelle bataille, qu'après tout le désespoir pouvait gagner contre la force : il avait vu ses janissaires repoussés la veille, et il y avait bien plus d'un exemple de victoires remportées par le petit nombre contre le grand. Telles furent ses raisons : ni les officiers de Charles qui étaient dans son armée, ni le kan des Tartares ne les approuvèrent : l'intérêt des Tartares était de pouvoir exercer leurs pillages sur les frontières de Russie et de Pologne ; l'intérêt de Charles XII était de se venger du czar ; mais le général, le premier ministre de l'empire ottoman, n'était animé ni par la vengeance particulière d'un prince chrétien, ni par l'amour du butin qui conduisait les Tartares. Dès qu'on fut convenu d'une suspension d'armes, les Russes achetèrent des Turcs les vivres dont ils manquaient. Les articles de cette paix ne furent point rédigés comme le voyageur La Motraye le rapporte, et comme Nordberg le copie d'après lui. Le vizir, parmi les conditions qu'il exigeait, voulait d'abord que le czar s'engageât à ne plus entrer dans les intérêts de la Pologne, et c'est sur quoi Poniatowski insistait; mais il était, au fond, convenable à l'empire turc que la Pologne restât désunie et impuissante : ainsi cet article se réduisit à retirer les troupes russes des frontières. Le kan des Tartares demandait un tribut de quarante mille sequins : ce point fut longtemps débattu, et ne passa point.

Le vizir demanda longtemps qu'on lui livrât Cantemir, comme le roi de Suède s'était fait livrer Patkul. Cantemir se trouvait précisément dans le même cas où avait été Mazeppa. Le czar avait fait à Mazeppa son procès criminel, et l'avait fait exécuter en effigie. Les Turcs n'en usèrent point ainsi ; ils ne connaissent ni les procès par contumace, ni les sentences publiques. Ces condamnations affichées et les exécutions en effigie sont d'autant moins en usage chez eux, que leur loi leur défend les représentations humaines, de quelque genre qu'elles puissent être. Ils insistèrent en vain sur l'extradition de Cantemir. Pierre écrivit ces propres paroles au vice-chancelier Schaffirof :

« J'abandonnerai plutôt aux Turcs tout le terrain qui s'étend jusqu'à Cursk : il me restera l'espérance de le recouvrer ; mais la perte de ma foi est irréparable, je ne peux la violer. Nous n'avons de propre que l'honneur : y renoncer, c'est cesser d'être monarque. »

Enfin le traité fut conclu et signé près du village nommé Falksen, sur les bords du Pruth. On convint dans le traité qu'Azof et son territoire seraient rendus avec les munitions et l'artillerie dont il était pourvu avant que le czar l'eût pris, en 1696 ; que le port de Taganrock, sur la mer de Zabache, serait démoli, ainsi que celui de Samara, sur la rivière de ce nom, et d'autres petites citadelles. On ajouta enfin un article touchant le roi de Suède, et cet article même faisait assez voir combien le vizir était mécontent de lui. Il fut stipulé que ce prince ne serait point inquiété par le czar s'il retournait dans ses États, et que d'ailleurs le czar et lui pouvaient faire la paix s'ils en avaient envie.

Il est bien évident, par la rédaction singulière de cet article, que Baltagi Mehemet se souvenait des hauteurs de Charles XII. Qui sait même si ces hauteurs n'avaient pas incliné Mehemet du côté de la paix ? La perte du czar était la grandeur de Charles, et il n'est pas dans le cœur humain de rendre puissants ceux qui nous méprisent. Enfin ce prince, qui n'avait pas voulu venir à l'armée du vizir quand il avait besoin de le ménager, accourut quand l'ouvrage qui lui ôtait toutes ses espérances allait être consommé. Le vizir n'alla point à sa rencontre, et se contenta de lui envoyer deux bachas ; il ne vint au-devant de Charles qu'à quelque distance de sa tente.

La conversation ne se passa, comme on sait, qu'en reproches. Plusieurs historiens ont cru que la réponse du vizir au roi, quand ce prince lui reprocha d'avoir pu prendre le czar prisonnier, et de ne l'avoir pas fait, était la réponse d'un imbécile. « Si j'avais pris le czar, dit-il, qui aurait gouverné son empire ? » Il est aisé pourtant de comprendre que c'était la réponse d'un homme piqué ; et ces mots qu'il ajouta : « Il ne faut pas que tous les rois sortent de chez eux, » montrent assez combien il voulait mortifier l'hôte de Bender.

Charles ne retira d'autre fruit de son voyage que celui de déchirer la robe du grand vizir avec l'éperon de ses bottes. Le vizir, qui pouvait l'en faire repentir, feignit de ne s'en pas apercevoir ; et en cela il était très-supérieur à Charles. Si quelque chose put faire sentir à ce monarque, dans sa vie brillante et tumultueuse, combien la fortune peut confondre la grandeur, c'est qu'à Pultava un pâtissier avait fait mettre bas les armes à toute son armée, et qu'au Pruth un fendeur de bois avait décidé du sort du czar et du sien : car ce vizir Baltagi Mehemet avait été fendeur de bois dans le sérail, comme son nom le signifie ; et, loin d'en rougir, il s'en faisait honneur : tant les mœurs orientales diffèrent des nôtres.

Le sultan et tout Constantinople furent d'abord très-contents de la conduite du vizir : on fit des réjouissances publiques une semaine entière ; le kiaia de Mehemet, qui porta le traité au divan, fut élevé incontinent à la dignité de boujouk imraour, grand-écuyer : ce n'est pas ainsi qu'on traite ceux dont on croit être mal servi.

Il paraît que Nordberg connaissait peu le gouvernement ottoman, puisqu'il dit que « le Grand Seigneur ménageait son vizir, et que Baltagi Mehemet était à craindre ». Les janissaires ont été souvent dangereux aux sultans, mais il n'y a pas un exemple d'un seul vizir qui n'ait été aisément sacrifié sur un ordre de son maître ; et Mehemet n'était pas en état de se soutenir par lui-même. C'est, de plus, se contredire que d'assurer dans la même page que les janissaires étaient irrités contre Mehemet, et que le sultan craignait son pouvoir.

Le roi de Suède fut réduit à la ressource de cabaler à la cour ottomane. On vit un roi qui avait fait des rois s'occuper à faire présenter au sultan des mémoires et des placets qu'on ne voulait pas recevoir. Charles employa toutes les intrigues, comme un sujet qui veut décrier un ministre auprès de son maître. C'est ainsi qu'il se conduisit contre le vizir Mehemet et contre tous ses successeurs : tantôt on s'adressait à la sultane validé par une juive, tantôt on employait un eunuque; il y eut enfin un homme[1] qui, se mêlant parmi les gardes du Grand Seigneur, contrefit l'insensé, afin d'attirer ses regards, et de pouvoir lui donner un mémoire du roi. De toutes ces manœuvres, Charles ne recueillit d'abord que la mortification de se voir retrancher son thaïm, c'est-à-dire la subsistance que la générosité de la Porte lui fournissait par jour, et qui se montait à quinze cents livres, monnaie de France. Le grand vizir, au lieu de thaïm, lui dépêcha un ordre, en forme de conseil, de sortir de la Turquie.

Charles s'obstina plus que jamais à rester, s'imaginant toujours qu'il rentrerait en Pologne et dans l'empire russe avec une armée ottomane. Personne n'ignore quelle fut enfin, en 1714, l'issue de son audace inflexible, comment il se battit contre une armée de janissaires, de spahis, et de Tartares, avec ses secrétaires, ses valets de chambre, ses gens de cuisine et d'écurie; qu'il fut captif dans le pays où il avait joui de la plus généreuse hospitalité; qu'il retourna ensuite déguisé en courrier dans ses États, après avoir demeuré cinq années en Turquie. Il faut avouer que s'il y a eu de la raison dans sa conduite, cette raison n'était pas faite comme celle des autres hommes.

CHAPITRE II.

SUITE DE L'AFFAIRE DU PRUTH.

Il est utile de rappeler ici un fait déjà raconté dans l'*Histoire de Charles XII*[2]. Il arriva, pendant la suspension d'armes qui précéda le traité du Pruth, que deux Tartares surprirent deux officiers italiens de l'armée du czar, et vinrent les vendre à un officier des janissaires; le vizir punit cet attentat contre la foi publique

---

1. Villelongue; voyez page 308.
2. Voyez page 278.

par la mort des deux Tartares. Comment accorder cette délicatesse si sévère avec la violation du droit des gens dans la personne de l'ambassadeur Tolstoy, que le même grand vizir avait fait arrêter dans les rues de Constantinople? Il y a toujours une raison des contradictions dans la conduite des hommes. Baltagi Mehemet était piqué contre le kan des Tartares, qui ne voulait pas entendre parler de paix ; et il voulut lui faire sentir qu'il était le maître.

Le czar, après la paix signée, se retira par Yassi jusque sur la frontière, suivi d'un corps de huit mille Turcs, que le vizir envoya non-seulement pour observer la marche de l'armée russe, mais pour empêcher que les Tartares vagabonds ne l'inquiétassent.

Pierre accomplit d'abord le traité en faisant démolir la forteresse de Samara et de Kamienska ; mais la reddition d'Azof et la démolition de Taganrock souffrirent plus de difficultés : il fallait, aux termes du traité, distinguer l'artillerie et les munitions d'Azof qui appartenaient aux Turcs de celles que le czar y avait mises depuis qu'il avait conquis cette place. Le gouverneur traîna en longueur cette négociation, et la Porte en fut justement irritée. Le sultan était impatient de recevoir les clefs d'Azof ; le vizir les promettait ; le gouverneur différait toujours. Baltagi Mehemet en perdit les bonnes grâces de son maître et sa place ; le kan des Tartares et ses autres ennemis prévalurent contre lui : il fut enveloppé dans la disgrâce de plusieurs bachas ; mais le Grand Seigneur, qui connaissait sa fidélité, ne lui ôta ni son bien ni sa vie ; il fut envoyé à Mitylène [1], où il commanda. Cette simple déposition, cette conservation de sa fortune, et surtout ce commandement dans Mitylène, démentent évidemment tout ce que Nordberg avance pour faire croire que ce vizir avait été corrompu par l'argent du czar.

Nordberg dit que le bostangi bachi qui vint lui redemander le bul de l'empire, et lui signifier son arrêt, le déclara « traître et désobéissant à son maître, vendu aux ennemis à prix d'argent, et coupable de n'avoir point veillé aux intérêts du roi de Suède ». Premièrement, ces sortes de déclarations ne sont point du tout en usage en Turquie : les ordres du sultan sont donnés en secret, et exécutés en silence. Secondement, si le vizir avait été déclaré *traître, rebelle et corrompu*, de tels crimes auraient été punis par la mort dans un pays où ils ne sont jamais pardonnés [2]. Enfin, s'il

---

1. Novembre 1711. (*Note de Voltaire.*)
2. Dans son *Charles XII*, Voltaire dit que c'est le lieutenant de Mehemet, Osman, qui s'était laissé corrompre, et qu'on lui coupa la tête.

avait été puni pour n'avoir pas assez ménagé l'intérêt de Charles XII, il est clair que ce prince aurait eu en effet à la Porte-Ottomane un pouvoir qui devait faire trembler les autres ministres ; ils devaient, en ce cas, implorer sa faveur et prévenir ses volontés ; mais, au contraire, Jussuf Bacha, aga des janissaires, qui succéda à Mehemet Baltagi dans le viziriat, pensa hautement comme son prédécesseur sur la conduite de ce prince : loin de le servir, il ne songea qu'à se défaire d'un hôte dangereux ; et quand Poniatowski, le confident et le compagnon de Charles XII, vint complimenter ce vizir sur sa nouvelle dignité, il lui dit : « Païen, je t'avertis qu'à la première intrigue que tu voudras tramer, je te ferai jeter dans la mer, une pierre au cou. »

Ce compliment, que le comte Poniatowski rapporte lui-même dans des Mémoires qu'il fit à ma réquisition, ne laisse aucun doute sur le peu d'influence que Charles XII avait à la Porte. Tout ce que Nordberg a rapporté des affaires de Turquie paraît d'un homme passionné et mal informé. Il faut ranger parmi les erreurs de l'esprit de parti et parmi les mensonges politiques tout ce qu'il avance sans preuve touchant la prétendue corruption d'un grand vizir, c'est-à-dire d'un homme qui disposait de plus de soixante millions par an sans en rendre compte. J'ai encore entre les mains la lettre que le comte Poniatowski écrivit au roi Stanislas immédiatement après la paix du Pruth : il reproche à Baltagi Mehemet son éloignement pour le roi de Suède, son peu de goût pour la guerre, sa facilité ; mais il se garde bien de l'accuser de corruption : il savait trop ce que c'est que la place d'un grand vizir pour penser que le czar pût mettre un prix à la trahison du vice-roi de l'empire ottoman.

Schaffirof et Sheremetof, demeurés en otage à Constantinople, ne furent point traités comme ils l'auraient été s'ils avaient été convaincus d'avoir acheté la paix, et d'avoir trompé le sultan de concert avec le vizir : ils demeurèrent en liberté dans la ville, escortés de deux compagnies de janissaires.

L'ambassadeur Tolstoy étant sorti des Sept-Tours immédiatement après la paix du Pruth, les ministres d'Angleterre et de Hollande s'entremirent auprès du nouveau vizir pour l'exécution des articles.

Azof venait enfin d'être rendu aux Turcs ; on démolissait les forteresses stipulées dans le traité. Quoique la Porte-Ottomane n'entre guère dans les différends des princes chrétiens, cependant elle était flattée alors de se voir arbitre entre la Russie, la Pologne et le roi de Suède : elle voulait que le czar retirât ses troupes de la

Pologne, et délivrât la Turquie d'un voisinage si dangereux ; elle souhaitait que Charles retournât dans ses États, afin que les princes chrétiens fussent continuellement divisés, mais jamais elle n'eut l'intention de lui fournir une armée. Les Tartares désiraient toujours la guerre, comme les artisans veulent exercer leurs professions lucratives. Les janissaires la souhaitaient, mais plus par haine contre les chrétiens, par fierté, par amour pour la licence, que par d'autres motifs. Cependant les négociations des ministres anglais et hollandais prévalurent contre le parti opposé. La paix du Pruth fut confirmée ; mais on ajouta dans le nouveau traité que le czar retirerait dans trois mois toutes ses troupes de la Pologne, et que l'empereur turc renverrait incessamment Charles XII.

On peut juger, par ce nouveau traité, si le roi de Suède avait à la Porte autant de pouvoir qu'on l'a dit. Il était évidemment sacrifié par le nouveau vizir Jussuf Bacha, ainsi que par Baltagi Mehemet. Ses historiens n'ont eu d'autre ressource, pour couvrir ce nouvel affront, que d'accuser Jussuf d'avoir été corrompu, ainsi que son prédécesseur. De pareilles imputations tant de fois renouvelées sans preuve sont bien plutôt les cris d'une cabale impuissante que les témoignages de l'histoire. L'esprit de parti, obligé d'avouer les faits, en altère les circonstances et les motifs ; et malheureusement c'est ainsi que toutes les histoires contemporaines parviennent falsifiées à la postérité, qui ne peut plus guère démêler la vérité du mensonge.

CHAPITRE III.

MARIAGE DU CZAROVITZ, ET DÉCLARATION SOLENNELLE DU MARIAGE DE PIERRE AVEC CATHERINE, QUI RECONNAÎT SON FRÈRE.

Cette malheureuse campagne du Pruth fut plus funeste au czar que ne l'avait été la bataille de Narva : car, après Narva, il avait su tirer parti de sa défaite même, réparer toutes ses pertes, et enlever l'Ingrie à Charles XII ; mais après avoir perdu, par le traité de Falksen avec le sultan, ses ports et ses forteresses sur les Palus-Méotides, il fallut renoncer à l'empire sur la mer Noire. Il lui restait un champ assez vaste pour ses entreprises; il avait à perfectionner tous ses établissements en Russie, ses conquêtes sur la Suède à poursuivre, le roi Auguste à raffermir en Pologne, et ses alliés à ménager. Les fatigues avaient altéré sa santé: il fallut qu'il allât aux eaux de Carlsbad en Bohême; mais pendant qu'il prenait les eaux, il faisait attaquer la Poméranie, Stralsund était bloqué, et cinq petites villes étaient prises.

La Poméranie est la province d'Allemagne la plus septentrionale, bornée à l'orient par la Prusse et la Pologne, à l'occident par le Brandebourg, au midi par le Mecklenbourg, et au nord par la mer Baltique : elle eut presque de siècle en siècle différents maîtres. Gustave-Adolphe s'en empara dans la fameuse guerre de trente ans, et enfin elle fut cédée solennellement aux Suédois par le traité de Vestphalie, à la réserve de l'évêché de Camin et de quelques petites places situées dans la Poméranie ultérieure. Toute cette province devait naturellement appartenir à l'électeur de Brandebourg, en vertu des pactes de famille faits avec les ducs de Poméranie. La race de ces ducs s'était éteinte en 1637; par conséquent, suivant les lois de l'empire, la maison de Brandebourg avait un droit évident sur cette province; mais la nécessité, la première des lois, l'emporta dans le traité d'Osnabruck sur les pactes de famille, et depuis ce temps la Poméranie presque tout entière avait été le prix de la valeur suédoise.

Le projet du czar était de dépouiller la couronne de Suède de toutes les provinces qu'elle possédait en Allemagne; il fallait, pour remplir ce dessein, s'unir avec les électeurs de Brandebourg et d'Hanovre, et avec le Danemark. Pierre écrivit tous les articles du traité qu'il projetait avec ces puissances, et tout le détail des opérations nécessaires pour se rendre maître de la Poméranie.

Pendant ce temps-là même, il maria dans Torgau [1] son fils Alexis avec la princesse de Volfenbuttel, sœur de l'impératrice d'Allemagne, épouse de Charles VI : mariage qui fut depuis si funeste, et qui coûta la vie aux deux époux.

Le czarovitz était né du premier mariage de Pierre avec Eudoxie Lapoukin, mariée, comme on l'a dit [2], en 1689. Elle était alors confinée dans un couvent à Susdal. Son fils, Alexis Pétrovitz, né le 1er mars 1690, était dans sa vingt-deuxième année. Ce prince n'était pas encore connu en Europe. Un ministre [3],

---

1. 25 octobre 1711. (*Note de Voltaire.*)
2. Page 442.
3. Weber, envoyé de Saxe en Russie. Ses *Mémoires pour servir à l'histoire de*

dont on a imprimé des Mémoires sur la cour de Russie, dit, dans une lettre écrite à son maître, datée du 25 auguste 1711, que « ce prince était grand et bien fait, qu'il ressemblait beaucoup à son père, qu'il avait le cœur bon, qu'il était plein de piété, qu'il avait lu cinq fois l'Écriture sainte, qu'il se plaisait fort à la lecture des anciennes histoires grecques ; il lui trouve l'esprit étendu et facile ; il dit que ce prince sait les mathématiques, qu'il entend bien la guerre, la navigation, la science de l'hydraulique, qu'il sait l'allemand, qu'il apprend le français ; mais que son père n'a jamais voulu qu'il fît ce qu'on appelle ses exercices ».

Voilà un portrait bien différent de celui que le czar lui-même fit quelque temps après de ce fils infortuné ; nous verrons avec quelle douleur son père lui reprocha tous les défauts contraires aux bonnes qualités que ce ministre admire en lui.

C'est à la postérité à décider entre un étranger qui peut juger légèrement ou flatter le caractère d'Alexis, et un père qui a cru devoir sacrifier les sentiments de la nature au bien de son empire. Si le ministre n'a pas mieux connu l'esprit d'Alexis que sa figure, son témoignage a peu de poids : il dit que ce prince était grand et bien fait ; les Mémoires que j'ai reçus de Pétersbourg disent qu'il n'était ni l'un ni l'autre.

Catherine, sa belle-mère, n'assista point à ce mariage : car, quoiqu'elle fût regardée comme czarine, elle n'était point reconnue solennellement en cette qualité, et le titre d'*altesse* qu'on lui donnait à la cour du czar lui laissait encore un rang trop équivoque pour qu'elle signât au contrat, et pour que le cérémonial allemand lui accordât une place convenable à sa dignité d'épouse du czar Pierre. Elle était alors à Thorn dans la Prusse polonaise. Le czar envoya d'abord [1] les deux nouveaux époux à Volfenbuttel, et reconduisit bientôt la czarine à Pétersbourg avec cette rapidité et cette simplicité d'appareil qu'il mettait dans tous ses voyages.

Ayant fait le mariage de son fils, il déclara plus solennellement le sien, et le célébra à Pétersbourg [2]. La cérémonie fut aussi auguste qu'on peut la rendre dans un pays nouvellement créé, dans un temps où les finances étaient dérangées par la guerre soutenue contre les Turcs, et par celle qu'on faisait encore au roi de Suède. Le czar ordonna seul la fête, et y travailla lui-même

---

l'empire russien, sous le règne de Pierre le Grand, sont de 1721, et furent traduits en 1725. (G. A.)

1. 9 janvier 1712. (*Note de Voltaire.*)
2. 19 février 1712. (*Id.*)

selon sa coutume. Ainsi Catherine fut reconnue publiquement czarine, pour prix d'avoir sauvé son époux et son armée.

Les acclamations avec lesquelles ce mariage fut reçu dans Pétersbourg étaient sincères ; mais les applaudissements des sujets aux actions d'un prince absolu sont toujours suspects : ils furent confirmés par tous les esprits sages de l'Europe, qui virent avec plaisir, presque dans le même temps, d'un côté l'héritier de cette vaste monarchie, n'ayant de gloire que celle de sa naissance, marié à une princesse; et de l'autre un conquérant, un législateur partageant publiquement son lit et son trône avec une inconnue, captive à Marienbourg, et qui n'avait que du mérite. L'approbation même est devenue plus générale, à mesure que les esprits se sont plus éclairés par cette saine philosophie qui a fait tant de progrès depuis quarante ans : philosophie sublime et circonspecte, qui apprend à ne donner que des respects extérieurs à toute espèce de grandeur et de puissance, et à réserver les respects véritables pour les talents et pour les services.

Je dois fidèlement rapporter ce que je trouve concernant ce mariage, dans les dépêches du comte de Bassevitz, conseiller aulique à Vienne, et longtemps ministre de Holstein à la cour de Russie. C'était un homme de mérite, plein de droiture et de candeur, et qui a laissé en Allemagne une mémoire précieuse. Voici ce qu'il dit dans ses lettres : « La czarine avait été non-seulement nécessaire à la gloire de Pierre, mais elle l'était à la conservation de sa vie. Ce prince était malheureusement sujet à des convulsions douloureuses, qu'on croyait être l'effet d'un poison qu'on lui avait donné dans sa jeunesse. Catherine seule avait trouvé le secret d'apaiser ses douleurs par des soins pénibles et des attentions recherchées dont elle seule était capable, et se donnait tout entière à la conservation d'une santé aussi précieuse à l'État qu'à elle-même. Ainsi le czar, ne pouvant vivre sans elle, la fit compagne de son lit et de son trône. » Je me borne à rapporter ses propres paroles.

La fortune, qui dans cette partie du monde avait produit tant de scènes extraordinaires à nos yeux, et qui avait élevé l'impératrice Catherine de l'abaissement et de la calamité au plus haut degré d'élévation, la servit encore singulièrement quelques années après la solennité de son mariage.

Voici ce que je trouve dans le manuscrit curieux d'un homme qui était alors au service du czar, et qui parle comme témoin :

« Un envoyé du roi Auguste à la cour du czar, retournant à Dresde par la Courlande, entendit dans un cabaret un homme qui paraissait dans la misère, et à qui on faisait l'accueil insultant que cet état n'inspire que trop aux autres hommes. Cet inconnu, piqué, dit que l'on ne le traiterait pas ainsi s'il pouvait parvenir à être présenté au czar, et que peut-être il aurait dans sa cour de plus puissantes protections qu'on ne pensait.

« L'envoyé du roi Auguste, qui entendit ce discours, eut la curiosité d'interroger cet homme, et sur quelques réponses vagues qu'il en reçut, l'ayant considéré plus attentivement, il crut démêler dans ses traits quelques ressemblances avec l'impératrice. Il ne put s'empêcher, quand il fut à Dresde, d'en écrire à un de ses amis à Pétersbourg. La lettre tomba dans les mains du czar, qui envoya ordre au prince Repnin, gouverneur de Riga, de tâcher de découvrir l'homme dont il était parlé dans la lettre. Le prince Repnin fit partir un homme de confiance pour Mittau, en Courlande; on découvrit l'homme : il s'appelait Charles Scavronski; il était fils d'un gentilhomme de Lithuanie, mort dans les guerres de Pologne, et qui avait laissé deux enfants au berceau, un garçon et une fille. L'un et l'autre n'eurent d'éducation que celle qu'on peut recevoir de la nature dans l'abandon général de toutes choses. Scavronski, séparé de sa sœur dès sa plus tendre enfance, savait seulement qu'elle avait été prise dans Marienbourg en 1704, et la croyait encore auprès du prince Menzikoff, où il pensait qu'elle avait fait quelque fortune.

« Le prince Repnin, suivant les ordres exprès de son maître, fit conduire à Riga Scavronski, sous prétexte de quelque délit dont on l'accusait; on fit contre lui une espèce d'information, et on l'envoya sous bonne garde à Pétersbourg, avec ordre de le bien traiter sur la route.

« Quand il fut arrivé à Pétersbourg, on le mena chez un maître d'hôtel du czar, nommé Shepleff. Ce maître d'hôtel, instruit du rôle qu'il devait jouer, tira de cet homme beaucoup de lumières sur son état, et lui dit enfin que l'accusation qu'on avait intentée contre lui à Riga était très-grave, mais qu'il obtiendrait justice; qu'il devait présenter une requête à Sa Majesté, qu'on dresserait cette requête en son nom, et qu'on ferait en sorte qu'il pût la lui donner lui-même.

« Le lendemain, le czar alla dîner chez Shepleff; on lui présenta Scavronski : ce prince lui fit beaucoup de questions, et demeura convaincu, par la naïveté de ses réponses, qu'il était le propre frère de la czarine. Tous deux avaient été dans leur enfance en Livonie. Toutes les réponses que fit Scavronski aux questions du czar se trouvaient conformes à ce que sa femme lui avait dit de sa naissance et des premiers malheurs de sa vie.

« Le czar, ne doutant plus de la vérité, proposa le lendemain à sa femme d'aller dîner avec lui chez ce même Shepleff : il fit venir, au sortir de table, ce même homme qu'il avait interrogé la veille. Il vint vêtu des mêmes habits qu'il avait portés dans le voyage, le czar ne voulant point qu'il parût dans un autre état que celui auquel sa mauvaise fortune l'avait accoutumé. »

Il l'interrogea encore devant sa femme. Le manuscrit porte qu'à la fin il lui dit ces propres mots : « Cet homme est ton frère; allons, Charles, baise la main de l'impératrice, et embrasse ta sœur. »

L'auteur de la relation ajoute que l'impératrice tomba en défaillance, et que lorsqu'elle eut repris ses sens le czar lui dit : « Il n'y a là rien que de simple; ce gentilhomme est mon beau-frère: s'il a du mérite, nous en ferons quelque chose ; s'il n'en a point, nous n'en ferons rien. »

Il me semble qu'un tel discours montre autant de grandeur que de simplicité, et que cette grandeur est très-peu commune. L'auteur dit que Scavronski resta longtemps chez Shepleff, qu'on lui assigna une pension considérable, et qu'il vécut très-retiré. Il ne pousse pas plus loin le récit de cette aventure, qui servit seulement à découvrir la naissance de Catherine ; mais on sait d'ailleurs que ce gentilhomme fut créé comte, qu'il épousa une fille de qualité, et qu'il eut deux filles mariées à des premiers seigneurs de Russie. Je laisse au peu de personnes qui peuvent être instruites de ces détails à démêler ce qui est vrai dans cette aventure, et ce qui peut y avoir été ajouté. L'auteur du manuscrit ne paraît pas avoir raconté ces faits dans la vue de débiter du merveilleux à ses lecteurs, puisque son Mémoire n'était point destiné à voir le jour. Il écrit à un ami avec naïveté ce qu'il dit avoir vu. Il se peut qu'il se trompe sur quelques circonstances, mais le fond paraît très-vrai : car si ce gentilhomme avait su qu'il était frère d'une personne si puissante, il n'aurait pas attendu tant d'années pour se faire reconnaître. Cette reconnaissance, toute singulière qu'elle paraît, n'est pas si extraordinaire que l'élévation de Catherine : l'une et l'autre sont une preuve frappante de la destinée, et peuvent servir à nous faire suspendre notre jugement quand nous traitons de fables tant d'événements de l'antiquité, moins opposés peut-être à l'ordre commun des choses que toute l'histoire de cette impératrice.

Les fêtes que Pierre donna pour le mariage de son fils et le sien ne furent pas des divertissements passagers qui épuisent le trésor, et dont le souvenir reste à peine. Il acheva la fonderie des canons et les bâtiments de l'amirauté; les grands chemins furent perfectionnés; de nouveaux vaisseaux furent construits; il creusa des canaux; la bourse et les magasins furent achevés, et le commerce maritime de Pétersbourg commença à être dans sa vigueur. Il ordonna que le sénat de Moscou fût transporté à Pétersbourg : ce qui s'exécuta au mois d'avril 1712. Par là cette nouvelle ville devint comme la capitale de l'empire. Plusieurs prisonniers suédois furent employés aux embellissements de cette ville, dont la fondation était le fruit de leur défaite.

CHAPITRE IV.

PRISE DE STETIN. DESCENTE EN FINLANDE. ÉVÉNEMENTS DE 1712.

Pierre, se voyant heureux dans sa maison, dans son gouvernement, dans ses guerres contre Charles XII, dans ses négociations avec tous les princes qui voulaient chasser les Suédois du continent, et les renfermer pour jamais dans la presqu'île de la Scandinavie, portait toutes ses vues sur les côtes occidentales du nord de l'Europe, et oubliait les Palus-Méotides et la mer Noire. Les clefs d'Azof, longtemps refusées au bacha qui devait entrer dans cette place au nom du Grand Seigneur, avaient été enfin rendues; et, malgré tous les soins de Charles XII, malgré toutes les intrigues de ses partisans à la cour ottomane, malgré même plusieurs démonstrations d'une nouvelle guerre, la Russie et la Turquie étaient en paix.

Charles XII restait toujours obstinément à Bender, et faisait dépendre sa fortune et ses espérances du caprice d'un grand vizir, tandis que le czar menaçait toutes ses provinces, armait contre lui le Danemark et le Hanovre, était prêt à faire déclarer la Prusse, et réveillait la Pologne et la Saxe.

La même fierté inflexible que Charles mettait dans sa conduite avec la Porte, dont il dépendait, il la déployait contre ses ennemis éloignés, réunis pour l'accabler. Il bravait, du fond de sa retraite, dans les déserts de la Bessarabie, et le czar, et les rois de Pologne, de Danemark et de Prusse, et l'électeur d'Hanovre, devenu bientôt après roi d'Angleterre, et l'empereur d'Allemagne, qu'il avait tant offensé quand il traversa la Silésie en vainqueur. L'empereur s'en vengeait en l'abandonnant à sa mauvaise fortune, et en ne donnant aucune protection aux États que la Suède possédait encore en Allemagne.

Il eût été aisé de dissiper la ligue qu'on formait contre lui. Il n'avait qu'à céder Stetin au premier roi de Prusse, Frédéric, électeur de Brandebourg, qui avait des droits très-légitimes sur cette partie de la Poméranie; mais il ne regardait pas alors la Prusse comme une puissance prépondérante : ni Charles ni personne ne pouvait prévoir que le petit royaume de Prusse, presque désert, et l'électorat de Brandebourg, deviendraient formidables. Il ne voulut consentir à aucun accommodement; et, résolu de rompre plutôt que de plier, il ordonna qu'on résistât de tous côtés sur mer et sur terre. Ses États étaient presque épuisés d'hommes et d'argent; cependant on obéit : le sénat de Stockholm équipa une flotte de treize vaisseaux de ligne; on arma des milices; chaque habitant devint soldat. Le courage et la fierté de Charles XII semblèrent animer tous ses sujets, presque aussi malheureux que leur maître.

Il est difficile de croire que Charles eût un plan réglé de conduite. Il avait encore un parti en Pologne, qui, aidé des Tartares de Crimée, pouvait ravager ce malheureux pays, mais non pas remettre le roi Stanislas sur le trône; son espérance d'engager la Porte-Ottomane à soutenir ce parti, et de prouver au divan qu'il devait envoyer deux cent mille hommes à son secours, sous prétexte que le czar défendait en Pologne son allié Auguste, était une espérance chimérique.

Il attendait à Bender l'effet de tant de vaines intrigues; et les Russes, les Danois, les Saxons, étaient en Poméranie. Pierre mena son épouse à cette expédition[1]. Déjà le roi de Danemark s'était emparé de Stade, ville maritime du duché de Brême; les armées russe, saxonne, et danoise, étaient devant Stralsund.

Ce fut alors[2] que le roi Stanislas, voyant l'état déplorable de tant de provinces, l'impossibilité de remonter sur le trône de Pologne, et tout en confusion par l'absence obstinée de Charles XII, assembla les généraux suédois qui défendaient la Poméranie avec une armée d'environ dix à onze mille hommes, seule et dernière ressource de la Suède dans ces provinces.

Il leur proposa un accommodement avec le roi Auguste, et

---

1. Septembre 1712. (*Note de Voltaire.*)
2. Octobre 1712. (*Id.*)

offrit d'en être la victime. Il leur parla en français; voici les propres paroles dont il se servit, et qu'il leur laissa par un écrit que signèrent neuf officiers généraux, entre lesquels il se trouvait un Patkul, cousin germain de cet infortuné Patkul que Charles XII avait fait expirer sur la roue :

« J'ai servi jusqu'ici d'instrument à la gloire des armes de la Suède ; je ne prétends pas être le sujet funeste de leur perte. Je me déclare de sacrifier ma couronne[1] et mes propres intérêts à la conservation de la personne sacrée du roi, ne voyant pas humainement d'autre moyen pour le retirer de l'endroit où il se trouve. »

Ayant fait cette déclaration, il se disposa à partir pour la Turquie, dans l'espérance de fléchir l'opiniâtreté de son bienfaiteur, et de le toucher par ce sacrifice. Sa mauvaise fortune le fit arriver en Bessarabie, précisément dans le temps même que Charles, après avoir promis au sultan de quitter son asile, et ayant reçu l'argent et l'escorte nécessaire pour son retour, mais s'étant obstiné à rester et à braver les Turcs et les Tartares, soutint contre une armée entière, aidé de ses seuls domestiques, ce combat malheureux de Bender, où les Turcs, pouvant aisément le tuer, se contentèrent de le prendre prisonnier. Stanislas, arrivant dans cette étrange conjoncture, fut arrêté lui-même : ainsi deux rois chrétiens furent à la fois captifs en Turquie.

Dans ce temps où toute l'Europe était troublée, et où la France achevait, contre une partie de l'Europe, une guerre non moins funeste pour mettre sur le trône d'Espagne le petit-fils de Louis XIV, l'Angleterre donna la paix à la France ; et la victoire que le maréchal de Villars remporta à Denain, en Flandre, sauva cet État de ses autres ennemis. La France était, depuis un siècle, l'alliée de la Suède ; il importait que son alliée ne fût pas privée de ses possessions en Allemagne. Charles, trop éloigné, ne savait pas même encore à Bender ce qui se passait en France.

La régence de Stockholm hasarda de demander de l'argent à la France épuisée, dans un temps où Louis XIV n'avait pas même de quoi payer ses domestiques. Elle fit partir un comte de Sparre, chargé de cette négociation, qui ne devait pas réussir. Sparre vint à Versailles, et représenta au marquis de Torcy l'impuissance où l'on était de payer la petite armée suédoise qui restait à Charles XII

---

1. On a cru devoir laisser la déclaration du roi Stanislas telle qu'il la donna mot pour mot : il y a des fautes de langue : *Je me déclare de sacrifier* n'est pas français ; mais la pièce en est plus authentique, et n'en est pas moins respectable. (*Note de Voltaire.*)

en Poméranie, qu'elle était prête à se dissiper faute de paye, que le seul allié de la France allait perdre des provinces dont la conservation était nécessaire à la balance générale ; qu'à la vérité Charles XII, dans ses victoires, avait trop négligé le roi de France ; mais que la générosité de Louis XIV était aussi grande que les malheurs de Charles. Le ministre français fit voir au Suédois l'impuissance où l'on était de secourir son maître, et Sparre désespérait du succès.

Un particulier de Paris fit ce que Sparre désespérait d'obtenir. Il y avait à Paris un banquier, nommé Samuel Bernard, qui avait fait une fortune prodigieuse, tant par les remises de la cour dans les pays étrangers que par d'autres entreprises ; c'était un homme enivré d'une espèce de gloire rarement attachée à sa profession, qui aimait passionnément toutes les choses d'éclat, et qui savait que tôt ou tard le ministère de France rendait avec avantage ce qu'on hasardait pour lui. Sparre alla dîner chez lui, il le flatta, et au sortir de table le banquier fit délivrer au comte de Sparre six cent mille livres ; après quoi il alla chez le ministre, marquis de Torcy, et lui dit : « J'ai donné en votre nom deux cent mille écus à la Suède ; vous me les ferez rendre quand vous pourrez. »

Le comte de Stenbock, général de l'armée de Charles, n'attendait pas un tel secours ; il voyait ses troupes sur le point de se mutiner, et, n'ayant à leur donner que des promesses, voyant grossir l'orage autour de lui, craignant enfin d'être enveloppé par trois armées de Russes, de Danois, de Saxons, il demanda un armistice, jugeant que Stanislas allait abdiquer, qu'il fléchirait la hauteur de Charles XII, qu'il fallait au moins gagner du temps, et sauver ses troupes par les négociations. Il envoya donc un courrier à Bender, pour représenter au roi l'état déplorable de ses finances, de ses affaires et de ses troupes, et pour l'instruire qu'il se voyait forcé à cet armistice qu'il serait trop heureux d'obtenir. Il n'y avait pas trois jours que ce courrier était parti, et Stanislas ne l'était pas encore, quand Stenbock reçut les deux cent mille écus du banquier de Paris : c'était alors un trésor prodigieux dans un pays ruiné. Fort de ce secours avec lequel on remédie à tout, il encouragea son armée, il eut des munitions, des recrues ; il se vit à la tête de douze mille hommes, et, renonçant à toute suspension d'armes, il ne chercha plus qu'à combattre.

C'était ce même Stenbock qui, en 1710, après la défaite de Pultava, avait vengé la Suède sur les Danois dans une irruption qu'ils avaient faite en Scanie : il avait marché contre eux avec de simples milices qui n'avaient que des cordes pour bandoulières, et avait remporté une victoire complète. Il était, comme tous les autres généraux de Charles XII, actif et intrépide ; mais sa valeur était souillée par la férocité. C'est lui qui, après un combat contre les Russes, ayant ordonné qu'on tuât tous les prisonniers, aperçut un officier polonais du parti du czar, qui se jetait à l'étrier de Stanislas, et que ce prince tenait embrassé pour lui sauver la vie ; Stenbock le tua d'un coup de pistolet entre les bras du prince, comme il est rapporté dans la vie de Charles XII [1], et le roi Stanislas a dit à l'auteur qu'il aurait cassé la tête à Stenbock s'il n'avait été retenu par son respect et par sa reconnaissance pour le roi de Suède.

Le général Stenbock marcha donc [2], dans le chemin de Vismar, aux Russes, aux Saxons et aux Danois réunis. Il se trouva vis-à-vis l'armée danoise et saxonne, qui précédait les Russes, éloignés de trois lieues. Le czar envoie trois courriers coup sur coup au roi de Danemark pour le prier de l'attendre, et pour l'avertir du danger qu'il court s'il combat les Suédois sans être supérieur en forces. Le roi de Danemark ne voulut point partager l'honneur d'une victoire qu'il croyait sûre : il s'avança contre les Suédois, et les attaqua près d'un endroit nommé Gadebesk. On vit encore à cette journée quelle était l'inimitié naturelle entre les Suédois et les Danois. Les officiers de ces deux nations s'acharnaient les uns contre les autres, et tombaient morts percés de coups.

Stenbock remporta la victoire avant que les Russes pussent arriver à portée du champ de bataille ; il reçut quelques jours après la réponse du roi son maître, qui condamnait toute idée d'armistice : il disait qu'il ne pardonnerait cette démarche honteuse qu'en cas qu'elle fût réparée ; et que, fort ou faible, il fallait vaincre ou périr. Stenbock avait déjà prévenu cet ordre par la victoire.

Mais cette victoire fut semblable à celle qui avait consolé un moment le roi Auguste quand, dans le cours de ses infortunes, il gagna la bataille de Calish contre les Suédois, vainqueurs de tous côtés. La victoire de Calish ne fit qu'aggraver les malheurs d'Auguste, et celle de Gadebesk recula seulement la perte de Stenbock et son armée.

Le roi de Suède, en apprenant la victoire de Stenbock, crut ses affaires rétablies : il se flatta même de faire déclarer l'empire

---

1. Voltaire n'en a parlé dans aucune édition de son *Histoire de Charles XII*, mais dans le chapitre xv de la première partie de son *Histoire de Pierre le Grand ;* voyez page 491.
2. 9 décembre 1712. (*Note de Voltaire.*)

ottoman, qui menaçait encore le czar d'une nouvelle guerre ; et dans cette espérance il ordonna à son général Stenbock de se porter en Pologne, croyant toujours, au moindre succès, que le temps de Narva et ceux où il faisait des lois[1] allaient renaître. Ces idées furent bientôt après confondues par l'affaire de Bender et par sa captivité chez les Turcs.

Tout le fruit de la victoire de Gadebosk fut d'aller réduire en cendres pendant la nuit la petite ville d'Altena, peuplée de commerçants et de manufacturiers ; ville sans défense, qui, n'ayant pas pris les armes, ne devait point être sacrifiée : elle fut entièrement détruite ; plusieurs habitants expirèrent dans les flammes ; d'autres, échappés nus à l'incendie, vieillards, femmes, enfants, expirèrent de froid et de fatigues aux portes de Hambourg[2]. Tel a été souvent le sort de plusieurs milliers d'hommes pour les querelles de deux hommes. Stenbock ne recueillit que cet affreux avantage. Les Russes, les Danois, les Saxons, le poursuivirent si vivement, après sa victoire, qu'il fut obligé de demander un asile dans Tonninge, forteresse du Holstein, pour lui et pour son armée.

Le pays de Holstein était alors un des plus dévastés du Nord, et son souverain un des plus malheureux princes. C'était le propre neveu de Charles XII ; c'était pour son père, beau-frère de ce monarque, que Charles avait porté ses armes jusque dans Copenhague avant la bataille de Narva ; c'était pour lui qu'il avait fait le traité de Travendal, par lequel les ducs de Holstein étaient rentrés dans leurs droits.

Ce pays est en partie le berceau des Cimbres et de ces anciens Normands qui conquirent la Neustrie en France, l'Angleterre entière, Naples et Sicile. On ne peut être aujourd'hui moins en état de faire des conquêtes que l'est cette partie de l'ancienne Chersonèse cimbrique ; deux petits duchés la composent : Slesvick, appartenant au roi de Danemark et au duc en commun ; Gottorp, au duc de Holstein seul. Slesvick est une principauté souveraine ; Holstein est membre de l'empire d'Allemagne, qu'on appelle empire romain.

Le roi de Danemark et le duc de Holstein-Gottorp étaient de la même maison ; mais le duc, neveu de Charles XII, et son héritier présomptif, était né l'ennemi du roi de Danemark, qui accablait

---

1. Peut-être faudrait-il *des rois;* mais aucune édition ne le porte. (B.)
2. Le chapelain confesseur Nordberg dit froidement, dans son histoire, que le général Stenbock ne mit le feu à la ville que parce qu'il n'avait pas de voitures pour emporter les meubles. (*Note de Voltaire.*)

son enfance. Un frère de son père, évêque de Lubeck, administrateur des États de cet infortuné pupille, se voyait entre l'armée suédoise, qu'il n'osait secourir, et les armées russe, danoise, et saxonne, qui menaçaient. Il fallait pourtant tâcher de sauver les troupes de Charles XII sans choquer le roi de Danemark, devenu maître du pays, dont il épuisait toute la substance.

L'évêque administrateur du Holstein était entièrement gouverné par ce fameux baron de Görtz[1], le plus délié et le plus entreprenant des hommes, d'un esprit vaste et fécond en ressources, ne trouvant jamais rien de trop hardi ni de trop difficile, aussi insinuant dans les négociations qu'audacieux dans les projets ; sachant plaire, sachant persuader, et entraînant les esprits par la chaleur de son génie, après les avoir gagnés par la douceur de ses paroles. Il eut depuis sur Charles XII le même ascendant qui lui soumettait l'évêque administrateur du Holstein, et l'on sait qu'il paya de sa tête l'honneur qu'il eut de gouverner le plus inflexible et le plus opiniâtre souverain qui jamais ait été sur le trône[2].

Görtz[3] s'aboucha secrètement[4] à Usum avec Stenbock, et lui promit qu'il lui livrerait la forteresse de Tonninge, sans compromettre l'évêque administrateur son maître ; et dans le même temps il fit assurer le roi de Danemark qu'on ne la livrerait pas. C'est ainsi que presque toutes les négociations se conduisent, les affaires d'État étant d'un autre ordre que celles des particuliers, l'honneur des ministres consistant uniquement dans le succès, et l'honneur des particuliers dans l'observation de leurs paroles.

Stenbock se présenta devant Tonninge ; le commandant de la ville refuse de lui ouvrir les portes : ainsi on met le roi de Danemark hors d'état de se plaindre de l'évêque administrateur ; mais Görtz fait donner un ordre au nom du duc mineur de laisser entrer l'armée suédoise dans Tonninge. Le secrétaire du cabinet, nommé Stamke, signe le nom du duc de Holstein ; par là Görtz ne compromet qu'un enfant qui n'avait pas encore le droit de donner ses ordres ; il sert à la fois le roi de Suède, auprès duquel il voulait se faire valoir, et l'évêque administrateur son maître, qui paraît ne pas consentir à l'admission de l'armée suédoise. Le commandant de Tonninge, aisément gagné, livra la ville aux

---

1. Nous prononçons *Gueurtz*. (*Note de Voltaire.*)
2. Voyez encore, sur Görtz, l'*Histoire de Charles XII*, livre VIII.
3. *Mémoires secrets de Bassevitz*. (*Note de Voltaire.*)
4. 21 janvier 1713. (*Id.*)

Suédois, et Görtz se justifia comme il put auprès du roi de Danemark, en protestant que tout avait été fait malgré lui.

L'armée suédoise [1], retirée en partie dans la ville et en partie sous son canon, ne fut pas pour cela sauvée : le général Stenbock fut obligé de se rendre prisonnier de guerre avec onze mille hommes, de même qu'environ seize mille s'étaient rendus après Pultava.

Il fut stipulé que Stenbock, ses officiers et soldats, pourraient être rançonnés ou échangés ; on fixa la rançon de Stenbock à huit mille écus d'empire : c'est une bien petite somme, cependant on ne put la trouver, et Stenbock resta captif à Copenhague jusqu'à sa mort.

Les États de Holstein demeurèrent à la discrétion d'un vainqueur irrité. Le jeune duc fut l'objet de la vengeance du roi de Danemark, pour prix de l'abus que Görtz avait fait de son nom ; les malheurs de Charles XII retombaient sur toute sa famille.

Görtz, voyant ses projets évanouis, toujours occupé de jouer un grand rôle dans cette confusion, revint à l'idée qu'il avait eue d'établir une neutralité dans les États de Suède en Allemagne.

Le roi de Danemark était près d'entrer dans Tonninge. George, électeur de Hanovre, voulait avoir les duchés de Brême et de Verden avec la ville de Stade. Le nouveau roi de Prusse, Frédéric-Guillaume, jetait la vue sur Stetin. Pierre Ier se disposait à se rendre maître de la Finlande. Tous les États de Charles XII, hors la Suède, étaient des dépouilles qu'on cherchait à partager : comment accorder tant d'intérêts avec une neutralité? Görtz négocia en même temps avec tous les princes qui avaient intérêt à ce partage : il courait jour et nuit d'une province à une autre ; il engagea le gouverneur de Brême et de Verden à remettre ces deux duchés à l'électeur de Hanovre en séquestre, afin que les Danois ne les prissent pas pour eux : il fit tant qu'il obtint du roi de Prusse qu'il se chargerait conjointement avec le Holstein du séquestre de Stetin et de Vismar ; moyennant quoi le roi de Danemark laisserait le Holstein en paix, et n'entrerait pas dans Tonninge. C'était assurément un étrange service à rendre à Charles XII que de mettre ses places entre les mains de ceux qui pourraient les garder à jamais ; mais Görtz, en leur remettant ces villes comme en otage, les forçait à la neutralité, du moins pour quelque temps ; il espérait qu'ensuite il pourrait faire déclarer le Hanovre et le Brandebourg en faveur de la Suède ; il faisait

---

1. *Mémoires de Stenbock.* (*Note de Voltaire.*)

entrer dans ses vues le roi de Pologne, dont les États ruinés avaient besoin de la paix ; enfin il voulait se rendre nécessaire à tous les princes. Il disposait du bien de Charles XII comme un tuteur qui sacrifie une partie du bien d'un pupille ruiné pour sauver l'autre, et d'un pupille qui ne peut faire ses affaires par lui-même : tout cela sans mission, sans autre garantie de sa conduite qu'un plein pouvoir d'un évêque de Lubeck, qui n'était nullement autorisé lui-même par Charles XII.

Tel a été ce Görtz, que jusqu'ici on n'a pas assez connu. On a vu des premiers ministres de grands États, comme un Oxenstiern, un Richelieu, un Albéroni, donner le mouvement à une partie de l'Europe ; mais que le conseiller privé d'un évêque de Lubeck en ait fait autant qu'eux, sans être avoué de personne, c'était une chose inouïe.

Il réussit d'abord : il fit un traité [1] avec le roi de Prusse, par lequel ce monarque s'engageait, en gardant Stetin en séquestre, à conserver à Charles XII le reste de la Poméranie. En vertu de ce traité, Görtz fit proposer au gouverneur de la Poméranie (Meyerfelt) de rendre la place de Stetin au roi de Prusse, pour le bien de la paix, croyant que le Suédois gouverneur de Stetin pourrait être aussi facile que l'avait été le Holstenois gouverneur de Tonninge ; mais les officiers de Charles XII n'étaient pas accoutumés à obéir à de pareils ordres. Meyerfelt répondit qu'on n'entrerait dans Stetin que sur son corps et sur des ruines. Il informa son maître de cette étrange proposition. Le courrier trouva Charles XII captif à Démirtash, après son aventure de Bender. On ne savait alors si Charles ne resterait pas prisonnier des Turcs toute sa vie, si on ne le reléguerait pas dans quelque île de l'Archipel ou de l'Asie. Charles, de sa prison, manda à Meyerfelt ce qu'il avait mandé à Stenbock, qu'il fallait mourir plutôt que de plier sous ses ennemis, et lui ordonna d'être aussi inflexible qu'il l'était lui-même.

Görtz, voyant que le gouverneur de Stetin dérangeait ses mesures, et ne voulait entendre parler ni de neutralité ni de séquestre, se mit dans la tête, non-seulement de faire séquestrer cette ville de Stetin, mais encore Stralsund ; et il trouva le secret de faire avec le roi de Pologne, électeur de Saxe [2], le même traité pour Stralsund qu'il avait fait avec l'électeur de Brandebourg pour Stetin. Il voyait clairement l'impuissance des Suédois de garder ces places sans argent et sans armée, pendant que le roi

---

1. Juin 1713. (*Note de Voltaire.*)
2. Juin 1713. (*Id.*)

était captif en Turquie ; et il comptait écarter le fléau de la guerre de tout le Nord au moyen de ces séquestres. Le Danemark lui-même se prêtait enfin aux négociations de Görtz : il gagna absolument l'esprit du prince Menzikoff, général et favori du czar : il lui persuada qu'on pourrait céder le Holstein à son maître ; il flatta le czar de l'idée de percer un canal du Holstein dans la mer Baltique, entreprise si conforme au goût de ce fondateur, et surtout d'obtenir une puissance nouvelle en voulant bien être un des princes de l'empire d'Allemagne, et en acquérant aux diètes de Ratisbonne un droit de suffrage qui serait toujours soutenu par le droit des armes.

On ne peut ni se plier en plus de manières, ni prendre plus de formes différentes, ni jouer plus de rôles que fit ce négociateur volontaire ; il alla jusqu'à engager le prince Menzikoff à ruiner cette même ville de Stetin, qu'il voulait sauver, à la bombarder, afin de forcer le commandant Meyerfelt à la remettre en séquestre ; et il osait ainsi outrager le roi de Suède, auquel il voulait plaire, et à qui en effet il ne plut que trop dans la suite, pour son malheur.

Quand le roi de Prusse vit qu'une armée russe bombardait Stetin, il craignit que cette ville ne fût perdue pour lui, et ne restât à la Russie : c'était où Görtz l'attendait. Le prince Menzikoff manquait d'argent, il lui fit prêter quatre cent mille écus par le roi de Prusse ; il fit parler ensuite au gouverneur de la place. « Lequel aimez-vous mieux, lui dit-on, ou de voir Stetin en cendres sous la domination de la Russie, ou de la confier au roi de Prusse, qui la rendra au roi votre maître ? » Le commandant se laissa enfin persuader, il se rendit. Menzikoff entra dans la place, et, moyennant les quatre cent mille écus, il la remit, avec tout le territoire, entre les mains du roi de Prusse, qui, pour la forme, y laissa entrer deux bataillons de Holstein, et qui n'a jamais rendu depuis cette partie de la Poméranie.

Dès lors le second roi de Prusse, successeur d'un roi faible et prodigue, jeta les fondements de la grandeur où son pays parvint dans la suite, par la discipline militaire et par l'économie.

Le baron de Görtz, qui fit mouvoir tant de ressorts, ne put venir à bout d'obtenir que les Danois pardonnassent à la province de Holstein, ni qu'ils renonçassent à s'emparer de Tonninge : il manqua ce qui paraissait être son premier but ; mais il réussit à tout le reste, et surtout à devenir un personnage important dans le nord, ce qui était en effet sa vue principale.

Déjà l'électeur de Hanovre s'était assuré de Brême et de Verden, dont Charles XII était dépouillé ; les Saxons étaient devant sa ville de Vismar ; Stetin était entre les mains du roi de Prusse [1] ; les Russes allaient assiéger Stralsund avec les Saxons, et ceux-ci étaient déjà dans l'île de Rugen ; le czar, au milieu de tant de négociations, était descendu en Finlande, pendant qu'on disputait ailleurs sur la neutralité et sur les partages. Après avoir lui-même pointé l'artillerie devant Stralsund, abandonnant le reste à ses alliés et au prince Menzikoff, il s'était embarqué, dans le mois de mai, sur la mer Baltique ; et, montant un vaisseau de cinquante canons, qu'il avait fait construire lui-même à Pétersbourg, il vogua vers la Finlande, suivi de quatre-vingt-douze galères, et de cent dix demi-galères, qui portaient seize mille combattants.

La descente se fit à Elsingford [2], qui est dans la partie la plus méridionale de cette froide et stérile contrée, par le 61º degré.

Cette descente réussit malgré toutes les difficultés. On feignit d'attaquer par un endroit, on descendit par un autre : on mit les troupes à terre, et l'on prit la ville. Le czar s'empara de Borgo, d'Abo, et fut maître de toute la côte. Il ne paraissait pas que les Suédois eussent désormais aucune ressource : car c'était dans ce temps-là même que l'armée suédoise commandée par Stenbock se rendait prisonnière de guerre. (Ci-dessus, page 548.)

Tous ces désastres de Charles XII furent suivis, comme nous l'avons vu, de la perte de Brême, de Verden, de Stetin, d'une partie de la Poméranie ; et enfin le roi Stanislas et Charles lui-même étaient prisonniers en Turquie ; cependant il n'était pas encore détrompé de l'idée de retourner en Pologne à la tête d'une armée ottomane, de remettre Stanislas sur le trône, et de faire trembler tous ses ennemis.

CHAPITRE V.

SUCCÈS DE PIERRE LE GRAND. RETOUR DE CHARLES XII DANS SES ÉTATS.

Pierre, suivant le cours de ses conquêtes, perfectionnait l'établissement de sa marine, faisait venir douze mille familles à Péters-

---

1. Septembre 1713. (*Note de Voltaire*)
2. 22 mai 1713, n. st. (*Id.*)

bourg, tenait tous ses alliés attachés à sa fortune et à sa personne, quoiqu'ils eussent tous des intérêts divers et des vues opposées. Sa flotte menaçait à la fois toutes les côtes de la Suède, sur les golfes de Finlande et de Bothnie.

L'un de ses généraux de terre, le prince Gallitzin, formé par lui-même comme ils l'étaient tous, avançait d'Elsingford, où le czar avait débarqué, jusqu'au milieu des terres, vers le bourg de Tavastus : c'était un poste qui couvrait la Bothnie. Quelques régiments suédois, avec huit mille hommes de milice, le défendaient. Il fallut livrer une bataille; les Russes la gagnèrent entièrement[1]; ils dissipèrent toute l'armée suédoise, et pénétrèrent jusqu'à Vasa : de sorte qu'ils furent les maîtres de quatre-vingts lieues de pays.

Il restait aux Suédois une armée navale avec laquelle ils tenaient la mer. Pierre ambitionnait depuis longtemps de signaler la marine qu'il avait créée. Il était parti de Pétersbourg, et avait rassemblé une flotte de seize vaisseaux de ligne, cent quatre-vingts galères propres à manœuvrer à travers les rochers qui entourent l'île d'Aland, et les autres îles de la mer Baltique non loin du rivage de la Suède, vers laquelle il rencontra la flotte suédoise. Cette flotte était plus forte en grands vaisseaux que la sienne, mais inférieure en galères, plus propre à combattre en pleine mer qu'à travers des rochers. C'était une supériorité que le czar ne devait qu'à son seul génie. Il servait dans sa flotte en qualité de contre-amiral, et recevait les ordres de l'amiral Apraxin. Pierre voulait s'emparer de l'île d'Aland, qui n'est éloignée de la Suède que de douze lieues. Il fallait passer à la vue de la flotte des Suédois : ce dessein hardi fut exécuté ; les galères s'ouvrirent le passage sous le canon ennemi, qui ne plongeait pas assez. On entra dans Aland, et comme cette côte est hérissée d'écueils presque tout entière, le czar fit transporter à bras quatre-vingts petites galères par une langue de terre, et on les remit à flot dans la mer qu'on nomme de Hango, où étaient ses gros vaisseaux. Ehrensköld, contre-amiral des Suédois, crut qu'il allait prendre aisément ou couler à fond ces quatre-vingts galères : il avança de ce côté pour les reconnaître ; mais il fut reçu avec un feu si vif qu'il vit tomber presque tous ses soldats et tous ses matelots. On lui prit les galères et les prames qu'il avait amenées, et le vaisseau qu'il montait ; il se sauvait dans une chaloupe[2], mais il y fut blessé : enfin, obligé de se rendre, on l'amena sur la galère où le czar

---

1. 13 mars 1714. (*Note de Voltaire.*)
2. 8 août. (*Id.*)

manœuvrait lui-même. Le reste de la flotte suédoise regagna la Suède. On fut consterné dans Stockholm, on ne s'y croyait pas en sûreté.

Pendant ce temps-là même, le colonel Schouvaloff Neusholf attaquait la seule forteresse qui restait à prendre sur les côtes occidentales de la Finlande, et la soumettait au czar, malgré la plus opiniâtre résistance.

Cette journée d'Aland fut, après celle de Pultava, la plus glorieuse de la vie de Pierre. Maître de la Finlande, dont il laissa le gouvernement au prince Gallitzin ; vainqueur de toutes les forces navales de la Suède, et plus respecté que jamais de ses alliés, il retourna dans Pétersbourg[1] quand la saison, devenue très-orageuse, ne lui permit plus de rester sur les mers de Finlande et de Bothnie[2]. Son bonheur voulut encore qu'en arrivant dans sa nouvelle capitale la czarine accouchât d'une princesse, mais qui mourut un an après. Il institua l'ordre de Sainte-Catherine en l'honneur de son épouse, et célébra la naissance de sa fille par une entrée triomphale. C'était, de toutes les fêtes auxquelles il avait accoutumé ses peuples, celle qui leur était devenue la plus chère. Le commencement de cette fête fut d'amener dans le port de Cronslot neuf galères suédoises, sept prames remplies de prisonniers, et le vaisseau du contre-amiral Ehrensköld.

Le vaisseau amiral de Russie était chargé de tous les canons, des drapeaux, et des étendards pris dans la conquête de la Finlande. On apporta toutes ces dépouilles à Pétersbourg, où l'on arriva en ordre de bataille. Un arc de triomphe que le czar avait dessiné, selon sa coutume, fut décoré des emblèmes de toutes ses victoires : les vainqueurs passèrent sous cet arc triomphal ; l'amiral Apraxin marchait à leur tête, ensuite le czar, en qualité de contre-amiral, et tous les autres officiers selon leur rang : on les présenta tous au vice-roi Romanodowski, qui, dans ces cérémonies, représentait le maître de l'empire[3]. Ce vice-czar distribua à tous les officiers des médailles d'or ; tous les soldats et les matelots en eurent d'argent. Les Suédois prisonniers passèrent sous l'arc de triomphe, et l'amiral Ehrensköld suivait immédiatement le czar

---

1. 15 septembre 1714. (*Note de Voltaire.*)
2. Voltaire omet ici l'anecdote si connue de Pierre se jetant seul dans une chaloupe, pendant la tempête, pour gagner la côte et y allumer des fanaux. (G. A.)
3. « C'était, dit un historien, un Russe ignare, cruel, et, qui plus est, ennemi des nouveautés.. Dans son antichambre était un ours énorme, dressé à présenter aux personnes qui venaient visiter son maître une tasse d'eau-de-vie mêlée de poivre. »

son vainqueur. Quand on fut arrivé au trône, où le vice-czar était, l'amiral Apraxin lui présenta le contre-amiral Pierre, qui demanda à être créé vice-amiral pour prix de ses services : on alla aux voix, et l'on croit bien que toutes les voix lui furent favorables.

Après cette cérémonie, qui comblait de joie tous les assistants et qui inspirait à tout le monde l'émulation, l'amour de la patrie et celui de la gloire, le czar prononça ce discours, qui mérite de passer à la dernière postérité :

« Mes frères, est-il quelqu'un de vous qui eût pensé, il y a vingt ans, qu'il combattrait avec moi sur la mer Baltique dans des vaisseaux construits par vous-mêmes, et que nous serions établis dans ces contrées conquises par nos fatigues et par notre courage ?... On place l'ancien siége des sciences dans la Grèce ; elles s'établirent ensuite dans l'Italie, d'où elles se répandirent dans toutes les parties de l'Europe ; c'est à présent notre tour, si vous voulez seconder mes desseins, en joignant l'étude à l'obéissance. Les arts circulent dans le monde, comme le sang dans le corps humain ; et peut-être ils établiront leur empire parmi nous pour retourner dans la Grèce, leur ancienne patrie. J'ose espérer que nous ferons un jour rougir les nations les plus civilisées, par nos travaux et par notre solide gloire. »

C'est là le précis véritable de ce discours digne d'un fondateur. Il a été énervé dans toutes les traductions ; mais le plus grand mérite de cette harangue éloquente est d'avoir été prononcée par un monarque victorieux, fondateur et législateur de son empire.

Les vieux boïards écoutèrent cette harangue avec plus de regret pour leurs anciens usages que d'admiration pour la gloire de leur maître ; mais les jeunes en furent touchés jusqu'aux larmes.

Ces temps furent encore signalés par l'arrivée des ambassadeurs russes qui revinrent de Constantinople avec la confirmation de la paix avec les Turcs[1]. Un ambassadeur de Perse était arrivé quelque temps auparavant de la part de Cha-Ussin ; il avait amené au czar un éléphant et cinq lions. Il reçut en même temps une ambassade du kan des Usbecks, Mehemet Bahadir, qui lui demandait sa protection contre d'autres Tartares. Du fond de l'Asie et de l'Europe, tout rendait hommage à sa gloire.

La régence de Stockholm, désespérée de l'état déplorable de ses affaires, et de l'absence de son roi, qui abandonnait le soin de ses États, avait pris enfin la résolution de ne le plus consulter ;

---

1. 15 décembre 1714. *(Note de Voltaire.)*

et, immédiatement après la victoire navale du czar, elle avait demandé un passe-port au vainqueur pour un officier chargé de propositions de paix. Le passe-port fut envoyé ; mais, dans ce temps-là même, la princesse Ulrique-Éléonore, sœur de Charles XII, reçut la nouvelle que le roi son frère se disposait enfin à quitter la Turquie, et à revenir se défendre. On n'osa pas alors envoyer au czar le négociateur qu'on avait nommé en secret : on supporta la mauvaise fortune, et l'on attendit que Charles XII se présentât pour la réparer.

En effet Charles après cinq années et quelques mois de séjour en Turquie, en partit sur la fin d'octobre 1714. On sait qu'il mit dans son voyage la même singularité qui caractérisait toutes ses actions. Il arriva à Stralsund le 22 novembre 1714. Dès qu'il y fut, le baron de Görtz se rendit auprès de lui : il avait été l'instrument d'une partie de ses malheurs ; mais il se justifia avec tant d'adresse, et lui fit concevoir de si hautes espérances, qu'il gagna sa confiance comme il avait gagné celle de tous les ministres et de tous les princes avec lesquels il avait négocié : il lui fit espérer qu'il détacherait les alliés du czar, et qu'alors on pourrait faire une paix honorable, ou du moins une guerre égale. Dès ce moment, Görtz eut sur l'esprit de Charles beaucoup plus d'empire que n'en avait jamais eu le comte Piper.

La première chose que fit Charles en arrivant à Stralsund fut de demander de l'argent aux bourgeois de Stockholm. Le peu qu'ils avaient fut livré ; on ne savait rien refuser à un prince qui ne demandait que pour donner, qui vivait aussi durement que les simples soldats, et qui exposait comme eux sa vie. Ses malheurs, sa captivité, son retour, touchaient ses sujets et les étrangers : on ne pouvait s'empêcher de le blâmer, ni de l'admirer, ni de le plaindre, ni de le secourir. Sa gloire était d'un genre tout opposé à celle de Pierre ; elle ne consistait ni dans l'établissement des arts, ni dans la législation, ni dans la politique, ni dans le commerce ; elle ne s'étendait pas au delà de sa personne : son mérite était une valeur au-dessus du courage ordinaire ; il défendait ses États avec une grandeur d'âme égale à cette valeur intrépide, et c'en était assez pour que les nations fussent frappées de respect pour lui. Il avait plus de partisans que d'alliés.

CHAPITRE VI.

ÉTAT DE L'EUROPE AU RETOUR DE CHARLES XII.
SIÉGE DE STRALSUND, ETC.

Lorsque Charles XII revint enfin dans ses États à la fin de 1714, il trouva l'Europe chrétienne dans un état bien différent de celui où il l'avait laissée. La reine Anne d'Angleterre était morte après avoir fait la paix avec la France ; Louis XIV assurait l'Espagne à son petit-fils, et forçait l'empereur d'Allemagne Charles VI et les Hollandais à souscrire à une paix nécessaire : ainsi toutes les affaires du midi de l'Europe prenaient une face nouvelle.

Celles du Nord étaient encore plus changées ; Pierre en était devenu l'arbitre. L'électeur de Hanovre, appelé au royaume d'Angleterre, voulait agrandir ses terres d'Allemagne aux dépens de la Suède, qui n'avait acquis des domaines allemands que par les conquêtes du grand Gustave. Le roi de Danemark prétendait reprendre la Scanie, la meilleure province de la Suède, qui avait appartenu autrefois aux Danois. Le roi de Prusse, héritier des ducs de Poméranie, prétendait rentrer au moins dans une partie de cette province. D'un autre côté, la maison de Holstein, opprimée par le roi de Danemark, et le duc de Mecklenbourg, en guerre presque ouverte avec ses sujets, imploraient la protection de Pierre Ier. Le roi de Pologne, électeur de Saxe, désirait qu'on annexât la Courlande à la Pologne : ainsi, de l'Elbe jusqu'à la mer Baltique, Pierre était l'appui de tous les princes, comme Charles en avait été la terreur.

On négocia beaucoup depuis le retour de Charles, et on n'avança rien. Il crut qu'il pourrait avoir assez de vaisseaux de guerre et d'armateurs pour ne point craindre la nouvelle puissance maritime du czar. A l'égard de la guerre de terre, il comptait sur son courage ; et Görtz, devenu tout d'un coup son premier ministre, lui persuada qu'il pourrait subvenir aux frais avec une monnaie de cuivre qu'on fît valoir quatre-vingt-seize fois autant que sa valeur naturelle, ce qui est un prodige dans l'histoire des gouvernements. Mais dès le mois d'avril 1715 les vaisseaux de Pierre prirent les premiers armateurs suédois qui se mirent en mer, et une armée russe marcha en Poméranie.

Les Prussiens, les Danois, et les Saxons, se joignirent devant Stralsund. Charles XII vit qu'il n'était revenu de sa prison de

Démirtash et de Démotica vers la mer Noire que pour être assiégé sur le rivage de la mer Baltique.

On a déjà vu dans son histoire avec quelle valeur fière et tranquille il brava dans Stralsund tous ses ennemis réunis. On n'y ajoutera ici qu'une petite particularité qui marque bien son caractère. Presque tous ses principaux officiers ayant été tués ou blessés dans le siége, le colonel baron de Reichel, après un long combat, accablé de veilles et de fatigues, s'étant jeté sur un banc pour prendre une heure de repos, fut appelé pour monter la garde sur le rempart : il s'y traîna en maudissant l'opiniâtreté du roi, et tant de fatigues, si intolérables et si inutiles. Le roi, qui l'entendit, courut à lui, et, se dépouillant de son manteau qu'il étendit devant lui : « Vous n'en pouvez plus, lui dit-il, mon cher Reichel ; j'ai dormi une heure, je suis frais, je vais monter la garde pour vous : dormez, je vous éveillerai quand il en sera temps. » Après ces mots, il l'enveloppa malgré lui, le laissa dormir, et alla monter la garde.

Ce fut pendant ce siége de Stralsund[1] que le nouveau roi d'Angleterre, électeur de Hanovre, acheta du roi de Danemark la province de Brême et de Verden avec la ville de Stade, que les Danois avaient prises sur Charles XII. Il en coûta au roi George huit cent mille écus d'Allemagne. On trafiquait ainsi des États de Charles, tandis qu'il défendait Stralsund pied à pied. Enfin cette ville n'étant plus qu'un monceau de ruines, ses officiers le forcèrent d'en sortir[2]. Quand il fut en sûreté, son général Dücker rendit ces ruines au roi de Prusse.

Quelque temps après, Dücker s'étant présenté devant Charles XII, ce prince lui fit des reproches d'avoir capitulé avec ses ennemis. « J'aimais trop votre gloire, lui répondit Dücker, pour vous faire l'affront de tenir dans une ville dont Votre Majesté était sortie. » Au reste, cette place ne demeura que jusqu'en 1721 aux Prussiens, qui la rendirent à la paix du Nord.

Pendant ce siége de Stralsund, Charles reçut encore une mortification, qui eût été plus douloureuse si son cœur avait été sensible à l'amitié autant qu'il l'était à la gloire. Son premier ministre, le comte Piper, homme célèbre dans l'Europe, toujours fidèle à son prince (quoi qu'en aient dit tant d'auteurs indiscrets, sur la foi d'un seul, mal informé), Piper, dis-je, était sa victime depuis la bataille de Pultava. Comme il n'y avait point de cartel entre les Russes et les Suédois, il était resté prisonnier à Moscou ;

1. Octobre 1715. (*Note de Voltaire.*)
2. Décembre 1715. (*Id.*)

et quoiqu'il n'eût point été envoyé en Sibérie comme tant d'autres, son état était à plaindre. Les finances du czar n'étaient point alors administrées aussi fidèlement qu'elles devaient l'être, et tous ses nouveaux établissements exigeaient des dépenses auxquelles il avait peine à suffire ; il devait une somme d'argent assez considérable aux Hollandais, au sujet de deux de leurs vaisseaux marchands brûlés sur les côtes de la Finlande. Le czar prétendit que c'était aux Suédois à payer cette somme, et voulut engager le comte Piper à se charger de cette dette : on le fit venir de Moscou à Pétersbourg ; on lui offrit sa liberté en cas qu'il pût tirer sur la Suède environ soixante mille écus en lettres de change. On dit qu'il tira en effet cette somme sur sa femme à Stockholm, qu'elle ne fut en état ni peut-être en volonté de donner, et que le roi de Suède ne fit aucun mouvement pour la payer. Quoi qu'il en soit, le comte Piper fut enfermé dans la forteresse de Schlusselbourg, où il mourut l'année d'après, à l'âge de soixante et dix ans. On rendit son corps au roi de Suède, qui lui fit faire des obsèques magnifiques ; tristes et vains dédommagements de tant de malheurs et d'une fin si déplorable !

Pierre était satisfait d'avoir la Livonie, l'Estonie, la Carélie, l'Ingrie, qu'il regardait comme des provinces de ses États, et d'y avoir ajouté encore presque toute la Finlande, qui servait de gage en cas qu'on pût parvenir à la paix. Il avait marié une fille de son frère avec le duc de Mecklenbourg Charles-Léopold, au mois d'avril de la même année, de sorte que tous les princes du Nord étaient ses alliés ou ses créatures. Il contenait en Pologne les ennemis du roi Auguste : une de ses armées, d'environ dix-huit mille hommes, y dissipait sans effort toutes ces confédérations si souvent renaissantes dans cette patrie de la liberté et de l'anarchie. Les Turcs, fidèles enfin aux traités, laissaient à sa puissance et à ses desseins toute leur étendue.

Dans cet État florissant, presque tous les jours étaient marqués par de nouveaux établissements pour la marine, pour les troupes, le commerce, les lois; il composa lui-même un code militaire pour l'infanterie.

Il fondait[1] une académie de marine à Pétersbourg. Lange, chargé des intérêts du commerce, partait pour la Chine par la Sibérie. Des ingénieurs levaient des cartes dans tout l'empire; on bâtissant la maison de plaisance de Pétershoff ; et dans le même temps on élevait des forts sur l'Irtish, on arrêtait les brigandages

---

1. 8 novembre 1715. (*Note de Voltaire.*)

des peuples de la Boukarie ; et d'un autre côté les Tartares de Kouban étaient réprimés.

Il semblait que ce fût le comble de la prospérité que dans la même année il lui naquît un fils de sa femme Catherine, et un héritier de ses États dans un fils du prince Alexis ; mais l'enfant que lui donna la czarine fut bientôt enlevé par la mort, et nous verrons que le sort d'Alexis fut trop funeste pour que la naissance d'un fils de ce prince pût être regardée comme un bonheur.

Les couches de la czarine interrompirent les voyages qu'elle faisait continuellement avec son époux sur terre et sur mer, et dès qu'elle fut relevée, elle l'accompagna dans des courses nouvelles.

CHAPITRE VII.

PRISE DE VISMAR. NOUVEAUX VOYAGES DU CZAR.

Vismar était alors assiégée par tous les alliés du czar. Cette ville, qui devait naturellement appartenir au duc de Mecklenbourg, est située sur la mer Baltique, à sept lieues de Lubeck, et pourrait lui disputer son grand commerce ; elle était autrefois une des plus considérables villes anséatiques, et les ducs de Mecklenbourg y exerçaient le droit de protection beaucoup plus que celui de la souveraineté. C'était encore un de ces domaines d'Allemagne qui étaient demeurés aux Suédois par la paix de Vestphalie. Il fallut enfin se rendre comme Stralsund : les alliés du czar se hâtèrent de s'en rendre maîtres avant que ses troupes fussent arrivées : mais Pierre étant venu lui-même devant la place (février), après la capitulation qui avait été faite sans lui, fit la garnison prisonnière de guerre. Il fut indigné que ses alliés laissassent au roi de Danemark une ville qui devait appartenir au prince auquel il avait donné sa nièce, et ce refroidissement, dont le ministre Görtz profita bientôt, fut la première source de la paix qu'il projeta de faire entre le czar et Charles XII.

Görtz, dès ce moment, fit entendre au czar que la Suède était assez abaissée, qu'il ne fallait pas trop élever le Danemark et la Prusse. Le czar entrait dans ses vues : il n'avait jamais fait la guerre qu'en politique, au lieu que Charles XII ne l'avait faite qu'en guerrier. Dès lors il n'agit plus que mollement contre la Suède; et Charles XII, malheureux partout en Allemagne, résolut, par un de ces coups désespérés que le succès seul peut justifier, d'aller porter la guerre en Norvége.

Le czar cependant voulut faire en Europe un second voyage. Il avait fait le premier en homme qui s'était voulu instruire des arts; il fit le second en prince qui cherchait à pénétrer le secret de toutes les cours. Il mena sa femme à Copenhague, à Lubeck, à Schwerin, à Neustadt; il vit le roi de Prusse dans la petite ville d'Aversberg; de là ils passèrent à Hambourg, à cette ville d'Altena que les Suédois avaient brûlée, et qu'on rebâtissait. Descendant l'Elbe jusqu'à Stade, ils passèrent par Brême, où le magistrat [1] donna un feu d'artifice et une illumination dont le dessin formait en cent endroits ces mots : *Notre libérateur vient nous voir*. Enfin il revit Amsterdam, et cette petite chaumière de Sardam, où il avait appris l'art de la construction des vaisseaux, il y avait environ dix-huit années : il trouva cette chaumière changée en une maison agréable et commode qui subsiste encore, et qu'on nomme la *maison du prince*.

On peut juger avec quelle idolâtrie il fut reçu par un peuple de commerçants et de gens de mer dont il avait été le compagnon; ils croyaient voir dans le vainqueur de Pultava leur élève, qui avait fondé chez lui le commerce et la marine, et qui avait appris chez eux à gagner des batailles navales : ils le regardaient comme un de leurs concitoyens devenu empereur.

Il parait, dans la vie, dans les voyages, dans les actions de Pierre le Grand, comme dans celles de Charles XII, que tout est éloigné de nos mœurs, peut-être un peu trop efféminées, et c'est par cela même que l'histoire de ces deux hommes célèbres excite tant notre curiosité.

L'épouse du czar était demeurée à Schwerin, malade, fort avancée de sa nouvelle grossesse; cependant, dès qu'elle put se mettre en route, elle voulut aller trouver le czar en Hollande : les douleurs la surprirent à Vésel, où elle accoucha [2] d'un prince qui ne vécut qu'un jour. Il n'est pas dans nos usages qu'une femme malade voyage immédiatement après ses couches : la czarine, au bout de dix jours, arriva dans Amsterdam ; elle voulut voir cette chaumière de Sardam, dans laquelle le czar avait travaillé de ses mains. Tous deux allèrent sans appareil, sans suite, avec deux domes-

---

1. 17 décembre 1716. (*Note de Voltaire.*)
2. 14 janvier 1717. (*Id.*)

tiques, dîner chez un riche charpentier de vaisseaux de Sardam, nommé Kalf, qui avait le premier commercé à Pétersbourg. Le fils revenait de France, où Pierre voulait aller. La czarine et lui écoutèrent avec plaisir l'aventure de ce jeune homme, que je ne rapporterais pas si elle ne faisait connaître des mœurs entièrement opposées aux nôtres.

Ce fils du charpentier Kalf avait été envoyé à Paris par son père pour y apprendre le français, et son père avait voulu qu'il y vécût honorablement. Il ordonna que le jeune homme quittât l'habit plus que simple que tous les citoyens de Sardam portent, et qu'il fît à Paris une dépense plus convenable à sa fortune qu'à son éducation, connaissant assez son fils pour croire que ce changement ne corromprait pas sa frugalité et la bonté de son caractère.

Kalf signifie *veau* dans toutes les langues du Nord ; le voyageur prit à Paris le nom de *du Veau* : il vécut avec quelque magnificence ; il fit des liaisons. Rien n'est plus commun à Paris que de prodiguer les titres de marquis et de comte à ceux qui n'ont pas même une terre seigneuriale, et qui sont à peine gentilshommes. Ce ridicule a toujours été toléré par le gouvernement, afin que les rangs étant plus confondus et la noblesse plus abaissée, on fût désormais à l'abri des guerres civiles, autrefois si fréquentes. Le titre de haut et puissant seigneur a été pris par des anoblis, par des roturiers qui avaient acheté chèrement des offices. Enfin les noms de marquis, de comte, sans marquisat et sans comté, comme de chevalier sans ordre, et d'abbé sans abbaye, sont sans aucune conséquence dans la nation.

Les amis et les domestiques de Kalf l'appelèrent toujours le comte du Veau : il soupa chez les princesses, et joua chez la duchesse de Berry ; peu d'étrangers furent plus fêtés. Un jeune marquis, qui avait été de tous ses plaisirs, lui promit de l'aller voir à Sardam, et tint parole. Arrivé dans ce village, il fit demander la maison du comte de Kalf. Il trouva un atelier de constructeurs de vaisseaux, et le jeune Kalf habillé en matelot hollandais, la hache à la main, conduisant les ouvrages de son père. Kalf reçut son hôte avec toute la simplicité antique qu'il avait reprise, et dont il ne s'écarta jamais. Un lecteur sage peut pardonner cette petite digression, qui n'est que la condamnation des vanités et l'éloge des mœurs[1].

---

1. Diderot, dans son *Voyage en Hollande*, a raconté, après Voltaire, la même anecdote, mais avec plus de détails. C'est sur le marché, et non dans un chantier, que deux Français retrouvent le soi-disant baron du Veau.

Le czar resta trois mois en Hollande. Il se passa, pendant son séjour, des choses plus sérieuses que l'aventure de Kalf. La Haye, depuis la paix de Nimègue, de Rysvick, et d'Utrecht, avait conservé la réputation d'être le centre des négociations de l'Europe : cette petite ville, ou plutôt ce village, le plus agréable du Nord, était principalement habité par des ministres de toutes les cours, et par des voyageurs qui venaient s'instruire à cette école. On jetait alors les fondements d'une grande révolution dans l'Europe. Le czar, informé des commencements de ces orages, prolongea son séjour dans les Pays-Bas pour être plus à portée de voir ce qui se tramait à la fois au Midi et au Nord, et pour se préparer au parti qu'il devait prendre.

CHAPITRE VIII.

SUITE DES VOYAGES DE PIERRE LE GRAND. CONSPIRATION DE GÖRTZ. RÉCEPTION DE PIERRE EN FRANCE.

Il voyait combien ses alliés étaient jaloux de sa puissance, et qu'on a souvent plus de peine avec ses amis qu'avec ses ennemis.

Le Mecklenbourg était un des principaux sujets de ces divisions presque toujours inévitables entre des princes voisins qui partagent des conquêtes. Pierre n'avait point voulu que les Danois prissent Vismar pour eux, encore moins qu'ils démolissent les fortifications; cependant ils avaient fait l'un et l'autre.

Le duc de Mecklenbourg, mari de sa nièce, et qu'il traitait comme son gendre, était ouvertement protégé par lui contre la noblesse du pays, et le roi d'Angleterre protégeait la noblesse. Enfin il commençait à être très-mécontent du roi de Pologne, ou plutôt de son premier ministre, le comte Flemming, qui voulait secouer le joug de la dépendance imposé par les bienfaits et par la force.

Les cours d'Angleterre, de Pologne, de Danemark, de Holstein, de Mecklenbourg, de Brandebourg, étaient agitées d'intrigues et de cabales.

A la fin de 1716 et au commencement de 1717, Görtz, qui, comme le disent les *Mémoires de Bassevitz*, était las de n'avoir que le titre de conseiller de Holstein, et de n'être qu'un plénipotentiaire secret de Charles XII, avait fait naître la plupart de ces intrigues, et il résolut d'en profiter pour ébranler l'Europe. Son dessein était de rapprocher Charles XII du czar, non-seulement de finir leur guerre, mais de les unir, de remettre Stanislas sur le trône de Pologne, et d'ôter au roi d'Angleterre George I*er* Brême et Verden, et même le trône d'Angleterre, afin de le mettre hors d'état de s'approprier les dépouilles de Charles.

Il se trouvait dans le même temps un ministre de son caractère, dont le projet était de bouleverser l'Angleterre et la France: c'était le cardinal Albéroni, plus maître alors en Espagne que Görtz ne l'était en Suède, homme aussi audacieux et aussi entreprenant que lui, mais beaucoup plus puissant, parce qu'il était à la tête d'un royaume plus riche, et qu'il ne payait pas ses créatures en monnaies de cuivre.

Görtz, des bords de la mer Baltique, se lia bientôt avec la cour de Madrid. Albéroni et lui furent également d'intelligence avec tous les Anglais errants qui tenaient pour la maison Stuart. Görtz courut dans tous les États où il pouvait trouver des ennemis du roi George, en Allemagne, en Hollande, en Flandre, en Lorraine, et enfin à Paris, sur la fin de l'année 1716. Le cardinal Albéroni commença par lui envoyer, dans Paris même, un million de livres de France pour commencer à mettre le feu aux poudres : c'était l'expression d'Albéroni.

Görtz voulait que Charles cédât beaucoup à Pierre pour reprendre tout le reste sur ses ennemis, et qu'il pût en liberté faire une descente en Écosse tandis que les partisans des Stuart se déclareraient efficacement en Angleterre, après s'être tant de fois montrés inutilement. Pour remplir ces vues il était nécessaire d'ôter au roi régnant d'Angleterre son plus grand appui; et cet appui était le régent de France. Il était extraordinaire qu'on vît la France unie avec un roi d'Angleterre contre le petit-fils de Louis XIV, que cette même France avait mis sur le trône d'Espagne au prix de ses trésors et de son sang, malgré tant d'ennemis conjurés; mais tout était sorti alors de sa route naturelle, et les intérêts du régent n'étaient pas les intérêts du royaume. Albéroni ménagea dès lors une conspiration en France contre ce même régent. Les fondements de toute cette vaste entreprise furent jetés presque aussitôt que le plan en eut été formé. Görtz fut le premier dans ce secret, et devait alors aller, déguisé, en Italie pour s'aboucher avec le prétendant auprès de Rome, et de là revoler à la Haye, y voir le czar, et terminer tout auprès du roi de Suède.

Celui qui écrit cette histoire est très-instruit de ce qu'il avance, puisque Görtz lui proposa de l'accompagner dans ses voyages, et que, tout jeune qu'il était alors, il fut un des premiers témoins d'une grande partie de ces intrigues [1].

Görtz était revenu en Hollande à la fin de 1716, muni des lettres de change d'Albéroni et du plein pouvoir de Charles. Il est très-certain que le parti du prétendant devait éclater, tandis que Charles descendrait de la Norvége dans le nord d'Écosse. Ce prince, qui n'avait pu conserver ses États dans le continent, allait envahir et bouleverser ceux d'un autre; et de la prison de Démirtash, en Turquie, et des cendres de Stralsund, on eût pu le voir couronner le fils de Jacques II à Londres, comme il avait couronné Stanislas à Varsovie.

Le czar, qui savait une partie des entreprises de Görtz, en attendait le développement, sans entrer dans aucun de ses plans et sans les connaître tous : il aimait le grand et l'extraordinaire autant que Charles XII, Görtz et Albéroni; mais il l'aimait en fondateur d'un État, en législateur, en vrai politique; et peut-être Albéroni, Görtz, et Charles même, étaient-ils plutôt des hommes inquiets qui tentaient de grandes aventures que des hommes profonds qui prissent des mesures justes; peut-être, après tout, leurs mauvais succès les ont-ils fait accuser de témérité.

Quand Görtz fut à la Haye, le czar ne le vit point; il aurait donné trop d'ombrage aux États-Généraux, ses amis, attachés au roi d'Angleterre. Ses ministres ne virent Görtz qu'en secret, avec les plus grandes précautions, avec ordre d'écouter tout et de donner des espérances, sans prendre aucun engagement, et sans le compromettre. Cependant les clairvoyants s'apercevaient bien, à son inaction pendant qu'il eût pu descendre en Scanie avec sa flotte et celle de Danemark, à son refroidissement envers ses alliés, aux plaintes qui échappaient à leurs cours, et enfin à son voyage même, qu'il y avait dans les affaires un grand changement qui ne tarderait pas à éclater.

Au mois de janvier 1717, un paquebot suédois, qui portait des lettres en Hollande, ayant été forcé par la tempête de relâcher en Norvége, les lettres furent prises. On trouva dans celles de Görtz et de quelques ministres de quoi ouvrir les yeux sur la révolution qui se tramait. La cour de Danemark communiqua les lettres à celle d'Angleterre. Aussitôt on fait arrêter à Londres

---

1. Voltaire connut le baron de Görtz au château de Châtillon, près Paris, où habitait le banquier Hoguière. Il s'explique ici plus complétement sur les intrigues suédoises que dans l'*Histoire de Charles XII*.

le ministre suédois Gyllenborg; on saisit ses papiers, et on y trouve une partie de sa correspondance avec les jacobites.

Le roi George écrit incontinent[1] en Hollande; il requiert que, suivant les traités qui lient l'Angleterre et les États-Généraux à leur sûreté commune, le baron de Görtz soit arrêté. Ce ministre, qui se faisait partout des créatures, fut averti de l'ordre; il part incontinent: il était déjà dans Arnheim, sur les frontières, lorsque, les officiers et les gardes qui couraient après lui ayant fait une diligence peu commune en ce pays-là, il fut pris, ses papiers saisis, sa personne traitée durement; le secrétaire Stamke, celui-là même qui avait contrefait le seing du duc de Holstein dans l'affaire de Tonninge, plus maltraité encore. Enfin le comte de Gyllenborg, envoyé de Suède en Angleterre, et le baron de Görtz, avec des lettres de ministre plénipotentiaire de Charles XII, furent interrogés, l'un à Londres, l'autre à Arnheim, comme des criminels. Tous les ministres des souverains crièrent à la violation du droit des gens.

Ce droit, qui est plus souvent réclamé que bien connu, et dont jamais l'étendue et les limites n'ont été fixées, a reçu dans tous les temps bien des atteintes. On a chassé plusieurs ministres des cours où ils résidaient; on a plus d'une fois arrêté leurs personnes; mais jamais encore on n'avait interrogé des ministres étrangers comme des sujets du pays. La cour de Londres et les États passèrent par-dessus toutes les règles à la vue du péril qui menaçait la maison d'Hanovre; mais enfin, ce danger étant découvert, cessait d'être danger, du moins dans la conjoncture présente.

Il faut que l'historien Nordberg ait été bien mal informé, qu'il ait bien mal connu les hommes et les affaires, ou qu'il ait été bien aveuglé par la partialité, ou du moins bien gêné par sa cour, pour essayer de faire entendre que le roi de Suède n'était pas entré très-avant dans le complot.

L'affront fait à ses ministres affermit en lui la résolution de tout tenter pour détrôner le roi d'Angleterre. Cependant il fallut qu'une fois en sa vie il usât de dissimulation, qu'il désavouât ses ministres auprès du régent de France, qui lui donnait un subside, et auprès des États-Généraux, qu'il voulait ménager: il fit moins de satisfaction au roi George. Görtz et Gyllenborg, ses ministres, furent retenus près de six mois, et ce long outrage confirma en lui tous ses desseins de vengeance.

Pierre, au milieu de tant d'alarmes et de tant de jalousies, ne

---

1. Février 1717. (*Note de Voltaire.*)

se commettant en rien, attendant tout du temps, et ayant mis un assez bon ordre dans ses vastes États pour n'avoir rien à craindre du dedans ni du dehors, résolut enfin d'aller en France: il n'entendait pas la langue du pays, et par là perdait le plus grand fruit de son voyage; mais il pensait qu'il y avait beaucoup à voir, et il voulut apprendre de près en quels termes était le régent de France avec l'Angleterre, et si ce prince était affermi.

Pierre le Grand fut reçu en France comme il devait l'être. On envoya d'abord le maréchal de Tessé avec un grand nombre de seigneurs, un escadron des gardes, et les carrosses du roi à sa rencontre. Il avait fait, selon sa coutume, une si grande diligence, qu'il était déjà à Gournai lorsque les équipages arrivèrent à Elbeuf. On lui donna sur la route toutes les fêtes qu'il voulut bien recevoir. On le reçut d'abord au Louvre, où le grand appartement était préparé pour lui, et d'autres pour toute sa suite, pour les princes Kourakin et Dolkorouki, pour le vice-chancelier baron Schaffirof, pour l'ambassadeur Tolstoy, le même qui avait essuyé tant de violations du droit des gens en Turquie. Toute cette cour devait être magnifiquement logée et servie; mais Pierre étant venu pour voir ce qui pouvait lui être utile, et non pour essuyer de vaines cérémonies qui gênaient sa simplicité, et qui consumaient un temps précieux, alla se loger le soir même à l'autre bout de la ville, au palais ou hôtel de Lesdiguières, appartenant au maréchal de Villeroi, où il fut traité et défrayé comme au Louvre. Le lendemain[1], le régent de France vint le saluer à cet hôtel; le surlendemain, on lui amena le roi encore enfant, conduit par le maréchal de Villeroi, son gouverneur, de qui le père avait été gouverneur de Louis XIV. On épargna adroitement au czar la gêne de rendre la visite immédiatement après l'avoir reçue; il y eut deux jours d'intervalle; il reçut les respects du corps de ville, et alla le soir voir le roi: la maison du roi était sous les armes; on mena ce jeune prince jusqu'au carrosse du czar. Pierre, étonné et inquiété de la foule qui se pressait autour de ce monarque enfant, le prit et le porta quelque temps dans ses bras.

Des ministres plus raffinés que judicieux ont écrit que le maréchal de Villeroi, voulant faire prendre au roi de France la main et le pas, l'empereur de Russie se servit de ce stratagème pour déranger ce cérémonial par un air d'affection et de sensibilité: c'est une idée absolument fausse; la politesse française, et ce qu'on devait à Pierre le Grand, ne permettaient pas qu'on changeât en dégoût

---

1. 8 mai 1717. (*Note de Voltaire.*)

les honneurs qu'on lui rendait. Le cérémonial consistait à faire pour un grand monarque et pour un grand homme tout ce qu'il eût désiré lui-même s'il avait fait attention à ces détails. Il s'en faut beaucoup que les voyages des empereurs Charles IV, Sigismond, et Charles V, en France, aient eu une célébrité comparable à celle du séjour qu'y fit Pierre le Grand : ces empereurs n'y vinrent que par des intérêts de politique, et n'y parurent pas dans un temps où les arts perfectionnés pussent faire de leur voyage une époque mémorable ; mais quand Pierre le Grand alla dîner chez le duc d'Antin, dans le palais de Pétitbourg, à trois lieues de Paris, et qu'à la fin du repas il vit son portrait qu'on venait de peindre, placé tout d'un coup dans la salle, il sentit que les Français savaient mieux qu'aucun peuple du monde recevoir un hôte si digne.

Il fut encore plus surpris lorsque, allant voir frapper des médailles dans cette longue galerie du Louvre où tous les artistes du roi sont honorablement logés, une médaille qu'on frappait étant tombée, et le czar s'empressant de la ramasser, il se vit gravé sur cette médaille, avec une renommée sur le revers, posant un pied sur le globe, et ces mots de Virgile, si convenables à Pierre le Grand, *vires acquirit eundo:* allusion également fine et noble, et également convenable à ses voyages et à sa gloire; on lui présenta de ces médailles d'or, à lui et à tous ceux qui l'accompagnaient. Allait-il chez des artistes, on mettait à ses pieds tous les chefs-d'œuvre, et on le suppliait de daigner les recevoir; allait-il voir les hautes-lices des Gobelins, les tapis de la Savonnerie, les ateliers des sculpteurs, des peintres, des orfèvres du roi, des fabricateurs d'instruments de mathématiques : tout ce qui semblait mériter son approbation lui était offert de la part du roi.

Pierre était mécanicien, artiste, géomètre. Il alla à l'Académie des sciences, qui se para pour lui de tout ce qu'elle avait de plus rare ; mais il n'y eut rien d'aussi rare que lui-même : il corrigea de sa main plusieurs fautes de géographie dans les cartes qu'on avait de ses États, et surtout dans celle de la mer Caspienne. Enfin, il daigna être un des membres de cette Académie, et entretint depuis une correspondance suivie d'expériences et de découvertes avec ceux dont il voulait bien être le simple confrère. Il faut remonter aux Pythagore et aux Anacharsis pour trouver de tels voyageurs, et ils n'avaient pas quitté un empire pour s'instruire.

On ne peut s'empêcher de remettre ici sous les yeux du lecteur ce transport dont il fut saisi en voyant le tombeau du cardinal de Richelieu : peu frappé de la beauté de ce chef-d'œuvre de sculpture, il ne le fut que de l'image d'un ministre qui s'était rendu célèbre dans l'Europe en l'agitant, et qui avait rendu à la France sa gloire perdue après la mort de Henri IV. On sait qu'il embrassa cette statue, et qu'il s'écria : « Grand homme, je t'aurais donné la moitié de mes États pour apprendre de toi à gouverner l'autre ! » Enfin, avant de partir, il voulut voir cette célèbre Mme de Maintenon, qu'il savait être veuve en effet de Louis XIV, et qui touchait à sa fin. Cette espèce de conformité entre le mariage de Louis XIV et le sien excitait vivement sa curiosité; mais il y avait entre le roi de France et lui cette différence qu'il avait épousé publiquement une héroïne, et que Louis XIV n'avait eu en secret qu'une femme aimable. La czarine n'était pas de ce voyage : Pierre avait trop craint les embarras du cérémonial, et la curiosité d'une cour peu faite pour sentir le mérite d'une femme qui, des bords du Pruth à ceux de Finlande, avait affronté la mort à côté de son époux, sur mer et sur terre.

CHAPITRE IX.

RETOUR DU CZAR DANS SES ÉTATS. SA POLITIQUE, SES OCCUPATIONS.

La démarche que la Sorbonne fit auprès de lui, quand il alla voir le mausolée du cardinal de Richelieu, mérite d'être traitée à part.

Quelques docteurs de Sorbonne voulurent avoir la gloire de réunir l'Église grecque avec l'Église latine. Ceux qui connaissent l'antiquité savent assez que le christianisme est venu en Occident par les Grecs d'Asie; que c'est en Orient qu'il est né, que les premiers pères, les premiers conciles, les premières liturgies, les premiers rites, tout est de l'Orient; qu'il n'y a pas même un seul terme de dignité et d'office qui ne soit grec, et qui n'atteste encore aujourd'hui la source dont tout nous est venu. L'empire romain ayant été divisé, il était impossible qu'il n'y eût tôt ou tard deux religions, comme deux empires, et qu'on ne vît entre les chrétiens d'Orient et d'Occident le même schisme qu'entre les Osmanlis et les Persans.

C'est ce schisme que quelques docteurs de l'université de Paris crurent éteindre tout d'un coup en donnant un mémoire à Pierre

le Grand. Le pape Léon IX et ses successeurs n'avaient pu en venir
à bout avec des légats, des conciles, et même de l'argent. Ces docteurs auraient dû savoir que Pierre le Grand, qui gouvernait son
Église, n'était pas homme à reconnaître le pape ; en vain ils parlèrent dans leur mémoire des libertés de l'Église gallicane, dont
le czar ne se souciait guère ; en vain ils dirent que les papes doivent être soumis aux conciles, et que le jugement d'un pape n'est
point une règle de foi : ils ne réussirent qu'à déplaire beaucoup
à la cour de Rome par leur écrit, sans plaire à l'empereur de
Russie ni à l'Église russe.

Il y avait dans ce plan de réunion des objets de politique qu'ils
n'entendaient pas, et des points de controverse qu'ils disaient entendre, et que chaque parti explique comme il lui plaît. Il s'agissait du Saint-Esprit, qui procède du Père et du Fils selon les Latins,
et qui procède aujourd'hui du Père par le Fils selon les Grecs,
après n'avoir longtemps procédé que du Père : ils citaient saint
Épiphane, qui dit que « le Saint-Esprit n'est pas frère du Fils, ni
petit-fils du Père ».

Mais le czar, en partant de Paris, avait d'autres affaires qu'à
vérifier des passages de saint Épiphane. Il reçut avec bonté le
mémoire des docteurs. Ils écrivirent à quelques évêques russes,
qui firent une réponse polie ; mais le plus grand nombre fut indigné de la proposition.

Ce fut pour dissiper les craintes de cette réunion qu'il institua, quelque temps après, la fête comique du conclave, lorsqu'il
eut chassé les jésuites de ses États, en 1718.

Il y avait à sa cour un vieux fou, nommé Sotof, qui lui avait
appris à écrire, et qui s'imaginait avoir mérité par ce service les
plus importantes dignités. Pierre, qui adoucissait quelquefois les
chagrins du gouvernement par des plaisanteries convenables à un
peuple non encore entièrement réformé par lui, promit à son
maître à écrire de lui donner une des premières dignités du monde ;
il le créa knès papa avec deux mille roubles d'appointement, et
lui assigna une maison à Pétersbourg dans le quartier des Tartares ; des bouffons l'installèrent en cérémonie ; il fut harangué
par quatre bègues ; il créa des cardinaux, et marcha en procession à leur tête. Tout ce sacré collège était ivre d'eau-de-vie. Après
la mort de ce Sotof, un officier, nommé Buturlin, fut créé pape.
Moscou et Pétersbourg ont vu trois fois renouveler cette cérémonie, dont le ridicule semblait être sans conséquence, mais qui en
effet confirmait les peuples dans leur aversion pour une église qui
prétendait un pouvoir suprême, et dont le chef avait anathéma-

tisé tant de rois. Le czar vengeait en riant vingt empereurs d'Allemagne, dix rois de France, et une foule de souverains. C'est là tout le fruit que la Sorbonne recueillit de l'idée peu politique de réunir les Églises grecque et latine.

Le voyage du czar en France fut plus utile par son union avec ce royaume commerçant : et peuplé d'hommes industrieux, que par la prétendue réunion de deux Églises rivales, dont l'une maintiendra toujours son antique indépendance, et l'autre sa nouvelle supériorité.

Pierre ramena à sa suite plusieurs artisans français, ainsi qu'il en avait amené d'Angleterre : car toutes les nations chez lesquelles il voyagea se firent un honneur de le seconder dans son dessein de porter tous les arts dans une patrie nouvelle, et de concourir à cette espèce de création.

Il minuta dès lors un traité de commerce avec la France, et le remit entre les mains de ses ministres en Hollande, dès qu'il y fut de retour. Il ne put être signé par l'ambassadeur de France Châteauneuf que le 15 août 1717, à la Haye. Ce traité ne concernait pas seulement le commerce, il regardait la paix du Nord. Le roi de France, l'électeur de Brandebourg, acceptèrent le titre de médiateurs qu'il leur donna. C'était assez faire sentir au roi d'Angleterre qu'il n'était pas content de lui, et c'était combler les espérances de Görtz, qui mit dès lors tout en œuvre pour réunir Pierre et Charles, pour susciter à George de nouveaux ennemis, et pour prêter la main au cardinal Albéroni d'un bout de l'Europe à l'autre. Le baron de Görtz vit alors publiquement à la Haye les ministres du czar; il leur déclara qu'il avait un plein pouvoir de conclure la paix de la Suède.

Le czar laissait Görtz préparer toutes leurs batteries sans y toucher, prêt à faire la paix avec le roi de Suède, mais aussi à continuer la guerre; toujours lié avec le Danemark, la Pologne, la Prusse, et même en apparence avec l'électeur d'Hanovre.

Il paraît évidemment qu'il n'avait d'autre dessein arrêté que celui de profiter des conjonctures. Son principal objet était de perfectionner tous ses nouveaux établissements. Il savait que les négociations, les intérêts des princes, leurs ligues, leurs amitiés, leurs défiances, leurs inimitiés, éprouvent presque tous les ans des vicissitudes, et que souvent il ne reste aucune trace de tant d'efforts de politique. Une seule manufacture bien établie fait quelquefois plus de bien à un État que vingt traités.

Pierre ayant rejoint sa femme, qui l'attendait en Hollande, continua ses voyages avec elle. Ils traversèrent ensemble la Vestphalie, et arrivèrent à Berlin sans aucun appareil. Le nouveau roi de Prusse n'était pas moins ennemi des vanités du cérémonial et de la magnificence que le monarque de Russie. C'était un spectacle instructif pour l'étiquette de Vienne et d'Espagne, pour le *puntiglio* d'Italie et pour le goût du luxe qui règne en France, qu'un roi qui ne se servait jamais que d'un fauteuil de bois, qui n'était vêtu qu'en simple soldat, et qui s'était interdit toutes les délicatesses de la table, et toutes les commodités de la vie.

Le czar et la czarine menaient une vie aussi simple et aussi dure, et si Charles XII s'était trouvé avec eux, on eût vu ensemble quatre têtes couronnées, accompagnées de moins de faste qu'un évêque allemand ou qu'un cardinal de Rome. Jamais le luxe et la mollesse n'ont été combattus par de si nobles exemples.

Il faut avouer qu'un de nos citoyens s'attirerait parmi nous de la considération, et serait regardé comme un homme extraordinaire, s'il avait fait une fois en sa vie, par curiosité, la cinquième partie des voyages que fit Pierre pour le bien de ses États. De Berlin il va à Dantzick avec sa femme ; il protège à Mittau la duchesse de Courlande, sa nièce, devenue veuve ; il visite toutes ses conquêtes, donne de nouveaux règlements dans Pétersbourg, va dans Moscou, y fait rebâtir des maisons de particuliers tombées en ruine ; de là il se transporte à Czaritzin, sur le Volga, pour arrêter les incursions des Tartares de Cuban ; il construit des lignes du Volga au Tanaïs, et fait élever des forts de distance en distance d'un fleuve à l'autre. Pendant ce temps-là même, il fait imprimer le code militaire qu'il a composé ; une chambre de justice est établie pour examiner la conduite de ses ministres, et pour remettre de l'ordre dans les finances ; il pardonne à quelques coupables, il en punit d'autres, le prince Menzikoff même fut un de ceux qui eurent besoin de sa clémence ; mais un jugement plus sévère, qu'il se crut obligé de rendre contre son propre fils, remplit d'amertume une vie si glorieuse.

CHAPITRE X.

CONDAMNATION DU PRINCE ALEXIS PÉTROVITZ.

Pierre le Grand avait, en 1689, à l'âge de dix-sept ans, épousé Eudoxie-Théodore, ou Theodorowna Lapoukin, élevée dans tous les préjugés de son pays, et incapable de se mettre au-dessus d'eux comme son époux. Les plus grandes contradictions qu'il éprouva, quand il voulut créer un empire et former des hommes, vinrent de sa femme : elle était dominée par la superstition, si souvent attachée à son sexe. Toutes les nouveautés utiles lui semblaient des sacriléges, et tous les étrangers dont le czar se servait pour exécuter ses grands desseins lui paraissaient des corrupteurs.

Ses plaintes publiques encourageaient les factieux et les partisans des anciens usages. Sa conduite d'ailleurs ne réparait pas des fautes si graves. Enfin le czar fut obligé de la répudier en 1696, et de l'enfermer dans un couvent, à Susdal, où on lui fit prendre le voile sous le nom d'Hélène.

Le fils qu'elle lui avait donné en 1690 naquit malheureusement avec le caractère de la mère, et ce caractère se fortifia par la première éducation qu'il reçut. Mes Mémoires disent qu'elle fut confiée à des superstitieux qui lui gâtèrent l'esprit pour jamais. Ce fut en vain qu'on crut corriger ces premières impressions, en lui donnant des précepteurs étrangers; cette qualité même d'étrangers le révolta. Il n'était pas né sans ouverture d'esprit; il parlait et écrivait bien l'allemand ; il dessinait; il apprit un peu de mathématiques; mais ces mêmes Mémoires qu'on m'a confiés assurent que la lecture des livres ecclésiastiques fut ce qui le perdit. Le jeune Alexis crut voir dans ces livres la réprobation de tout ce que faisait son père. Il y avait des prêtres à la tête des mécontents, et il se laissa gouverner par les prêtres.

Ils lui persuadaient que toute la nation avait les entreprises de Pierre en horreur ; que les fréquentes maladies du czar ne lui promettaient pas une longue vie, que son fils ne pouvait espérer de plaire à la nation qu'en marquant son aversion pour les nouveautés. Ces murmures et ces conseils ne formaient pas une faction ouverte, une conspiration; mais tout semblait y tendre, et les esprits étaient échauffés.

Le mariage de Pierre avec Catherine, en 1707, et les enfants qu'il eut d'elle, achevèrent d'aigrir l'esprit du jeune prince. Pierre tenta tous les moyens de le ramener; il le mit même à la tête de la régence pendant une année; il le fit voyager; il le maria en 1711, à la fin de la campagne du Pruth, avec la princesse de Volfenbuttel, ainsi que nous l'avons rapporté [1]. Ce mariage fut très-malheureux. Alexis, âgé de vingt-deux ans, se livra à toutes les débauches de la jeunesse, et à toute la grossièreté des anciennes

---

1. Page 536.

mœurs qui lui étaient si chères. Ces déréglements l'abrutirent. Sa femme, méprisée, maltraitée, manquant du nécessaire, privée de toute consolation, languit dans le chagrin, et mourut enfin de douleur en 1715, le 1ᵉʳ de novembre[1].

Elle laissait au prince Alexis un fils dont elle venait d'accoucher, et ce fils devait être un jour l'héritier de l'empire, suivant l'ordre naturel. Pierre sentait avec douleur qu'après lui tous ses travaux seraient détruits par son propre sang. Il écrivit à son fils, après la mort de la princesse, une lettre également pathétique et menaçante; elle finissait par ces mots : « J'attendrai encore un peu de temps pour voir si vous voulez vous corriger; sinon, sachez que je vous priverai de la succession, comme on retranche un membre inutile. N'imaginez pas que je ne veuille que vous intimider; ne vous reposez pas sur le titre de mon fils unique : car si je n'épargne pas ma propre vie pour ma patrie et pour le salut de mes peuples, comment pourrai-je vous épargner? Je préférerai de les transmettre plutôt à un étranger qui le mérite qu'à mon propre fils qui s'en rend indigne. »

Cette lettre est d'un père, mais encore plus d'un législateur; elle fait voir d'ailleurs que l'ordre de la succession n'était point invariablement établi en Russie comme dans d'autres royaumes, par ces lois fondamentales qui ôtent aux pères le droit de déshériter leurs fils; et le czar croyait surtout avoir la prérogative de disposer d'un empire qu'il avait fondé.

Dans ce temps-là même, l'impératrice Catherine accoucha d'un prince, qui mourut depuis en 1719 [2]. Soit que cette nouvelle abattît le courage d'Alexis, soit imprudence, soit mauvais conseil, il écrivit à son père qu'il renonçait à la couronne et à toute espérance de régner. « Je prends Dieu à témoin, dit-il, et je jure sur mon âme, que je ne prétendrai jamais à la succession. Je mets mes enfants entre vos mains, et je ne demande que mon entretien pendant ma vie. »

Son père lui écrivit une seconde fois : « Je remarque, dit-il, que vous ne parlez dans votre lettre que de la succession, comme si j'avais besoin de votre consentement. Je vous ai remontré quelle douleur votre conduite m'a causée pendant tant d'années, et vous ne m'en parlez pas. Les exhortations paternelles ne vous

---

1. On ne crut pas en Europe à la mort de cette princesse. Une aventurière, qui mourut à Vitry en 1771, se donna pour telle. Grimm parle de cette femme dans sa *Correspondance*, ainsi que Voltaire dans ses lettres.
2. Voyez page 577.

touchent point. Je me suis déterminé à vous écrire encore pour la dernière fois. Si vous méprisez mes avis de mon vivant, quel cas en ferez-vous après ma mort? Quand vous auriez présentement la volonté d'être fidèle à vos promesses, ces grandes barbes pourront vous tourner à leur fantaisie, et vous forceront à les violer.... Ces gens-là ne s'appuient que sur vous. Vous n'avez aucune reconnaissance pour celui qui vous a donné la vie. L'assistez-vous dans ses travaux depuis que vous êtes parvenu à un âge mur? ne blâmez-vous pas, ne détestez-vous pas tout ce que je peux faire pour le bien de mes peuples? J'ai sujet de croire que, si vous me survivez, vous détruirez mon ouvrage. Corrigez-vous, rendez-vous digne de la succession, ou faites-vous moine. Répondez, soit par écrit, soit de vive voix; sinon, j'agirai avec vous comme avec un malfaiteur. »

Cette lettre était dure; il était aisé au prince de répondre qu'il changerait de conduite; mais il se contenta de répondre en quatre lignes à son père qu'il voulait se faire moine.

Cette résolution ne paraissait pas naturelle, et il paraît étrange que le czar voulût voyager en laissant dans ses États un fils si mécontent et si obstiné; mais aussi ce voyage même prouve que le czar ne voyait pas de conspiration à craindre de la part de son fils.

Il alla le voir avant de partir pour l'Allemagne et pour la France; le prince, malade, ou feignant de l'être, le reçut au lit, et lui confirma, par les plus grands serments, qu'il voulait se retirer dans un cloître. Le czar lui donna six mois pour se consulter, et partit avec son épouse.

A peine fut-il à Copenhague qu'il apprit (ce qu'il pouvait présumer) qu'Alexis ne voyait que des mécontents qui flattaient ses chagrins. Il lui écrivit qu'il eût à choisir du couvent ou du trône, et que s'il voulait un jour lui succéder, il fallait qu'il vînt le trouver à Copenhague.

Les confidents du prince lui persuadèrent qu'il serait dangereux pour lui de se trouver loin de tout conseil entre un père irrité et une marâtre. Il feignit donc d'aller trouver son père à Copenhague; mais il prit le chemin de Vienne, et alla se mettre entre les mains de l'empereur Charles VI, son beau-frère, comptant y demeurer jusqu'à la mort du czar.

C'était à peu près la même aventure que celle de Louis XI lorsque, étant encore dauphin, il quitta la cour du roi Charles VII, son père, et se retira chez le duc de Bourgogne. Le dauphin était bien plus coupable que le czarovitz, puisqu'il s'était marié malgré son père, qu'il avait levé des troupes, qu'il se retirait chez un prince naturellement ennemi de Charles VII, et qu'il ne revint jamais à sa cour, quelque instance que son père pût lui faire.

Alexis, au contraire, ne s'était marié que par ordre du czar, ne s'était point révolté, n'avait point levé de troupes, ne se retirait point chez un prince ennemi, et retourna aux pieds de son père sur la première lettre qu'il reçut de lui. Car dès que Pierre sut que son fils avait été à Vienne, qu'il s'était retiré dans le Tyrol, et ensuite à Naples, qui appartenait alors à l'empereur Charles VI, il dépêcha le capitaine aux gardes Romanzoff et le conseiller privé Tolstoy, chargés d'une lettre écrite de sa main, datée de Spa, du 21 juillet 1717, n. st. Ils trouvèrent le prince à Naples, dans le château Saint-Elme, et lui remirent la lettre ; elle était conçue en ces termes :

...... « Je vous écris pour la dernière fois, pour vous dire que vous ayez à exécuter ma volonté, que Tolstoy et Romanzoff vous annonceront de ma part. Si vous m'obéissez, je vous assure et je promets à Dieu que je ne vous punirai pas, et que si vous revenez, je vous aimerai plus que jamais ; mais que si vous ne le faites pas, je vous donne, comme père, en vertu du pouvoir que j'ai reçu de Dieu, ma malédiction éternelle ; et, comme votre souverain, je vous assure que je trouverai bien les moyens de vous punir ; en quoi j'espère que Dieu m'assistera, et qu'il prendra ma juste cause en main.

« Au reste, souvenez-vous que je ne vous ai violenté en rien. Avais-je besoin de vous laisser le libre choix du parti que vous voudriez prendre ? Si j'avais voulu vous forcer, n'avais-je pas en main la puissance ? Je n'avais qu'à commander, et j'aurais été obéi. »

Le vice-roi de Naples persuada aisément Alexis de retourner auprès de son père. C'était une preuve incontestable que l'empereur d'Allemagne ne voulait prendre avec ce jeune prince aucun engagement dont le czar eût à se plaindre. Alexis avait voyagé avec sa maîtresse Afrosine ; il revint avec elle.

On pouvait le considérer comme un jeune homme mal conseillé qui était allé à Vienne et à Naples au lieu d'aller à Copenhague. S'il n'avait fait que cette seule faute, commune à tant de jeunes gens, elle était bien pardonnable. Son père prenait Dieu à témoin que non-seulement il lui pardonnerait, mais qu'il l'aimerait plus que jamais. Alexis partit sur cette assurance ; mais par l'instruction des deux envoyés qui le ramenèrent, et par la lettre même du czar, il paraît que le père exigea que le fils déclarât ceux qui l'avaient conseillé, et qu'il exécutât son serment de renoncer à la succession.

Il semblait difficile de concilier cette exhérédation avec l'autre serment que le czar avait fait dans sa lettre d'aimer son fils plus que jamais. Peut-être que le père, combattu entre l'amour paternel et la raison du souverain, se bornait à aimer son fils retiré dans un cloître ; peut-être espérait-il encore le ramener à son devoir, et le rendre digne de cette succession même, en lui faisant sentir la perte d'une couronne. Dans des conjonctures si rares, si difficiles, si douloureuses, il est aisé de croire que ni le cœur du père ni celui du fils, également agités, n'étaient d'abord bien d'accord avec eux-mêmes.

Le prince arrive le 13 février 1718, n. st., à Moscou, où le czar était alors. Il se jette le jour même aux genoux de son père; il a un très-long entretien avec lui : le bruit se répand aussitôt dans la ville que le père et le fils sont réconciliés, que tout est oublié ; mais le lendemain on fait prendre les armes aux régiments des gardes, à la pointe du jour ; on fait sonner la grosse cloche de Moscou. Les boïards, les conseillers privés, sont mandés dans le château ; les évêques, les archimandrites, et deux religieux de Saint-Basile, professeurs en théologie, s'assemblent dans l'église cathédrale. Alexis est conduit sans épée et comme prisonnier dans le château, devant son père. Il se prosterne en sa présence, et lui remet en pleurant un écrit par lequel il avoue ses fautes, se déclare indigne de lui succéder, et pour toute grâce lui demande la vie.

Le czar, après l'avoir relevé, le conduisit dans un cabinet où il lui fit plusieurs questions. Il lui déclara que s'il célait quelque chose touchant son évasion, il y allait de sa tête. Ensuite on ramena le prince dans la salle où le conseil était assemblé ; là on lut publiquement la déclaration du czar déjà dressée.

Le père, dans cette pièce, reproche à son fils tout ce que nous avons détaillé, son peu d'application à s'instruire, ses liaisons avec les partisans des anciennes mœurs, sa mauvaise conduite avec sa femme. « Il a violé, dit-il, la foi conjugale en s'attachant à une fille de la plus basse extraction, du vivant de son épouse. » Il est vrai que Pierre avait répudié sa femme en faveur d'une captive ; mais cette captive était d'un mérite supérieur ; et il était justement mécontent de sa femme, qui était sa sujette. Alexis, au contraire, avait négligé sa femme pour une jeune inconnue qui n'avait de mérite que sa beauté. Jusque-là on ne voit que des fautes de jeune homme qu'un père doit reprendre, et qu'il peut pardonner.

CONDAMNATION D'ALEXIS PÉTROVITZ.

On lui reproche ensuite d'être allé à Vienne se mettre sous la protection de l'empereur. Il dit qu'*Alexis a calomnié son père*, en faisant entendre à l'empereur Charles VI qu'il était persécuté, qu'on le forçait à renoncer à son héritage; qu'enfin il a prié l'empereur de le protéger à main armée.

On ne voit pas d'abord comment l'empereur aurait pu faire la guerre au czar pour un tel sujet, et comment il eût pu interposer autre chose que des bons offices entre le père irrité et le fils désobéissant. Aussi Charles VI s'était contenté de donner une retraite au prince, et on l'avait renvoyé quand le czar, instruit de sa retraite, l'avait redemandé.

Pierre ajoute, dans cette pièce terrible, qu'Alexis avait persuadé à l'empereur *qu'il n'était pas en sûreté de sa vie* s'il revenait en Russie. C'était en quelque façon justifier les plaintes d'Alexis que de le faire condamner à mort après son retour, et surtout après avoir promis de lui pardonner; mais nous verrons pour quelle cause le czar fit ensuite porter ce jugement mémorable. Enfin on voyait dans cette grande assemblée un souverain absolu plaider contre son fils.

« Voilà, dit-il, de quelle manière notre fils est revenu; et quoiqu'il ait mérité la mort par son évasion et par ses calomnies, cependant notre tendresse paternelle lui pardonne ses crimes; mais, considérant son indignité et sa conduite déréglée, nous ne pouvons en conscience lui laisser la succession au trône, prévoyant trop qu'après nous sa conduite dépravée détruirait la gloire de la nation, et ferait perdre tant d'États reconquis par nos armes. Nous plaindrions surtout nos sujets si nous les rejetions par un tel successeur dans un état beaucoup plus mauvais qu'ils n'ont été.

« Ainsi, par le pouvoir paternel, en vertu duquel, selon les droits de notre empire, chacun même de nos sujets peut déshériter un fils comme il lui plaît, et en vertu de la qualité de prince souverain, et en considération du salut de nos États, nous privons notre dit fils Alexis de la succession après nous à notre trône de Russie, à cause de ses crimes et de son indignité, quand même il ne subsisterait pas une seule personne de notre famille après nous.

« Et nous constituons et déclarons successeur audit trône après nous notre second fils Pierre[1], quoique encore jeune, n'ayant pas de successeur plus âgé.

---

1. C'est ce même fils de l'impératrice Catherine, qui mourut en 1719, le 15 avril. (*Note de Voltaire.*)

« Donnons à notre susdit fils Alexis notre malédiction paternelle, si jamais, en quelque temps que ce soit, il prétend à ladite succession, ou la recherche.

« Désirons aussi de nos fidèles sujets de l'état ecclésiastique et séculier, et de tout autre état, et de la nation entière, que, selon cette constitution et suivant notre volonté, ils reconnaissent et considèrent notre dit fils Pierre, désigné par nous à la succession, pour légitime successeur, et qu'en conformité de cette présente constitution ils confirment le tout par serment devant le saint autel, sur les saints Évangiles, en baisant la croix.

« Et tous ceux qui s'opposeront jamais, en quelque temps que ce soit, à notre volonté, et qui dès aujourd'hui oseront considérer notre fils Alexis comme successeur, ou l'assister à cet effet, nous les déclarons traîtres envers nous et la patrie; et avons ordonné que la présente soit partout publiée, afin que personne n'en prétende cause d'ignorance. Fait à Moscou, le 14 février 1718, n. st. Signé de notre main, et scellé de notre sceau. »

Il paraît que ces actes étaient préparés, ou qu'ils furent dressés avec une extrême célérité, puisque le prince Alexis était revenu le 13, et que son exhérédation en faveur du fils de Catherine est du 14.

Le prince, de son côté, signa qu'il renonçait à la succession. « Je reconnais, dit-il, cette exclusion pour juste; je l'ai méritée par mon indignité; et je jure au Dieu tout-puissant en Trinité de me soumettre en tout à la volonté paternelle, etc. »

Ces actes étant signés, le czar marcha à la cathédrale; on les y lut une seconde fois, et tous les ecclésiastiques mirent leurs approbations et leurs signatures au bas d'une autre copie. Jamais prince ne fut déshérité d'une manière si authentique. Il y a beaucoup d'États où un tel acte ne serait d'aucune valeur; mais en Russie, comme chez les anciens Romains, tout père avait le droit de priver son fils de sa succession; et ce droit était plus fort dans un souverain que dans un sujet, et surtout dans un souverain tel que Pierre.

Cependant il était à craindre qu'un jour ceux-mêmes qui avaient animé le prince contre son père, et conseillé son évasion, ne tâchassent d'anéantir une renonciation imposée par la force, et de rendre au fils aîné la couronne transférée au cadet d'un second lit. On prévoyait en ce cas une guerre civile, et la destruction inévitable de tout ce que Pierre avait fait de grand et d'utile. Il fallait décider entre les intérêts de près de dix-huit millions d'hommes que contenait alors la Russie, et un seul homme qui n'était pas capable de les gouverner. Il était donc important de connaître les malintentionnés ; et le czar menaça encore une fois son fils de mort, s'il lui cachait quelque chose. En conséquence le prince fut donc interrogé juridiquement par son père, et ensuite par des commissaires.

Une des charges qui servirent à sa condamnation fut une lettre d'un résident de l'empereur, nommé Beyer, écrite de Pétersbourg après l'évasion du prince ; cette lettre portait qu'il y avait de la mutinerie dans l'armée russe assemblée dans le Mecklenbourg ; que plusieurs officiers parlaient d'envoyer la nouvelle czarine Catherine et son fils dans la prison où était la czarine répudiée, et de mettre Alexis sur le trône quand on l'aurait retrouvé. Il y avait en effet alors une sédition dans cette armée du czar, mais elle fut bientôt réprimée. Ces propos vagues n'eurent aucune suite. Alexis ne pouvait les avoir encouragés ; un étranger en parlait comme d'une nouvelle : la lettre n'était point adressée au prince Alexis, et il n'en avait qu'une copie qu'on lui avait envoyée de Vienne.

Une accusation plus grave fut une minute de sa propre main d'une lettre écrite de Vienne aux sénateurs et aux archevêques de Russie ; les termes en étaient forts : « Les mauvais traitements continuels que j'ai essuyés sans les avoir mérités m'ont obligé de fuir : peu s'en est fallu qu'on ne m'ait mis dans un couvent. Ceux qui ont enfermé ma mère ont voulu me traiter de même. Je suis sous la protection d'un grand prince ; je vous prie de ne me point abandonner à présent. » Ce mot d'*à présent*, qui pouvait être regardé comme séditieux, était rayé, et ensuite remis de sa main, et puis rayé encore ; ce qui marquait un jeune homme troublé, se livrant à son ressentiment, et s'en repentant au moment même. On ne trouva que la minute de ces lettres ; elles n'étaient jamais parvenues à leur destination, et la cour de Vienne les retint, preuve assez forte que cette cour ne voulait pas se brouiller avec celle de Russie, et soutenir à main armée le fils contre le père.

On confronta plusieurs témoins au prince ; l'un d'eux, nommé Afanassief, soutint qu'il lui avait entendu dire autrefois : « Je dirai quelque chose aux évêques, qui le rediront aux curés, les curés aux paroissiens, et on me fera régner, fût-ce malgré moi. »

Sa propre maîtresse, Afrosine, déposa contre lui. Toutes les accusations n'étaient pas bien précises ; nul projet digéré, nulle intrigue suivie, nulle conspiration, aucune association, encore moins de préparatifs. C'était un fils de famille mécontent et dépravé, qui se plaignait de son père, qui le fuyait, et qui espérait sa mort; mais ce fils de famille était l'héritier de la plus vaste monarchie de notre hémisphère, et dans sa situation et dans sa place il n'y avait point de petite faute.

Accusé par sa maîtresse, il le fut encore au sujet de l'ancienne czarine sa mère, et de Marie sa sœur. On le chargea d'avoir consulté sa mère sur son évasion, et d'en avoir parlé à la princesse Marie. Un évêque de Rostou, confident de tous trois, fut arrêté, et déposa que ces deux princesses, prisonnières dans un couvent, avaient espéré un changement qui les mettrait en liberté, et avaient, par leurs conseils, engagé le prince à la fuite. Plus leurs ressentiments étaient naturels, plus ils étaient dangereux. On verra, à la fin de ce chapitre, quel était cet évêque, et quelle avait été sa conduite.

Alexis nia d'abord plusieurs faits de cette nature, et par cela même il s'exposait à la mort, dont son père l'avait menacé, en cas qu'il ne fît pas un aveu général et sincère.

Enfin il avoua quelques discours peu respectueux qu'on lui imputait contre son père, et il s'excusa sur la colère et sur l'ivresse.

Le czar dressa lui-même de nouveaux articles d'interrogatoire. Le quatrième était ainsi conçu :

« Quand vous avez vu, par la lettre de Beyer, qu'il y avait une révolte à l'armée du Mecklenbourg, vous en avez eu de la joie; je crois que vous aviez quelque vue, et que vous vous seriez déclaré pour les rebelles, même de mon vivant. »

C'était interroger le prince sur le fond de ses sentiments secrets. On peut les avouer à un père dont les conseils les corrigent, et les cacher à un juge qui ne prononce que sur les faits avérés. Les sentiments cachés du cœur ne sont pas l'objet d'un procès criminel. Alexis pouvait les nier, les déguiser aisément; il n'était pas obligé d'ouvrir son âme; cependant il répondit par écrit: « Si les rebelles m'avaient appelé de votre vivant, j'y serais apparemment allé, supposé qu'ils eussent été assez forts. »

Il est inconcevable qu'il ait fait cette réponse de lui-même; et il serait aussi extraordinaire, du moins suivant les mœurs de l'Europe, qu'on l'eût condamné sur l'aveu d'une idée qu'il aurait pu avoir un jour dans un cas qui n'est point arrivé.

A cet étrange aveu de ses plus secrètes pensées, qui ne s'étaient point échappées au delà du fond de son âme, on joignit des preuves qui, en plus d'un pays, ne sont pas admises au tribunal de la justice humaine.

Le prince, accablé, hors de ses sens, recherchant dans lui-même, avec l'ingénuité de la crainte, tout ce qui pouvait servir à le perdre, avoua enfin que, dans la confession, il s'était accusé devant Dieu à l'archiprêtre Jacques d'avoir souhaité la mort de son père, et que le confesseur Jacques lui avait répondu : « Dieu vous le pardonnera ; nous lui en souhaitons autant. »

Toutes les preuves qui peuvent se tirer de la confession sont inadmissibles par les canons de notre Église ; ce sont des secrets entre Dieu et le pénitent. L'Église grecque ne croit pas, non plus que la latine, que cette correspondance intime et sacrée entre un pécheur et la Divinité soit du ressort de la justice humaine ; mais il s'agissait de l'État et d'un souverain. Le prêtre Jaques fut appliqué à la question, et avoua ce que le prince avait révélé. C'était une chose rare dans ce procès de voir le confesseur accusé par son pénitent, et le pénitent par sa maîtresse. On peut encore ajouter à la singularité de cette aventure que, l'archevêque de Rézan ayant été impliqué dans les accusations, ayant autrefois, dans les premiers éclats des ressentiments du czar contre son fils, prononcé un sermon trop favorable au jeune czarovitz, ce prince avoua dans ses interrogatoires qu'il comptait sur ce prélat ; et ce même archevêque de Rézan fut à la tête des juges ecclésiastiques consultés par le czar sur ce procès criminel, comme nous l'allons voir bientôt.

Il y a une remarque essentielle à faire dans cet étrange procès, très-mal digéré dans la grossière *Histoire de Pierre Premier*, par le prétendu boïard Nestesuranoy ; et cette remarque, la voici :

Dans les réponses que fit Alexis au premier interrogatoire de son père, il avoue que quand il fut à Vienne, où il ne vit point l'empereur, il s'adressa au comte de Schonborn, chambellan ; que ce chambellan lui dit : « L'empereur ne vous abandonnera pas ; et, quand il en sera temps, après la mort de votre père, il vous aidera à monter sur le trône à main armée. Je lui répondis, ajoute l'accusé, je ne demande pas cela ; que l'empereur m'accorde sa protection, je n'en veux pas davantage. » Cette déposition est simple, naturelle, porte un grand caractère de vérité : car c'eût été le comble de la folie de demander des troupes à l'empereur pour aller tenter de détrôner son père ; et personne n'eût osé faire, ni au prince Eugène, ni au conseil, ni à l'empereur, une proposition si absurde. Cette déposition est du mois de février ; et quatre mois après, au 1er juillet, dans le cours et sur la fin de ces procédures, on fait dire au czarovitz dans ses dernières réponses par écrit :

« Ne voulant imiter mon père en rien, je cherchais à parvenir à la succession de quelque autre manière que ce fût, *excepté de la bonne façon*. Je la voulais avoir par une assistance étrangère; et si j'y étais parvenu, et que l'empereur eût mis en exécution *ce qu'il m'avait promis*, de me procurer la couronne de Russie, même à main armée, je n'aurais rien épargné pour me mettre en possession de la succession. Par exemple, si l'empereur avait demandé, en échange, des troupes de mon pays pour son service, contre qui que ce fût de ses ennemis, ou de grosses sommes d'argent, j'aurais fait tout ce qu'il aurait voulu, et j'aurais donné de grands présents à ses ministres et à ses généraux. J'aurais entretenu à mes dépens les troupes auxiliaires qu'il m'aurait données pour me mettre en possession de la couronne de Russie; et, en un mot, rien ne m'aurait coûté pour accomplir en cela ma volonté. »

Cette dernière déposition du prince paraît bien forcée; il semble qu'il fasse des efforts pour se faire croire coupable : ce qu'il dit est même contraire à la vérité dans un point capital. Il dit que l'empereur lui avait promis de lui *procurer la couronne à main armée :* cela était faux. Le comte de Schonborn lui avait fait espérer qu'un jour, après la mort du czar, l'empereur l'aiderait à soutenir le droit de sa naissance; mais l'empereur ne lui avait rien promis. Enfin il ne s'agissait pas de se révolter contre son père, mais de lui succéder après sa mort.

Il dit, dans ce dernier interrogatoire, ce qu'il crut qu'il eût fait s'il avait eu à disputer son héritage : héritage auquel il n'avait point juridiquement renoncé avant son voyage à Vienne et à Naples. Le voilà donc qui dépose une seconde fois, non pas ce qu'il a fait et ce qui peut être soumis à la rigueur des lois, mais ce qu'il imagine qu'il eût pu faire un jour, et qui, par conséquent, ne semble soumis à aucun tribunal; le voilà qui s'accuse deux fois des pensées secrètes qu'il a pu concevoir pour l'avenir. On n'avait jamais vu auparavant, dans le monde entier, un seul homme jugé et condamné sur les idées inutiles qui lui sont venues dans l'esprit, et qu'il n'a communiquées à personne. Il n'est aucun tribunal en Europe où l'on écoute un homme qui s'accuse d'une pensée criminelle; et l'on prétend même que Dieu ne les punit que quand elles sont accompagnées d'une volonté déterminée.

On peut répondre à ces considérations si naturelles qu'Alexis avait mis son père en droit de le punir, par sa réticence sur plusieurs complices de son évasion; sa grâce était attachée à un aveu général, et il ne le fit que quand il n'était plus temps. Enfin, après un tel éclat, il ne paraissait pas dans la nature humaine qu'il fût possible qu'Alexis pardonnât un jour au frère en faveur duquel il était déshérité; et il valait mieux, disait-on, punir un coupable que d'exposer tout l'empire. La rigueur de la justice s'accordait avec la raison d'État.

Il ne faut pas juger des mœurs et des lois d'une nation par celles des autres; le czar avait le droit fatal, mais réel, de punir de mort son fils pour sa seule évasion ; il s'en explique ainsi dans sa déclaration aux juges et aux évêques :

« Quoique, selon toutes les lois divines et humaines, et surtout suivant celles de Russie, qui excluent toute juridiction entre un père et un enfant parmi les particuliers, nous ayons un pouvoir assez abondant et absolu de juger notre fils, suivant ses crimes, selon notre volonté, sans en demander avis à personne ; cependant, comme on n'est point aussi clairvoyant dans ses propres affaires que dans celles des autres, et comme les médecins, même les plus experts, ne risquent point de se traiter eux-mêmes, et qu'ils en appellent d'autres dans leurs maladies ; craignant de charger ma conscience de quelque péché, je vous expose mon état et je vous demande du remède : car j'appréhende la mort éternelle, si, ne connaissant peut-être point la qualité de mon mal, je voulais m'en guérir seul, vu principalement que j'ai juré sur les jugements de Dieu, et que j'ai promis par écrit le pardon de mon fils, et je l'ai ensuite confirmé de bouche, au cas qu'il me dît la vérité.

« Quoique mon fils ait violé sa promesse, toutefois, pour ne m'écarter en rien de mes obligations, je vous prie de penser à cette affaire, et de l'examiner avec la plus grande attention, pour voir ce qu'il a mérité. Ne me flattez point ; n'appréhendez pas que, s'il ne mérite qu'une légère punition, et que vous le jugiez ainsi, cela me soit désagréable : car je vous jure, par le grand Dieu et par ses jugements, que vous n'avez absolument rien à en craindre.

« N'ayez point d'inquiétude sur ce que vous devez juger le fils de votre souverain ; mais, sans avoir égard à la personne, rendez justice, et ne perdez pas votre âme et la mienne ; enfin, que notre conscience ne nous reproche rien au jour terrible du jugement, et que notre patrie ne soit point lésée. »

Le czar fit au clergé une déclaration à peu près semblable ; ainsi tout se passa avec la plus grande authenticité, et Pierre mit dans toutes ses démarches une publicité qui montrait la persuasion intime de sa justice.

Ce procès criminel de l'héritier d'un si grand empire dura depuis la fin de février jusqu'au 5 juillet, n. st. Le prince fut interrogé plusieurs fois ; il fit les aveux qu'on exigeait : nous avons rapporté ceux qui sont essentiels.

Le 1ᵉʳ juillet, le clergé donna son sentiment par écrit. Le czar en effet ne lui demandait que son sentiment, et non pas une sentence. Le début mérite l'attention de l'Europe.

« Cette affaire, disent les évêques et les archimandrites, n'est point du tout du ressort de la juridiction ecclésiastique, et le pouvoir absolu établi dans l'empire de Russie n'est point soumis au jugement des sujets; mais le souverain y a l'autorité d'agir suivant son bon plaisir, sans qu'aucun inférieur y intervienne. »

Après ce préambule on cite le *Lévitique,* où il est dit que celui qui aura maudit son père ou sa mère sera puni de mort; et l'Évangile de saint Matthieu, qui rapporte cette loi sévère du *Lévitique.* On finit, après plusieurs autres citations, par ces paroles très-remarquables :

« Si Sa Majesté veut punir celui qui est tombé, selon ses actions et suivant la mesure de ses crimes, il a devant lui des exemples de l'ancien Testament; s'il veut faire miséricorde, il a l'exemple de Jésus-Christ même, qui reçoit le fils égaré revenant à la repentance, qui laisse libre la femme surprise en adultère, laquelle a mérité la lapidation selon la loi, qui préfère la miséricorde au sacrifice; il a l'exemple de David, qui veut épargner Absalon son fils et son persécuteur: car il dit à ses capitaines qui voulaient l'aller combattre : *Épargnez mon fils Absalon;* le père le voulut épargner lui-même, mais la justice divine ne l'épargna point.

« Le cœur du czar est entre les mains de Dieu ; qu'il choisisse le parti auquel la main de Dieu le tournera. »

Ce sentiment fut signé par huit évêques, quatre archimandrites, et deux professeurs; et, comme nous l'avons déjà dit[1], le métropolite de Rézan, avec qui le prince avait été en intelligence, signa le premier.

Cet avis du clergé fut incontinent présenté au czar. On voit aisément que le clergé voulait le porter à la clémence, et rien n'est plus beau peut-être que cette opposition de la douceur de Jésus-Christ à la rigueur de la loi judaïque, mise sous les yeux d'un père qui faisait le procès à son fils.

Le jour même on interrogea encore Alexis pour la dernière fois, et il mit par écrit son dernier aveu : c'est dans cette confession qu'il s'accuse « d'avoir été bigot dans sa jeunesse, d'avoir fréquenté les prêtres et les moines, d'avoir bu avec eux, d'avoir reçu d'eux les impressions qui lui donnèrent de l'horreur pour les devoirs de son état, et même pour la personne de son père ».

---

1. Page 581.

S'il fit cet aveu de son propre mouvement, cela prouve qu'il ignorait le conseil de clémence que venait de donner ce même clergé qu'il accusait ; et cela prouve encore davantage combien le czar avait changé les mœurs des prêtres de son pays, qui de la grossièreté et de l'ignorance étaient parvenus en si peu de temps à pouvoir rédiger un écrit dont les plus illustres pères de l'Église n'auraient désavoué ni la sagesse ni l'éloquence.

C'est dans ces derniers aveux qu'Alexis déclare ce qu'on a déjà rapporté, qu'il voulait arriver à la succession, « de quelque manière que ce fût, excepté de la bonne ».

Il semblait, par cette dernière confession, qu'il craignît de ne s'être pas assez chargé, assez rendu criminel dans les premières, et qu'en se donnant à lui-même les noms de *mauvais caractère*, de *méchant esprit*, en imaginant ce qu'il aurait fait s'il avait été le maître, il cherchait avec un soin pénible à justifier l'arrêt de mort qu'on allait prononcer contre lui. En effet, cet arrêt fut porté le 5 juillet. Il se trouvera dans toute son étendue à la fin de cette histoire. On se contentera d'observer ici qu'il commence, comme l'avis du clergé, par déclarer qu'un tel jugement n'a jamais appartenu à des sujets, mais au seul souverain dont le pouvoir ne dépend que de Dieu seul. Ensuite, après avoir exposé toutes les charges contre le prince, les juges s'expriment ainsi : « Que penser de son dessein de rébellion, tel qu'il n'y en eut jamais de semblable dans le monde, joint à celui d'un horrible double parricide contre son souverain, comme père de la patrie, et père selon la nature? »

Peut-être ces mots furent mal traduits d'après le procès criminel imprimé par ordre du czar : car assurément il y a de plus grandes rébellions dans le monde, et on ne voit point par les actes que jamais le czarovitz eût conçu le dessein de tuer son père. Peut-être entendait-on par ce mot de *parricide* l'aveu que ce prince venait de faire de s'être confessé un jour d'avoir souhaité la mort à son père et à son souverain ; mais l'aveu secret, dans la confession, d'une pensée secrète n'est pas un double parricide.

Quoi qu'il en soit, il fut jugé à mort unanimement, sans que l'arrêt prononçât le genre du supplice. De cent quarante-quatre juges[1], il n'y en eut pas un seul qui imaginât seulement une peine moindre que la mort. Un écrit anglais, qui fit beaucoup de bruit dans ce temps-là, porte que si un tel procès avait été jugé au par-

---

[1] Dans ses *Anecdotes sur le czar Pierre le Grand*, publiées en 1748, Voltaire n'avait porté le nombre des juges qu'à cent vingt-quatre.

lement d'Angleterre, il ne se serait pas trouvé parmi cent quarante-quatre juges un seul qui eût prononcé la plus légère peine.

Rien ne fait mieux connaître la différence des temps et des lieux. Manlius aurait pu être condamné lui-même à mort par les lois d'Angleterre pour avoir fait périr son fils, et il fut respecté par les Romains sévères. Les lois ne punissent point en Angleterre l'évasion d'un prince de Galles, qui, comme pair du royaume, est maître d'aller où il veut. Les lois de la Russie ne permettent pas au fils du souverain de sortir du royaume malgré son père. Une pensée criminelle sans aucun effet ne peut être punie ni en Angleterre ni en France ; elle peut l'être en Russie. Une désobéissance longue, formelle et réitérée, n'est parmi nous qu'une mauvaise conduite qu'il faut réprimer ; mais c'était un crime capital dans l'héritier d'un vaste empire dont cette désobéissance même eût produit la ruine. Enfin le czarovitz était coupable envers toute la nation de vouloir la replonger dans les ténèbres dont son père l'avait tirée.

Tel était le pouvoir reconnu du czar qu'il pouvait faire mourir son fils coupable de désobéissance, sans consulter personne; cependant il s'en remit au jugement de tous ceux qui représentaient la nation : ainsi ce fut la nation elle-même qui condamna ce prince, et Pierre eut tant de confiance dans l'équité de sa conduite qu'en faisant imprimer, et traduire le procès il se soumit lui-même au jugement de tous les peuples de la terre.

La loi de l'histoire ne nous a permis de rien déguiser, ni de rien affaiblir dans le récit de cette tragique aventure. On ne savait dans l'Europe qui on devait plaindre davantage, ou un jeune prince accusé par son père, et condamné à la mort par ceux qui devaient être un jour ses sujets, ou un père qui se croyait obligé de sacrifier son propre fils au salut de son empire.

On publia dans plusieurs livres que le czar avait fait venir d'Espagne le procès de don Carlos[1], condamné à mort par Philippe II; mais il est faux qu'on eût jamais fait le procès à don Carlos. La conduite de Pierre Ier fut entièrement différente de celle de Philippe. L'Espagnol ne fit jamais connaître ni pour quelle raison il avait fait arrêter son fils, ni comment ce prince était mort. Il écrivit à ce sujet au pape et à l'impératrice des lettres absolument contradictoires. Le prince d'Orange Guillaume accusa publiquement Philippe d'avoir sacrifié son fils et sa femme à sa jalousie, et d'avoir moins été un juge sévère qu'un mari jaloux et cruel, un

---

1. Voyez tome XII, page 484.

père dénaturé et parricide. Philippe se laissa accuser, et garda le silence. Pierre, au contraire, ne fit rien qu'au grand jour, publia hautement qu'il préférait sa nation à son propre fils, s'en remit au jugement du clergé et des grands, et rendit le monde entier juge des uns et des autres, et de lui-même.

Ce qu'il y eut encore d'extraordinaire dans cette fatalité, c'est que la czarine Catherine, haïe du czarovitz et menacée ouvertement du sort le plus triste si jamais ce prince régnait, ne contribua pourtant en rien à son malheur, et ne fut ni accusée, ni même soupçonnée par aucun ministre étranger résident à cette cour, d'avoir fait la plus légère démarche contre un beau-fils dont elle avait tout à craindre. Il est vrai qu'on ne dit point qu'elle ait demandé grâce pour lui ; mais tous les Mémoires de ce temps-là, surtout ceux du comte de Bassevitz, assurent unanimement qu'elle plaignit son infortune.

J'ai en main les Mémoires d'un ministre public, où je trouve ces propres mots : « J'étais présent quand le czar dit au duc de Holstein que Catherine l'avait prié d'empêcher qu'on ne prononçât au czarovitz sa condamnation. « Contentez-vous, me dit-elle, « de lui faire prendre le froc, parce que cet opprobre d'un arrêt de « mort signifié rejaillira sur votre petit-fils. »

Le czar ne se rendit point aux prières de sa femme ; il crut qu'il était important que la sentence fût prononcée publiquement au prince, afin qu'après cet acte solennel il ne pût jamais revenir contre un arrêt auquel il avait acquiescé lui-même, et qui, le rendant mort civilement, le mettrait pour jamais hors d'état de réclamer la couronne.

Cependant, après la mort de Pierre, si un parti puissant se fût élevé en faveur d'Alexis, cette mort civile l'aurait-elle empêché de régner ?

L'arrêt fut prononcé au prince. Les mêmes Mémoires m'apprennent qu'il tomba en convulsion à ces mots : « Les lois divines et ecclésiastiques, civiles et militaires, condamnent à mort, sans miséricorde, ceux dont les attentats contre leur père et leur souverain sont manifestes. » Ses convulsions se tournèrent, dit-on, en apoplexie ; on eut peine à le faire revenir. Il reprit un peu ses sens, et, dans cet intervalle de vie et de mort, il fit prier son père de venir le voir. Le czar vint ; les larmes coulèrent des yeux du du père et du fils infortuné ; le condamné demanda pardon, le père pardonna publiquement. L'extrême-onction fut administrée solennellement au malade agonisant. Il mourut en présence de toute la cour, le lendemain de cet arrêt funeste. Son corps fut porté d'abord à la cathédrale, et déposé dans un cercueil ouvert. Il y resta quatre jours exposé à tous les regards, et enfin il fut inhumé dans l'église de la citadelle, à côté de son épouse. Le czar et la czarine assistèrent à la cérémonie.

On est indispensablement obligé ici d'imiter, si on ose le dire, la conduite du czar, c'est-à-dire de soumettre au jugement du public tous les faits qu'on vient de raconter avec la fidélité la plus scrupuleuse, et non-seulement ces faits, mais les bruits qui coururent, et ce qui fut imprimé sur ce triste sujet par les auteurs les plus accrédités. Lamberti, le plus impartial de tous, et le plus exact, qui s'est borné à rapporter les pièces originales et authentiques concernant les affaires de l'Europe [1], semble s'éloigner ici de cette impartialité et de ce discernement qui fait son caractère ; il s'exprime en ces termes : « La czarine, craignant toujours pour son fils, n'eut point de relâche qu'elle n'eût porté le czar à faire au fils aîné le procès, et à le faire condamner à mort : ce qui est étrange, c'est que le czar, après lui avoir donné lui-même le knout, qui est une question, lui coupa aussi lui-même la tête. Le corps du czarovitz fut exposé en public, et la tête tellement adaptée au corps que l'on ne pouvait pas discerner qu'elle en avait été séparée. Il arriva, quelque temps après, que le fils de la czarine vint à décéder, à son grand regret et à celui du czar. Ce dernier, qui avait décollé de sa propre main son fils aîné, réfléchissant qu'il n'avait point de successeur, devint de mauvaise humeur. Il fut informé, dans ce temps-là, que la czarine avait des intrigues secrètes et illégitimes avec le prince Menzikoff. Cela joint aux réflexions que la czarine était la cause qu'il avait sacrifié lui-même son fils aîné, il médita de faire raser la czarine et de l'enfermer dans un couvent, ainsi qu'il avait fait de sa première femme, qui y était encore. Le czar avait accoutumé de mettre ses pensées journalières sur des tablettes : il y avait mis son dit dessein sur la czarine. Elle avait gagné des pages qui entraient dans la chambre du czar. Un de ceux-ci, qui étaient accoutumés à prendre les tablettes sous la toilette pour les faire voir à la czarine, prit celles où il y avait le dessein du czar. Dès que cette princesse l'eut parcouru, elle en fit part à Menzikoff, et, un jour ou deux après, le czar fut pris d'une maladie inconnue et violente qui le fit mourir. Cette maladie fut attribuée au poison, puisqu'on vit manifestement qu'elle était si violente et subite

---

[1]. *Mémoires pour servir à l'histoire du dix-huitième siècle*, par Lamberti. La Haye, 1724-1740, 14 volumes in-4°.

qu'elle ne pouvait venir que d'une telle source, qu'on dit être assez usitée en Moscovie. »

Ces accusations, consignées dans les Mémoires de Lamberti, se répandirent dans toute l'Europe. Il reste encore un grand nombre d'imprimés et de manuscrits qui pourraient faire passer ces opinions à la dernière postérité.

Je crois qu'il est de mon devoir de dire ici ce qui est parvenu à ma connaissance. Je certifie d'abord que celui qui dit à Lamberti l'étrange anecdote qu'il rapporte était, à la vérité, né en Russie, mais non d'une famille du pays; qu'il ne résidait point dans cet empire au temps de la catastrophe du czarovitz; il en était absent depuis plusieurs années. Je l'ai connu autrefois; il avait vu Lamberti dans la petite ville de Nyon, où cet écrivain était retiré, et où j'ai été souvent. Ce même homme m'a avoué qu'il n'avait parlé à Lamberti que *des bruits qui couraient alors.*

Qu'on voie, par cet exemple, combien il était plus aisé autrefois à un seul homme d'en flétrir un autre dans la mémoire des nations lorsque, avant l'imprimerie, les histoires manuscrites, conservées dans peu de mains, n'étaient ni exposées au grand jour, ni contredites par les contemporains, ni à la portée de la critique universelle, comme elles sont aujourd'hui. Il suffisait d'une ligne dans Tacite ou dans Suétone, et même dans les auteurs des légendes, pour rendre un prince odieux au monde, et pour perpétuer son opprobre de siècle en siècle.

Comment se serait-il pu faire que le czar eût tranché de sa main la tête de son fils, à qui on donna l'extrême-onction en présence de toute la cour? était-il sans tête quand on répandit l'huile sur sa tête même? en quel temps put-on recoudre cette tête à son corps? le prince ne fut pas laissé seul un moment depuis la lecture de son arrêt jusqu'à sa mort.

Cette anecdote, que son père se servit du fer, détruit celle qu'il se servit du poison. Il est vrai qu'il est très-rare qu'un jeune homme expire d'une révolution subite causée par la lecture d'un arrêt de mort, et surtout d'un arrêt auquel il s'attendait; mais enfin les médecins avouent que la chose est possible.

Si le czar avait empoisonné son fils, comme tant d'écrivains l'ont débité, il perdait par là le fruit de tout ce qu'il avait fait pendant le cours de ce procès fatal pour convaincre l'Europe du droit qu'il avait de le punir : tous les motifs de la condamnation devenaient suspects, et le czar se condamnait lui-même; s'il eût voulu la mort d'Alexis, il eût fait exécuter l'arrêt; n'en était-il pas le maître absolu? un homme prudent, un monarque sur qui la terre a les yeux, se résout-il à faire empoisonner lâchement celui qu'il peut faire périr par le glaive de la justice ? Veut-on se noircir dans la postérité par le titre d'empoisonneur et de parricide, quand on peut si aisément ne se donner que celui d'un juge sévère [1] ?

Il paraît qu'il résulte de tout ce que j'ai rapporté que Pierre fut plus roi que père, qu'il sacrifia son propre fils aux intérêts d'un fondateur et d'un législateur, et à ceux de sa nation, qui retombait dans l'état dont il l'avait tirée sans cette sévérité malheureuse. Il est évident qu'il n'immola point son fils à une marâtre et à l'enfant mâle qu'il avait d'elle, puisqu'il le menaça souvent de le déshériter avant que Catherine lui eût donné ce fils, dont l'enfance infirme était menacée d'une mort prochaine, et qui mourut en effet bientôt après. Si Pierre avait fait un si grand éclat uniquement pour complaire à sa femme, il eût été faible, insensé et lâche ; et certes il ne l'était pas. Il prévoyait ce qui arriverait à ses fondations et à sa nation, si l'on suivait après lui ses vues. Toutes ses entreprises ont été perfectionnées selon ses prédictions ; sa nation est devenue célèbre et respectée dans l'Europe, dont elle était auparavant séparée ; et si Alexis eût régné, tout aurait été détruit. Enfin, quand on considère cette catastrophe, les cœurs sensibles frémissent et les sévères approuvent.

Ce grand et terrible événement est encore si frais dans la mémoire des hommes, on en parle si souvent avec étonnement, qu'il est absolument nécessaire d'examiner ce qu'en ont dit les auteurs contemporains. Un de ces écrivains faméliques qui prennent hardiment le titre d'historien [2] parle ainsi dans son livre dédié au comte de Bruhl, premier ministre du roi de Pologne, dont le nom peut donner du poids à ce qu'il avance : « Toute la Russie est persuadée que le czarovitz ne mourut que du poison préparé par la main d'une marâtre. » Cette accusation est détruite par l'aveu que fit le czar au duc de Holstein que la czarine Catherine lui avait conseillé d'enfermer dans un cloître son fils condamné.

A l'égard du poison donné depuis par cette impératrice même

---

1. En 1748, dans ses *Anecdotes sur Pierre le Grand*, Voltaire avait dit sans tant de phrases : « Ce qui est certain c'est que son fils mourut dans son lit, le lendemain de l'arrêt, et que le czar avait à Moscou une des plus belles apothicaireries de l'Europe. » Le comte Bruce raconte dans ses *Mémoires* qu'il fut chargé de commander au droguiste une *potion forte*. (G. A.)

2. Voltaire désigne ici Mauvillon, auteur de l'*Histoire de Pierre Ier*, 1742, in-4º, dédiée au comte de Bruhl. (B.)

à Pierre, son époux, ce conte se détruit lui-même par le seul récit de l'aventure du page et des tablettes. Un homme s'avise-t-il d'écrire sur ses tablettes : « Il faut que je me ressouvienne de faire enfermer ma femme ? » Sont-ce là de ces détails qu'on puisse oublier, et dont on soit obligé de tenir registre ? Si Catherine avait empoisonné son beau-fils et son mari, elle eût fait d'autres crimes : non-seulement on ne lui a jamais reproché aucune cruauté, mais elle ne fut connue que par sa douceur et par son indulgence.

Il est nécessaire à présent de faire voir ce qui fut la première cause de la conduite d'Alexis, de son évasion, de sa mort, et de celle des complices qui périrent par la main du bourreau. Ce fut l'abus de la religion, ce furent des prêtres et des moines ; et cette source de tant de malheurs est assez indiquée dans quelques aveux d'Alexis que nous avons rapportés, et surtout dans cette expression du czar Pierre, dans une lettre à son fils : « Ces longues barbes pourront vous tourner à leur fantaisie [1]. »

Voici presque mot à mot comment les Mémoires d'un ambassadeur à Pétersbourg expliquent ces paroles : « Plusieurs ecclésiastiques, dit-il, attachés à leur ancienne barbarie, et plus encore à leur autorité, qu'ils perdaient à mesure que la nation s'éclairait, languissaient après le règne d'Alexis, qui leur promettait de les replonger dans cette barbarie si chère. De ce nombre était Dozithée, évêque de Rostou. Il supposa une révélation de saint Demetrius. Ce saint lui était apparu, et l'avait assuré, de la part de Dieu, que Pierre n'avait pas trois mois à vivre ; qu'Eudoxie, renfermée dans le couvent de Susdal, et religieuse sous le nom d'Hélène, ainsi que la princesse Marie, sœur du czar, devaient monter sur le trône, et régner conjointement avec son fils Alexis. Eudoxie et Marie eurent la faiblesse de croire cette imposture ; elles en furent si persuadées qu'Hélène quitta, dans son couvent, l'habit de religieuse, reprit le nom d'Eudoxie, se fit traiter de majesté, et fit effacer des prières publiques le nom de sa rivale Catherine ; elle ne parut plus que revêtue des anciens habits de cérémonie que portaient les czarines. La trésorière du couvent se déclara contre cette entreprise. Eudoxie répondit hautement : *Pierre a puni les strélitz, qui avaient outragé sa mère ; mon fils Alexis punira quiconque aura insulté la sienne.* Elle fit renfermer la tréso-

---

1. Ces longues barbes pouvaient signifier également ceux des Russes qui, malgré la loi tyrannique et ridicule du czar, n'avaient pas voulu se faire raser ; mais il est certain que les prêtres entrèrent pour beaucoup dans les dissensions de la famille du czar. (K.)

rière dans sa cellule. Un officier, nommé Étienne Glebo, fut introduit dans le couvent. Eudoxie en fit l'instrument de ses desseins, et l'attacha à elle par ses faveurs. Glebo répand dans la petite ville de Susdal et dans les environs la prédiction de Dozithée. Cependant les trois mois s'écoulèrent. Eudoxie reproche à l'évêque que le czar est encore en vie. *Les péchés de mon père en sont cause*, dit Dozithée; *il est en purgatoire, et il m'en a averti.* Aussitôt Eudoxie fait dire *mille messes des morts*; Dozithée l'assure qu'elles opèrent. Il vient au bout d'un mois lui dire que son père a déjà la tête hors du purgatoire; un mois après, le défunt n'en a plus que jusqu'à la ceinture ; enfin il ne tient plus au purgatoire que par les pieds, et quand les pieds seront dégagés, ce qui est le plus difficile, le czar Pierre mourra infailliblement.

« La princesse Marie, persuadée par Dozithée, se livra à lui, à condition que le père du prophète sortirait incessamment du purgatoire, et que la prédiction s'accomplirait ; et Glebo continua son commerce avec l'ancienne czarine.

« Ce fut principalement sur la foi de ces prédictions que le czarovitz s'évada, et alla attendre la mort de son père dans les pays étrangers. Tout cela fut bientôt découvert. Dozithée et Glebo furent arrêtés ; les lettres de la princesse Marie à Dozithée, et d'Hélène à Glebo, furent lues en plein sénat. La princesse Marie fut enfermée à Schlusselbourg ; l'ancienne czarine, transférée dans un autre couvent, où elle fut prisonnière ; Dozithée et Glebo, tous les complices de cette vaine et superstitieuse intrigue, furent appliqués à la question, ainsi que les confidents de l'évasion d'Alexis. Son confesseur, son gouverneur, son maréchal de cour, moururent tous dans les supplices. »

On voit donc à quel prix cher et funeste Pierre le Grand acheta le bonheur qu'il procura à ses peuples ; combien d'obstacles publics et secrets il eut à surmonter au milieu d'une guerre longue et difficile, des ennemis au dehors, des rebelles au dedans, la moitié de sa famille animée contre lui, la plupart des prêtres obstinément déclarés contre ses entreprises, presque toute la nation irritée longtemps contre sa propre félicité, qui ne lui était pas encore sensible ; des préjugés à détruire dans les têtes, le mécontentement à calmer dans les cœurs. Il fallait qu'une génération nouvelle, formée par ses soins, embrassât enfin les idées de bonheur et de gloire que n'avaient pu supporter leurs pères [1].

---

1. Cette histoire a été écrite d'après des Mémoires et des pièces originales envoyés de Russie. On voit que le czar a fait condamner son fils par des esclaves

CHAPITRE XI.

TRAVAUX ET ÉTABLISSEMENTS VERS L'AN 1718 ET SUIVANTS.

Pendant cette horrible catastrophe, il parut bien que Pierre n'était que le père de sa patrie, et qu'il considérait sa nation comme sa famille. Les supplices dont il avait été obligé de punir la partie de sa nation qui voulait empêcher l'autre d'être heureuse étaient des sacrifices faits au public par une nécessité douloureuse.

Ce fut dans cette année 1718, époque de l'exhérédation et de la mort de son fils aîné, qu'il procura le plus d'avantages à ses sujets, par la police générale, auparavant inconnue; par les manufactures et les fabriques en tout genre, ou établies ou perfectionnées; par les branches nouvelles d'un commerce qui commençait à fleurir; et par ces canaux qui joignent les fleuves, les mers, et les peuples, que la nature a séparés. Ce ne sont pas là de de ces événements frappants qui charment le commun des lecteurs, de ces intrigues de cour qui amusent la malignité, de ces grandes révolutions qui intéressent la curiosité ordinaire des hommes; mais ce sont les ressorts véritables de la félicité publique, que les yeux philosophiques aiment à considérer.

Il y eut donc un lieutenant général de la police de tout l'empire établi à Pétersbourg, à la tête d'un tribunal qui veillait au maintien de l'ordre, d'un bout de la Russie à l'autre. Le luxe dans les habits, et les jeux de hasard, plus dangereux que le luxe, furent sévèrement défendus. On établit des écoles d'arithmétique, déjà ordonnées en 1716, dans toutes les villes de l'empire. Les maisons

---

dont la bassesse et la barbare hypocrisie est prouvée par le style même de la sentence. Le czarovitz mourut presque subitement le lendemain de sa condamnation. Quelle fut précisément la cause de sa mort? c'est ce qu'il est difficile de savoir. Mais si le czar voulait conserver la vie à son fils, et se contenter de le priver de la succession au trône, quelle plate et abominable comédie que cette condamnation à mort! quelle cruauté dans la lecture de cette sentence au malheureux czarovitz! Cette conduite du czar qui aurait causé la mort de son fils serait moins criminelle sans doute que l'assassinat juridique ou l'empoisonnement d'Alexis; mais elle serait plus odieuse et plus méprisable.

On pourrait proposer cette question : Est-il permis à un despote de faire périr son successeur naturel lorsqu'il le croit imbécile? Mais cette question n'en peut être une que pour ceux qui regarderaient le despotisme comme un gouvernement légitime. (K.)

pour les orphelins et pour les enfants trouvés, déjà commencées, furent achevées, dotées et remplies.

Nous joindrons ici tous les établissements utiles, auparavant projetés, et finis quelques années après. Toutes les grandes villes furent délivrées de la foule odieuse de ces mendiants qui ne veulent avoir d'autre métier que celui d'importuner ceux qui en ont, et de traîner aux dépens des autres hommes une vie misérable et honteuse : abus trop souffert dans d'autres États.

Les riches furent obligés de bâtir à Pétersbourg des maisons régulières suivant leur fortune. Ce fut une excellente police de faire venir sans frais tous les matériaux à Pétersbourg par toutes les barques et chariots qui revenaient à vide des provinces voisines.

Les poids et les mesures furent fixés et rendus uniformes, ainsi que les lois. Cette uniformité tant désirée, mais si inutilement, dans des États dès longtemps policés, fut établie en Russie sans difficulté et sans murmure ; et nous pensons que parmi nous cet établissement salutaire serait impraticable. Le prix des denrées nécessaires fut réglé ; ces fanaux que Louis XIV établit le premier dans Paris, qui ne sont pas même encore connus à Rome, éclairèrent pendant la nuit la ville de Pétersbourg ; les pompes pour les incendies, les barrières dans les rues solidement pavées, tout ce qui regarde la sûreté, la propreté, et le bon ordre, les facilités pour le commerce intérieur, les priviléges donnés à des étrangers, et les règlements qui empêchaient l'abus de ces priviléges : tout fit prendre à Pétersbourg et à Moscou une face nouvelle [1].

On perfectionna plus que jamais les fabriques des armes, surtout celle que le czar avait formée à dix milles environ de Pétersbourg ; il en était le premier intendant ; mille ouvriers y travaillaient souvent sous ses yeux. Il allait donner ses ordres lui-même à tous les entrepreneurs des moulins à grains, à poudre, à scie ; aux

---

1. Taxer les denrées nécessaires à la vie, obliger les gens riches de faire bâtir des maisons dans une capitale nouvelle, contraindre les chariots et les bateaux qui revenaient à vide à se charger de matériaux pour Pétersbourg, ce sont autant d'actes de tyrannie qu'on peut excuser par l'ignorance qui régnait encore en Europe sur des objets si simples. La suppression de la mendicité est un projet chimérique qu'on cherche à réaliser par des moyens barbares : il est contre la justice d'empêcher un homme de faire l'aumône, et un autre de la demander. Ce sont les mauvaises lois et la mauvaise administration qui multiplient les mendiants ; et lorsque le nombre en devient trop grand, ce ne sont pas ceux qui mendient, mais ceux qui gouvernent, qu'il faudrait punir.

Nous ne dirons rien de la manière d'encourager le commerce par des priviléges. Le czar avait sur l'administration les mêmes principes que les gens éclairés de son siècle, et c'est tout ce qu'on peut exiger d'un prince. (K.)

directeurs des fabriques de corderies et de voiles, des briqueteries, des ardoises, des manufactures de toiles ; beaucoup d'ouvriers de toute espèce lui arrivèrent de France: c'était le fruit de son voyage.

Il établit un tribunal de commerce dont les membres étaient mi-partie nationaux et étrangers, afin que la faveur fût égale pour tous les fabricants et pour tous les artistes. Un Français forma une manufacture de très-belles glaces à Pétersbourg, avec les secours du prince Menzikoff. Un autre fit travailler à des tapisseries de haute-lice sur le modèle de celle des Gobelins ; et cette manufacture est encore aujourd'hui très-encouragée. Un troisième fit réussir les fileries d'or et d'argent, et le czar ordonna qu'il ne serait employé par année dans cette manufacture que quatre mille marcs, soit d'argent, soit d'or, afin de n'en point diminuer la masse dans ses États.

Il donna trente mille roubles, c'est-à-dire cent cinquante mille livres de France, avec tous les matériaux et tous les instruments nécessaires, à ceux qui entreprirent les manufactures de draperies et des autres étoffes de laine. Cette libéralité utile le mit en état d'habiller ses troupes de draps faits dans son pays ; auparavant on tirait ces draps de Berlin et d'autres pays étrangers.

On fit à Moscou d'aussi belles toiles qu'en Hollande, et à sa mort il y avait déjà à Moscou et à Jaroslau quatorze fabriques de toiles de lin et de chanvre.

On n'aurait certainement pas imaginé autrefois, lorsque la soie était vendue en Europe au poids de l'or, qu'un jour, au delà du lac Ladoga, sous un climat glacé et dans des marais inconnus, il s'élèverait une ville opulente et magnifique dans laquelle la soie de Perse se manufacturerait aussi bien que dans Ispahan. Pierre l'entreprit, et y réussit. Les mines de fer furent exploitées mieux que jamais : on découvrit quelques mines d'or et d'argent, et un conseil des mines fut établi pour constater si les exploitations donneraient plus de profit qu'elles ne coûteraient de dépense.

Pour faire fleurir tant de manufactures, tant d'arts différents, tant d'entreprises, ce n'était pas assez de signer des patentes, et de nommer des inspecteurs ; il fallait dans ces commencements qu'il vît tout par ses yeux, et qu'il travaillât même de ses mains, comme on l'avait vu auparavant construire des vaisseaux, les appareiller et les conduire. Quand il s'agissait de creuser des canaux dans des terres fangeuses et presque impraticables, on le voyait quelquefois se mettre à la tête des travailleurs, fouiller la terre, et la transporter lui-même.

Il fit cette année 1718 le plan du canal et des écluses de

Ladoga. Il s'agissait de faire communiquer la Néva à une autre rivière navigable, pour amener facilement les marchandises à Pétersbourg, sans faire un grand détour par le lac Ladoga, trop sujet aux tempêtes, et souvent impraticable pour les barques ; il nivela lui-même le terrain ; on conserve encore les instruments dont il se servit pour ouvrir la terre et la voiturer ; cet exemple fut suivi de toute sa cour, et hâta un ouvrage qu'on regardait comme impossible : il a été achevé après sa mort, car aucune de ses entreprises reconnues possibles n'a été abandonnée.

Le grand canal de Cronstadt, qu'on met aisément à sec, et dans lequel on carène et on radoube les vaisseaux de guerre, fut aussi commencé dans le temps même des procédures contre son fils.

Il bâtit, cette même année, la ville neuve de Ladoga. Bientôt après il tira ce canal qui joint la mer Caspienne au golfe de Finlande et à l'Océan ; d'abord les eaux des deux rivières qu'il fit communiquer reçoivent les barques qui ont remonté le Volga : de ces rivières on passe par un autre canal dans le lac d'Ilmen ; on entre ensuite dans le canal de Ladoga, où les marchandises peuvent être transportées par la grande mer dans toutes les parties du monde.

Occupé de ces travaux qui s'exécutaient sous ses yeux, il portait ses soins jusqu'au Kamtschatka, à l'extrémité de l'Orient, et il fit bâtir deux forts dans ce pays si longtemps inconnu au reste du monde. Cependant des ingénieurs de son académie de marine, établie en 1715, marchaient déjà dans tout l'empire pour lever des cartes exactes, et pour mettre sous les yeux de tous les hommes cette vaste étendue des contrées qu'il avait policées et enrichies.

CHAPITRE XII.

DU COMMERCE.

Le commerce extérieur était presque tombé entièrement avant lui ; il le fit renaître. On sait assez que le commerce a changé plusieurs fois son cours dans le monde. La Russie méridionale était, avant Tamerlan, l'entrepôt de la Grèce, et même des Indes ; les Génois étaient les principaux facteurs. Le Tanaïs et le Borysthène étaient chargés des productions de l'Asie. Mais lorsque

Tamerlan eut conquis, sur la fin du xive siècle, la Chersonèse taurique, appelée depuis la Crimée, lorsque les Turcs furent maîtres d'Azof, cette grande branche du commerce du monde fut anéantie. Pierre avait voulu la faire revivre en se rendant maître d'Azof. La malheureuse campagne du Pruth lui fit perdre cette ville, et avec elle toutes les vues du commerce par la mer Noire : il restait à s'ouvrir la voie d'un négoce non moins étendu par la mer Caspienne. Déjà dans le xvie siècle, et au commencement du xviie, les Anglais, qui avaient fait naître le commerce à Archangel, l'avaient tenté sur la mer Caspienne ; mais toutes ces épreuves furent inutiles.

Nous avons déjà dit [1] que le père de Pierre le Grand avait fait bâtir un vaisseau par un Hollandais, pour aller trafiquer d'Astracan sur les côtes de la Perse : le vaisseau fut brûlé par le rebelle Stenko-Rasin. Alors toutes les espérances de négocier en droiture avec les Persans s'évanouirent. Les Arméniens, qui sont les facteurs de cette partie de l'Asie, furent reçus par Pierre le Grand dans Astracan ; on fut obligé de passer par leurs mains, et de leur laisser tout l'avantage du commerce ; c'est ainsi que dans l'Inde on en use avec les Banians, et que les Turcs, ainsi que beaucoup d'États chrétiens, en usent encore avec les Juifs : car ceux qui n'ont qu'une ressource se rendent toujours très-savants dans l'art qui leur est nécessaire ; les autres peuples deviennent volontairement tributaires d'un savoir-faire qui leur manque.

Pierre avait déjà remédié à cet inconvénient en faisant un traité avec l'empereur de Perse, par lequel toute la soie qui ne serait pas destinée aux manufactures persanes serait livrée aux Arméniens d'Astracan, pour être par eux transportée en Russie.

Les troubles de la Perse détruisirent bientôt cet arrangement. Nous verrons comment le sha ou empereur persan Hussein, persécuté par des rebelles, implora l'assistance de Pierre, et comment Pierre, après avoir soutenu des guerres si difficiles contre les Turcs et contre les Suédois, alla conquérir trois provinces de Perse ; mais il n'est ici question que du commerce.

DU COMMERCE AVEC LA CHINE.

L'entreprise de négocier avec la Chine semblait devoir être la plus avantageuse. Deux États immenses qui se touchent, et dont

---

[1]. Page 443.

l'un possède réciproquement ce qui manque à l'autre, paraissaient être tous deux dans l'heureuse nécessité de lier une correspondance utile, surtout depuis la paix jurée solennellement entre l'empire russe et l'empire chinois, en l'an 1689 selon notre manière de compter.

Les premiers fondements de ce commerce avaient été jetés dès l'année 1653. Il se forma dans Tobolsk des compagnies de Sibériens et de familles de Bukarie établies en Sibérie. Ces caravanes passèrent par les plaines des Calmoucks, traversèrent ensuite les déserts jusqu'à la Tartarie chinoise, et firent des profits considérables ; mais les troubles survenus dans le pays des Calmoucks, et les querelles des Russes et des Chinois pour les frontières, dérangèrent ces entreprises.

Après la paix de 1689, il était naturel que les deux nations convinssent d'un lieu neutre, où les marchandises seraient portées. Les Sibériens, ainsi que tous les autres peuples, avaient plus besoin des Chinois que les Chinois n'en avaient d'eux : ainsi on demanda la permission à l'empereur de la Chine d'envoyer des caravanes à Pékin, et on l'obtint aisément au commencement du siècle où nous sommes.

Il est très-remarquable que l'empereur Kang-hi avait permis qu'il y eût déjà dans un faubourg de Pékin une église russe desservie par quelques prêtres de Sibérie, aux dépens mêmes du trésor impérial. Kang-hi avait eu l'indulgence de bâtir cette église en faveur de plusieurs familles de la Sibérie orientale, dont les unes avaient été faites prisonnières avant la paix de 1689, et les autres étaient des transfuges. Aucune d'elles, après la paix de Nipchou, n'avait voulu retourner dans sa patrie : le climat de Pékin, la douceur des mœurs chinoises, la facilité de se procurer une vie commode par un peu de travail, les avaient toutes fixées à la Chine. Leur petite église grecque n'était point dangereuse au repos de l'empire, comme l'ont été les établissements des jésuites. L'empereur Kang-hi favorisait d'ailleurs la liberté de conscience : cette tolérance fut établie de tout temps dans toute l'Asie, ainsi qu'elle le fut autrefois dans la terre entière jusqu'au temps de l'empereur romain Théodose Ier. Ces familles russes, s'étant mêlées depuis aux familles chinoises, ont abandonné leur christianisme; mais leur église subsiste encore.

Il fut établi que les caravanes de Sibérie jouiraient toujours de cette église, quand elles viendraient apporter des fourrures, et d'autres objets de commerce à Pékin : le voyage, le séjour, et le retour, se faisaient en trois années. Le prince Gagarin, gouverneur de la Sibérie, fut vingt ans à la tête de ce commerce. Les caravanes étaient quelquefois très-nombreuses, et il était difficile de contenir la populace qui composait le plus grand nombre.

On passait sur les terres d'un prêtre lama, espèce de souverain qui réside sur la rivière d'Orkon, et qu'on appelle le Koutoukas : c'est un vicaire du grand lama, qui s'est rendu indépendant en changeant quelque chose à la religion du pays, dans laquelle l'ancienne opinion indienne de la métempsycose est l'opinion dominante : on ne peut mieux comparer ce prêtre qu'aux évêques luthériens de Lubeck et d'Osnabruck, qui ont secoué le joug de l'évêque de Rome. Ce prélat tartare fut insulté par les caravanes ; les Chinois le furent aussi. Le commerce fut encore dérangé par cette mauvaise conduite, et les Chinois menacèrent de fermer l'entrée de leur empire à ces caravanes si on n'arrêtait pas ces désordres. Le commerce avec la Chine était alors très-avantageux aux Russes : ils rapportaient de l'or, de l'argent, et des pierreries. Le plus gros rubis qu'on connaisse dans le monde fut apporté de la Chine au prince Gagarin, passa depuis dans les mains de Menzikoff, et est actuellement un des ornements de la couronne impériale.

Les vexations du prince Gagarin nuisirent beaucoup au commerce qui l'avait enrichi ; mais enfin elles le perdirent lui-même : il fut accusé devant la chambre de justice établie par le czar, et on lui trancha la tête une année après que le czarovitz fut condamné, et que la plupart de ceux qui avaient eu des liaisons avec ce prince furent exécutés à mort.

En ce temps-là même l'empereur Kang-hi, se sentant affaiblir, et ayant l'expérience que les mathématiciens d'Europe étaient plus savants que les mathématiciens de la Chine, crut que les médecins d'Europe valaient aussi mieux que les siens ; il fit prier le czar, par les ambassadeurs qui revenaient de Pékin à Pétersbourg, de lui envoyer un médecin. Il se trouva un chirurgien anglais à Pétersbourg, qui s'offrit à faire ce personnage ; il partit avec un nouvel ambassadeur et avec Laurent Lange, qui a laissé une description de ce voyage. Cette ambassade fut reçue et défrayée avec magnificence. Le chirurgien anglais trouva l'empereur en bonne santé, et passa pour un médecin très-habile. La caravane qui suivit cette ambassade gagna beaucoup ; mais de nouveaux excès commis par cette caravane même indisposèrent tellement les Chinois qu'on renvoya Lange, alors résident du czar auprès de l'empereur de la Chine, et qu'on renvoya avec lui tous les marchands de Russie.

L'empereur Kang-hi mourut ; son fils Young-tching, aussi sage et plus ferme que son père, celui-là même qui chassa les jésuites de son empire, comme le czar les en avait chassés en 1718, conclut avec Pierre un traité par lequel les caravanes russes ne commerceraient plus que sur les frontières des deux empires. Il n'y a que les facteurs dépêchés au nom du souverain, ou de la souveraine de la Russie, qui aient la permission d'entrer dans Pékin; ils y sont logés dans une vaste maison que l'empereur Kang-hi avait assignée autrefois aux envoyés de la Corée. Il y a longtemps qu'on n'a fait partir ni de caravanes ni de facteurs de la couronne pour la ville de Pékin. Ce commerce est languissant, mais prêt à se ranimer.

DU COMMERCE DE PÉTERSBOURG ET DES AUTRES PORTS DE L'EUROPE.

On voyait dès lors plus de deux cents vaisseaux étrangers aborder chaque année à la nouvelle ville impériale. Ce commerce s'est accru de jour en jour, et a valu plus d'une fois cinq millions (argent de France) à la couronne. C'était beaucoup plus que l'intérêt des fonds que cet établissement avait coûtés. Ce commerce diminua beaucoup celui d'Archangel : et c'est ce que voulait le fondateur, parce qu'Archangel est trop impraticable, trop éloigné de toutes les nations, et que le commerce qui se fait sous les yeux d'un souverain appliqué est toujours plus avantageux. Celui de la Livonie resta toujours sur le même pied. La Russie, en général, a trafiqué avec succès ; mille à douze cents vaisseaux sont entrés tous les ans dans ses ports, et Pierre a su joindre l'utilité à la gloire.

CHAPITRE XIII.

DES LOIS.

On sait que les bonnes lois sont rares, mais que leur exécution l'est encore davantage. Plus un État est vaste et composé de nations diverses, plus il est difficile de les réunir par une même jurisprudence. Le père du czar Pierre avait fait rédiger un code sous le titre d'*Oulogénie*; il était même imprimé, mais il s'en fallait beaucoup qu'il pût suffire.

Pierre avait, dans ses voyages, amassé des matériaux pour rebâtir ce grand édifice qui croulait de toutes parts : il tira des instructions du Danemark, de la Suède, de l'Angleterre, de l'Allemagne, de la France, et prit de ces différentes nations ce qu'il crut qui convenait à la sienne.

Il y avait une cour de boïards qui décidait en dernier ressort des affaires contentieuses ; le rang et la naissance y donnaient séance, il fallait que la science la donnât : cette cour fut cassée.

Il créa un procureur général, auquel il joignit quatre assesseurs dans chacun des gouvernements de l'empire : ils furent chargés de veiller à la conduite des juges, dont les sentences ressortirent au sénat qu'il établit ; chacun de ces juges fut pourvu d'un exemplaire de l'*Oulogénie*, avec les additions et les changements nécessaires, en attendant qu'on pût rédiger un corps complet de lois.

Il défendit à tous ces juges, sous peine de mort, de recevoir ce que nous appelons *des épices :* elles sont médiocres chez nous ; mais il serait bon qu'il n'y en eût point. Les grands frais de notre justice sont les salaires des subalternes, la multiplicité des écritures, et surtout cet usage onéreux, dans les procédures, de composer les lignes de trois mots, et d'accabler ainsi sous un tas immense de papiers les fortunes des citoyens. Le czar eut soin que les frais fussent médiocres, et la justice prompte. Les juges, les greffiers, eurent des appointements du trésor public, et n'achetèrent point leurs charges.

Ce fut principalement dans l'année 1718, pendant qu'il instruisait solennellement le procès de son fils, qu'il fit ces règlements. La plupart des lois qu'il porta furent tirées de celles de la Suède, et il ne fit point de difficulté d'admettre dans les tribunaux les prisonniers suédois instruits de la jurisprudence de leur pays, et qui, ayant appris la langue de l'empire, voulurent rester en Russie.

Les causes des particuliers ressortirent au gouvernement de la province et à ses assesseurs ; ensuite on pouvait en appeler au sénat, et si quelqu'un, après avoir été condamné par le sénat, en appelait au czar même, il était déclaré digne de mort en cas que son appel fût injuste ; mais, pour tempérer la rigueur de cette loi, il créa un maître général des requêtes, qui recevait les placets de tous ceux qui avaient au sénat, ou dans les cours inférieures, des affaires sur lesquelles la loi ne s'était pas encore expliquée.

Enfin il acheva, en 1722, son nouveau code, et il défendit,

sous peine de mort, à tous les juges de s'en écarter, et de substituer leur opinion particulière à la loi générale. Cette ordonnance terrible fut affichée, et l'est encore dans tous les tribunaux de l'empire.

Il créait tout. Il n'y avait pas jusqu'à la société qui ne fût son ouvrage. Il régla les rangs entre les hommes, suivant leurs emplois, depuis l'amiral et le maréchal jusqu'à l'enseigne, sans aucun égard pour la naissance, ayant toujours dans l'esprit, et voulant apprendre à sa nation, que des services étaient préférables à des aïeux. Les rangs furent aussi fixés pour les femmes, et quiconque, dans une assemblée, prenait une place qui ne lui était pas assignée payait une amende.

Par un règlement plus utile, tout soldat qui devenait officier devenait gentilhomme, et tout boïard flétri par la justice devenait roturier.

Après la rédaction de ces lois et de ces règlements, il arriva que l'augmentation du commerce, l'accroissement des villes et des richesses, la population de l'empire, les nouvelles entreprises, la création de nouveaux emplois, amenèrent nécessairement une multitude d'affaires nouvelles et de cas imprévus, qui tous étaient la suite des succès mêmes de Pierre dans la réforme générale de ses États.

L'impératrice Élisabeth acheva le corps de lois que son père avait commencé, et ces lois se sont ressenties de la douceur de son règne.

CHAPITRE XIV.

DE LA RELIGION.

Dans ce temps-là même, Pierre travaillait plus que jamais à la réforme du clergé. Il avait aboli le patriarcat, et cet acte d'autorité ne lui avait pas gagné le cœur des ecclésiastiques. Il voulait que l'administration impériale fût toute-puissante, et que l'administration ecclésiastique fût respectée et obéissante. Son dessein était d'établir un conseil de religion toujours subsistant, qui dépendît du souverain et qui ne donnât de lois à l'Église que celles qui seraient approuvées par le maître de tout l'État, dont l'Église fait partie. Il fut aidé, dans cette entreprise, par un archevêque de Novogorod, nommé Théophane Procop ou Procopvitz, c'est-à-dire fils de Procop.

Ce prélat était savant et sage ; ses voyages en diverses parties de l'Europe l'avaient instruit des abus qui y règnent ; le czar, qui en avait été témoin lui-même, avait dans tous ses établissements ce grand avantage de pouvoir, sans contradiction, choisir l'utile et éviter le dangereux. Il travailla lui-même, en 1718 et 1719, avec cet archevêque. Un synode perpétuel fut établi, composé de douze membres, soit évêques, soit archimandrites, tous choisis par le souverain. Ce collége fut augmenté depuis jusqu'à quatorze.

Les motifs de cet établissement furent expliqués par le czar dans un discours préliminaire ; le plus remarquable, et le plus grand de ces motifs, est : « Qu'on n'a point à craindre, sous l'administration d'un collége de prêtres, les troubles et les soulèvements qui pourraient arriver sous le gouvernement d'un seul chef ecclésiastique ; que le peuple, toujours enclin à la superstition, pourrait, en voyant d'un côté un chef de l'État, et de l'autre un chef de l'Église, imaginer qu'il y a en effet deux puissances. » Il cite sur ce point important l'exemple des longues divisions entre l'empire et le sacerdoce, qui ont ensanglanté tant de royaumes.

Il pensait et il disait publiquement que l'idée des deux puissances, fondée sur l'allégorie de deux épées qui se trouvèrent chez les apôtres, était une idée absurde.

Le czar attribua à ce tribunal le droit de régler toute la discipline ecclésiastique, l'examen des mœurs et de la capacité de ceux qui sont nommés aux évêchés par le souverain, le jugement définitif des causes religieuses dans lesquelles on appelait autrefois au patriarche, la connaissance des revenus des monastères et des distributions des aumônes.

Cette assemblée eut le titre de *très-saint synode*, titre qu'avaient pris les patriarches. Ainsi le czar rétablit en effet la dignité patriarcale, partagée en quatorze membres, mais tous dépendants du souverain, et tous faisant serment de lui obéir, serment que les patriarches ne faisaient pas. Les membres de ce sacré synode assemblés avaient le même rang que les sénateurs ; mais aussi ils dépendaient du prince, ainsi que le sénat.

Cette nouvelle administration et le nouveau code ecclésiastique ne furent en vigueur et ne reçurent une forme constante que quatre ans après, en l'année 1722. Pierre voulut d'abord que le synode lui présentât ceux qu'il jugerait les plus dignes des prélatures. L'empereur choisissait un évêque, et le synode le sacrait.

Pierre présidait souvent à cette assemblée. Un jour qu'il s'agissait de présenter un évêque, le synode remarqua qu'il n'avait encore que des ignorants à présenter au czar : « Hé bien! dit-il, il n'y a qu'à choisir le plus honnête homme, cela vaudra bien un savant. »

Il est à remarquer que, dans l'Église grecque, il n'y a point de ce que nous appelons *abbés séculiers :* le petit collet n'y est connu que par son ridicule ; mais, par un autre abus, puisqu'il faut que tout soit abus dans le monde, les prélats sont tirés de l'ordre monastique. Les premiers moines n'étaient que des séculiers, les uns dévots, les autres fanatiques, qui se retiraient dans des déserts : ils furent rassemblés enfin par saint Basile, reçurent de lui une règle, firent des vœux, et furent comptés pour le dernier ordre de la hiérarchie, par lequel il faut commencer pour monter aux dignités. C'est ce qui remplit de moines la Grèce et l'Asie. La Russie en était inondée : ils étaient riches, puissants, et, quoique très-ignorants, ils étaient, à l'avénement de Pierre, presque les seuls qui sussent écrire ; ils en avaient abusé dans les premiers temps, où ils furent si étonnés et si scandalisés des innovations que faisait Pierre en tout genre. Il avait été obligé, en 1703, de défendre l'encre et les plumes aux moines : il fallait une permission expresse de l'archimandrite, qui répondait de ceux à qui il la donnait.

Pierre voulut que cette ordonnance subsistât. Il avait voulu d'abord qu'on n'entrât dans l'ordre monastique qu'à l'âge de cinquante ans ; mais c'était trop tard : la vie de l'homme est trop courte, on n'avait pas le temps de former des évêques ; il régla avec son synode qu'il serait permis de se faire moine à trente ans passés, mais jamais au-dessous ; défense aux militaires et aux cultivateurs d'entrer jamais dans un couvent, à moins d'un ordre exprès de l'empereur ou du synode : jamais un homme marié ne peut être reçu dans un monastère, même après le divorce, à moins que sa femme ne se fasse aussi religieuse de son plein consentement, et qu'ils n'aient point d'enfants. Quiconque est au service de l'État ne peut se faire moine, à moins d'une permission expresse. Tout moine doit travailler de ses mains à quelque métier. Les religieuses ne doivent jamais sortir de leur monastère ; on leur donne la tonsure à l'âge de cinquante ans, comme aux diaconesses de la primitive Église, et si, avant d'avoir reçu la tonsure, elles veulent se marier, non-seulement elles le peuvent, mais on les y exhorte : règlement admirable dans un pays où la population est beaucoup plus nécessaire que les monastères.

Pierre voulut que ces malheureuses filles, que Dieu a fai naître pour peupler l'État, et qui, par une dévotion mal entendue ensevelissent dans les cloîtres la race dont elles devaient être mères, fussent du moins de quelque utilité à la société qu'elles trahissent : il ordonna qu'elles fussent toutes employées à des ouvrages de la main, convenables à leur sexe. L'impératrice Catherine se chargea de faire venir des ouvrières du Brabant et de la Hollande ; elle les distribua dans les monastères, et on y fit bientôt des ouvrages dont Catherine et les dames de la cour se parèrent.

Il n'y a peut-être rien au monde de plus sage que toutes ces institutions ; mais ce qui mérite l'attention de tous les siècles, c'est le règlement que Pierre porta lui-même, et qu'il adressa au synode en 1724. Il fut aidé en cela par Théophane Procopvitz. L'ancienne institution ecclésiastique est très-savamment expliquée dans cet écrit ; l'oisiveté monacale y est combattue avec force ; le travail, non-seulement recommandé, mais ordonné, et la principale occupation doit être de servir les pauvres, il ordonne que les soldats invalides soient répartis dans les couvents, qu'il y ait des religieux préposés pour avoir soin d'eux, que les plus robustes cultivent les terres appartenantes aux couvents ; il ordonne la même chose dans les monastères des filles : les plus fortes doivent avoir soin des jardins ; les autres doivent servir les femmes et les filles malades qu'on amène du voisinage dans le couvent. Il entre dans les plus petits détails de ces différents services ; il destine quelques monastères de l'un et de l'autre sexe à recevoir les orphelins, et à les élever.

Il semble, en lisant cette ordonnance de Pierre le Grand, du 31 janvier 1724, qu'elle soit composée à la fois par un ministre d'État et par un père de l'Église.

Presque tous les usages de l'Église russe sont différents des nôtres. Dès qu'un homme est sous-diacre parmi nous, le mariage lui est interdit, et c'est un sacrilége pour lui de servir à peupler sa patrie. Au contraire, sitôt qu'un homme est ordonné sous-diacre en Russie, on l'oblige de prendre une femme : il devient prêtre, archiprêtre ; mais, pour devenir évêque, il faut qu'il soit veuf et moine.

Pierre défendit à tous les curés d'employer plus d'un de leurs enfants au service de leur église, de peur qu'une famille trop nombreuse ne tyrannisât la paroisse ; et il ne leur fut permis d'employer plus d'un de leurs enfants que quand la paroisse le demandait elle-même. On voit que dans les plus petits détails de ces ordonnances ecclésiastiques, tout est dirigé au bien de l'État, et qu'on prend toutes les mesures possibles pour que les prêtres soient considérés sans être dangereux, et qu'ils ne soient ni avilis ni puissants.

Je trouve dans des Mémoires curieux, composés par un officier fort aimé de Pierre le Grand, qu'un jour on lisait à ce prince le chapitre du *Spectateur anglais*[1] qui contient un parallèle entre lui et Louis XIV ; il dit, après l'avoir écouté : « Je ne crois pas mériter la préférence qu'on me donne sur ce monarque ; mais j'ai été assez heureux pour lui être supérieur dans un point essentiel : j'ai forcé mon clergé à l'obéissance et à la paix, et Louis XIV s'est laissé subjuguer par le sien. »

Un prince qui passait les jours au milieu des fatigues de la guerre, et les nuits à rédiger tant de lois, à policer un si vaste empire, à conduire tant d'immenses travaux, dans l'espace de deux mille lieues, avait besoin de délassements. Les plaisirs ne pouvaient être alors ni aussi nobles ni aussi délicats qu'ils le sont devenus depuis. Il ne faut pas s'étonner si Pierre s'amusait à sa fête des cardinaux, dont nous avons déjà parlé[2], et à quelques autres divertissements de cette espèce ; ils furent quelquefois aux dépens de l'Église romaine, pour laquelle il avait une aversion très-pardonnable à un prince du rite grec, qui veut être le maître chez lui. Il donna aussi de pareils spectacles aux dépens des moines de sa patrie, mais des anciens moines, qu'il voulait rendre ridicules, tandis qu'il réformait les nouveaux.

Nous avons déjà vu[3] qu'avant qu'il promulguât ses lois ecclésiastiques, il avait créé pape un de ses fous, et qu'il avait célébré la fête du conclave. Ce fou, nommé Sotof, était âgé de quatre-vingt-quatre ans. Le czar imagina de lui faire épouser une veuve de son âge, et de célébrer solennellement cette noce : il fit faire l'invitation par quatre bègues ; des vieillards décrépits conduisaient la mariée ; quatre des plus gros hommes de Russie servaient de coureurs ; la musique était sur un char conduit par des ours qu'on piquait avec des pointes de fer, et qui, par leurs mugissements, formaient une basse digne des airs qu'on jouait sur le chariot. Les mariés furent bénis dans la cathédrale par un prêtre aveugle et sourd, à qui on avait mis des lunettes. La procession, le mariage, le repas des noces, le déshabillé des mariés, la cérémonie de les mettre au lit, tout fut également convenable à la bouffonnerie de ce divertissement.

---

1. Tome III, page 1ʳᵉ de la traduction française en sept volumes in-12. (B.)
2. Page 569.
3. Page 569.

Une telle fête nous paraît bien bizarre ; mais l'est-elle plus que nos divertissements du carnaval? est-il plus beau de voir cinq cents personnes, portant sur le visage des masques hideux, et sur le corps des habits ridicules, sauter toute une nuit dans une salle sans se parler.

Nos anciennes fêtes des fous, et de l'âne, et de l'abbé des cornards, dans nos églises, étaient-elles plus majestueuses? et nos comédies de la *Mère sotte* montraient-elles plus de génie?

CHAPITRE XV.

DES NÉGOCIATIONS D'ALAND. DE LA MORT DE CHARLES XII. DE LA PAIX DE NEUSTADT.

Ces travaux immenses du czar, ce détail de tout l'empire russe, et le malheureux procès du prince Alexis, n'étaient pas les seules affaires qui l'occupassent : il fallait se couvrir au dehors, en réglant l'intérieur de ses États. La guerre continuait toujours avec la Suède, mais mollement, et ralentie par les espérances d'une paix prochaine.

Il est constant que, dans l'année 1717, le cardinal Albéroni, premier ministre de Philippe V, roi d'Espagne, et le baron de Görtz, devenu maître de l'esprit de Charles XII, avaient voulu changer la face de l'Europe en réunissant Pierre avec Charles, en détrônant le roi d'Angleterre George Ier, en rétablissant Stanislas en Pologne, tandis qu'Albéroni donnerait à Philippe son maître la régence de la France. Görtz s'était, comme on a vu[1], ouvert au czar même. Albéroni avait entamé une négociation avec le prince Kourakin, ambassadeur du czar à la Haye, par l'ambassadeur d'Espagne, Baretti Landi, Mantouan transplanté en Espagne ainsi que le cardinal.

C'étaient des étrangers qui voulaient tout bouleverser pour des maîtres dont ils n'étaient pas nés sujets, ou plutôt pour eux-mêmes. Charles XII donna dans tous ces projets, et le czar se contenta de les examiner. Il n'avait fait, dès l'année 1716, que de

---

1. Pages 563-64.

faibles efforts contre la Suède, plutôt pour la forcer à acheter la paix par la cession des provinces qu'il avait conquises que pour achever de l'accabler.

Déjà l'activité du baron de Görtz avait obtenu du czar qu'il envoyât des plénipotentiaires dans l'île d'Aland pour traiter de cette paix. L'Écossais Bruce, grand-maître d'artillerie en Russie, et le célèbre Osterman, qui depuis fut à la tête des affaires, arrivèrent au congrès précisément dans le temps qu'on arrêtait le czarovitz dans Moscou. Görtz et Gyllenborg étaient déjà au congrès de la part de Charles XII, tous deux impatients d'unir ce prince avec Pierre, et de se venger du roi d'Angleterre. Ce qui était étrange, c'est qu'il y avait un congrès et point d'armistice. La flotte du czar croisait toujours sur les côtes de Suède, et faisait des prises : il prétendait, par ces hostilités, accélérer la conclusion d'une paix si nécessaire à la Suède, et qui devait être si glorieuse à son vainqueur.

Déjà, malgré les petites hostilités qui duraient encore, toutes les apparences d'une paix prochaine étaient manifestes. Les préliminaires étaient des actions de générosité qui font plus d'effet que des signatures. Le czar renvoya sans rançon le maréchal Rehnsköld, que lui-même avait fait prisonnier ; et le roi de Suède rendit de même les généraux Trubletskoy et Gollovin, prisonniers en Suède depuis la journée de Narva.

Les négociations avançaient ; tout allait changer dans le Nord. Görtz proposait au czar l'acquisition du Mecklenbourg. Le duc Charles, qui possédait ce duché, avait épousé une fille du czar Ivan, frère aîné de Pierre. La noblesse de son pays était soulevée contre lui. Pierre avait une armée dans le Mecklenbourg, et prenait le parti du prince, qu'il regardait comme son gendre. Le roi d'Angleterre, électeur d'Hanovre, se déclarait pour la noblesse : c'était encore une manière de mortifier le roi d'Angleterre, en assurant le Mecklenbourg à Pierre, déjà maître de la Livonie, et qui allait devenir plus puissant en Allemagne qu'aucun électeur. On donnait en équivalent au duc de Mecklenbourg le duché de Courlande et une partie de la Prusse, aux dépens de la Pologne, à laquelle on rendait le roi Stanislas. Brême et Verden devaient revenir à la Suède ; mais on ne pouvait en dépouiller le roi George Ier que par la force des armes. Le projet de Görtz était donc, comme on l'a déjà dit[1], que Pierre et Charles XII, unis non-seulement par la paix, mais par une alliance offensive, envoyassent

---

1. Page 503.

en Écosse une armée. Charles XII, après avoir conquis la Norvége, devait descendre en personne dans la Grande-Bretagne, et se flattait d'y faire un nouveau roi, après en avoir fait un en Pologne. Le cardinal Albéroni promettait des subsides à Pierre et à Charles. Le roi George, en tombant, entraînait probablement dans sa chute le régent de France son allié, qui, demeurant sans support, était livré à l'Espagne triomphante et à la France soulevée.

Albéroni et Görtz se croyaient sur le point de bouleverser l'Europe d'un bout à l'autre. Une balle de couleuvrine, lancée au hasard des bastions de Frédrickhall, en Norvége, confondit tous ces projets : Charles XII fut tué ; la flotte d'Espagne fut battue par les Anglais ; la conjuration fomentée en France, découverte et dissipée ; Albéroni, chassé d'Espagne ; Görtz, décapité à Stockholm ; et de toute cette ligue terrible, à peine commencée, il ne resta de puissant que le czar, qui, ne s'étant compromis avec personne, donna la loi à tous ses voisins.

Toutes les mesures furent changées en Suède après la mort de Charles XII : il avait été despotique, et on n'élut sa sœur Ulrique reine qu'à condition qu'elle renoncerait au despotisme. Il avait voulu s'unir avec le czar contre l'Angleterre et ses alliés, et le nouveau gouvernement suédois s'unit à ces alliés contre le czar.

Le congrès d'Aland ne fut pas à la vérité rompu ; mais la Suède, liguée avec l'Angleterre, espéra que des flottes anglaises, envoyées dans la Baltique, lui procureraient une paix plus avantageuse. Les troupes hanovriennes entrèrent dans les États du duc de Mecklenbourg[1] ; mais les troupes du czar les en chassèrent.

Il entretenait aussi un corps de troupes en Pologne, qui en imposait à la fois aux partisans d'Auguste et à ceux de Stanislas ; et à l'égard de la Suède, il tenait une flotte prête qui devait, ou faire une descente sur les côtes, ou forcer le gouvernement suédois à ne pas faire languir le congrès d'Aland. Cette flotte fut composée de douze grands vaisseaux de ligne, de plusieurs du second rang, de frégates et de galères : le czar en était le vice-amiral, commandant toujours sous l'amiral Apraxin.

Une escadre de cette flotte se signala d'abord contre une escadre suédoise, et, après un combat opiniâtre, prit un vaisseau et deux frégates. Pierre, qui encourageait par tous les moyens possibles la marine qu'il avait créée, donna soixante mille livres de notre monnaie aux officiers de l'escadre, des médailles d'or, et surtout des marques d'honneur.

---

1. Février 1719. (*Note de Voltaire.*)

Dans ce temps-là même la flotte anglaise, sous le commandement de l'amiral Norris, entra dans la mer Baltique pour favoriser les Suédois. Pierre eut assez de confiance dans sa nouvelle marine pour ne se pas laisser imposer par les Anglais ; il tint hardiment la mer, et envoya demander à l'amiral anglais s'il venait simplement comme ami des Suédois, ou comme ennemi de la Russie. L'amiral répondit qu'il n'avait point encore d'ordre positif. Pierre, malgré cette réponse équivoque, ne laissa pas de tenir la mer.

Les Anglais, en effet, n'étaient venus que dans l'intention de se montrer, et d'engager le czar, par ces démonstrations, à faire aux Suédois des conditions de paix acceptables. L'amiral Norris alla à Copenhague, et les Russes firent quelques descentes en Suède dans le voisinage même de Stockholm : ils ruinèrent des forges de cuivre ; ils brûlèrent près de quinze mille maisons[1], et causèrent assez de mal pour faire souhaiter aux Suédois que la paix fût incessamment conclue.

En effet, la nouvelle reine de Suède pressa le renouvellement des négociations ; Osterman même fut envoyé à Stockholm : les choses restèrent dans cet état pendant toute l'année 1719.

L'année suivante, le prince de Hesse, mari de la reine de Suède, devenu roi de son chef, par la cession de sa femme, commença son règne par l'envoi d'un ministre à Pétersbourg, pour hâter cette paix tant désirée ; mais, au milieu de ces négociations, la guerre durait toujours.

La flotte anglaise se joignit à la suédoise, mais sans commettre encore d'hostilités : il n'y avait point de rupture déclarée entre la Russie et l'Angleterre ; l'amiral Norris offrait la médiation de son maître, mais il l'offrait à main armée, et cela même arrêtait les négociations. Telle est la situation des côtes de la Suède et de celles des nouvelles provinces de Russie sur la mer Baltique que l'on peut aisément insulter celles de Suède, et que les autres sont d'un abord très-difficile. Il y parut bien lorsque l'amiral Norris, ayant levé le masque, fit enfin une descente, conjointement avec les Suédois, dans une petite île de l'Estonie, nommée Narguen, appartenante au czar : ils brûlèrent une cabane[2] ; mais les Russes, dans le même temps, descendirent vers Vasa, brûlèrent quarante et un villages et plus de mille maisons, et causèrent dans tout le pays un dommage inexprimable. Le prince Gallitzin prit quatre frégates suédoises à l'abordage ; il semblait que l'amiral anglais

---

1. Juillet 1719. (*Note de Voltaire.*)
2. Juin 1720. (*Id.*)

ne fût venu que pour voir de ses yeux à quel point le czar avait rendu sa marine redoutable. Norris ne fit presque que se montrer à ces mêmes mers sur lesquelles on menait les quatre frégates suédoises en triomphe au port de Cronslot devant Pétersbourg. Il paraît que les Anglais en firent trop s'ils n'étaient que médiateurs, et trop peu s'ils étaient ennemis.

Enfin [1] le nouveau roi de Suède [2] demanda une suspension d'armes ; et, n'ayant pu réussir jusqu'alors par les menaces de l'Angleterre, il employa la médiation du duc d'Orléans, régent de France : ce prince, allié de la Russie et de la Suède, eut l'honneur de la conciliation ; il envoya [3] Campredon plénipotentiaire à Pétersbourg, et de là à Stockholm. Le congrès s'assembla dans Neustadt, petite ville de Finlande ; mais le czar ne voulut accorder l'armistice que quand on fut sur le point de conclure et de signer. Il avait une armée en Finlande, prête à subjuguer le reste de cette province ; ses escadres menaçaient continuellement la Suède : il fallait que la paix ne se fît que suivant ses volontés. On souscrivit enfin à tout ce qu'il voulut : on lui céda à perpétuité tout ce qu'il avait conquis, depuis les frontières de la Courlande jusqu'au fond du golfe de Finlande, et par delà encore, le long du pays de Kexholm, et cette lisière de la Finlande même qui se prolonge des environs de Kexholm au nord ; ainsi il resta souverain reconnu de la Livonie, de l'Estonie, de l'Ingrie, de la Carélie, du pays de Vibourg, et des îles voisines, qui lui assuraient encore la domination de la mer, comme les îles d'Oesel, de Dago, de Mône, et beaucoup d'autres. Le tout formait une étendue de trois cents lieues communes, sur des largeurs inégales, et composait un grand royaume, qui était le prix de vingt années de peines.

Cette paix de Neustadt [4] fut signée, le 10 septembre 1721, n. st., par son ministre Osterman et le général Bruce.

Pierre eut d'autant plus de joie que, se voyant délivré de la nécessité d'entretenir de grandes armées vers la Suède, libre d'inquiétude avec l'Angleterre et avec ses voisins, il se voyait en état de se livrer tout entier à la réforme de son empire, déjà si bien commencée, et à faire fleurir en paix les arts et le commerce, introduits par ses soins avec tant de travaux.

Dans les premiers transports de sa joie, il écrivit à ses pléni-

---

1. Novembre 1720. (*Note de Voltaire.*)
2. Frédéric ; voyez la note 2 de la page 354.
3. Février 1721. (*Note de Voltaire.*)
4. Voyez le texte du traité, page 630.

potentiaires : « Vous avez dressé le traité comme si nous l'avions rédigé nous-mêmes, et si nous vous l'avions envoyé pour le faire signer aux Suédois ; ce glorieux événement sera toujours présent à notre mémoire. »

Des fêtes de toute espèce signalèrent la satisfaction des peuples dans tout l'empire, et surtout à Pétersbourg. Les pompes triomphales que le czar avait étalées pendant la guerre n'approchaient pas des réjouissances paisibles au-devant desquelles tous les citoyens allaient avec transport : cette paix était le plus beau de ses triomphes, et ce qui plut bien plus encore que toutes ces fêtes éclatantes, ce fut une rémission entière pour tous les coupables détenus dans les prisons, et l'abolition de tout ce qu'on devait d'impôts au trésor du czar dans toute l'étendue de l'empire jusqu'au jour de la publication de la paix. On brisa les chaînes d'une foule de malheureux ; les voleurs publics, les assassins, les criminels de lèse-majesté, furent seuls exceptés.

Ce fut alors que le sénat et le synode décernèrent à Pierre les titres de *grand*, d'*empereur*, et de *père de la patrie*. Le chancelier Golofkin porta la parole au nom de tous les ordres de l'État, dans l'église cathédrale ; les sénateurs crièrent ensuite trois fois : *Vive notre empereur et notre père!* et ces acclamations furent suivies de celles du peuple. Les ministres de France, d'Allemagne, de Pologne, de Danemark, de Hollande, le félicitèrent le même jour, le nommèrent de ces titres qu'on venait de lui donner, et reconnurent empereur celui qu'on avait déjà désigné publiquement par ce titre, en Hollande, après la bataille de Pultava. Les noms de *père* et de *grand* étaient des noms glorieux que personne ne pouvait lui disputer en Europe ; celui d'*empereur* n'était qu'un titre honorifique décerné par l'usage à l'empereur d'Allemagne, comme roi titulaire des Romains ; et ces appellations demandent du temps pour être formellement usitées dans les chancelleries des cours, où l'étiquette est différente de la gloire. Bientôt après, Pierre fut reconnu empereur par toute l'Europe, excepté par la Pologne, que la discorde divisait toujours, et par le pape, dont le suffrage est devenu fort inutile depuis que la cour romaine a perdu son crédit à mesure que les nations se sont éclairées.

CHAPITRE XVI.

DES CONQUÊTES EN PERSE.

La situation de la Russie est telle qu'elle a nécessairement des intérêts à ménager avec tous les peuples qui habitent vers le 50ᵉ degré de latitude. Quand elle fut mal gouvernée, elle fut en proie tour à tour aux Tartares, aux Suédois, aux Polonais ; et sous un gouvernement ferme et vigoureux, elle fut redoutable à toutes les nations. Pierre avait commencé son règne par un traité avantageux avec la Chine. Il avait à la fois combattu les Suédois et les Turcs : il finit par conduire des armées en Perse.

La Perse commençait à tomber dans cet état déplorable où elle est encore de nos jours. Qu'on se figure la guerre de trente ans dans l'Allemagne, les temps de la Fronde, les temps de la Saint-Barthélemy, de Charles VI, et du roi Jean en France, les guerres civiles d'Angleterre, la longue dévastation de la Russie entière par les Tartares, ou ces mêmes Tartares envahissant la Chine, on aura quelque idée des fléaux qui ont désolé la Perse.

Il suffit d'un prince faible et inappliqué, et d'un sujet puissant et entreprenant, pour plonger un royaume entier dans cet abîme de désastres. Le sha ou shac, ou sophi de Perse, Hussein, descendant du grand Sha-Abas, était alors sur le trône ; il se livrait à la mollesse ; son premier ministre commit des injustices et des cruautés que la faiblesse d'Hussein toléra : voilà la source de quarante ans de carnage.

La Perse, de même que la Turquie, a des provinces différemment gouvernées ; elle a des sujets immédiats, des vassaux, des princes tributaires, des peuples même à qui la cour payait un tribut sous le nom de pension ou de subside ; tels étaient, par exemple, les peuples du Daguestan, qui habitent les branches du mont Caucase, à l'occident de la mer Caspienne : ils faisaient autrefois partie de l'ancienne Albanie, car tous les peuples ont changé leurs noms et leurs limites ; ces peuples s'appellent aujourd'hui les Lesguis : ce sont des montagnards plutôt sous la protection que sous la domination de la Perse ; on leur payait des subsides pour défendre ces frontières.

A l'autre extrémité de l'empire, vers les Indes, était le prince de Candahar, qui commandait à la milice des Aguans. Ce prince était un vassal de la Perse, comme les hospodars de Valachie et de Moldavie sont vassaux de l'empire turc : ce vasselage n'est point héréditaire ; il ressemble parfaitement aux anciens fiefs établis dans l'Europe par les espèces de Tartares qui bouleversèrent l'empire romain. La milice des Aguans, gouvernée par le prince de Candahar, était celle de ces mêmes Albanais des côtes de la mer Caspienne, voisins du Daguestan, mêlés de Circasses et de Géorgiens, pareils aux anciens Mameluks qui subjuguèrent l'Égypte : on les appela les Aguans, par corruption. Timur, que nous nommons Tamerlan, avait mené cette milice dans l'Inde ; et elle resta établie dans cette province de Candahar, qui tantôt appartint à l'Inde, tantôt à la Perse. C'est par ces Aguans et par ces Lesguis que la révolution commença.

Myr Veitz ou Mirivitz[1], intendant de la province, préposé uniquement à la levée des tributs, assassina le prince de Candahar, souleva la milice, et fut maître du Candahar jusqu'à sa mort, arrivée en 1717. Son frère lui succéda paisiblement, en payant un léger tribut à la Porte persane ; mais le fils de Mirivitz, né avec la même ambition que son père, assassina son oncle, et voulut devenir un conquérant. Ce jeune homme s'appelait Myr Mahmoud ; mais il ne fut connu en Europe que sous le nom de son père, qui avait commencé la rébellion. Mahmoud joignit à ses Aguans ce qu'il put ramasser de Guèbres, anciens Perses dispersés autrefois par le calife Omar, toujours attachés à la religion des mages, si florissante autrefois sous Cyrus, et toujours ennemis secrets des nouveaux Persans. Enfin il marcha dans le cœur de la Perse, à la tête de cent mille combattants.

Dans le même temps, les Lesguis ou Albanais, à qui le malheur des temps n'avait pas permis qu'on payât leurs subsides, descendirent en armes de leurs montagnes, de sorte que l'incendie s'alluma des deux bouts de l'empire jusqu'à la capitale.

Ces Lesguis ravagèrent tout le pays qui s'étend le long du bord occidental de la mer Caspienne jusqu'à Derbent ou la porte de fer. Dans cette contrée, qu'ils dévastèrent, est la ville de Shamachie, à quinze lieues communes de la mer : on prétend que c'est l'ancienne demeure de Cyrus, à laquelle les Grecs donnèrent le nom de Cyropolis, car nous ne connaissons que par les Grecs la position et les noms de ce pays, et de même que les Persans n'eurent jamais de prince qu'ils appelassent Cyrus, ils eurent encore moins de ville qui s'appelât Cyropolis. C'est ainsi que les

---

1. Voyez *Essai sur les Mœurs*, chapitre cxciii, tome XIII, pages 153-154.

Juifs, qui se mêlèrent d'écrire quand ils furent établis dans Alexandrie, imaginèrent une ville de Scythopolis, bâtie, disaient-ils, par les Scythes auprès de la Judée ; comme si les Scythes et les anciens Juifs avaient pu donner des noms grecs à des villes.

Cette ville de Shamachie était opulente. Les Arméniens voisins de cette partie de la Perse y faisaient un commerce immense, et Pierre venait d'y établir, à ses frais, une compagnie de marchands russes qui commençait à être florissante. Les Lesguis surprirent la ville, la saccagèrent, égorgèrent tous les Russes qui trafiquaient sous la protection de Sha-Hussein, et pillèrent leurs magasins, dont on fit monter la perte à près de quatre millions de roubles.

Pierre envoya demander satisfaction à l'empereur Hussein, qui disputait encore sa couronne, et au tyran Mahmoud, qui l'usurpait. Hussein ne put lui rendre justice, et Mahmoud ne le voulut pas. Pierre résolut de se faire justice lui-même, et de profiter des désordres de la Perse.

Myr Mahmoud poursuivait toujours en Perse le cours de ses conquêtes. Le sophi, apprenant que l'empereur de Russie se préparait à entrer dans la mer Caspienne pour venger le meurtre de ses sujets égorgés dans Shamachie, le pria secrètement, par la voie d'un Arménien, de venir en même temps au secours de la Perse.

Pierre méditait depuis longtemps le projet de dominer sur la mer Caspienne par une puissante marine, et de faire passer par ses États le commerce de la Perse et d'une partie de l'Inde. Il avait fait sonder les profondeurs de cette mer, examiner les côtes, et dresser des cartes exactes. Il partit donc pour la Perse le 15 mai 1722. Son épouse l'accompagna dans ce voyage comme dans les autres. On descendit le Volga jusqu'à la ville d'Astracan. De là il courut faire rétablir les canaux qui devaient joindre la mer Caspienne, la mer Baltique, et la mer Blanche : ouvrage qui a été achevé en partie sous le règne de son petit-fils.

Pendant qu'il dirigeait ces ouvrages, son infanterie, ses munitions, étaient déjà sur la mer Caspienne. Il avait vingt-deux mille hommes d'infanterie, neuf mille dragons, quinze mille Cosaques ; trois mille matelots manœuvraient, et pouvaient servir de soldats dans les descentes. La cavalerie prit le chemin de terre par des déserts où l'eau manque souvent ; et quand on a passé ces déserts, il faut franchir les montagnes du Caucase, où trois cents hommes pourraient arrêter une armée ; mais dans l'anarchie où était la Perse, on pouvait tout tenter.

Le czar vogua environ cent lieues au midi d'Astracan jusqu'à la petite ville d'Andréhof. On est étonné de voir le nom d'André sur le rivage de la mer d'Hyrcanie ; mais quelques Géorgiens, autrefois espèces de chrétiens, avaient bâti cette ville, et les Persans l'avaient fortifiée ; elle fut aisément prise. De là on s'avança toujours par terre dans le Daguestan ; on répandit des manifestes en persan et en turc : il était nécessaire de ménager la Porte-Ottomane, qui comptait parmi ses sujets non-seulement les Circasses et les Géorgiens, voisins de ce pays, mais encore quelques grands vassaux, rangés depuis peu sous la protection de la Turquie.

Entre autres il y en avait un fort puissant, nommé Mahmoud d'Utmich, qui prenait le titre de sultan, et qui osa attaquer les troupes de l'empereur russe ; il fut défait entièrement, et la relation porte qu'on fit de son pays *un feu de joie*.

Bientôt Pierre arriva à Derbent[1], que les Persans et les Turcs appellent *Demircapi*, la porte de fer : elle est ainsi nommée, parce qu'en effet il y avait une porte de fer du côté du midi. C'est une ville longue et étroite, qui se joint par en haut à une branche escarpée du Caucase, et dont les murs sont baignés, à l'autre bout, par les vagues de la mer, qui s'élèvent souvent au-dessus d'eux dans les tempêtes. Ces murs pourraient passer pour une merveille de l'antiquité, hauts de quarante pieds et larges de six, flanqués de tours carrées à cinquante pieds l'une de l'autre : tout cet ouvrage paraît d'une seule pièce ; il est bâti de grès et de coquillages broyés qui ont servi de mortier, et le tout forme une masse plus dure que le marbre : on peut y entrer par mer ; mais la ville, du côté de terre, paraît inexpugnable. Il reste encore les débris d'une ancienne muraille semblable à celle de la Chine, qu'on avait bâtie dans les temps de la plus haute antiquité ; elle était prolongée des bords de la mer Caspienne à ceux de la mer Noire, et c'était probablement un rempart élevé par les anciens rois de Perse contre cette foule de hordes barbares qui habitaient entre ces deux mers.

La tradition persane porte que la ville de Derbent fut en partie réparée et fortifiée par Alexandre. Arrien, Quinte-Curce, disent qu'en effet Alexandre fit relever cette ville : ils prétendent, à la vérité, que ce fut sur les bords du Tanaïs ; mais c'est que, de leur temps, les Grecs donnaient le nom de Tanaïs au fleuve Cyrus, qui passe auprès de la ville. Il serait contradictoire qu'Alexandre eût bâti la porte Caspienne sur un fleuve dont l'embouchure est dans le Pont-Euxin.

Il y avait autrefois trois ou quatre portes caspiennes en différents passages, toutes vraisemblablement construites dans la même

---

1. 14 septembre 1722. (*Note de Voltaire.*)

vue : car tous les peuples qui habitent l'occident, l'orient, et le septentrion de cette mer, ont toujours été des barbares redoutables au reste du monde ; et c'est de là principalement que sont partis tous ces essaims de conquérants qui ont subjugué l'Asie et l'Europe.

Qu'il me soit permis de remarquer ici combien les auteurs se sont plu, dans tous les temps, à tromper les hommes, et combien ils ont préféré une vaine éloquence à la vérité. Quinte-Curce met dans la bouche de je ne sais quels Scythes un discours admirable, plein de modération et de philosophie, comme si les Tartares de ces climats eussent été autant de sages, et comme si Alexandre n'avait pas été le général nommé par les Grecs contre le roi de Perse, seigneur d'une grande partie de la Scythie méridionale et des Indes. Les rhéteurs qui ont cru imiter Quinte-Curce se sont efforcés de nous faire regarder ces sauvages du Caucase et des déserts, affamés de rapine et de carnage, comme les hommes du monde les plus justes ; et ils ont peint Alexandre, vengeur de la Grèce et vainqueur de celui qui voulait l'asservir, comme un brigand qui courait le monde sans raison et sans justice.

On ne songe pas que ces Tartares ne furent jamais que des destructeurs, et qu'Alexandre bâtit des villes dans leur propre pays ; c'est en quoi j'oserais comparer Pierre le Grand à Alexandre : aussi actif, aussi ami des arts utiles, plus appliqué à la législation, il voulut changer comme lui le commerce du monde, et bâtit ou répara autant de villes qu'Alexandre.

Le gouverneur de Derbent, à l'approche de l'armée russe, ne voulut point soutenir de siége, soit qu'il crût ne pouvoir se défendre, soit qu'il préférât la protection de l'empereur Pierre à celle du tyran Mahmoud ; il apporta les clefs d'argent de la ville et du château : l'armée entra paisiblement dans Derbent, et alla camper sur le bord de la mer.

L'usurpateur Mahmoud, déjà maître d'une grande partie de la Perse, voulut en vain prévenir le czar, et l'empêcher d'entrer dans Derbent. Il excita les Tartares voisins, il accourut lui-même ; mais Derbent était déjà rendu.

Pierre ne put alors pousser plus loin ses conquêtes. Les bâtiments qui apportaient de nouvelles provisions, des recrues, des chevaux, avaient péri vers Astracan, et la saison s'avançait[1] ; il retourna à Moscou[2], et y entra en triomphe : là, selon

---

1. Plus de la moitié de l'armée périt de fatigue et de faim, et la flotte n'avait ni boussole ni même de pilote. (G. A.)

2. Janvier 1723. (*Note de Voltaire.*)

sa coutume, il rendit solennellement compte de son expédition au vice-czar Romanodowski, continuant jusqu'au bout cette singulière comédie qui, selon ce qui est dit dans son éloge prononcé à Paris à l'Académie des sciences[1], aurait dû être jouée devant tous les monarques de la terre.

La Perse était encore partagée entre Hussein et l'usurpateur Mahmoud : le premier cherchait à se faire un appui de l'empereur de Russie ; le second craignait en lui un vengeur qui lui arracherait le fruit de sa rébellion. Mahmoud fit ce qu'il put pour soulever la Porte-Ottomane contre Pierre : il envoya une ambassade à Constantinople ; les princes du Daguestan, sous la protection du Grand Seigneur, dépouillés par les armes de la Russie, demandèrent vengeance. Le divan craignit pour la Géorgie, que les Turcs comptaient au nombre de leurs États.

Le Grand Seigneur fut près de déclarer la guerre. La cour de Vienne et celle de Paris l'en empêchèrent. L'empereur d'Allemagne notifia que si les Turcs attaquaient la Russie il serait obligé de la défendre. Le marquis de Bonac, ambassadeur de France à Constantinople, appuya habilement par ses représentations les menaces des Allemands ; il fit sentir que c'était même l'intérêt de la Porte de ne pas souffrir qu'un rebelle usurpateur de la Perse enseignât à détrôner les souverains ; que l'empereur russe n'avait fait que ce que le Grand Seigneur aurait dû faire.

Pendant ces négociations délicates, le rebelle Myr Mahmoud s'était avancé aux portes de Derbent : il ravagea les pays voisins, afin que les Russes n'eussent pas de quoi subsister. La partie de l'ancienne Hyrcanie aujourd'hui Guilan fut saccagée, et ces peuples, désespérés, se mirent d'eux-mêmes sous la protection des Russes, qu'ils regardèrent comme leurs libérateurs.

Ils suivaient en cela l'exemple du sophi même. Ce malheureux monarque avait envoyé un ambassadeur à Pierre le Grand pour implorer solennellement son secours. A peine cet ambassadeur fut-il en route que le rebelle Myr Mahmoud se saisit d'Ispahan et de la personne de son maître.

Le fils du sophi détrôné et prisonnier, nommé Thamaseb, échappa au tyran, rassembla quelques troupes, et combattit l'usurpateur. Il ne fut pas moins ardent que son père à presser Pierre le Grand de le protéger, et envoya à l'ambassadeur les mêmes instructions que Sha-Hussein avait données.

Cet ambassadeur persan, nommé Ismaël-Beg, n'était pas encore

---

1. Par Fontenelle.

arrivé, et sa négociation avait déjà réussi. Il sut, en abordant à Astracan, que le général Matufkin allait partir avec de nouvelles troupes pour renforcer l'armée du Daguestan. On n'avait point encore pris la ville de Baku ou Bachu, qui donne à la mer Caspienne le nom de mer de Bachu chez les Persans. Il donna au général russe une lettre pour les habitants, par laquelle il les exhortait, au nom de son maître, à se soumettre à l'empereur de Russie. L'ambassadeur continua sa route pour Pétersbourg, et le général Matufkin alla mettre le siége devant la ville de Bachu. L'ambassadeur persan arriva à la cour[1] en même temps que la nouvelle de la prise de la ville.

Cette ville est près de Shamachie, où les facteurs russes avaient été égorgés; elle n'est pas si peuplée ni si opulente que Shamachie, mais elle est renommée pour le naphte qu'elle fournit à toute la Perse. Jamais traité ne fut plus tôt conclu que celui d'Ismaël-Beg[2]. L'empereur Pierre, pour venger la mort de ses sujets, et pour secourir le sophie Thamaseb contre l'usurpateur, promettait de marcher en Perse avec des armées; et le nouveau sophi lui cédait non-seulement les villes de Bachu et de Derbent, mais les provinces de Guilan, de Mazanderan, et d'Asterabath.

Le Guilan est, comme nous l'avons déjà dit, l'Hyrcanie méridionale; le Mazanderan, qui la touche, est le pays des Mardes; Asterabath joint le Mazanderan; et c'étaient les trois provinces principales des anciens rois mèdes: de sorte que Pierre se voyait maître, par ses armes et par les traités, du premier royaume de Cyrus.

Il n'est pas inutile de dire que dans les articles de cette convention on régla le prix des denrées qu'on devait fournir à l'armée. Un chameau ne devait coûter que soixante francs de notre monnaie (douze roubles); la livre de pain ne revenait pas à cinq liards, la livre de bœuf à peu près à six : ce prix était une preuve évidente de l'abondance qu'on voyait en ces pays des vrais biens, qui sont ceux de la terre, et de la disette de l'argent, qui n'est qu'un bien de convention.

Tel était le sort misérable de la Perse que le malheureux sophi Thamaseb, errant dans son royaume, poursuivi par le rebelle Mahmoud, assassin de son père et de ses frères, était obligé de conjurer à la fois la Russie et la Turquie de vouloir bien prendre une partie de ses États pour lui conserver l'autre.

L'empereur Pierre, le sultan Achmet III, et le sophi Thamaseb,

---

1. Août 1723. (*Note de Voltaire.*)
2. Septembre 1723. (*Id.*)

convinrent donc que la Russie garderait les trois provinces dont nous venons de parler, et que la Porte-Ottomane aurait Casbin, Tauris, Érivan, outre ce qu'elle prenait alors sur l'usurpateur de la Perse. Ainsi ce beau royaume était à la fois démembré par les Russes, par les Turcs, et par les Persans mêmes.

L'empereur Pierre régna ainsi jusqu'à sa mort du fond de la mer Baltique par delà les bornes méridionales de la mer Caspienne. La Perse continua d'être la proie des révolutions et des ravages. Les Persans, auparavant riches et polis, furent plongés dans la misère et dans la barbarie, tandis que la Russie parvint de la pauvreté et de la grossièreté à l'opulence et à la politesse. Un seul homme, parce qu'il avait un génie actif et ferme, éleva sa patrie; et un seul homme, parce qu'il était faible et indolent, fit tomber la sienne.

Nous sommes encore très-mal informés du détail de toutes les calamités qui ont désolé la Perse si longtemps; on a prétendu que le malheureux Sha-Hussein fut assez lâche pour mettre lui-même sa mitre persane, ce que nous appelons la couronne, sur la tête de l'usurpateur Mahmoud. On dit que ce Mahmoud tomba ensuite en démence : ainsi un imbécile et un fou décidèrent du sort de tant de milliers d'hommes. On ajoute que Mahmoud tua de sa main, dans un accès de folie, tous les fils et les neveux de Sha-Hussein, au nombre de cent, qu'il se fit réciter l'évangile de saint Jean sur la tête pour se purifier et pour se guérir. Ces contes persans ont été débités par nos moines, et imprimés à Paris.

Ce tyran, qui avait assassiné son oncle, fut enfin assassiné à son tour par son neveu Eshreff, qui fut aussi cruel et aussi tyran que Mahmoud.

Le sha Thamaseb implora toujours l'assistance de la Russie. C'est ce même Thamaseb ou Thamas, secouru depuis et rétabli par le célèbre Kouli-Kan, et ensuite détrôné par Kouli-Kan même.

Ces révolutions et les guerres que la Russie eut ensuite à soutenir contre les Turcs dont elle fut victorieuse, l'évacuation des trois provinces de Perse, qui coûtaient à la Russie beaucoup plus qu'elles ne rendaient, ne sont pas des événements qui concernent Pierre le Grand : ils n'arrivèrent que plusieurs années après sa mort; il suffit de dire qu'il finit sa carrière militaire par ajouter trois provinces à son empire du côté de la Perse, lorsqu'il venait d'en ajouter trois autres vers les frontières de la Suède.

CHAPITRE XVII.

**COURONNEMENT ET SACRE DE L'IMPÉRATRICE CATHERINE Ire.
MORT DE PIERRE LE GRAND.**

Pierre, au retour de son expédition de Perse, se vit plus que jamais l'arbitre du Nord. Il se déclara le protecteur de la famille de ce même Charles XII dont il avait été dix-huit ans l'ennemi. Il fit venir à la cour le duc de Holstein, neveu de ce monarque ; il lui destina sa fille aînée, et se prépara dès lors à soutenir ses droits sur le duché de Holstein-Slesvick ; il s'y engagea même dans un traité d'alliance qu'il conclut avec la Suède [1].

Il continuait les travaux commencés dans toute l'étendue de ses États, jusqu'au fond de Kamtschatka ; et pour mieux diriger ces travaux il établissait à Pétersbourg son académie des sciences [2]. Les arts florissaient de tous côtés ; les manufactures étaient encouragées, la marine augmentée, les armées bien entretenues, les lois observées ; il jouissait en paix de sa gloire ; il voulut la partager d'une manière nouvelle avec celle qui, en réparant le malheur de la campagne du Pruth, avait, disait-il, contribué à cette gloire même.

Ce fut à Moscou qu'il fit couronner et sacrer sa femme, Catherine [3], en présence de la duchesse de Courlande, fille de son frère aîné, et du duc de Holstein, qu'il allait faire son gendre. La déclaration qu'il publia mérite attention ; on y rappelle l'usage de plusieurs rois chrétiens de faire couronner leurs épouses ; on y rappelle les exemples des empereurs Basilide, Justinien, Héraclius, et Léon le Philosophe. L'empereur y spécifie les services rendus à l'État par Catherine, et surtout dans la guerre contre les Turcs, lorsque son armée réduite, dit-il, à vingt-deux mille hommes, en avait plus de deux cent mille à combattre. Il n'était point dit dans cette ordonnance que l'impératrice dût régner après lui ; mais il y préparait les esprits par cette cérémonie inusitée dans ses États.

Ce qui pouvait peut-être encore faire regarder Catherine comme destinée à posséder le trône après son époux, c'est que lui-même marcha devant elle à pied le jour du couronnement, en qualité

---

1. Février 1724. (*Note de Voltaire.*)
2. Février 1724. (*Id.*)
3. 18 mai 1724. (*Id.*)

de capitaine d'une nouvelle compagnie qu'il créa sous le nom de *chevaliers de l'impératrice*.

Quand on fut arrivé à l'église, Pierre lui posa la couronne sur la tête; elle voulut lui embrasser les genoux; il l'en empêcha, et, au sortir de la cathédrale, il fit porter le sceptre et le globe devant elle. La fête fut digne en tout d'un empereur. Pierre étalait dans les occasions d'éclat autant de magnificence qu'il mettait de simplicité dans sa vie privée[1].

Ayant couronné sa femme, il se résolut enfin à donner sa fille aînée, Anne Pétrowna, au duc de Holstein. Cette princesse avait beaucoup des traits de son père; elle était d'une taille majestueuse et d'une grande beauté. On la fiança au duc de Holstein[2], mais sans grand appareil. Pierre sentait déjà sa santé très-altérée, et un chagrin domestique, qui peut-être aigrit encore le mal dont il mourut, rendit ces derniers temps de sa vie peu convenables à la pompe des fêtes.

Catherine avait un jeune chambellan[3], nommé Moëns de La Croix, né en Russie d'une famille flamande: il était d'une figure distinguée; sa sœur, Mme de Balc, était dame d'atour de l'impératrice: tous deux gouvernaient sa maison. On les accusa l'un et l'autre auprès de l'empereur: ils furent mis en prison, et on leur fit leur procès pour avoir reçu des présents[4]. Il avait été défendu, dès l'an 1714, à tout homme en place d'en recevoir, sous peine d'infamie et de mort; et cette défense avait été plusieurs fois renouvelée.

Le frère et la sœur furent convaincus: tous ceux qui avaient ou acheté ou récompensé leurs services furent nommés dans la sentence, excepté le duc de Holstein et son ministre, le comte de Bassevitz: il est vraisemblable même que des présents faits par ce prince à ceux qui avaient contribué à faire réussir son mariage ne furent pas regardés comme une chose criminelle.

Moëns fut condamné à perdre la tête[5], et sa sœur, favorite de l'impératrice, à recevoir onze coups de knout. Les deux fils de cette dame, l'un chambellan, et l'autre page, furent dégradés et envoyés, en qualité de simples soldats, dans l'armée de Perse.

---

1. Il n'appela point de députés à ce couronnement, qu'il accomplit de son autorité propre.
2. 24 novembre 1724. (*Note de Voltaire*.)
3. *Mémoires du comte de Bassevitz*. (*Id*.)
4. Voltaire, comme on voit, laisse deviner le crime d'adultère, et s'en tient à l'accusation qu'on imagina pour sauver l'honneur du czar. (G. A.)
5. Pierre conduisit sa femme au pied de l'échafaud où était exposée la tête.

Ces sévérités, qui révoltent nos mœurs, étaient peut-être nécessaires dans un pays où le maintien des lois semblait exiger une rigueur effrayante. L'impératrice demanda la grâce de sa dame d'atour, et son mari irrité la refusa. Il cassa, dans sa colère, une glace de Venise, et dit à sa femme : « Tu vois qu'il ne faut qu'un coup de ma main pour faire rentrer cette glace dans la poussière dont elle était sortie. » Catherine le regarda avec une douleur attendrissante, et lui dit : « Hé bien, vous avez cassé ce qui faisait l'ornement de votre palais, croyez-vous qu'il en devienne plus beau? » Ces paroles apaisèrent l'empereur; mais toute la grâce que sa femme put obtenir de lui fut que sa dame d'atour ne recevrait que cinq coups de knout au lieu de onze.

Je ne rapporterais pas ce fait s'il n'était attesté par un ministre témoin oculaire, qui lui-même ayant fait des présents au frère et à la sœur fut peut-être une des principales causes de leur malheur. Ce fut cette aventure qui enhardit ceux qui jugent de tout avec malignité à débiter que Catherine hâta les jours d'un mari qui lui inspirait plus de crainte par sa colère que de reconnaissance par ses bienfaits.

On se confirma dans ces soupçons cruels par l'empressement qu'eut Catherine de rappeler sa dame d'atour immédiatement après la mort de son époux, et de lui donner toute sa faveur. Le devoir d'un historien est de rapporter ces bruits publics qui ont éclaté dans tous les temps et dans tous les États à la mort des princes enlevés par une mort prématurée, comme si la nature ne suffisait pas à nous détruire; mais le même devoir exige qu'on fasse voir combien ces bruits étaient téméraires et injustes.

Il y a une distance immense entre le mécontentement passager que peut causer un mari sévère et la résolution désespérée d'empoisonner un époux et un maître auquel on doit tout. Le danger d'une telle entreprise eût été aussi grand que le crime. Il y avait alors un grand parti contre Catherine en faveur du fils de l'infortuné czarovitz. Cependant ni cette faction ni aucun homme de la cour ne soupçonnèrent Catherine, et les bruits vagues qui coururent ne furent que l'opinion de quelques étrangers mal instruits, qui se livrèrent, sans aucune raison, à ce plaisir malheureux de supposer de grands crimes à ceux qu'on croit intéressés à les commettre. Cet intérêt même était fort douteux dans Catherine : il n'était pas sûr qu'elle dût succéder; elle avait été couronnée, mais seulement en qualité d'épouse du souverain, et non comme devant être souveraine après lui.

La déclaration de Pierre n'avait ordonné cet appareil que

comme une cérémonie, et non comme un droit de régner : elle rappelait les exemples des empereurs romains qui avaient fait couronner leurs épouses, et aucune d'elles ne fut maîtresse de l'empire. Enfin, dans le temps même de la maladie de Pierre, plusieurs crurent que la princesse Anne Pétrowna lui succéderait conjointement avec le duc de Holstein son époux, ou que l'empereur nommerait son petit-fils pour son successeur : ainsi, bien loin que Catherine eût intérêt à la mort de l'empereur, elle avait besoin de sa conservation.

Il était constant que Pierre était attaqué depuis longtemps d'un abcès et d'une rétention d'urine qui lui causait des douleurs aiguës[1]. Les eaux minérales d'Olonitz, et d'autres qu'il mit en usage, ne furent que d'inutiles secours : on le vit s'affaiblir sensiblement depuis le commencement de l'année 1724. Ses travaux, dont il ne se relâcha jamais, augmentèrent son mal et hâtèrent sa fin : son état parut bientôt mortel[2]; il ressentit des chaleurs brûlantes qui le jetaient dans un délire presque continuel : il voulut écrire dans un moment d'intervalle que lui laissèrent ses douleurs[3], mais sa main ne forma que des caractères inlisibles, dont on ne put déchiffrer que ces mots en russe : *Rendez tout à...*

Il cria qu'on fît venir la princesse Anne Pétrowna, à laquelle il voulait dicter; mais lorsqu'elle parut devant son lit, il avait déjà perdu la parole, et il tomba dans une agonie qui dura seize heures. L'impératrice Catherine n'avait pas quitté son chevet depuis trois nuits; il mourut enfin entre ses bras, le 28 janvier, vers les quatre heures du matin.

On porta son corps dans la grand'salle du palais, suivi de toute la famille impériale, du sénat, de toutes les personnes de la première distinction, et d'une foule de peuple : il fut exposé sur un lit de parade, et tout le monde eut la liberté de l'approcher, et de lui baiser la main jusqu'au jour de son enterrement, qui se fit le 10/21 mars 1725.

On a cru, on a imprimé qu'il avait nommé son épouse Catherine héritière de l'empire par son testament; mais la vérité est qu'il n'avait point fait de testament[4], ou que du moins il n'en a

---

1. Il était atteint d'une maladie honteuse, contre laquelle il luttait en secret depuis quatre ans. (G. A.)
2. Janvier 1725. (*Note de Voltaire.*)
3. *Mémoires et manuscrits du comte de Bassevitz.* (*Id.*)
4. M. A.-A. Renouard, dans son édition des OEuvres de Voltaire, rapporte le passage suivant, extrait des *Mémoires d'un voyageur qui se repose* (par Dutens) :
« Parlant un jour avec lui (le marquis de Breille) de la mort de Pierre le Grand,

jamais paru : négligence bien étonnante dans un législateur, et qui prouve qu'il n'avait pas cru sa maladie mortelle.

On ne savait point, à l'heure de sa mort, qui remplirait son trône : il laissait Pierre, son petit-fils, né de l'infortuné Alexis ; il laissait sa fille aînée, la duchesse de Holstein. Il y avait une faction considérable en faveur du jeune Pierre. Le prince Menzikoff, lié avec l'impératrice Catherine dans tous les temps, prévint tous les partis et tous les desseins. Pierre était prêt d'expirer quand Menzikoff fit passer l'impératrice dans une salle où leurs amis étaient déjà assemblés ; on fait transporter le trésor à la forteresse, on s'assure des gardes ; le prince Menzikoff gagna l'archevêque de Novogorod ; Catherine tint avec eux et avec un secrétaire de confiance, nommé Macarof, un conseil secret où assista le ministre du duc de Holstein.

L'impératrice, au sortir de ce conseil, revint auprès de son époux mourant, qui rendit les derniers soupirs entre ses bras. Aussitôt les sénateurs, les officiers généraux, accoururent au palais ; l'impératrice les harangua ; Menzikoff répondit en leur nom ; on délibéra, pour la forme, hors de la présence de l'impératrice. L'archevêque de Plescow, Théophane, déclara que l'empereur avait dit, la veille du couronnement de Catherine, qu'il ne la couronnait que pour la faire régner après lui ; toute l'assemblée signa la proclamation, et Catherine succéda à son époux le jour même de sa mort.

Pierre le Grand fut regretté en Russie de tous ceux qu'il avait formés, et la génération qui suivit celle des partisans des anciennes mœurs le regarda bientôt comme son père. Quand les étrangers ont vu que tous ses établissements étaient durables, ils ont eu pour lui une admiration constante, et ils ont avoué qu'il avait été inspiré plutôt par une sagesse extrordinaire que par l'envie de faire des choses étonnantes. L'Europe a reconnu qu'il avait aimé

---

j'alléguai le testament de ce prince, qu'on avait produit devant le sénat de Russie, et j'ajoutai que Voltaire en avait nié l'existence dans son *Histoire de la Russie.* J'ai de meilleures autorités à citer, répliqua le marquis, que Voltaire et son histoire. Lorsque j'étais ambassadeur à Vienne, j'étais fort lié avec l'ambassadeur de Russie, lequel m'a dit plus d'une fois qu'il était seul avec l'impératrice Catherine dans la chambre du czar lorsqu'il mourut. Avant de déclarer sa mort, elle voulut s'assurer s'il n'avait point fait de testament ; et, n'en trouvant point dans le bureau de ce prince, ils convinrent ensemble d'en faire un, qu'elle dicta à ce même seigneur russe qui lui était dévoué ; et c'est le testament qu'on a imprimé depuis. J'avais promis le secret à l'ambassadeur russe, ajouta le marquis, et je n'en parle à présent que parce que j'ai appris qu'il est mort depuis plusieurs années. »

Dutens n'avait pas oublié qu'il avait été maltraité par Voltaire ; voyez, dans le *Dictionnaire philosophique,* le mot Système, *in fine.*

la gloire, mais qu'il l'avait mise à faire du bien, que ses défauts n'avaient jamais affaibli ses grandes qualités, qu'en lui l'homme eut ses taches, et que le monarque fut toujours grand. Il a forcé la nature en tout, dans ses sujets, dans lui-même, et sur la terre, et sur les eaux; mais il l'a forcée pour l'embellir. Les arts, qu'il a transplantés de ses mains dans des pays dont plusieurs alors étaient sauvages, ont, en fructifiant, rendu témoignage à son génie, et éternisé sa mémoire; ils paraissent aujourd'hui originaires des pays mêmes où il les a portés. Lois, police, politique, discipline militaire, marine, commerce, manufactures, sciences, beaux-arts, tout s'est perfectionné selon ses vues; et, par une singularité dont il n'est point d'exemple, ce sont quatre femmes, montées après lui successivement sur le trône, qui ont maintenu tout ce qu'il acheva, et ont perfectionné tout ce qu'il entreprit.

Le palais a eu des révolutions après sa mort; l'État n'en a éprouvé aucune. La splendeur de cet empire s'est augmentée sous Catherine Ire; il a triomphé des Turcs et des Suédois sous Anne Pétrowna; il a conquis, sous Élisabeth, la Prusse et une partie de la Poméranie; il a joui d'abord de la paix, et il a vu fleurir les arts sous Catherine II. C'est aux historiens nationaux d'entrer dans tous les détails des fondations, des lois, des guerres, et des entreprises de Pierre le Grand; ils encourageront leurs compatriotes en célébrant tous ceux qui ont aidé ce monarque dans ses travaux guerriers et politiques. Il suffit à un étranger, amateur désintéressé du mérite, d'avoir essayé de montrer ce que fut le grand homme qui apprit de Charles XII à le vaincre, qui sortit deux fois de ses États pour les mieux gouverner, qui travailla de ses mains à presque tous les arts nécessaires, pour en donner l'exemple à son peuple, et qui fut le fondateur et le père de son empire.

Les souverains des États depuis longtemps policés se diront à eux-mêmes : « Si, dans les climats glacés de l'ancienne Scythie, un homme, aidé de son seul génie, a fait de si grandes choses, que devons-nous faire dans des royaumes où les travaux accumulés de plusieurs siècles nous ont rendu tout facile? »

FIN DE L'HISTOIRE DE PIERRE LE GRAND.

PIÈCES ORIGINALES

SELON

LES TRADUCTIONS FAITES ALORS PAR L'ORDRE DE PIERRE Iᵉʳ.

CONDAMNATION D'ALEXIS[1]

LE 24 JUIN 1718.

En vertu de l'ordonnance expresse émanée de Sa Majesté czarienne, et signée de sa propre main, le 13 juin dernier, pour le jugement du czarovitz Alexis Pétrovitz, sur ses transgressions et ses crimes contre son père et son seigneur, les soussignés, ministres, sénateurs, états militaire et civil, après s'être assemblés plusieurs fois dans la chambre de la régence du sénat, à Pétersbourg; ayant ouï plus d'une fois la lecture qui a été faite des originaux et des extraits des témoignages qui ont été rendus contre lui, comme aussi des lettres d'exhortation de Sa Majesté czarienne au czarovitz, et des réponses qu'il y a faites, écrites de sa propre main, et des autres actes appartenants au procès, de même que des informations criminelles et des confessions, et des déclarations du czarovitz, tant écrites de sa propre main que faites de bouche à son seigneur et père, et devant les soussignés établis par l'autorité de Sa Majesté czarienne à l'effet du présent jugement: ils ont déclaré et reconnu que, quoique selon les droits de l'empire russien il n'ait jamais appartenu à eux, étant sujets naturels de la domination souveraine de Sa Majesté czarienne, de prendre connaissance d'une affaire de cette nature, qui, selon son importance, dépend uniquement de la volonté absolue du souverain, dont le pouvoir ne dépend que de Dieu seul, et n'est point limité par aucune loi; se soumettant pourtant à ladite ordonnance de Sa Majesté czarienne leur souverain, qui leur donne cette liberté, et après de mûres réflexions, et en conscience chrétienne, sans crainte ni flatterie, et sans avoir égard à la personne, n'ayant devant les yeux que les lois divines

---

1. Voyez seconde partie, chapitre x, page 571.

applicables au cas présent, tant de l'Ancien que du Nouveau Testament, les saintes écritures de l'Évangile et des apôtres, comme aussi les canons et les règles des conciles, l'autorité des saints pères et des docteurs de l'Église ; prenant aussi des lumières des considérations des archevêques et du clergé assemblés à Pétersbourg par ordre de Sa Majesté czarienne, lesquelles sont transcrites ci-dessus ; et se conformant aux lois de toute la Russie, et en particulier aux constitutions de cet empire, aux lois militaires et aux statuts qui sont conformes aux lois de beaucoup d'autres États, surtout à celles des anciens empereurs romains et grecs, et d'autres princes chrétiens ; les soussignés ayant été aux avis, sont convenus unanimement, sans contradiction, et ils ont prononcé que le czarovitz Alexis Pétrovitz est digne de mort pour ses crimes susdits, et pour ses transgressions capitales contre son souverain et son père, étant fils et sujet de Sa Majesté czarienne ; en sorte que, quoique Sa Majesté czarienne ait promis au czarovitz, par la lettre qu'il lui a envoyée par M. Tolstoy, conseiller privé, et par le capitaine Romanzoff, datée de Spa le 10 juillet 1717, de lui pardonner son évasion s'il retournait de son bon gré et volontairement, ainsi que le czarovitz même l'a avoué avec remerciement dans sa réponse à cette lettre, écrite de Naples le 4 octobre 1717, où il a marqué qu'il remerciait Sa Majesté czarienne pour le pardon qui lui était donné seulement pour son évasion volontaire ; il s'en est rendu indigne depuis par ses oppositions aux volontés de son père, et par ses autres transgressions qu'il a renouvelées et continuées, comme il est amplement déduit dans le manifeste publié par Sa Majesté czarienne le 3 février de la présente année, et parce qu'entre autres choses il n'est pas retourné de son bon gré.

Et quoique Sa Majesté czarienne, à l'arrivée du czarovitz à Moscou, avec son écrit de confession de ses crimes, et où il en demandait pardon, eût pitié de lui, comme il est naturel à un père d'en avoir de son fils, et qu'à l'audience qu'elle lui donna dans la salle du château, le même jour 3 de février, elle lui promit le pardon de toutes ses transgressions, Sa Majesté czarienne ne lui fit cette promesse qu'avec cette condition expresse qu'elle exprima en présence de tout le monde, savoir : que lui czarovitz déclarerait, sans aucune restriction ni réserve, tout ce qu'il avait commis et tramé jusqu'à ce jour-là contre Sa Majesté czarienne, et qu'il découvrirait toutes les personnes qui lui ont donné des conseils, ses complices, et généralement tous ceux qui ont su quelque chose de ses desseins et de ses menées ; mais que, s'il célait quelqu'un ou quelque chose, le pardon promis serait nul et demeurerait révoqué ; ce que le czarovitz reçut alors et accepta, au moins en apparence, avec des larmes de reconnaissance, et il promit par serment de déclarer tout sans réserve. En confirmation de quoi il baisa la sainte croix et les saintes Écritures dans l'église cathédrale.

Sa Majesté czarienne lui confirma aussi la même chose de sa propre main le lendemain, dans les articles d'interrogatoire insérés ci-dessus, qu'elle lui fit donner, ayant écrit à leur tête ce qui suit :

« Comme vous avez reçu hier votre pardon, à condition que vous déclareriez toutes les circonstances de votre évasion et ce qui y a du rapport ; mais que, si vous céliez quelque chose, vous seriez privé de la vie ; et comme vous avez déjà fait de bouche quelques déclarations, vous devez, pour une plus ample satisfaction, et pour votre décharge, les mettre par écrit selon les points marqués ci-dessous... »

Et, à la conclusion, il était encore écrit de la main de Sa Majesté czarienne dans le septième article :

« Déclarez tout ce qui a du rapport à cette affaire, quand même cela ne serait point spécifié ici, et purgez-vous comme dans la sainte confession ; mais si vous cachez ou célez quelque chose qui se découvre dans la suite, ne m'imputez rien : car il vous a été déclaré hier devant tout le monde qu'en ce cas-là le pardon que vous avez reçu serait nul et révoqué. »

Nonobstant cela, le czarovitz a parlé dans ses réponses et dans ses confessions sans aucune sincérité ; il a célé et caché non-seulement beaucoup de personnes, mais aussi des affaires capitales, et ses transgressions, et en particulier ses desseins de rébellion contre son père et son seigneur, et ses mauvaises pratiques qu'il a tramées et entretenues longtemps pour tâcher d'usurper le trône de son père, même de son vivant, par différentes mauvaises voies, et sous de méchants prétextes, fondant son espérance et les souhaits qu'il faisait de la mort de son père et son seigneur sur la déclaration dont il se flattait du petit peuple en sa faveur.

Tout cela a été découvert ensuite par les informations criminelles, après qu'il a refusé de le déclarer lui-même, comme il a paru ci-dessus.

Ainsi il est évident par toutes ces démarches du czarovitz, et par les déclarations qu'il a données par écrit et de bouche, et en dernier lieu par celle du 22 juin de la présente année, qu'il n'a point voulu que la succession à la couronne lui vînt après la mort de son père, de la manière que son père aurait voulu la lui laisser, selon l'ordre de l'équité, et par les voies et les moyens que Dieu a prescrits ; mais qu'il l'a désirée, et qu'il a eu dessein d'y parvenir, même du vivant de son père et son seigneur, contre la volonté de Sa Majesté czarienne, et en s'opposant à tout ce que son père voulait, et non-seulement par des soulèvements de rebelles qu'il espérait, mais encore par l'assistance de l'empereur, et avec une armée étrangère qu'il s'était flatté d'avoir à sa disposition, au prix même du renversement de l'État, et de l'aliénation de tout ce qu'on aurait pu lui demander de l'État pour cette assistance.

L'exposé qu'on vient de faire fait donc voir que le czarovitz, en cachant tous ces pernicieux desseins, et en célant beaucoup de personnes qui ont été d'intelligence avec lui, comme il a fait jusqu'au dernier examen, et jusqu'à ce qu'il a été pleinement convaincu de toutes ses machinations, a eu en vue de se réserver des moyens pour l'avenir, quand l'occasion se présenterait favorable de reprendre ses desseins, et de pousser à bout l'exécution de cette horrible entreprise contre son père et son seigneur, et contre tout cet empire.

Il s'est rendu par là indigne de la clémence et du pardon qui lui a été promis par son seigneur et son père ; il l'a aussi avoué lui-même, tant devant Sa Majesté czarienne qu'en présence de tous les états ecclésiastiques et séculiers, et publiquement devant toute l'assemblée ; et il a aussi déclaré verbalement et par écrit devant les juges soussignés, établis par Sa Majesté czarienne, que tout ce que dessus était véritable et manifeste par les effets qui en avaient paru.

Ainsi, puisque les susdites lois divines et ecclésiastiques, les civiles et militaires, et particulièrement les deux dernières, condamnent à mort sans miséricorde, non-seulement ceux dont les attentats contre leur père et seigneur ont été manifestés par des évidences, ou prouvés par des écrits, mais même ceux dont les attentats n'ont été que dans l'intention de se rebeller, ou d'avoir formé de simples desseins de tuer leur souverain ou d'usurper l'empire, que penser d'un dessein de rébellion, tel qu'on n'a guère ouï parler de semblable dans le monde, joint à celui d'un horrible double parricide contre son souverain? premièrement comme son père de la patrie, et encore comme son père selon la nature (un père très-clément, qui a fait élever le czarovitz depuis le berceau avec des soins plus que paternels, avec une tendresse et une bonté qui ont paru en toutes rencontres, qui a tâché de le former pour le gouvernement, et de l'instruire avec des peines incroyables, et une application infatigable dans l'art militaire, pour le rendre capable et digne de la succession d'un si grand empire); à combien plus forte raison un tel dessein a-t-il mérité une punition de mort!

C'est avec un cœur affligé et des yeux pleins de larmes que nous, comme serviteurs et sujets, prononçons cette sentence, considérant qu'il ne nous appartient point, en cette qualité, d'entrer en jugement de si grande importance, et particulièrement de prononcer une sentence contre le fils du très-souverain et très-clément czar notre seigneur. Cependant sa volonté étant que nous jugions, nous déclarons par la présente notre véritable opinion, et nous prononçons cette condamnation avec une conscience si pure et si chrétienne que nous croyons pouvoir la soutenir devant le terrible, le juste et l'impartial jugement du grand Dieu.

Soumettant au reste cette sentence que nous rendons, et cette condamnation que nous faisons, à la souveraine puissance, à la volonté, et à la clémente révision de Sa Majesté czarienne, notre très-clément monarque.

PAIX DE NEUSTADT[1]

Au nom de la très-sainte et indivisible Trinité, soit notoire par les présentes que, comme il s'est élevé, il y a plusieurs années, une guerre sanglante, longue et onéreuse, entre Sa Majesté le feu roi Charles XII, de glorieuse mémoire, roi de Suède, des Goths et des Vandales, etc., ses suc-

[1]. Voyez page 611.

cesseurs au trône de Suède, madame Ulrique, reine de Suède, des Goths et des Vandales, etc., et le royaume de Suède, d'une part; et entre Sa Majesté czarienne Pierre Ier, empereur de toute la Russie, etc., et l'empire de Russie, de l'autre part : les deux parties ont trouvé à propos de travailler aux moyens de mettre fin à ces troubles, et par conséquent à l'effusion de tant de sang innocent; et il a plu à la Providence divine de disposer les esprits des deux parties à faire assembler leurs ministres plénipotentiaires pour traiter et conclure une paix ferme, sincère et stable, et une amitié éternelle entre les deux États, provinces, pays, vassaux, sujets et habitants; savoir : M. Jean Liliensted, conseiller de Sa Majesté le roi de Suède, de son royaume et de sa chancellerie, et M. le baron Otto-Reinhold Stroemfeld, intendant des mines de cuivre et des fiefs des dalders, de la part de Sa dite Majesté; et de la part de Sa Majesté czarienne, M. le comte Jacob-Daniel Bruce, son aide de camp général, président des collèges des minéraux et des manufactures, et chevalier des ordres de Saint-André et de l'Aigle blanc, et M. Henri-Jean-Frédéric Osterman, conseiller privé de la chancellerie de Sa Majesté czarienne; lesquels ministres plénipotentiaires s'étant assemblés à Neustadt, ont fait l'échange de leurs pouvoirs; et après avoir imploré l'assistance divine, ils ont mis la main à cet important et très-salutaire ouvrage, et ont conclu, par la grâce et la bénédiction de Dieu, la paix suivante entre la couronne de Suède et Sa Majesté czarienne.

ART. Ier. Il y aura dès à présent, et jusqu'à perpétuité, une paix inviolable par terre et par mer, de même qu'une sincère union et une amitié indissoluble, entre Sa Majesté le roi Frédéric Ier, roi de Suède, des Goths et des Vandales, ses successeurs à la couronne et au royaume de Suède, ses domaines, provinces, pays, villes, vassaux, sujets et habitants, tant dans l'empire romain que hors dudit empire, d'une part; et Sa Majesté czarienne Pierre Ier, empereur de toute la Russie, etc., ses successeurs au trône de Russie, et tous ses pays, villes, vassaux, sujets et habitants, d'autre part; de sorte qu'à l'avenir les deux parties pacifiantes ne commettront ni ne permettront qu'il se commette aucune hostilité, secrètement ou publiquement, directement ou indirectement, soit par les leurs ou par les autres : elles ne donneront non plus aucun secours aux ennemis d'une des deux parties pacifiantes, sous quelque prétexte que ce soit, et ne feront avec eux aucune alliance qui soit contraire à cette paix ; mais elles entretiendront toujours entre elles une amitié sincère, et tâcheront de maintenir l'honneur, l'avantage et la sûreté mutuelle; comme aussi de détourner, autant qu'il leur sera possible, les dommages et les troubles dont l'une des deux parties pourrait être menacée par quelque autre puissance.

II. Il y a de plus, de part et d'autre, une amnistie générale des hostilités commises pendant la guerre, soit par les armes ou par d'autres voies, de sorte qu'on ne s'en ressouviendra ni s'en vengera jamais; particulièrement à l'égard de toutes les personnes d'état et des sujets, de quelque nation que ce soit, qui sont entrés au service de l'une des deux parties pendant la guerre, et qui par cette démarche se sont rendus ennemis de l'autre partie, excepté les Cosaques russiens qui ont passé au service du roi de Suède : Sa Majesté czarienne n'a pas voulu accorder qu'ils fussent compris dans cette amnistie générale, nonobstant toutes les instances qui ont été faites de la part du roi de Suède en leur faveur.

III. Toutes les hostilités, tant par mer que par terre, cesseront ici et dans le grand-duché de Finlande, dans quinze jours, ou plus tôt s'il est possible, après la signature de cette paix ; mais dans les autres endroits dans trois semaines, ou plus tôt s'il est possible, après qu'on aura fait l'échange de part et d'autre. Pour cet effet, on publiera d'abord la conclusion de la paix, et au cas qu'après l'expiration de ce terme on vînt à commettre quelque hostilité par mer ou par terre, de l'un ou de l'autre côté, de quelque nom que ce soit, par ignorance de la paix conclue, cela ne portera aucun préjudice à la conclusion de cette paix ; mais on sera obligé de restituer et les hommes et les effets pris et enlevés après ce temps-là.

IV. Sa Majesté le roi de Suède cède par les présentes, tant pour soi-même que pour ses successeurs au trône et au royaume de Suède, à Sa Majesté czarienne et ses successeurs à l'empire de Russie, en pleine, irrévocable et éternelle possession, les provinces qui ont été conquises et prises par les armes de Sa Majesté czarienne dans cette guerre, sur la couronne de Suède ; savoir : la Livonie, l'Estonie, l'Ingermanie et une partie de la Carélie, de même que le district du fief de Vibourg, spécifié ci-dessous dans l'article du règlement des limites ; les villes et forteresses de Riga, Dunemunde, Pernau, Revel, Dorpt, Narva, Vibourg, Kexholm, et les autres villes, forteresses, ports, places, districts, rivages et côtes, appartenant auxdites provinces, comme aussi les îles d'Oesel, Daghoe, Moen, et toutes les autres îles depuis la frontière de Courlande, sur les côtes de Livonie, Estonie et Ingermanie, et du côté oriental de Revel, sur la mer qui va à Vibourg, vers le midi et l'orient ; avec tous les habitants qui se trouvent dans ces îles et dans les susdites provinces, villes et places ; et généralement toutes leurs appartenances, dépendances, prérogatives, droits et émoluments, sans aucune exception, ainsi que la couronne de Suède les a possédés.

Pour cet effet, Sa Majesté le roi de Suède renonce à jamais, de la manière la plus solennelle, tant pour soi que pour ses successeurs et pour tout le royaume de Suède, à toutes les prétentions qu'ils ont eues jusqu'ici, ou peuvent avoir sur lesdites provinces, îles, pays et places, dont tous les habitants seront, en vertu des présentes, déchargés du serment qu'ils ont prêté à la couronne de Suède ; de sorte que Sa Majesté et le royaume de Suède ne pourront plus se les attribuer, dès à présent, ni les redemander à jamais, sous quelque prétexte que ce soit ; mais ils seront et resteront incorporés à perpétuité à l'empire de Russie ; et Sa Majesté et le royaume de Suède s'engagent par les présentes de laisser et maintenir toujours Sa Majesté czarienne et ses successeurs à l'empire de Russie dans la paisible possession desdites provinces, îles, pays et places ; et l'on cherchera et remettra à ceux qui seront autorisés de Sa Majesté czarienne toutes les archives et papiers qui concernent principalement ces pays, lesquels ont été enlevés et portés en Suède pendant cette guerre.

V. Sa Majesté czarienne s'engage, en échange, et promet de restituer et d'évacuer à Sa Majesté et à la couronne de Suède, dans le terme de quatre semaines après l'échange de la ratification de ce traité de paix, ou plus tôt s'il est possible, le grand-duché de Finlande, excepté la partie qui en a été réservée ci-dessous dans le règlement des limites, laquelle appartiendra à Sa Majesté czarienne; de sorte que Sa Majesté czarienne et ses successeurs n'auront ni ne feront jamais aucune prétention sur ledit duché, sous quelque prétexte que ce soit. Outre cela, Sa Majesté czarienne s'engage et promet de faire payer promptement, infailliblement et sans rabais, la somme de deux millions d'écus aux autorités du roi de Suède, pourvu qu'ils produisent et donnent les quittances valables, dans les termes fixés, et en telle sorte de monnaie dont on est convenu par un article séparé, lequel est de la même force comme s'il était inséré ici de mot à mot.

VI. Sa Majesté le roi de Suède s'est aussi réservé, à l'égard du commerce, la permission pour toujours de faire acheter annuellement des grains à Riga, Revel et Arensbourg, pour cinquante mille roubles : lesquels grains sortiront desdites places sans qu'on en paye aucun droit ou autres impôts, pour être transportés en Suède, moyennant une attestation par laquelle il paraisse qu'ils ont été achetés pour le compte de Sa Majesté suédoise, ou par des sujets qui sont chargés de cet achat de la part de Sa Majesté le roi de Suède : ce qui ne se doit pas entendre des années dans lesquelles Sa Majesté czarienne se trouverait obligée, par manque de récolte, ou par d'autres raisons importantes, de défendre la sortie des grains généralement pour toutes les nations.

VII. Sa Majesté czarienne promet aussi, de la manière la plus solennelle, qu'elle ne se mêlera point des affaires domestiques du royaume de Suède, ni de la forme de régence qui a été réglée et établie sous serment, et unanimement par les états dudit royaume; qu'elle n'assistera personne, en aucune manière, qui que ce puisse être, ni directement, ni indirectement, mais qu'elle tâchera d'empêcher et de prévenir tout ce qui y est contraire, pourvu que cela vienne à la connaissance de Sa Majesté czarienne; afin de donner par là des marques évidentes d'une amitié sincère et d'un véritable voisin.

VIII. Et comme on a, de part et d'autre, l'intention de faire une paix ferme, sincère et durable, et qu'ainsi il est très-nécessaire de régler tellement les limites, qu'aucune des deux parties ne se puisse donner aucun ombrage, mais que chacune possède paisiblement ce qui lui a été cédé par ce traité de paix, elles ont bien voulu déclarer que les deux empires auront, dès à présent et à jamais, les limites suivantes, qui commencent sur la côte septentrionale de Sinus Finicus, près de Vickolax, d'où elles s'étendent à une demi-lieue du rivage de la mer jusque vis-à-vis de Villayoki, et de là plus avant dans le pays; en sorte que, du côté de la mer et vis-à-vis de Rohel, il y aura une distance de trois quarts de lieue dans une ligne diamétrale jusqu'au chemin qui va de Vibourg à Lapstrand, à la distance de trois lieues de Vibourg, et qui va dans la même distance de trois lieues vers le nord, par Vibourg, dans une ligne diamétrale jusqu'aux anciennes limites qui ont été ci-devant entre la Russie et la Suède, et même avant la réduction du fief de Kexholm, sous la domination du roi de Suède. Ces anciennes limites s'étendent, du côté du nord, à huit lieues; de là elles vont, dans une ligne diamétrale, au travers du fief de Kexholm jusqu'à l'endroit où la mer de Porojeroi, qui commence près du village de Kudumagube, touche les anciennes limites qui ont été entre la Russie et la Suède; tellement que Sa Majesté le roi et le royaume de Suède posséderont toujours tout ce qui est situé vers l'ouest et le nord, au delà des limites spécifiées; et Sa Majesté czarienne et l'empire de Russie posséderont à jamais ce qui est situé en deçà du côté d'orient et du sud. Et comme Sa Majesté czarienne cède ainsi à perpétuité à Sa Majesté le roi et au royaume de Suède une partie du fief de Kexholm, qui appartenait ci-devant à l'empire de Russie, elle promet de la manière la plus solennelle, pour soi et ses successeurs au trône de Russie, qu'elle ne redemandera ni ne pourra redemander jamais cette partie du fief de Kexholm, sous quelque prétexte que ce soit; mais ladite partie sera et restera toujours incorporée au royaume de Suède. A l'égard des limites dans les pays des Lapmarques, elles resteront sur le même pied qu'elles étaient avant le commencement de cette guerre entre les deux empires. On est convenu, de plus, de nommer des commissaires de part et d'autre, immédiatement après la ratification du traité principal, pour régler les limites de la manière susdite.

IX. Sa Majesté czarienne promet en outre de maintenir tous les habitants des provinces de Livonie, d'Estonie et d'Oesel, nobles et roturiers, les villes, magistrats et les corps de métiers, dans l'entière jouissance des priviléges, coutumes et prérogatives dont ils ont joui sous la domination du roi de Suède.

X. On n'introduira pas non plus la contrainte des consciences dans les pays qui ont été cédés; mais on y laissera et maintiendra la religion évangélique, de même que les églises, les écoles, et ce qui en dépend, sur le même pied qu'elles étaient du temps de la dernière régence du roi de Suède, à condition que l'on y puisse aussi exercer librement la religion grecque.

XI. Quant à la réduction et liquidation qui se firent du temps de la régence précédente du roi de Suède en Livonie, Estonie et Oesel, au grand préjudice des sujets et des habitants de ce pays-là (ce qui a porté, de même que l'équité de l'affaire même, le feu roi de Suède, de glorieuse mémoire, à donner l'assurance, par une patente qui fut publiée le 13 avril 1700, « que, si quelques-uns de ses sujets pouvaient prouver loyalement que les biens qui ont été confisqués étaient les leurs, on leur rendrait justice à cet égard »; et alors plusieurs sujets desdits pays furent remis dans la possession de leurs biens confisqués), Sa Majesté czarienne s'engage et promet de faire rendre justice à un chacun, soit qu'il demeure dans le terroir ou hors du terroir, qui a une juste prétention sur des terres en Livonie, Estonie, ou dans la province d'Oesel, et la peut vérifier dûment; de sorte qu'ils rentreront alors dans la possession de leurs biens ou terres.

XII. On restituera aussi incessamment, en conformité de l'amnistie qui a été accordée et réglée ci-dessus dans l'article second, à ceux de Livonie, d'Estonie et de l'île d'Oesel, qui ont tenu pendant cette guerre le parti du roi de Suède, les biens, terres et maisons qui ont été confisqués et donnés à d'autres, tant dans les villes de ces provinces que dans celles de Narva et Vibourg, soit qu'ils leur soient dévolus pendant la guerre par héritage ou par d'autres voies, sans aucune exception ou restriction, soit que les propriétaires se trouvent à présent en Suède ou en prison, ou quelque autre part, après que chacun se sera auparavant légitimé auprès du gouvernement général, en produisant ses documents touchant son droit ; mais ces propriétaires ne pourront rien prétendre des revenus qui ont été levés par d'autres pendant cette guerre et après la confiscation, ni aucun dédommagement de ce qu'ils ont souffert par la guerre ou autrement. Ceux qui rentrent de cette manière dans la possession de leurs biens ou terres seront obligés de rendre hommage à Sa Majesté czarienne, leur souverain d'à présent, et de se comporter au reste comme de fidèles vassaux et sujets : après qu'ils auront prêté le serment accoutumé, il leur sera permis de sortir du pays, d'aller demeurer ailleurs dans le pays de ceux qui sont alliés et amis de l'empire de Russie, et de s'engager au service des puissances neutres, ou d'y continuer, s'ils y sont déjà engagés, suivant qu'ils le jugeront à propos. Mais à l'égard de ceux qui ne veulent pas rendre hommage à Sa Majesté czarienne, on fixe et on leur accorde le terme de trois ans après la publication de la paix, pour vendre dans ce temps-là leurs biens, terres et ce qui leur appartient, le mieux qu'ils pourront, sans en payer davantage que ce que chacun doit payer en conformité des ordonnances et statuts du pays. En cas qu'il arrivât à l'avenir qu'un héritage fût dévolu, suivant les droits du pays, à quelqu'un, et que celui-ci n'eût pas prêté le serment de fidélité à Sa Majesté czarienne, il sera obligé de le faire à l'entrée de son héritage, ou de vendre ces biens dans l'espace d'une année.

De la même manière, ceux qui ont avancé de l'argent sur des terres situées en Livonie, Estonie et dans l'île d'Oesel, et qui en ont reçu des contrats légitimes, jouiront paisiblement de leurs hypothèques jusqu'à ce qu'on leur en paye et le capital et l'intérêt ; mais ces hypothécaires ne pourront rien prétendre des intérêts qui sont échus pendant la guerre, et qui ne sont pas peut-être levés ; mais ceux qui, dans l'un ou l'autre cas, ont l'administration des biens susdits, seront obligés de rendre hommage à Sa Majesté czarienne. Tout ceci s'entend aussi de ceux qui restent sous la domination de Sa Majesté czarienne, lesquels auront la même liberté de disposer des biens qu'ils ont en Suède et dans les pays qui ont été cédés à la couronne de Suède par cette paix. D'ailleurs on maintiendra aussi réciproquement les sujets des parties pacifiantes qui ont de justes prétentions dans les pays des deux puissances, soit au public ou à des personnes particulières, et on leur rendra une prompte justice, afin qu'un chacun soit ainsi mis et remis dans la possession de ce qui lui appartient de droit.

XIII. Toutes les contributions en argent cesseront dans le grand-duché de Finlande, que Sa Majesté czarienne restitue, suivant l'article V, à Sa Majesté le roi et au royaume de Suède, à compter depuis la date de la signature de ce traité ; mais on y fournira pourtant gratis les vivres et les fourrages nécessaires aux troupes de Sa Majesté czarienne, jusqu'à ce que ledit duché soit entièrement évacué, sur le même pied que cela s'est pratiqué jusqu'ici ; et l'on défendra et inhibera, sous des peines très-rigoureuses, d'enlever à leur délogement aucuns ministres ni paysans de la nation finlandaise, malgré eux, ni de leur faire aucun tort. Outre cela, on laissera toutes les forteresses et châteaux de Finlande dans le même état où ils sont à présent ; mais il sera permis à Sa Majesté czarienne de faire emporter, en évacuant ledit pays et places, tout le gros et petit canon, leurs attirails, magasins et autres munitions de guerre que Sa Majesté czarienne y a fait transporter, de quelque nom que ce soit. Pour cette fin, et pour le transport du bagage de l'armée, les habitants fourniront gratis les chevaux et les chariots nécessaires jusqu'aux frontières. Même, si l'on ne pouvait pas exécuter tout cela dans le terme stipulé, et qu'on fût obligé d'en laisser une partie en arrière, elle sera bien gardée et remise ensuite à ceux qui sont autorisés de Sa Majesté czarienne, dans quelque temps qu'elle le souhaite, et on fera aussi transporter ladite partie jusqu'aux frontières. En cas que les troupes de Sa Majesté czarienne aient trouvé et envoyé hors du pays quelques archives et papiers touchant le grand-duché de Finlande, elle en fera faire une exacte recherche, et fera rendre de bonne foi ce qui s'en trouvera à ceux qui sont autorisés de Sa Majesté le roi de Suède.

XIV. Tous les prisonniers, de part et d'autre, de quelque nation, condition et état qu'ils soient, seront élargis immédiatement après la ratification de ce traité de paix, sans payer aucune rançon ; mais il faut qu'un chacun ait auparavant acquitté les dettes qu'il a contractées, ou qu'il donne caution suffisante pour le payement d'icelles. On leur fournira gratis, de part et d'autre, les chevaux et les chariots nécessaires, dans le temps fixé pour leur départ, à proportion de la distance des places où ils se trouvent actuellement, jusqu'aux frontières. Touchant les prisonniers qui ont embrassé le parti de l'un ou de l'autre, ou qui ont dessein de rester dans les États de l'une ou de l'autre partie, ils auront indifféremment cette permission-là. Ceci s'entend aussi de tous ceux qui ont été enlevés, de part et d'autre, pendant cette guerre, lesquels pourront aussi, ou rester où ils sont, ou retourner chez eux, excepté ceux qui ont, de leur propre mouvement, embrassé la religion grecque, Sa Majesté czarienne le voulant ainsi ; pour laquelle fin les deux parties pacifiantes feront publier et afficher des édits dans leurs États.

XV. Sa Majesté le roi et la république de Pologne, comme alliés de Sa Majesté czarienne, sont compris expressément dans cette paix, et on leur réserve l'accès tout de même comme si le traité de paix à renouveler entre eux et la couronne de Suède eût été inséré ici de mot à mot. Pour cette fin, cesseront toutes les hostilités, de quelque nom qu'elles soient, partout et dans tous les royaumes, pays et domaines, qui appartiennent aux deux parties pacifiantes, et qui sont situés tant dans l'empire romain que hors de l'empire romain, et il y aura une paix stable et durable entre les susdites deux couronnes. Et comme aucun ministre plénipotentiaire de la part de Sa Majesté et la république de Pologne n'a assisté au congrès de paix qui s'est tenu à Neustadt, et qu'ainsi on n'a pu renouveler à la fois la paix entre Sa Majesté le roi de Pologne et la couronne de Suède par un traité solennel, Sa Majesté le roi de Suède s'engage et promet d'envoyer au congrès de paix ses plénipotentiaires, pour entamer les conférences dès qu'on aura concerté le lieu du congrès, afin de conclure, sous la médiation de Sa Majesté czarienne, une paix durable entre ces deux rois, à condition que rien n'y soit contenu qui puisse porter du préjudice à ce traité de paix perpétuelle fait avec Sa Majesté czarienne.

XVI. On réglera et on confirmera la liberté du commerce qu'il y aura par mer et par terre entre les deux puissances, leurs États, sujets et habitants, dès qu'il sera possible, par le moyen d'un traité à part sur ce sujet, à l'avantage des États de part et d'autre; mais, en attendant, il sera permis aux sujets russiens et suédois de trafiquer librement dans l'empire de Russie et dans le royaume de Suède, dès qu'on aura ratifié ce traité de paix, en payant les droits ordinaires de toutes sortes de marchandises; de sorte que les sujets de Russie et de Suède jouiront réciproquement des mêmes priviléges et prérogatives qu'on accorde aux plus grands amis des susdits États.

XVII. La paix étant conclue, on restituera de part et d'autre aux sujets de Russie et de Suède, non-seulement les magasins qu'ils avaient avant la naissance de la guerre dans certaines villes marchandes de ces deux puissances, mais on leur permettra aussi d'établir des magasins dans les villes, ports et autres places qui sont sous la domination de Sa Majesté czarienne et du roi de Suède.

XVIII. En cas que des vaisseaux de guerre ou marchands suédois viennent à échouer ou périr par tempête ou par d'autres accidents sur les côtes ou rivages de Russie, les sujets de Sa Majesté czarienne seront obligés de leur donner toute sorte de secours et d'assistances, de sauver l'équipage et les effets, autant qu'il leur sera possible, et de rendre fidèlement ce qui a été poussé à terre, s'ils le réclament, moyennant une récompense convenable. Les sujets de Sa Majesté le roi de Suède en feront autant à l'égard des vaisseaux et des effets russiens qui auront le malheur d'échouer ou de périr sur les côtes de Suède. Pour laquelle fin, et pour prévenir toute insolence, vol et pillage, qui se commettent ordinairement à l'occasion de ces fâcheux accidents, Sa Majesté czarienne et le roi de Suède feront émaner une très-rigoureuse inhibition à cet égard, et feront punir arbitrairement les infracteurs.

XIX. Et, pour prévenir aussi par mer toute occasion qui pourrait faire naître quelque mésintelligence entre les deux parties pacifiantes, autant qu'il est possible, on a conclu et résolu que si les vaisseaux de guerre suédois, un ou plusieurs, soit qu'ils soient petits ou grands, passent dorénavant une des forteresses de Sa Majesté czarienne, ils feront la salve de leur canon, et ils seront d'abord ressalués de celui de la forteresse russienne; et *vice versa*, si les vaisseaux de guerre russiens, un ou plusieurs, soit qu'ils soient petits ou grands, passent dorénavant une des forteresses de Sa Majesté le roi de Suède, ils feront la salve de leur canon, et ils seront d'abord ressalués de celui de la forteresse suédoise. En cas que les vaisseaux suédois et russiens se rencontrent en mer, ou en quelque port ou autre endroit, ils se salueront les uns les autres de la salve ordinaire, de la même manière que cela se pratique en pareil cas entre la Suède et le Danemark.

XX. On est convenu de part et d'autre de ne plus défrayer les ministres des deux puissances, comme auparavant; leurs ministres plénipotentiaires et envoyés, sans ou avec caractère, devant s'entretenir à l'avenir eux-mêmes et toute leur suite, tant en voyage qu'à la cour, et dans la place où ils ont ordre d'aller résider; mais si l'une ou l'autre des deux parties reçoit à temps la nouvelle de la venue d'un envoyé, elles ordonneront à leurs sujets de lui donner toute l'assistance dont il aura besoin, afin qu'il puisse continuer sûrement sa route.

XXI. De la part de Sa Majesté le roi de Suède, on comprend aussi dans ce traité de paix Sa Majesté le roi de la Grande-Bretagne, à la réserve des griefs qu'il y a entre Sa Majesté czarienne et ledit roi, dont on traitera directement, et l'on tâchera de les terminer amiablement. Il sera permis aussi à d'autres puissances, qui seront nommées par les deux parties pacifiantes dans l'espace de trois mois, d'accéder à ce traité de paix.

XXII. En cas qu'il survienne à l'avenir quelques différends entre les États et les sujets de Suède et de Russie, cela ne dérogera pas à ce traité de paix éternelle, mais il aura et tiendra sa force et son effet; et on nommera incessamment des commissaires de part et d'autre pour examiner et vider équitablement le différend.

XXIII. On rendra aussi, dès à présent, tous ceux qui sont coupables de trahisons, meurtres, vols et autres crimes, et qui passent de la Suède en Russie et de la Russie en Suède, seuls ou avec femmes et enfants, en cas que la partie lésée du pays d'où ils se sont évadés les réclame, de quelque nation qu'ils soient, et dans le même état où ils étaient à leur arrivée, avec femmes et enfants, de même qu'avec tout ce qu'ils ont enlevé, volé ou pillé.

XXIV. L'échange des ratifications de cet instrument de paix se fera à Neustadt dans l'espace de trois semaines, à compter de la signature, ou plus tôt, s'il est possible. En foi de tout ceci, on a dressé deux exemplaires de la même teneur de ce traité de paix, lesquels ont été confirmés par les ministres plénipotentiaires de part et d'autre, en vertu des pouvoirs qu'ils avaient de leurs maîtres, qui les avaient signés de leurs mains propres, et y avaient fait apposer leurs sceaux.

Fait à Neustadt, le 30 août [1] 1721, v. st., depuis la naissance de notre Sauveur.

JEAN LILIENSTED, OTTO-REINHOLD STROEMFELD, JACOB-DANIEL BRUCE, HENRI-JEAN-FRÉDÉRIC OSTERMAN.

1. Correspondant au 10 septembre, nouveau style. (B.)

ORDONNANCE DE L'EMPEREUR PIERRE Iᴇʀ,

POUR LE COURONNEMENT DE L'IMPÉRATRICE CATHERINE [1].

Nous, Pierre Iᵉʳ, empereur et autocrateur de toute la Russie, etc., savoir faisons à tous les ecclésiastiques, officiers civils et militaires, et autres de la nation russienne, nos fidèles sujets : Personne n'ignore l'usage constant et perpétuel établi dans les royaumes de la chrétienté, suivant lequel les potentats font couronner leurs épouses, ainsi que cela se pratique actuellement, et l'a été diverses fois dans les temps reculés par les empereurs de la véritable croyance grecque; savoir l'empereur Basilide, qui a fait couronner son épouse Zénobie; l'empereur Justinien, son épouse Lupicine; l'empereur Héraclius, son épouse Martine; l'empereur Léon le Philosophe, son épouse Marie, et plusieurs autres qui ont pareillement fait mettre la couronne impériale sur la tête de leurs épouses, mais dont nous ne ferons point mention ici, à cause que cela nous mènerait trop loin.

Il est aussi connu jusqu'à quel point nous avons exposé notre propre personne, et affronté les dangers les plus éminents, en faveur de notre patrie, pendant le cours de la dernière guerre de vingt et un ans consécutifs; laquelle nous avons terminée, par le secours de Dieu, d'une manière si honorable et si avantageuse que la Russie n'a jamais vu de pareille paix, ni acquis la gloire qu'on a remportée par cette guerre. L'impératrice Catherine, notre très-chère épouse, nous a été d'un grand secours dans tous ces dangers, non-seulement dans ladite guerre, mais encore dans quelques autres expéditions, où elle nous a accompagné volontairement, et nous a servi de conseil autant qu'il a été possible, nonobstant la faiblesse du sexe; particulièrement à la bataille contre les Turcs, sur la rivière du Pruth, où notre armée était réduite à vingt-deux mille hommes, et celle des Turcs composée de deux cent soixante et dix mille hommes. Ce fut dans cette circonstance désespérée qu'elle signala surtout son zèle par un courage supérieur à son sexe, ainsi que cela est connu à toute l'armée et dans tout notre empire. A ces causes, et en vertu du pouvoir que Dieu nous a donné, nous avons résolu d'honorer notre épouse de la couronne impériale, en reconnaissance de toutes ses peines; ce qui, s'il plaît à Dieu, sera accompli cet hiver à Moscou; et nous donnons avis de cette résolution à tous nos fidèles sujets, en faveur desquels notre affection impériale est inaltérable.

1. Voyez seconde partie, chapitre XVII, page 621.

FIN DES PIÈCES ORIGINALES.

TABLE

DES MATIÈRES CONTENUES DANS CE VOLUME.

HISTOIRE DU PARLEMENT.

	Pages.
CHAP. XLI. — Divorce de Henri IV.	1
CHAP. XLII. — Jésuites rappelés.	2
CHAP. XLIII. — Singulier arrêt du parlement contre le prince de Condé, qui avait emmené sa femme à Bruxelles	5
CHAP. XLIV. — Meurtre de Henri IV. Le parlement déclare sa veuve régente	6
CHAP. XLV. — Obsèques du grand Henri IV.	9
CHAP. XLVI. — États généraux. Étranges assertions du cardinal Duperron. Fidélité et fermeté du parlement	11
CHAP. XLVII. — Querelle du duc d'Épernon avec le parlement. Remontrances mal reçues	14
CHAP. XLVIII. — Meurtre du maréchal d'Ancre et de sa femme.	17
CHAP. XLIX. — Arrêt du parlement en faveur d'Aristote. Habile friponnerie d'un nonce. Mort de l'avocat général Servin, en parlant au parlement	21
CHAP. L. — La mère et le frère du roi quittent le royaume. Conduite du parlement	25
CHAP. LI. — Du mariage de Gaston de France avec Marguerite de Lorraine, cassé par le parlement de Paris et par l'assemblée du clergé	29
CHAP. LII. — De la résistance apportée par le parlement à l'établissement de l'Académie française.	31
CHAP. LIII. — Secours offert au roi par le parlement de Paris. Plusieurs de ses membres emprisonnés. Combat à coups de poing du parlement avec la chambre des comptes dans l'église de Notre-Dame.	33
CHAP. LIV. — Commencement des troubles pendant le ministère de Mazarin. Le parlement suspend pour la première fois les fonctions de la justice	35
CHAP. LV. — Commencement des troubles civils, causés par l'administration des finances	39

TABLE DES MATIÈRES.

	Pages
CHAP. LVI. — Des barricades et de la guerre de la Fronde	43
CHAP. LVII. — Fin des guerres civiles de Paris. Le parlement rentre dans son devoir; il harangue le cardinal Mazarin	49
CHAP. LVIII. — Du parlement depuis que Louis XIV régna par lui-même.	50
CHAP. LIX. — Régence du duc d'Orléans	54
CHAP. LX. — Finances et système de Lass pendant la régence	58
CHAP. LXI. — L'Écossais Lass contrôleur général; ses opérations, ruine de l'État	64
CHAP. LXII. — Du parlement et de la bulle *Unigenitus*, au temps du ministère de Dubois, archevêque de Cambrai et cardinal	67
CHAP. LXIII. — Du parlement sous le ministère du duc de Bourbon.	71
CHAP. LXIV. — Du parlement au temps du cardinal Fleury.	72
CHAP. LXV. — Du parlement, des convulsions, des folies de Paris jusqu'à 1752	77
CHAP. LXVI. — Suite des folies	85
CHAP. LXVII. — Attentat de Damiens sur la personne du roi	92
CHAP. LXVIII. — De l'abolissement des jésuites	100
CHAP. LXIX. — Le parlement mécontente le roi et une partie de la nation. Son arrêt contre le chevalier de La Barre et contre le général Lally	106

HISTOIRE DE CHARLES XII.

AVERTISSEMENT pour la présente édition	113
BULLETIN BIBLIOGRAPHIQUE	117
AVERTISSEMENT de Beuchot	119
PRÉFACE de l'édition de 1748	123
DISCOURS sur l'histoire de Charles XII	130
REMARQUES sur l'histoire	134
NOUVELLES CONSIDÉRATIONS sur l'histoire	138
AVIS important sur l'histoire de Charles XII	142
AUTRE AVIS	144

LIVRE PREMIER.

Situation et climat de la Suède, 145. — Ses habitants, 146. — Conquise par Marguerite Valdemar, 147. — Sous le joug des Danois, *ibid.* — Gustave Vasa, *ibid.* — Chasse les Danois de la Suède, et est élu roi, 148. — Il rend la Suède luthérienne, *ibid.* — Gustave-Adolphe, *ibid.* — Sa mort, 149. — Christine, *ibid.* — Charles X, *ibid.* — Charles XI, *ibid.* — Naissance de Charles XII, 150. — Son éducation, *ibid.* — Mort de sa mère et de Charles XI, 151. — La veuve de Charles X, son aïeule, régente, 152. — Charles songe à régner, 153. — Couronné roi, *ibid.* — Piper, premier ministre, 154. — Ennemis de Charles, *ibid.* — Frédéric-Auguste, roi de Pologne, 155. — Envahit la Livonie sur les conseils de Patkul, 156. — Pierre Alexiovitz, *ibid.* — Particularités très-curieuses sur la nation russe, 157. — Caractère du czar Pierre Alexiovitz, 158. — Il va en Angleterre et en Hollande, 159. — Réformes qu'il opère dans son empire, *ibid.* — Moines peu satisfaits, 160. — Il discipline ses soldats et casse les strélitz, 161. — Construit un port près d'Azof, 162. — Ses finances, *ibid.* — La nation russe peu nombreuse, *ibid.* — Le czar veut être grand par le commerce, 163. — Bâtit Pétersbourg, *ibid.* — Police ses peuples, tout en restant brutal, féroce et barbare, 164. — Se ligue avec les rois de Pologne et de Danemark contre Charles XII, *ibid.*

LIVRE DEUXIÈME.

Résolution que prend Charles XII en face de ces préparatifs de guerre contre lui, 165. — Changement prodigieux et subit dans son caractère, *ibid.* — Il secourt son beau-frère le duc de Holstein, 166. — La Hollande et l'Angleterre s'unissent à lui contre le Danemark, 167. — Il part pour sa première campagne, *ibid.* — Siége de Copenhague, 168. — La ville se soumet, 170. — Discipline des soldats suédois, *ibid.* — Traité de Travendal, 171. — Riga investie par Auguste, roi de Pologne, *ibid.* — Il lève le siége, *ibid.* — Pierre assiége Narva, 172. — Charles le joint, 173. — Défait quatre-vingt mille Moscovites avec huit mille Suédois, 1 4. — Entre victorieux dans Narva, 176. — Prédiction à laquelle on ne fait pas d'attention, 177. — Prière adressée par les Russes à saint Nicolas contre les Suédois, *ibid.* — Entrevue du czar et du roi de Pologne à Birzen, 178. — Ils se liguent contre Charles, *ibid.* — Charles bat Stenau devant Riga, 179. — Soumet la Courlande et la Lithuanie, et passe en Pologne, 180. — Description de la Pologne et de son gouvernement, *ibid.* et suiv. — Auguste, roi de Pologne, mécontente les Polonais, 185. — Deux factions divisent la Lithuanie, 186. — Auguste, qui a besoin d'une armée, est forcé de convoquer une diète, *ibid.* — Caractère du cardinal primat Radjouski, 187. — Il se ligue avec Charles contre Auguste, 188. — Le czar secourt mal son allié, *ibid.* — Guerre changée en intrigues, *ibid.* — Auguste charge la comtesse de Kœnigsmark de traiter en son nom avec Charles, 189. — Celui-ci refuse de la voir, et de traiter avec lui, 190. — Charles reçoit l'ambassade de la république polonaise, 191. — Marche sur Varsovie, *ibid.* — Auguste convoque la pospolite, qui n'obéit pas, 192. — Charles entre à Varsovie, *ibid.* — Le cardinal primat auprès d'Auguste et de Charles, 193. — Bataille de Clissau, 194. — Entrée de Charles à Cracovie, *ibid.* — Il se brise la cuisse, 195. — La diète de Lublin jure fidélité à Auguste, *ibid.* — Charles oppose la diète de Varsovie à celle de Lublin, *ibid.* — Marche aux Saxons, commandés par Stenau, qu'il bat à Pultesh, *ibid.* — Auguste se retire dans Thorn, où Charles vient l'assiéger, 197. — Dantzick mise à contribution, 198. — Capitulation de Thorn, 199. — Elbing plus sévèrement punie que Dantzick, *ibid.* — Le cardinal primat déclare le trône de Pologne vacant, *ibid.* — Enlèvement par Auguste des princes Sobieski, 200. — Piper conseille a Charles de prendre la couronne de Pologne pour lui, *ibid.* — Charles la propose au prince Alexandre Sobieski, qui la refuse, 201.

LIVRE TROISIÈME.

Caractère de Stanislas Leczinski, 202. — Il est élu roi de Pologne, 203. — Charles quitte Varsovie et investit Léopol, qu'il prend d'assaut, 204. — Auguste surprend Stanislas dans Varsovie, 205. — Le nonce du pape se fait livrer l'évêque de Posnanie, *ibid.* — Horn capitule avec quinze cents Suédois, 206. — Schulenbourg à la tête des armées saxonnes, *ibid.* — Belle retraite de ce général, 207. — Auguste se retire à Dresde, 208. — Stanislas prépare son couronnement, *ibid.* — Le pape s'y oppose par un bref adressé aux prélats polonais, *ibid.* — Le bref est intercepté, 209. — Le cardinal primat l'affiche à sa porte, *ibid.* — Il meurt, *ibid.* — Stanislas sacré à Varsovie, 210. — Le czar prend Narva, *ibid.* — Il fonde Pétersbourg, 211. — Il se ligue une seconde fois avec Auguste, *ibid.* — Auguste fait emprisonner Patkul, 212. — Les Russes et les Saxons refoulés en Lithuanie, *ibid.* — Schulenbourg battu à Frauenstadt par Rehnsköld, 213. — Français prisonniers des Suédois, *ibid.* — Charles XII entre en Saxe, 214. — Il établit son camp à Alt-Rantstadt, 215. — Met la Saxe à contribution, *ibid.* — Réponse du roi à un bon mot d'un soldat, 216. — Auguste demande la paix, *ibid.* — Conditions de Charles, *ibid.* — Auguste victorieux malgré lui à Calish, 217. — Il entre triomphant à Varsovie, *ibid.* — Persiste à demander la paix, 218. — Son entrevue avec Charles, *ibid.* — Lettre qu'il écrit à Stanislas pour le féliciter de son avénement au trône de Pologne, 219. — Il livre Patkul au roi de Suède, *ibid.* — Supplice de Patkul, 220. — Charles XII refuse sa grâce à Paykul, condamné à mort, et qui offre le secret de faire de l'or, 221. — Le czar s'élève contre le supplice de Patkul, 222. — Il entre en Pologne, *ibid.* — La Pologne, qui a deux primats, est sur le point d'avoir trois rois, 223.— Stanislas affermit son pouvoir, 224. — Charles reçoit Marlborough à Alt-Rantstadt, 225. — Concessions qu'il obtient de l'empereur, 227. — Il songe à se venger de Rome, 228. — Il va seul à Dresde voir Auguste avant de quitter la Saxe, 229.

LIVRE QUATRIÈME.

Charles quitte la Saxe, 231. — Il reçoit un ambassadeur de la part des Turcs, *ibid.* —Laisse Stanislas en Pologne et marche à la poursuite du czar, 232.—Il l'atteint à Grodno, *ibid.* — Le czar fuit, 233. — Passage de la Berezine à Borislou, *ibid.* — Charles bat les Moscovites à Hollosin, 234. — Il passe le Borysthène à Mohilou, *ibid.* — Sa réponse aux propositions de paix du czar, 235. — Sur le point d'être pris par les Calmoucks à Smolensko, *ibid.* — Il quitte la route de Moscou et se dirige vers l'Ukraine, 236. — Situation de ce pays, *ibid.* — Histoire de Mazeppa, 237. — Charles se ligue avec lui contre le czar, *ibid.* — Il marche vers la Desna, 238. — Rencontre Mazeppa, fidèle, mais battu par les Moscovites, *ibid.* — Il est rejoint par son lieutenant Levenhaupt, battu par le czar à Lesno, 238. — Triste situation de son armée, 241. — Le czar s'avance contre Charles dans l'Ukraine, 242. — Charles investit Pultava, *ibid.* — Mœurs des Zaporaviens, *ibid.* — Charles est blessé au talon, 244. — Bataille de Pultava, 245. — Poniatowski sauve le roi de Suède, 248. — Fuite de Charles XII, 249. — Levenhaupt se rend au prince Menzikoff avec seize mille Suédois, 251. — Piper, prisonnier du czar, 252. — Honneurs que le czar rend aux généraux suédois prisonniers, *ibid.* — Charles arrive à la frontière turque, 253. — Sa réception en Bessarabie, 254.

LIVRE CINQUIÈME.

État de la Porte-Ottomane, 255. — Poniatowski passe à Constantinople, 256. — Charles séjourne près de Bender, 257. — Crédit qu'obtient Poniatowski auprès du grand vizir Chourlouli, 259. — Le czar par son argent obtient un crédit toutpuissant à la Porte, 260. — Charles, vaincu par l'argent du czar en Turquie, se résout à instruire le sultan des intrigues de son vizir, *ibid.* — Le sultan lui envoie des présents, 261. — Le grand vizir Chourlouli renversé et exilé; ambition du jeune Coumourgi, 262. — Numan Couprougli, ministre vertueux, 263. — Conseille à Charles de retourner dans ses États, *ibid.* — Desseins de celui-ci, *ibid.* — Auguste remonte sur le trône de Pologne, 264. — Tous les États de Charles sont attaqués, 265. — Le czar triomphe dans Moscou, 266. — Le roi de Danemark fait une descente en Suède, 267. — Stenbock taille en pièces les Danois près d'Helsinbourg, 268. — Couprougli déposé après deux mois de ministère, 269. — Baltagi-Mehemet lui succède, 270. — Le sultan l'envoie contre le czar avec deux cent mille hommes, *ibid.* — Le kan des Tartares, vassal du sultan, 271. — Mœurs des Tartares, *ibid.* — Baltagi fixe à Andrinople le rendez-vous de l'armée turque, 272. — Le czar marche contre les Turcs, 273. — Cantemir trahit le sultan, qui l'a fait prince, pour le czar, *ibid.* — Ses sujets ne le suivent pas dans sa défection, 274. — Le czar, sur le Pruth, dans la même situation que Charles à Pultava, *ibid.* — Histoire de Catherine, la czarine, 276. — Comment elle tire le czar d'embarras, 278. — Le grand vizir traite avec Pierre malgré Poniatowski et le kan des Tartares, 279. — Charles arrive à l'armée turque, *ibid.* — Ses reproches au vizir, 280.

LIVRE SIXIÈME.

Charles se retire à Varnitza, 281. — Baltagi-Mehemet lui fait signifier de quitter la Turquie, *ibid.* — Charles refuse de partir, 282. — Baltagi lui retire sa subsistance, *ibid.* — Charles emprunte à tout le monde, *ibid.* — Nouvelles intrigues de Poniatowski, 283. — Osman, principal instigateur de la paix du Pruth, mis à mort, et Baltagi-Mehemet exilé, *ibid.* — Jussuf, créature de Coumourgi, élevé au viziriat, 284. — Constantinople, centre des négociations de la chrétienté, *ibid.* — Lettre du sultan Achmet au roi de Suède pour l'inviter à partir, 285. — Objections de Charles XII, 286. — La guerre est de nouveau déclarée au czar, 287. — Auguste envoie une ambassade au sultan, *ibid.* — Desseins de Coumourgi, *ibid.* — La paix est de nouveau conclue avec le czar, 288. — Le départ de Charles est décidé dans le divan, *ibid.* — Charles saisit une correspondance entre Auguste et le kan des Tartares, 289. — Croit à un complot tramé contre lui, *ibid.* — Consent à partir sitôt ses dettes payées, 290. — Lettre du Grand Seigneur au bacha de Bender, *ibid.* — Charles se détermine à ne point partir, 291. — Il écrit au Grand Seigneur pour se plaindre du kan et du bacha, et demander encore mille bourses, 292. — Réponse du sultan, 293. — Charles sommé de partir, *ibid.* — Il se retranche dans son camp, 294. — Jeffreys et Fabrice s'interposent entre lui et les Turcs, *ibid.* — Sont mal reçus du roi de Suède pour leur médiation, 295. — Charles s'opiniâtre davantage à rester, 296. — Les janissaires lui accordent trois jours de répit, 297. — S'offrent de lui servir de fidèles gardes, 298. — Charles les outrage, 299. — Son camp et sa maison sont forcés, *ibid.* — Sa lutte contre les janissaires, 300. — Il se rend, 302.

LIVRE SEPTIÈME.

Charles XII reconduit à Bender, 303. — Transféré à Démirtash, 304. — Le roi Stanislas est pris dans le même temps par les Turcs, 305. — Charles lui envoie Fabrice, 306. — Sur le point d'être exilé, 307. — Action hardie de Villelongue, 308. — Entrevue du sultan avec Villelongue, 309. — Révolution dans le sérail, 310. — Charles transféré de Démirtash à Demotica, 311. — Histoire du grand vizir Ibrahim Molla, *ibid.* — Charles reste couché pendant dix mois, 312. — Stade, prise et réduite en cendres par les Danois et les Saxons, *ibid.* —

Stenbock, à la tête de douze mille Suédois, victorieux à Gadebesk, *ibid*. — Il brûle Altena, 313. — Est fait prisonnier ; malheurs de la Suède, 315. — Ibrahim Molla étranglé; Ali Coumourgi lui succède, *ibid*. — Charles se décide enfin à retourner en Suède, 316. — Son départ, 317. — Stanislas se retire dans le duché de Deux-Ponts, 318. — Manière étrange dont Charles opère son voyage, 319. — Son arrivée à Stralsund, 320. — État de l'Europe en 1709, 321. — Disgrâce de Charles, 322. — Succès de Pierre le Grand sur terre et sur mer, 323. — Son triomphe dans Pétersbourg, 324.

LIVRE HUITIÈME.

Charles marie la princesse sa sœur au prince de Hesse, 326. — Siége du fort de Pennamonder, 327. — Charles assiégé dans Stralsund, 328. — Il attaque le prince d'Anhalt, débarqué dans l'île de Rugen, et manque d'être pris, 330. — Soldats français prisonniers, 332. — Suite du siége de Stralsund, *ibid*. — Charles XII quitte Stralsund et se sauve en Suède, 333. — N'entre pas à Stockholm, 334. — Passe en Norvége, 335. — Caractère du baron de Görtz, premier ministre, *ibid*. — Entreprise qu'il médite, 336. — Il demande la paix au czar, 337. — Fait alliance avec les corsaires de Madagascar, 338. — Puis avec le cardinal Albéroni, 339. — Projet de descente en Angleterre, pour y rétablir le prétendant sur le trône, 340. — Görtz voit Pierre le Grand à la Haye, 341. — Ses intrigues découvertes, il est arrêté en Hollande, et Gyllenborg, ambassadeur de Suède, à Londres, *ibid*. — Charles fait arrêter à Stockholm le résident anglais, 342. — Le czar à Paris, *ibid*. — Albéroni fait alliance avec lui, 343. — Görtz, relâché, se rend auprès du czar à qui il demande la fille pour le duc de Holstein, 344. — L'île d'Aland choisie pour les conférences de Görtz et d'Osterman, 345. — Görtz met son projet financier à exécution, *ibid*. — Effet désastreux qui en résulte pour la Suède, 346. — Il se rend exécrable à la nation, *ibid*. — Le roi lui en marque davantage son amitié, *ibid*. — Alliance de Charles avec le czar, 347. — Flemming tente de faire enlever Stanislas dans le duché de Deux-Ponts, *ibid*. — Charles assiége Frédrikhall, 348. — Il est tué, 349. — Son caractère, 351. — Sa religion, 352. — Görtz est décapité, 354.

HISTOIRE DE RUSSIE.

                                                                        Pages.

AVERTISSEMENT pour la présente édition. 371
AVERTISSEMENT de Beuchot 373
PRÉFACE historique et critique de l'auteur. 377

PREMIÈRE PARTIE.

AVANT-PROPOS 393

CHAP. Ier. — Description de la Russie, 394. — De la Livonie, 397. — Gouvernement de Revel, de Pétersbourg, et de Vibourg, *ibid*. — Archangel, 398. — Laponie russe. Gouvernement d'Archange, 399. — Moscou, 401. — Smolensko, 403. — Gouvernements de Novogorod et de Kiovie ou Ukraine,

TABLE DES MATIÈRES.

Pages.

ibid. — Gouvernements de Belgorod, de Véronise, et de Nischgorod, 405. — Astracan, 406. — Orembourg, *ibid.* — Gouvernements de Casan et de la grande Permie, 407. — Gouvernements de la Sibérie, des Samoyèdes, des Otiaks, du Kamtschatka. 408

CHAP. II. — Suite de la description de la Russie. Population, finances, armées, usages, religion. État de la Russie avant Pierre le Grand, 416. — Titre du czar, 421. — Religion, 422. — Suite de l'état où était la Russie avant Pierre le Grand 426

CHAP. III. — Des ancêtres de Pierre le Grand, 427. — Alexis Michaëlovitz, fils de Michel, 430. — Fœdor Alexiovitz 432

CHAP. IV. — Ivan et Pierre. Horrible sédition de la milice des strélitz. . 434

CHAP. V. — Gouvernement de la princesse Sophie. Querelle singulière de religion. Conspiration 437

CHAP. VI. — Règne de Pierre Ier. Commencement de la grande réforme. . 442

CHAP. VII. — Congrès et traité avec les Chinois. 447

CHAP. VIII. — Expédition vers les Palus-Méotides. Conquête d'Azof. Le czar envoie des jeunes gens s'instruire dans les pays étrangers. 450

CHAP. IX. — Voyages de Pierre le Grand. 454

CHAP. X. — Conjuration punie. Milice des strélitz abolie. Changements dans les usages, dans les mœurs, dans l'État, et dans l'Église. 463

CHAP. XI. — Guerre contre la Suède. Bataille de Narva. 470

CHAP. XII. — Ressources après la bataille de Narva; ce désastre entièrement réparé. Conquête de Pierre auprès de Narva même. Ses travaux dans son empire. La personne qui fut depuis impératrice, prise dans le sac d'une ville. Succès de Pierre; son triomphe à Moscou. 474

CHAP. XIII. — Réforme à Moscou. Nouveaux succès. Fondation de Pétersbourg. Pierre prend Narva, etc. 480

CHAP. XIV. — Toute l'Ingrie demeure à Pierre le Grand, tandis que Charles XII triomphe ailleurs. Élévation de Menzikoff. Pétersbourg en sûreté. Des cinq toujours exécutés malgré les victoires de Charles. 486

CHAP. XV. — Tandis que Pierre se soutient dans ses conquêtes et police ses États, son ennemi Charles XII gagne des batailles, domine dans la Pologne et dans la Saxe. Auguste, malgré une victoire des Russes, reçoit la loi de Charles XII. Il renonce à la couronne; il livre Patkul, ambassadeur du czar; meurtre de Patkul, condamné à la roue. 489

CHAP. XVI. — On veut faire un troisième roi en Pologne. Charles XII part de Saxe avec une armée florissante; traverse la Pologne en vainqueur. Cruautés exercées. Conduite du czar. Succès de Charles, qui s'avance enfin vers la Russie. 494

CHAP. XVII. — Charles XII passe le Borysthène, s'enfonce en Ukraine, prend mal ses mesures. Une de ses armées est défaite par Pierre le Grand; ses munitions sont perdues. Il s'avance dans des déserts. Aventures en Ukraine. 498

CHAP. XVIII. — Bataille de Pultava. 504

CHAP. XIX. — Suite de la victoire de Pultava. Charles XII réfugié chez les Turcs. Auguste, détrôné par lui, rentre dans ses États. Conquêtes de Pierre le Grand. 509

TABLE DES MATIÈRES.

SECONDE PARTIE.

	Pages
CHAP. Ier. — Campagne de Pruth.	517
CHAP. II. — Suite de l'affaire du Pruth.	532
CHAP. III. — Mariage du czarovitz, et déclaration solennelle du mariage de Pierre avec Catherine, qui reconnaît son frère	535
CHAP. IV. — Prise de Stetin. Descente en Finlande. Événements de 1712.	541
CHAP. V. — Succès de Pierre le Grand. Retour de Charles XII dans ses États.	551
CHAP. VI. — État de l'Europe au retour de Charles XII. Siége de Stralsund, etc.	556
CHAP. VII. — Prise de Vismar. Nouveaux voyages du czar	559
CHAP. VIII. — Suite des voyages de Pierre le Grand. Conspiration de Görtz. Réception de Pierre en France.	562
CHAP. IX. — Retour du czar dans ses États. Sa politique, ses occupations.	568
CHAP. X. — Condamnation du prince Alexis Pétrovitz.	571
CHAP. XI. — Travaux et établissements vers l'an 1718 et suivants	593
CHAP. XII. — Du commerce. 596. — Du commerce avec la Chine. 597. — Du commerce de Pétersbourg et des autres ports de l'empire.	600
CHAP. XIII. — Des lois.	600
CHAP. XIV. — De la religion.	602
CHAP. XV. — Des négociations d'Aland. De la mort de Charles XII. De la paix de Neustadt.	607
CHAP. XVI. — Des conquêtes en Perse.	613
CHAP. XVII. — Couronnement et sacre de l'impératrice Catherine Ire. Mort de Pierre le Grand	621

PIÈCES ORIGINALES, selon les traductions faites alors par l'ordre de Pierre Ier.
Condamnation d'Alexis. 626
Paix de Neustadt 630
Ordonnances de l'empereur Pierre Ier pour le couronnement de l'impératrice Catherine 639

FIN DE LA TABLE.

www.ingramcontent.com/pod-product-compliance
Lightning Source LLC
Chambersburg PA
CBHW050130240426

43673CB00043B/1621